*INTERVENÇÃO
DE TERCEIROS*

FABIO CALDAS DE ARAÚJO

# *INTERVENÇÃO DE TERCEIROS*

**MALHEIROS EDITORES**

***INTERVENÇÃO DE TERCEIROS***
© Fabio Caldas de Araújo

ISBN 978-85-392-0307-9

*Direitos reservados desta edição por*
*MALHEIROS EDITORES LTDA.*
*Rua Paes de Araújo, 29, conjunto 171*
*CEP 04531-940 – São Paulo – SP*
*Tel.: (11) 3078-7205 – Fax: (11) 3168-5495*
URL: www.malheiroseditores.com.br
e-mail: malheiroseditores@terra.com.br

*Composição*
PC Editorial Ltda.

*Capa*
*Criação:* Vânia Lúcia Amato
*Arte:* PC Editorial Ltda.

Impresso no Brasil
*Printed in Brazil*
08.2015

*Dedico este trabalho a um querido casal que transformou
a Região Noroeste do Estado do Paraná:
CÂNDIDO GARCIA e NEIVA PAVAN MACHADO GARCIA.
A semente que plantaram há mais de 40 anos hoje representa uma
árvore frondosa e cujos frutos são colhidos por toda a comunidade.
A Universidade Paranaense formou, e continua formando,
sucessivas gerações de excelentes profissionais
que hoje contribuem para o desenvolvimento de nossa Nação.*

# SUMÁRIO

*Nota Introdutória* .................................................................................. 17

## Parte I – A PLURALIDADE DE SUJEITOS E PARTES NA RELAÇÃO PROCESSUAL

### Capítulo I – *Sujeitos da Relação Processual*

1. **Parte e terceiro** ............................................................................ 21
2. **Parte formal e parte material** ..................................................... 25
3. **Princípio da bilateralidade das partes** ....................................... 27
4. **A capacidade de ser parte** ........................................................... 30
   4.1 O nascituro ................................................................................ 33
5. **Capacidade e legitimidade** ......................................................... 35
6. **Os entes despersonalizados. Distinção necessária** .................... 36
7. **Capacidade processual** .............................................................. 38
8. **Legitimação ordinária e extraordinária** ................................... 38
   8.1 *A legitimação extraordinária e as ações coletivas* .............. 40
      8.1.1 As ações coletivas e a "Rule 23: class action" ............ 41
      8.1.2 A representação adequada ............................................ 43
      8.1.3 A ação coletiva e a realidade do Direito Brasileiro .... 45
   8.2 *Legitimação extraordinária passiva ("defendant class action")* ........................................................................................ 47
   8.3 *O mandado de segurança coletivo e o diálogo das fontes* . 49
   8.4 *A posição processual dos sindicatos* ................................... 51
      8.4.1 A legitimidade dos sindicatos. O art. 8º, III, da CF de 1988 ................................................................................ 51
   8.5 *O terceiro e sua legitimação* ................................................ 53
      8.5.1 O terceiro adquirente do objeto litigioso: assistente litisconsorcial ................................................................. 54

| | | |
|---|---|---|
| 9. | Sujeitos processuais como partes na relação processual | 55 |
| 10. | Incapacidade processual | 56 |
| 11. | Representação e assistência | 56 |
| 12. | O curador "ad litem" | 59 |
| 13. | Ausência de representante legal | 60 |
| 14. | Réu preso ou citado fictamente | 62 |
| | 14.1 Revelia e citação pessoal | 64 |
| 15. | A integração da capacidade do casal | 65 |
| | 15.1 O cônjuge no polo ativo | 66 |
| | 15.2 O cônjuge no polo passivo | 68 |
| 16. | As ações possessórias | 69 |
| | 16.1 Ausência de integração | 70 |
| 17. | Capacidade processual das pessoas jurídicas e judiciárias | 71 |
| | 17.1 A União, os Estados, o Distrito Federal e os Territórios, por seus procuradores | 72 |
| | 17.2 O Município, por seu prefeito ou procurador. A posição da Câmara Municipal | 73 |
| | 17.3 A massa falida e o administrador judicial | 75 |
| | 17.4 A herança jacente ou vacante e a figura do curador | 75 |
| | 17.5 O espólio e sua representação pelo inventariante | 76 |
| | 17.6 A representação das pessoas jurídicas | 77 |
| | 17.7 As sociedades sem personalidade jurídica | 78 |
| | 17.8 A pessoa jurídica estrangeira | 79 |
| | 17.9 O administrador e o síndico do condomínio | 79 |
| 18. | Incapacidade e defeito na representação: juízos "a quo" e "ad quem" | 80 |
| 19. | Capacidade postulatória | 81 |
| 20. | Forma de representação | 82 |
| 21. | Desnecessidade de capacidade postulatória | 83 |
| 22. | Prerrogativas inerentes à capacidade postulatória | 85 |

*Capítulo II – **Litisconsórcio***

| | | |
|---|---|---|
| 1. | Do litisconsórcio e da intervenção de terceiros no processo civil | 87 |
| 2. | Principiologia da litisconsorciação | 89 |
| | 2.1 Princípio da singularidade | 89 |
| | 2.2 Princípio da tipicidade | 90 |
| | 2.3 Princípios da economia processual e da tempestividade | 91 |
| 3. | Noções gerais sobre o litisconsórcio | 93 |
| 4. | Breve retrospectiva sobre o instituto | 97 |
| 5. | O litisconsórcio e sua classificação | |
| | 5.1 Quanto ao momento da formação do litisconsórcio | 100 |

5.2   Quanto ao polo da relação processual ............................... 102
5.3   Quanto à obrigatoriedade da formação ............................ 103
      5.3.1  A possibilidade de recusação no Código de Processo Civil: litisconsórcio multitudinário ........................... 105
5.4   Litisconsórcio facultativo .................................................. 107
      5.4.1  Art. 113, I, do CPC ..................................................... 109
      5.4.2  Art. 113, II, do CPC .................................................... 110
      5.4.3  Art. 113, III, do CPC ................................................... 112
      5.4.4  O litisconsórcio facultativo e suas modulações na jurisprudência .................................................................. 114
            *5.4.4.1 Modulações do litisconsórcio facultativo: eventual, alternativo e sucessivo* ................... 116
5.5   Estrutura do litisconsórcio multitudinário ........................ 118
      5.5.1  A iniciativa do incidente ............................................ 119
      5.5.2  Momento da impugnação e competência ................... 120
      5.5.3  Litisconsórcio multitudinário e as ações coletivas ..... 121
            *5.5.3.1 A intervenção individual e o regime litisconsorcial nas ações coletivas* ............................ 122
5.6   O litisconsórcio necessário ............................................... 124
      5.6.1  O litisconsórcio necessário ativo ............................... 128
      5.6.2  O litisconsórcio necessário e poder oficioso do juiz .. 131
      5.6.3  O litisconsórcio necessário e sua práxis ................... 134
      5.6.4  O litisconsórcio quase necessário .............................. 139
      5.6.5  Litisconsórcio: eficácia da sentença, coisa julgada e o art. 506 do CPC ......................................................... 139
      5.6.6  Sentença "inutiliter data" e o conflito entre terceiros . 143
      5.6.7  Litisconsórcio necessário e a classificação das ações e sentenças ................................................................. 144
      5.6.8  A intervenção "iussu iudicis" .................................... 146
5.7   O litisconsórcio unitário .................................................... 148
5.8   O litisconsórcio simples ou comum .................................. 151
6. Comunicação dos atos processuais aos litisconsortes .................. 156
7. A figura da intervenção litisconsorcial voluntária ...................... 157
8. Litisconsórcio e o valor da causa ................................................ 160
9. As despesas processuais no litisconsórcio .................................. 163

PARTE II – **O TERCEIRO NA RELAÇÃO PROCESSUAL**
*Capítulo III – Da Intervenção de Terceiros e da Assistência*

1. **Considerações iniciais sobre o regime da intervenção de terceiros** ................................................................................................ 167

2. **Breve notícia legal e histórica da assistência no ordenamento pátrio** .................................................................................................. 170
3. **Topologia da assistência no Direito alienígena** ........................... 173
4. **Aspectos preliminares sobre a assistência** ................................... 174
5. **Finalidade e alcance da assistência** ............................................. 177
6. **Modalidades de assistência (simples e litisconsorcial)** ............... 180
    6.1 Diferenciação entre a assistência simples e a litisconsorcial .................................................................................................. 182
7. **Assistente litisconsorcial e sua dupla função ("Doppelstellung")** 185
8. **Assistência litisconsorcial em ações coletivas: arts. 91 e 94 do CDC** ........................................................................................... 187
9. **Litisconsórcio ulterior e assistência litisconsorcial** ..................... 188
10. **Pressupostos para o cabimento da assistência**
    10.1 Litispendência .......................................................................... 192
    10.2 Preenchimento dos pressupostos processuais ...................... 192
        10.2.1 Capacidade material, processual e postulatória .......... 193
        10.2.2 Petição inicial ............................................................... 193
11. **Procedimento da assistência** ....................................................... 194
12. **Atividade do assistente** ................................................................. 197
13. **Assistência e revelia. A gestão processual do assistente** ............ 201
14. **Interação entre o assistente e o assistido** ................................... 202
15. **A justiça da decisão e o efeito da intervenção** ........................... 203
16. **Exceções à eficácia da intervenção** ............................................. 206
17. **As despesas do processo e a assistência** ..................................... 207
18. **Casos especiais de assistência e figuras afins**
    18.1 Assistência anômala da Fazenda Pública: Lei 9.469/1997 . 208
        18.1.1 Legitimidade ................................................................. 210
        18.1.2 Convalidação dos atos processuais ............................ 211
    18.2 Recurso de terceiro prejudicado ............................................ 212

## Capítulo IV – "Amicus Curiae"

1. **O "amicus curiae" no Código de Processo Civil** ......................... 214
    1.1 O "amicus curiae" no processo objetivo ............................... 215
    1.2 O "amicus curiae" no processo subjetivo: demandas repetitivas ........................................................................................ 217
2. **"Amicus curiae" e figuras afins: assistente, curador e perito** ...... 219
3. **O "amicus curiae" e sua atuação na relação processual**
    3.1 Intervenção voluntária ou provocada .................................... 222
    3.2 A legitimação do "amicus curiae" .......................................... 223
    3.3 Procedimento para a intervenção: competência e faculdades processuais ....................................................................... 225

3.4   Instrução do processo .......................................................... 226
3.5   Legitimidade recursal .......................................................... 227

## Capítulo V – Denunciação da Lide

1. **Perspectiva histórica do instituto** .................................................. 231
2. **Breve notícia da denunciação no Direito Comparado**
   2.1   Direito Alemão ................................................................. 233
   2.2   Direito Português ............................................................. 236
   2.3   Direito Italiano ............................................................... 237
3. **A denunciação perante o art. 125 do CPC** ............................................ 239
4. **Pressupostos da denunciação** ........................................................ 240
5. **Iniciativa da denunciação** .......................................................... 243
6. **Aspectos genéricos acerca dos tipos do art. 125 do CPC** ............................. 244
7. **O art. 125 do CPC e a denunciação por fundamento na evicção** ........................ 244
8. **O art. 125, I, do CPC: denunciação por evicção** ..................................... 247
   8.1   Noções sobre a evicção ......................................................... 249
   8.2   Evicção e denunciação em casos de posse e uso do bem ... 250
   8.3   O regime da evicção no Código Civil brasileiro atual ....... 251
         8.3.1   A reivindicação dos bens móveis ....................................... 252
         8.3.2   O regime da evicção dos bens móveis ................................... 253
         8.3.3   A denunciação para as formas de dissociação da posse no Direito Brasileiro ............................................. 254
   8.4   A denunciação na posse direta e a nomeação à autoria .... 258
         8.4.1   O art. 125, I, do CPC e a ação reivindicatória ........... 258
9. **A denunciação pelo art. 125, II, do CPC** ............................................ 260
   9.1   A denunciação por natureza contratual .......................................... 261
   9.2   As possíveis condutas da seguradora: art. 128 do CPC ..... 262
   9.3   O ressarcimento pela seguradora: art. 786 do CC brasileiro e Súmula 188 do STF ......................................................... 265
         9.3.1   A participação do IRB como litisdenunciado: cosseguro, resseguro e retrocessão ............................................. 265
   9.4   A denunciação por garantia legal ............................................... 266
         9.4.1   O ente estatal no polo passivo da relação: atos comissivos ............................................................... 266
         9.4.2   O ente estatal e a responsabilidade por omissão (culpa aquiliana) ............................................................ 270
         9.4.3   Denunciação do ente estatal pelo agente público ........... 270
10. **A denunciação do polo ativo e a posição do adquirente** ............................. 271
    10.1   Aditamento da petição inicial ................................................ 272
    10.2   A revelia do denunciado pelo autor .......................................... 273

10.3 Âmbito da denunciação pelo autor .................................. 273
10.4 A situação jurídica do litisdenunciado pelo autor e réu: litisconsórcio e assistência .................................. 276
11. Ausência de denunciação e reconhecimento jurídico do pedido pela parte .................................................................. 278
12. A tutela provisória na denunciação .................................. 279
13. Denunciação e ilegitimidade passiva .................................. 280
14. A denunciação pelo réu e as possíveis atitudes do litisdenunciado 280
   14.1 O art. 128, I, do CPC: aceitação e formação de litisconsórcio .................................................................. 281
   14.2 O art. 128, II, do CPC: denunciado revel ou resistente à denunciação .................................................................. 283
   14.3 O art. 128, III, do CPC: a confissão pelo litisdenunciado . 283
15. A denunciação e seu cabimento: procedimento comum (ordinário e sumariíssimo) e especial .................................................................. 284
16. Denunciação sucessiva, coletiva e direta ("per saltum") ............. 287
17. Procedimento da denunciação .................................. 290
   17.1 A citação .................................................................. 290
   17.2 A suspensão do processo .................................. 292
   17.3 Citação por iniciativa do réu .................................. 292
   17.4 Prazo para resposta do denunciado .................................. 293
   17.5 Competência para denunciação .................................. 293
18. Despesas e honorários advocatícios .................................. 294
   18.1 Procedência da ação principal e a litisdenunciação pelo réu .................................................................. 296
   18.2 Improcedência da ação principal: litisdenunciação pelo autor .................................................................. 297
   18.3 Improcedência da ação principal: litisdenunciação pelo réu .................................................................. 297
19. A denunciação e a formação do título executivo .................. 298

### Capítulo VI – Chamamento ao Processo

1. Considerações preliminares .................................. 300
2. Direito Comparado .................................. 301
3. Iniciativa do chamamento .................................. 303
4. Cabimento do chamamento .................................. 305
5. Hipóteses do chamamento
   5.1 Art. 130, I, do CPC: o chamamento do devedor principal . 308
   5.2 Art. 130, II, do CPC .................................. 311
   5.3 Art. 130, III, do CPC .................................. 312

5.3.1 Chamamento na obrigação alimentar ............. 313
6. **Regime jurídico entre o chamante e o chamado** ............. 316
7. **Procedimento do chamamento** ............. 317
   *7.1 Momento do chamamento* ............. 317
   *7.2 Análise dos pressupostos do chamamento* ............. 317
   *7.3 Suspensão do processo* ............. 318
   *7.4 O chamamento pelo reconvindo* ............. 319
8. **Sentença** ............. 320
9. **Recursos** ............. 320

### Capítulo VII – Do Incidente de Desconsideração da Personalidade Jurídica

1. **A importância e o papel da pessoa jurídica no sistema econômico moderno: a atomização do direito de propriedade** ............. 322
2. **O marco da doutrina da desconsideração** ............. 326
3. **A doutrina da desconsideração ("Nichtbeachtung der juristischen Person")** ............. 327
4. **A figura normativa da desconsideração e a boa-fé** ............. 329
5. **Teorias: objetiva e subjetiva** ............. 330
6. **Requisitos para a desconsideração da personalidade no Direito Brasileiro** ............. 331
7. **Petição inicial: pedido autônomo ou incidental** ............. 332
   *7.1 Conteúdo específico da causa de pedir: a violação à boa-fé objetiva* ............. 333
   *7.2 Legitimação processual ativa* ............. 335
   *7.3 Legitimação passiva e regularidade da pessoa jurídica: registro civil ou comercial* ............. 336
      7.3.1 A desconsideração da personalidade e a doutrina "ultra vires" ("beyond the powers") ............. 340
      7.3.2 A pessoa jurídica de responsabilidade limitada ............. 342
   *7.4 A legitimação passiva e a desconsideração inversa* ............. 343
   *7.5 O pedido de citação e a formação de litisconsórcio* ............. 344
8. **O procedimento judicial do incidente de desconsideração** ............. 345
   *8.1 A desconsideração como processo incidental* ............. 346
   *8.2 Necessidade do contraditório na desconsideração* ............. 348
   *8.3 A tutela de urgência no pedido de desconsideração* ............. 349
   *8.4 A defesa na desconsideração da personalidade* ............. 351
9. **A desconsideração no processo cognitivo e executivo** ............. 351
10. **A desconsideração da personalidade jurídica: fraude à lei, fraude contra credores e fraude à execução** ............. 352

10.1 A fraude à execução e os terceiros de boa-fé ............. 354
10.2 A desconsideração e a responsabilidade patrimonial do sócio: art. 790, II e VII, do CPC ............. 355
**11. A desconsideração e o regime da ineficácia** ............. 356

PARTE III – **FIGURAS AFINS DA INTERVENÇÃO DE TERCEIROS**
Capítulo VIII – *Embargos de Terceiro*

1. **Natureza jurídica e incidência do procedimento especial: visão comparativa** ............. 361
2. **Embargos de terceiro "versus" ação possessória** ............. 366
3. **Os embargos e sua distinção em relação à oposição** ............. 367
4. **A nota essencial: ato de constrição judicial** ............. 369
5. **"Quem, não sendo parte no processo, (...)". A figura do terceiro** 370
   5.1 Análise do terceiro pela ótica da legitimidade "ad causam" . 371
   5.2 Distinção entre terceiro vinculado e terceiro desvinculado: o devedor "ultra titulum' ............. 373
6. **A legitimação ativa para os embargos de terceiro**
   6.1 Embargos pelo possuidor indireto e direto ............. 377
   6.2 Terceiro possuidor e as Súmulas 84 e 303 do STJ ............. 379
   6.3 Embargos pelo proprietário ............. 380
   6.4 Terceiro proprietário e a Súmula 92 do STJ ............. 382
   6.5 A Súmula 308 do STJ e a defesa da posse perante o incorporador ............. 385
   6.6 A parte equiparada ao terceiro. Art. 674, § 2º, do CPC ..... 386
      6.6.1 Os embargos do cônjuge e do companheiro: a Súmula 134 do STJ ............. 386
      6.6.2 Terceiro adquirente e a fraude à execução ............. 388
      6.6.3 A fraude e a proibição da surpresa ("Verbot der Überraschungsentscheidung") ............. 389
         *6.6.3.1* A ineficácia e a tipicidade na fraude à execução ............. 389
         *6.6.3.2* Fraude em pretensões reais e reipersecutórias: boa-fé objetiva e o princípio da concentração da matrícula (Lei 13.097/2015) ............. 390
         *6.6.3.3* Fraude na pendência da ação de execução ... 390
         *6.6.3.4* Fraude em atos constritivos: a penhora e a Súmula 375 do STJ ............. 391
         *6.6.3.5* Fraude com alienação ou oneração durante pendência de demanda ............. 392

6.6.4 Terceiro adquirente e a desconsideração da personalidade jurídica .................................................................. 393
6.7 *Terceiro credor com garantia real* .............................. 394
7. **A legitimação passiva e a Súmula 303 do STJ** ............................. 394
8. **Prazo para a interposição dos embargos** ........................................ 395
   8.1 *Prazo para os embargos nos processos de conhecimento e cautelar* ................................................................. 397
   8.2 *Prazo para os embargos no processo de execução* ........... 397
   8.3 *Objeto dos embargos de terceiro* .................................. 398
9. **Procedimento** ...................................................... 400
   9.1 *Petição inicial* ........................................................... 401
   9.2 *A concessão da liminar e justificação prévia* .................... 402
   9.3 *Suspensão do processo principal* .................................. 403
   9.4 *Competência* ............................................................ 403
   9.5 *Defesa do embargado* ................................................ 405
10. **Sentença e coisa julgada** ................................................ 406

### Capítulo IX – Da Oposição

1. **Introdução** .............................................................. 408
2. **Cabimento da oposição** .................................................. 413
3. **O procedimento da oposição** ........................................... 415
   3.1 *A petição inicial. Requisitos* ......................................... 416
      3.1.1 Causa de pedir e pedido .......................................... 417
   3.2 *Prazo para oposição* .................................................. 418
   3.3 *A tutela provisória na oposição* ................................... 418
   3.4 *Formação da relação processual da oposição* .................... 419
   3.5 *Fase instrutória* ........................................................ 420
   3.6 *Fase decisória: o caráter de prejudicialidade da oposição* ... 420
   3.7 *Oposições sucessivas* ................................................. 422

### Capítulo X – Nomeação à Autoria

1. **Nomeação e aparência jurídica** ........................................ 424
2. **Aspectos preliminares sobre a nomeação no sistema jurídico** ..... 427
3. **Breve notícia do Direito anterior** ..................................... 429
4. **Breve escorço no Direito Comparado** ................................ 431
5. **A correção do polo passivo em face da relação jurídica real** ....... 439
   5.1 *Distinção entre proprietário/possuidor/detentor* .............. 439
   5.2 *A correção do polo nas relações jurídicas pessoais* ........... 441
   5.3 *A correção do polo em ações inibitórias e reparatórias* ..... 442
6. **Cabimento da nomeação à autoria** .................................... 443

7. *A ação reivindicatória e a interpretação do art. 1.228 do CC brasileiro* ............................................................................................. 444
8. *A hipótese da ação publiciana* ...................................................... 449
9. *Iniciativa da nomeação* .................................................................. 450
10. *A aceitação da correção pelo autor* ............................................ 451
11. *Etapas da aceitação e formação do litisconsórcio* ..................... 451
12. *Ausência de nomeação e responsabilidade por perdas e danos* ... 452

*Bibliografia* ............................................................................................. 455

## NOTA INTRODUTÓRIA

O trabalho oferecido é fruto de meditação prática sobre o tema, especialmente pela atuação judicante do autor. O estudo nasce em um período sensível, em vista da mudança da legislação processual. O sabor da novidade é carregado de incertezas sobre o tema, especialmente quando novas formas ganham colorido dogmático, como a desconsideração da personalidade jurídica e o *amicus curiae*. Embora figuras conhecidas da jurisprudência, a positivação dos institutos permite uma série de ilações sobre o seu funcionamento em juízo. A intervenção de terceiros sofreu alterações importantes no seu tratamento, muitas delas acompanhando uma tendência já revelada pela atividade jurisdicional.

A preocupação do autor, nessa primeira apresentação, é essencialmente dogmática e descritiva. O objetivo é simples e consiste em oferecer um panorama geral ao leitor sobre o mecanismo de aplicação da intervenção de terceiros na parte geral do novo CPC.

Desde já frisa-se que não há uma abordagem sobre a intervenção no processo coletivo. O tema é apenas abordado de modo pontual e residual. O mesmo pode ser dito quanto à intervenção de terceiros no processo de execução e cautelar. Muito embora prevista como figura da parte geral, sabe-se que a intervenção de terceiros comporta-se de modo diferenciado nas tutelas executiva e cautelar. Por meio desta conclusão percebe-se a primeira fraqueza da reforma. Temos uma *parte geral parcial*. O legislador processual, embora bem intencionado, não assimilou a tendência de debilidade da parte geral nas codificações modernas sejam elas descritivas do direito material ou processual. Trata-se de fenômeno comum e que atinge especialmente o direito material. Há uma tendência de queda dos textos legislativos metajurídicos, o que revela uma mudança quanto ao modelo hermético e sistêmico oferecido pelo monumental *BGB* do século XIX.

O trabalho parte de uma abordagem inicial sobre as categorias prévias relacionadas ao conceito de parte e terceiro, bem como a sucessão e a extromissão processual. Neste estudo incluem-se considerações sobre o litisconsórcio. Além do tratamento das figuras típicas de intervenção, o trabalho possui uma segunda parte. Nela são expostas as figuras afins: oposição, embargos de terceiro e da nomeação à autoria. O estudo optou pela permanência da nomeação, em vista da sua utilização como matéria preliminar da contestação, conforme arts. 338 e 339 do CPC.

Independentemente de qualquer reforma processual, o tema do "terceiro", merece maior atenção no processo civil, uma vez que o direito material procura sedimentar as relações jurídicas em que houve a participação de um terceiro de boa-fé.

Por este motivo, a boa-fé, o negócio jurídico putativo, o título putativo, a aquisição *a non domino* são apenas alguns dos inúmeros exemplos de aplicação de institutos jurídicos que se vinculam à atuação do terceiro na relação jurídica. A visão integrada do direito material e processual é essencial para uma boa aplicação do novo CPC, sem descurar da visão constitucional quanto à aplicação dos institutos.

Por fim, um agradecimento especial ao Dr. Álvaro Malheiros pela recepção e incentivo na edição do trabalho e pelo tratamento cortês e expedito. É uma honra fazer parte dos autores desta renomada editora.

Agradecemos, antecipadamente, todas as críticas que vierem a ser formuladas com objetivo de aperfeiçoar o texto. Lembramos que nesta primeira leitura do novo CPC inexiste terreno plano e firme, uma vez que a própria jurisprudência ainda deverá trabalhar intensamente sobre as alterações implementadas quanto à matéria. Colocamos nosso *email* à disposição: gesetzgeber@uol.com.br.

# Parte I
# A PLURALIDADE DE SUJEITOS E PARTES NA RELAÇÃO PROCESSUAL

*Capítulo I – **Sujeitos da Relação Processual***
*Capítulo II – **Litisconsórcio***

*Capítulo I*
**Sujeitos da Relação Processual**

*1. Parte e terceiro. 2. Parte formal e parte material. 3. Princípio da bilateralidade das partes. 4. A capacidade de ser parte: 4.1 O nascituro. 5. Capacidade e legitimidade. 6. Os entes despersonalizados. Distinção necessária. 7. Capacidade processual. 8. Legitimação ordinária e extraordinária: 8.1 A legitimação extraordinária e as ações coletivas: 8.1.1 As ações coletivas e a "Rule 23: class action" – 8.1.2 A representação adequada – 8.1.3 A ação coletiva e a realidade do Direito Brasileiro – 8.2 Legitimação extraordinária passiva ("defendant class action") – 8.3 O mandado de segurança coletivo e o diálogo das fontes – 8.4 A posição processual dos sindicatos: 8.4.1 A legitimidade dos sindicatos. O art. 8º, III, da CF de 1988 – 8.5 O terceiro e sua legitimação: 8.5.1 O terceiro adquirente do objeto litigioso: assistente litisconsorcial. 9. Sujeitos processuais como partes na relação processual. 10. Incapacidade processual. 11. Representação e assistência. 12. O curador "ad litem". 13. Ausência de representante legal. 14. Réu preso ou citado fictamente: 14.1 Revelia e citação pessoal. 15. A integração da capacidade do casal: 15.1 O cônjuge no polo ativo – 15.2 O cônjuge no polo passivo. 16. As ações possessórias: 16.1 Ausência de integração. 17. Capacidade processual das pessoas jurídicas e judiciárias: 17.1 A União, os Estados, o Distrito Federal e os Territórios, por seus procuradores – 17.2 O Município, por seu prefeito ou procurador. A posição da Câmara Municipal – 17.3 A massa falida e o administrador judicial – 17.4 A herança jacente ou vacante e a figura do curador – 17.5 O espólio e sua representação pelo inventariante – 17.6 A representação das pessoas jurídicas – 17.7 As sociedades sem personalidade jurídica – 17.8 A pessoa jurídica estrangeira – 17.9 O administrador e o síndico do condomínio. 18. Incapacidade e defeito na representação: juízos "a quo" e "ad quem". 19. Capacidade postulatória. 20. Forma de representação. 21. Desnecessidade de capacidade postulatória. 22. Prerrogativas inerentes à capacidade postulatória.*

## 1. Parte e terceiro

A formação da relação processual depende da presença de partes definidas, o que se revela essencial, na medida em que o comando judicial deverá direcionar sua força para sujeitos determinados ou determináveis.[1] Antes de examinarmos a complexa teia jurídica pela qual o terceiro poderá ingressar na relação processual, cumpre examinar os pressupostos exigidos para sua própria admissibilidade em juízo. Se visualizarmos os conceitos de *terceiro* e *parte* como projeções conceituais distintas, sob a ótica temporal, este exame será inevitável.[2]

O conceito de terceiro nasce por exclusão, pois se consideram partes (autor e réu) todos aqueles que fazem pedidos, bem como aqueles contra quem o pedido é direcionado. Todos os demais, via de regra, são terceiros.[3] A distinção oferecida é eminentemente processual, com forte apego à dogmática alemã, o que pode ser evidenciado pela explicação de Baur: "Wer Partei in einem Prozess ist, wird durch die Klage bestimmt: Kläger ist, wer die Klage erhebt; Beklagtet ist, gegen wen sich die Klage richtet".[4] Em suma: terceiro é aquele que não participa da relação processual.[5] A distinção fornecida por Cândido Dinamarco, em obra clássica sobre o tema, assume extrema importância quanto à delimitação das partes na *demanda* (autor[es] e réu[s]) e na *relação processual*. As partes

1. Desde já não podemos confundir os conceitos de *parte* e *pessoa*. São realidades distintas. A parte ativa ou passiva poderá ser composta de mais de uma pessoa (física ou coletiva). Em todo caso, a eficácia subjetiva da coisa julgada diz respeito aos polos ativo e passivo. Em algumas situações especiais, como nas *class actions*, a relação processual nasce pela iniciativa de um ente coletivo, o qual é determinado *ex lege* e obedece ao princípio da tipicidade. Afinal, o Direito Brasileiro predetermina o representante adequado (*adequacy of representation*), mediante um rol exaustivo. Por outro lado, na tutela de interesses individuais homogêneos, a execução individual dependerá da iniciativa do lesado, bem como eventual liquidação por artigos, como meio de individualizar *in specie* os prejuízos sofridos. Deste modo, o sujeito ativo da relação processual na primeira fase cognitiva é *determinado*, mas na fase de liquidação e cumprimento é *determinável*.

2. O terceiro, após sua inserção na relação processual, tenderá a se tornar parte.

3. Em uma situação peculiar apresenta-se o assistente simples. Ele não realiza pedido, mas exerce posições jurídicas ativas e passivas que poderão se revelar essenciais para o deslinde favorável da lide em prol do assistido. A doutrina alemã o qualifica como parte auxiliar (*Nebenpartei*).

4. Fritz Baur/Wolfgang Grunsky, *Zivilprozessrecht*, 9ª ed., vol. 9, § 6º, 73, p. 72: "A qualidade de parte num processo é determinada por quem propõe a demanda; autor é quem ajuíza a demanda; réu é contra quem a demanda é dirigida" (tradução livre).

5. Referindo-se ao conceito por exclusão, ensina Dinamarco: "Esse conceito extremamente simples e de legítima conotação puramente processual é o *preciso contraposto do conceito puro de parte*, no sentido de que se consideram terceiros no processo todos os que não são autores da demanda deduzida, não foram citados e não intervieram voluntariamente: todo sujeito permanece *terceiro* em relação a dado processo enquanto não ocorrer, com relação a ele, um dos modos pelos quais se adquire a qualidade de parte (...)" (*Litisconsórcio*, p. 30).

na demanda estão ligadas inexoravelmente pelo objeto do processo (*Der Streitgegestand*)[6] e poderão sofrer influxos de outros interessados na relação processual, como perante os casos de intervenção de terceiros.[7] A demanda está sujeita ao princípio dispositivo (*Dispostiongrundsatz*), cujo real significado ultrapassa a simples noção de "poder conferido às partes de iniciar o processo", uma vez que abrange a delimitação do objeto litigioso, além do poder de encerrar a relação processual (*e.g.*: art. 487, III, "a", "b" e "c", do CPC).[8] O princípio dispositivo está atrelado a uma indagação fundamental, qual seja: "Quem poderá iniciar um processo?" (*wer das Verfahren Gang setzt*).[9] Em nosso sistema esta pergunta tem uma única resposta: as partes (*wo kein Kläger, ist kein Richter*).[10]

Não resta dúvida de que a visão estritamente processual do fenômeno não elimina as nuanças do direito material, pois o critério para admissão do terceiro na relação jurídica processual inaugurada pelas partes certamente tocará à análise do direito material.[11] Sem querer aprofundar o tema em seara imprópria, basta lembrar que a análise das condições da ação para o ingresso do terceiro, ainda que *in statu assertionis*, exige juízo de delibação sobre o direito material deduzido.[12]

6. Sobre a diferenciação entre o *objeto do processo* e o *objeto litigioso*, v., de Dinamarco, *Fundamentos do Processo Civil Moderno*, vol. I, pp. 299 e ss. Ainda, a tradução do Alemão de Tomas A. Banzhaf da obra de Karl Heinz Schwab, *El Objeto Litigioso en el Proceso Civil*, passim.

7. Dinamarco, *Litisconsórcio*, cit., p. 25.

8. "Der Dispositionsgrundsatz bedeutet also, dass die Parteien über Beginn, Gegenstand und Ende des Verfahrens bestimmen können" (Baur/Grunsky, *Zivilprozessrecht*, cit., 9ª ed., vol. 9, § 4º, p. 26).

9. Wolfgang Lüke/Peter Arens, *Zivilprozessrecht*, p. 5.

10. Situações como a concessão de medidas cautelares *ex officio* não representam exceção ao princípio dispositivo, apenas o confirmam. As medidas cautelares *ex officio* somente podem ser concedidas em caráter incidental; portanto, exclui-se sua tipificação como medida preparatória.

11. Como argumenta Vicente Greco Filho (*Da Intervenção de Terceiros*, pp. 24-26), este contato é essencial, principalmente partindo-se da premissa da teoria dualista do ordenamento jurídico. Sobre o tema, v., ainda, as considerações de José Roberto Bedaque: "A relação substancial posta em juízo e a pretensão formulada pelo autor também são fundamentais para a determinação da possibilidade de terceiros intervirem no processo, nas diversas hipóteses admitidas pelo estatuto processual" (*Direito e Processo*, p. 129).

12. Alguns sistemas não adotam as condições da ação com extremo proveito, como o alemão, que é construído sobre um binômio. Deste modo, a inexistência de legitimação *ad causam* é causa para a resolução da demanda com análise de mérito. A pessoa não poderá repetir a demanda, o que é óbvio. Em nosso sistema atual, como a resolução ocorre sem o exame do mérito, em tese, a parte pode repropor a

No entanto, o ordenamento jurídico permite, em algumas hipóteses predeterminadas, a participação do terceiro na relação processual, desde que demonstre interesse jurídico.[13] A inclusão do terceiro terá reflexos diferenciados, os quais dependerão do objetivo da intervenção e da qualidade assumida na relação principal: *parte principal* (*e.g.*: denunciação) ou *coadjuvante* (*e.g.*: assistência), tudo dentro de situações predefinidas pela legislação processual.[14] O nascimento da relação processual depende da iniciativa da parte autora (princípio dispositivo), a qual deverá formular sua pretensão perante o Estado-juiz, que se encarregará da formação do contraditório (art. 312 do CPC). Indubitavelmente, autor e réu são partes no processo, mas esta afirmação é válida para a jurisdição contenciosa, conforme já dito. Na jurisdição voluntária existem "interessados", pois a ausência de contraposição dos interesses retira o caráter de partes antagônicas, tal como concebido para o processo contencioso, vocacionado para dirimir conflitos e obter a pacificação social.[15]

É clássica a formulação de Búlgaro pela qual o processo é um ato de três pessoas: "Judicium est actum trium personarum: judicis, actoris et rei". Este aforismo, muito embora ateste uma realidade – qual seja: a de que no processo (*iudicium*) estão presentes *juiz*, *autor* e *réu* –, revela uma

demanda, em vista do art. 485, IV e VI, do CPC. Isto obriga a toda uma justificativa doutrinária para tentar contornar o incontornável. Um bom apanhado das teorias, com análise crítica, pode ser consultado na obra de Araken de Assis, *Doutrina e Prática do Processo Civil Contemporâneo*, pp. 19-41. V., ainda: Fredie Didier Jr., *Curso de Direito Processual Civil*, vol. 1, pp. 162-163.

13. Hipótese que refoge a este requisito é a assistência criada pela Lei 9.469/1997, que no seu art. 5º prevê a possibilidade de intervenção sem a necessidade de demonstração de interesse jurídico concreto. Sobre a figura teceremos alguns comentários no capítulo referente à assistência.

14. A importância na fixação da distinção entre o conceito de *parte* e de *terceiro* foi enaltecida por Chiovenda: "La determinazione del concetto di parte non ha una mera importanza teorica, ma è necessaria per la soluzione di gravi problemi pratici" (*Principii di Diritto Processuale Civile*, p. 579). V. também: Sergio Costa, *L'Intervento Coatto*, p. 4; José Raimundo Gomes da Cruz, *Pluralidade de Partes e Intervenção de Terceiros*, p. 15.

15. Como afirma a Thereza Alvim: "Se, para conceituar-se parte, se entendesse ser imprescindível o litígio, muitas vezes se teria que excluir a presença de partes na jurisdição voluntária, por não estar presente essa característica. Por outro lado, a admitir-se que parte é aquele que pede e contra quem se pede a tutela jurisdicional (o que normalmente acontece), se estará admitindo como imprescindível, para caracterizar a parte, a existência de contraditório (ou oportunidade deste); logo, na jurisdição voluntária só haveria interessados" (*O Direito Processual de Estar em Juízo*, p. 11).

imprecisão, pois o juiz não pode ser considerado "parte no processo".[16] O juiz atua como órgão (des)interessado na solução do litígio, o que legitima sua inclusão como *sujeito do processo*. Partes serão o autor e o réu, além do terceiro que tenha ingressado na relação processual.[17] Desta forma, partes "são todas as pessoas que postulam a prestação da tutela jurisdicional (autor[es]) bem como aquelas contra quem a postulação é dirigida (réu[s]).[18] Incluem-se neste conceito os terceiros que sejam admitidos no decorrer da relação processual.

## 2. Parte formal e parte material

No atual estágio da Ciência Processual não há mais cabimento para a visão bipartida do conceito de parte.[19] Todavia, a análise desta diferenciação tem o condão de facilitar ao iniciado a compreensão da própria legitimação extraordinária, além de reforçar a diferenciação entre a relação jurídica de direito material e a de direito processual. Fala-se no abandono da dicotomia entre os conceitos de *parte formal* **versus** *parte material*, tomando-se em consideração a autonomia do direito de

16. Com a propositura da demanda duas relações são facilmente decomponíveis. A relação jurídica de direito material atinente às partes e a relação jurídica de direito processual formada pelas partes em relação ao Estado-juiz. A sentença analisará as duas relações dentro do trinômio pressupostos, condições e mérito. Segundo Blomeyer, a caracterização da posição das partes e do juiz no processo sempre foi polêmica. Köhler visualizava apenas uma relação entre as partes (*nahm nur ein Verhältnis zwischen den Parteien*); Hellwig, uma relação de cada parte com o Estado-juiz (*nur ein Verhältnis zwischen jeder Partei und dem Gericht an*); e Bülow e Wach, uma relação triangular (*bejahten das Dreiecksverhältnis*) (Blomeyer, *Zivilprozessrecht. Erkenntnisverfahren*, § 11, p. 87).

17. Lembramos mais uma vez a posição peculiar do assistente simples, classificado pela doutrina alemã como parte acessória ou auxiliar (*Nebenpartei*). A bem da verdade, o assistente simples seria o legítimo terceiro na relação processual, pois mesmo após seu ingresso na relação jurídica ele não assume o *status* de parte. Sua atividade sempre será auxiliar e acessória, sem qualquer possibilidade de autonomia ou contraposição em relação à parte assistida. Sobre a questão: Arruda Alvim, *Tratado de Direito Processual Civil*, vol. II, p. 19.

18. Lobão, *Segundas Linhas sobre o Processo Civil*, p. 20, nota 89. V.: Pontes de Miranda, *Comentários ao Código de Processo Civil* (de 1939), t. II, p. 6, e *Comentários ao Código de Processo Civil* (de 1973), t. II, p. 220; Rosenberg, *Tratado de Derecho Procesal Civil*, vol. I, p. 21; Dinamarco, *Litisconsórcio*, cit., p. 22.

19. Sobre o tema, para uma inserção aprofundada: Arruda Alvim, *Tratado de Direito Processual Civil*, cit., vol. I, p. 515, e, ainda, vol. II, pp. 30 e ss., com extensa abordagem doutrinária e quadro comparativo com o Direito alienígena.

ação.[20] Como a relação jurídica processual forma-se independentemente da relação jurídica de direito material, para fins de constituição do processo, o que realmente importa para o juiz é saber se a parte autora é processualmente legítima para postular a pretensão deduzida em juízo (capacidade processual).[21] Raciocínio idêntico aplica-se em relação ao réu. Pode acontecer que o autor (*parte formal*) também seja o titular do direito material afirmado em juízo (*parte material*). Neste caso opera-se sobreposição entre a parte formal e a parte material. Quando há dissociação entre o titular do direito de ação (parte formal) e o titular do direito material (parte material) defrontamo-nos com a legitimação extraordinária (parte formal # parte material).[22]

20. Segundo precisa lição de Jauernig, desde a virada do século XX não havia sentido em falar em parte material, pois com a independência do processo civil o conceito de parte é puramente formal ou processual ("Der Parteibegriff ist rein formal oder prozessual, vom materiellen Recht völlig gelöst. Der formelle Parteibegriff trat um die Jahrhundertwende an die Stelle des materiellen Parteibegriffs)" (*Zivilprozessrecht*, § 18, p. 54). Esta visão acaba sendo extremamente formal, mas creio que a opção realizada pelo ordenamento brasileiro, em vista do art. 485, VI, do CPC, permite sua obtemperação. Nosso sistema, mesmo perante o novo Código de Processo Civil, não se desvinculou da teoria de Liebman, e o juiz não tem como fugir dessa realidade. Por outro lado, não há como eliminar o direito material na apreciação das condições da ação, em absoluto. Em alguns casos, como no reconhecimento da ilegitimidade de agir, este toque é essencial. A extinção do processo por ilegitimidade geraria a possibilidade de repetição da demanda, por carência da ação. A questão é solucionada por Arruda Alvim com precisão: "Decisões sobre as condições de ação, ainda que linguisticamente usando dos termos carência de ação, quando definirem a ausência de direito obstam a novo acesso ao Judiciário. Se assim não se admitir, chegar-se-ia ao despautério de ser possível repetir-se indefinidamente o processo, com a mesma ação (o que é admitido pelo art. 268 CPC [*de 1973]*) até se encontrar um magistrado que decidisse diferentemente" (*Tratado de Direito Processual Civil*, cit., vol. I, p. 348).

21. Outra não é a lição precisa do Direito Alemão: "Der Parteibegriff wird somit heute ganz formal bestimmt" ("O conceito de parte atualmente tem designação verdadeiramente formal" – tradução livre) (v.: Wolfgang Lüke e Peter Arens, *Zivilprozessrecht*, cit., § 7º, p. 81; e, ainda, Othmar Jauernig: "Der Parteibegriff ist rein formal oder prozessual, vom materiellen recht völlig gelöst" ("O conceito de parte é formal ou processual, totalmente desvinculado do direito material") (*Zivilprozessrecht*, cit., p. 54).

22. Em síntese: quando existe identidade de sujeitos na relação jurídica material e na processual – isto é, quando a parte se afirma titular do direito em litígio –, a legitimação é ordinária; inexistente esta coincidência, a legitimação é extraordinária, pois o direito de agir é exercido por quem não é titular do direito deduzido na pretensão, ou é exercido contra ou em face de quem a ela não resistiu (Ephraim de Campos Jr., *Substituição Processual*, p. 13).

Hodiernamente, em vista do conceito estritamente processual de parte,[23] analisa-se sua participação no processo tomando-se em consideração sua aptidão para estar em juízo (capacidade jurídica, capacidade processual e postulatória). Neste foco também se examina o terceiro, que é identificado como aquele que ainda não ingressou na relação processual. A noção de parte processual como "sujeito inserido na relação processual, em pleno contraditório", não se restringe aos participantes originários da demanda. Aliás, o objeto de estudo do presente texto está voltado a analisar a participação dos terceiros que se inserem na relação processual.[24]

### 3. Princípio da bilateralidade das partes

Analisando de forma incisiva a configuração da relação processual, ela dependerá, conforme explanado, da existência de duas partes, para a composição do litígio[25] – o que a doutrina alemã denomina *Zweiparteienprinzip*.[26] Seria impensável o nascimento de uma demanda na qual ambos os polos sejam ocupados pelo mesmo sujeito. Referida situação é até concebível na forma de um incidente na relação processual, como na situação de confusão, quando a parte que falece lega o objeto do processo ao seu opositor. Nesta situação excepcional, assaz rara, a única solução viável estaria no encerramento da relação processual sem a resolução do mérito, nos termos do art. 485, X, do CPC.[27] O princípio da duali-

---

23. Cândido Rangel Dinamarco, *Litisconsórcio*, cit., p. 25.

24. Como alude Arruda Alvim: "Devemos observar, preliminarmente, que o conceito de parte expressa uma ideia menor do que aquela de sujeito do processo. Por sujeito do processo ou da relação jurídica processual, devem-se entender todos aqueles que figuram em tal relação" (*Tratado de Direito Processual Civil*, cit., vol. II, p. 18). Esta questão também foi desenvolvida com a habitual acuidade por Dinamarco, apontando o erro de Chiovenda em restringir o conceito de parte aos participantes da demanda. Isto acaba por eliminar os demais sujeitos do processo, que também integram a relação processual e são alvos do contraditório. Desta forma, é lícito falar não só em partes na demanda, mas em partes (ou sujeitos) no processo – visão, esta, que leva em consideração a participação e a integração dos *terceiros* (*Litisconsórico*, cit., 8ª ed., p. 22). Contra: Marinoni e Arenhart, *Manual do Processo de Conhecimento*, p. 170.

25. Donde se excluem os casos de jurisdição voluntária. V. nota de rodapé 15.

26. "Jeder Prozess (mit Ausnahme des Entmündigungs-und des Aufgebotsverfahrens) setzt zwei Parteien voraus, von denen die eine gegen die andere Rechtsschutz begehrt: sogenannts Zweiparteienprinzip" (Rosenberg/Schwab/Gottwald, *Zivilprozessrecht*, § 40, p. 217).

27. Ninguém pode litigar contra si mesmo, conforme lição precisa de Jauernig ("Daher kann niemand mit sich selbst prozessieren") (*Zivilprozessrecht*, cit., § 18, p. 57). O mesmo raciocínio aplica-se às pessoas jurídicas: "Werden beide Parteien nach-

dade, muito embora demonstre que o nascimento da relação processual somente deva ocorrer em face do conflito existente entre as partes, não esgota a realidade de atuação da tutela jurisdicional. Como já alertamos, vale relembrar que o juiz também atua nos procedimentos de jurisdição voluntária, os quais são notadamente voltados para a tutela de interesses convergentes e para os quais não se aplica o princípio da bilateralidade das partes.[28] As reformas processuais efetivadas desde 1994 caminham para o abandono da interferência judicial nesta seara, com o fim de direcionar a atuação do magistrado apenas para os casos mais relevantes e que justifiquem sua atuação. Mesmo antes da reforma do Código de Processo Civil podemos citar o importante texto da Lei 11.441/2007, que permitiu a emancipação dos jurisdicionados para a solução de processos, tais como arrolamentos, separações judiciais e divórcios diretos consensuais. A sentença judicial é substituída pela escritura pública. Até alguns anos atrás estes procedimentos eram exemplos clássicos de "processos necessários",[29] nos quais o interesse de agir era intuído (*in re ipsa*), pois as partes não podiam alcançar seu objetivo sem a participação do Estado-juiz.

Em vista do exposto, não resta dúvida quanto à necessidade da dualidade de partes na jurisdição contenciosa (*rectius*: dualidade de polos). Como ensina Jauernig: "O processo é construído sobre um sistema de dualidade de partes. Isto significa uma duplicidade: em cada processo existem pelo menos duas partes (autor e réu)".[30] Deste modo, delimitar

träglich identisch, etwa durch Erbfolge oder *Fusion juristischer Personen*, so wird der Prozess unzulässig" (Rosenberg/Schwab/Gottwald, *Zivilprozessrecht*, cit., § 40, p. 239). A extinção pode decorrer da ausência de legitimidade superveniente, uma vez que não há mais pertinência subjetiva no processo, conforme o art. 485, VI, do CPC.

28. Cf. Blomeyer, *Zivilprozessrecht*, cit., p. 65: "Anders als Verfahren der freiwilligen Gerichtsbarkeit erfordert der Zivilprozess zwei streitende Parteien". Segundo precisa lição de Couture: "El acto judicial no jurisdiccional no tiene partes en sentido estricto. Le falta, pues, el primer elemento de forma de la jurisdicción. En él, el peticionante o pretendor no pide nada contra nadie. Le falta, pues, un adversario. Él no es parte en sentido técnico, porque no es contraparte de nadie. (...)" (*Fundamentos del Derecho Procesal Civil*, p. 48).

29. *Processo necessário* é aquele em que há presunção *in re ipsa* do interesse de agir, porque a atividade jurisdicional seria essencial para sua ultimação. O processo de usucapião era um exemplo, mas com o art. 1.071 do CPC de 1973 passou a ser possível a solução extrajudicial em qualquer modalidade. São poucos os exemplos de processos necessários, dentre eles podemos citar o de adoção. Não existe a possibilidade de adoção extrajudicial.

30. "Der Prozess ist auf Zwei-Parteien-System aufgebaut. Das bedeutet ein Doppeltes: In jedem Prozess gibt es (nur) zwei Parteien (Kläger und Beklagter)"

quem será parte em cada polo consiste em tarefa vital, pois a força do comando judicial deverá emanar sua eficácia para quem participou da relação processual.[31] O princípio da dualidade de partes expõe a trama que envolve os contendores na relação processual e revela a percepção de Carnelutti sobre a questão, mediante clássica concepção sobre lide (conflito qualificado pela pretensão resistida[32]). Sua explicação, ainda que voltada para a ótica sociológica, visualiza o caráter conflituoso da relação processual e delimita os polos ativo e passivo das partes envolvidas na disputa (*princípio da contenciosidade*[33]).

(Jauernig, *Zivilprozessrecht*, cit., § 18, p. 57). Isto não impede que mais pessoas possam participar da relação processual, como se verá adiante.

31. O que não foge da sistemática do art. 506 do CPC: "A sentença faz coisa julgada às partes entre as quais é dada, nem prejudicando terceiros". O Código de 2015 mudou a redação anterior do art. 472, pois a coisa julgada poderá beneficiar, mas não prejudicar. Isto está refletido na alteração do art. 1.068 ("Livro Complementar – Disposições Finais e Transitórias"), que alterou a redação do art. 274 do CC brasileiro e permite que o credor solidário possa se beneficiar da eficácia da coisa julgada. Esta alteração relativiza o entendimento de que a autoridade da coisa julgada não afetará quem não participou da relação processual. Ela poderá beneficiar. Os terceiros poderão valer-se dos meios processuais adequados para a defesa de seus interesses quando ela extrapolar os limites subjetivos e afetar a posição jurídica dos interessados. Daí se percebe a extrema importância da *intervenção de terceiros*, que permite a participação de outrem em relação processual que poderá afetar sua esfera jurídica. Trata-se de um modo de otimizar a prestação da tutela jurisdicional. Sobre o enfoque do princípio da economia processual, sobre a coisa julgada e terceiros, v.: Enrico Allorio, *La Cosa Giudicata Rispetto ai Terzi*, pp. 326-330; Dinamarco, *Intervenção de Terceiros*, pp. 13-39; Eduardo Talamini, *Coisa Julgada e sua Revisão*, pp. 23-136. Sobre o papel do princípio da economia processual na intervenção de terceiros: Cássio Scarpinella Bueno, *Partes e Terceiros no Processo Civil Brasileiro*, pp. 18-19.

32. "La litis, por tanto, puede definirse como un conflicto (intersubjetivo) de intereses calificado por una pretensión resistida (discutida)" (Francesco Carnelutti, *Instituciones del Proceso Civil*, vol. I, p. 28).

33. Como ressalvam Lüke e Arens (*Zivilprozessrecht*, cit., p. 85) ao se referirem ao princípio da dualidade (*Das Zwei-Parteien-System*): "O princípio da dualidade das partes depende do que Martínez nomeia de *principio de contenciosidad*. O ilustre jurista considera, acertadamente, a atividade de jurisdição voluntária isenta de litigiosidade: 'es así como este carácter correlativo y recíproco-bifrontal-de parte permite a su vez distinguir entre parte y peticionario, proceso y procedimiento, y reservar el término 'jurisdicción' como abarcador del principio de contenciosidad, que excede y excluye la discutida jurisdicción voluntaria' (*Procesos con Sujetos Múltiples*, p. 35)". Interessante observar a posição de José Frederico Marques (*Ensaio sobre a Jurisdição Voluntária*, p. 304) no tocante à inexistência de coisa julgada formal nas decisões proferidas no procedimento de jurisdição voluntária. Isto elimina qualquer prejuízo ao terceiro interessado, que poderia obter a modificação posterior da decisão que lhe causasse algum prejuízo. V., ainda, Leonardo Greco, *Jurisdição Voluntária Moderna*, p. 44.

O princípio do contraditório está unido umbilicalmente ao princípio da dualidade das partes.[34] Desde que a relação processual seja pautada pela presença de partes com interesses, ainda que inicialmente, conflitantes, o contraditório será essencial para que possam expor suas razões e contribuir para a formação do convencimento do magistrado (art. 371 do CPC-2015). O Código de Processo Civil de 2015 vai além, pois veda a possibilidade de decisão-surpresa, nos termos do art. 10 (*Verbot der Überraschungsentscheid*). A existência do litisconsórcio nunca infirmará o princípio da bilateralidade, pois o princípio alude à necessidade de polos diversos, os quais poderão acoplar uma ou várias pessoas (físicas ou jurídicas).[35]

## 4. A capacidade de ser parte

O conceito de parte no processo envolve uma tríade, na qual o exame da capacidade para ser parte (*Parteifähigkeit*) constitui o primeiro degrau a ser enfrentado.[36] Este conceito aproxima-o daquele previsto para definir a capacidade no Código Civil brasileiro. Toda pessoa[37] que pretende estar em juízo deverá ter capacidade jurídica, atributo natural que advém da personalidade. Todo aquele que tem capacidade jurídica para ser titular de direitos e obrigações tem capacidade para estar em juízo. Outra não é a dicção do art. 70 do CPC, o qual dispõe: "Toda pessoa que se encontre no exercício de seus direitos tem capacidade para estar em juízo".[38]

---

34. "À base do contraditório (e porque sem ele o contraditório não teria sequer razão de ser) está o princípio da *dualidade de partes*, justificado elementarmente por esse fato de o processo projetar seus efeitos no patrimônio jurídico de (pelo menos) duas pessoas. (...)" (Dinamarco, *Litisconsórcio*, cit., p. 21).

35. Arruda Alvim, *Tratado de Direito Processual Civil*, cit., vol. II, p. 52. Ainda: Blomeyer, *Zivilprozessrecht*, cit., § 6º, p. 65 ("Ferner können auf jeder Parteiseite mehrere Beteiligte als Streitgenossen stehen" – Além disso, cada polo poderá conter mais de um participante como litisconsorte) [trad. livre].

36. "No debe identificarse el concepto de parte con el de persona, puesto que parte representa una calidad y no una persona, y puede estar integrada por varias personas" (Herman J. Martínez, *Procesos con Sujetos Múltiples*, vol. I, p. 266).

37. Sobre as origens do vocábulo "persona", v. Gabriel Baudry-Lacantinerie e Maurice Houques-Fourcade, *Trattato di Diritto Civile – Delle Persone*, vol. I, p. 270.

38. Cf. Fabio Caldas de Araújo e José Miguel Garcia Medina, *Código Civil Comentado*, p. 23. Apesar de antigo, o presente julgamento é preciso: "Pessoa jurídica extinta. Somente pode postular a tutela jurisdicional quem tem capacidade de exercer os seus direitos. Com a extinção da empresa, termina a sua existência jurídica (CC, art. 21), desaparece a sua personalidade jurídica e perde a sua capacidade processual

Observa-se que o art. 70 transporta regra do direito material (art. 1º do CC brasileiro).[39] Na verdade, tudo se resume à existência de personalidade, pois a capacidade jurídica é projeção da personalidade na vida jurígena de toda pessoa.[40] Personalidade e capacidade revelam significações aproximadas.[41] A capacidade delimita a personalidade ao atribuir concretamente a titularidade de direitos e obrigações.[42] A capacidade plena será a regra; e a incapacidade, a exceção.[43]

A capacidade de ser parte corresponde à capacidade jurídica, mas não esgota seu conceito nos limites impostos pela lei civil, justamente por ser um instituto processual.[44] Existirão entes[45] com personalidade judiciária, portanto, com capacidade para atuar em juízo, mesmo sem possuírem personalidade jurídica. Assim sucede com determinados sujeitos, como os

(CPC, art. 7º)" (TRF-1ª Região, 3ª Turma, ACi 91.01.02928-2- BA, rel. Juiz Vicente Leal, *DJU* 29.4.1991).

39. Sobre o tema deve ser consultada a Lei 13.146/2015 que cria o Estatuto da Pessoa com Deficiência e altera os arts. 3º e 4º do CC. A deficiência, por si só, não será mais causa de incapacidade (Lei 13.146/2015, art.4º), mas apenas de medidas de auxílio, como a Curatela ou a Tomada de Decisão (Lei 13.146/2015, art.84).

40. O que nem sempre aconteceu, pois os escravos, ainda que seres humanos dotados de personalidade, eram considerados *res* na fase arcaica do Direito Romano. Para análise do tema e das formas de manumissão (*vindicta, censu* e *testamento*), v.: Max Kaser, *Direito Privado Romano*, § 15, p. 106; Maynz, *Cours de Droit Romain*, vol. III, § 11, p. 395. Foi o que se observou inclusive no Brasil. No século XIX, o art. 42 do *Esboço* ainda classificava os escravos como bens semoventes; mas, ao mesmo tempo, multiplicaram-se os alvarás e decretos com hipóteses de manumissão, atendendo ao ideal de liberdade e igualdade. Sobre a legislação do Império, v. Teixeira de Freitas, *Consolidação das Leis Civis*, p. 35, nota 1.

41. Trabucchi, *Istituzioni di Diritto Civile*, p. 69.

42. Como informa Menezes Cordeiro, a doutrina e a sistematização acerca dos direitos da personalidade são relativamente recentes e têm em von Gierke seu expoente embrionário: "Chamamos direitos de personalidade aos direitos que concedem ao seu sujeito um domínio sobre uma parte de sua própria esfera de personalidade" (*Deutsches Privatrecht* I, pp. 702-703, *apud* Menezes Cordeiro, *Tratado de Direito Civil Português – Parte Geral*, vol. I, t. I, p. 203).

43. De acordo com precisa lição, "Rechtsfähigkeit ist deshalb die Fähigkeit, Träger von Rechten und Pflichten zu sein" (capacidade jurídica é por isso, a capacidade de ser portador de direitos e deveres (Larenz, *Allgemeiner Teil des Bürgerlichen Rechts*, p. 19, trad. livre).

44. Rosenberg, *Tratado de Derecho Procesal Civil*, cit., vol. I, p. 231.

45. O termo "ente" foi utilizado por Teixeira de Freitas como ponto de inflexão dos direitos e obrigações em relação a qualquer sujeito de direito. Esta construção influenciou Vélez Sarfield na formulação do art. 30 do CC argentino: "Son personas todos los entes susceptibles de adquirir derechos, o contraer obligaciones".

Tribunais de Justiça e as Câmaras Municipais (Súmula 525 STJ[46]). Eles podem defender suas prerrogativas essenciais em juízo, muito embora destituídos de personalidade jurídica – o que os obriga, na maioria das vezes, à integração processual com a Fazenda Pública (Federal, Estadual ou Municipal) no polo passivo.[47] Os entes despersonalizados serão alvo de tratamento específico.

A capacidade para o exercício efetivo de direitos subjetivos é implementada aos 18 anos (art. 5º do CC brasileiro), o que corresponderá à autonomia para que a pessoa física ingresse em juízo sem a necessidade de representação ou assistência (capacidade processual ativa[48]). Eventualmente o fato jurídico da maioridade (completude da idade) não será marcado pelo acontecimento biológico.[49] Casos especiais possibilitam a emancipação, motivo pelo qual a idade é apenas um dos elementos do suporte fático exigido pelo texto legal (art. 9º, II, do CC). A emancipação corresponde a uma suplementação, e poderá depender de ação material ou

---

46. *In verbis*: "A Câmara de vereadores não possui personalidade jurídica, apenas personalidade judiciária, somente podendo demandar em juízo para defender os seus direitos institucionais".

47. "A jurisprudência desta colenda Corte de Justiça possui entendimento pacífico e uníssono no sentido de que: '*Em nossa organização jurídica, as Câmaras Municipais não têm personalidade jurídica*' (grifo nosso). Têm elas, apenas, personalidade judiciária, cuja capacidade processual é limitada para demandar em juízo, com o intuito único de defender direitos institucionais próprios e vinculados à sua independência e funcionamento.

"É do Município a legitimidade, e não da Câmara de Vereadores, para figurar no polo ativo da ação ajuizada, *in casu*, com o fito de que sejam devolvidas as importâncias pagas a título de contribuições previdenciárias sobre a folha de salários, no que toca às remunerações dos ocupantes de cargos eletivos (vereadores), assim como que não sejam feitas novas cobranças para o recolhimento no pagamento dos agentes políticos referenciados.

"A relação processual se estabelece entre os ocupantes dos cargos eletivos e o Município.

"A ação movida pela Câmara Municipal é carente de condição processual para prosseguir, ante a sua absoluta ilegitimidade ativa.

"3. Precedentes mais recentes: REsp n. 649.824-RN, rela. Min. Eliana Calmon, *DJU* 30.5.2006, e REsp n. 696.561-RN, rel. Min. Luiz Fux, *DJU* 24.10.2005.

"4. Recurso especial provido" (STJ, 1ª Turma, REsp 946676-CE (200700978607), rel. Min. José Delgado, *DJU* 19.11.2007, p. 205).

48. O mesmo se diga quanto à capacidade processual passiva. Para o exercício da ação popular a legitimação será especial, pois bastará que o autor tenha 16 anos completos e seja eleitor (art. 5º, LXXIII, da CF de 1988).

49. Para a diferenciação entre *acontecimento* e *estado*, com ampla análise do fato jurídico: Pontes de Miranda, *Tratado de Direito Privado – Parte Geral*, t. I, p. 20.

processual. Na forma usual para a emancipação, o ato dependerá, unicamente, de instrumento público emanado dos responsáveis (ação material).

### 4.1  O nascituro

A capacidade para ser parte deverá reconhecida ao nascituro.[50] Como ensina Czyhlarz, embora no Direito Romano se considerasse, em um primeiro momento, que o embrião era apenas uma parte do corpo da mulher (*Der Embryo – nasciturus – ist noch keine Person, er ist portio mulieris vel viscerum*), reconheceu-se a proteção do nascituro sob a condição de seu nascimento com vida (*nasciturus pro iam nato habetur, quotiens de commodis eius agitur*).[51]

A questão sobre a capacidade de ser parte assume contorno delicado quanto ao nascituro (*ungeborenes Kind*). Se a capacidade depende da existência de personalidade, seria lícito conferir proteção processual ao nascituro? A resposta deverá ser positiva. Muito embora nosso sistema apenas confira a capacidade plena ao ser humano que nasce, o art. 2º do CC atual reafirmou a proteção às pretensões do nascituro: "A personalidade civil da pessoa começa do nascimento com vida; *mas a lei põe a salvo, desde a concepção, os direitos do nascituro*"[52-53] (grifos nossos).

A tutela dos direitos expectativos do nascituro é reconhecida em nosso sistema; e muito embora dependam do aperfeiçoamento, pelo nascimento com vida, são alvo de proteção especial, material e processual, com destaque para a possibilidade de concessão de alimentos ao nascituro.[54]

---

50. Sobre a polêmica no Direito Alemão, inclusive com argumento para a teoria dos direitos sem sujeito, v. Pontes de Miranda, *Tratado de Direito Privado – Parte Geral*, cit., t. I, pp. 50 e ss.

51. Czyhlarz, *Lehrbuch der Institutionen des Römischen Rechtes*, § 26, pp. 46-47. Sobre o assunto, v.: Fabio Caldas de Araújo e José Miguel Garcia Medina, *Código Civil Comentado*, cit., pp. 32-34.

52. Esta proteção é também conferida pelo Direito Alemão, que permite, inclusive, a nomeação de curador para o nascituro, nos termos do disposto pelos §§ 1.708 e 1.774 do *BGB*. Como ensina Köhler, o nascituro não possui capacidade, mas mesmo assim a lei lhe confere proteção, condicionando ao seu nascimento com vida: "Das ungeborene Kind ist nicht rechtsfähig. Zu seinem Schutz wird es aber den Fall der Lebendgeburt vielfach so behandelt, als ob es schon geboren wäre" (*BGB – Allgemeiner Teil*, § 20, p. 250).

53. *I Jornada de Direito Civil do Conselho da Justiça Federal/CJF*, Enunciado 1: "A proteção que o Código defere ao nascituro alcança o natimorto no que concerne aos direitos da personalidade, tais como: nome, imagem e sepultura".

54. Merece menção especial a Lei 11.408/2008, que disciplina a ação de alimentos em favor do nascituro. Sobre o assunto vide nosso texto em Medina, Araújo

Posicionamo-nos pela proteção irrestrita ao embrião, pela consideração de que a vida deve ser preservada não apenas no *ato* de sua plenitude, mas quando ainda se manifesta em *potência*.[55-56] Sobre a matéria, duas correntes básicas podem ser identificadas. Uma primeira que defende a proteção da vida desde a concepção, e uma segunda que somente reconhece a personalidade após o nascimento. Nosso Código agasalhou a proteção ao nascituro, e não considera o embrião apenas uma parte do corpo da mulher (*portio mulieris vel viscerum*). A manipulação de material genético põe em relevo questão ainda mais delicada. Surge nova questão centrada na discussão sobre o exato momento em que se inicia a vida. O embate nasce pela vindicação, de parte da comunidade científica, do direito de utilizar as células-tronco para pesquisas genéticas. O fim nobre da pesquisa justificaria a manipulação dos embriões, pois estariam servindo a uma causa humanitária, em benefício do próprio ser humano. Ainda que não seja o local adequado para a questão, vale lembrar que o argumento central repisa e revive o pensamento de Maquiavel de que os fins justificam os meios.[57] A Lei 11.105/2005, após grande período de resistência, abriu uma válvula de escape para a utilização de material genético para pesquisas com células--tronco (art. 5º). O texto permite, mediante a autorização dos genitores, a utilização dos embriões congelados há mais de três anos ou daqueles considerados inviáveis. A Lei 11.105/2005 foi objeto de uma ação direta de inconstitucionalidade (ADI 3.510) proposta pelo Procurador-Geral da República. O STF chegou a realizar uma audiência pública (20.4.2007), com fundamento no art. 9º, § 1º, da Lei 9.868/1999. O STF acabou definindo os rumos da pesquisa com embriões no dia 29.5.2008, quando, por maioria (seis a cinco), aprovou a pesquisa com material genético, nos

e Gajardoni, *Procedimentos Cautelares e Especiais*, vol. 4, p. 198. A própria seara cautelar oferecia proteção, *ex vi* art. 877 do CPC de 1973.

55. Para uma compreensão da doutrina do ato e potência, de autoria de Aristóteles, há um excelente texto de Giovanni Reale, *Introdução a Aristóteles*, pp. 51-53.

56. Precisa a lição, ainda atual, do saudoso professor Limongi França: "O nascituro é pessoa porque já traz em si o germe de todas as características do ser racional. A sua imaturidade não é essencialmente diversa da dos recém-nascidos, que nada sabem da vida e também não são capazes de se conduzir. O embrião está para a criança como a criança está para o adulto. Pertencem aos vários estágios do desenvolvimento de um mesmo e único ser: o homem, a pessoa" (*Manual de Direito Civil*, vol. I, p. 144).

57. Pensamento singular e próprio de um jus-racionalismo que visualizava a inexistência de limites para o homem alcançar seus objetivos. Como explica Nicola Abbagnano, referindo-se ao pensamento de Maquiavel: "Por outras palavras, o limite da actividade política reside na própria natureza dessa actividade. A tarefa política não tem necessidade de deduzir do exterior a própria moralidade nem a norma que a justifique ou lhe imponha os seus limites. (...)" (*História da Filosofia*, vol. V, p. 83).

termos da lei impugnada. O STF considerou que o *embrião pré-implanto* não é nascituro (ADI 3.510).

## 5. Capacidade e legitimidade

Dentro da Teoria Geral do Direito ainda é possível diferenciar os conceitos de *capacidade* e *legitimidade* como requisitos essenciais para que o ato jurídico atinja sua perfeição.[58] A legitimidade está ligada a um aspecto particular e específico, pressupondo a existência da capacidade como atributo essencial a todo ser humano. Desta forma, em algumas situações a legitimidade constitui elemento integrador essencial, sem o qual o ato/negócio jurídico não atinge seu fim. É o caso da venda de bem imóvel por parte do casal. Muito embora ambos sejam capazes para praticar os demais atos da vida civil, inclusive a venda de bens móveis, ambos dependerão de autorização mútua para alienar os bens imóveis, pois a legitimação para o ato somente estará demonstrada com a comprovação da outorga ou do consentimento do cônjuge.[59] No mesmo sentido é a lição de Arruda Alvim: "Realmente, a 'capacidade' é termo configurador de que alguém tem um dado atributo, que se agrega à sua personalidade, somando-se a esta, no mundo jurídico. Já, diversamente, o termo 'legitimação' sugere a ideia de conformidade de alguma coisa, no caso, de um sujeito com um dado modelo legal, e, pois, somente deve ser aferida *in concreto*, e à luz do outro sujeito".[60]

A noção de *legitimidade* transcende a órbita relativa à mera autorização para a prática de determinado ato. No processo civil ela expressa o conceito de legitimidade para a causa – o que exige sua análise transitiva, ou seja, em relação à parte adversa, que envolverá o liame jurídico deduzido e que será o ponto nodal a justificar a existência do próprio processo. Afinal, de nada adiantaria a parte autora demonstrar a necessidade da tutela jurisdicional mas invocá-la em face de pessoa estranha ao conflito. Teríamos, nesta situação, um flagrante caso de ilegitimidade, com sanção de resolução do processo sem análise do mérito, nos termos do art. 485 VI, do CPC. Em casos especiais o sistema cria mecanismos de ajuste para a integração e a formação correta do polo passivo. Exemplo

---

58. Sobre o tema: Donaldo Armelin, *Legitimidade para Agir no Direito Processual Civil Brasileiro*, pp. 14-20.

59. Para este exemplo específico deve ser realizada a ressalva para os casos em que os cônjuges tenham celebrado casamento pelo regime de separação absoluta de bens, nos termos do art. 1.647 do CC.

60. Arruda Alvim, *Tratado de Direito Processual Civil*, cit., vol. II, p. 53.

clássico, e que será objeto de nossa análise, refere-se à nomeação à autoria, que, apesar de ter sido eliminada como forma típica de intervenção de terceiros, sofreu um deslocamento quanto à sua previsão para o Capítulo VI da Parte Especial, Livro I ("Do Processo de Conhecimento e do Cumprimento de Sentença"), Título I ("Do Procedimento Comum"), que trata da contestação – o que consideramos um acerto do legislador, pois conferiu rendimento prático a um instituto moribundo perante o Código de Processo Civil revogado.

## 6. Os entes despersonalizados. Distinção necessária

Pelo que foi exposto até o presente momento, denota-se que toda pessoa física ou jurídica é apta a ser parte em uma relação processual.[61] A pessoa jurídica também possui capacidade para ser parte, seja ela de direito público, interno ou externo, ou de direito privado, e mesmo o ente despersonalizado (como a massa falida, o condomínio, o espólio ou a Câmara de Vereadores na defesa de seus interesses institucionais) – o que denota que a capacidade de ser parte é instituto essencialmente processual.[62] Da mesma forma, nada impede que a lei processual vede a capacidade para estar em juízo em relação a alguns entes, como acontece no Juizado Especial, onde se aplica o procedimento sumaríssimo, nos termos do art. 8º da Lei 9.099/1995 "Não poderão ser partes, no processo instituído por esta Lei, *o incapaz, o preso, as pessoas jurídicas de direito público, as empresas públicas da União, a massa falida e o insolvente civil*" (grifos nossos).

O conceito de *parte* é eminentemente processual. A parte será responsável pelo exercício da pretensão em juízo, e poderá ser diversa da pessoa que se arroga titular do direito material. Não resta dúvida de que a análise da legitimidade *ad causam* e da legitimidade *ad processum* exige a conjugação do direito material, pois a obediência ao princípio da autonomia do direito processual não deve chegar a ponto de cegá-lo e desvirtuar sua função essencial, que é a realização e a implementação do direito material.[63]

61. "Daher sind parteifähig alle natürlichen Personen, d.h. alle Menschen (BGB § 1), und alle juristischen Personen des privaten und des offentlichen Rechts" ("São partes todas as pessoas, isto é, todas as pessoas jurídicas de direito privado e público") (Othmar Jauernig, *Zivilprozebrecht*, cit., p. 58).

62. Pontes de Miranda, *Comentários ao Código de Processo Civil* (de 1939), cit., t. II, p. 11.

63. Cassio Scarpinella Bueno, *Partes e Terceiros no Processo Civil Brasileiro*, cit., pp. 5-7.

Todavia, o conceito de *parte* não deve ser confundido com o de *pessoa*.[64] A parte, que atuará no polo ativo ou passivo, poderá ser composta de uma ou várias pessoas.[65] O incapaz sempre necessitará da participação de seu responsável para atuar em juízo – o que reflete integração necessária para validar sua atuação na relação processual. A incapacidade é conceito oriundo do direito material, e pode ser *temporária* ou *definitiva*.[66]

Em algumas situações especiais, como na insolvência civil, na falência (Lei 11.101/2005), no inventário, surgem modalidades legais de representação. Trata-se de representação legal (art. 75 do CPC), pela qual o administrador, o síndico, o inventariante e o testamenteiro assumem o encargo provisório de administração de uma massa de bens. Muito se discutiu sobre a natureza da participação deste representante na relação processual. Na doutrina alemã considerava-se que a atribuição destes representantes na relação processual lhes conferia a natureza de partes.[67]

64. Importante e precisa a diferenciação realizada por Arruda Alvim (*Tratado de Direito Processual Civil*, cit., vol. II, pp. 40-44) entre o conceito de *parte* e *parte legítima*. O conceito de *parte legítima* envolve uma relação de transitividade. De acordo com o insigne processualista, "o conceito de parte expressa a realidade representada pelo *mero* fato, que se origina da afirmação feita pelo autor". Por outro lado, o segundo conceito inclui um novo elemento, o adjetivo "legítima", que congrega necessariamente a viabilidade da demanda em relação à parte contrária. Afinal, a parte autora será parte legítima em relação (transitividade) a uma determinada parte ré. Nesta consideração distinguem-se os conceitos de *legitimidade processual* e *legitimidade para a causa*. A primeira permeia os pressupostos processuais e se vincula à condução do processo. A segunda está relacionada em nosso sistema às condições da ação, pois a *legitimatio ad causam* diz respeito à afirmação do direito material. Ambas as legitimações compõem questões que podem ser analisadas *ex officio* pelo magistrado, nos termos do art. 267, § 3º, do CPC-1973, art. 485, §3º, do COC-2015.

65. "En realidad no se debe identificar – so pena de incurrir en equívocos – el concepto de parte con el de persona, pues que, como bien se ha señalado, parte representa una calidad y no una persona, y puede estar integrada por varias personas" (Hernán J. Martínez, *Procesos con Sujetos Múltiples*, cit., vol. I, p. 32). No mesmo sentido: Cassio Scarpinella Bueno, *Partes e Terceiros no Processo Civil Brasileiro*, cit., p. 37.

66. Ela pode ser temporária e decorrente da idade ou, mesmo, de doença que permita o restabelecimento. A interdição será necessária para situações de restrição total ou parcial da capacidade de gozo em relação aos incapazes, nos termos dos arts. 3º e 4º do CC. O procedimento especial para a interdição está previsto no art. 747 do CPC. Sobre o tema: Fabio Caldas de Araújo e José Miguel Garcia Medina, *Código Civil Comentado*, cit., pp. 36-39.

67. E podemos afirmar que ainda se considera, como se conclui da edição atual de alguns manuais, como o de Paulus, que englobam estas situações como casos de substituição processual, ou seja, "ein fremdes Recht im eigenen Namen prozessual geltend machen kann" (*Zivilprozessrecht*, § 3º, p. 28).

Seria uma modalidade especial de parte em função do cargo (*Partei Kraft Amtes*).[68]

## 7. Capacidade processual

É lícito diferenciar, no direito material, a *capacidade jurídica* da *capacidade de fato*. No processo civil pode ser efetuada correlação similar entre a *capacidade de ser parte* e a *capacidade processual*.[69] Esta corresponde ao efeito concreto de atuar em juízo, no polo ativo ou passivo (*legitima persona standi in judicio*).[70]

Em regra, a pessoa que deduz a pretensão em juízo tem relação direta com o direito material invocado. A legitimação para estar na causa (*ad causam* – condição da ação) identifica-se com a legitimação processual (*ad processum*), gerando a *legitimação ordinária*. Em outras situações, conforme comentado, poderá ocorrer a dissociação entre a titularidade da pretensão processual e a da pretensão de direito material. Neste caso, um terceiro (sem vinculação com o direito deduzido em juízo) terá a função de conduzir a relação processual, em nome próprio (*substituição processual*) ou em nome alheio (*representação*). Opera-se o que se denomina de *legitimação extraordinária*.

## 8. Legitimação ordinária e extraordinária

A legitimidade processual *ordinária* ou *extraordinária* diz respeito à capacidade processual, e não se confunde com a legitimidade *material* ou *ad causam*, pois nesta se perquire a viabilidade da afirmação do direito em face do titular da pretensão. Tomemos como exemplo a ação de alimentos. O menor impúbere, sem dúvida, é o titular da pretensão material, ou seja, é o detentor do direito de receber os alimentos; mas, ao mesmo tempo, não tem legitimidade para atuar no processo, pois necessita ser representado por seu tutor, curador ou genitor.[71] Há uma necessidade de

---

68. Para uma visão detalhada da *Amstheorie* e sua aplicação aos casos de insolvência, sucessão e testamento: Rosenberg/Schwab/Gottwald, *Zivilprozessrecht*, cit., § 40, p. 237).

69. "Die Prozessfähigkeit entspricht der Handlungsfähigkeit des bürgerlichen Rechts" (Rosenberg/Schwab/Gottwald, *Zivilprozessrecht*, cit., § 44, p. 262).

70. Rosenberg/Schwab/Gottwald, *Zivilprozessrecht*, cit., § 44, p. 262; Arruda Alvim, *Manual de Direito Processual Civil*, cit., vol. II, p. 30.

71. CPC: "Art. 71. O incapaz será representado ou assistido por seus pais, por tutor ou por curador, na forma da lei". A representação pode ser legal ou convencional.

integração da capacidade processual, mediante *representação*, onde um *terceiro defende direito alheio em nome alheio*[72] – o que não se confunde com a *substituição processual*, em que *terceiro*, expressamente autorizado por lei (art. 18 do CPC), *atua em nome próprio defendendo interesse alheio*.[73] Nesta última situação o substituto somente poderá atuar com previsão legal expressa; afinal, estará ingressando em juízo independentemente da vontade do titular da relação jurídica de direito material. Como o substituto defende interesse alheio, a análise do interesse processual perde seu foco, pois o fundamento de sua atuação em juízo opera *ope legis*.[74] Como titular da relação processual, possui a responsabilidade pela gestão dos atos processuais – o que inclui a condenação por litigância de má-fé, bem como nas verbas da sucumbência.

O desenvolvimento da doutrina sobre a legitimação extraordinária é atribuído aos estudos pioneiros de Kohler sobre o usufruto (*die Dispositionießbrauch*).[75] No entanto, foi Wach quem diferenciou os conceitos de parte *material* e parte *formal*, isolando este último (*prozessualische Parteibegriffe*) e abrindo as portas para a compreensão deste instituto.

Kohler transpôs o conceito de substituição do direito material para o direito processual, criando-se a figura do *Prozessführungsrecht*,[76] ou seja, "ist das Recht, einen Prozess als die richtige Partei im eigenen Namen zu führen"[77] ("é o direito de condução do processo por quem não seja o titular da pretensão ali deduzida"). Quando o direito de condução do processo for realizado por terceiro em nome próprio, surge, então, a substituição processual, a qual é chamada de *Prozessstandschaft*. O substituto não é

Nesta situação teríamos uma representação legal (*Die gesetzliche Stellvertretung*), como assinalam Baur/Grunsky (*Zivilprozessrecht*, cit., 9ª ed., § 6º, p. 70.

72. Como ensina Jauernig (*Zivilprozessrecht*, cit., p. 62): "Der Vertreter handelt in *fremdem Namen*" ("O representante age em nome alheio" – tradução livre).

73. Rosenberg/Schwab/Gottwald, *Zivilprozessrecht*, cit., § 46, p. 272.

74. Correto o ensinamento de Cassio Scarpinella Bueno ao lembrar que "o interesse do substituto é traçado pela lei, pelo quê tende a se confundir com a própria pesquisa em torno de saber se, para o caso concreto, há ou não autorização legal para o substituto agir" (*Partes e Terceiros no Processo Civil Brasileiro*, cit., p. 49).

75. Rosenberg/Schwab/Gottwald, *Zivilprozessrecht*, cit., § 46, p. 273.

76. A legitimação tem relevo no que toca ao poder de condução do processo. Não importa a titularidade do direito material, e sim quem terá capacidade de conduzir o processo, quem será o titular ativo ou passivo do objeto litigioso (*Streitgegeständ*).

77. Baur/Grunsky, *Zivilprozessrecht*, 12ª ed., § 6º, p. 76.

titular do direito deduzido; portanto, não possui a legitimação originária (*Sachlegitimation*).[78]

Ainda que no estágio atual o conceito de *parte* esteja restrito a quem se insere na relação processual, "Kläger ist, wer die Klage erhebt; Beklagter ist, gegen wen sich die Klage richtet"[79] ("autor é quem propõe a ação; réu é contra quem a ação é proposta"), na substituição processual *parte* será o substituto (*Partei ist der Prozessstandschaft*), embora os efeitos da sentença atinjam o titular da pretensão de direito material deduzida (*Die Wirkungen des Urteils treffen den Rechtsträger*).[80]

### 8.1 A legitimação extraordinária e as ações coletivas

Já se afirmou que a legitimação extraordinária decorre da dessemelhança entre o titular da pretensão deduzida e aquele que ingressa como autor da ação. O fundamento legal está no art. 18 de nosso CPC, o qual determina que "ninguém poderá pleitear direito alheio em nome próprio, salvo quando autorizado pelo ordenamento jurídico". O art. 18 enfoca o instituto sob a ótica individual e coletiva, uma vez que a nova redação do Código de Processo Civil fala expressamente em "ordenamento jurídico", permitindo a integração sistêmica e o diálogo entre as fontes (*Der Dialog der Quellen*). Hodiernamente sua aplicação estende-se para interesses coletivos, permitindo a defesa de interesses homogêneos, de grupos e categorias, e, por fim, a defesa da própria sociedade. Alguns diplomas alienígenas recepcionaram a legitimação extraordinária coletiva dentro do próprio estatuto processual, traduzindo uma modificação nos meios de acesso à Justiça, como reflexo da ascensão da sociedade de massas. No sistema brasileiro a previsão encontra-se na legislação extravagante,

---

78. Precisa a lição de Rosenberg/Schwab/Gottwald (*Zivilprozessrecht*, cit., § 46, p. 272): "Der Prozessführungsbeugt führt den Rechtsstreit als Kläger oder Beklagter im eigenen Namen. Er muss daher grundsätzlich klarstellen, dass er nicht ein eigenes Recht geltend macht. Lediglich der Sicherungszedent braucht die stille Zession nicht aufzudecken". No mesmo sentido adverte Musielak quanto à necessidade de não confundir a legitimação para a condução do processo (*Prozessführungsbefugnis*) com a legitimação material para a causa (*Sachlegitimation*): "Nicht zu verwechseln mit der Prozessführungsbefugnis ist die Sachlegitimation. Die Sachlegitimation betrifft die Frage, ob dem Klager nach dem materiellen Recht das von ihm geltend gemacht subjektive Recht zusteht (sog. Aktivlegitimation) und ob es sich gegen den beklagten richtet (sog. Passivlegitimation)" (Hans-Joachim Musielak, *Grundkurs ZPO*, § 3º, 120, p. 78).

79. Baur/Grunsky, *Zivilprozessrecht*, cit., 12ª ed., § 6º, pp. 76-77.

80. Fritz Baur/Wolfang Grunsky, *Zivilprozessrecht*, § 6º, p. 78, Luchterhand, 12ª ed., 2006.

com especial relevo para a ação popular,[81] a ação civil pública[82] e para as ações coletivas do Código de Defesa do Consumidor,[83] dentre outros diplomas.[84]

### 8.1.1 As ações coletivas e a "Rule 23: class action"

A legitimação extraordinária, aplicada em seu conceito tradicional, apenas explicaria a atuação de uma pessoa por outra em juízo dentro de hipóteses cerradas pelo texto legal.[85] O crescimento das tensões sociais e o incremento dos negócios jurídicos em escala coletiva (próprio de uma sociedade consumista) exigiram uma resposta dos mecanismos processuais hipertrofiados, os quais ainda estavam moldados de acordo com a ideologia do Estado Liberal do século XIX. Dentre os mecanismos desenvolvidos para a defesa de interesses coletivos, entendidos como aqueles provenientes de uma origem comum, destaca-se a criação da *class action*.[86] Seu marco é comumente fixado a partir de uma emenda de 1966 na legislação federal americana, a famosa *Rule 23*, que se transformou no meio de defesa dos ambientalistas, consumidores e associações para a proteção dos interesses coletivos.[87] Contudo, muitos autores apontam que seu uso indiscriminado a transformou num verdadeiro "Frankstein Monster",[88] devido à sua utilização como meio de *chantagem legalizada*.

81. Nossa ação popular, com previsão constitucional no art. 5º, LXXIII, permite que qualquer cidadão possa propor ação que vise a anular os atos lesivos ao patrimônio público ou de entidade que o Estado participe. Para tanto, engloba no permissivo de legitimação a moralidade administrativa, o meio ambiente e o patrimônio histórico e cultural, ficando o autor isento de custas, salvo comprovada má-fé.

82. Cf. Lei 7.347/1985, em especial arts. 1º e 5º.

83. Cf. Lei 8.078/1990, art. 81, parágrafo único.

84. Para um panorama geral sobre ação coletiva: Rodolfo de Camargo Mancuso, *Jurisdição Coletiva e Coisa Julgada: Teoria Geral das Ações Coletivas*, passim.

85. A legitimação extraordinária que informa as ações coletivas possui conotação diversa quando comparada com sua incidência no processo individual; afinal, "o que é excepcional no processo não coletivo é o normal e o constante no processo coletivo" (Arruda Alvim, *Tratado de Direito Processual Civil*, cit., vol. II, p. 65).

86. Sobre o conceito e a aplicação das *class actions*, v. Jack H. Friedenthal e outros, *Civil Procedure*, Minnesota, West Publishing, 1997, p. 721.

87. Segundo Mancuso, podem ser identificados períodos anteriores a 1966 na fase de desenvolvimento da *class action*, notadamente 1842, marcado pelo seu nascimento, e posteriormente 1938 e 1966. Segundo o ilustre processualista, seus antecedentes ainda podem ser visualizados, em alguns pontos na vetusta previsão da *actio popularis romana* (*Jurisdição Coletiva e Coisa Julgada: Teoria Geral das Ações Coletivas*, cit., p. 28).

88. Jack Friedenthal e outros, *Civil Procedure*, cit., pp. 722-723.

A *class action* consiste em uma ação onde um autor, seja como representante ou membro de uma categoria, procura obter em juízo uma sentença favorável que possa beneficiar a todos os membros que represente ou que pertençam à sua categoria. Trata-se de poderoso remédio processual para a tutela dos *small claims*[89] e, ao mesmo tempo, possibilita a economia de juízos, pois uma situação comum a toda uma coletividade é analisada por uma única sentença. Assim, casos que, individualmente analisados, não possuiriam qualquer relevância (*e.g.*: a repetição de indébito da famosa taxa de iluminação pública, antes da Emenda Constitucional 39/2002) podem assumir grandes proporções quando analisados em conjunto – o que representa um instrumento de avanço social, pois tais pretensões não poderiam ser alvo de tutela mediante categorias jurídico-processuais moldadas e direcionadas para a proteção individual. O ajuizamento de uma *class action* exige obediência a certos requisitos ou condições, os quais são denominados de *federal class action prerequisites*.[90]

Os pré-requisitos estão ligados à necessidade de junção de todos os membros, em função do grande número de pessoas que compõem o grupo. Deve-se assegurar que as questões postas em juízo sejam de natureza comum e conectadas a uma das espécies previstas em lei – o que denota uma tipicidade ínsita a este sistema. Por fim, a representação do grupo deverá ser efetuada de modo leal e adequado.[91] Em nosso sistema a legitimação para as ações coletivas assume conotação concorrente e disjuntiva e tem inspiração no modelo norte-americano, sendo a Lei da Ação Civil Pública (Lei 7.347/1985) o diploma inaugural.[92] O primeiro

---

89. "On the other hand, the procedure may represent the only viable method for people with small claims to vindicate their rights or for important social issues to be litigated" (Jack Friedenthal e outros, *Civil Procedure*, cit., p. 722).

90. As condições genéricas também podem ser expressas através das seguintes indagações, as quais devem ser respondidas afirmativamente: *Is there an identifiable class? Are those purporting to represent that class members of it? Is the class so large that joinder is impracticable? Are there questions of law or fact common to all the class members? Are the claims or defenses of the representatives of the class typical of thoseof other class members? Will the representatives adequately represent and protect the interests of the absent class members?*.

91. Luís Filipe Colaço Antunes, *A Tutela dos Interesses Difusos em Direito Administrativo*, p. 151.

92. É possível antever, como lembra Elton Venturi (*Processo Civil Coletivo*, São Paulo, Malheiros Editores, 2007, pp. 164-172), a ação popular como primeiro instrumento de tutela dos interesses metaindividuais; contudo, de forma extremamente embrionária, em vista do aperfeiçoamento do mecanismo oferecido pela Lei da Ação Civil Pública e posteriormente pelo Código de Defesa do Consumidor.

diploma a tratar do ressarcimento individual gerado por dano coletivo foi a Lei 7.913/1989, que disciplinou o ressarcimento aos investidores do mercado mobiliário. Um ano após seria promulgado o Código de Defesa do Consumidor (Lei 8.078/1990), onde, então, se regulamentou a versão brasileira da *class action for damages*.[93]

### 8.1.2 A representação adequada

A chamada *adequacy of representation* enseja a questão relativa ao representante da classe junto à Corte. A *Rule 23* determina que: "The representatives parties will fairly and adequately protect the interests of the class".[94] A iniciativa processual para a defesa da *class* poderá ser realizada por qualquer membro.[95] Ao defender seu interesse próprio, atua como representante da coletividade. Todavia, tendo-se em vista a grande responsabilidade do representante, o juiz exerce um papel mais ativo junto ao processo, pois deve examinar se os interesses dos membros restantes estão efetivamente representados. Neste sentido, a representação não dependerá do consenso unânime da *class*, mas deverá estar sob a vigilância do órgão jurisdicional.[96] Na verdade, a tutela adequada está ligada à qualidade e à competência do representante. No Direito Brasileiro a questão comporta solução e compreensão mais simples; afinal, somente os legitimados específicos ostentarão legitimidade *ad processum* para veicular a defesa dos interesses coletivos em juízo. No sistema norte-americano não. Como qualquer membro da classe pode ingressar em juízo para defender o interesse da classe, o juiz sempre deverá realizar profundo exame sobre a *adequação dessa representação*. No Brasil a adequação da representação não pode ser analisada em relação aos legitimados que ostentam a autorização expressa. Mas observa-se que, em relação às associações, *ex vi* do art. 5º, V, "b", da Lei 7.347/1985, houve a transposição do conceito de "representação adequada" sob a forma de *pertinência temática*.[97] Especificamente no campo do direito processual,

---

93. *Código de Defesa do Consumidor omentado pelos Autores do Anteprojeto*, Ada Pellegrini Grinover e outros, p. 672.

94. "Os representantes das partes protegerão justa e adequadamente os interesses da classe" (tradução livre).

95. Sobre a questão, com grande proveito: Arruda Alvim, *Tratado de Direito Processual Civil*, cit., vol. II, pp. 112 e ss.

96. "The representative need not have explicit authority from the class members to act on their behalf" (Jack H. Friedenthal e outros, *Civil Procedure*, cit., p. 730).

97. Conceito que assume papel relevante na jurisprudência do STF para a análise da legitimidade ad causam na ação direta de inconstitucionalidade. Eis a posição do

os fatos jurídicos ligados ao consumo em massa exigiram transformações orientadas a propiciar o acesso à Justiça. O sistema norte-americano detectou três principais fatores que seriam causa para a utilização de uma ação de classe: (1) os litigantes podem ignorar o direito à tutela jurisdicional, porque não conhecem seus direitos ou que são vítimas de alguma lesão; (2) os custos do litígio podem desanimar o litigante individual; (3) a Corte pode estabelecer um valor de alçada para o ingresso da ação.[98]

Não devemos esquecer que a *class action* está vocacionada à formação da *res judicata* para todos os membros da "classe". A não extensão da autoridade da coisa julgada para todos os membros será excepcionada em duas situações básicas. Inicialmente, pela manifestação expressa do membro em não participar da ação, em caso de discordância dos termos da pretensão (*right to be out*). O direito de não participar do processo exige a publicidade quanto ao exercício da pretensão coletiva. A segunda situação cinge-se ao juízo de valoração do magistrado quanto à ausência de representação adequada. Como ensina Arruda Alvim, esta análise deverá se pautar pelo exercício de defesa vigorosa em relação ao interesse da classe. O ilustre processualista narra decisão singular da Corte norte-americana, na qual foram afastados os efeitos da coisa julgada pela inexistência de representação adequada. O representante não teria apelado da decisão judicial porque seu interesse particular estaria satisfeito com o teor da decisão prolatada. Contudo, outras questões referentes aos demais representados restaram preclusas, e, dessa forma, não foram alvo de tutela adequada, uma vez que o representante poderia

STF: "O requisito da pertinência temática – que se traduz na relação de congruência que necessariamente deve existir entre os objetivos estatutários ou as finalidades institucionais da entidade autora e o conteúdo material da norma questionada em sede de controle abstrato – foi erigido à condição de pressuposto qualificador da própria legitimidade ativa *ad causam* para efeito de instauração do processo objetivo de fiscalização concentrada de constitucionalidade – Precedentes" (STF, Tribunal Pleno, ADI/MC 1.157-DF, rel. Min. Celso de Mello, *DJU* 17.11.2006, p. 47). O requisito da pertinência temática não é exigido de todos os legitimados previstos pelo art. 103 da CF de 1988.

98. "There are at least three principal reasons why persons with small and modest claims may fail to seek judicial relief. First may be ignorant of their rights, and the harms they have suffered may be too small to justify investigation of their entitlements. Second, the costs of litigation may be too large to justify suit. Third, certain Courts may require that a minimum amount of money be stake before they will assume jurisdiction. The class action can potentially help overcome all three of these obstacles" (E. Johnson Jr. e outros, "Access to Justice in the United States: the economic barriers and some promising solutions", in Mauro Cappelletti e Bryant Garth (eds.), *Acess to Justice – A World Survey*, vol. I, Book II, pp. 993-994).

ter interposto o recurso competente e esgotado o contraditório, para a plena defesa da classe.[99]

Pela análise do procedimento da *class action* é correto afirmar que o papel do juiz ganha relevo, pois assume o papel de guardião sobre condição de procedibilidade que é vital para a a garantia de um contraditório justo e equilibrado. Note-se que os conceitos básicos do processo civil clássico não se amoldam aos institutos processuais de âmbito coletivo.[100] Tomando em consideração as disposições dos arts. 103 e 104 do CDC, conclui-se pela vocação das ações coletivas para a formação da coisa julgada com eficácia expansiva no que tange à defesa dos interesses difusos. A natureza metaindividual do interesse propicia um efeito expansivo natural da coisa julgada. Todavia, este mesmo regime abrange a tutela dos interesses coletivos e individuais homogêneos.

### 8.1.3 A ação coletiva e a realidade do Direito Brasileiro

Como já afirmamos, no sistema brasileiro a previsão da legitimação extraordinária para a tutela dos interesses coletivos está alocada perante a legislação extravagante, com especial relevo para a ação popular,[101] a ação civil pública,[102] as ações coletivas do Código de Defesa do Consumidor[103] e o mandado de segurança coletivo. Parte da doutrina defende que a sedimentação dos interesses coletivos como categoria jurídica autônoma não permitiria mais uma abordagem da legitimação processual sob a perspectiva extraordinária, em face dos interesses difusos e coletivos. Na verdade, o elemento essencial na legitimação extraordinária (ou substituição processual) é a existência de partes definidas e estabilizadas quanto ao substituto e ao substituído. Esta noção desaparece em relação aos interesses difusos e coletivos, marcados pela natureza transindividual. Sendo assim, parte da doutrina reconhece que a tutela coletiva destes interesses representaria uma hipótese de legitimação ordinária.[104] Este posicionamento traz a dificuldade de tornar os legitimados

---

99. Arruda Alvim, *Tratado de Direito Processual Civil*, cit., vol. II, p. 116.

100. Para uma análise do sistema processual do processo coletivo, v. Ada Pellegrini Grinover e outros, *Código de Defesa do Consumidor Comentado pelos Autores do Anteprojeto*, passim.

101. Cf. Lei 4.717/1965, especialmente o art. 1º.

102. Cf. Lei 7.347/1985, em especial art. 5º.

103. Cf. Lei 8.078/1990, art. 82.

104. Neste sentido Mancuso, admitindo a mudança do seu posicionamento (*Ação Civil Pública*, p. 160).

coletivos autênticos portadores do direito material envolvido em juízo, quando, na verdade, defendem o interesse de toda uma coletividade.[105] Este problema aumenta em face dos interesses individuais homogêneos, os quais são, em sua essência, interesses individuais – fato que impede o afastamento da figura da legitimação extraordinária. Segundo Nelson Nery Jr., as ações coletivas são informadas por um regime especial, pois enquanto na substituição processual, sob a ótica individual, existe uma clara determinação quanto a quem são o substituto e o substituído, nas ações coletivas os substituídos são indefinidos, pela natureza transindividual dos interesses difusos.[106] Esta indeterminação gera a necessidade de um modelo próprio de legitimação, ao qual o ilustre processualista, com apoio na dogmática alemã, denomina de "legitimação autônoma" para a condução do processo (*selbständige Prozessführungsbefugnis*).[107] Na verdade, o instituto da substituição processual foi erigido para permitir a condução do processo entre partes definidas; logo, existindo uma coletividade, como substituída, e entidades autorizadas a litigar, como substitutos. A autorização seria conferida pela norma legal. O único problema desta concepção esbarra em considerar a legitimação como ordinária, e não extraordinária. A existência de diversos legitimados para as ações coletivas bem como a exigência de pertinência temática para parte destes não se coadunam com o instituto da legitimação ordinária. A par das divergências, é forçoso reconhecer que o sistema atual confere plena legitimidade para a defesa dos interesses individuais homogêneos, coletivos e difusos. Dentre os legitimados, em escala, encontramos: o cidadão, o qual atua através da ação popular e, como será exposto em seguida, exercerá papel fundamental na defesa do patrimônio público; as entidades intermediárias, através de suas associações e sindicatos; as entidades públicas da Administração direta e da indireta; a Defensoria Pública; e, por fim, o Ministério Público.

105. Didier Jr. e Zaneti Jr., *Curso de Direito Processual Civil*, p. 193.

106. O substituto processual defende direito de titular determinado. Como os titulares dos direitos difusos são indetermináveis e os dos interesses coletivos indeterminados (CDC, art. 81, parágrafo único, I e II), sua defesa em juízo é realizada por meio de legitimação autônoma para a condução do processo (*selbständige Prozessführungsbefugnis*), estando superada a dicotomia clássica legitimação ordinária e extraordinária" (Nelson Nery Jr. e Rosa Maria de Andrade Nery, *Código de Processo Civil Comentado e Legislação Extravagante*, p. 180).

107. Nelson Nery Jr. e Rosa Maria de Andrade Nery, *Código de Processo Civil Comentado e Legislação Extravagante*, cit., p. 178.

## 8.2 Legitimação extraordinária passiva ("defendant class action")

Ponto interessante, e alvo de grande debate, consiste na possibilidade de coletividades comporem o polo passivo em ações coletivas.[108] A complexidade das teias sociais e negociais torna imperiosa uma discussão sobre o regramento das coletividades no polo passivo, em vista da sociedade de massa em que vivemos. Há uma tendência natural de fortalecimento dos entes intermediários, anteriormente denominados de ligas ou corporações de ofício. Criadas para a defesa de uma classe, elas ressuscitaram no século XX através das associações e sindicatos. A economia de litígio, o menor custo e a delonga no processo exigirão uma solução quanto à disciplina legal da ação coletiva passiva, cujo maior problema reside nos limites subjetivos da coisa julgada. Sob o ponto de vista doutrinário há uma resistência quanto à legitimidade passiva dos entes coletivos, em virtude da própria disciplina legal na qual se apoia o modelo brasileiro, o qual não acompanhou o Direito Norte-Americano.[109]

No sistema brasileiro, proposta ação coletiva, o art. 94 do CDC determina a publicidade para permitir a cientificação de todos aqueles que tenham interesse direto na causa: "Proposta a ação, será publicado edital no órgão oficial, a fim de que os interessados possam intervir no processo como litisconsortes, sem prejuízo de ampla divulgação pelos meios de comunicação social por parte dos órgãos de defesa do consumidor". O legitimado individual não sofrerá qualquer prejuízo caso sua pretensão já esteja judicializada – portanto, pendente. Nesta situação abre-se dupla possibilidade ao legitimado. A primeira é continuar com a ação individual e se sujeitar ao resultado dessa demanda. Eventual improcedência estará acobertada pela eficácia preclusiva do art. 507 do CPC. Mesmo que a ação coletiva seja julgada procedente, não existirá a possibilidade de aproveitamento da coisa julgada. A questão foi encerrada pela ação individual. A segunda opção, mais benéfica, consiste em pedir a suspensão do processo, tal como determina o art. 104 do CDC. Como não há litispendência entre a ação individual e a ação coletiva, o legitimado individual deverá aguardar o julgamento da ação coletiva. Sendo improcedente, dará prosseguimento à ação individual, com possibilidade

---

108. Sobre o tema: Jordão Violin, *Ação Coletiva Passiva: Fundamentos e Perfis*, pp. 93 e ss.; Ibraim Rocha, *Litisconsórcio, Efeitos da Sentença e Coisa Julgada na Tutela Coletiva*, p. 102; Ivone Cristina de Souza João, *Litisconsórcio e Intervenção de Terceiros na Tutela Coletiva*, pp. 97-98.

109. Pedro Lenza, *Teoria Geral da Ação Civil Pública*, p. 192.

de sucesso. O art. 104 do CDC relega sua aplicação para as hipóteses do art. 103, I e II (interesses difusos e coletivos), mas incide por via transversa ao art. 103, III, pois este mesmo dispositivo determina, no seu § 2º, que a improcedência somente prejudicará os legitimados individuais que tenham participado do processo como litisconsortes.[110] Desta forma, duas situações essenciais prejudicariam o legitimado individual. A improcedência de sua demanda, caso não tenha requerido a suspensão, e sua participação como litisconsorte (*rectius*: assistente litisconsorcial) na demanda coletiva. Nestes dois casos ele estaria impossibilitado de rever sua pretensão individual.

O regime da coisa julgada no âmbito coletivo é extremamente importante, pois a imunização da decisão judicial refere-se ao objeto do litígio (limites objetivos da *res judicata*), bem como às partes litigantes (limites subjetivos da *res judicata*). Há uma afirmação comum, e muitas vezes apressada, de que o regime da coisa julgada nas ações coletivas obedece ao regime *secundum eventum litis* e *secundum eventum probationis*. Um exame atento informa que haverá unicamente a imunização em relação aos partícipes da relação processual.[111]

Na demanda coletiva os entes coletivos legitimados a propor as pretensões coletivas, nos termos do art. 81, parágrafo único, I, II e III, do CDC, também se submetem ao regime *pro et contra* da coisa julgada. A demanda julgada improcedente não poderá ser repetida. A previsão da coisa julga *secundum eventum probationis* somente prevalecerá quando a improcedência tenha sido fruto da insuficiência probatória. Será essencial analisar a fundamentação da sentença. Quando o juiz profere sentença de improcedência por ausência de provas, profere um julgamento em que a cognição não se torna exauriente, nos termos do art. 103, I e II, do CDC.[112] Note-se que numa demanda individual esta solução não é aplicável (art. 502 do CPC). Quando o juiz julga improcedente uma lide

---

110. CDC, art. 103, 2º: "Na hipótese prevista no inciso III, em caso de improcedência do pedido, os interessados que não tiverem intervindo no processo como litisconsortes poderão propor ação de indenização a título individual". Como observou Arruda Alvim, não se trata propriamente de litisconsórcio, mas de assistência litisconsorcial (*Tratado de Direito Processual Civil*, cit., vol. II, p. 142).

111. V. a excelente sistematização de Fredie Didier Jr., *Recurso de Terceiro – Juízo de Admissibilidade*, pp. 86-93.

112. CDC, art. 103: "Nas ações coletivas de que trata este Código, a sentença fará coisa julgada: I – *erga omnes*, exceto se o pedido for julgado improcedente por insuficiência de provas, hipótese em que qualquer legitimado poderá intentar outra ação, com idêntico fundamento, valendo-se de nova prova, na hipótese do inciso I do parágrafo único do art. 81; II – *ultra partes*, mas limitadamente ao grupo, categoria ou

individual por ausência de prova, forma-se a coisa julgada *pro et contra* (art. 487 do CPC). Há algum tempo, em vista da "descoberta" dos direitos fundamentais, alguns juristas procuram transportar o regime da coisa julgada *secundum eventum probationis* para relativizar a coisa julgada, notadamente em ações de investigação de paternidade ou em sentenças proferidas contra o Poder Público.[113] Nas demandas coletivas para a proteção dos interesses individuais homogêneos a formação da coisa julgada se dará *pro et contra*. Não se trata propriamente de julgamento *secundum eventum litis*, pois, julgado improcedente o pedido, o ente coletivo também não poderá repetir o feito. Nestas ações (art. 103, III, do CDC) a coisa julgada será *erga omnes*, com transporte *in utilibus* para a esfera individual (plano executivo) somente em caso de procedência do pedido. Julgado improcedente, caberá ao litigante prejudicado propor a ação individual, observando as duas restrições já citadas, conforme os arts. 103, § 2º, e 104 do CDC.

### 8.3 O mandado de segurança coletivo e o diálogo das fontes

O mandado de segurança não tutela apenas a esfera individual, pois engloba a proteção coletiva. A tutela dos interesses difusos e coletivos pela via estreita do mandado de segurança agora possui previsão expressa na Lei 12.016/2009, sem ignorar a previsão do art. 5º, LXX, da CF de

classe, salvo improcedência por insuficiência de provas, nos termos do inciso anterior, quando se tratar da hipótese prevista no inciso II do parágrafo único do art. 81; (...)".

113. Atualmente o STF definiu que a relativização é possível nas ações relativas à filiação, em vista do direito fundamental ao conhecimento da origem e da ancestralidade. O STJ adotou o seguinte posicionamento: "O STF, no julgamento do RE n. 363.889-DF, de relatoria do Min. Dias Toffoli, *DJe* de 16.12.2011, reconheceu a repercussão geral da questão e, no mérito, consolidou o entendimento de que 'deve ser relativizada a coisa julgada estabelecida em ações de investigação de paternidade em que não foi possível determinar-se a efetiva existência de vínculo genético a unir as partes, em decorrência da não realização do exame de DNA, meio de prova que pode fornecer segurança quase absoluta quanto à existência de tal vínculo'. É possível, com base na Súmula n. 168/STJ, inadmitir embargos de divergência quando a jurisprudência da Corte estiver no mesmo sentido do acórdão embargado – Agravo regimental não provido" (STJ, 2ª Seção, EREsp/AgR 1.201.791-SP, rel. Min. Ricardo Villas Bôas Cueva, j. 12.11.2014, *DJe* 19.11.2014).
Sobre a questão devem ser consultados os seguintes trabalhos: Paulo Otero, *Ensaio sobre o Caso Julgado Inconstitucional*, pp. 63 e ss.; Teresa Arruda Alvim Wambier e José Miguel Garcia Medina, *O Dogma da Coisa Julgada*, especialmente pp. 170 e ss.; Carlos Valder do Nascimento, *Coisa Julgada Inconstitucional, passim*; Eduardo Talamini, *Coisa Julgada e sua Revisão*, cit., *passim*, obra indispensável sobre o tema; Sérgio Gilberto Porto, *Coisa Julgada Civil*, p. 67.

1988. Não foi estabelecido rito específico pela lei, aplicando-se por analogia o previsto para a esfera individual (arts. 21 e 22 da Lei 12.016/2009). O mandado de segurança coletivo não constitui uma nova ação, mas forma diferenciada de tutela coletiva contra a prática de atos ilegais ou abusivos oriundos da autoridade coatora. Houve grande discussão sobre a necessidade de autorização expressa, por parte dos associados e sindicalizados, para o ajuizamento do mandado de segurança coletivo. Um dos motivos da polêmica se referia à interpretação e à extensão dos poderes conferidos pelo inciso XXI do art. 5º da CF. Referido inciso exige a autorização dos associados para defesa dos interesses individuais dos associados. Destarte, no mandado de segurança coletivo prevaleceu o correto entendimento de que associações, sindicatos e partidos não necessitam de autorização, pois a legitimação é extraordinária, uma vez que a postulação é dirigida à proteção da categoria. Este entendimento foi consolidado pelo STF através da Súmula 629: "A impetração de mandado de segurança coletivo por entidade de classe em favor dos associados independe da autorização destes". Esta legitimação também prevalecerá ainda que o interesse tutelado diga respeito a parcela da categoria, nos termos da orientação traçada pela Súmula 630: "A entidade de classe tem legitimação para o mandado de segurança ainda quando a pretensão veiculada interesse apenas a uma parte da respectiva categoria". A Lei 12.016/2009 repudiou expressamente a necessidade de autorização, de acordo com a redação do art. 21, que disciplina a impetração do mandado de segurança coletivo.

No âmbito da extensão e do aproveitamento da eficácia da coisa julgada coletiva, o art. 22, § 1º, da Lei do Mandado de Segurança trouxe regime gravoso para o jurisdicionado, em plena afronta a toda a principiologia de proteção conferida ao regime da coisa julgada coletiva. O dispositivo exige a desistência da ação individual para o aproveitamento do julgamento da ação coletiva. Eis a redação do art. 22: "§ 1º. O mandado de segurança coletivo não induz litispendência para as ações individuais, mas os efeitos da coisa julgada não beneficiarão o impetrante a título individual *se não requerer a desistência de seu mandado de segurança no prazo de 30 (trinta) dias* a contar da ciência comprovada da impetração da segurança coletiva".

A exigência do pedido de desistência é descabida; afinal, não existe possibilidade de restringir o acesso à extensão do benefício da coisa julgada coletiva quando o impetrante pedir a suspensão da ação e do seu julgamento. O diálogo entre o Código de Defesa do Consumidor e a Lei do Mandado de Segurança permite uma aplicação isonômica do art. 104

do CDC. Se outra fosse a interpretação, o impetrante que tiver pedido a desistência não poderia pleitear o mandado de segurança individual, uma vez que a decadência do *mandamus* opera em 120 dias.[114]

## 8.4 A posição processual dos sindicatos

Não nos cabe, aqui, traçar um panorama completo sobre a evolução dos sindicatos, cuja importância histórica é indiscutível, em vista do autêntico *revival* das organizações intermediárias após a eclosão da Revolução Industrial, com especial relevo para o século XIX e para a primeira metade do século XX. No período medieval os comerciantes reuniam-se em ligas ou corporações de ofícios como meio de autoajuda e defesa coletiva para os integrantes de uma mesma categoria.[115]

### 8.4.1 A legitimidade dos sindicatos.
O art. 8º, III, da CF de 1988

O texto constitucional disciplinou a atuação dos sindicatos, porém de modo extremamente abrangente, uma vez que autorizou ao sindicato "a defesa dos direitos e interesses coletivos ou individuais da categoria, inclusive em questões judiciais ou administrativas" – art. 8º, III. Em face da largueza do inciso, seria prudente indagar se o sindicato poderia agir na qualidade de legitimado extraordinário para a defesa de interesses individuais dos seus membros. O sindicato, em sua formulação básica, não deixa de expressar uma associação civil;[116] logo, o texto constitucional deve ser interpretado com razoabilidade e com respeito aos demais preceitos que regulam a matéria.[117]

---

114. Fabio Caldas de Araújo e José Miguel Garcia Medina, *Mandado de Segurança Individual e Coletivo*, p. 157.
115. Para uma análise histórica: Celso Antônio Pacheco Fiorillo, *Os Sindicatos e a Defesa dos Interesses Difusos*, pp. 18-23.
116. Sobre a natureza das associações e sua relação com outras pessoas coletivas, v. o interessante ensaio do português Manuel Vilar de Macedo, *As Associações no Direito Civil*, pp. 15-19. A atuação sindical não se confunde com a atividade associativa prevista no art. 5º, XXI, da CF. A atividade associativa dependerá de representação.
117. No Direito Alemão, após intensa discussão, reconheceu-se aos sindicatos (*Gewerkschaften*) a capacidade de ser parte ("Nach der Rechtsprechung sind nunmehr auch die Gewerkschaften parteifähig"), muito embora omissa a legislação processual ("Für den Zivilprozess besteht keine ausdrückliche Regelung"), com base no § 10 da *ArbGG*. V.: Rosenberg/Schwab/Gottwald, *Zivilprozessrecht*, cit., § 43, p. 255; Musielak, *Grundkurs ZPO*, cit., § 3º, 119, p. 77.

Para a defesa de situações relativas à categoria, e com contornos coletivos, não resta a menor dúvida quanto ao regime de atuação dos sindicatos em juízo.[118] Será hipótese de legitimação extraordinária. Aliás, o texto constitucional expressa claramente esta conclusão ao legitimar o sindicato para a defesa dos interesses coletivos mediante o mandado de segurança coletivo (art. 5º, LXX). Por sua vez, em questões atinentes a interesses individuais dos seus membros não há outra interpretação possível senão a harmonização do art. 8º, III, da CF com a regra constante do art. 5º, XXI: "as entidades associativas, quando expressamente autorizadas, têm legitimidade para representar seus filiados judicial ou extrajudicialmente".[119] Deste modo, harmoniza-se a atuação do sindicato para a defesa de interesses coletivos e individuais de seus membros.[120]

118. Neste sentido: STJ, 6ª Turma, Ag/AgR 801.822-DF rela. Min. Maria Thereza de Assis Moura, j. 9.12.2008, *DJe* 19.12.2008.

119. O STF definiu, em Repercussão Geral, que o associado precisa autorizar expressamente a associação e seu nome precisa constar da lista de associados: "Representação – Associados – Art. 5º, inciso XXI, da Constituição Federal – Alcance. O disposto no artigo 5º, inciso XXI, da Carta da República encerra representação específica, não alcançando previsão genérica do estatuto da associação a revelar a defesa dos interesses dos associados. Título executivo judicial – Associação – Beneficiários. As balizas subjetivas do título judicial, formalizado em ação proposta por associação, é definida pela representação no processo de conhecimento, presente a autorização expressa dos associados e a lista destes juntada à inicial" (STF, Pleno, RE 573.232-SC, rel. Min. Ricardo Lewandowski; relator p/Acórdão Min. Marco Aurélio, j. 14.5.2014).

120. Entendimento exposto de modo didático por aresto do STJ: "O inciso XXI do art. 5º encerra hipótese de representação processual, conquanto utilize a expressão 'legitimidade'. Constitui forma de exercício de defesa do direito alheio em nome alheio. Neste inciso abre-se ensejo à legislação federal para que ela expresse requisitos específicos à prática da representação processual conforme as diversas variações subjetivas ou objetivas dos efeitos do provimento que se busca. Os incisos LXX do art. 5º e III do art. 8º encerram hipótese de legitimidade extraordinária. Constituem forma de exercício de defesa do direito alheio em nome próprio. Nos estritos casos do inciso LXX do art. 5º, e de forma mais ampla no inciso III do art. 8º, podem as entidades ali referidas, desde que regularmente constituídas, agir sem que a legislação infraconstitucional fixe requisitos específicos para tanto; a própria Constituição confere diretamente a elas legitimidade *ad causam*. Quando a Lei n. 9.494/1997 fixa requisitos ao ajuizamento de demandas coletivas, não açambarca as hipóteses dos incisos LXX do art. 5º e III do art. 8º da CF, pois a legislação federal não pode diminuir o raio de incidência ali fixado – Recurso conhecido em parte, e nesta parte desprovido" (STJ, 5ª Turma, REsp 642.895-RS (200400395746), rel. Min. José Arnaldo da Fonseca, *DJU* 14.11.2005, p. 380).

## 8.5 O terceiro e sua legitimação

A definição de quem seja legitimado (ordinário, extraordinário ou autônomo) é fundamental para precisar a posição do terceiro. Se tomarmos o exemplo conferido pelo art. 109 do CPC, conclui-se que o terceiro poderá assumir duas posições em função da legitimidade *ad processum*. Caso ocorra cessão ou alienação do objeto litigioso e o autor concorde com a sucessão processual, o terceiro tornar-se-á legitimado ordinário passivo na demanda. Assumirá, com seu ingresso, toda a situação jurídica já modelada para o cedente/alienante. O cedente poderá ingressar no processo como assistente litisconsorcial.

O Código de Processo Civil de 2015 tomou posição quanto à natureza da assistência, classificando-a como litisconsorcial – no que andou bem, nos termos do art. 109, § 2º: "O adquirente ou cessionário poderá intervir no processo como assistente litisconsorcial do alienante ou cedente". Havia certa celeuma pela omissão do art. 42, § 2º, do CPC revogado. Como será analisado em momento oportuno, a figura do art. 109, § 2º, não se encaixa propriamente sequer na figura da assistência litisconsorcial, pois esta prevê a paridade de armas e poderes entre a parte e o assistente. Não é bem o que se verifica no processo no qual ocorre a sucessão processual *inter vivos*. Afinal, o sucedido não possui poderes para realizar composição sobre o bem jurídico que não mais lhe pertence. No entanto, a redação do art. 109, § 3º, permite a acomodação da figura da assistência litisconsorcial quando estabelece que os efeitos da sentença se estendem ao adquirente ou cessionário.[121]

O adquirente terá interesse jurídico na manutenção da posição jurídica transmitida. Ele terá interesse não apenas econômico, mas jurídico, na vitória do seu sucessor na demanda, e será atingido pela eficácia da coisa julgada (art. 109, § 3º). Entrementes, como se operou a cessão, o cedente não possuirá mais qualquer vínculo direto com o objeto litigioso. Isto não elimina o seu interesse de participar da relação processual como assistente simples para evitar eventual regresso.

O conhecimento por parte do terceiro sobre a litigiosidade do bem impedirá a alegação de boa-fé, com o fim de impedir a eficácia da sentença (art. 457 do CC[122]). Seu pedido de ingresso na qualidade de assis-

---

121. Em posição singular, mas que não corresponde à do texto do CPC de 2015: Carlos Alberto Alvaro de Oliveira, *Alienação da Coisa Litigiosa*, pp. 174-178.

122. CC, art. 457: "Não pode o adquirente demandar pela evicção, se sabia que a coisa era alheia ou litigiosa". É importante salientar a observação precisa de Cruz e Tucci quanto à possibilidade de o sucessor não ter ciência da demanda entre

tente obedecerá ao procedimento determinado pelo art. 120 do CPC. Em todo caso, efetivada a mutação do polo processual, estará consolidada a *sucessão processual*.[123]

### 8.5.1 O terceiro adquirente do objeto litigioso: assistente litisconsorcial

Por outro lado, existindo discordância quanto ao seu ingresso, o terceiro não terá legitimidade para assumir o polo principal da relação jurídica, o que gerará uma situação de substituição processual (art. 18, c/c o art. 109, do CPC). Poderá, contudo, ingressar como *assistente litisconsorcial*. Será um terceiro qualificado, em vista de sua íntima conexão com o objeto do processo. O insucesso do cedente/alienante na demanda representará um prejuízo direto e imediato na esfera do cessionário, porém um risco consentido e calculado a partir do momento em que ingressou na relação jurídica. São feitas concessões ao cessionário ou adquirente caso comprove sua boa-fé na relação processual – no que assume papel fundamental a demonstração da sua conduta processual.

Os casos retroindicados retratam o terceiro inserido na relação processual, seja como parte principal (art. 109 CPC) ou secundária (art. 124 do CPC – assistência litisconsorcial). Outra possibilidade, que não pode ser descartada, é a identificação do terceiro sem qualquer vinculação com a demanda. Neste caso, o juiz proferirá uma sentença de resolução do processo, reconhecendo a ilegitimidade *ad causam* (art. 485, VI). É justa-

o autor e o réu. Seriam situações inusitadas, nas quais a transmissão do direito não foi acompanhada da ciência por parte do terceiro (*Limites Subjetivos da Eficácia da Sentença e da Coisa Julgada Civil*, p. 224). Esta situação é extremamente delicada, pois caberá ao magistrado determinar, em vista do caso concreto, a configuração da boa-fé do terceiro e a necessidade de sua proteção. Por exemplo, para o regime da transmissão dos bens móveis, uma eventual ação de busca e apreensão, em virtude da existência de propriedade fiduciária, não poderá ser oposta ao terceiro que adquire o bem em regime de publicidade, nos termos da Súmula 92 do STJ: "A terceiro de boa-fé não é oponível a alienação fiduciária não anotada no certificado de registro do veículo automotor".

123. Análise percuciente quanto ao tema da sucessão processual e crítica quanto ao tratamento uniforme dado à sucessão processual *inter vivos* e *causa mortis* do objeto processual pode ser consultada na clássica monografia de Nicola Picardi, *La Sucessione Processuale*, pp. 18-20. O ilustre Autor demonstra o desenvolvimento da teoria da sucessão no processo como uma harmonização do transporte da teoria da relação jurídica criada por Savigny no direito material para o âmbito processual, substrato essencial para a manutenção da organicidade do processo. Atualmente, pela nova perspectiva de colaboração entre o direito material e o processual, percebe-se que essa visão se coaduna com a tendência de instrumentalidade do processo civil moderno.

mente por ser um terceiro indiferente que a relação processual não poderá prosseguir. Nestas situações excepcionais o sistema processual procura mecanismos para otimizar a prestação da tutela jurisdicional. Uma delas está na possibilidade de correção do polo passivo, através da nomeação à autoria, prevista no art. 338 do CPC, e que agora consiste em matéria preliminar, uma vez que a ilegitimidade passiva provocará a resolução da demanda sem análise do mérito.

## 9. Sujeitos processuais como partes na relação processual

Questão interessante consiste em saber a posição específica de alguns sujeitos processuais em relação à demanda. Fazemos alusão ao juiz, ao promotor, ao defensor e aos procuradores públicos, auxiliares da Justiça e outros eventuais participantes da relação processual, como as testemunhas, inclusive o próprio advogado.[124]

Além das partes (autor[es] e réu[s]), o processo exige a participação de outros sujeitos processuais. O juiz será um deles, e constitui sujeito com proeminência na relação processual, muito embora não assuma a qualidade de parte, pois nada pede. No entanto, é indubitável que poderá assumir a posição de parte perante incidente processual (suspeição/impedimento), pois será afetado diretamente pela decisão judicial superior (arts. 144 a 148 do CPC). O mesmo pode ser dito em relação ao advogado, porém com modulação. Após a sentença, o advogado assume a posição de parte efetiva no que toca à verba de sucumbência, atribuindo-lhe legitimidade para o cumprimento da sentença de modo concorrente ou autônomo.[125] A sucumbência poderá ser executada de modo autônomo, conforme previsão da Lei 8.906/1994 (arts. 22 e 23),[126] ou mesmo com a verba principal, quando o advogado será autêntico litisconsorte na execução, pela cumulação de verba autônoma.[127]

---

124. O ponto é muito bem lembrado por Fredie Didier Jr. em seu precioso ensaio sobre o *Recurso de Terceiro – Juízo de Admissibilidade*, cit., pp. 134-141.

125. STJ, 1ª Turma, REsp 766.105-PR, rel. Min. Luiz Fux, j. 5.10.2006, *DJU* 30.10.2006 p. 251.

126. STJ, 2ª Turma, REsp 958.327-DF, rel. Min. Castro Meira, rel. para o acórdão Min. Humberto Martins, j. 17.6.2008, *DJe* 4.9.2008.

127. "Proposta a execução do precatório em regime de litisconsórcio ativo facultativo, o juízo acerca da possibilidade de execução por meio de requisição de pequeno valor (art. 100, § 3º, da CF) e, consequentemente, do cabimento da verba honorária deve levar em consideração o crédito individual de cada exequente – Precedentes: AgR nos ED no REsp n. 714.069-RS, rel. Min. Mauro Campbell Marques, 2ª Turma, *DJe* 15.10.2009; AgR no Ag n. 1.064.622-RS, rel. Min. Herman Benjamin, 2ª

## 10. Incapacidade processual

Em determinados episódios faltará à parte capacidade para atuar em nome próprio – o que provocará ausência de capacidade processual. É o caso do menor de idade ou maior incapaz, os quais exigem representação ou substituição processual para o suprimento da incapacidade. A incapacidade é uma situação excepcional e, via de regra, temporária, nos termos dos arts. 3º e 4º do CC, estando ligada ao aspecto temporal (maioridade) ou patológico do sujeito de direito (Lei 13.146/2015).[128] A capacidade processual é um pressuposto processual, e sua defecção obrigará o magistrado a atuar de ofício (art. 76 do CPC), sendo causa de suspensão do processo (arts. 76 e 313, I, e § 1º, do CPC); todavia, poderá provocar a resolução do processo quando não regularizada, *opportuno tempore*, pela parte interessada (arts. 485, IV, e 313, § 5º, do CPC).

Em situações excepcionais o direito de petição em juízo será amenizado quanto ao rigor da capacidade, ao menos até o juiz determinar a regularização da representação, como na hipótese do filho que deseja pleitear a emancipação judicial ou para realizar pedido de suspensão ou destituição do poder parental.

## 11. Representação e assistência

A representação e a assistência são formas de suprir a incapacidade processual das partes. São meios de integrar a capacidade, em vista das causas elencadas pelos arts. 3º e 4º do CC. O art. 71 do CPC é claro ao dispor: "O incapaz será representado ou assistido por seus pais, por tutor ou por curador, na forma da lei".

Os casos de incapacidade relativa e absoluta (discriminados nos arts. 3º e 4º do CC) provocam o exercício do *poder familiar*[129] ou a

---

Turma, *DJe* 19.6.2009; REsp n. 1.097.727-RS, rela. Min. Eliana Calmon, 2ª Turma, *DJe* 13.5.2009; REsp n. 905.190-SC, rel. Min. Teori Albino Zavascki, 1ª Turma, *DJU* 31.5.2007; ED no REsp n. 843.772-SC, rel. Min. José Delgado, 1ª Turma, *DJU* 20.11.2006 – Agravo regimental não provido" (STJ, 1ª Turma, REsp/AgR 1.220.727-RS, rel. Min. Benedito Gonçalves, j. 1.12.2011, *DJe* 7.12.2011).

128. "La regola generale è per la capacità; l'incapacità costituisce eccezione, e quindi le norme relative non vanno estese per analogia" (Trabucchi, *Istituzione di Diritto Civile*, cit., p. 75). É fundamental a leitura da Lei 13.146, de 6.7.2015, que criou o Estatuto da Pessoa com Deficiência e alterou os arts. 3º e 4º do CCB. O deficiente não é mais classificado como incapaz e dependerá apenas da curatela ou da tomada de decisão como medidas de auxílio de convivência (art. 84).

129. Nas relações familiares não se exercem direitos subjetivos ou poderes potestativos. O poder familiar corresponde a um poder funcional, isto é, um poder-dever

instituição da *tutela*, da *curatela*, ou da *tomada de decisão*.[130] Todos estes institutos têm base no direito romano e visam a resguardar a esfera jurídica da pessoa incapaz. Aos menores, que estão sujeitos ao poder familiar, não há que se falar em tutela. No entanto, caso o poder familiar cesse pela morte dos pais ou por outra causa legal, como a interdição ou condenação criminal, aí, sim, se terá hipótese de tutela (art. 1.728 do CC). A tutela aplica-se aos menores de idade para fins de representação e assistência. Compete ao juiz da infância e do adolescente deferir a tutela, que sempre recairá como múnus aos parentes mais próximos (art. 1.731 do CC). O curador é nomeado através de processo de interdição para os maiores que não possam praticar os atos da vida civil. O curador poderá ser nomeado para a prática de atos negociais e patrimoniais, sem afetar os direitos personalíssimos (Lei 13.146/2015, art. 85[131]). Com isso, a figura da curatela aplica-se ao maior incapaz, para atender principalmente aos interesses patrimoniais do curatelado.[132] O processo de interdição é essencial para a nomeação do curador provisório e definitivo. Nesta modalidade de procedimento busca-se a proteção máxima ao interesse do incapaz. Mas a gravidade do ato judicial que inabilita o interdito exige uma rigidez maior quanto à verificação da efetiva incapacidade.[133] Neste procedimento a inspeção judicial é obrigatória, e não consiste em simples interrogatório, pois o juiz também avaliará as condições e as impressões gerais sobre o interditando. Segue-se a prova pericial, a qual é obrigatória para a sentença de interdição. Quanto à natureza do provimento judicial, não há maiores problemas para a classificação da sentença, adotando-se a teoria quinária. A eficácia principal é constitutiva-negativa; afinal, opera--se a modificação da situação jurídica do interdito.[134] Há efeito secundário

no qual o seu exercício é realizado sempre em benefício da parte contrária. Esta noção é muito diversa da de direito subjetivo. Para uma visualização da classificação das possíveis situações jurídicas ativas, v.: Menezes Cordeiro, *Tratado de Direito Civil Português – Parte Geral*, vol. I, t. I, p. 181.

130 Vide art. 84, §§ 1º e 2º, da Lei 13.146/2015.

131. *In verbis*: "A curatela afetará tão somente os atos relacionados aos direitos de natureza patrimonial e negocial".

132. Trabucchi, *Istituzione di Diritto Civile*, cit., p. 89. Assim ensina o ilustre Jurista: "Il curatore interviene di regola per rapporti patrimoniali; il tutore ha anche funzioni di carattere personale (*tutor datur personae, curator bonis*)".

133. Assistindo legitimidade ao Ministério Público para iniciar o procedimento, ainda que seja incomum. Neste sentido: STJ, 3ª Turma, RMS 22.679-RS, rel. Min. Sidnei Beneti, j. 25.3.2008, *DJe* 11.4.2008.

134. A questão assume certa polêmica quanto à natureza declaratória ou constitutiva. Todavia, como asseverou Barbosa Moreira em artigo insuperável sobre a

declaratório, pois a sentença nada cria, mas reconhece uma patologia ou doença congênita ao curatelado. Quanto aos atos praticados pelo interdito antes da sentença, os mesmos poderão ser desconstituídos. Como se ressaltou, a sentença modifica a situação jurídica *ex nunc*, mas não cria o estado fático, apenas o reconhece. O Código de Processo Civil de 2015, infelizmente, não manteve a redação do dispositivo que permitia ao juiz modular a eficácia *ex tunc* da sentença de interdição. Este dispositivo era polêmico; contudo, bem compreendido, permitiria solução interessante. Obviamente, o terceiro não poderia ser afetado pela decisão no processo do qual não participou; porém, a determinação de período suspeito seria de grande valia como elemento probatório para a ação específica a ser ajuizada posteriormente.

Caso a perícia ateste que a doença é congênita, este dado servirá de prova para comprovação da incapacidade na época do ato/fato jurídico praticado. Nosso sistema não adotou a *restitutio in integrum* em caso de invalidação dos atos praticados pelo incapaz. A proibição da *restitutio* era expressa no Código Civil brasileiro de 1916, no art. 8º.[135] Sob a ótica do polo passivo, vale lembrar que o assistido poderá receber a citação para integrar a relação processual, desde que sua resposta contenha a participação do assistente. Com relação ao representado, como se trata de pessoa absolutamente incapaz, o próprio ato citatório deverá ser encaminhado ao representante.[136]

A Lei 13.146/2015, que criou o Estatuto da Pessoa com Deficiência, trouxe a previsão de um novo instituto que é o da *Tomada de Decisão Apoiada*, que poderá ser utilizada para atos específicos do incapaz, sem a necessidade de um Curador permanente (art. 84, § 2º).

A incapacidade absoluta ou transitória constituirá uma limitação natural à capacidade processual, uma vez que a incapacidade negocial e a processual são interligadas.[137]

---

questão (*Ajuris* 37/1986), considerar declaratória a sentença de interdição corresponde a tomar o fundamento da decisão por seu objeto. Ou seja: a causa da interdição é a patologia evidenciada, a qual será, obviamente, anterior ao pronunciamento. Entretanto, o objetivo do pronunciamento judicial é modificar o estado jurídico do incapaz, com reflexos importantes no mundo exterior. A sentença terá eficácia *ex nunc*, e terceiros prejudicados poderão defender suas pretensões em ações autônomas.

135. CC de 1916, art. 8º: "Na proteção que o Código Civil confere aos incapazes não se compreende o benefício de restituição".

136. Cassio Scarpinella Bueno, *Partes e Terceiros no Processo Civil Brasileiro*, cit., p. 37.

137. Baur/Grunsky, *Zivilprozessrecht*, cit., 12ª ed., § 6º, 82, p. 68.

## 12. O curador "ad litem"

O Código de Processo Civil prevê a possibilidade de nomeação de curador à lide (*Prozesspfleger*) para fins eminentemente processuais. Esta curadoria não se confunde com a curatela civil, uma vez que instituída com o objetivo de integração da capacidade processual.

A nomeação do curador tem como função permitir tratamento paritário entre as partes litigantes.[138] O texto legal engloba, em dois incisos, quatro hipóteses diversas para a nomeação do curador processual (art. 72 do CPC). A lei prevê que o juiz deverá nomear o curador especial ao incapaz sem representante legal ou, quando presente, ocorrer colidência de interesses (art. 72, I). O mesmo se aplica ao réu preso, ao revel citado por hora certa (art. 252) ou por edital (art. 256), uma vez que estas duas modalidades de citação são fictas (art. 72, II). A leitura do dispositivo parece indicar que a nomeação se dará unicamente *ex officio*; contudo, nada impede que o pedido seja realizado pelo próprio incapaz.[139]

Ponto que merece reflexão diz respeito à natureza aberta (*numerus apertus*) ou fechada (*numerus clausus*) do tipo do art. 72 do CPC. Existiriam outras previsões de nomeação do curador *ad litem*? A nomeação do curador no processo de execução representa exemplo da indagação que esta retratada pela Súmula 196 do STJ: "Ao executado que, citado por edital ou por hora certa, permanecer revel será nomeado curador especial, com legitimidade para apresentação de embargos". Apesar de não ser o lugar adequado para a discussão sobre seu conteúdo, é importante frisar que a valorização do contraditório (especialmente nas execuções extrajudiciais destituídas de prévia cognição) autoriza a nomeação de curador, que poderá apresentar impugnação ou embargos; portanto, exercer autêntico direito de ação. Logo, o art. 72 refere-se a um patamar mais amplo do que a mera defesa, pois visa a assegurar ao ausente a possibilidade de ampla defesa.[140]

---

138. Arruda Alvim, *Tratado de Direito Processual Civil*, cit., vol. II, pp. 220-221.

139. Como ocorre no Direito Alemão (§ 57 da ZPO. Sobre a questão: Thomas/ Putzo, *Zivilprozessordnung – Kommentar*, p. 112.

140. A Súmula 196 do STJ acabou por inaugurar uma visão mais ampla da atuação do curador, a qual cremos, coaduna-se com a visão do processo civil inserido no Estado Democrático de Direito. Se o curador tem legitimidade para exercer o direito de ação (uma vez que os embargos não são peça de defesa), o curador poderá, inclusive, reconvir, quando tiver elementos palpáveis que permitam um desfecho favorável à lide para o curatelado. Neste sentido: Ligia Maria Bernardi, *O Curador Especial no Código de Processo Civil*, p. 131.

A curatela especial será exercida pela defensoria pública e, somente nos locais em que não estiver presente, o juiz poderá nomear terceiro para o mister, preferencialmente na pessoa do advogado que já terá a capacidade postulatória.

## 13. Ausência de representante legal

Na ausência de representante legal para defender os direitos do incapaz, seja como autor, réu ou terceiro interveniente, o juiz deverá propiciar a nomeação de curador. A curatela será exercida pela Defensoria Pública, nos termos do art. 72, parágrafo único, do CPC. Nos locais em que ela não for instalada ou não tiver condições de suportar o volume de nomeações, o juiz poderá nomear terceiro, preferencialmente advogado, para exercer o mister.

A função é exclusiva dos defensores públicos após a vigência da Lei Complementar 80/1994. A lei prevê a criação de Defensorias Públicas em níveis federal e estadual e no Distrito Federal e Territórios. Na prática, esta função de curadoria era assumida pelo próprio Ministério Público, o que obrigava, em alguns casos, à dupla nomeação de membros do *Parquet*, para o fim de atuar como curador *ad litem*,[141] com base no art. 81, II, do CPC-1973, e como fiscal da lei, nos termos do art. 83 do CPC-1973.[142]

Atualmente, na ausência de defensor público junto à comarca, o juiz fará a nomeação preferencialmente na pessoa de um advogado regularmente inscrito na OAB. Nunca houve exigência legal para que o representante legal recaísse sobre a pessoa do advogado; mas, como bem lembrou Pontes de Miranda, utilizando-se de lição dos praxistas: "Curatorem ad litem semper dari hominem literatum".[143] O advogado possui capacidade postulatória e, sem dúvida, será pessoa que preencherá integralmente os requisitos de um *bonus pater familiae* para a gestão dos interesses do incapaz. Esta nomeação será sempre cabível desde que não exista na comarca o representante judicial, conforme indica o art. 72, parágrafo único, do CPC, que hoje se refere ao defensor público.

O curador, em face do verdadeiro *munus* exercido, possui privilégios no desempenho de sua atividade processual, seja em relação ao

---

141. Celso Agrícola Barbi, *Comentários ao Código de Processo Civil*, vol. I, p. 90.

142. Com remissão histórica e legislativa sobre o assunto: Arruda Alvim, *Tratado de Direito Processual Civil*, cit., vol. II, p. 221.

143. Pontes de Miranda, *Comentários ao Código de Processo Civil* (de 1939), cit., t. II, p. 47.

prazo em dobro para contestar e recorrer (arts. 44, I, 89, I, e 128, I, da Lei Complementar 80/1994 e anteriormente pelo art. 5º, § 5º, da Lei 1.060/1950[144-145]) ou mesmo pela possibilidade de contestar por negativa geral (art. 341, parágrafo único, do CPC). Não poderá o curador realizar ato de disposição sobre direito do curatelado, o que levaria à nulidade do processo, por ausência de defesa.[146] Com relação à remuneração dos curadores, cabe assinalar que o STF reconheceu o direito ao recebimento quando a curadoria seja exercida pelo próprio advogado.[147] Caso a nomeação não recaia sobre o advogado, o representante legal nomeado deverá proporcionar a contratação ou nomeação de um advogado para atuação no processo.

A existência de curador para resguardar o interesse do incapaz não elimina a necessidade de participação do Ministério Público, o qual possui o dever funcional de vigilância, estabelecido pelo art. 178, II, do CPC.

144. Lei 1.060/1950, art. 5º, § 5º: "Nos Estados onde a Assistência Judiciária seja organizada e por eles mantida, o defensor público, ou quem exerça cargo equivalente, será intimado pessoalmente de todos os atos do processo, em ambas as instâncias, contando-se-lhes em dobro todos os prazos" (parágrafo acrescentado pela Lei 7.871/1989). Este dispositivo não foi revogado pelo art. 1.072 do CPC, conforme leitura do inciso III.

145. Neste sentido: "Tratando-se do exercício da curadoria especial, por designação do magistrado, pela Defensoria Pública, devem ser aplicados os benefícios do art. 5º, § 5º, da Lei n. 1.060/1950, na linha de interpretação que considera a natureza do órgão público, a sua destinação social e a referência ao serviço de assistência judiciária de modo amplo. 2. Recurso especial conhecido e provido (STJ, 3ª Turma, REsp 235.435-PR, rel. Min. Carlos Alberto Menezes Direito, *DJU* 13.11.2000, p. 143).

146. "Curador especial, nomeado ao menor que não tem representação legal (art. 9º, I, do CPC), e quem o representa em juízo, com os mesmos poderes processuais do seu genuíno representante legal. Assim, pedido de desistência da ação por quem não o representa legalmente, e sem qualquer eficácia em relação ao incapaz. Provido o segundo apelo, prejudicados os demais" (TACivRJ, 8ª Câmara, ACi 3.106/1995 (reg. 3.363-2), rel. Juiz Jayro Ferreira, j. 26.6.1996).

147. "Curador especial e honorários advocatícios. A Turma manteve acórdão do TJSP que garantira à recorrida o direito ao recebimento de honorários advocatícios, devidos pelo Estado, em face de sua nomeação como curadora especial de ausentes (CPC, art. 9º, II), decorrente da cessação do exercício dessa atividade pelo Ministério Público e em momento de interrupção do convênio celebrado entre a OAB e a Secretaria de Justiça. Afastou-se a alegação de ofensa ao art. 5º, LXXIV, da CF ('O Estado prestará assistência jurídica integral e gratuita aos que comprovarem insuficiência de recursos'), à vista do que dispõem os princípios constitucionais da ampla defesa e do contraditório (art. 5º, LV), dado que o dever de assistência judiciária do Estado não se exaure nas situações em que a parte comprova a insuficiência de recursos" (STF, 1ª Turma, RE 223.043-SP, rel. Min. Moreira Alves, *DJU* 21.3.2000, *Informativo* 182/2, 29.3.2000 – RET 12/82).

A necessidade do curador também se perfaz quando o representante legal apresenta conflito de interesses com o incapaz. A própria norma de direito material reconhece a necessidade de proteção ao incapaz perante a hipótese, *ex vi* do art. 197, II e III, do CC.[148] Percebendo o interesse contraditório na demanda, o juiz deverá nomear curador ao incapaz.[149] Questão tormentosa, e que deve ser alvo de ponderação pelo magistrado, diz respeito à qualidade e à obrigatoriedade da defesa. Não existindo qualquer fundamento para a defesa ou escusa na resposta a ser formulado pelo curador, poderia ele reconhecer ou confessar? A resposta deve ser negativa, uma vez que o curador não possui autorização para dispor do direito alheio. Contudo, sua peça de defesa, quando insubsistente, pela evidência do direito do autor, limitar-se-á à negativa geral, faculdade e prerrogativa que lhe assiste (art. 341, parágrafo único, do CPC). Sem dúvida, não só no processo civil, mas também no processo penal é comum observarmos defesas sintéticas não por descaso, mas por impossibilidade material e jurídica de formular defesa ao curatelado. Além disso, o curador não pode praticar atos desleais apenas como meio de procrastinar o processo. A elaboração de defesa infundada é vedada pelo sistema processual, nos termos do art. 77, III e § 6º, do CPC.

## 14. Réu preso ou citado fictamente

O art. 72, II, do CPC garante a nomeação do curador ao réu preso, bem como ao revel citado fictamente (edital e hora certa). Esta redação coincide com a constante do texto de 1973, mas não com a do Código de Processo Civil de 1939. O art. 80, § 1º, "b", do CPC de 1939 determinava a necessidade de nomeação de curador "ao *preso* e ao citado por edital, ou com hora certa, quando revéis". Pela atual redação a prisão é condição suficiente à nomeação de curador, ante sua situação prisional.[150] Melhor

---

148. CC: "Art. 197. Não corre a prescrição: (...); II – entre ascendentes e descendentes, durante o poder familiar; III – entre tutelados ou curatelados e seus tutores ou curadores, durante a tutela ou curatela".

149. Nesse sentido: "Inventário – Nomeação de curador especial a herdeira menor do falecido. Diante dos fatos noticiados nos autos, sendo plausível a existência de conflito de interesses entre mãe e filha, a nomeação de curador especial à menor, nos moldes do art. 9º do CPC, apresenta-se como medida de cautela, a fim de que sejam preservados os direitos da infante" (TJMG, 4ª Câmara Cível, Ag 209.187-4/00, rel. para o acórdão Des. Bady Curi, *DJMG* 28.12.2001).

150. "Pelas informações prestadas pelo MM. Juiz, não há elementos que indiquem que o réu encontra-se em liberdade, estando, assim, correta a decisão que observou o inciso II do art. 9º do CPC, nomeando curador especial ao réu preso –

o texto anterior, pois a incomunicabilidade com o mundo exterior não gera impossibilidade de defesa, uma vez que o réu, ainda que preso, terá direito de previamente nomear defensor para seu patrocínio em juízo. Caso não o faça, e, portanto, se torne revel, aí, sim, caberá a nomeação de curador.[151]

Outra hipótese, revelada pelo inciso II recai sobre o réu citado por hora certa ou por edital. Tais modalidades de citação são consideradas fictas, pois a lei apenas presume que o réu tomou conhecimento da demanda. No que tange à citação, cumpre não olvidar o art. 245 do CPC, pelo qual também se confere proteção ao incapaz. O Código de Processo Civil de 2015 aperfeiçoou a redação do art. 218 do CPC-1973, contudo sem inovação substancial, e determina a regra que já existia, ou seja, a abertura de um procedimento para a verificação da incapacidade, com o fim de evitar qualquer fraude processual (art. 245, § 2º).

Na verdade, o art. 245 do CPC disciplina hipótese de citação real, e não *ficta*. O oficial de justiça, quando efetuar o ato citatório (*in ius vocatio*) e verificar estado de incapacidade do réu ou outra situação que o impossibilite de receber a citação, deverá suspender o ato, lavrando certidão minuciosa para o juiz da causa, o qual deverá determinar a nomeação de um perito para avaliação do caso. Este deverá entregar seu laudo em até cinco dias. Comprovando-se a incapacidade, o juiz nomeará *curador ad litem* – portanto, unicamente para o processo em curso. Por este motivo, a nomeação do curador *ad litem* não elimina a necessidade da interdição do incapaz, mediante procedimento especial, nos termos do art. 747 do CPC.[152] Obviamente, a regra do art. 245 do CPC não se aplica na hipótese do incapaz já interditado, pois o ato citatório recairá sobre o curador nomeado (art. 215, c/c o art. 218, § 3º do CPC-1973; art. 242 c/c art. 245, § 5º do CPC-2015).[153] O oficial de justiça deverá

Recurso improvido" (TJES, 4ª Câmara Cível, AI 044009000355, rel. Des. Manoel Alves Rabelo, j. 1.4.2002).

151. Pontes de Miranda, com precisão peculiar, elucidou muito bem a questão, pois a prisão nada tem a ver com a capacidade de representação do preso: "A prisão apenas cria dificuldades. Se o preso constitui advogado, argumentar-se-á que não precisa da proteção de que trata o art. 9º" (*Comentários ao Código de Processo Civil* (de 1973), t. I, p. 261).

152. "A averiguação da incapacidade deve ser determinada pelo juiz e encaminhada a profissional médico habilitado ou ao DMJ – Exegese do art. 218, § 1º, do CPC – Agravo provido" (TJRS, 11ª Câmara Cível, AI 515.531 (70003686359), rel. Des. Naele Ochoa Piazzeta, j. 5.6.2002).

153. "Interdito declarado absolutamente incapaz de exercer pessoalmente os atos da vida civil – Ato citatório que deve ser efetivado na pessoa de seu curador –

examinar o documento apresentado e elaborar certidão explicativa com menção ao documento, sendo necessária sua posterior juntada ao processo no momento de oferecimento da peça de defesa (contestação) ou ataque (reconvenção).

A nomeação do curador especial revela-se necessária não só no processo de conhecimento. No processo de execução, a despeito da polêmica, há necessidade de garantir o contraditório, ainda que mitigado, pois o devedor não é chamado para contestar, e sim para cumprir com a obrigação constante do título executivo. O STJ, por meio da Súmula 196, fixou seu entendimento pela obrigatoriedade da nomeação de curador *ad litem* na execução.[154] A nomeação deverá ser imperativa no cumprimento de sentença, e na execução do título extrajudicial.

## 14.1 Revelia e citação pessoal

Aspecto importante, e que não pode passar desapercebido, refere-se ao fato de distinguirmos a revelia proveniente da citação ficta daquela oriunda da citação real (pessoal ou por Aviso de Recebimento/AR). A revelia, entendida como contumácia consciente do réu em não apresentar defesa e apta a gerar a incidência do art. 344 do CPC, somente irá se configurar com a citação real. Neste caso não há nomeação de curador, uma vez que o silêncio também representa uma forma de manifestação jurídica de vontade. Somente nas hipóteses de citação ficta ocorrerá a nomeação obrigatória de curador, pois neste caso, embora se costume afirmar que o réu é revel, o art. 344 do CPC não se aplica, uma vez que a contestação apresentada pelo curador (art. 72, II) tornará controversos os fatos aduzidos no pedido inicial.

Esta distinção assume importância perante o instituto da assistência e da redação do art. 121, parágrafo único, do CPC. O assistente somente atuará como substituto processual quando a revelia do assistido for oriunda de citação pessoal, pois, tratando-se de citação ficta, este encargo será assumido pelo curador especial.[155]

---

Necessidade, ademais, da intervenção do Ministério Público no processamento da causa – Inteligência dos arts. 84 do CC e 8º, 218, § 3º, 246 e 247 do CPC" (1º TA-CivSP, 11ª Câmara, AR 800.261-9, rel. Juiz Ary Bauer, j. 19.10.1998).

154. STJ, 2ª Turma, REsp 632.984-MG, rel. Min. Mauro Campbell Marques, j. 11.11.2008, *DJe* 12.12.2008.

155. Aderimos ao posicionamento de Lígia Maria Bernardi, *O Curador Especial no Código de Processo Civil*, cit., p. 109.

## 15. A integração da capacidade do casal

O art. 73 do CPC estabelece regras específicas para a integração da capacidade processual do casal que litiga em juízo, no polo *ativo* ou no *passivo*. Muito embora não seja mais utilizada a distinção entre ações reais e pessoais, visto que a demanda é "veículo neutro, insípido e inodoro de quaisquer ações e pretensões materiais",[156] historicamente há uma preocupação do legislador, em ações que veiculem pretensões reais imobiliárias, em condicionar a propositura e a defesa à participação de ambos os cônjuges.[157] Pelo Código Civil anterior não havia qualquer correlação entre a necessidade da participação de ambos os cônjuges e o regime de bens do casamento (art. 235 do CC de 1916). O texto do art. 1.647 do CC, modificou em parte a matéria, com reflexos incorporados pelo art. 73 do CPC, uma vez que há dispensa expressa da autorização do cônjuge, quando o regime de bens adotado for o de *separação absoluta de bens* (art. 73, § 1º, I, do CPC).[158] Em relação aos demais regimes, não há qualquer dispensa quanto a sua aplicação (comunhão parcial [art. 1.658], comunhão universal [art. 1.667] e comunhão de aquestos [art. 1.672]).[159] O art. 73 do CPC faz referência em relação ao cônjuge, o que exclui a necessidade de qualquer autorização por parte de pessoas que estejam em regime de união estável. O preceito legal diz respeito unicamente a pessoas casadas.[160] Isto traz uma consequência importante sob a ótica processual, especialmente quanto à aplicação do princípio da causalidade e não da sucumbência, quando ocorra a defesa da meação. Afinal, o credor não tem condições de ressalvar a penhora quando não exista menção no registro sobre a união do casal. Somente quando a união estável for convertida em casamento e averbada no registro de imóveis, a publicidade estará demonstrada.[161] Enquanto isso não ocorrer o terceiro

---

156. Na feliz expressão de Araken de Assis, *Manual da Execução*, p. 75.

157. Regra que já encontrava supedâneo junto às *Ordenações Filipinas*, Livro 3, Título 47, §§ 2º e 3º.

158. Art. 1.647, *in verbis*: "ressalvado o disposto no art. 1.648, nenhum dos cônjuges pode, sem autorização do outro, *exceto no regime da separação absoluta*: I – alienar ou gravar de ônus real os bens imóveis; *II – pleitear, como autor ou réu, acerca desses bens ou direito*s; III – prestar fiança ou aval; IV – fazer doação, não sendo remuneratória, de bens comuns, ou dos que possam integrar futura meação".

159. O novo CCB eliminou o regime dotal, o qual estava em absoluto desuso, embora fosse a regra no direito romano.

160. Nelson Nery Jr. e Rosa Maria de Andrade Nery, *Código de Processo Civil Comentado*, p. 196.

161. Cf. STJ, REsp 1.424.275/MT, rel. Min. Paulo de Tarso Sanseverino, 3ª T., j. 4.12.2014, *DJe* 16.12.2014: "A invalidação da alienação de imóvel comum, realizada

não poderá arcar com a sucumbência de ações protetivas da meação do companheiro(a), nos termos do espírito da Sumúla 303 do STJ.[162] Por este motivo, a regra do art. 73, § 3º, é falha, porque a necessidade de integração do compannheiro não depende apenas da comprovação dos autos, mas do registro da união estável como meio de garantir a publicidade efetiva e a proteção ao terceiro de boa-fé.

### 15.1  O cônjuge no polo ativo

Não haverá necessidade de outorga uxória ou do consentimento do marido para a propositura de ações que veiculem pretensões de natureza pessoal. O art. 73 do CPC é claro ao exigir legitimação específica para a propositura de ações que veiculem pretensões concernentes a *direitos reais imobiliários* (exceto aos casados em regime de separação total). Também fogem desta regra as ações petitórias relativas a *bens móveis*.[163] Houve nítida proteção aos bens imóveis, por serem considerados bens de raiz e importantes para a estabilidade do seio familiar.[164] Daí a necessida-

sem o consentimento do companheiro, dependerá da publicidade conferida à união estável mediante a averbação de contrato de convivência ou da decisão declaratória da existência de união estável no Ofício do Registro de Imóveis em que cadastrados os bens comuns, ou pela demonstração de má-fé do adquirente. Hipótese dos autos em que não há qualquer registro no álbum imobiliário em que inscrito o imóvel objeto de alienação em relação à co-propriedade ou mesmo à existência de união estável, devendo-se preservar os interesses do adquirente de boa-fé, conforme reconhecido pelas instâncias de origem..

162. "Em embargos de terceiro, quem deu causa à constrição indevida deve arcar com os honorários advocatícios."

163. Nosso sistema não chegou a adotar regra medieval (*mobilia non habet sequelam*), gerando o famoso art. 2.279 do CC francês, pelo qual a posse gera a propriedade instantânea ("en fait de meubles la possession vaut titre"). Sobre o assunto: Mazeaud e Mazeaud, *Leçons de Droit Civil*, p. 269. Em nosso sistema a posse gera presunção de propriedade, mas não a própria propriedade; o que se comprova pela necessidade do usucapião para os bens móveis (arts. 1.260 *usque* 1.262 do CC). Outros reflexos podem ser observados no campo processual, como na diferenciação quanto à delimitação da competência, *ex vi* dos arts. 46 e 47 e § 1º do CPC – o que será abordado *opportuno tempore*.

164. Os bens imóveis, em especial as terras cultiváveis, sempre foram considerados bens de raiz por excelência, alcançando proteção específica desde a época romana. A transmissão de bens, ao sabor do que ocorre hoje em relação aos móveis e imóveis, era disciplinada pela classificação em *res mancipi* e *res nec mancipi*. Assim, na época arcaica necessitavam de *mancipatio* os bens de maior valor econômico para possibilitar sua transmissão, os quais eram: os terrenos itálicos, os animais de tiro e carga, os escravos e as quatro servidões prediais rústicas (*via, iter, actus* e *aquaeducutus*). Todos os demais bens eram *res nec mancipi* e poderiam ser alienados com a

de do consentimento ou outorga para a propositura destas ações. Como se observa pela leitura dos arts. 73 e 74 do CPC, a restrição atinge o casal de forma idêntica. Após decisão do STF (ADPF 132-RJ) e entendimento firmado pelo STJ, o casamento refere-se também a pessoas do mesmo sexo.[165]

mera tradição (*traditio*). Atualmente realizamos a distinção, para a transmissão solene, tomando-se em consideração se o bem é imóvel (acima do valor previsto pelo art. 108 do CC) ou móvel. Sobre o assunto: Kaser/Knütel, *Römisches Privatrecht*, § 18, p. 105.

165. O STF admitiu a *união estável* entre pessoas do mesmo sexo (cf. Pleno, ADPF 132-RJ, rel. Min. Ayres Britto, j. 5.5.2011; no mesmo sentido: STF, 1ª Turma, RE/AgR 687.432-MG, rel. Min. Luiz Fux, j. 18.9.2012). Com base nessa decisão, o STJ admitiu ser possível o *casamento* entre pessoas do mesmo sexo: "Inaugura-se com a Constituição Federal de 1988 uma nova fase do direito de família e, consequentemente, do casamento, baseada na adoção de um explícito poliformismo familiar em que arranjos multifacetados são igualmente aptos a constituir esse núcleo doméstico chamado 'família', recebendo todos eles a 'especial proteção do Estado'. Assim, é bem de ver que em 1988 não houve uma recepção constitucional do conceito histórico de casamento, sempre considerado como via única para a constituição de família e, por vezes, um ambiente de subversão dos ora consagrados princípios da igualdade e da dignidade da pessoa humana. Agora, a concepção constitucional do casamento – diferentemente do que ocorria com os diplomas superados – deve ser necessariamente plural, porque plurais também são as famílias, e, ademais, não é ele, o casamento, o destinatário final da proteção do Estado, mas apenas o intermediário de um propósito maior, que é a proteção da pessoa humana em sua inalienável dignidade. O pluralismo familiar engendrado pela Constituição – explicitamente reconhecido em precedentes tanto desta Corte quanto do STF – impede se pretenda afirmar que as famílias formadas por pares homoafetivos sejam menos dignas de proteção do Estado se comparadas com aquelas apoiadas na tradição e formadas por casais heteroafetivos" (cf. José Miguel Garcia Medina, *Constituição Federal Comentada*, cit.). Sob o ponto de vista da celebração do casamento entre pessoas do mesmo sexo, a decisão do STF não a autoriza, mas nasce por interpretação, como reconheceu o STJ: "A igualdade e o tratamento isonômico supõem o direito a ser diferente, o direito à autoafirmação e a um projeto de vida independente de tradições e ortodoxias. Em uma palavra: o direito à igualdade somente se realiza com plenitude se é garantido o direito à diferença. Conclusão diversa também não se mostra consentânea com um ordenamento constitucional que prevê o princípio do livre planejamento familiar (§ 7º do art. 226). E é importante ressaltar, nesse ponto, que o planejamento familiar se faz presente tão logo haja a decisão de duas pessoas em se unir, com escopo de constituir família, e desde esse momento a Constituição lhes franqueia ampla liberdade de escolha pela forma em que se dará a união. Os arts. 1.514, 1.521, 1.523, 1.535 e 1.565, todos do CC, não vedam expressamente o casamento entre pessoas do mesmo sexo, e não há como se enxergar uma vedação implícita ao casamento homoafetivo sem afronta a caros princípios constitucionais, como o da igualdade, o da não discriminação, o da dignidade da pessoa humana e os do pluralismo e livre planejamento familiar" (STJ, 4ª Turma, REsp 1.183.378-RS, 4.ª T., rel. Min. Luís Felipe Salomão, j. 25.10.2011, *DJe* 1.2.2012). V.: Fabio Caldas de Araújo e José Miguel Garcia Medina, *Código Civil Comentado*, cit., pp. 927-928.

O cônjuge virago, após o Estatuto da Mulher Casada (Lei 4.121/ 1962), não possuía mais restrição para a propositura de ações de cunho pessoal; e com a CF de 1988, art. 226, § 5º, foi conquistada a igualdade plena dos cônjuges perante o núcleo familiar, não restando mais espaço para a supremacia do homem como chefe da família (*pater*).[166] Ambos exercem de forma idêntica o poder familiar na condução da sociedade conjugal (art. 1.567 do CC). A eventual irresignação do cônjuge, varão ou virago, poderá ser dirimida pelo magistrado através do procedimento de jurisdição voluntária para o suprimento da autorização.[167]

## 15.2 O cônjuge no polo passivo

No polo ativo há mera atividade de integração, sendo suficiente o consentimento, ou suprimento, para a regularidade da formação da relação processual. No polo passivo o texto determina a formação de litisconsórcio necessário, *ex vi* do art. 73, § 1º, do CPC: "Ambos os cônjuges serão **necessariamente** citados para a ação: (...)". Denota-se a existência de um litisconsórcio necessário passivo, nos termos do art. 114 do CPC.[168] As situações elencadas pelos incisos do art. 73, § 1º, não se resumem às pretensões de direito real imobiliário (inciso I), pois abrangem pretensões de direito pessoal (incisos II e III), incluindo pretensões que possam envolver direito reais menores (de garantia ou de gozo) (inciso IV). Nestes casos também deve ser considerada a modificação insculpida

166. Sob o ponto de vista histórico deve ser consultada a obra de Orlando Gomes, *O Novo Direito de Família*, pp. 53-59, na qual o jurista aborda o poder doméstico e a teoria da representação.

167. O suprimento somente é possível enquanto existente a sociedade conjugal. Por mais de uma vez julgamos improcedentes pedidos de suprimento de casais separados que deixaram de informar a existência de bens para partilha e que, com o desaparecimento do cônjuge, ingressavam com pedido de suprimento, e não de sobrepartilha. Após a separação ou divórcio não há que se falar em consentimento ou outorga, uma vez que sociedade conjugal é finda. Neste sentido: "Suprimento de consentimento – Inadmissibilidade – Promessa de doação de bem imóvel a filhos menores quando da separação consensual de seus genitores – Impossibilidade do cumprimento da promessa, em face de o pai encontrar-se em lugar incerto e desconhecido – Meio inadequado, por ser o alvará mera autorização, e não ordem judicial – Emissão de declaração de vontade que só pode ser obtida por ação própria, para compelir aquele que se comprometeu a concluir o que avençou nos autos da separação – Recurso não provido" (TJSP, 1ª Câmara de Direito Privado, AC 119.993-4, j. 18.4.2000, rel. Des. Guimarães e Souza).

168. CPC: "Art. 114. *O litisconsórcio será necessário, quando, por disposição de lei* ou quando, pela natureza da relação jurídica controvertida, a eficácia da sentença depender da citação de todos que devam ser litisconsortes".

pelo art. 1.647 do CC. Ainda que se afirme que somente no polo passivo ocorrerá a formação de litisconsórcio necessário, em virtude da exigência legal (art. 73, § 1º, do CPC), sem dúvida, nada impedirá que ambos os cônjuges atuem em regime de litisconsórcio facultativo no polo ativo (art. 113 do CPC).[169]

## 16. As ações possessórias

O CPC de 2015, no art. 47, que delimita as hipóteses de competência absoluta para ações relativas a disputa sobre bens imóveis, preservou a redação do art. 95 do CPC de 1973, contudo deslocando a previsão da ação possessória para parágrafo exclusivo (art. 47, § 2º). A classificação está correta, pois a ação possessória deve ser julgada no local em que o bem imóvel está situado. O problema é que parte da doutrina passou a classificar as ações possessórias como reais tão só pela opção estabelecida pelo legislador em introduzir o mesmo tratamento processual conferido às ações petitórias no que tange à competência (art. 47, caput e § 2º, do CPC). A lei processual jamais poderia definir a natureza jurídica de um instituto de direito material, ainda mais quando a questão envolve polêmica milenar.[170]

Desde a alteração da Lei 8.952/1994 colocou-se fim à eterna polêmica sobre a necessidade de participação do cônjuge na ação possessória, em vista da redação oferecida pelo art. 10, § 2º, que foi repetida pelo art. 73, § 2º, do CPC de 2015: "Nas ações possessórias, a participação do cônjuge do autor ou do réu somente é indispensável nas hipóteses de composse ou de ato por ambos praticado". Valerá o critério da individuação dos atos possessórios. Quando os atos derivarem de atitude única e exclusiva do marido (companheiro) ou da esposa (companheira), isso não gerará a necessidade de integração da capacidade processual.[171] Caracterizando-se

---

169. Cassio Scarpinella Bueno, *Partes e Terceiros no Processo Civil Brasileiro*, cit., p. 38.

170. Sobre a polêmica, v.: Moreira Alves, *Posse – Estudo Dogmático*, vol. II, p. 96; ainda, nosso estudo sobre a posse, *Posse*, pp. 48 e ss.

171. V. julgado histórico do STJ: "A regra de competência absoluta insculpida no art. 95 do CPC não tem incidência quando o pedido de reintegração na posse é deduzido como mero efeito ou extensão do pedido principal de resolução do compromisso de compra e venda. É dispensável a citação de ambos os cônjuges nas ações possessórias, salvo nos casos de composse ou de atos por ambos praticados. Adotado na decisão rescindenda entendimento relativo à interpretação de texto legal ao tempo em que proferida, acolhido pela maioria dos órgãos judicantes do País, inclusive pelo STF, inadmissível se afigura desconstituir tal decisão, em sede de rescisória, pela só

a posse como um estado fático, a lei processual somente exigiu a presença daquele que for o responsável pela prática dos atos possessórios em relação ao bem (*Besitzrechtableitung*).

## 16.1 Ausência de integração

Não existindo a integração exigida pelo art. 73 e seus §§, a relação processual será inválida, por ausência de capacidade processual, ocasionando a possibilidade de extinção do processo, *ex vi* do art. 76, § 1º, I, II e III, c/c art. 485, VI, do CPC. Na recusa por parte do marido ou da esposa, a parte interessada poderá pedir o suprimento judicial. O suprimento é medida judicial de jurisdição voluntária (arts. 74 e 719 do CPC) e visa a impedir a recusa *injustificada*. A questão deverá ser atentamente analisada pelo juiz (art. 93, IX e X, da CF), especialmente quando o suprimento possa estar vinculado a medidas satisfativas que possam gerar prejuízo irreversível, como suprimento para viagem de filho ao Exterior acompanhado de genitor que firma propósito de mudança de domicílio.[172] Quando o cônjuge estiver em lugar incerto e não tenham ocorrido separação judicial, divórcio ou declaração de ausência, o procedimento também será necessário. A anexação de certidão atualizada para instruir o pedido é essencial. A prolação da sentença de separação ou divórcio sem o devido registro impossibilita a propositura de ações que veiculem pretensões reais imobiliárias sem a autorização. Como a separação e o divórcio consensual poderão tramitar perante os cartórios

---

circunstância de, posteriormente, haver-se firmado orientação jurisprudencial em sentido diverso. Não se qualifica como 'documento novo', para efeito do disposto no art. 458, VII, do CPC, certidão emitida pelo cartório de registro de imóveis que poderia, sem qualquer dificuldade, ter sido obtida pelo autor da rescisória quando em curso a precedente ação" (4ª Turma, REsp 19.992-SP, rel. Min. Sálvio de Figueiredo Teixeira, j. 13.3.1995, *DJU* 17.4.1995, p. 9.581).

172. V.: STJ, 3ª Turma, MC 16.357-DF, rela. Ministra Nancy Andrighi, j. 2.2.2010, *DJe* 16.3.2010. V., ainda, julgado antigo, mas didático no sentido de que, existindo motivo lícito, não caberá ao juiz suprir a recusa: "Se o apelante não está em condições de alimentar seu filho, a venda do bem, até mesmo para a compra de outro imóvel, importaria risco à própria sobrevivência do menor, sendo prudente que se mantenha, pelo menos, um teto onde possa o fruto de seu casamento se abrigar. Estabelece o art. 11 do CPC que a autorização do marido e a outorga da mulher podem suprir-se judicialmente quando um cônjuge a recuse ao outro sem justo motivo, ou lhe seja impossível dá-la. O motivo da recusa é justo e se volta ao interesse do filho. II – Improvimento do recurso" (TJRJ, 1ª Câmara Cível, AC 6.697/2001, rel. Des. Ademir Pimentel, j. 9.10.2001).

extrajudiciais, após a Lei 11.441/2007, o controle sobre a averbação deverá ser rigoroso.[173]

A ausência da autorização/outorga e do respectivo procedimento para suprimento judicial gera a invalidade da relação jurídico-processual (art. 74, parágrafo único, do CPC). Como advertia Pontes de Miranda: "Tem-se de ser civilista quando se está no terreno do direito civil; constitucionalista, no terreno do direito constitucional; administrativista, no terreno do direito administrativo; e processualista, no terreno do direito processual".[174] A regra do art. 74, parágrafo único, não encontra limitação junto aos arts. 1.649 e 1.650 do CC, uma vez que a invalidade a que o texto processual se refere atinge o desenvolvimento da relação processual; portanto, desvinculada da eventual impugnação do negócio jurídico de direito material celebrado. O juiz não poderia atuar de ofício para suprir a autorização, mas, apenas, reconhecer a invalidade da relação processual ante sua ausência.[175] A irregularidade dependerá de arguição do cônjuge prejudicado e poderá ser apontada pelo juiz, uma vez que se refere a pressuposto processual e deverá ser sanada em prazo a ser estipulado pelo juiz, convalidando-se os atos já praticados (art. 76 do CPC).

## 17. Capacidade processual das pessoas jurídicas e judiciárias

As pessoas jurídicas de direito interno, *público* ou *privado*, assim como as coletividades (que não possuam personalidade jurídica e somente judiciária) possuem a disciplina de sua atividade processual regulamentada pelo art. 75 do CPC. O art. 40 do CC, após estabelecer a classificação das pessoas jurídicas (de direito público/privadas), elenca, no art. 41, o rol

---

173. V. art. 610, *caput* e §§ 1º e 2º, do CPC:
"Art. 610. Havendo testamento ou interessado incapaz, proceder-se-á ao inventário judicial.

"§ 1º. Se todos forem capazes e concordes, o inventário e a partilha poderão ser feitos por escritura pública, a qual constituirá documento hábil para qualquer ato de registro, bem como para levantamento de importância depositada em instituições financeiras.

"§ 2º. O tabelião somente lavrará a escritura pública se todas as partes interessadas estiverem assistidas por advogado ou por defensor público, cuja qualificação e assinatura constarão do ato notarial."

174. Pontes de Miranda, *Comentários ao Código de Processo Civil* (de 1973), cit., p. 13 do "Prólogo", cuja leitura é obrigatória.

175. Por todos: Arruda Alvim, *Tratado de Direito Processual Civil*, cit., vol. II, p. 294.

das pessoas jurídicas componentes da Administração direta e da indireta (art. 41, IV e V).[176] De forma inovadora, o art. 42 do CC prevê que "são pessoas jurídicas de direito público externo os Estados estrangeiros e todas as pessoas que forem regidas pelo direito internacional público". Os Estados e organismos estrangeiros, além de contarem com reconhecimento de sua personalidade jurídica, poderão atuar em juízo – o que, aliás, está expresso pelo art. 109, III, da CF, com recurso ordinário para o STJ, nos termos dos arts. 105, II, "b", da mesma CF e 1.027, II, "b", do CPC. As pessoas jurídicas de direito privado estão delineadas pelo art. 44 do CC (*associações, sociedades* e *fundações*). As sociedades possuem regulamentação específica no Livro II da Parte Especial do Código Civil, na qual é disciplinada a atividade das sociedades simples (art. 997 do CC, antigas sociedades civis) e das sociedades empresárias (arts. 1.039 *usque* 1.092 do CC), correspondentes, em parte, às antigas sociedades comerciais. Entes coletivos não personificados (sociedades de fato – *e.g.*: MST), como as sociedades em comum (art. 986 do CC) e em conta de participação (art. 991 do CC), também estão subsumidos ao art. 75 do CPC.

### 17.1 *A União, os Estados, o Distrito Federal e os Territórios, por seus procuradores*

As pessoas jurídicas de direito público (art. 75, I, II, III e IV, do CPC) serão representadas por seus procuradores, os quais compõem quadro de carreira específico. A União Federal é representada judicialmente pela Advocacia-Geral da União, conforme previsão constitucional (art. 75, I, do CPC e art. 131 da CF). A Lei Complementar 70/1993 regulamentou a atividade da Advocacia-Geral, a qual será exercida judicial e extrajudicialmente, incluindo atividade extremamente importante de consultoria e assessoramento jurídico (art. 1º), uma vez que inúmeros projetos de leis são de iniciativa exclusiva do Poder Executivo, fato que demanda corpo técnico qualificado. O cargo máximo é ocupado pelo Advogado-Geral da União, de livre nomeação e exoneração por parte do Presidente da República (*ad nutum*). São requisitos para o cargo: contar com mais de 35 anos e ter notável conhecimento jurídico.[177] A Lei 9.469/1997 regulamenta a atividade do Advogado-Geral e dos procuradores-chefes das autarquias e empresas públicas quanto à composição e à transação em

---

176. Cf.: Fabio Caldas de Araújo e José Miguel Garcia Medina, *Código Civil Comentado*, cit., pp. 87-88.

177. Com relação às atribuições do cargo, v. Portaria 538, de 9.7.2002 (*DOU* 15.7.2002), que dispõe sobre a competência do Advogado-Geral da União.

juízo, incluindo poderes para não propor determinadas ações com base no valor da causa.[178-179]

Da mesma forma, os Estados e o Distrito Federal serão representados por seus procuradores, sendo vedado ao Ministério Público Estadual qualquer assunção de atividade de representação, atuando apenas como *custos legis*. O ingresso no quadro dependerá de concurso de provas e títulos, com a participação da OAB em todas as suas fases. Os procuradores exercerão não só a representação judicial, mas a atividade consultiva. Em relação aos procuradores da União e do Estado, em virtude de sua atuação nascer de origem legal e constitucional, dispensa-se o instrumento de mandato.[180]

## 17.2 *O Município, por seu prefeito ou procurador.*
### *A posição da Câmara Municipal*

Nossa legislação estabeleceu a capacidade processual concorrente do prefeito e do procurador para a representação judicial do Município em juízo (art. 75, III, do CPC). Não há previsão constitucional quanto à obrigatoriedade de elaboração de quadro específico de procuradores do Município. Nada impede que a lei orgânica venha a estabelecê-lo, ou que a contratação do advogado seja realizada por tempo determinado mediante processo licitatório. Caso o prefeito venha a representar o Município em juízo, dependerá de capacidade postulatória – o que exigirá a presença de advogado, em virtude de restrição imposta pelo próprio Estatuto da OAB (art. 28, I).[181-182]

178. Dispõe o art. 1º: "O Advogado-Geral da União, diretamente ou mediante delegação, e os dirigentes máximos das empresas públicas federais poderão autorizar a realização de acordos ou transações, em juízo, para terminar o litígio, nas causas de valor até R$ 500.000,00 (quinhentos mil Reais)" (redação dada pela Lei 11.941/2009).
179. Essa mesma lei regulamenta a intervenção anômala da União nos processos em que possui interesse.
180. "A representação judicial do Estado, por seus procuradores, decorre da lei. Por esta razão, dispensa-se a juntada de instrumento de mandato em autos de processo judicial" (STF, 2ª Turma, RE 121.957 ED, j. 24.4.1990, v.u., *RTJ* 132/641). O dispositivo que embasa este entendimento é o art. 9º da Lei 9.469/1997: "A representação judicial das autarquias e fundações públicas por seus procuradores ou advogados, ocupantes de cargos efetivos dos respectivos quadros, independe da apresentação do instrumento de mandato".
181. Lei 8.906/1994: "Art. 28. A Advocacia é incompatível, mesmo em causa própria, com as seguintes atividades: I – chefe do Poder Executivo e membros da Mesa do Poder Legislativo e seus substitutos legais; (...)".
182. Isto não se aplica ao vice-prefeito: "Advogado eleito como vice-prefeito não está incompatibilizado com a profissão se não exerce efetivamente o cargo de

Ao procurador do Município também se dispensa a apresentação do instrumento de procuração, visto que seus poderes de representação nascem *ex lege*.[183] Os procuradores dependem de autorização legislativa para transigir ou dispor sobre o patrimônio do Município, não sendo suficiente a autorização do prefeito. No que diz respeito à Câmara Municipal, quando acionada para fins de ressarcimento, a formação do polo passivo exigirá a integração do Município, em litisconsórcio necessário.[184] A Câmara não possui personalidade jurídica, mas judiciária, suficiente para legitimá-la a estar em juízo.[185] A presença do Município se impõe quando a eventual condenação atingir o patrimônio público, pois "as consequências da condenação recaem sobre a Fazenda Municipal".[186]

chefe do Poder Executivo – Inteligência do art. 28, inciso I, da Lei n. 8.906/1994 – Agravo provido" (TJRS, 5ª Câmara Cível, AI 70003682432, rel. Des. Clarindo Favretto, j. 21.3.2002).

183. "É dispensável a exibição pelos procuradores de Município do necessário instrumento de mandato judicial, desde que investidos na condição de servidores municipais, por se presumir conhecido o mandato pelo seu título de nomeação – Precedentes. Ademais, o endereço indicado pelo Procurador Municipal para citação é o da Prefeitura de Nova Iguaçu, o que ratifica a capacidade postulatória – Agravo regimental não provido" (STJ, 2ª Turma, Ag/AgR 1.385.162-RJ, rel. Min. Herman Benjamin, j. 28.6.2011, *DJe* 1.9.2011). Sobre a questão: Hely Lopes Meirelles, *Direito Municipal Brasileiro*, p. 751.

184. "A ausência de citação do Município para integrar demanda popular proposta contra a Câmara Municipal gera a nulidade absoluta do processo, uma vez que se configura, em casos tais, hipótese de litisconsórcio necessário. Em reexame necessário, decreta-se a nulidade processual" (TJMG, 3ª Câmara Cível, AC 000.223.411-0/00, rel. Des. Kildare Carvalho, j. 28.2.2002).

185. O CPC português define: "Art. 5º. A personalidade judiciária consiste na susceptibilidade de ser parte".

186. Hely Lopes Meirelles, *Direito Municipal Brasileiro*, cit., p. 639. Cf., do STJ: "Nos termos da jurisprudência desta Corte, 'a despeito de sua capacidade processual para postular direito próprio (atos *interna corporis*) ou para defesa de suas prerrogativas, a Câmara de Vereadores não possui legitimidade para discutir em juízo a validade da cobrança de contribuições previdenciárias incidentes sobre a folha de pagamento dos exercentes de mandato eletivo, uma vez que desprovida de personalidade jurídica, cabendo ao Município figurar no polo ativo da referida demanda' (REsp n. 696.561-RN, rel. Min. Luiz Fux, *DJU* 24.10.2005). No mesmo sentido: AgR no REsp n. 1.299.469-AL, rel. Min. Mauro Campbell Marques, 2ª Turma, *DJe* 10.4.2012. Desse modo, 'a Câmara de Vereadores não possui personalidade jurídica autônoma que lhe permita figurar no polo passivo da obrigação tributária ou ser demandada em razão dessas obrigações. *Sujeito passivo da contribuição previdenciária incidente sobre remuneração de membros da Câmara Municipal é o Município*, pessoa jurídica de direito público' (precedente: REsp n. 573.129-PB, *DJU* 4.9.2006, 1ª Turma, rel. Min. Teori Albino Zavascki). O princípio da separação dos Poderes e o da autonomia financeira e administrativa não podem eximir o Município

Isto não compromete sua capacidade processual para a defesa de prerrogativas próprias.[187]

## 17.3 A massa falida e o administrador judicial

A massa falida corresponde à universalidade de bens que compõem o acervo do falido, sendo objeto de arrecadação pelo síndico da falência, com o fim de organizar sua escorreita liquidação.

A partir da sentença declaratória de falência vigora o princípio da *par conditio creditorum*. Inicia-se o procedimento com a arrecadação dos bens e convocação de todos os credores, que perdem a faculdade de propor ações individuais, em virtude da universalidade do juízo falimentar. Surge, então, a *massa falida*, que, em sentido lato, designa "o conjunto, o *totum* jurídico ativo e passivo do devedor, sujeito da execução coletiva".[188] Embora o CPC-2015 não tenha contemplado a figura jurídica da insolvência civil, do art. 761 do CPC-1973, aplica-se ao administrador da massa insolvente (art. 761, I, do CPC de 1973) a dicção do art. 12, III, do mesmo CPC (art. 75, III, do CPC-2015). Apesar de a insolvência civil ter sido abolida do Código de Processo Civil de 2015, existem situações de transição, as quais foram reguladas pelo "Livro Complementar" do Código, no art. 1.052. Até a edição de lei especial, o devedor insolvente será processado nos termos do Código de Processo Civil de 1973. Logo, processos novos e pendentes ainda serão regulados pelos arts. 748 e ss. do CPC de 1973.

## 17.4 A herança jacente ou vacante e a figura do curador

O próprio Direito Romano conheceu o conceito de herança jacente (*hereditas jacens*). Naquele período, abrindo-se a sucessão e não existindo habilitação de herdeiros legítimos ou testamentários, surgia a possibilidade da *usucapio pro herede* por quem estivesse na posse e administração

---

de responsabilidades assumidas por seus órgãos – Agravo regimental improvido" (2ª Turma, REsp/AgR 1.303.395-PE, rel. Min. Humberto Martins, j. 21.6.2012, *DJe* 28.6.2012) (grifos nossos).

187. Súmula 525: "A Câmara de vereadores não possui personalidade jurídica, apenas personalidade judiciária, somente podendo demandar em juízo para defender os seus direitos institucionais" (STJ, 1ª Seção, aprovada em 22.4.2015).

"4. Recurso especial provido" (STJ, 1ª Turma, REsp 946.676-CE (200700978607), rel. Min. José Delgado, *DJU* 19.11.2007, p. 205).

188. J. X. Carvalho de Mendonça, *Tratado de Direito Comercial Brasileiro*, vol. VII, n. 65, pp. 134-135.

da herança.[189] Exigia-se um ato formal do herdeiro, representado pela *aditio*, pelo qual o patrimônio do *de cujus* seria integrado ao do herdeiro. No prazo de um ano, se não fosse realizada a *aditio*, a herança seria *jacens*, possibilitando o usucapião. No Direito Medievo, por influência do próprio Direito Germânico medieval, consolidou-se na França o princípio da *saisine* (*le mort saisit le vif*), hoje retratado pela regra do art. 1.784 do nosso CC, e que gera a transmissão automática da posse e da propriedade da herança aos sucessores.[190]

Não existindo herdeiros para a herança ser transmitida, ela será considerada jacente (art. 1.819 do CC[191]). O procedimento para a declaração de jacência é regulado pela lei processual (art. 738 do CPC), sendo obrigatória a arrecadação dos bens pelo curador (art. 739 do CPC), que também será responsável pelos atos civis e de representação processual, até a habilitação de herdeiro ou declaração de vacância (art. 739, § 1º, I a V, do CPC). Situação interessante, e que envolve direito personalíssimo, diz respeito à possibilidade de a herança *jacens* compor o polo passivo de ação de investigação de paternidade. À primeira vista a hipótese seria de ilegitimidade passiva; contudo, se são desconhecidos os herdeiros, o polo passivo deverá ser integrado pela herança jacente, na pessoa do seu curador, com integração do Município e da União, principalmente – o que se justifica ainda mais quando a pretensão do investigante seja declaratória e condenatória (investigação + petição de herança).[192]

## 17.5  O espólio e sua representação pelo inventariante

Dotado apenas de capacidade judiciária, o espólio será representado pelo inventariante, ativa e passivamente. A figura do inventariante é fundamental para a organização do plano de partilha e distribuição dos quinhões hereditários. A herança transmite-se desde a morte do *de cujus*, ante a adoção do princípio da *saisine* por nosso sistema (CC, art. 1.784[193]).

A legitimidade no exercício da inventariança está disciplinada pelo art. 617, I a VIII, do CPC, cujo papel terá relevância até a homologação

---

189. V. nosso *Usucapião*, p. 60.
190. Idem, p. 228.
191. CC: "Art. 1.819. Falecendo alguém sem deixar testamento nem herdeiro legítimo notoriamente conhecido, os bens da herança, depois de arrecadados, ficarão sob a guarda e administração de um curador, até a sua entrega ao sucessor devidamente habilitado ou a declaração de sua vacância".
192. Arnoldo Medeiros da Fonseca, *Investigação de Paternidade*, p. 380.
193. A incorporação desta regra remonta ao Alvará de 9.11.1754.

da partilha. Após, eventuais ações deverão ser dirigidas aos herdeiros e legatários. A representação ativa e passiva está disciplinada pelo art. 618, I, o qual deve ser lido em conjunto com o art. 75, VI, e § 1º, do CPC. Com isso, tratando-se de inventariante dativo, formar-se-á, obrigatoriamente, litisconsórcio necessário no polo ativo ou passivo.

A necessidade do inventariante dativo pode ocorrer, em vista do tumulto gerado no processo, pela colidência dos interesses dos herdeiros.[194] Em caso de remoção de inventariante deverá ser observada a regra do art. 623 do CPC, sob pena de se ferir o contraditório, pois a remoção sempre deverá ser fundamentada. O Código de Processo Civil de 2015 tornou explícito que a remoção poderá ser oficiosa ou a pedido, mas o procedimento prévio para oitiva do inventariante não poderá ser suprimido, sob pena de nulidade da decisão.[195]

O inventariante, após o término do processo de inventário, não se exime de eventual ação de prestação de contas, a ser promovida pelos herdeiros (art. 553 do CPC) caso venha a negligenciar em seu mister ou tenha atuado de forma indevida. Por fim, ressalve-se que determinadas pretensões personalíssimas voltadas contra o *de cujus*, não contra o espólio, não serão representadas pelo inventariante. É o que acontece na ação de investigação de paternidade, cuja legitimidade pertence aos herdeiros, que serão citados em litisconsórcio necessário.

## 17.6 A representação das pessoas jurídicas

A pessoa jurídica nasce com o registro de seus atos constitutivos, o qual deverá ser feito no ofício competente, dependendo da natureza jurídica do ente coletivo[196] (*e.g.*: registro civil de pessoas jurídicas para

---

194. "Embora o juiz, ao nomear o inventariante, deva ater-se à ordem estabelecida no art. 990 do estatuto instrumentário civil, nada o impede de nomear pessoa estranha para exercer a inventariança, desde que constatada sua oportunidade ou necessidade, mormente se ocorre tumulto processual motivado por desentendimentos ou colidência de interesses entre as partes" (TJMG, 4ª Câmara Cível, Ag 000.215.810-3/00, rel. Des. Hyparco Immesi, j. 21.3.2002).

195. "A remoção do inventariante pressupõe a sua intimação, no prazo de cinco dias, para se defender e produzir provas, conforme dispõe o art. 996 do CPC – Agravo regimental não provido" (STJ, 2ª Turma, REsp/AgR 1.461.526/RS, rel. Min. Mauro Campbell Marques, j. 16.10.2014, *DJe* 28.10.2014).

196. Reza o art. 1.150 do CC: "O empresário e a sociedade empresária vinculam-se ao Registro Público de Empresas Mercantis a cargo das Juntas Comerciais, e a sociedade simples ao Registro Civil das Pessoas Jurídicas, o qual deverá obedecer às normas fixadas para aquele Registro, se a sociedade simples adotar um dos tipos de sociedade empresária".

sociedades simples – art. 45 do CC – e registro na Junta Comercial para as sociedades empresárias – art. 1.150 do CC). O art. 46 do CC determina que o próprio ato de registro deverá mencionar os dirigentes da pessoa jurídica (inciso II), bem como o modo por que se administra e representa, ativa e passivamente, judicial e extrajudicialmente, a entidade (inciso III). O princípio da segurança jurídica revela uma de suas facetas através do registro das pessoas físicas e jurídicas.[197]

Caso não seja possível identificar o responsável pela administração da empresa personificada, em virtude de situação excepcional, e não existindo diretor ou pessoa explicitamente designada para sucessão, caberá ao juiz nomear, ainda que em caráter provisório, um administrador (art. 49 do CC). Outra situação a ser considerada, em relação à sociedade simples, está na previsão do art. 1.013 do CC: "A administração da sociedade, nada dispondo o contrato social, compete separadamente a cada um dos sócios" – o que daria a impressão de se permitir a formação de litisconsórcio facultativo-unitário, uma vez que, em relação a terceiros, todos são considerados responsáveis solidários (art. 1.016 do CC). A questão é complexa, porque a participação da sociedade ou associação no polo passivo exige digressão sobre a interação entre os sócios, os administradores e os terceiros. O assunto será examinado em tópico próprio. Adiante-se que a sociedade deverá compor o polo passivo da demanda. Não há que se falar em litisconsórcio necessário-unitário entre a sociedade e os sócios, ou entre a associação e seus associados. O que poderá ocorrer – mas é questão que não se confunde com a ora analisada – é a extensão da responsabilidade patrimonial aos demais sócios, em virtude da obrigação constituída em nome da sociedade. Esta extensão dependerá do tipo societário constituído e legitima que o sócio ou associado possa até atuar como litisconsorte facultativo, pois terá interesse na solução da causa, mas jamais como litisconsorte unitário.[198]

## 17.7 As sociedades sem personalidade jurídica

A sociedade não personificada, muito embora careça de personalidade jurídica, poderá atuar ativa e passivamente em juízo, conferindo-se

---

197. A pessoa física somente poderá ser titular de um único assento de nascimento, "de même ne pourrons nous avoir qu'un seul état" (Marquant, *L'État Civil et l'État des Personnes*, p. 71). A mesma conclusão é válida para a pessoa jurídica, ainda que possa se multiplicar em função de filiais ou coligadas.

198. Preciso as considerações de Arruda Alvim examinando a questão com apoio da doutrina italiana in *Aspectos Polêmicos e Atuais sobre os Terceiros no Processo Civil*, pp. 33-57.

a capacidade processual ao responsável pela administração de seus bens. No entanto, a ausência de registro de seus atos constitutivos, indubitavelmente, é fonte de desvantagens, as quais são explícitas perante o próprio texto legal (*ex vi* do art. 987 do CC[199]). A representação pelo responsável é harmonizada e conjugada com a norma de direito material que transforma a responsabilidade dos sócios em solidária e ilimitada pelas obrigações sociais (art. 990 do CC), excluindo-se expressamente o benefício de ordem (art. 1.024 do CC). O art. 75, § 2º, do CPC prevê a impossibilidade de opor a irregularidade de sua constituição como óbice à formação da relação processual.

### 17.8 A pessoa jurídica estrangeira

A empresa estrangeira com sede constituída fora do Brasil mas que mantenha *longa manus* em território brasileiro estará ao encargo do responsável pela administração da filial brasileira. O responsável estará autorizado legalmente (art. 75, § 3º, do CPC) não só a postular como a defender a pessoa jurídica estrangeira no território brasileiro. A competência internacional é delineada de modo concorrente (arts. 21 e 22 do CPC) ou exclusivo (art. 23 do CPC). O art. 21, I, do CPC é claro ao dispor que será competente a autoridade brasileira quando "o réu, qualquer que seja a sua nacionalidade, estiver domiciliado no Brasil". O art. 21, parágrafo único, complementa o referido inciso: "Para o fim do disposto no inciso I, considera-se domiciliada no Brasil a pessoa jurídica estrangeira que nele tiver agência, filial ou sucursal".[200]

### 17.9 O administrador e o síndico do condomínio

Como bem ilustra Arruda Alvim,[201] o condomínio referido pela lei é o disciplinado pela Lei 4.591/1964, sem referência ao condomínio de propriedade horizontal determinado pelo art. 1.314 do CC. No entanto,

---

199. CC: "Art. 987. Os sócios, nas relações entre si ou com terceiros, somente por escrito podem provar a existência da sociedade, mas os terceiros podem prová-la de qualquer modo".

200. "Nada importa que o contrato principal tenha sido ajustado, em outro País, por pessoas jurídicas estrangeiras; ainda que lá assumida, a fiança dada em garantia do respectivo cumprimento por brasileiros aqui residentes, com bens situados no território nacional, pode ser executada perante o Judiciário brasileiro – Recurso especial não conhecido" (STJ, 3ª Turma, REsp 861.248-RJ, rel. Min. Ari Pargendler, *DJU* 19.3.2007).

201. Arruda Alvim, *Manual de Direito Processual Civil*, cit., vol. II, p. 78.

este diploma também regulou a matéria relativa ao condomínio edilício, *ex vi* dos arts. 1.331 e ss. A administração do condomínio caberá ao síndico, incluindo a tarefa de representar, ativa e passivamente, o condomínio, praticando, em juízo ou fora dele, os atos necessários à defesa dos interesses comuns (art. 1.348, II, do CC). Os poderes de representação do condomínio poderão ser delegados a outra pessoa, distinta do síndico, em virtude de decisão da assembleia, a qual também poderá conferir ao síndico poderes para substabelecimento da representação e administração (art. 1.348, § 2º, do CC).

## 18. Incapacidade e defeito na representação: juízos "a quo" e "ad quem"

A norma do art. 76 do CPC é de extrema importância, pois confere poder oficioso ao juiz para suspender o processo com o fim de regularizar a capacidade processual das partes. No conceito de *parte* inserem-se: *autor*, *réu* e *terceiro* (art. 76, § 1º, I, II e III).

Não há prazo definido para a suspensão, mas o art. 313, § 3º, do CPC permite a aplicação do prazo de 15 dias como prazo razoável. A regra do art. 76 é topologicamente coerente com a disciplina dos artigos antecedentes, pois se direciona a colmatar possíveis desvios e falhas na representação das partes. O dispositivo dirige-se, igualmente, à regularização da capacidade postulatória, em virtude da sua ausência ou irregularidade. Não cabe ao juiz determinar a extinção do processo sem possibilitar a regularização, pois violaria o princípio da aproveitabilidade máxima da atividade processual.[202] Esta regra não tem validade absoluta, visto que na seara recursal sua validade é mitigada junto aos Tribunais Superiores, *ex vi* da Súmula 115 do STJ.[203] Acontece que o Código de Processo Civil de 2015 trouxe regramento específico para a situação de falha na representação, e permite a regularização. Isto representa a superação da Súmula 115 do STJ. O art. 76, § 2º, do CPC é mais abrangente, pois disciplina a atividade de gestão processual, com possibilidade de regularização da falha em segunda instância (recursos ordinários) e instâncias superiores

---

202. O que vai de encontro à posição consolidada no STJ: "Tendo em vista princípios, como o da economia processual, a jurisprudência desta Corte, na exegese do art. 13 do CPC, consolidou entendimento no sentido de que o magistrado deve assegurar prazo razoável para que a parte possa suprir eventual omissão ou deficiência relativa à incapacidade postulatória – Recurso ordinário provido" (3ª Turma, ROMS 6.274-AM, rel. Min. Castro Filho, *DJU* 23.9.2002).

203. STJ: "Súmula 115. Na instância especial é inexistente recurso interposto por advogado sem procuração nos autos".

(apelos extremos: recurso extraordinário e recurso especial). Não há mais possibilidade de extinção imediata. Deve ser oportunizada a sanação do vício de representação.

A falta de atendimento à determinação judicial acarretará consequências indesejadas aos partícipes da relação processual. Somente o não cumprimento pelo autor, em prazo razoável e imotivadamente, acarretará a resolução do processo. O descumprimento por parte do réu acarretará a sua revelia. O terceiro não se exime de atender ao comando judicial quando esteja participando da relação processual. É verdade que a situação do terceiro na relação processual na maioria das vezes é transitória. Uma vez admitido na relação processual, o terceiro transmuda-se em parte legítima. Todavia, em algumas situações, como a do assistente simples ou litisconsorcial, a atividade processual é diferenciada, e o comando do art. 76, § 1º, III, do CPC tem incidência específica, pois o terceiro não alterará o seu *status* no decorrer da relação processual.

As questões suscitadas pela aplicação do art. 76 do CPC podem ser classificadas como *originárias*, quando oriundas da primeira manifestação das partes junto ao processo (petição inicial, contestação e peça de intervenção), ou *derivadas*, quando surgirem com o desenrolar da relação processual, como na hipótese de falecimento de alguma das partes ou de seus procuradores (art. 313, I, do CPC).

## 19. Capacidade postulatória

Não basta a capacidade processual, uma vez que nem a parte material nem a parte formal possuem capacidade para postular em juízo.[204] Na definição de Rosenberg,[205] a capacidade postulatória não se trata sequer de pressuposto processual, mas pressuposto de atuação processual, pelo qual se confere manifestação adequada junto ao processo.[206] Desta forma,

204. Na Roma do período arcaico o processo se desenvolvia de forma oral, sendo comum o patrocínio na defesa das causas por *oratores*, *patroni* e *advocatti*. A preponderância da atividade do orador demonstrava a força da retórica, principalmente na primeira fase, *in iure*, e na audiência, que se desenvolvia na fase *apud iudicem* (v. Max Kaser, *Römisches Privatrecht*, § 83, p. 413).
205. Rosenberg/Schwab/Gottwald, *Zivilprozessrecht*, § 45, p. 269.
206. É o que informa com precisão a doutrina alemã, uma vez que a capacidade postulatória antecede logicamente a prática de qualquer ato processual; portanto, trata-se de pressuposto processual (*Prozesshandlungvoraussetzung*) para a prática dos atos processuais: "Die Postulationsfähigkeit ist keine Prozessvoraussetzung, sondern nur Prozesshandlungsvoraussetzung" (Rosenberg/Schwab/Gottwald, *Zivilprozessrecht*, cit., § 45, p. 265).

os conceitos de *capacidade processual* e *capacidade postulatória* são inconfundíveis, uma vez que o último se refere à eficácia dos atos processuais praticados em juízo. Sem a presença de procurador devidamente habilitado os atos processuais serão considerados *nulos* (art. 4º da Lei 8.906/1994). O art. 104, § 2º, do CPC de 2015 corrige a redação do art. 37, parágrafo único, do CPC de 1973, que considerava o ato praticado por advogado sem procuração como ato inexistente. Vai além. O dispositivo atual considera, acertadamente, como situação de ineficácia em relação à parte em cujo nome o ato foi praticado. O ato não poderia ser considerado inexistente ou inválido. O ato foi praticado; logo, sua existência é indiscutível. Não se trata de hipótese de nulidade ou anulabilidade, pois não há vício quanto à perfectibilidade do ato praticado. Trata-se de ineficácia por ausência de autorização quanto à prática, o que impede a produção de efeitos para a parte representada de modo putativo. Não há dúvida de que *inexistência* e *nulidade* são conceitos distintos no mundo jurídico, porém ambos levam à mesma consequência: a *ineficácia de todos os atos processuais*.

O defeito quanto à capacidade postulatória também exigirá a aplicação do art. 76, *caput*, e §§ 1º e 2º, do CPC. Nas instâncias ordinárias permite-se a regularização a todo tempo, mediante ratificação dos atos já praticados;[207] o que também valerá para os apelos extremos, com superação da Súmula 115 do STJ.[208]

## 20. Forma de representação

A parte será representada por advogado, mediante procuração escrita elaborada por instrumento público ou particular, que poderá conter poderes gerais (*ad judicia*) e especiais (*ad judicia et extra*). A procuração para o foro geral não habilita o advogado para situações específicas, como a confissão (arts. 105 e 390, § 1º, CPC). O art. 105 do CPC é expresso ao exigir poderes específicos para o recebimento da citação inicial, confessar, reconhecer a procedência do pedido, transigir, desistir, renunciar ao direito sobre que se funda a ação, receber, dar quitação e firmar compromisso e para afirmar a hipossuficiência econômica. São atos de

---

[207]. "A falta de instrumento de mandato constitui defeito sanável nas instâncias ordinárias, aplicando-se, para o fim de regularização da representação postulatória, o disposto no art. 13 do CPC" (*RSTJ* 68/384, *apud* Alexandre de Paula, *Código de Processo Civil Anotado*, vol. I, p. 172).

[208]. STJ: "Súmula 115. Na instância especial é inexistente recurso interposto por advogado sem procuração nos autos".

extrema importância, daí a ressalva legal. A Lei 11.419/2006 permite a assinatura digital da procuração, o que se coaduna com o *e-process*. Há uma tendência irrefragável quanto à informatização, e os processos virtuais eliminarão a burocracia, ao mesmo tempo em que conferirão maior agilidade aos trabalhos judiciais.

Em casos urgentes é possível que o advogado postule pela parte sem procuração, com o fim de evitar perecimento do direito (*e.g.*: evitar a prescrição ou pleitear medida urgente – art. 104 do CPC), sem prejuízo da juntada posterior, independentemente de caução, em 15 dias, conforme o art. 104, § 1º, do CPC. O mesmo deverá protestar pela juntada posterior, pois a lei abre verdadeira exceção, ante a redação do art. 287, parágrafo único, I, do CPC. A ausência de juntada do instrumento levará à extinção do processo, com penalização do advogado pelas despesas e custas (arts. 76, 104, § 2º, *in fine*, e 485, IV, do CPC).

Os procuradores das pessoas jurídicas de direito público interno que compõem a Administração direta não necessitam comprovar a regularidade da representação pela apresentação do instrumento de procuração, mas pelo título de nomeação. A representação é de natureza legal, *ex vi* da redação dos arts. 76, § 1º, I e II, e 287, parágrafo único, II e III, do CPC.[209]

## 21. Desnecessidade de capacidade postulatória

O Juizado Especial Estadual (Lei 9.099/1995) permite ao requerente postular em causa própria nas causas de até 20 salários-mínimos (art. 9º). Acima deste valor a presença do advogado é obrigatória. Diga-se o mesmo nas causas de valor inferior a 20 salários quando uma das partes esteja acompanhada de advogado, pois tal fato gera grave desequilíbrio, ferindo o princípio da igualdade material no processo. A Lei 10.259/2001, que regulamentou o Juizado Especial Federal, permitiu a ambas as partes litigar sem a presença do advogado. As partes, por meio de seus representantes, contam com autorização legal para conciliar, transigir ou desistir nos processos da competência dos Juizados Especiais Federais (art. 10,

---

209. A Lei 9.469/1997, conversão da Medida Provisória 1.561-5/1997, inclui as autarquias e fundações públicas na dispensa de apresentação da procuração pelos advogados e procuradores que pertençam a seu quadro, *ex vi* do art. 9º: "A representação judicial das autarquias e fundações públicas por seus procuradores ou advogados, ocupantes de cargos efetivos dos respectivos quadros, independe da apresentação do instrumento de mandato".

parágrafo único).[210] Outro ponto a ser considerado seria estabelecer, por analogia, a aplicação no Juizado Especial Federal da limitação para a ausência de capacidade postulatória nas causas até 20 salários-mínimos.[211] Pensamos que tal fato não tenha suporte, pois a *mens legis* voltou-se para a simplificação do procedimento em benefício da própria Fazenda Pública, eis que o volume de processos de natureza previdenciária levaria a uma avalanche de revelias, importando confissão quanto a matéria de fato. Ressalte-se que no microcosmo dos Juizados não há prazo privilegiado, daí a importância de possibilitar a representação, em juízo, a funcionários qualificados que possuam conhecimentos técnicos e provável formação jurídica, ainda que não pertençam ao quadro dos procuradores.

A lei ainda permite que o advogado também postule em causa própria (art. 103, parágrafo único, do CPC). Aqui a capacidade processual confunde-se com a postulatória, sendo possível apresentar a petição inicial sem qualquer procuração. No entanto, deverá indicar expressamente o endereço para receber as intimações de todos os atos do processo, assim como comunicar eventual mudança de endereço (art. 106, II, do CPC). Tratando-se de propositura da petição inicial, o juiz, por imposição legal, deverá intimar o advogado para que regularize a petição, com indicação do endereço em cinco dias (art. 106, § 1º, do CPC). Quando o advogado não comunica a mudança de seu domicílio, as intimações enviadas por carta registrada terão plena validade, operando a preclusão das fases processuais (art. 106, II, e § 2º, do CPC). Alegar a modificação de endereço como causa para eventual nulidade dos atos processuais não se revela

---

210. V. a Portaria Conjunta PGF/INSS-83, de 4.6.2012 (*DOU* 6.6.2012) que substitui a Resolução INSS-87, que regulava a atuação dos servidores do INSS como prepostos da Autarquia nos Juizados Especiais Federais. Dispõe o art. 2º da portaria conjunta: "Compete aos órgãos de execução da PGF com atribuição para a representação judicial do INSS: (...); IX – designar, em conjunto com o gerente-executivo responsável pela APSADJ/SADJ, servidores para atuarem como prepostos, representando a Autarquia em juízo, nos termos do parágrafo único do art. 4º do Decreto n. 4.250, de 27 de maio de 2002, e art. 10 da Lei n. 10.259, de 12 de julho de 2001; (...)".

211. O primeiro obstáculo é legal, *ex vi* do art. 20, *in fine*: "Onde não houver Vara Federal, a causa poderá ser proposta no Juizado Especial Federal mais próximo do foro definido no art. 4º da Lei n. 9.099, de 26 de setembro de 1995, *vedada a aplicação desta Lei no juízo estadual*" (grifos nossos). Parece que há limitação na importação dos institutos da lei estadual, comportando-se a Lei 10.259 como *lex specialis*. A Resolução 87, de março/2002, no seu art. 1º, autoriza exclusivamente aos procuradores-chefes das Procuradorias do INSS, quando necessário, por ausência de procuradores federais em número suficiente, designar, por escrito, prepostos escolhidos entre os servidores do quadro da Autarquia para representá-la judicialmente nos Juizados Especiais Federais.

hipótese plausível, pois, além do mandamento legal expresso, consistiria em atitude desleal e praticada com abuso de direito (*venire contra factum proprium*). Uma nítida tentativa de aproveitamento torpe para obter benefício junto ao processo (*nemo auditur propriam turpitudinem allegans*).

Sob o ponto de vista histórico, deve ser lembrada a previsão do art. 75 do Estatuto da OAB revogado (Lei 4.215/1963), que previa, quando na comarca inexistisse defensor público ou advogado que pudesse patrocinar a causa (como defensor constituído ou dativo), que a própria parte poderia, em tese, incumbir-se de sua defesa. Hoje esta possibilidade é reconhecida para o *habeas corpus* (art. 5º, LXVIII, da CF). O direito de petição em sentido amplo é um direito fundamental, e não pode ser negado para o autor ou para o réu de um processo. O princípio do contraditório e o da inevitabilidade da jurisdição impedem que a parte fique privada de se defender judicialmente de qualquer lesão ou ameaça, sob pena de denegação de justiça (*non liquet*). Outro exemplo desta situação especial pode ser evidenciado na *Lei Maria da Penha*, que permite a concessão de tutela de urgência requerida pela parte ofendida ou ameaçada como meio de propiciar a concessão de tutela jurisdicional adequada.[212]

## 22. Prerrogativas inerentes à capacidade postulatória

O advogado, para o bom desempenho de sua atividade processual e para realizar a defesa técnica da parte, precisa estar munido de poderes para tomar as diligências cabíveis ao seu mister. Poderá examinar os autos em cartório relativos a qualquer processo, em vista da publicidade dos atos processuais, com as ressalvas do art. 189, I, II, III ou IV, do CPC. Poderá retirar os autos do cartório para exame e produção da defesa e sempre que lhe couber manifestar-se nos autos. Neste ato deverá assinar o Livro de Carga, momento em que se dá por intimado do referido ato, dispensando eventual publicação pelo cartório ou secretaria.[213] O Código

---

212. O art. 27 da Lei 11.340/2006 prevê: "Em todos os atos processuais, cíveis e criminais, a mulher em situação de violência doméstica e familiar deverá estar acompanhada de advogado, ressalvado o previsto no art. 19 desta Lei". E o nominado art. 19 dispõe: "As medidas protetivas de urgência poderão ser concedidas pelo juiz, a requerimento do Ministério Público ou *a pedido da ofendida*".

213. Neste sentido: "A contagem do prazo tem início quando o advogado tem ciência inequívoca do ato, decisão ou sentença, especialmente com a retirada dos autos de cartório. Assim, eventual defeito na intimação da sentença, por falta de inclusão do nome do patrono na publicação, fica sanado no dia em que ele teve acesso ao processo, recebendo-o em carga" (2º TACivSP, 9ª Câmara, Ap. sem Revisão 581.893-00/1, rel. Juiz Marcial Hollanda, *DOSP* 1.9.2000).

de Processo Civil de 2015 permite expressamente que a própria citação seja efetivada pelo escrivão ou analista na secretaria do juízo (art. 246, III), quando o advogado tenha poderes para tanto (art. 105).

Os autos não poderão ser retirados quando o prazo for comum, caso contrário uma das partes sofreria cerceamento de defesa, ante a impossibilidade de produzir o ato processual almejado (art. 107, III, e § 2º, do CPC). No entanto, quando exista ajuste entre as partes, as mesmas poderão comparecer em cartório e fazer a carga conjunta, ou apenas um dos advogados, mediante apresentação de petição de comum acordo (art. 107, § 2º, do CPC). O Código de Processo Civil de 2015 institui procedimento já permitido pelos juízes para driblar o prazo comum. Trata-se da *carga rápida*, aquela em que o procurador retira o processo por algumas horas, com o fim de obter cópias (duas a seis horas, conforme o art. 107, § 3º). A carga deverá ser deferida por despacho ou por meio de portaria que discipline o ato. Se o advogado violar o prazo estipulado, perderá o direito ao benefício no mesmo processo, exceto se a dilação for autorizada (art. 107, § 4º).

É corriqueiro ser disciplinado pelo juiz, em audiência, prazo comum para alegações finais, através de memoriais escritos, determinando a carga sucessiva dos autos entre os próprios advogados e facultando o oferecimento de ambas as peças até o último dia, junto ao protocolo do juízo. Essa prática tornou-se mais simples, na medida em que as peças são juntadas diretamente no ambiente virtual.

Entendemos que não há violação ao contraditório quando ambas as partes juntam seus memoriais. Não há necessidade de juntada prévia do autor para possibilitar a leitura pelo réu. Estas peças são resumos do processo, e não podem inovar. Além disso, se alguma matéria inovadora de ordem pública fosse suscitada, o juiz, logicamente, reabriria a instrução, com resguardo ao contraditório. Os arts. 10 e 493, parágrafo único, do CPC exigem que o juiz examine fatos novos, sempre com respeito ao contraditório.

## Capítulo II
## Litisconsórcio

*1. Do litisconsórcio e da intervenção de terceiros no processo civil. 2. Principiologia da litisconsorciação: 2.1 Princípio da singularidade – 2.2 Princípio da tipicidade – 2.3 Princípios da economia processual e da tempestividade. 3. Noções gerais sobre o litisconsórcio. 4. Breve retrospectiva sobre o instituto. 5. O litisconsórcio e sua classificação: 5.1 Quanto ao momento da formação do litisconsórcio – 5.2 Quanto ao polo da relação processual – 5.3 Quanto à obrigatoriedade da formação: 5.3.1 A possibilidade de recusação no Código de Processo Civil: litisconsórcio multitudinário – 5.4 Litisconsórcio facultativo: 5.4.1 Art. 113, I, do CPC – 5.4.2 Art. 113, II, do CPC – 5.4.3 Art. 113, III, do CPC – 5.4.4 O litisconsórcio facultativo e suas modulações na jurisprudência: 5.4.4.1 Modulações do litisconsórcio facultativo: eventual, alternativo e sucessivo – 5.5 Estrutura do litisconsórcio multitudinário: 5.5.1 A iniciativa do incidente – 5.5.2 Momento da impugnação e competência – 5.5.3 Litisconsórcio multitudinário e as ações coletivas: 5.5.3.1 A intervenção individual e o regime litisconsorcial nas ações coletivas. 5.6 O litisconsórcio necessário: 5.6.1 O litisconsórcio necessário ativo – 5.6.2 O litisconsórcio necessário e o poder oficioso do juiz – 5.6.3 O litisconsórcio necessário e sua práxis – 5.6.4 O litisconsórcio quase necessário – 5.6.5 Litisconsórcio: eficácia da sentença, coisa julgada e o art. 506 do CPC – 5.6.6 Sentença "inutiliter data" e o conflito entre terceiros – 5.6.7 Litisconsórcio necessário e a classificação das ações e sentenças – 5.6.8 A intervenção "iussu iudicis" – 5.7 O litisconsórcio unitário – 5.8 O litisconsórcio simples ou comum. 6. Comunicação dos atos processuais aos litisconsortes. 7. A figura da intervenção litisconsorcial voluntária. 8. Litisconsórcio e o valor da causa. 9. As despesas processuais no litisconsórcio.*

### 1. Do litisconsórcio e da intervenção de terceiros no processo civil

O capítulo anterior justifica-se frente ao tema que será examinado. A análise do litisconsórcio não se confunde com os institutos que compõem o fenômeno da intervenção de terceiros, mas a relação é direta. A razão é simples e óbvia, pois a relação processual (embora necessite da dualidade de polos – *Zweiparteiprinzip*) poderá ser constituída por uma pluralidade de partes, no polo ativo ou passivo ou, concomitantemente, em ambos os polos. A definição de *terceiro* nasce por exclusão, posto que parte e terceiro encerram posições díspares na relação processual, ainda que momentaneamente. Esta constatação poderia parecer suficiente para estremar ambas as figuras. Ledo engano; afinal, como informa autorizada doutrina, "não raras vezes, do fato da intervenção de um terceiro (coata ou voluntária) resulta uma situação jurídica que perfeitamente se caracteriza como litisconsórcio".[1] Em outras palavras: qualificar o sujeito como terceiro exige uma avaliação séria sobre sua relação com o objeto litigioso do processo. Após sua inserção na relação jurídico-processual, seu *status* poderá ser reavaliado, uma vez que poderá passar a integrar o polo ativo ou passivo, na qualidade de parte ou terceiro.[2] O litisconsórcio, como fenômeno que reflete a pluralidade de partes no polo ativo e/ou passivo da demanda,[3] está em sintonia com o instituto da intervenção de terceiros. É certo que o terceiro, após ser admitido na demanda, assumirá papel *ad coadjuvandum* ou *ad excludendum* e, dependendo do seu comportamento, poderá assumir a postura de litisconsorte da parte autora ou ré ou de parte independente (litisconsórcio alternativo).

No caso do chamamento ao processo temos uma forma típica de litisconsórcio passivo que se forma por iniciativa excepcional do réu (art. 130 do CPC). Como será examinado em momento oportuno, na oposição, alocada como procedimento especial no Código de Processo Civil de 2015 (art. 682), ao lado dos embargos de terceiro (art. 674), forma-se litisconsórcio passivo necessário com o ajuizamento de ação incidental, com o fim de que autor e réu da ação principal sejam alcançados pelos

---

1. Dinamarco, *Litisconsórcio*, p. 36.

2. Fala-se em reavaliação, pois, se o chamado ao processo deve ser considerado litisconsorte passivo na demanda – portanto, corréu –, o mesmo não pode ser dito em relação ao assistente simples, que não terá a qualificação de parte principal, ainda que admitida sua participação na relação processual. Esta definição ocorrerá no momento do ingresso na relação processual, mas nada impede a reavaliação até o fim da relação processual, uma vez que o controle sobre a legitimidade *ad causam* e a capacidade processual insere-se no campo das questões não acobertadas pela preclusão *pro judicato*. Existirão situações em que a qualidade e a motivação da intervenção poderão depender de prova a ser produzida na relação processual principal ou secundária.

3. "Diese Verbindung mehrerer Personen auf einer Parteiseite heißt Streitgenossenschaft (litis consortium), und zwar, je nach ihrer Stellung als Kläger oder Beklagter, aktive oder passive" (Arwed Blomeyer, *Zivilprozessrecht*, § 108, p. 627).

efeitos do *decisum*. No polo ativo podemos citar a participação espontânea do assistente litisconsorcial, que colabora com o autor em vista de seu interesse direto sobre o objeto litigioso do processo. O assistente litisconsorcial atuará como parte, embora com poderes limitados, em função de sua intervenção tardia.[4] A temática do litisconsórcio não se resume ao processo de conhecimento, pois na fase de cumprimento da sentença, ou perante o processo *in executivis* (títulos extrajudiciais), a possibilidade de constrição sobre o patrimônio de mais de uma parte reacende a discussão sobre a coordenação dos prazos, limites da peça defensiva, bem como a pluralidade de defesa, especialmente na situação do cônjuge virago (embargos de terceiro, impugnação/embargos à execução).[5]

## 2. Principiologia da litisconsorciação

A matéria em estudo exige o exame, *en passant*, de quatro princípios básicos, os quais estão atrelados ao instituto. São eles: *singularidade*, *tipicidade*, *economia* e *duração razoável do processo*. Examinaremos, em apertada síntese, a correlação destes princípios com o instituto.

### 2.1 Princípio da singularidade

O estudo embrionário, no período moderno, sobre a pluralidade de partes no processo é atribuído a Planck. Em sua monografia intitulada *Da Pluralidade de Litigantes no Direito Processual* (*Die Mehrheit der Rechtsstreitigkeiten im Prozeßrecht*) o jurista alemão fixa os elementos delineadores da figura do litisconsórcio. Em sua pesquisa sobre a derivação do termo "litisconsórcio", Planck ensina que do período arcaico até o período clássico os textos indicariam que a expressão *litis consortes* estaria jungida àqueles que possuíssem patrimônio comum e indivisível, o que exigiria a reunião dos titulares na mesma relação processual.[6]

---

4. A importância na distinção entre o assistente litisconsorcial e o simples exsurge de maneira explícita no regime da coisa julgada, principalmente pela disciplina dos arts. 122 e 124 do CPC – o que será objeto de comentários. Sobre o tema é fundamental a consulta aos estudos de Dinamarco, *Litisconsórcio*, cit., 55-62, e Eduardo Talamini, *Coisa Julgada e sua Revisão*, pp. 1-136.

5. Sobre o assunto: Tito Carnacini, *Il Litisconsorzio nelle Fasi di Gravame*, passim.

6. "Im älteren Recht bis zu den Zeiten der Classischen Juristen heißen consortes vorzugsweise diejenigen Personen welche ihr Vermögen zussammen ungetheilt besitzen" (Planck, *Die Mehrheit der Rechtsstreitigkeiten im Prozessrecht*, § 18, p. 140).

Um dos pontos de maior indagação quanto ao fato de várias pessoas litigarem no mesmo polo processual reside na quebra dos princípios da singularidade e da independência na atividade processual. Planck procurou acentuar com maestria, utilizando-se dos textos do *Digesto* ("si plures una sententia condemnati sunt", L. 1. 2.C), que a singularidade não era rompida no processo formulário, pois, apesar de a reunião de pessoas num único processo acarretar a prolação de uma única sentença, o direito de recorrer seria individual, e os litigantes se comportavam como titulares de direitos individuais, ainda que num ambiente de coligação.[7] Enfim, a coligação de várias partes no polo ativo ou passivo não seria suficiente para determinar a quebra da singularidade da relação processual.

A noção de que a reunião de causas era justificada pela economia processual e pela racionalização da atividade judicial, principalmente com o fito de evitar sentenças contraditórias, não era forte o suficiente para imprimir, nesta fase, a ideia de um litisconsórcio necessário, motivo pelo qual o Direito Romano não conheceu uma *exceptio plurium litis consortium*, ou seja, uma defesa por parte do réu pautada pela necessidade da litisconsorciação.[8] A *exceptio plurium litis consortium* e a *adcitatio* somente foram desenvolvidas no direito comum. Não resta dúvida de que a regra ainda vigente consiste na liberdade quanto ao direito de ação, motivo pelo qual as hipóteses modernamente admitidas de litisconsórcio facultativo, ou necessário, são excepcionais. Em todo caso, é fundamental ressaltar que esta participação conjunta não fica afeta unicamente à racionalização da atividade judicial ou à economia processual, pois em alguns litígios a decisão, em virtude da natureza do direito material envolvido, exigirá a participação de outrem, sob pena de a sentença judicial ser considerada *inutiliter datur*.[9]

## 2.2 Princípio da tipicidade

Se a regra consiste em que ninguém deve ser obrigado a participar de uma relação processual, exceto em situações residuais pautadas pela otimização da prestação jurisdicional, não é menos correto afirmar que estas hipóteses devem restar devidamente tipificadas. Os arts. 113, 114 e 116 do CPC indicam as hipóteses de cabimento dos litisconsórcios facul-

---

7. Planck, *Die Mehrheit der Rechtsstreitigkeiten im Prozessrecht*, § 19, pp. 148-149.

8. Chiovenda, "Sul litisconsorzio necessario", in *Saggi di Diritto Processuale Civile*, vol. II, p. 431.

9. Idem, p. 437.

tativo, necessário e unitário. O primeiro dispositivo determina as causas de fundamento para a formação do pedido em sua forma facultativa. Contudo, advertimos, desde já, que o art. 113, I, poderá revelar situações de litisconsórcio necessário. A utilização do litisconsórcio fora das hipóteses nominadas pelo Código de Processo Civil provoca a rejeição judicial do pedido e torna possível sua impugnação. A tipicidade informada pelo art. 113 do CPC pode ser considerada *fechada*, uma vez que os incisos do dispositivo estabelecem as causas de litisconsorciação facultativa. O art. 114 revela uma *tipicidade aberta e fechada*, pois as situações expressamente determinadas pelo texto legal revelam tipicidade cerrada, ao mesmo tempo em que a necessidade de formação do litisconsórcio pela natureza da relação jurídica de direito *material* ou *processual* exigirá, muitas vezes, uma interpretação judicial do caso concreto, descortinando uma *tipicidade aberta*. A figura do litisconsórcio unitário reside em inovação legal, mas não doutrinária e jurisprudencial. Apesar da omissão de nosso Código de Processo Civil de 1973, a existência do litisconsórcio unitário representava uma decorrência natural do direito material. A previsão do art. 116 tem o mérito de diferenciar o litisconsórcio unitário do necessário. Até então ambas as figuras eram dessumidas do art. 47 do CPC de 1973. Desta forma, o diploma processual de 2015 ganha técnica com a previsão. Na verdade, como será examinado adiante, as figuras ressaltam fenômenos diversos e passíveis de combinação. A facultatividade e a necessariedade dizem respeito à formação da relação processual em coligação. Já, a unitariedade e a simplicidade do litisconsórcio dizem respeito à uniformidade da decisão em relação a todos os litigantes no polo ativo e/ou passivo.

## 2.3 Princípios da economia processual e da tempestividade

A feição característica do litisconsórcio está na economia de juízos (*Prozessökonomie*).[10] Ambos os princípios são afins, motivo pelo qual são oportunamente citados em conjunto. Mortara situou o princípio da economia entre os princípios fundamentais do processo civil. Dentro de uma perspectiva crítica, não cremos que a positivação constitucional da duração razoável do processo se mostrasse necessária. Ninguém dúvida de que o processo deva ter uma duração razoável. Todavia, sua inserção é realidade, conforme dicção do art. 5º, LXXVIII, da CF de 1988: "a todos, no âmbito judicial e administrativo, são assegurados a razoável duração do processo e os meios que garantam a celeridade de sua tramitação" – o qual revela algo a mais, pois, tratando-se de um direito fundamental, os

10. Musielak, *Grundkurs ZPO*, § 4º, p. 144.

três Poderes devem tomar atitudes concretas para garantir a implementação da sua diretriz.

O Direito europeu também inseriu a duração razoável (*délai raisonnable*) como preocupação central, especialmente pelas dificuldades de coordenação da atividade jurisdicional perante a Comunidade Europeia – o que exige não apenas a rapidez do processo comunitário, mas a execução célere da decisão perante o Estado-membro.[11] A duração razoável exige a análise *in globo* e *in concreto*. O tempo de um processo deve ser analisado quanto à complexidade da situação, e não deve sacrificar uma análise detida do direito material unicamente em função do prazo.

Como exemplo citemos o Estatuto do Idoso: caberá ao juiz e ao tribunal criar rotinas de trabalho que assegurem a duração razoável do processo para aqueles que estão na terceira idade. A otimização na prática dos atos processuais, inclusive, pela criação de portarias com delegação de atos ordinatórios (art. 203, § 4º, CPC), também se revela essencial. Por outro lado, os Poderes Executivo e Legislativo necessitam colaborar com a criação da estrutura física e pessoal para que os trabalhos judiciários possam ser bem desenvolvidos. Apesar de o novo Código de Processo Civil estabelecer o julgamento cronológico dos processos, de acordo com a data da conclusão, muitas situações exigirão a quebra da cronologia – o que já é reconhecido pelo § 2º do art. 12 do CPC. Este é motivo pelo qual computadores não podem fazer o papel do juiz. O julgador deverá seguir a ordem cronológica e deverá imprimir celeridade diferenciada para processos em que a satisfação é urgente e imediata. Em muitas situações essa ponderação será realizada entre processos eleitos como prioritários pelo próprio texto legal.

O regime litisconsorcial vem de encontro à celeridade e à economia, pois contribui para a otimização da prestação jurisdicional, seja sob a ótica do polo passivo ou do ativo. Várias ações que poderiam ser propostas autonomamente são reunidas numa única relação processual com o fim de permitir solução homogênea e mais rápida, pois os atos de instrução serão comuns, ocupando uma única pauta judicial. Certamente, em determinadas hipóteses o número excessivo de litigantes poderá até comprometer a solução expedita do processo, inclusive dificultando a defesa. O legislador, atento a esta situação reversa, trouxe a previsão de limitação ao litisconsórcio facultativo multitudinário, conforme o art. 113, § 1º, do CPC.

---

11. Serge Guinchard e outros, *Droit Processuel – Droit Commun et Droit Comparé du Procès Équitable*, p. 906.

Uma das grandes mudanças anunciadas pelo novo Código de Processo Civil era a possibilidade da conversão da ação individual em coletiva, nos termos do art. 333 – o que representaria uma economia na tutela dos interesses individuais homogêneos, inclusive evitando a formação do litisconsórcio facultativo. Lamentavelmente, o dispositivo foi vetado, em vista da pressão de setores da atividade jurídica. O veto representou um desserviço para a efetividade processual.

## 3. Noções gerais sobre o litisconsórcio

O litisconsórcio representa técnica processual pela qual se permite que mais de uma parte possa litigar, no polo ativo e/ou passivo da demanda.[12] A permissão nasce exclusivamente do texto legal, de tal modo que as possibilidades de coligação obedeçam ao *princípio da tipicidade*. A questão relativa à necessidade de previsão legal expressa para autorização do litisconsórcio esbarra em outro ponto concernente ao princípio dispositivo. A coligação entre as partes somente poderá nascer dentro das hipóteses reguladas pelo texto legal, e a obrigatoriedade inserta para os casos do art. 114 do CPC sempre resultará de situação excepcional.[13] A obrigatoriedade quanto à formação do litisconsórcio não deixa de refletir uma ingerência quanto ao poder dispositivo do autor.[14] O sistema germânico e o italiano apresentam influências diversas quanto ao grau de obtemperamento do ordenamento ao princípio dispositivo. O sistema italiano, como se verá, adota a intervenção *iussu iudicis*, de acordo com o art. 107 do CC italiano (*Intervento per Ordine del Giudice*),[15] solução

---

12. "Die mehreren Personen auf derselben Parteiseite heißen Streitgenossen" (Rosenberg/Schwab/Gottwald, *Zivilprozessrecht*, 1, § 48, p. 287). Ainda: Thomas/Putzo, *Zivilprozessordnung – Kommentar*, p. 113; Arruda Alvim, *Manual de Direito Processual Civil*, vol. II, p. 80; Araken de Assis, *Cumulação de Ações*, p. 158.

13. Em suma, é o mesmo critério do Direito Alemão, que prevê o litisconsórcio facultativo (*einfache Streitgenossenschaft*) e o necessário (*notwendige Streitgenossenschaft*). Como regra, ninguém é obrigado a litigar em conjunto; em casos excepcionais o sistema reconhece a necessidade de sua formação: "Die Erhebung der gemeinschaftlichen Klage steht im Belieben des Klägers" (Rosenberg/Schwab/Gottwald, *Zivilprozessrecht*, cit., § 49, p. 279). Somente na previsão do § 62 da ZPO será obrigatória e com a imposição de ônus ao demandante: "Eine Last zu gemeinschaftlicher Klageerhebung trägt der Kläger im zweiten Falle von § 62" (Rosenberg/Schwab/Gottwald, ob. cit., p. 279).

14. Dinamarco, *Litisconsórcio*, cit., p. 74.

15. Este poder de integração conferido ao magistrado não se aplica tão só aos casos que seriam regulados em nosso sistema pelo art. 114, uma vez que doutrina

repudiada pela ordenança alemã (ZPO) que a conheceu sob a forma da *adcitatio*, figura muito utilizada no direito comum.[16]

Quando se analisa o litisconsórcio, há uma tendência a baralhar os institutos e uma tentação irresistível de sobrepor a pluralidade de partes à pluralidade ou concurso de ações. Seria o mesmo que estabelecer uma relação de equiparação entre a cumulação subjetiva (sujeitos) e a objetiva (pedidos). Redenti atentou para o problema e diferenciou com maestria ambos os planos, pois a cumulação de ações (*processo cumulativo*) parte de pressuposto diverso e voltado para a soma das pretensões que são postas perante o mesmo juízo e resolvidas por um único pronunciamento judicial homogêneo.[17] A cumulação subjetiva poderá refletir a soma de pretensões, mas nada impede que a pluralidade de sujeitos reflita o interesse quanto a um único objeto litigioso, como na situação do terceiro interessado que ingressa em juízo pedindo a anulação do matrimônio.[18]

A ideia de que o polo processual possa estar formado por mais de uma parte[19] gera uma noção imediata de cumulação de pretensões. Não que tal fato não possa suceder. Basta citarmos como exemplo a coligação de várias pessoas que sofrem lesão idêntica ou semelhante,[20] o que permitiria que todas as pretensões fossem objeto de ações conjuntas, movidas sob o regime de litisconsórcio. Por outro lado, identificar o litisconsórcio com o cúmulo subjetivo induzirá em erro o intérprete mais desavisado. Como informa Araken de Assis: "A simples e formal

e jurisprudência entendem suficientes "che esista un rapporto di connessione per l'oggetto o per il titolo" (Carpi/Colesanti/Taruffo, *Commentario Breve al Codice di Procedura Civile*, p. 322), portanto, também encartáveis, como situações de litisconsórcio facultativo. Solução diversa é oferecida pelo Direito Alemão, que valoriza o princípio dispositivo em grau máximo, como observou precisamente Arruda Alvim (*Código de Processo Civil Comentado*, v. III, p. 404).

16. Moacyr Lobo da Costa, *A Intervenção "Iussu Iudicis" no Processo Civil Brasileiro*, p. 8.

17. Redenti, *Il Giudizio Civile con Pluralità di Parti*, p. 7.

18. María Encarnación Dávila Millán, *Litisconsorcio Necesario*, p. 17.

19. Fala-se em mais de uma "parte", e não "pessoa", pois muitas vezes podem coexistir duas pessoas que formarão apenas uma parte, como acontece nos casos de integração de capacidade – *e.g.*: o tutor em relação ao menor.

20. Isto se explica em função da redação do art. 113 e dos próprios arts. 55 e 56 do CPC. A reunião de processos poderá estar ligada à noção de identidade de causa de pedir, do objeto (art. 55) ou, ainda, pela mera questão afim (art. 113, III, do CPC).

pluralidade de sujeitos não implica, *tout court*, cúmulo subjetivo, que só ocorre quando cada um deduz direitos subjetivos autônomos".[21] Disto resulta a possibilidade de que as partes compareçam em coligação para defender uma única pretensão – o que elimina, por completo, eventual cumulação de ações.[22]

Pensemos na hipótese em que o Ministério Público ingresse em juízo (art. 1.549 do CC) com pedido de anulação de casamento por infringência a impedimento, nos termos do art. 1.548, I, CC.[23] Formar-se-á no polo passivo o litisconsórcio necessário-unitário, ou seja, com a presença de ambos os cônjuges no polo passivo. Muito embora atuem de forma coligada, a pretensão de anulação diz respeito à relação jurídica que une o casal (ou seja: o casamento), motivo pelo qual não há cumulação de demandas em relação ao casal, visto que atuam na defesa de um objetivo comum e perante uma única pretensão deduzida em juízo.[24] Assim, cúmulo de pessoas não revela obrigatoriamente cúmulo de ações (*rectius*: demandas).[25] Pontes de Miranda exalta, com perfeita habilidade, a indiferença do cúmulo objetivo e subjetivo para fins de configuração do litisconsórcio: "Quando ocorre pluralidade de autores contra o mesmo réu, ou de vários réus contra o mesmo autor ou de vários autores contra vários réus com ou sem cumulação objetiva, dá-se o litisconsórcio.[26] Às partes que se acham entre si em relação de pluralidade dá-se o nome de

---

21. Para o qual remetemos o leitor para o aprofundamento sobre a cumulação de ações: Araken de Assis, *Cumulação de Ações*, cit., p. 161.

22. Com precisão: María Encarnación Dávilla Millán, *Litisconsorcio Necesario*, cit., pp. 16-17.

23. Fabio Caldas de Araújo e José Miguel Garcia Medina, *Código Civil Comentado*, p. 949.

24. Neste sentido Enrico Redenti, quando procura delimitar o litisconsórcio unitário, ainda que a classificação italiana não corresponda aos moldes determinados pela nossa evolução doutrinária (*Il Giudizio Civile con Pluralità di Parti*, cit., p. 5). A Lei 10.352/2001, alterando o art. 475 do CPC de 1973, retirou a obrigatoriedade do reexame necessário das sentenças referentes a anulação de casamento, que antes estava disposta no inciso I do referido artigo (v. art. 496 do CPC de 1975).

25. Dinamarco, *Litisconsórcio*, cit., p. 49.

26. "Streitgenossenschaft liegt vor, wenn in einem Verfahren entweder mehr als Kläger od mehr als ein Beklagter auftreten" (Thomas/Putzo, *Zivilprozessordnung – Kommentar*, cit., p. 113). Ou, pelo caminho inverso, como ensina Dinamarco: "(...). Na verdade, contudo, enquanto no processo existir um só autor e um só réu, *litisconsorcial* ele não será" (*Litisconsórcio*, cit., p. 80).

litisconsortes".[27-28] Esta apreciação elimina problemas inerentes à própria origem do vocábulo, segundo exposição feita por Redenti.[29]

Se, por um lado, nem toda pluralidade de sujeitos corresponde a uma soma de pretensões, uma vez que vários sujeitos podem estar unidos em função do mesmo objeto litigioso, também é correto afirmar que o litisconsórcio não se resume à pluralidade de sujeitos inseridos em algum ou em ambos os polos da relação processual. É indispensável que as partes que pretendam litigar em conjunto tenham sintonia em relação aos elementos que qualificam a identidade da ação, que em nosso sistema é retratada pela identificação dos elementos da ação (*tria eadem*), ante a influência de Pekelis.[30] A mera coligação espacial não representa uma forma ideal de manifestação do litisconsórcio, pois em algumas situações o texto legal, apesar de adotar expressamente o termo "litisconsórcio", não revela sua real natureza.[31] O exemplo do litisconsorte na denunciação da lide é ideal. O litisdenunciado não possui qualquer relação com o objeto do processo que o encaixe em uma das previsões dos arts. 113 ou 114 do CPC. O litisdenunciado, como autêntico terceiro interessado, demonstra apenas *interesse reflexo* na participação na relação processual, pois o deslinde favorável da demanda ao litisdenunciante eliminará o direito de regresso. No entanto, uma interpretação literal do art. 128, I, do CPC para as duas modalidades de denunciação induziria o aplicador a considerar o litisdenunciado um autêntico litisconsorte.[32]

27. Pontes de Miranda, *Comentários ao Código de Processo Civil* (de 1939), t. II, p. 93.

28. A mesma definição pode ser haurida da dogmática alemã, como demonstram Rosenberg/Schwab/Gottwald: "Auf Jeder Parteiseite, sowohl als Kläger wie als Beklagter, können mehrere Personen beteiligt sein; sie heißen Streitgenossen" (*Zivilprozessrecht*, § 41, p. 218): "Ao lado de cada parte, tanto como autores ou como réus, podem participar mais pessoas; elas se denominam litisconsortes" (tradução livre).

29. Redenti, *Il Giudizio Civile con Pluralità di Parti*, cit., p. 2, em especial nota 2.

30. Para uma análise específica sobre a interdependência das relações jurídicas no litisconsórcio, v. Hernán J. Martínez, *Procesos con Sujetos Múltiples*, vol. I, p. 37. Sobre a comparação entre a causa de coligação no Direito Brasileiro e no Direito Alemão: Mathias Lambauer, *Do Litisconsórcio Necessário*, pp. 25-26.

31. Ponto bem lembrado por Machado Guimarães ao se referir às ações divisórias, *communi dividundo*, *familiae erscisundae* e *finium regundorum*, nas quais a ausência de bilateralidade, na hipótese de consenso, elimina a figura típica do litisconsórcio (*Estudos de Direito Processual – As Três Figuras do Litisconsórcio*, p. 210).

32. CPC, art. 128: "Feita a denunciação pelo réu: I – se o denunciado contestar o pedido formulado pelo autor, o processo prosseguirá tendo, na ação principal, em litisconsórcio, denunciante e denunciado".

As possíveis combinações dos interesses das partes em juízo levam a múltiplas classificações do litisconsórcio perante a doutrina. O novo Código de Processo Civil melhorou a redação sobre o litisconsórcio, mas ainda peca em críticas conhecidas e que não foram resolvidas quanto à matéria. Basta citar a redação do art. 113, I, cuja interpretação literal levaria à conclusão de que as hipóteses ali previstas revelariam unicamente casos de litisconsórcio facultativo, quando também alberga situação de litisconsórcio necessário.[33] Todavia, as dificuldades na sistematização do instituto não são privilégio do Direito Brasileiro, pois a fonte direta de nossa inspiração – o Direito Alemão – também sintetizou a disciplina do instituto em apenas cinco dispositivos (§§ 59 *usque* 63). As dificuldades encontradas naquele sistema não foram menores, justamente pelo fato de o § 62 da ZPO englobar as figuras dos litisconsórcios necessário e unitário sob a mesma rubrica (*notwendige Streitgenossenschaft*).[34] Nosso diploma está em posição de vantagem, pela redação do art. 116 do CPC, que descolou a figura do litisconsórcio unitário da figura do litisconsórcio necessário.

## 4. Breve retrospectiva sobre o instituto

Não procuraremos realizar nenhuma síntese da evolução histórica, apenas analisar a configuração do litisconsórcio no regime do Código de Processo Civil de 1939 e sua transposição para o Código de 1973 e o atual. Tal exame revela-se pertinente pela mudança de postura do sistema com o Código de 1973, principalmente quanto à possibilidade de recusação do litisconsórcio, ou ainda sobre a admissão do litisconsórcio obrigatório (*iussu iudicis*).[35] A construção da doutrina nacional sobre o litisconsórcio ganhou novos contornos com a promulgação dos Códigos estaduais, destacando-se os estudos de Eduardo Espínola, que apresen-

---

33. Quem se encontra em situação de comunhão de direitos será litisconsorte necessário, e não facultativo.

34. No Direito Alemão a doutrina atual diferencia o litisconsórcio simples, também denominado de comum ou autônomo, do litisconsórcio necessário, também nominado de especial ou qualificado, conforme Thomas/Putzo: "Man unterscheidet die einfache (auch gewöhnliche oder selbständige genannt) und die notwendige Streitgenossenschaft (auch besondere od qualifizierte gennant)" (*Zivilprozessordnung – Kommentar*, cit., p. 114). É essencial a leitura da obra de Barbosa Moreira sobre o tema: *Litisconsórcio Unitário*, em especial pp. 9-42.

35. Para uma consulta sobre a evolução histórica: Guilherme Estellita, *Do Litisconsórcio no Direito Brasileiro*. Ainda: Elicio de Cresci Sobrinho, *Litisconsórcio. Doutrina e Jurisprudência*, pp. 9-54.

tou a doutrina germânica sobre o tema, nos comentários ao Código de Processo Civil da Bahia.³⁶ O tratamento conferido por esse diploma foi inovador e abriu caminho para novas luzes no Direito pátrio. Por sua vez, a sistematização do instituto ganhou corpo perante o Código de Processo Civil de 1939, que ordenou o litisconsórcio nos arts. 88 *usque* 92.

O Código de 1939 previa três figuras do litisconsórcio. E, como apontou Machado Guimarães, os arts. 88 e ss. do CPC de 1939 representavam a síntese das formulações do Direito Italiano, por influência de Chiovenda, assim como do Direito Alemão, por meio das disposições dos §§ 59 *usque* 62 da ZPO.³⁷ Segundo o modelo proposto, o litisconsórcio deveria abarcaria as situações que envolvessem a comunhão de interesses, a conexão de causas e por fim, quando existisse afinidade de questões por um ponto comum, de fato ou de direito. A primeira situação revelaria o *litisconsórcio necessário*, o qual seria obrigatório para as partes; a segunda, a modalidade *facultativa* e marcada pela impossibilidade de recusa; já, a terceira, uma modalidade facultativa e recusável, pois dependeria da concordância de ambas as partes. Como precisou Machado Guimarães, a brevidade e a síntese do art. 88 do CPC de 1939 acabaram provocando enorme insegurança quanto à correta aplicação do instituto. A fonte de nosso art. 88 era conhecida.³⁸ Sua origem estava atrelada ao Código alemão (§§ 59 *usque* 63 da ZPO).³⁹ O art. 88 congregava a hipótese do litisconsórcio necessário e do voluntário, sendo este último subdividido

36. Até então, como assinalara Estelitta, a tímida previsão constante na Lei 221, de 20.11.1894, e a mera tradução da ZPO realizada por João Monteiro não incentivaram a doutrina nacional a maiores incursões sobre o tema (*Do Litisconsórcio no Direito Brasileiro*, cit., p. 54). Ainda: Pontes de Miranda, *Comentários ao Código de Processo Civil* (de 1939), t. I, p. 349. Espínola (*Posse, Propriedade, Compropriedade ou Condomínio, Direitos Autorais*) também foi pioneiro quanto ao tratamento do litisconsórcio necessário-unitário. O Código baiano disciplinava o regime do litisconsórcio nos arts. 6º *usque* 10. Em suas preciosas notas de rodapé (em especial a de n. 16) o ilustre jurista discute, inclusive, a existência do litisconsórcio necessário ativo, que constitui figura polêmica em nosso sistema.

37. Machado Guimarães, *Estudos de Processo Civil – As Três Figuras do Litisconsórcio*, cit., p. 201. Uma excelente análise do Direito Alemão e dos estudos de Schwab sobre a matéria pode ser conferida em Mathias Lambauer, *Do Litisconsórcio Necessário*, cit., pp. 24 e ss.

38. Barbosa Moreira, *Litisconsórcio Unitário*, cit., p. 118.

39. Eis a redação do dispositivo: "Admitir-se-á o litisconsórcio ativo ou passivo, quando fundado na comunhão de interesses, na conexão de causas ou na afinidade e questões por um ponto comum de fato ou de direito. No primeiro caso, não poderão as partes dispensá-lo; no segundo, não poderão recusá-lo, quando requerido por qualquer delas; no terceiro poderão adotá-lo, quando de acordo".

em facultativo próprio e impróprio, cuja nota distintiva quanto à última figura era a possibilidade da recusa. Machado Guimarães apontou, com grande propriedade, a deficiência na previsão do litisconsórcio impróprio--recusável. Sua previsão teria como base a interpretação da obra de Chiovenda, e certamente nasceu de sua leitura e transposição inadequada quanto às regras referentes à competência territorial, pela qual o litisconsórcio seria inadmissível (portanto, recusável) quando fosse essencial a modificação da competência territorial ("che il litisconsorzio passivo per semplice affinità, od improprio, non è ammissibile quando non può aver luogo senza spostamento di competenza territoriale").[40]

A leitura do art. 88 permite concluir pela indistinção entre a necessariedade e a unitariedade, cujo gancho somente poderia ser realizado pela leitura do art. 90.[41] Vale lembrar que a questão também ficou truncada perante o Código de Processo Civil atual, uma vez que o art. 47 acaba englobando ambas as configurações, as quais foram separadas pelo trabalho da doutrina e da jurisprudência, que souberam diferenciar os institutos. Todavia, a maior parte da doutrina, mesmo perante o Código de 1939, tinha dificuldade em visualizar a diferença entre necessariedade e unitariedade, inclusive pela falsa compreensão do conteúdo do art. 90,[42] o qual era visto como um complemento do litisconsórcio necessário do art. 88. Autores, como Pedro Batista Martins, ignoraram a questão, demonstrando a dificuldade enfrentada para o adequado tratamento da matéria.[43] Como assevera Barbosa Moreira, esta distinção entre *necessariedade* e *uniatriedade* foi percebida por Pontes de Miranda, a quem coube a primazia no tratamento da questão, ainda que de modo incipiente.[44]

Embora fosse defensável perante o Código de Processo Civil de 1939 a existência de formação do litisconsórcio por atividade judicial,

---

40. Chiovenda ainda realiza a distinção na união de causas pela conexão e pela afinidade: "L'affinità che, in mancanza di connessione, può autorizzare il litisonsorzio consiste in cio che i varii rapporti giuridici, sebbene affato diversi e indipendenti, abbiano comune un punto di fatto o di diritto da decidere" (*Principii di Diritto Processuale Civile*, p. 1.076).

41. Mathias Lambauer, *Do Litisconsórcio Necessário*, cit., p. 21.

42. Art. 90 do CPC de 1939, *in verbis*: "Quando a relação jurídica litigiosa houver de ser resolvida de modo uniforme para todos os litisconsortes, os revéis, ou os que tiverem perdido algum prazo, serão representados pelos demais. Os litisconsortes revéis poderão intervir nos atos ulteriores, independentemente de nova citação".

43. Pedro Batista Martins, *Comentários ao Código de Processo Civil*, vol. I, p. 284.

44. Barbosa Moreira, *Litisconsórcio Unitário*, cit., p. 121.

nos termos do art. 91, esta figura não foi absorvida pelo Código de 1973, e muito menos cogitada pelo Código de Processo Civi de 2015. Havia um erro de interpretação do art. 47, parágrafo único, do CPC de 1973, e que corresponde ao art. 115, parágrafo único, do CPC de 2015. Ao contrário do Direito Italiano, o magistrado não tem poderes para incluir terceiro no processo, mas apenas sinalizar a existência de irregularidade quanto à formação da relação processual. O poder dispositivo cabe à parte, e não ao juiz, quanto à formação da relação processual. Ao juiz caberá, *ex officio*, determinar a formação do litisconsórcio, quando for necessário; contudo, o autor é que deverá formalizar o pedido de integração. O juiz não poderá determinar a citação direta, uma vez que não é parte, apenas sujeito processual, com função de direção e ordenação dos atos processuais. Deste modo, nosso sistema apenas conhece expressamente as figuras previstas pelos arts. 113, 114 e 115 do CPC, sem absorção da figura do *litisconsórcio recusável*[45] ou da figura de formação *iussu iudicis*.

## 5. O litisconsórcio e sua classificação

### 5.1 Quanto ao momento da formação do litisconsórcio

O litisconsórcio, quanto ao momento de formação, poderá ser *inicial* ou *ulterior*. Esta classificação é tradicional, e não provoca maiores discussões, exceto quanto à possibilidade de formação do *litisconsórcio ulterior*.[46]

A bem da verdade, a definição dos participantes da relação processual, tanto no polo ativo quanto passivo, deverá ocorrer com o oferecimento da petição inicial. Todavia, é inegável a possibilidade de integração da parte no polo ativo ou passivo após o oferecimento da petição inicial. A hipótese mais comum é a integração litisconsorcial, nos casos do art. 115, parágrafo único, do CPC. Aqui, a formação ulterior advém de imposição legal, cujo não atendimento gera o encerramento da relação processual sem resolução do mérito (art. 485, IV ou VI, do CPC). No polo

---

45. A única forma de recusa se dará na modalidade de litisconsórcio multitudinário, conforme o art. 113, § 1º, do CPC.
46. Chiovenda alertava, em seu estudo pioneiro sobre os diversos momentos de nascimento da litisconsorciação: "Il litisconsorzio non nasce necessariamente dall'unione originaria di più nella lite: mediante l'intervento volontario o l'adcitatio in una lite pendente può nascere il litisconsorzio fra persone originariamente unite, e che talora non avrebbero potuto originariamente unirsi nel processo" ("Sul litisconsorzio necessario", cit., in *Saggi di Diritto Processuale*, vol. II, p. 429).

passivo ainda é possível visualizar a formação de litisconsórcio posterior por meio da intervenção de terceiros. A primeira, pelo chamamento ao processo (art. 130 do CPC);[47] a segunda, pelo litisconsórcio oriundo da denunciação da lide pelo réu (art. 128, I).[48]

Musielak procurou sistematizar os momentos de configuração do litisconsórcio (*Streitgenossenschaft*):[49] (1) pela propositura da ação (*Erhebung der Klage*), quando vários autores ou réus são chamados desde a fase inicial do processo (*wenn schon die Klageschrift mehrere Kläger oder mehrere Beklagte nennt*); (2) pela adesão de outra parte em fase posterior à propositura da ação (*durch nachträglich Beitritt einer Partei*);[50] (3) pela conexão de causas (*Prozessverbindung*); ou, por fim, (4) pela alteração do polo ativo ou passivo (*Parteiwechsel*), especialmente nas situações de sucessão, na qual a morte da parte (*Tod einer Partei*) provoca o ingresso dos sucessores (*Rechtsnachfolger*).

O ponto de maior polêmica reside na admissão do litisconsórcio *ulterior* na modalidade *facultativa*. O limite temporal para a aceitação do litisconsorte está estipulado pelo próprio texto legal, conforme o art. 329, I, do CPC de 2015: "O autor poderá: I – até a citação, aditar ou alterar o pedido ou a causa de pedir, independentemente de consentimento do réu; (...)". Outro dispositivo que merece menção como meio de barrar a formação de litisconsórcio ulterior na modalidade facultativa é o art. 286, II, do CPC: "Serão distribuídas por dependência as causas de qualquer natureza: (...); II – quando, tendo sido extinto o processo sem resolução de mérito, for reiterado o pedido, ainda que em litisconsórcio com outros autores ou que sejam parcialmente alterados os réus da demanda". A ad-

---

47. Deve-se ressaltar o posicionamento minoritário da doutrina no sentido de constituir o chamamento autêntica ação do chamante contra o chamado, o que inviabilizaria a formação do litisconsórcio ulterior (Nelson Nery Jr. e Rosa Maria Andrade Nery, *Código de Processo Civil Comentado e Legislação Extravagante*, p. 297).

48. Entretanto, como será abordado oportunamente, não se trata de autêntico litisconsórcio, uma vez que o litisdenunciado atua como assistente, conforme ensina a dogmática alemã com base no instituto da *Nebenintervention*.

49. Musielak, *Grundkurs ZPO*, cit., § 4, 226, p. 143.

50. O que corresponderia à intervenção do assistente litisconsorcial ou à integração do litisconsorte necessário, em vista da obrigatoriedade da formação. Pensamos que é inviável a figura do litisconsórcio facultativo ulterior, o qual não é admitido em nosso sistema. Aliás, o repúdio à aceitação desta figura ficou consignado na redação do art. 286, II, do CPC. Neste sentido: Nelson Nery Jr. e Rosa Maria Andrade Nery, *Código de Processo Civil Comentado e Legislação Extravagante*, cit., p. 494. Ainda: José Miguel Garcia Medina e Teresa Arruda Alvim Wambier, *O Dogma da Coisa Julgada – Parte Geral e Processo de Conhecimento*, vol. I, p. 78.

missão do litisconsórcio facultativo ulterior revela ofensa ao *princípio do juiz natural*.[51]

## 5.2  Quanto ao polo da relação processual

Esta classificação não encontra maior polêmica. Vale lembrar que a relação processual está ungida ao princípio da bilateralidade, denominado pela doutrina germânica de *Zweiparteiprinzip*,[52] cuja exceção residiria apenas nos processos de jurisdição voluntária. Esta constatação nos leva à conclusão de que os processos, com maior frequência, apresentarão a litisconsorciação em situações de litigiosidade. É o motivo por que a doutrina classifica comumente o litisconsórcio em *ativo, passivo* ou *misto*.[53]

No litisconsórcio ativo mais de uma pessoa estará agrupada no polo ativo para demandar frente ao réu. Algumas situações demonstram a existência de *falso litisconsórcio ativo*, como na demanda proposta pelo casal, em virtude da natureza jurídica do direito material posto em juízo (art. 73 do CPC). A necessidade de outorga ou consentimento do cônjuge revela a integração do polo ativo e a configuração de parte composta. Logo, o art. 73 do CPC refere-se a uma legitimação especial para a condução da causa, mas não revela hipótese de litisconsórcio.

Outra será a solução quando a demanda for dirigida contra o casal, pois a hipótese será de litisconsórcio necessário. Esta conclusão decorre de expressa disposição legal (art. 73, § 1º, c/c o art. 114, ambos do CPC).[54] Em procedimentos de jurisdição voluntária também é possível visualizar a existência de litisconsórcio ativo. Mesmo sem a aplicação do princípio da bilateralidade, pela inexistência de conflito potencial de interesses, é possível que várias pessoas atuem de modo conjunto para a solução de questão que exija a intervenção do Poder Judiciário. É o caso

---

51. Nesse sentido: "A inclusão de litisconsortes ativos facultativos em momento ulterior ao ajuizamento da ação fere o princípio do juiz natural, insculpido no art. 5º, incisos XXXVII e LIII, da CF/1988, independentemente da apreciação da liminar e da efetivação da citação do réu – Precedente: REsp n. 24.743-RJ, rel. Min. Edson Vidigal, *DJU* 14.9.1998" (STJ, 1ª Turma, REsp 200700413357-RJ, rel. Min. Francisco Falcão, *DJU* 5.11.2007, p. 238).

52. Como acentuam Lüke/Arens: "Jeder Zivilprozess setzt Kläger und Beklagten, also zwei sich streitende Parteien voraus (anders als viele Verfahren der freiwilligen Gerichtsbarkeit)" (*Zivilprozessrecht*, § 7º, p. 111).

53. María Encarnación Dávilla Millán, *Litisconsorcio Necesario*, cit., p. 18.

54. Em sentido diverso, tratando as hipóteses como situações de integração: Thereza Alvim, *O Direito Processual de Estar em Juízo*, pp. 42-48.

do arrolamento sumário (CPC, arts. 664 e ss.), ou mesmo da venda de bem comum em face de um coproprietário desaparecido ou quando um deles for criança ou adolescente (CPC, art. 725, III e IV).

O litisconsórcio também poderá ser passivo, quando mais de um litigante seja citado para responder ao processo. Na formação do litisconsórcio passivo reside um aspecto singular, pois o réu não possui qualquer ingerência quanto à sua formação. A demanda é formada e dirigida pelo autor, o qual elege as partes que comporão a relação processual. A única exceção a esta afirmação reside no instituto do chamamento ao processo, uma vez que caberá ao réu (art. 130, I, II e III, do CPC) aumentar o espectro do polo passivo, chamando o(s) corréu(s) para divisão da responsabilidade.

Por fim, nada mais óbvio: o litisconsórcio poderá ser misto, no qual atuam demandantes e demandados na mesma relação processual, sem qualquer rompimento quanto ao princípio da bilateralidade das partes.[55]

## 5.3 Quanto à obrigatoriedade da formação

O litisconsórcio pode ser classificado quanto à obrigatoriedade de sua formação em *necessário* ou *facultativo*, o que influenciará a regularidade da relação jurídico-processual.[56] A lei processual faculta a formação do litisconsórcio pelo autor nas situações elencadas pelo art. 113 do

55. María Encarnación Dávilla Millán, *Litisconsorcio Necesario*, cit., p. 19.
56. Desde já deve ser afastada a reunião do litisconsórcio necessário com o unitário, inclusive no grau de gênero e espécie, respectivamente. O novo Código de Processo Civil realizou essa diferenciação por meio da redação do art. 116, em que nomina o litisconsórcio unitário, e no art. 114, em que delimita o litisconsórcio necessário. Ambas as figuras possuem naturezas diversas, como adverte Arruda Alvim: "O que cumpre observar, liminarmente, é que o critério em função do qual se classifica o litisconsórcio em necessário e facultativo é profundamente diverso daquele em função do qual se fala em litisconsórcio unitário. No primeiro critério, o que conta, fundamentalmente, é o fato de haver liberdade (facultatividade) na constituição do processo por várias pessoas ou contra várias pessoas, ou haver obrigatoriedade (necessariedade) da constituição conjunta. Já, tendo em vista o critério em função do qual se fala em litisconsórcio unitário, o que conta não é a facultatividade ou necessariedade da constituição do litisconsórcio, mas, sim, a indispensabilidade da sorte idêntica no plano do direito material, a ser dada pelo juiz, quando sentenciar" (*Comentários ao Código de Processo Civil*, vol. II, p. 347). Contra: Mathias Lambauer, *Do Litisconsórcio Necessário*, cit., pp. 206-213. O autor parte da constatação de que a existência do litisconsórcio facultativo-unitário é uma exceção, além de não resolver o potencial conflito de julgados, o qual somente pode ser solucionado pela discutível extensão da legitimação extraordinária aos litisconsortes não comparecentes.

CPC.⁵⁷ A facultatividade está centrada em verdadeiro poder potestativo, pois o autor poderá formar ou não formar o litisconsórcio. A princípio, não cabe ao juiz interferir nesta opção, e muito menos ao réu.⁵⁸ Somente em situações excepcionais a insurgência do réu ou, mesmo, o controle oficioso do magistrado poderão influenciar a formação do litisconsórcio facultativo.⁵⁹ Desta forma, aquele que não participar da relação jurídico--processual, por ausência de requerimento do autor, furtar-se-á da eficácia da coisa julgada, por ausência de contraditório regular (art. 506 do CPC). No litisconsórcio facultativo há autêntico cúmulo de demandas, que nasce da coligação entre os coparticipantes da relação processual. Já, no litisconsórcio necessário a formação, no polo passivo ou no ativo,⁶⁰⁻⁶¹ será imperativa, pela exigência legal ou pela natureza da relação jurídica. Não há poder de escolha, pois a formação constituíra imperativo categórico atrelado à própria viabilidade da relação processual deduzida em juízo. Nesta última situação há uma tendência de a *necessariedade* revelar a *uniformidade da decisão* do litisconsórcio. Todavia, não podemos olvidar que nem todo litisconsórcio necessário gera a homogeneidade de decisão para todos os envolvidos na relação jurídico-processual.⁶² A não

57. José Miguel Garcia Medina e Teresa Arruda Alvim Wambier, *O Dogma da Coisa Julgada – Parte Geral e Processo de Conhecimento*, cit., vol. I, p. 76.

58. James Goldschmidt, *Derecho Procesal Civil*, § 69, p. 437.

59. Como exemplo lembramos a formação do litisconsórcio superveniente por conexão (art. 113, III, do CPC), ou mesmo a insurgência, por parte do réu, em face do litisconsórcio multitudinário (art. 113, § 1º, do CPC).

60. É polêmica a configuração sobre o litisconsórcio necessário ativo. Sobre o assunto, v. Dinamarco, *Litisconsórcio*, cit., pp. 245-362. O STF por mais de uma vez reafirmou posicionamento no sentido de que o art. 47 do CPC de 1973, que regulamentava o litisconsórcio necessário, era figura exclusiva do litisconsórcio passivo, o que predispôs a Excelsa Corte a impedir que terceiro fosse coagido a litigar em conjunto no polo ativo (cf. STF, MS/AgR 24.569/2005, *Lex-Revista do STF* 27/321-326, n. 321).

61. Embora o STF tenha posição contrária, o STJ entendeu ser imperativa a formação do litisconsórcio ativo em contrato habitacional – em nossa visão, equivocadamente: "O litisconsórcio ativo necessário entre os mutuários em questão é fenômeno que busca preservar a harmonização dos julgados e o princípio da segurança jurídica. Além disso, promove a economia processual, que é um dos fins a que se presta o próprio instituto em evidência, na linha do moderno processo civil, que prima por resultados. Reconhecido o litisconsórcio ativo necessário, o juiz deve determinar a intimação daqueles que, como autores, são titulares da mesma relação jurídica deduzida em juízo – Recurso especial não provido" (STJ, 3ª Turma, REsp 1.222.822-PR, rel. Min. Ricardo Villas Bôas Cueva, j. 23.9.2014, *DJe* 30.9.2014).

62. Via de regra, a unitariedade impõe a necessariedade do litisconsórcio, pois somente em casos excepcionais essa concordância será quebrada, como nas hipóteses

integração do litisconsorte, quando necessária sua participação, provoca a possibilidade de reconhecimento *ex officio* de eventual nulidade do processo, mesmo em fase recursal,[63] sendo importante ressaltar que o STJ já se manifestou, por mais de uma vez, quanto ao reconhecimento da nulidade do processo, mesmo que a matéria não tenha sido alvo de prequestionamento.[64]

### 5.3.1 A possibilidade de recusação no Código de Processo Civil: litisconsórcio multitudinário

No CPC de 1939 o réu poderia recusar a formação do litisconsórcio, em vista da previsão do art. 88, que permitia esta faculdade excepcional ao réu desde que a formação do litisconsórcio estivesse alicerçada na afinidade de questões por um ponto comum de fato ou de direito – o que corresponde à previsão do art. 113, III, do CPC atual.[65] Atualmente a

---

de litisconsórcio facultativo-unitário, cujo exemplo clássico é o do condomínio (art. 1.314 do CC), ou, ainda, quando terceiro interessado e o Ministério Público promovem a ação de nulidade do casamento (Pontes de Miranda, *Comentários ao Código de Processo Civil* (de 1973), t. II, p. 31).

63. Cf. STJ, 4ª Turma, EEROMS 6.487- PB, rel. Min. Sálvio de Figueiredo Teixeira, *DJU* 19.12.1997, p. 67.505.

64. Cf. STJ, 1ª Turma, REsp 271.926-CE, rel. Min. Luiz Fux, j. 19.5.2005, *DJU* 26.9.2005 p. 180. Já, em posicionamento mais recente o STJ entendeu pela necessidade do prequestionamento, ainda que se trate de questão de ordem pública: "A ausência de prequestionamento da tese acerca do litisconsórcio passivo necessário atrai a incidência da Súmula n. 211/STJ. O acórdão recorrido foi proferido em consonância com a jurisprudência desta Corte, segundo a qual deve ser reconhecido o direito subjetivo à nomeação aos candidatos aprovados fora das vagas em concurso público se no prazo de validade do certame suceder contratação precária para o preenchimento de vagas existentes do órgão, em nítida preterição dos aprovados, o que impõe a aplicação da Súmula n. 83/STJ. 'A vedação contida nos arts. 1º, § 3º, da Lei n. 8.437/1992 e 1º da Lei n. 9.494/1997 quanto à concessão de antecipação de tutela contra a Fazenda Pública nos casos de aumento ou extensão de vantagens a servidor público não se aplica nas hipóteses em que o autor busca sua nomeação e posse em cargo público em razão da sua aprovação no concurso público' (AgR no AREsp 15.804-GO, rel. Min. Benedito Gonçalves, 1ª Turma, *DJe* 11.3.2013) – Agravo regimental não provido" (STJ, 1ª Turma, AREsp/AgR 373.865-PI, rel. Min. Benedito Gonçalves, j. 14.10.2014, *DJe* 21.10.2014).

65. Celso Agrícola Barbi, *Comentários ao Código de Processo Civil*, vol. I, p. 194; Arruda Alvim, *Manual de Direito Processual Civil*, cit., vol. II, pp. 82-83; Araken de Assis, *Cumulação de Ações*, cit., p. 201. Como lembra Dinamarco (*Litisconsórcio*, cit., p. 77), o Código de Processo Civil de 1939 classificava o litisconsórcio facultativo em recusável ou irrecusável, sendo que a previsão do art. 88 não resistiu ao

recusação na formação do litisconsórcio não possui mais previsão legal, e seu resquício – se é que pode ser assim considerado – reside na previsão do art. 113, § 1º, do CPC,[66] dispositivo que regula a figura do litisconsórcio multitudinário.[67] Através dele a parte ré poderá pedir a limitação do número de integrantes da relação processual. É importante ressaltar que tal solução somente é cogitável no litisconsórcio facultativo.[68] Sendo a hipótese de litisconsórcio necessário, sua formação é imperiosa. O litisconsórcio necessário encontra respaldo no art. 114 do CPC. Neste caso estamos perante situações de formação obrigatória, seja em função de previsão legal ou mesmo pela natureza da relação jurídica, que exige a participação de mais de uma parte na relação processual. O art. 114 poderá configurar sintonia com a hipótese do litisconsórcio unitário, previsto no art. 116; contudo, ambas as figuras são inconfundíveis.[69] Como exemplo de litisconsórcio necessário em função da natureza da relação jurídica podemos citar a ação de nulidade de casamento, a qual deverá conter no polo passivo, obrigatoriamente, o marido e a esposa. Por imposição legal, é curial lembrar a formação exigida nas hipóteses determinadas pelo § 1º do art. 73 do CPC.[70] A ação de usucapião também exigirá a formação do

---

sistema atual, pois a facultatividade marca direito potestativo do autor, e não do réu, de formar o litisconsórcio.

66. CPC, art. 113, §§ 1º e 2º:
"§ 1º. O juiz poderá limitar o litisconsórcio facultativo quanto ao número de litigantes, na fase de conhecimento, na liquidação de sentença ou na execução, quando este comprometer a rápida solução do litígio ou dificultar a defesa ou o cumprimento da sentença.
"§ 2º. O requerimento de limitação interrompe o prazo para manifestação ou resposta, que recomeçará da intimação da decisão que o solucionar."

67. Como ilustra Arruda Alvim: "Doravante, diante do parágrafo único do art. 46, não podem mais subsistir dúvidas acerca da 'recusabilidade' do litisconsórcio quando facultativo e presentes aqueles dois requisitos apontados pela lei. Mas não se trata da mesma recusabilidade que existia no sistema do CPC/1939" (*Manual de Direito Processual Civil*, cit., vol. II, p. 81). No mesmo sentido pronuncia-se Michel Ferro e Silva (*Litisconsórcio Multitudinário*, pp. 113-114).

68. "Processual civil – Litisconsórcio ativo facultativo – Possibilidade de limitação do número de litigantes – Decisão mantida por seus próprios fundamentos – Agravo regimental improvido" (STJ, 4ª Turma, Ag/AgR 1.008.489-MS, rel. Min. Aldir Passatinho Jr., j. 5.8.2008, *DJe* 15.9.2008).

69. Deste modo, a unitariedade não é uma espécie do litisconsórcio necessário, mas figura autônoma. Neste sentido: Arruda Alvim, *Manual de Direito Processual Civil*, cit., vol. II, p. 101.

70. Deve-se relevar que a necessidade de integração do cônjuge ao processo, seja no polo ativo ou no passivo, depende da observância das regras do direito material. Desta forma, caso o regime de bens seja de separação absoluta não há que se falar

litisconsórcio necessário no polo passivo, em virtude da dicção do art. 246, § 3º, do CPC.

Importante salientar que a recusação por parte da defesa sofre limitação temporal, nos termos da previsão do art. 113, § 2º, do CPC. A questão deve ser suscitada como preliminar de contestação, sob pena de preclusão temporal.[71]

## 5.4 Litisconsórcio facultativo

A primeira modalidade prevista pelo Código de Processo Civil refere-se ao litisconsórcio facultativo. O termo "facultativo", conforme se expôs, está atrelado à possibilidade de o autor formá-lo ou não, dentro das hipóteses legais (*Typenfixierung*).[72] As previsões elencadas pelo art. 113 procuram reunir os litigantes que demonstrem a comunhão de direitos ou obrigações, a conexidade das pretensões ou, ainda, a existência de afinidade de questões.[73] As descrições típicas da norma autorizadora

em autorização ou citação – o que se coaduna com a disposição dos arts. 1.642, V, e 1.647 do CC.

71. Ainda se referindo ao art. 46, parágrafo único, do CPC de 1973: "A teor do que dispõe o parágrafo único do art. 46 do CPC, pode a parte recusar o litisconsórcio multitudinário, interrompendo-se o prazo para o oferecimento da resposta. Todavia, esse pedido de limitação deverá ser feito antes de decorrido o prazo para a sua defesa, sob pena de preclusão – Recurso especial desprovido" (STJ, 5ª Turma, REsp 402.447-ES, rela. Min. Laurita Vaz, j. 4.4.2006, *DJU* 8.5.2006, p. 267).

72. Não seria absolutamente correto afirmar que a característica marcante do litisconsórcio facultativo resida na liberdade das partes, mas sim, especificamente, na liberdade do autor que propõe a demanda. Exceção a esta afirmação deve ser reconhecida em relação ao chamamento ao processo, que dependerá da iniciativa do réu.

73. O vocábulo "questão" exige delimitação sobre sua incidência, em vista de sua natureza amplexa, uma vez que congrega vários significantes. O juiz, antes de prolatar a sentença, sempre estará à volta de inúmeras questões, cuja resolução será essencial para a entrega da prestação jurisdicional. As questões de direito e de fato são de alto relevo para o processo, inclusive para fins de acesso às vias recursais especiais (STJ e STF – Súmulas 7 e 279, respectivamente). A questão nasce da controvérsia dos pontos elencados pelo autor e pelo réu, como decorrência natural do exercício do contraditório. As questões podem ser preliminares, prejudiciais e de mérito. Interessam-nos, para os fins do art. 113, III, as questões de mérito, que podem ser de direito ou de fato. Não se exige a identidade, mas apenas a afinidade, ou seja, a semelhança entre estas questões, que torne útil e viável o processamento conjunto das pretensões. Nada impede que duas pessoas litiguem em conjunto contra a Administração Pública pedindo o reconhecimento da inexigibilidade da dívida em relação ao mesmo tributo, ainda que uma parte sustente a prescrição e outra a decadência. Sobre o conceito de "questão", v.: Carnelutti, *Instituciones del Proceso Civil*, vol. I, p. 36; Alcides de Mendonça Lima, *Dicionário do Código de Processo Civil Brasileiro*, p. 478.

deixam clara a finalidade do instituto, que está voltado para a economia processual (*verfahrensökonomische*), o que propicia a otimização da atividade judicial, na medida em que a formação do litisconsórcio evita a prolação de sentenças contraditórias.[74] Antes mesmo de o juiz analisar se a hipótese de litisconsórcio escolhida pelo autor é viável, deve examinar se as partes litigantes preenchem as condições da ação e os pressupostos processuais necessários para sua participação individual no processo. Este exame é muitas vezes negligenciado em relação ao litisconsórcio necessário-unitário; todavia, quando a formação é facultativa, e várias são as demandas cumuladas, os pressupostos necessitam de análise em relação a cada um dos litisconsortes, para depois se analisar a possibilidade de coligação.[75]

No litisconsórcio facultativo, obviamente, em algumas situações não se elimina a necessidade de decisões homogêneas, o que está na base da previsão do art. 113, I, do CPC. Contudo, sua vocação está direcionada para a independência entre os litisconsortes, muito embora esta interdependência obrigue a um regime de convivência diferenciado junto ao processo. Sem dúvida, o litisconsórcio facultativo reúne a maior parte das coligações formadas em juízo.[76] Isto se explica pela excepcionalidade do litisconsórcio necessário, que representa, antes de mais nada, uma limitação ao exercício individual do direito de demandar. Esta restrição, no polo ativo ou passivo, sempre será excepcional, relegando a possibilidade de coligação para a formação facultativa do litisconsórcio. A iniciativa caberá às partes, mas nada impede que o juiz realize a conexão de demandas pela aplicação dos arts. 55 e 56 do CPC. A conexidade é uma das bases de surgimento do litisconsórcio (art. 113, II e III, do CPC); e, muito embora ela possa nascer da atividade judicial, não será lícito catalogá-la

---

74. Goebel/Gottwald/Mönnig/Prusseit/Spurzem, *Zivilprozessrecht*, § 11, p. 138.

75. "Für jeden Prozess sind die Prozessvoraussetzungen gesondert zu prüfen, insbesondere die Zulässigkeit des Rechtswegs, die Zuständigkeit, die Partei-und die Prozessfähigkeit auf" (Rosenberg/Schwab/Gottwald, *Zivilprozessrecht*, § 49, p. 289). Obviamente, deve ser considerada a possibilidade do litisconsórcio facultativo-unitário, quando haverá apenas uma única demanda, sem a existência do cúmulo objetivo, que acompanha essencialmente as situações do litisconsórcio facultativo-simples. Todavia, trata-se de exceção.

76. Thomas/Putzo, *Zivilprozessordnung – Kommentar*, cit., p. 115. Afirmação que também é válida para nosso sistema com um simples exame da jurisprudência do STJ. No Direito Alemão, fonte inspiradora de nosso sistema, a previsão do litisconsórcio facultativo está enquadrada nos §§ 59 ("Streitgenossenschaft bei Rechtsgemeinschaft oder Identität des Grundes") e 60 ("Streitgenossenschaft bei Gleichartigkeit der Ansprüche").

como hipótese de litisconsórcio necessário, pois a reunião nem sempre será obrigatória.[77] No litisconsórcio facultativo a pluralidade de sujeitos (*mehrere Personen*) reflete a pluralidade de relações jurídicas. A análise de seu cabimento estará atrelada ao exame dos elementos da ação (*partes*, *pedido* e *causa de pedir*).

A conexão que une os litisconsortes facultativos gera uma situação até certo ponto paradoxal. Não resta dúvida de que estão autorizados a assumir posturas independentes dentro da relação jurídico-processual (*e.g.*: desistência, reconhecimento jurídico do pedido, transação). Por outro lado, esta autonomia não retira a essência que define a finalidade do instituto – qual seja: a de somar forças em prol de um objetivo comum.

### 5.4.1 Art. 113, I, do CPC

As situações retratadas pelo art. 113, I, do CPC demonstram a possibilidade de formação do litisconsórcio quando houver comunhão de direitos ou de obrigações (*Rechtsgemeinschaft*). Esta hipótese abre a possibilidade para a união de vários autores e réus, unidos por relações jurídicas afins ao ponto de participarem da lide em regime de coligação. Muito embora o exemplo usual deste inciso seja retratado com demandas de cunho obrigacional, nada impedirá que pretensão de natureza real também seja posta à prova do art. 113, I. Aliás, em ações de natureza petitória e possessória encontramos exemplos de litisconsórcio facultativo, ainda que a decisão tenha que ser uniforme (art. 1.314 do CC). Por outro lado, existem situações em que o próprio litisconsórcio necessário encontrará seu embasamento na comunhão, motivo pelo qual o art. 113, I, é fonte comum tanto do litisconsórcio facultativo como do necessário.[78] Nas ações petitórias e possessórias a natureza do litisconsórcio dependerá do polo da demanda. Sob a análise do polo ativo, a formação do litisconsórcio será facultativa, pois o coproprietário, compossuidor, co-herdeiro, poderá tomar as medidas necessárias para a defesa de todo o patrimônio, em situação de composse ou copropriedade. Por outro lado, tratando--se do polo passivo, é inegável que todos os possuidores (composse) e proprietários, além do cônjuge varão ou virago, deverão necessariamente integrar a relação processual (art. 73, §§ 1º e 2º, do CPC). O mesmo se diga quando o Ministério Público litiga autonomamente ou com tercei-

---

77. E pelo novo CPC, a reunião pode nem depender da existência de autêntica conexão, conforme art. 55, § 3º, *in fine*, do CPC.

78. Com precisão: Araken de Assis, *Cumulação de Ações*, cit., p. 146; Dinamarco, *Litisconsórcio*, cit., p. 96.

ro interessado no ajuizamento da ação de nulidade por infringência a impedimento legal (arts. 1.521, 1.548, II, e 1.549 do CC).[79] Percebe-se que este o art. 113, I, poderá servir de fonte comum para o litisconsórcio facultativo ou necessário.[80]

Nas obrigações indivisíveis e solidárias surge campo fértil para a utilização do art. 113, I, do CPC. A solidariedade ativa ou passiva não revela obrigatoriamente situação de litisconsórcio necessário, como se poderia supor. O credor, ou o devedor solidário, poderá atuar de forma independente na relação processual. O credor terá legitimação ativa para exigir a dívida mesmo sem a presença dos demais credores; e o devedor, por sua vez, legitimação passiva para ser demandado pelo valor total da dívida, ainda que ausentes os demais codevedores.[81] Além disso, a própria decisão a ser proferida no processo não exigirá pronunciamento uniforme, uma vez que o devedor poderá suscitar exceção pessoal para eximi-lo da responsabilidade (*Haftung*).

### 5.4.2 Art. 113, II, do CPC

O art. 113, II, do CPC representa uma fusão dos incisos II e III do art. 46 do CPC de 1973. Na verdade, a previsão de dois dispositivos para regular situação de conexão revela-se supérflua. Segundo o art. 46, II, do CPC de 1973 o litisconsórcio poderia ser formado quando presente identidade no *fundamento de fato* ou *de direito* por parte dos direitos ou obrigações (*tatsächlichen und rechtlichen Grund*). Sabe-se perfeitamente que a causa de pedir é formada pelos fundamentos fáticos e jurídicos.[82] Denota-se que o art. 46, II, do CPC de 1973 permitia que apenas um

---

79. Exemplo também lembrado por James Goldschmidt (*Derecho Procesal Civil*, cit., § 69, p. 437).

80. Celso Agrícola Barbi, *Comentários ao Código de Processo Civil*, cit., vol. I, p. 193.

81. Arruda Alvim, *Manual de Direito Processual Civil*, cit., vol. II, p. 87. V. especialmente nota 24, com interessante acórdão do STJ, relatado pelo Min. Félix Fischer.

82. Nosso sistema acolheu a teoria da substanciação ao exigir a descrição dos fatos jurídicos originários da pretensão invocada bem como os fundamentos jurídicos que alicerçam o pedido judicial. Não se pautou nosso ordenamento pela teoria da individuação defendida por Chiovenda, e também não acolheu a diferenciação entre demandas autodeterminadas e heterodeterminadas. Sobre o assunto, v.: Cruz e Tucci, *A "Causa Petendi" no Processo Civil*, passim. Ainda: José Miguel Garcia Medina e Teresa Arruda Alvim Wambier, *O Dogma da Coisa Julgada – Parte Geral e Processo de Conhecimento*, cit., vol. I, pp. 144-145.

destes elementos fosse coincidente, para propiciar a formação do litisconsórcio. A previsão do tópico era desnecessária, pois o art. 46, IV, já previa a formação do litisconsórcio pela conexão do pedido ou causa de pedir (art. 46, III, do CPC de 1973) assim como pela mera afinidade de questões por um ponto comum de fato ou de direito (art. 46, IV, do CPC de 1973). A previsão do litisconsórcio pela identidade da causa de pedir parcial já estaria englobada na previsão larga do art. 46, IV, do CPC de 1973. Além disso, a redação do art. 55, § 3º, do CPC de 2015 determina um modo de conexão atípico que justificaria a reunião de causas mesmo com identidade parcial. O dispositivo determina que o julgamento conjunto deverá ocorrer sempre que exista a possibilidade de julgamento contraditório, mesmo sem a conexão. Um exemplo desta situação, e que corresponderia à identidade parcial, reside na combinação da responsabilidade contratual e da extracontratual, quando várias pessoas são afetadas pelo mesmo fato, muito embora os fundamentos jurídicos venham a ser diversos. Visualizemos a seguinte situação: vários passageiros trafegam pela cidade utilizando-se de um ônibus do transporte municipal. O motorista, embriagado, ao cruzar uma avenida, atropela alguns transeuntes. Em virtude da freada brusca, os passageiros sofrem lesões graves. Este simples fato gera responsabilidade extracontratual em relação aos transeuntes e responsabilidade contratual em relação aos passageiros, derivada do contrato de transporte. Embora o fundamento jurídico seja diverso, para fins de se pleitear o ressarcimento, o fato originário (causa de pedir remota) é idêntico, o que permitirá a invocação do art. 55, § 3º, do CPC, pois não se trata de conexão própria, mas imprópria.[83] Esta hipótese atualmente está englobada pelo art. 113, III, pois a mera afinidade de um ponto fático (acidente) será suficiente para justificar a reunião para julgamento conjunto.

83. Situação esdrúxula será ocasionada pelos efeitos diferenciados, nestes dois casos, quanto ao cômputo das parcelas de indenização, pois, muito embora o fato originário seja idêntico, os passageiros (por terem relação contratual) terão juros contados a partir da citação; já, os transeuntes, a partir do ato ilícito! Esta diferenciação fere a lógica e o bom-senso – o que já ensejou manifestação de Teresa Arruda Alvim Wambier sobre o tema ("Do termo inicial para a contagem dos juros quando se tratar de ilícito contratual", *Revista de Direito Privado* 4/159-161). Partindo justamente do exemplo relativo ao contrato de transporte, a ilustre jurista demonstra a incongruência de computar os juros a partir de momentos distintos em face do mesmo ilícito, ainda que diversas as relações jurídicas: uma contratual e outra extracontratual. A questão tem como pano de fundo a interpretação do art. 962 do CC de 1916, o qual está retratado pelo art. 398 do atual diploma civil: "Nas obrigações provenientes de ato ilícito, considera-se o devedor em mora, desde que o praticou".

A redação do art. 113, II, do novo CPC estabelece a possibilidade clássica de formação do litisconsórcio quando houver conexão pelo objeto ou pelo pedido. A conexão tem previsão junto ao art. 55 do CPC, e revela uma das formas de *perpetuatio iurisdictionis*, pois em face da conexão o juiz *deve* reunir as causas para decisão conjunta, evitando decisões contraditórias e otimizando a prestação da tutela jurisdicional. Percebe-se que a redação do art. 55 do CPC atual é superior à do art. 103 do CPC de 1973, pois este dispositivo expressava uma *facultas agendi*: "Havendo conexão ou continência, o juiz, de ofício ou a requerimento de qualquer das partes, *pode ordenar a reunião de ações propostas* (...)". A redação do art. 55, § 1º, do CPC atual não deixa margem quanto à necessidade da reunião: "Os processos de ações conexas serão reunidos para decisão conjunta, (...)".

A conexão como fonte de formação do litisconsórcio contribui para a economia da atividade jurisdicional e a harmonia dos julgados que se apoiam sobre o mesmo substrato probatório. A identidade dos pedidos também será suficiente para permitir a reunião dos colitigantes. O pedido, em sua classificação embrionária, é dividido pela doutrina em *imediato* e *mediato*. Este último marcado pelo bem da vida requerido em juízo; enquanto o imediato, pela espécie do provimento jurisdicional pleiteado em juízo (declaratório, constitutivo, condenatório, mandamental ou executivo *lato sensu*). A identidade deve referir-se necessariamente ao bem da vida, pois, tratando-se da análise do cabimento do litisconsórcio, obviamente, a identidade deve se referir ao *pedido mediato*.

### 5.4.3 Art. 113, III, do CPC

Esta previsão é extremamente genérica e permite a formação do litisconsórcio apenas pela existência de um ponto comum, de fato ou de direito. De acordo com comentário *retro*, esta modalidade abria espaço para o sistema da recusação em face do Código de Processo Civil de 1939. Naquele diploma a previsão encartada no art. 88 abria a possibilidade para três formas de litisconsórcio: o necessário, o facultativo obrigatório e o facultativo recusável. Esta última modalidade era composta pelo atual inciso III. A recusação era puramente arbitrária, uma vez que o texto do art. 88 não impunha qualquer condição.[84] A afinidade não representa conexão,

---

84. Eis a redação do art. 88 do CPC de 1939: "Admitir-se-á o litisconsórcio ativo ou passivo, quando fundado na comunhão de interesses, na conexão de causas, ou na afinidade de questões por um ponto comum de fato ou de direito. No primeiro caso, não poderão as partes dispensá-lo; no segundo, não poderão recusá-lo, quando requerido por qualquer delas; no terceiro, poderão adotá-lo, quando de acordo".

e constitui figura mais larga e tênue, cuja previsão abre a possibilidade de reunião dos processos pela mera identidade quanto a um ponto de direito ou de fato.[85] Certo é que em nosso sistema atual a possibilidade de recusação depende da incidência do suporte fático do art. 113, § 1º, do CPC; portanto, exige *pedido motivado* para impedir a formação do litisconsórcio. A recusa na hipótese de litisconsórcio multitudinário não se confunde com a hipótese ora narrada, a qual se concretiza pelo número excessivo de partes ou por ausência de pressuposto processual ou de condição da ação (*e.g.*: incompetência absoluta em relação à parte dos réus).[86]

A afinidade diz respeito às questões por um ponto comum de fato ou de direito (art. 113, III, do CPC). As questões de direito material que serão resolvidas pela sentença, em sua fundamentação, nascem do embate entre a petição inicial e a contestação, de onde surgem os pontos controvertidos. Estes pontos transformam-se nas questões a serem dirimidas na fundamentação. Segundo Arruda Alvim, comentando a redação do art. 46, IV, do CPC de 1973, o litisconsórcio por afinidade merece exegese diferenciada, pois a questão em sua acepção técnica somente surge em face da contestação.[87] Ora, o que se observa entre os potenciais litisconsortes é a existência de afinidade derivada de fundamentação jurídica ou fática *semelhante*, ainda que a relação jurídica seja afim por um único ponto. A previsão larga do art. 113, III, encerra inúmeras hipóteses de litisconsorciação, e poderá ser causa de limitação quando houver número excessivo de litigantes. A limitação ao litisconsórcio multitudinário é oriunda de pedido formulado pela defesa ou por ato oficioso do magistrado (art. 113, § 1º, CPC). Todavia, para sua incidência é essencial a caracterização do prejuízo manifesto com o desmembramento do processo.[88]

85. "A mera afinidade entre as causas autoriza, incidentemente, o litisconsórcio (facultativo, inciso IV do art. 46 do CPC), em razão da mera comunhão de um fato-base, e não de direitos que vinculem os autores (por cotitularidade) a ponto de importar a conexão entre as demandas, indiferentemente de os direitos terem sido gerados de um mesmo fato, porque não existe qualquer dependência entre os direitos (relação jurídica de direito material) para o exercício, podendo as partes perseguir, independentemente, cada uma, seu direito" (TRF-2ª Região, 7ª Turma, AC 1999.51.01.003114-0, rel. Des. federal Sérgio Schwaitzer, *DJU* 21.12.2007, p. 206).

86. Aliás, antes mesmo de analisar a possibilidade do litisconsórcio, urge examinar se cada parte pode litigar autonomamente: "Antes de saber se duas ou mais pessoas poderão estar juntas no mesmo lado da relação processual, precisa-se saber se cada uma delas poderia estar naquele processo sozinha" (*JTJSP* 163/98).

87. Arruda Alvim, *Manual de Direito Processual Civil*, cit., vol. II, p. 99.

88. Neste sentido: "Nada impede que o juiz desconstitua o litisconsórcio ativo facultativo multitudinário, a fim de evitar prejuízos para a defesa do réu – Recurso

## 5.4.4 O litisconsórcio facultativo e suas modulações na jurisprudência

Seria tarefa inviável catalogar todas as possíveis situações de litisconsórcio facultativo, de tal modo que o objetivo deste tópico se concentra apenas no exame de alguns casos mais interessantes.

Na ação civil pública por ato de improbidade[89] a jurisprudência manifesta-se corretamente pela existência de litisconsórcio facultativo ativo entre o Ministério Público e a Municipalidade, principalmente após a edição da Lei 9.366/1996. Deste modo, não há que se falar em nulidade pela ausência de integração do Município no processo.[90]

O litisconsórcio existente entre os condôminos e compossuidores *pro indiviso*[91] é facultativo (art. 1.314 do CC), pois caberá a qualquer um

especial não conhecido" (STJ, 2ª Turma, REsp 8.665-RJ, rel. Min. Adhemar Maciel, j. 28.4.1998, *DJU* 17.8.1998, p. 50).

89. Sobre a caracterização da ação de improbidade como ação civil pública, v.: Marino Pazzaglini Filho, *Lei de Improbidade Administrativa Comentada*, pp. 17 e ss.; Francisco Octávio de Almeida Prado, *Improbidade Administrativa*, pp. 182-183; Benedicto de Tolosa Filho, *Comentários à Lei de Improbidade Administrativa*, pp. 169-170. Cabe lembrar que o STJ emitiu a Súmula 329, consolidando o entendimento sobre a possibilidade de defesa do patrimônio público pelo Ministério Público pela ação de improbidade: "O Ministério Público tem legitimidade para propor ação civil pública em defesa do patrimônio público".

90. Neste sentido é pacífica a jurisprudência do STJ, sendo indevida qualquer decisão que reconheça a nulidade do processo por visualizar a existência de litisconsórcio necessário ativo: "A orientação consolidada desta Corte Superior é no sentido de que, em ação de improbidade administrativa ajuizada contra agente público pelo Ministério Público, o litisconsórcio do Município interessado é apenas facultativo, razão pela qual não há violação do art. 17, § 3º, da Lei n. 8.429/1992. O recurso especial fundado na divergência jurisprudencial exige a observância do contido nos arts. 541, parágrafo único, do CPC e 255, § 1º, 'a', e § 2º, do RISTJ, sob pena de não conhecimento do recurso. No caso examinado, o recorrente não realizou o necessário cotejo analítico, indispensável para a demonstração do dissídio jurisprudencial e comprovação de similitude fática entre os arestos confrontados – Agravo regimental não provido" (STJ, 2ª Turma, REsp/AgR 1.411.897-SP, rel. Min. Mauro Campbell Marques, j. 24.4.2014, *DJe* 2.5.2014).

E ainda: "Na ação civil pública de improbidade administrativa proposta pelo Ministério Público, a falta de citação do Município interessado, por se tratar de litisconsorte facultativo, a teor do disposto no art. 17, § 3º, da Lei n. 8.429/1992, com a nova redação dada pelo art. 11 da Lei n. 9.366/1996, não tem o condão de provocar a nulidade do processo" (STJ, 2ª Turma, REsp 886.524-SP (200601718816), rel. Min. João Otávio de Noronha, *DJU* 13.11.2007, p. 524).

91. Como ensina a dogmática alemã, a verdadeira composse é sempre indivisa (*Mitbesitz*), e não divisa (*Teilbesitz*). Para a compreensão da composse e sua classifi-

que participe do estado de comunhão a defesa do patrimônio comum em relação a terceiros (*Außenverhältnis*).⁹² No condomínio *pro diviso*, cuja correspondência fática é a posse compartilhada (*Teilbesitz*), o litisconsórcio é indiscutivelmente facultativo, em vista da independência entre os condôminos ou compossuidores.⁹³ A relação jurídica que fundamenta o condomínio *pro diviso* é diversa, o que elimina a unitariedade quanto à decisão. Em relação a esta figura prevalecerá o litisconsórcio facultativo-simples. Nas ações de cobrança relativas a cotas condominiais o novo proprietário responderá pelos pagamentos dos valores atrasados, uma vez que a despesa para a conservação do condomínio deriva da natureza *propter rem*, ou seja, deverá ser suportada pelo titular do direito real. Não há que se falar em litisconsórcio entre o antigo e o atual proprietário.⁹⁴

Em demandas relativas a acidentes de veículos terrestres, o proprietário e o condutor poderão ser acionados em litisconsórcio facultativo passivo.⁹⁵ Se existia relação de desmembramento da posse (*Besitzrecht-*

---

cação podem ser consultados, com grande proveito: Baur/Stürner, *Sachenrecht*, § 7º, pp. 73-74; Westermman, *Sachenrecht*, § 11, pp. 63-64; Schwab/Prütting, *Sachenrecht*, § 11, pp. 45-48; Martin Wolff, *Tratado de Derecho Civil*, t. III, vol. I, § 9º, pp. 65-69. Ainda, com valor histórico: Savigny, *Das Recht des Besitz*, § 11, pp. 170-197 (na tradução francesa: *Traité de la Possession en Droit Romain*, § 11, pp. 142-162); Dernburg, *Pandekten*, vol. I, § 169, p. 394; Bernhard Mathias, *Lehrbuch des Bürgerlichen Rechts*, § 2º, pp. 7-8; Troplong, *Le Droit Civil Expliqué – De la Prescription*, n. 224, p. 138; Bazenet, *Les Actions Possessoires*, pp. 71-130; Lafayette Rodrigues Pereira, *Direito das Cousas*, vol. I, § 7º, pp. 18-20; Eduardo Espínola, *Posse, Propriedade, Compropriedade ou Condomínio, Direitos Autorais*, cit., n. 41, pp. 68-70; João Batista Lopes, *Condomínio*, Pp. 50-51.

92. Neste sentido: Dinamarco, *Litisconsórcio*, cit., pp. 210-211.

93. "Ação promovida contra vários condôminos, titulares de unidades autônomas distintas – Afinidade de questões – Litisconsórcio facultativo – Possibilidade – Limitação – Eventual comprometimento da rápida solução da causa importará no desmembramento de processo – Provimento ao recurso, com observação" (2º TACivSP, 9ª Câmara, AI 717.435-00/3, rel. Juiz Gil Coelho, *DOSP* 1.3.2002).

94. "Não há litisconsórcio passivo necessário entre o novo adquirente e o antigo proprietário nas ações de cobrança de cotas condominiais" (STJ, 3ª Turma, AGEDAG 676.035-RJ (200500675327), rel. Min. Humberto Gomes de Barros, *DJU* 14.12.2007, p. 398). Discussão absolutamente diversa é a relativa ao exercício do regresso pelo atual proprietário, especialmente se houve declaração expressa de quitação e regularidade da situação do imóvel por parte do antigo proprietário. Aliás, a boa-fé, em sua modalidade ética, indica que o comprador do imóvel deverá exigir quitação das despesas de condomínio em relação ao síndico ou administrador da propriedade coletiva.

95. A responsabilidade do proprietário emana da culpa *in eligendo* ou *in vigilando*, admitindo-se a comprovação da responsabilidade exclusiva do condutor, como na hipótese de tomada forçada do veículo por coação irresistível.

*abteilung*), como acontece entre o arrendador e o arrendatário, não há que se falar em litisconsórcio, uma vez que o possuidor direto responde exclusivamente pelo ato ilícito praticado na atividade só por ele desenvolvida.

Os pais respondem solidariamente com o menor relativamente incapaz pelos atos ilícitos praticados por seus filhos. Todavia, o litisconsórcio será indevido com relação a um dos genitores quando os pais forem separados e o poder familiar for exclusivo de um deles (art. 932, I, do CC).[96]

### 5.4.4.1 Modulações do litisconsórcio facultativo: eventual, alternativo e sucessivo

As vicissitudes do direito material impõem a modelação ao direito processual. Nosso escopo neste trabalho não é o de esgotar a tratativa sobre o litisconsórcio. No entanto, as modalidades do litisconsórcio facultativo alternativo, eventual e sucessivo merecem uma breve referência.[97]

O tratamento da matéria é escasso na doutrina e na jurisprudência.[98] O litisconsórcio poderá derivar de cumulação *própria* ou *imprópria*. A cumulação própria é aquela em que pedidos autônomos são formulados e podemos visualizar uma acumulação subjetiva e objetiva. As partes coligadas formulam pedidos autônomos que podem ser *independentes* ou *dependentes*.

O litisconsórcio sucessivo representa uma forma de cumulação própria, com pedidos dependentes. A procedência e o esgotamento do primeiro tornam desnecessário o exame do segundo. Rodrigo Mazzei aponta com precisão um exemplo de aplicação do regime do litisconsórcio sucessivo.[99] O primeiro advém de exemplo já citado neste texto e referente ao art. 1.698 do CC: "Se o parente, que deve alimentos em primeiro lugar, não estiver em condições de suportar totalmente o encargo,

---

96. "Responsabilidade solidária do proprietário do veículo que lhe entregou o volante – Responsabilidade solidária do pai não caracterizada, uma vez que o menor estava sob a guarda da mãe – Danos morais – Inocorrência – Lucros cessantes – Não comprovação – Juros e correção monetária corretamente fixados – Ação parcialmente procedente – Recursos improvidos" (1º TACivSP, 8ª Câmara, Ap-Sum 1.200.666-3, de São Paulo, rel. Juiz Rui Cascaldi, j. 3.12.2003).

97. Por todos, v. Dinamarco, *Litisconsórcio*, cit., pp. 457 e ss.

98. V. o excelente artigo de Rodrigo Reis Mazzei, "Litisconsórcio sucessivo: breves considerações", *passim*, in Fredie Didier Jr. e Rodrigo Mazzei (orgs.), *Processo e Direito Material*, Salvador, Juspodivm, 2009, pp. 223-246.

99. Rodrigo Reis Mazzei, "Litisconsórcio sucessivo: breves considerações", cit., *passim*, in Fredie Didier Jr. e Rodrigo Mazzei (orgs.), *Processo e Direito Material*, pp. 223-246.

serão chamados a concorrer os de grau imediato; sendo várias as pessoas obrigadas a prestar alimentos, todas devem concorrer na proporção dos respectivos recursos, e, intentada ação contra uma delas, poderão as demais ser chamadas a integrar a lide". A obrigação alimentar deverá ser dirigida aos parentes mais próximos, sem prejuízo da formulação de pedido sucessivo, que poderá gerar a responsabilidade subsidiária dos demais em caso de hipossuficiência dos parentes mais próximos. A averiguação da responsabilidade secundária não elimina a primária e força a existência de no mínimo dois capítulos para a configuração plena do litisconsórcio sucessivo. No primeiro se estabelece a obrigação dos parentes mais próximos, e no segundo a responsabilidade ancilar do grau posterior para a complementação da obrigação alimentar.

Este exemplo é importante, pois permite diferenciar perfeitamente a figura do *litisconsórcio sucessivo* da figura do *litisconsórcio eventual*. Aqui a situação é diversa. No litisconsórcio eventual não há um regime de conexidade objetiva e de complementaridade. Aqui se aplica a redação do art. 326 do CPC. En outras palavras: ajuízam-se duas demandas contra pessoas diversas, em cúmulo eventual. Não há regime de subsidiariedade, pois a segunda somente será procedente quando não seja dada procedência à primeira.[100]

Por fim, encontramos o *litisconsórcio facultativo alternativo*, com exemplo prático fornecido por Dinamarco, e que reside em uma das hipóteses de ajuizamento da ação de consignação em pagamento. Dentre as possíveis causas da consignação, o Código Civil estabelece a *incognitio*

100. Em raro julgado do STJ: "Forte na interpretação do art. 289 do CPC ('É lícito formular mais de um pedido em ordem sucessiva, a fim de que o juiz conheça do posterior, em não podendo acolher o anterior"), conjugada com as características do litisconsórcio eventual, não se vislumbra incompatibilidade dos pedidos de anulação de cobrança e repetição de indébito em virtude do caráter sucessivo que lhes foi conferido pela petição inicial. Em outras palavras, o escalonamento contorna uma pretensa falta de harmonia entre os pleitos. O conflito de interesses entre os Municípios de Jundiaí e São Paulo não representa empecilho à inclusão de ambos os entes na demanda na qualidade de litisconsortes passivos, sendo igualmente certo, sublinhe-se, que esta situação de antagonismo é intrínseca ao litisconsórcio eventual. Desde que atendidos os requisitos genéricos previstos no art. 46 do CPC e não haja incompatibilidade absoluta de competência e procedimento, é viável o ajuizamento conjunto de ações conexas pela causa de pedir com pedidos sucessivos contra réus diversos, hipótese cognominada litisconsórcio eventual. Há que se reintegrar ao polo passivo da demanda o ente municipal indevidamente excluído, sendo impositivo o retorno dos autos à instância ordinária, para que se dê continuidade ao feito com a apreciação integral dos pedidos deduzidos pela ora recorrente – Recurso especial provido" (2ª Turma, REsp 727.233-SP, rel. Min. Castro Meira, j. 19.3.2009, *DJe* 23.4.2009).

quanto ao credor (art. 335, IV).[101] A consignação é um exemplo da necessidade de comunicação entre o direito material e o direito processual. O devedor poderá ofertar a prestação a mais de um credor. Não se trata de obrigação solidária ativa, na qual vários credores são titulares ativos da relação jurídica (art. 267 do CC). Aqui o fenômeno é diverso. O devedor sabe que existe apenas um credor, mas existe dúvida sobre quem realmente seja o titular legítimo. Como exemplo podemos citar a seguradora que realiza o depósito do valor da apólice em juízo sabedora da disputa entre potenciais herdeiros, ou mesmo entre o cônjuge e companheira e concubina.[102-103] Afinal, quem paga mal, pagará duas vezes. O credor apenas se libera do vínculo quando realiza o *pagamento adequado*. A quitação exige o cumprimento do objeto da obrigação para aquele que é o credor ou que o represente validamente para fins de quitação válida (art. 308 do CC). O litisconsórcio passivo alternativo será a única solução viável para que o devedor possa eliminar o vínculo obrigacional de modo seguro. Ao ingressar com a ação de consignação, o pedido é direcionado para os potenciais credores. A decisão judicial de cunho declaratório é que eliminará a incerteza reinante, com pacificação da relação jurídica.

5.5 *Estrutura do litisconsórcio multitudinário*

O litisconsórcio multitudinário, muito embora corresponda a uma hipótese de limitação ao litisconsórcio facultativo, não pode ser igualado ao litisconsórcio recusável do sistema anterior.[104] A existência de um

101. Sobre o art. 335, IV, do CC, v. Fabio Caldas de Araújo e José Miguel Garcia Medina, *Código Civil Comentado*, cit., pp. 342-343.

102. Apesar de polêmica, o STJ reconhece a distinção da concubina como forma de proteger a estabilidade da união estável e do casamento, o que julgamos correto, sob pena de banalização das instituições essenciais: "Há distinção doutrinária entre 'companheira' e 'concubina'. Companheira é a mulher que vive em união estável com homem desimpedido para o casamento ou, pelo menos, separado judicialmente ou de fato há mais de dois anos, apresentando-se à sociedade como se com ele casada fosse. Concubina é a mulher que se une, clandestinamente ou não, a homem comprometido, legalmente impedido de se casar. Na condição de concubina, não pode a mulher ser designada como segurada pelo cônjuge adúltero, na inteligência dos arts. 1.177 e 1.474 do CC de 1916 – Precedentes – Recurso especial provido por unanimidade" (3ª Turma, REsp 532.549-RS, rel. Min. Castro Filho, j. 2.6.2005, *DJU* 20.6.2005, p. 269).

103. A distinção para fins de sucessão tem alta relevância prática, em vista do art. 1.830 do CC. Sobre o assunto, v. Fabio Caldas de Araújo e José Miguel Garcia Medina, *Código Civil Comentado*, cit., p. 1.094.

104. Sobre o tema, v. Michel Ferro e Silva, *Litisconsórcio Multitudinário*, cit., pp. 107 e ss.

número indesejado de partes autoras ou rés pode comprometer o bom andamento do processo, o que gera a possibilidade de limitar o número de participantes na relação processual.

### 5.5.1 A iniciativa do incidente

A iniciativa quanto à limitação caberá primordialmente ao réu – o que não impede a atividade oficiosa do magistrado.[105] O interesse do réu está consubstanciado em impedir que o número excessivo de autores possa prejudicar a elaboração da defesa, em tempo hábil a descortinar todos os pontos articulados em relação a cada um dos litisconsortes. O juiz poderá observar, desde o momento da propositura da petição inicial, as dificuldades a serem enfrentadas pelo número excessivo de participantes da relação processual, o que refletiria na complexidade da instrução e na produção das provas. O primeiro obstáculo está relacionado ao prolongamento excessivo no cumprimento dos atos processuais, principalmente quando os litisconsortes ativos ou passivos estão representados por procuradores diversos – o que gera a aplicação do art. 229 do CPC, desde que os autos não sejam eletrônicos (art. 229, § 2º). Da mesma forma, é importante lembrar que no processo de conhecimento, ao contrário do processo de execução (art. 915, § 3º, do CPC), o ato de citação somente se aperfeiçoará com a integração de todos os demandados (art. 231, § 1º, do CPC). Importante frisar que o STF editou a Súmula 641 para determinar que o prazo em dobro para recorrer não será computado quando apenas um dos litisconsortes sucumbir, o que limita a eficácia recursal tratando-se de litisconsórcio facultativo-simples. Esta regra não tem relação com o aproveitamento do recurso, pois, sendo a matéria comum, o sucesso do recurso será estendido a todos os litisconsortes (art. 1.005 do CPC), desde que não sejam conflitantes os interesses em litígio. O art. 229, § 1º, também elimina o prazo em dobro, no processo de conhecimento, quando existindo apenas dois réus, apenas um apresentar a defesa.

Por outro lado, o autor também poderá exigir a limitação na formação do litisconsórcio passivo; e, obviamente, estamos fazendo referência ao chamamento ao processo, que constitui a única possibilidade de o réu ampliar o polo passivo da demanda, independentemente da vontade do autor. O chamamento (a ser visto oportunamente) refere-se a uma situação excepcional, pela qual o réu pode chamar coobrigados na relação

---

105. Dinamarco sintetiza uma série de situações que poderiam gerar a impossibilidade da litisconsorciação ativa ou passiva (*Litisconsórcio*, cit., pp. 471-473).

processual. Trata-se de hipótese de litisconsórcio facultativo, a qual, em tese, poderá provocar maior delonga na solução do processo.[106]

### 5.5.2 Momento da impugnação e competência

Sendo a impugnação ao litisconsórcio realizada no prazo da resposta, a mesma deverá ser analisada em caráter prejudicial e interromperá o prazo da resposta, que recomeçará a partir da intimação da decisão que analisar a impugnação. Nada impede, por economia, que o pedido seja apresentado com a peça de contestação. Se o juiz conceder o desmembramento, o prazo será novamente iniciado, e a parte poderá ratificar a defesa apresentada ou protocolar nova peça. Por sua vez, nada impede que, mesmo ao receber a petição inicial, o magistrado indefira a formação do litisconsórcio ativo voluntário,[107] o que somente se fará com base em motivação plausível.[108] Desta forma, o número excessivo de réus em comarcas distintas constitui óbice ao bom andamento do processo, tendo-se em vista a morosidade quanto à prática dos atos processuais. Cada situação necessitará de análise detida do magistrado, pois, nesta hipótese aventada, se todos réus forem defendidos por um único procurador e o processo tiver como objeto a análise de matéria exclusivamente de direito, nos termos do art. 355, I, do CPC, a dificuldade não estará configurada, e será imaginária. A decisão de recusa é interlocutória e desafia o recurso de agravo (art. 1.015, VII). Via de regra, o juiz que determina

---

106. Como decidiu o STJ, a cumulação subjetiva (de autores ou réus), por si só, poderá ensejar o desmembramento, para evitar a delonga e para a prestação de tutela jurisdicional adequada: "A valoração acerca do liame catalisador do cúmulo subjetivo, *in casu*, demanda revolvimento do contexto fático-probatório dos autos, na medida em que envolve questões pertinentes à existência de eventual obstáculo à defesa ou demora na prestação jurisdicional, soberanamente dirimidas pela instância ordinária (...)" (1ª Turma, REsp 573.828-PR, rel. Min. Luiz Fux, *DJU* 22.3.2004, p. 248).

107. "Decisão inaugural que indefere litisconsórcio ativo voluntário – Presunção de tumulto e morosidade – Recusa justificada – Agravo improvido. É justa, oportuna mesmo, a recusa pelo juiz de litisconsórcio ativo voluntário se, em face da *vexata quaestio*, dele emerge a presunção de tumulto e morosidade na demanda, acarretando, a toda evidência, prejuízo às partes" (TJDF, 1ª Turma Cível, AGI 20030020043195-DF, rel. Des. Nívio Gonçalves, *DJU* 8.10.2003, p. 69).

108. "Para que seja limitado o número de litigantes, é necessária a demonstração do efetivo prejuízo ao desenvolvimento da defesa ou da presença de empecilho à rápida solução do litígio. 2. O juiz da causa, para limitar o número de litigantes, deve fundamentar a sua decisão e vencer a certeza de que o prejuízo com a respectiva manutenção supera a economia processual que se teria com a presença de todos eles no mesmo processo. 3. Agravo provido" (TJDF, 1ª Turma Cível, AGI 20020020059517-DF, rel. Des. Antoninho Lopes, *DJU* 4.6.2003, p. 50).

o desmembramento dos processos, com base no art. 113, § 1º, do CPC, continua competente para o conhecimento de todos os processos desmembrados. É curial lembrar que, sendo incompetente para apreciar um dos pedidos, em vista da incompetência absoluta (*e.g.*: art. 47 do CPC), a própria formação do litisconsórcio já deveria ter sido impedida, ainda que presentes quaisquer dos elementos fáticos do art. 113 do CPC. Para o réu a suscitação do incidente alcança preclusão com o prazo da resposta, pois é justamente nesta fase que terá a possibilidade de avaliar o conteúdo da inicial bem como valorar sobre a existência de obstáculo ao efetivo contraditório.[109] Para o autor, em caráter excepcional, até o momento da impugnação, quanto ao pedido de chamamento efetuado pelo réu. O chamamento é realizado no prazo da contestação, e seu deferimento provoca a suspensão do processo (art. 131 do CPC). Após a regularização da marcha processual, no prazo de cinco dias, o autor deverá invocar a aplicação do art. 113, § 1º, do CPC. Outras situações poderão se agregar à recusa do autor, como na irresignação quanto à decisão judicial que exige a formação do litisconsórcio necessário quando, na verdade, a hipótese revelar a figura do litisconsórcio facultativo.

### 5.5.3 Litisconsórcio multitudinário e as ações coletivas

A inviabilidade do processamento conjunto da demanda poderá ser contornada pela utilização da ação coletiva quando se configurar a hipótese do art. 81, parágrafo único, III, do CDC, ou seja: todos os legitimados estiverem unidos por *interesses ou direitos individuais homogêneos, assim entendidos os decorrentes de origem comum.*

Se o cúmulo subjetivo pode ser limitado pela incidência do art. 113, § 1º, do CPC, tal restrição não ocorre quando o interesse de inúmeras pessoas pode ser tutelado coletivamente através de instrumento poderoso que confere tutela numa dimensão que foge dos limites do processo civil clássico, abarcando, muitas vezes, situações que isoladamente não despertariam o interesse para a invocação da tutela jurisdicional. Entrementes, tais questões, quando enfocadas sob a ótica coletiva, assumem proporções que legitimam a demanda coletiva.[110]

---

109. Neste sentido: "A teor do que dispõe o parágrafo único do art. 46 do CPC, pode a parte recusar o litisconsórcio multitudinário, interrompendo-se o prazo para o oferecimento da resposta. Todavia, esse pedido de limitação deverá ser feito antes de decorrido o prazo para a sua defesa, sob pena de preclusão" (STJ, 5ª Turma, REsp 402.447-ES, rela. Min. Laurita Vaz, *DJU* 8.5.2006 p. 267).

110. A notícia histórica do art. 46, parágrafo único, do CPC de 1973, de acordo com lição clássica de Arruda Alvim, nasceu de construção pretoriana fundada no

O processo civil clássico, preso à literalidade do art.18 do CPC, não constitui a fonte primária para a utilização da ação civil pública para a defesa de interesses individuais homogêneos.

Como fonte de nosso sistema encontramos a *class action* no sistema norte-americano.[111] Criada a partir de uma emenda de 1966, a famosa *Rule 23* transformou-se no meio de defesa dos ambientalistas, consumidores e associações para a proteção dos interesses coletivos. Contudo, muitos autores apontam que seu uso indiscriminado a transformou num verdadeiro "Frankstein Monster",[112] devido à sua utilização como meio de chantagem legalizada.

A *class action* consiste num poderoso remédio processual construído para a tutela dos *small and modest claims*[113] e, que ao mesmo tempo, possibilita o tratamento homogêneo bem como a economia de juízos, uma vez que o interesse da coletividade será analisado por uma única sentença. Assim, situações que individualmente analisadas não possuem relevância (*e.g.*: a cobrança de uma taxa com valor majorado em centavos) podem assumir grandes proporções quando analisadas em conjunto, o que representa um instrumento de avanço social, pois tais questões não poderiam ser resolvidas com categorias jurídicas voltadas para o processo individual. É uma pena que o art. 333 do CPC tenha sido vetado, pois permitia a conversão da ação individual em coletiva. Os grandes temas, infelizmente, não tiveram a recepção esperada com o novo Código de Processo Civil. A reforma processual quedou-se muito aquém do que poderia alcançar.

### 5.5.3.1 A intervenção individual
e o regime litisconsorcial nas ações coletivas

O litisconsórcio é plenamente possível entre os legitimados para a propositura das ações coletivas, nos termos do art. 82 do CDC ou, mesmo,

art. 125, I, fonte utilizada para limitar a participação de muitos réus no processo, ao ponto de inviabilizar o bom andamento da marcha processual (*Tratado de Direito Processual Civil*, cit., vol. II, p. 112).

111. Sobre o conceito e a aplicação das *class actions*, v. Jack H. Friedenthal e outros, *Civil Procedure*, p. 721.

112. Jack Friedenthal e outros, *Civil Procedure*, cit., pp. 722-723.

113. Idem, ibidem: "On the other hand, the procedure may represent the only viable method for people with small claims to vindicate their rights or for important social issues to be litigated". Este é um dado essencial, pois, embora a pretensão possa ser considerada inapropriada sob a ótica individual, ela poderá assumir relevância quando a perspectiva seja coletiva.

do art. 5º da Lei da Ação Civil Pública/LACP. Mesmo o litisconsórcio entre o Ministério Público Federal e o Estadual deve ser permitido, sem qualquer violação ao princípio da unidade do Ministério Público, quando o interesse coletivo exija a participação conjunta, em vista da especialização da atuação e da atribuição de cada instituição ministerial.[114]

Da mesma forma, o litisconsórcio na ação coletiva permite a assistência litisconsorcial para a a participação de ente coletivo que demonstre interesse e possa auxiliar na ação coletiva. Apesar da vedação do Código de Processo Civil à intervenção litisconsorcial voluntária, pela proteção ao princípio do juiz natural (art. 286, II, do CPC), cremos que esta regra possa ser abrandada no regime coletivo, especialmente para a proteção de interesses difusos. A propositura de uma segunda ação coletiva teria o efeito de provocar a conexão para julgamento conjunto. A defesa de interesse coletivo não revela tentativa de burla ao princípio do juiz natural, inclusive porque sua improcedência sequer impede o ajuizamento das ações individuais.[115]

A participação individual, em tese, é prevista pelo art. 94 do CDC: "Proposta a ação, será publicado edital no órgão oficial, a fim de que os interessados possam intervir no processo como *litisconsortes*, sem prejuízo de ampla divulgação pelos meios de comunicação social por parte dos órgãos de defesa do consumido" (grifo nosso). Trata-se de hipótese de litisconsórcio ou assistência litisconsorcial? A posição de parte é insustentável, uma vez que, se fosse admitida, pela leitura do art. 94 do CDC, a intervenção litisconsorcial voluntária, a legitimidade para a propositura da ação coletiva estaria sendo violada. A participação individual será fundamental na liquidação dos danos, após a prolação da

---

114. Nesse sentido: "O litisconsórcio ativo facultativo entre os ramos do Ministério Público da União e os Ministérios Públicos dos Estados, em tese, é possível, sempre que as circunstâncias do caso recomendem, para a propositura de ações civis públicas que visem à responsabilidade por danos morais e patrimoniais causados ao meio ambiente, ao consumidor, a bens e direitos de valor artístico, estético, histórico e paisagístico, à ordem econômica e urbanística, bem como a qualquer outro interesse difuso ou coletivo, inclusive de natureza trabalhista (...). Dessa forma, diante da pluralidade de direitos que a presente demanda visa a proteger, quais sejam, direitos à ordem econômica, ao trabalho, à saúde e ao consumidor, é viável o litisconsórcio ativo entre o Ministério Público Federal, Ministério Público Estadual e Ministério Público do Trabalho – Recurso especial provido" (STJ, 1ª Turma, REsp 1.444.484-RN, rel. Min. Benedito Gonçalves, j. 18.9.2014, *DJe* 29.9.2014).

115. Nesse sentido: STJ, REsp 1.433.437-PI (2011/0301113-7), rel. Min. Benedito Gonçalves, j. 26.8.2014.

sentença coletiva.[116] Essa habilitação individual é essencial para que cada lesado possa demonstrar sua pertinência subjetiva e realizar a execução individual do dano reconhecido coletivamente. No entanto, a participação como assistente litisconsorcial na ação coletiva, muito embora seja possível sob a ótica teórica, não tem relevo prático. A participação como assistente litisconsorcial, como será abordado oportunamente, traria mais prejuízos do que benefícios. A eventual improcedência da ação coletiva teria como consequência impedir a propositura de qualquer ação individual pelo assistente, uma vez que no regime litisconsorcial os efeitos são estendidos por força legal (art. 104 do CDC e art. 124 do CPC).

## 5.6  O litisconsórcio necessário

O litisconsórcio necessário corresponde à figura prevista pelo art. 114 do CPC, sendo importante ressaltar que o novo Código realizou o divórcio entre o litisconsórcio necessário e o unitário, conforme a redação do art. 116. A unificação de ambos os institutos na leitura do art. 47 do CPC de 1973 era fonte de severas críticas pela doutrina dominante, porque encobria e dificultava a sistematização do litisconsórcio unitário.[117] A introdução da diferenciação entre ambas as figuras pode

116. Elton Venturi, *Sobre a Intervenção Individual nas Ações Coletivas*, pp. 254 e ss.

117. Destaca-se a obra de Barbosa Moreira, principalmente pela profunda incursão no Direito Comparado (*Litisconsórcio Unitário*, cit., *passim*). Na literatura estrangeira são importantes as considerações de Chiovenda sobre o tema ("Sul litisconsorcio necessario", in *Saggi di Diritto Processuale Civile*, vol. II, pp. 427-455). A mesma dificuldade ainda é encontrada na doutrina estrangeira, que não faz diferenciação nítida entre as situações de litisconsórcio necessário e unitário. Na verdade, o litisconsórcio unitário acaba sendo englobado na previsão do litisconsórcio necessário. É o que se depreende do ensinamento da doutrina espanhola: "De todo lo expuesto, se puede deducir que el litisconsorcio necesario es aquella figura de pluralidad de partes activas o pasivas, imprescindibles en un proceso impuesto por el carácter único e indivisible que la relación jurídica sustantiva tiene para todas estas partes" (María Encarnación Dávila Millán, *Litisconsorcio Necesario*, cit., p. 50). Prepondera uma visão dual do fenômeno, em vista da identificação de situações em que o litisconsórcio, apesar de unitário, não é necessário. Para uma exposição sobre as classificações da doutrina, v.: Mathias Lambauer, *Do Litisconsórcio Necessário*, cit., pp. 158-159 (especialmente nota 1). Na doutrina alemã, Rosenberg/Schwab/Gottwald explicam que a expressão "litisconsórcio necessário" (*Die notwendige Streitgenossenschaft*) está atrelada à necessária decisão uniforme que abarcará todos aqueles que estejam unidos por razões processuais (identidade quanto ao objeto litigioso) ou por fundamento do direito material, muito embora a regra informe a independência quanto à solução dos litigantes: "In Sonderfällen ist dies aber aus prozessualen oder materiell-rechtlichen Gründen ausgeschlossen, weil gegenüber Allen Streitgenossen einheitlich entschieden

ser buscada em Pontes de Miranda, que identificou os dois institutos como realidades distintas, ainda que envolvidas por uma relação natural de complementaridade.[118] Mesmo assim, a base da diferenciação pode ser buscada em seus valiosos ensinamentos, principalmente pelo fato de estar afinado com a dogmática alemã e a clara influência do § 62 da ZPO sobre nossa sistematização.[119] A lei alemã não estabeleceu os pressupostos para a configuração do litisconsórcio necessário, apenas o regime a que estarão submetidos os litisconsortes.[120] Todavia, a ausência de critério claro para identificar a distinção entre o regime da necessarie-

werden muss. Diese Fälle werden als notwendige Streitgenossenschaft bezeichnet" (*Zivilprozessrecht*, cit., § 49, p. 292).

118. Em seus *Comentários ao Código de Processo Civil* de 1973 asseverava Pontes de Miranda: "Litisconsórcio necessário-unitário é o litisconsórcio necessário em que é exigida a unitariedade. Foi isso que sempre mostramos. Nem todos os litisconsórcios unitários são litisconsórcios necessários, e nem todos os litisconsórcios necessários são unitários. O art. 47 referiu-se à unitariedade como causa da necessariedade" (ob. cit., t. II, p. 31).

119. Pontes de Miranda, *Comentários ao Código de Processo Civil* (de 1939), t. II, p. 112. Eis a redação do § 62, correspondente ao litisconsórcio necessário: "[*Notwendige Streitgenossenschaft*] kann das streitige Rechtsverhältnis allen Streitgenossen gegenüber nur einheitlich festgestellt werden oder ist die Streitgenossenschaft aus einem sonstigen Grunde eine notwendige, so werden, wenn ein Termin oder eine Frist nur von einzelnen Streitgenossen versäumt wird, die säumigen Streitgenossen als durch die nicht säumigen vertreten angesehen. Die säumigen Streitgenossen sind auch in dem späteren Verfahren zuzuziehen" ("Quando a relação jurídica conflituosa concernente a todos os litisconsortes somente puder ser declarada uniformemente, ou quando a litisconsorciação por outro fundamento for necessária, quando uma audiência ou um prazo for perdido por um litisconsorte, será considerado o litisconsorte negligente como representado pelos demais litisconsortes diligentes. Os litisconsortes negligentes também devem ser convocados para o posterior processamento"). Esta última parte revela a influência no art. 345, I, do nosso CPC. Interessante que nosso sistema não conhece o conceito de sentença parcial. Mesmo que o litisconsórcio seja facultativo – e, portanto, possível a revelia em relação ao litisconsorte revel –, tal fato não possibilita o julgamento antecipado em relação a um dos contendores. O juiz deverá proferir a sentença em relação a todos e verificar se existem fatos comuns que podem expandir sua eficácia para o litisconsorte revel. Tal análise não autoriza a cisão do processo e justifica a extensão da continuidade do procedimento em relação a todos os litigantes. Nesse sentido é válida a advertência de Jauernig (*Zivilprozessrecht*, § 82, p. 317): "Ein Versäumnisurteil gegen einzeln Streitgenossen ist ausgeschlossen; die Handlungen des nicht säumigen haben Wirkung für und gegen die säumigen" ("A sentença pela revelia contra um dos litisconsortes é vedada; os atos dos não revéis estendem sua eficácia para os revéis").

120. Com precisão: Barbosa Moreira, *Litisconsórcio Unitário*, cit., p. 19. Muito embora a doutrina não esqueça de configurá-los (Thomas/Putzo, *Zivilprozessordnung – Kommentar*, cit., pp. 116-117).

dade e o da unitariedade acabou provocando intensa disputa doutrinária, bem como influenciou a redação de nossos arts. 114 e 116, que oferecem solução depuradora pelo novo CPC. A par de toda disputa conceitual, a distinção entre a necessariedade e a unitariedade é fundamental sob o ponto de vista prático, motivo pelo qual o isolamento de ambas as categorias jurídicas contribuiu para a compreensão da figura jurídica do litisconsórcio quanto à formação da relação processual e quanto à decisão a ser proferida pelo juiz.

O Código de Processo Civil pode estabelecer os casos de facultatividade ou necessariedade; contudo, a decisão una (litisconsórcio unitário) ou plúrima (litisconsórcio simples) dependerá, essencialmente, da análise do direito material envolvido na disputa e será resolvida pelo juiz na fundamentação da decisão.[121] Chiovenda procurou isolar o fenômeno da necessariedade e da uniformidade às ações constitutivas, as quais revelam campo fértil para a aplicação do instituto.[122]

A redação sintética oferecido pelo diploma alemão em pouco tempo suscitou polêmicas, pois se concluiu, após intenso debate, pela necessidade de diferenciar o campo de incidência do § 62 da ZPO. A primeira concernente à indispensabilidade do litisconsórcio, pela necessidade de unidade do pronunciamento judicial em relação a todos os litisconsortes (*nur einheitlich festgestellt werden*), e a segunda alcançando toda e qualquer outra situação em que esse pronunciamento se fizesse necessário (*die Streitgenossenschaft aus einem sonstigen Grunde eine notwendige*). Quando o texto alude a "qualquer outro motivo" (*sonstigem Grunde*) encontramos a origem da previsão do art. 47 do nosso CPC de 1973, que retratava não só a formação obrigatória do litisconsórcio por força de lei, mas quando a relação jurídica de direito material a ser decidida exigisse a participação de outrem. Como assevera Blomeyer, nesta segunda aplicação a construção destas hipóteses dependerá essencialmente das prescrições concernentes ao direito material, cuja observação será determinante.[123] Blomeyer sustenta que a leitura do § 62 permite dupla interpretação. Os casos de litisconsórcio necessário, marcados por identidade de fundamentos e que são aludidos pela segunda parte do dispositivo, exigiriam a participação conjunta de todos os legitimados, seja no

---

121. Pontes de Miranda, *Comentários ao Código de Processo Civil* (de 1973), cit., t. II, p. 31.

122. Chiovenda, "Sul litisconsorzio necessario", cit., in *Saggi di Diritto Processuale Civile*, pp. 451-455.

123. "Die Vorschriften des materiellen Rechts über die Ausübung subjektiver Rechte maßgebend" (Blomeyer, *Zivilprozessrecht*, cit., § 108, p. 630).

polo ativo ou passivo.[124] Nesta situação, não haveria autorização para a demanda individual (*die Klage eines Streitgenossen allein unzulässig ist*). O litisconsórcio necessário diz respeito exclusivamente à obrigatoriedade da participação de mais de uma parte na formação da relação processual. Esta participação obrigatória diz respeito ao polo ativo e ao passivo e terá como pano de fundo uma exigência legal ou a imposição do direito material. A imposição do direito material esta sujeita a interpretação jurisprudencial. Como exemplo citamos o polêmico art. 1.698 do CC, relativo à prestação alimentar e à responsabilidade em cadeia dos alimentantes. O STJ, ao interpretar o referido dispositivo, fixou entendimento pela necessariedade do litisconsórcio quando é invocada a responsabilidade avoenga. A integração dos avós ao processo não pode referir-se apenas aos avós paternos ou maternos. A princípio, todos devem integrar o processo, em atenção ao princípio da igualdade.[125]

Sem a integração o processo padecerá de vício de nulidade ou de inexistência, visto que a coisa julgada não poderá atingir quem não foi parte na relação processual (art. 506 do CPC).[126] Esta verdadeira sanção

124. "Aus 'sonstigem Grunde" ist eine Streitgenossenschaft notwendig, wenn die Prozessführung über den Streitgegestand auf der Aktiv-oder Passivseite mehreren Personen nur gemeinschaftlich zusteht" (*Zivilprozessrecht*, cit., p. 630).

125. "Civil e processual – Recurso especial – Família – Alimentos – Insuficiência dos alimentos prestados pelo genitor – Complementação – Avós paternos demandados – Pedido de litisconsórcio necessário entre avós paternos e maternos – Cabimento, nos termos do art. 1.698 do novo CC – Precedentes. Nos termos da mais recente jurisprudência do STJ, à luz do novo Código Civil, há litisconsórcio necessário entre os avós paternos e maternos na ação de alimentos complementares – Precedentes – Recurso especial provido" (STJ, 4ª Turma, REsp 958.513-SP, rel. Min. Aldir Passarinho Jr., j. 22.2.2011, *DJe* 1.3.2011).

126. Pela nulidade do processo manifesta-se o STJ, inclusive para permitir o recurso de terceiro prejudicado: "O terceiro prejudicado, legitimado a recorrer, cuja relação jurídica é atingida de forma reflexiva, por força do nexo de interdependência judicial (art. 499, § 1º, do CPC), é aquele que sofre um prejuízo na sua relação jurídica em razão da sentença. O litisconsórcio é compulsório, vale dizer, necessário, quando a eficácia da decisão depender da citação de todos os sujeitos que sofrerão nas suas esferas jurídicas, sob pena de a sentença ser considerada *inutiliter data*, por isso que, se o terceiro não for convocado para o processo, legitima-se a impugnação recursal, à luz do disposto no art. 499, § 1º, do CPC. O arrematante é litisconsorte necessário na ação de nulidade da arrematação, porquanto o seu direito sofrerá influência do decidido pela sentença, que nulifica o ato culminante da expropriação judicial. A ação anulatória de arrematação, na jurisprudência desta Corte, reclama a participação de interessados na controvérsia (arrematante, exequente e executado), que ostentam manifesto interesse jurídico no resultado da demanda, cuja finalidade é desconstituir o ato judicial que favorece o ora recorrente, terceiro prejudicado – Precedentes: RMS n. 18.184-RS, rel. Ministro Teori Albino Zavaski, *DJU* 25.4.2005; REsp n. 316.441-RJ,

visa a proteger o colegitimado que deveria estar presente na relação processual. Como sua participação é essencial, os atos processuais desenvolvidos sem sua presença representam um atentado à economia e à duração razoável do processo, pois deverão ser repetidos, em obediência ao contraditório.[127] A decisão proferida sem a presença de todos os demandantes ou demandados constitui provimento relativamente ineficaz, pois não poderá alcançar aquele que não foi parte.

## 5.6.1 O litisconsórcio necessário ativo

O litisconsórcio necessário ativo é alvo de intensa polêmica.[128] O exercício do direito de postulação acaba estrangulado num nó górdio, pois, ao mesmo tempo em que o litisconsorte somente poderá pleitear sua pretensão com a participação de outrem, o litisconsorte ausente terá que ser alijado do seu direito constitucional de inércia. Dentre os poucos exemplos, em vista da raridade de sua configuração, ressalta-se o pedido de usucapião requerido por vários herdeiros.[129] Nosso sistema permite a *sucessio in possessionis* (art. 1.207 do CC), orientada pelo princípio da *saisine* (art. 1.784 do CC). Muito embora esta hipótese revele uma exce-

---

rel. Min. Antônio de Pádua Ribeiro, *DJU* 21.6.2004; REsp n. 116.879-RS, rel. Min. Aldir Passarinho Jr., *DJU* 17.10.2005 – Recurso especial provido" (1ª Turma, REsp 927.334-RS, rel. Min. Luiz Fux, j. 20.10.2009, *DJe* 6.11.2009).

127. Como ensina Dinamarco: "(...) é justamente por ter ele permanecido como *terceiro*, fora portanto da relação processual e privado do contraditório, que a lei sanciona com a *extinção* o processo desenvolvido sem sua participação" (*Litisconsórcio*, cit., p. 31). Em outra parte de seu estudo sobre o emblemático e intrincado instituto o autor tece considerações importantes que demonstram a necessidade ponderação na decretação de nulidade. Caso o processo esteja em fase final, após longo período de tramitação, seria interessante realizar a citação do litisconsorte, para depois avaliar a necessidade de anulação dos atos praticados na instrução. Pode acontecer que o terceiro permaneça revel ou se conforme com os atos praticados. Anular o processo apenas para cumprimento da literalidade da letra da lei seria falta de bom-senso e resultaria em atividade que destoaria dos fins propostos pelo texto legal (ob. cit., p. 305). A questão, contudo, não é simples, pois, se o julgado for desfavorável ou reformado, em sede de apelação, em prejuízo do litisconsorte omisso, a ausência do contraditório será causa de nulidade. Daí o motivo pelo qual parte da doutrina prefere o reconhecimento da nulidade em qualquer hipótese.

128. Para uma análise detida sobre o problema do litisconsórcio no polo ativo, v.: Dinamarco, *Litisconsórcio*, cit., pp. 251-275; Mathias Lambuaer, *Do Litisconsórcio Necessário*, cit., pp. 122-123. Na doutrina estrangeira, a leitura de Prieto Castro permite inferir a confusão entre o litisconsórcio necessário e o unitário (*Derecho Procesal Civil*, vol. I, § 45, p. 183).

129. Fabio Caldas de Araújo, *Usucapião*, p. 414.

ção, pois se admite *a posse sem posse* (*Fiktion*),[130] o pedido de usucapião realmente necessitaria da participação de todos os herdeiros, uma vez que a composse exige a comprovação de atos possessórios simultâneos e conjuntos. A composse qualificada (*qualifizierter Mitbesitz*) também revela uma provável situação de litisconsórcio ativo, quando a composse sobre bem comum somente pode ser exercida com a participação de todos os compossuidores. Pensamos que nesta hipótese o direito constitucional de postulação prevalecerá sobre a inércia dos eventuais litisconsortes relutantes.[131] Todavia, entendemos que a prevalência do direito de postulação não obriga o litisconsorte faltoso a postular em conjunto. Abre-se a possibilidade, mediante a intimação do(s) litisconsorte(s), quanto à propositura da demanda, sobre a qual existe interesse inequívoco. A intimação poderá ser determinada pelo poder oficioso do juiz, com espeque no art. 115, parágrafo único, do CPC.[132]

Deste modo, pouco importa que a técnica de comunicação do litisconsorte necessário seja a intimação ou a própria citação. O ato de citar tem por fim angularizar a relação processual, mas nesta situação particular a finalidade seria oportunizar a emenda da petição inicial. Do contrário, a intervenção do litisconsorte seria tratada como assistência. O litisconsorte que deseja litigar deverá propiciar o conhecimento e a possibilidade de participação na demanda. Caso o citado/intimado se quede silente, terá sido dada a oportunidade para manifestação. Terá sido cumprida a

---

130. Baur/Stürner, *Sachenrecht*, cit., § 8º, p. 52.

131. Nesse sentido: José Miguel Garcia Medina, "Litisconsórcio necessário ativo – Interpretação e alcance do art. 47, parágrafo único, do CPC", *RT* 777/41-56.

132. Neste sentido, ainda que com referência ao art. 47 do CPC de 1973: "Discute-se se, uma vez reconhecido o litisconsórcio ativo necessário em ação proposta por apenas um dos litisconsortes, deve o juiz determinar ao autor que possibilite o chamamento dos demais litisconsortes ativos, como entendeu o egrégio Tribunal *a quo*, ou caberia a imediata extinção do processo, sem resolução de mérito, com base no art. 267, IV, do CPC, podendo cogitar-se, ainda, da hipótese de normal continuidade do feito, independente da presença dos outros litisconsortes ativos. Reconhecida a existência de litisconsórcio ativo necessário, deve o juiz, com arrimo no art. 47, parágrafo único, do CPC, determinar ao autor que possibilite o chamamento dos demais litisconsortes, com a devida intimação, a fim de tomarem ciência da existência da ação, para, querendo, virem integrar o polo ativo da demanda. Nesse panorama, inexiste violação aos arts. 2º, 47, parágrafo único, 128, 213 e 267, VI, todos do CPC, dado que a providência encontra respaldo em interpretação extensiva do disposto no parágrafo único do art. 47 do CPC, para render ensejo à excepcional intervenção *iussu iudicis*, e está em consonância com o indicado recente precedente desta egrégia 4ª Turma – Precedente (REsp n. 1.068.355-PR, rel. Min. Marco Buzzi, j. 15.10.2013, *DJe* 6.12.2013) – Recurso especial desprovido" (STJ, 4ª Turma, REsp 1.107.977-RS, rel. Min. Raul Araújo, j. 19.11.2013, *DJe* 4.8.2014).

cláusula do devido processo legal. Seria o mesmo raciocínio aplicado para aquelas situações em que a vênia conjugal é reputada condição de legitimação. Na verdade, como informa a melhor doutrina, a solução para a integração do litisconsorte ativo omisso pode ser buscada no art. 238 do CPC. O dispositivo alude à necessidade da citação como ato essencial para a defesa do réu, executado ou *interessado*.[133] Logo, não há qualquer óbice a que o litisconsorte ativo seja citado para tomar ciência sobre a postulação de pretensão da qual também é titular.[134]

Do mesmo modo que o litisconsorte não pode ser alijado do direito constitucional de exercer o direito de ação, não será lícito que desista do processo ou realize a renúncia em prejuízo dos demais. Quando litigam em conjunto, os atos coletivos somente podem ser computados para beneficiar os coligados, nunca para prejudicá-los (art. 117 do CPC). Veda-se a eficácia do comportamento contraditório em relação aos litisconsortes (*widersprüchliches Verhalten der Streitgenossen*).[135] O STJ posiciona-se pela liceidade do litisconsórcio necessário ativo em hipóteses especiais, como naquela em que o Município e a União devem litigar em conjunto para reaver verbas indevidamente utilizadas, em virtude de convênio firmado entre os dois entes públicos.[136] A jurisprudência manifesta-se pela nulidade da decisão quando ausente o litisconsorte necessário.[137]

Outro exemplo que pode ser catalogado dentro da previsão do CPC refere-se ao disposto no art. 570, c/c o art. 575, perante o juízo demarcatório e divisório. A legitimidade para ambos os pedidos caberá ao coproprietário/compossuidor, o qual deverá "citar" não apenas os confrontantes (demarcação), mas os próprios condôminos (divisão), os quais poderão

---

133. CPC, art. 238, *in verbis*: "Citação é o ato pelo qual são convocados o réu, o executado ou o interessado para integrar a relação processual".

134. Mathias Lambauer, *Do Litisconsórcio Necessário*, cit., p. 132.

135. Jauernig, *Zivilprozessrecht*, cit., § 82, p. 317.

136. STJ, 1ª Turma, REsp 716.986-PR, rel. Min. José Delgado, j. 2.6.2005, *DJU* 27.6.2005 p. 276.

137. "Patente o interesse no deslinde da ação daquele que assumiu na relação contratual a figura de fiador e principal pagador do débito em questão. 2. Necessidade de sua integração na lide na qualidade de litisconsorte ativo necessário em face da relação jurídica material. 3. Nulidade da sentença e retorno dos autos à origem para a integração daquele na lide" (TRF-3ª Região, 6ª Turma, AC 34738-SP (97.03.034738-0), rel. Des. federal Mairan Maia, *DJU* 6.11.2006, p. 355). Contra: "Sendo a ação uma faculdade, e não um ônus, é incogitável a aplicação do preceito do art. 47, parágrafo único, do CPC para as hipóteses de litisconsórcio ativo necessário, razão pela qual nosso ordenamento jurídico não acoberta tal instituto" (TJBA, Câmaras Cíveis Reunidas, AC 27.304 (42.130-5/2006), rel. Des. José Olegário Monção Caldas, *DOE* 4.12.2007).

exercer suas pretensões desde a primeira fase do juízo divisório. O texto do art. 575 do novo CPC, em sintonia com o que foi exposto supra, determina a intimação dos demais condôminos para intervir no processo.[138] Esta "intimação" deverá propiciar o litisconsórcio ativo, e não a assistência litisconsorcial. Por este motivo, ela deverá preceder a citação dos réus.

5.6.2 O litisconsórcio necessário e poder oficioso do juiz

A necessidade de participação de todos os envolvidos no polo passivo ou ativo gera a possibilidade de atuação oficiosa do juiz com o fim de que o responsável tome as medidas necessárias para realizar a integração do polo processual (intervenção *iussu iudicis obtemperada*), sob pena de extinção do processo por ausência de pressuposto processual de existência (ausência de parte essencial). Trata-se de providência que visa a assegurar a extensão da eficácia do comando sentencial a mais de uma pessoa. Problema delicado – como noticia Arruda Alvim – centra-se na impugnação do julgado do qual não participou o litisconsorte necessário.[139] A ausência de sua participação configuraria legitimidade para a ação rescisória como terceiro prejudicado, em vista da nulidade do *decisum*.[140] No entanto, abrindo-se consideração para o plano do mundo jurídico – existência, validade e eficácia –, seria correto afirmar que a sentença é inexistente apenas em relação ao ausente. O novo Código de Processo Civil realiza uma separação entre nulidade e ineficácia para regular a falha na integração do litisconsórcio. O art. 115, I, procura disciplinar a falha no litisconsórcio unitário; e o art. 115, II, a ineficácia pela não integração do litisconsorte necessário.

Todavia, em determinadas hipóteses os reflexos gerados perante a ordem social poderão legitimar a sentença em face de terceiros de boa-fé, o que propicia muita cautela quanto ao tratamento do tema.

O litisconsórcio necessário e o unitário, muito embora constituam figuras autônomas, expressam um elemento comum, marcado pela necessidade de participação das partes interessadas na relação processual. Como

138. CPC, art. 575: "Qualquer condômino é parte legítima para promover a demarcação do imóvel comum, *requerendo a intimação dos demais para, querendo, intervir no processo*" (grifos nossos).
139. Arruda Alvim, *Manual de Direito Processual Civil*, cit., vol. II, p. 85.
140. Em regra, o litisconsorte ausente é parte, e não terceiro; mas, como não participou da relação processual, deverá demonstrar que a relação processual correu à sua revelia, em situação de alheabilidade, comportando-se, assim, como um terceiro, a ser legitimado pelo art. 967, II, do CPC.

demonstra precisamente a dogmática alemã, a justificativa principal está pautada pela necessidade de unidade da decisão em relação a todos os envolvidos.[141] Esta afirmação não elimina a existência de litisconsórcio necessário-simples, ou facultativo-unitário. Mas, como aponta a melhor doutrina, em regra o litisconsórcio necessário é unitário,[142] o que advém de modo intuitivo da própria leitura do art. 114 do CPC, mesmo sem o texto do art. 116. Devemos lembrar que até antes da mudança do Código de Processo Civil ambas as figuras eram extraídas do mesmo dispositivo (art. 47 do CPC de 1973). Parte da doutrina, com relevo especial para Pontes de Miranda, procurou identificar a unitariedade como uma modalidade do litisconsórcio necessário.

Fixada a premissa da obrigatoriedade da formação do litisconsórcio necessário, é fundamental estabelecer os casos em que nasce o suporte fático para sua incidência em juízo. A leitura do art. 114 não deixa dúvida quanto à configuração do litisconsórcio necessário em duas hipóteses claras, ou seja: *em face de previsão legal expressa* e *quando houver necessidade de uniformidade no julgamento*. Apenas nesta última hipótese verifica-se a união de almas entre o litisconsórcio necessário (art. 114 do CPC) e o unitário (art. 116 do CPC). No regime do litisconsórcio necessário-unitário não vigora o princípio da autonomia dos colitigantes, inserto no art. 117 do CPC. Ao contrário do que dispunha a redação do art. 48 do CPC de 1973, o art. 117 do novo CPC realizou a ressalva expressa quanto ao princípio da autonomia em relação ao litisconsórcio unitário: "Os litisconsortes serão considerados, em suas relações com a parte adversa, como litigantes distintos, *exceto no litisconsórcio unitário*, caso em que os atos e as omissões de um não prejudicarão os outros, mas os poderão beneficiar" (grifos nossos).

O regime da autonomia tem incidência plena para situações como a do litisconsórcio facultativo-simples ou necessário-simples, uma vez que o pronunciamento poderá ser diverso em relação a cada uma das partes que compõem a lide. Na ação de usucapião, muito embora seja necessária a integração dos legitimados passivos, a decisão poderá ser diversa em relação a cada um dos confinantes da área usucapienda.[143]

---

141. "Eine notwendige Streitgenossenschaft liegt vor, wenn die Entscheidung notwendig einheitlich sein muss" ("Haverá um litisconsórcio necessário quando a decisão for necessariamente una") (Rosenberg/Schwab/Gottwald, *Zivilprozessrecht*, cit., § 49, p. 292).

142. Dinamarco, *Litisconsórcio*, cit., p. 194.

143. Fabio Caldas de Araújo, *Usucapião*, cit., p. 444.

Menores serão as dificuldades na identificação do litisconsórcio que nasce por via legal (*ope legis*). Exemplo sempre lembrado pela doutrina, deve ser citado o art. 73 do CPC, o qual disciplina dois regimes diferenciados para a atuação do casal em juízo. O art. 73, *caput*, prevê apenas a necessidade de legitimação específica para o procedimento mediante o consentimento do marido ou a outorga uxória da esposa. Em caso de ausência ou recusa injustificada, pode o cônjuge lesado ingressar com pedido de suprimento por meio de procedimento de jurisdição voluntária (art. 719 do CPC).[144] Nos casos determinados pelo art. 73, § 1º, não há dúvida de que teremos situação de litisconsórcio passivo necessário, uma vez que o casal deverá ser citado para responder às demandas previstas pelo dispositivo.[145]

Situação mais delicada consiste em identificar o regime da necessariedade do litisconsórcio em função da natureza jurídica que une os colitigantes. Há grande dificuldade em buscar um critério definitivo. A classificação das ações e sentenças pode representar elemento depurador, e a experiência demonstra, *ictu oculi*, que não há como tipificar, em situações cerradas, os casos de necessariedade do litisconsórcio em função da relação jurídica de direito material que unirá os litigantes. Por sua vez, tomando-se o critério da divisão quinária das ações, denota-se fecundidade maior desta uniformidade para as ações com eficácia preponderantemente declaratória, constitutiva, mandamental[146] e executiva *lato sensu*.[147] Em grau menor, nas ações condenatórias, mesmo em face do regime da solidariedade, como observou, com maestria, Cândido Dinamarco.[148]

---

144. É curial observar que o pedido de suprimento pressupõe a existência da sociedade conjugal, uma vez que é comum e por mais de uma vez nos deparamos em juízo com pedidos de suprimento de casais já divorciados que mantiveram bens em comum na partilha. Neste caso, obviamente, não há que se falar em suprimento, mas em alienação de bem comum.

145. Norma que deve ser obtemperada pelo art. 1.647 do CC: "Ressalvado o disposto no art. 1.648, nenhum dos cônjuges pode, sem autorização do outro, *exceto no regime da separação absoluta*: (...)" (grifos nossos). No regime da separação absoluta há verdadeira independência patrimonial entre os cônjuges, o que desobriga à sua participação mútua nos casos do art. 73, *caput* e § 1º, do CPC.

146. V. a Súmula 631 do STF: "Extingue-se o processo de mandado de segurança se o impetrante não promove, no prazo assinado, a citação do litisconsorte passivo necessário".

147. No Direito Alemão discute-se o regime da necessariedade para as sentenças declaratórias (*Feststellungsklagen*), constitutivas (*Gestaltungsklagen*) e condenatórias (*Leistungklagen*) (v. Thomas/Putzo, *Zivilprozessordnung – Kommentar*, cit., p. 118).

148. O ilustre jurista demonstra que não comunga da classificação quinária, o que gera graves distorções ao procurar encontrar o regime da necessariedade em

## 5.6.3 O litisconsórcio necessário e sua práxis

Não é tarefa simples a construção das hipóteses em que a formação do litisconsórcio necessário, no polo ativo ou passivo, é imperativa. A delimitação da sua incidência é ainda mais tormentosa em vista da inexistência de congruência obrigatória entre a *necessidade da formação* e a *uniformidade da decisão*. Como alerta a doutrina alemã, o fundamento que embasa o surgimento do litisconsórcio pode ter natureza processual (*aus prozessrechtlichen Gründen*) ou material (*aus materiell-rechtlichen Gründen*).[149]

Quando a formação se opera por força de lei não há qualquer dificuldade. Contudo, quando o critério tem como alvo os reflexos oriundos do direito material e processual a atividade diligente do magistrado será fundamental.

Corretamente, o STJ tem decidido pela obrigatoriedade do litisconsórcio em demandas constitutivas positivas e negativas.[150] Em processo que vise à impugnação de questões de prova de concurso e que possa gerar a reclassificação e alteração na lista de classificação é obrigatória a citação de todos os aprovados, os quais sofrerão o influxo da decisão.[151] Todavia, será desnecessária quando o ato impugnado não trouxer influên-

ações que classifica como condenatórias mas que, na verdade, são executivas *lato sensu*, como a ação reivindicatória e a ação de despejo (*Litisconsórcio*, cit., p. 208).

149. Rosenberg/Schwab/Gottwald, *Zivilprozessrecht*, cit., § 50, p. 287. Na doutrina italiana, Girolamo Monteleone insurge-se quanto a esta distinção oriunda do Direito Alemão, pois, existindo a previsão legal ou a necessidade pela natureza da relação jurídica posta em juízo, sua formação sempre será imperiosa: "Non riteniamo nei cennati casi abbia un qualche rilievo l'ulteriore distinzione tra litisconsorzio reso necessario da ragioni sostanziali, o da ragioni di opportunità processuale: di fronte alla previsione di legge non c'è altro da fare che applicarla, e la sua violazione genera sempre le medesime conseguenze, qualunque siano le ragioni che abbiano indotto il legislatore a disporre in tal senso" (*Diritto Processuale Civile*, vol. I, p. 202). Todavia, este posicionamento é equivocado, e o ordenamento processual brasileiro demonstra grande avanço ao permitir a identificação quanto à distinção entre as figuras.

150. Muito embora o universo de incidência do art. 114 do CPC não fique preso essencialmente às demandas com eficácia preponderantemente constitutiva.

151. "Os candidatos que foram aprovados e devidamente nomeados em concurso público são litisconsortes necessários na ação em que se busca a anulação do certame, pelo quê há necessidade de sua citação para integrar a lide (RMS n. 19.448-MG, rel. Min. Arnaldo Esteves Lima, *DJU* 1.8.2006) – Agravo regimental improvido" (STJ, 1ª Turma, RMS/AgR 25.487-SP, rel. Min. Francisco Falcão, j. 5.3.2009, *DJe* 18.3.2009).

cia direta sobre a esfera dos demais concorrentes, como na impugnação de exame psicotécnico.[152]

Especificamente no mandado de segurança não há que se falar em litisconsórcio necessário entre a autoridade coatora e a pessoa jurídica na qual a autoridade exerce cargo ou função. Como ensinava Pontes, não se trata de *representação*, mas de *presentação*.[153] Desta maneira, mandado de segurança impetrado contra ato judicial não torna o juiz parte do processo e não gera sua condenação em custas.[154]

Nos embargos de terceiro oriundos de oferecimento de bens pelo próprio devedor é imperiosa a formação do litisconsórcio passivo neces-

152. A integração é obrigatória: "Segundo a jurisprudência STJ, desnecessária a citação dos demais concursandos como litisconsortes passivos necessários nos casos em que a sentença não atinge a esfera jurídica de todos eles. É firme o entendimento de que a legalidade do exame psicotécnico em provas de concurso público está submetida a previsão legal, objetividade dos critérios adotados e possibilidade de revisão do resultado obtido pelo candidato. Uma vez declarada a nulidade do teste psicotécnico, deve o candidato se submeter a outro exame – Precedentes do STJ – Recurso especial provido, para determinar a submissão do candidato a nova avaliação psicológica" (STJ, 2ª Turma, REsp 1385.765-DF, rela. Min. Eliana Calmon, j. 27.8.2013, *DJe* 6.9.2013).

153. Pontes de Miranda, *Tratado de Direito Privado*, t. I, § 97, n. 1, p. 412. Neste sentido, pacífica a jurisprudência do STJ: "A jurisprudência desta Corte Superior é uníssona no sentido de que na ação de mandado de segurança não há que se falar em litisconsórcio passivo necessário entre a pessoa jurídica de direito público e a autoridade coatora, porquanto esta já é parte integrante daquela. II – Precedentes desta Corte. III – Agravo regimental improvido" (STJ, 1ª Turma, REsp/Ag 255.902-SP, rel. Min. Francisco Falcão, *DJU* 17.5.2004, p. 109).

154. Fabio Caldas de Araújo e José Miguel Garcia Medina, *Mandado de Segurança Individual e Coletivo*, p. 39. "O juiz coator não é parte. Serão, assim, o Estado e seus litisconsortes os responsáveis pelas custas" (Celso Agrícola Barbi, *Mandado de Segurança*, p. 213). Em visão oposta destaca-se o pensamento de Lúcia Valle Figueiredo: "Como visto, entendemos deva figurar, necessariamente, como sujeito da lide, no polo passivo, a pessoa de direito público" (*A Autoridade Coatora e o Sujeito Passivo do Mandado de Segurança*, p. 38). O posicionamento da ilustre publicista leva em consideração o possível direito de regresso, o que não autoriza a caracterização da autoridade coatora como parte no processo. Aliás, em um processo ordinário, o direito de regresso caracterizaria a denunciação, mas não a condição de parte. Sobre o tema é precisa a lição de Sérgio Ferraz: "Alguns autores e mesmo certos julgados aludem à existência de litisconsórcio passivo (para uns, necessário; para outros, facultativo) entre a autoridade coatora e a pessoa jurídica ré. Todavia, como antes já expusemos, inadmissível falar-se em litisconsórcio quando um só de seus possíveis sujeitos (a autoridade coatora) não é parte. (...)" (*Mandado de Segurança*, p. 130). Referido posicionamento, conforme demonstração supra, revela a posição pacífica do STJ.

sário entre o credor e o devedor, uma vez que o oferecimento lhe imputa responsabilidade quanto à consolidação do ato executivo.[155]

Na ação de cobrança promovida contra o fiador não há que se falar na existência de litisconsórcio necessário entre o fiador e o inquilino. Pode o fiador pedir o chamamento ao processo do afiançado para a formação do título executivo judicial (art. 130 do CPC) – o que revela litisconsórcio facultativo. Se o inquilino for acionado sem a formação do litisconsórcio facultativo, o autor não poderá promover a execução direta do fiador que não foi parte na ação de conhecimento.[156] Da mesma forma, não caberá a realização do chamamento do fiador pelo devedor principal, pois o chamamento somente é possível pelo fiador, nunca pelo devedor principal, que tem legitimidade passiva para ser acionado isoladamente.

Na ação possessória intentada contra o possuidor direto o litisconsórcio necessário passivo com o possuidor indireto dependerá da análise das circunstâncias fáticas e do pedido realizado na inicial. O art. 125, II, do CPC determina, nestas hipóteses, a denunciação da lide ao possuidor indireto, uma vez que o art. 1.997 do CC claramente estabelece uma relação de derivação por disposição legal (*Besitzrechtabteilung*). Todavia, a formação do litisconsórcio pela denunciação da lide, nos termos do art. 125, II, é facultativa. A redação do art. 125 eliminou a obrigatoriedade como elemento marcante da denunciação – tema que será abordado oportunamente, infra.[157] Vale ressaltar que a pretensa obrigatoriedade da denunciação seria uma exigência do direito material, e não do direito processual.

Sobre a não efetivação do litisconsórcio necessário o STJ firmou entendimento sobre a nulidade da decisão, o que gera a extinção do

155. O que vai de acordo com a Súmula 303 do STJ: "Em embargos de terceiro, quem deu causa à constrição indevida deve arcar com os honorários advocatícios". Desta forma, se o terceiro suscita a existência de compromisso de compra e venda em relação ao bem que foi oferecido pelos herdeiros para garantir execução, e os herdeiros desconheciam referida transação, será essencial a formação do litisconsórcio necessário no polo passivo dos embargos de terceiro.

156. Neste sentido: "Não tendo integrado a ação de conhecimento, a garante não pode responder pela execução do julgado, sob pena de ofensa aos princípios constitucionais do contraditório e da ampla defesa e de afronta à literal disposição do art. 472 do CPC; incidência da Súmula n. 268 desta Corte. Sendo a fiança prestada pelos cônjuges, imprescindível é a citação de ambos para responder em juízo pelos débitos decorrentes da garantia prestada, sob pena de nulidade, por se tratar de litisconsórcio passivo necessário, a teor do que dispõe o art. 10, § 1º, inciso II, do CPC. Estando o acórdão recorrido em sintonia com a jurisprudência pacificada desta Corte, incide, na espécie, o óbice da Súmula n. 83 do STJ – Agravo regimental desprovido" (STJ, 5ª Turma, REsp/AgR 954.709-RS, rela. Min. Laurita Vaz, j. 3.5.2011, *DJe* 18.5.2011).

157. V. o Capítulo IV.

processo *ex tunc*. Não se trata, perante a egrégia Corte, de situação que consubstancie a declaração de ineficácia.[158] A ineficácia da sentença, considerada *inutiliter data*, é jurídica, e não prática, o que impediria sua convalidação caso verificada ofensa ao art. 114 do CPC. Sem dúvida, a sentença no processo no qual o litisconsorte necessário não participou poderá surtir eficácia prática mesmo sem sua participação no processo. Todavia, a questão principal põe-se no plano jurídico, de acordo com a clássica lição de Chiovenda.[159] Fala-se em "plano jurídico" em atenção

158. "O litisconsórcio é necessário quando a eficácia da decisão depender da citação de todos os sujeitos cujas relações jurídicas são atingidas pela sentença. A ausência de convocação transforma a decisão em *inutiliter data*, por isso que, se o terceiro não for convocado para o processo, legitima-se à impugnação recursal, à luz do disposto no art. 499, § 1º, do CPC. *In casu*, revela-se inequívoco interesse recursal do Estado do Mato Grosso, que não foi citado para integrar a lide em incidente de falsidade, a fim de obter a declaração judicial de nulidade dos títulos emitidos pelo próprio Estado. O Estado é litisconsorte necessário no incidente de falsidade, porquanto transmitente do ato translativo de domínio. O incidente de falsidade reclama a participação de todos os interessados na controvérsia (a saber: o expropriado, o expropriante e o emissor do título reputado falso). Consectariamente, o Estado do Mato Grosso deveria ter sido citado no processo expropriatório no qual surgiu o incidente autônomo e incidental, para defender a validade dos títulos por ele emitidos, o que inocorreu na espécie, inviabilizando-lhe a oportunidade de demonstrar a higidez do processo administrativo. É que os efeitos da sentença de nulidade atingirão a esfera jurídica estatal, mercê de gerar ação de evicção. A validade do processo que eclipsa ação desconstitutiva reclama a integração na lide do recorrente, na condição de litisconsorte passivo necessário (CPC, art. 47), sob pena de nulidade – Recurso do terceiro prejudicado provido, para anular todos os atos decisórios praticados desde a data do incidente de falsidade oposto pelo INCRA, determinando que o Juiz de primeiro grau proceda à citação do ora requerente no feito relativo ao incidente de falsidade – Embargos de declaração opostos pelas partes prejudicado" (STJ, 1ª Turma, REsp/ED 883.398-MT, rel. Min. Luiz Fux, j. 7.12.2010, DJe 15.12.2010).
"Tratando-se de litisconsórcio passivo necessário, é nula a sentença que não oportuniza a citação do litisconsorte, nos termos do art. 47, parágrafo único, do CPC, ainda que confirmada pelo tribunal. 2. Recurso especial da empresa provido para determinar a anulação do processo *ab initio*. 3. Prejudicados os demais recursos especiais" (STJ, REsp 478.499-PR, rela. Min. Eliana Calmon, *DJU* 25.8.2003, p. 287).
159. Coube ao ilustre Mestre italiano, com primazia, o desenvolvimento do conceito de "sentença *inutiliter data*" (Chiovenda, *Principii di Diritto Processuale Civile*, cit., p. 1.073). Carnelutti insurgiu-se contra esta construção, alegando que se trata de uma confusão, pois "el error está aquí en confundir la *inutilidad* con la *inoportunidad* de la decisión, que no extienda a todas las *litis* conexas" (*Instituciones del Proceso Civil*, cit., vol. I, p. 390). Esta visão toma como prisma a eficácia prática da sentença, focada no plano do ser (*sein*). Todavia, como adverte Monteleone, "il Chiovenda non intendeva riferirsi all'*utilità pratica* o *economica* della sentenza nel caso considerato, ma alla sua *utilità giuridica*" (*Diritto Processuale Civile*, cit., vol.

à orientação majoritária que, seguindo o ensinamento de Chiovenda, reconhece o cabimento do litisconsórcio em ações constitutivas. De acordo com clássica lição de Pontes de Miranda, as ações constitutivas e declaratórias distinguem-se dos demais provimentos pelo exaurimento da atividade jurisdicional com a prolação da sentença. Como ensina a doutrina espanhola, os demais provimentos (dentre eles, o condenatório) não apresentam maior dificuldade quanto ao reconhecimento da sentença *inutiliter data*, pois ninguém conseguiria ingressar no patrimônio daquele que não participou da relação processual. O problema é de maior complexidade em relação aos provimentos declaratórios e constitutivos, que esgotam seu objeto com a prolação da sentença.[160] Este é motivo principal do rigor na doutrina italiana quanto a negar a produção de efeitos às sentenças declaratória e constitutiva sem a participação de todas as partes legítimas.[161] De qualquer forma, como aponta a doutrina, o efeito saneador da coisa julgada, especialmente após ultrapassado o biênio referente à ação rescisória, põe em dúvida a tese da inutilidade da sentença.[162]

I, p. 203). Compreende-se perfeitamente a interpretação dada pelo ilustre jurista. Contudo, não nos parece que corresponda ao que efetivamente pensava Chiovenda. Para análise, v. Chiovenda, *Principii di Diritto Processuale Civile*, cit., p. 1.082. Sob o ponto de vista técnico, a não integração do litisconsorte necessário não torna a sentença inútil, inclusive juridicamente. Ela não poderá ser oposta a quem não participou do processo. A sentença de usucapião na qual não houve integração de um dos confinantes poderá ser registrada e legitimar as aquisições de terceiros de boa-fé subsequentes. Todavia, o título não poderá valer contra aquele que não participou do processo. Neste sentido, ela será *inutiliter data* em relação ao litisconsorte não integrado (art. 115, II, do CPC).

160. "La tesis de que esta sentencia es automáticamente *inutiliter data* será de inmediata y fácil aplicación en las sentencias de condena, ya que la sentencia no puede ejecutarse frente al no demandado, mientras que en las sentencias constitutivas y declarativas, las cuales producen efecto por sí mismas, si el error no ha sido apreciado, ni puesto de relieve, devendrá firme, y adquirirán autoridad de cosa juzgada, aun a riesgo de que sustancial y procesalmente estén sujetas a una revocación posterior" (María Encarnación Dávila Millán, *Litisconsorcio Necesario*, cit., p. 63).

161. María Encarnación Dávila Millán, *Litisconsorcio Necesario*, cit., p. 192.

162. Ou seja: não há como negar eficácia à decisão, ainda que ela possa ser obstada por outros meios. Clara a lição de Dinamarco: "É então que se revela de modo patente a insuficiência e inadequação da disciplina das nulidades processuais para explicar em que consiste a *inutilidade* da sentença que repetidamente se afirma ser *inutiliter data*. As nulidades não impedem a produção de efeitos após o trânsito em julgado, nem explicam a ausência de efeitos da sentença na hipótese em exame" (*Litisconsórcio*, cit., pp. 309-310).

5.6.4 O litisconsórcio quase necessário

A doutrina estrangeira chega a cogitar de uma figura intermediária entre o litisconsórcio facultativo e o necessário, denominada de *litisconsórcio quase necessário* (*cuasi-necesario*).[163] O argumento-base para a elaboração desta categoria jurídica estaria centrado, de acordo com as palavras de Fairén, "em que várias pessoas se apresentem perante um determinado evento jurídico em situação de igualdade de qualidade, de tal modo que, tendo legitimação para o assunto cada uma delas, sem embargo da decisão que os tribunais possam adotar, afetará a todos, em virtude de ser única a relação que existe entre eles e o evento; e uma vez modificado este se modifica esta relação unitária derivada da apontada identidade de qualidade".[164] A figura apresentada pela doutrina espanhola revela as dificuldades de classificação do litisconsórcio facultativo-unitário. Nosso ordenamento reconhece de modo excepcional a legitimidade plúrima com pronunciamento uniforme na situação especial do condômino (art. 1.314 do CC).[165]

5.6.5 Litisconsórcio: eficácia da sentença, coisa julgada e o art. 506 do CPC

Com base no exposto, seria contraditório aludir à possibilidade de uma sentença *inutiliter data* ser apta a produzir efeitos? Não consiste em objetivo deste trabalho fixar os limites subjetivos da eficácia da sentença e da autoridade da coisa julgada.[166] Estes efeitos seriam proibidos pela violação do contraditório apenas em relação aos ausentes, ou ainda em relação aos presentes? Sob o aspecto prático – ângulo do qual o Direito não deve desviar sua atenção –, não resta dúvida de que a sentença proferida sem a presença de litisconsorte poderá surtir eficácia, inclusive

163. María Encarnación Dávilla Millán, *Litisconsorcio Necesario*, cit., pp. 28-31.

164. "Los casos en que varias personas se hallan ante un determinado evento jurídico, en situación de igualdad de calidad, de tal modo que, teniendo legitimación con referencia al asunto cada una de ellas, sin embargo la resolución que los tribunales puedan adoptar les afectará a todos por ser única la relación que existe entre ellos y el evento; y modificado éste se modifica esta relación unitaria derivada de la citada identidad de calidad" (Fairén, *Sobre el Litisconsorcio*, p. 868, *apud* María Encarnación Dávilla Millán, *Litisconsorcio Necesario*, cit., p. 28).

165. Fabio Caldas de Araújo e José Miguel Garcia Medina, *Código Civil Comentado*, cit., p. 822.

166. Por todos, em trabalho primoroso: José Rogério Cruz e Tucci, *Limites Subjetivos da Eficácia da Sentença e da Coisa Julgada Civil*, pp. 167 e ss.

beneficiando-o. Aliás, é importante que não passe despercebida a alteração do art. 506 do CPC, que modificou o regime da expansão subjetiva da eficácia da coisa julgada em nosso sistema. Pela redação do art. 472 do CPC de 1973 a eficácia da coisa julgada não poderia *prejudicar* ou *beneficiar* quem não foi parte no processo. A modificação opera grande rendimento em face do direito material. Existem situações em que o próprio direito material faculta o litisconsórcio, como na hipótese da cobrança de dívida por credores solidários, nos termos do art. 274 do CC: "O julgamento contrário a um dos credores solidários não atinge os demais; o julgamento favorável aproveita-lhes, a menos que se funde em exceção pessoal ao credor que o obteve". O terceiro, indiscutivelmente, sofre reflexos da sentença e da autoridade da coisa julgada, o que decorre da importância da análise do direito material. Desta constatação é possível afirmar que terceiros podem ser afetados pela eficácia expansiva da coisa julgada mesmo quando não participem da relação processual. Por este motivo, a não participação de um litisconsorte necessário, por exemplo, embora constitua motivo para nulificar a relação processual, não torna a sentença, por si só, nula ou ineficaz.

Parece mais do que claro que a sentença não poderá ser oposta em relação àquele que ficou alheio ao processo, pois a violação ao art. 114 do CPC revela uma supressão direta do *due process of law*. Aquele que teria direito de controverter os fatos jurídicos postos na demanda vê-se tolhido do direito de postular, ante a referida omissão, e não pode ter sua esfera jurídica alcançada.

Enquanto pendente a relação jurídica processual, em primeira ou segunda instância, e mesmo na via estrita (STJ e STF), será possível pedir a declaração de nulidade do processo.[167] Esta atitude poderá advir de atividade oficiosa do magistrado, ou por provocação da parte interessada, até então ausente do processo.[168] Encerrada a relação processual, o terceiro

---

167. Contra: Cássio Scarpinella Bueno, *Partes e Terceiros no Processo Civil Brasileiro*, p. 114.

168. Parece incongruente que o terceiro que não participou do processo possa arguir a nulidade da sentença, pois sua situação de ausência lhe garante a inoponibilidade de qualquer efeito do julgado em relação à sua pessoa. Desta forma, a nulidade seria um vício interno, relacionado à validade do ato judicial e que não diz respeito, propriamente, ao terceiro que não restou inserido no seu processo de formação. Todavia, é possível que o julgado possa afetá-lo de modo direto e no campo fático. Muito embora possa utilizar meios autônomos para a impugnação da futura decisão judicial, não resta dúvida de que a economia de juízos abre a possibilidade de sua manifestação na relação processual, ainda pendente. O recurso de terceiro prejudicado e o próprio mandado de segurança (Súmula 202 do STJ) são exemplos da atuação do terceiro.

excluído da participação no processo poderá se utilizar da ação rescisória, ou, mesmo escoado o prazo de dois anos, da própria ação declaratória, para obter o reconhecimento da impossibilidade de extensão da eficácia sentencial. Tal comprovação dependerá da demonstração da necessidade de sua participação no processo, a qual foi suprimida perante o juízo sentenciante. Por outro lado, muito embora a pretensão de declaração seja reputada imprescritível, é válida a advertência quanto à necessidade de consolidação das demais pretensões (condenatória, constitutiva, mandamental e executiva *lato sensu*) mesmo em relação a quem não foi parte no processo. Tome-se como exemplo a ação de investigação de paternidade cumulada com petição de herança. O herdeiro tolhido do quinhão pela homologação da partilha sem a sua presença poderá pleitear a nulidade da divisão e o reconhecimento de sua filiação. Embora a pretensão declaratória de filiação seja imprescritível, a pretensão de entrega do quinhão sujeita-se ao prazo do art. 205 do CC.

Em algumas situações específicas, seja em face de uma sentença constitutiva ou mesmo executiva, a falta de um dos legitimados impede a produção de qualquer efeito. Tomemos como exemplo uma demanda reivindicatória direcionada contra apenas um dos compossuidores *pro indiviso*. A eficácia *erga omnes* do comando de reivindicação não surtirá eficácia, pela impossibilidade de cumprimento da sentença contra o compossuidor que não foi parte no polo passivo. O mesmo se diga quanto ao cumprimento de obrigação indivisível em relação a duas ou mais pessoas, em vista da impossibilidade de entrega do bem por partes. Nestes exemplos a eficácia prática da sentença estará obstada, pois o próprio cumprimento do comando sentencial exige a presença dos legitimados para que alcance sua plenitude. A sentença seria inexequível fática e juridicamente. Porém, perante ações declaratórias ou constitutivas, cuja eficácia é satisfeita no plano essencialmente jurídico, a situação se agrava, conforme comentário já tecido.[169]

A questão relacionada à eficácia da sentença proferida sem a participação de litisconsorte necessário também foi alvo de tratamento específico de Allorio, que procurou situar o problema em três hipóteses básicas

---

169. Precisa e pontual a observação de María Encarnación Dávila Millán: "En estos dos supuestos hablar de sentencia *inutiliter data*, so pena de caer en ingenuidad y platonismo procesal, requiere el aducir qué medios tienen los litisconsortes no presentes para invocar la inutilidad de la sentencia. Porque no nos engañemos, hasta que estos medios de denuncia procesal no triunfen la sentencia, aún sujeta a nulidad, despliega su eficacia precisamente por la naturaleza de la relación jurídico-material frente a todos, presentes y ausentes" (*Litisconsorcio Necesario*, cit., p. 57).

("qual'è la sorte della sentenza pronunciata in un giudizio al quale non presero parte tutti i contraddittori?").[170] Segundo o genial jurista, a sentença pronunciada com ausência de um litisconsorte necessário poderia ser considerada: (1) ineficaz de forma absoluta; (2) eficaz somente entre as partes presentes, mas sujeita a ratificação; (3) plenamente eficaz, mas sujeita a substituição em caso de reação do ausente.[171]

A primeira solução seria inviável, pela contradição de sua tese, uma vez que a sentença é apta a produzir efeitos ainda que padeça de vício.[172] A segunda seria inoportuna, pela exigência de um caráter puramente pessoal para a legitimação do julgado, e quebraria a regra de formação do litisconsórcio, que é baseado na exigência legal ou na natureza do direito material deduzido. A terceira solução seria conciliável com nosso sistema. Não resta dúvida de que surgiria uma "condição resolutiva" ao julgado; afinal, como atesta Allorio, haveria "un' allargamento provvisorio della cosa giudicata".[173] Esta solução permitiria conciliar a eficácia da coisa julgada da sentença proferida sem a presença de litisconsorte mas não ofenderia o contraditório, na medida em que permite a impugnação do julgado. Dinamarco reputa a construção de "elegante", mas entende inaplicável em nosso ordenamento, pela inexistência de mecanismo idêntico ao do Direito Italiano, ou seja, a *opposizione di terzo*, a qual não teria prazo para ajuizamento no Direito Italiano. Em nosso sistema a rescisória estaria sujeita ao inexorável biênio decadencial.[174]

Entrementes, cremos que o exaurimento da ação rescisória não seria argumento lícito para impedir a adoção do entendimento de Allorio, pois o terceiro que não foi parte no processo pode invocar a inexistência de sua vinculação com a relação jurídica imunizada pela coisa julgada através da ação declaratória, cuja pretensão é *imprescritível*. Obviamente, apenas a declaração é imprescritível, sendo essencial observar a ressalva supracitada quanto aos demais efeitos, pois as relações sociais não podem ficar sob eterna condição resolutiva. Além disso, aplicando-se a teoria quinária em sua consideração mais importante – qual seja: a de que toda sentença importa em mais de uma eficácia –, isto não impediria a estabilidade das relações jurídicas em relação a terceiros de boa-fé que estivessem se aproveitando da eficácia condenatória, mandamental ou executiva *lato sensu* do julgado. Não obstante, quando o patrimônio do

170. Allorio, *La Cosa Giudicata Rispetto ai Terzi*, p. 285.
171. Idem, ibidem.
172. María Encarnación Dávila Millán, *Litisconsorcio Necesario*, cit., p. 58.
173. Allorio, *La Cosa Giudicata Rispetto ai Terzi*, cit., p. 287.
174. Dinamarco, *Litisconsórcio*, cit., pp. 323-324.

réu ausente for constrito pela eficácia condenatória ou executiva, bastará comprovar que não participou da relação processual, inclusive mediante embargos de terceiro. A sentença não produzirá eficácia contra sua pessoa, e permitirá que o bem jurídico seja excluído da constrição, sem prejuízo da ação ordinária cabível para afirmar sua posição jurídica.

### 5.6.6 Sentença "inutiliter data" e o conflito entre terceiros

Um ponto que não pode ser ignorado concentra-se na proteção ao terceiro de boa-fé, especialmente quando a insurgência diga respeito a um conflito entre autênticos terceiros, ou seja, entre aquele que não participou da relação processual e aqueloutro que se submeteu à eficácia do julgado como terceiro de boa-fé.

Pensemos num exemplo simples, analisando uma sentença proferida numa ação de usucapião. É possível que a sentença tenha sido proferida sem a citação de um dos confrontantes, o qual é considerado litisconsorte passivo necessário. Seu interesse quanto ao objeto litigioso do processo é indiscutível. Entretanto, a omissão quanto à sua integração no polo passivo poderá gerar prejuízo direto e imediato, pela diminuição indevida de sua área territorial, especialmente pela configuração de uma relação de permissão e tolerância do confinante em relação ao pretenso possuidor (art. 1.208 do CC). Percebe-se com facilidade a importância de sua citação para o exercício de sua defesa. A omissão poderá provocar uma declaração judicial equivocada, a qual englobará parcela territorial sobre a qual o usucapiente não exerceu *possessio ad usucapionem* (*Eigenbesitz*).

Tratando-se de uma sentença essencialmente declaratória, a formação da matrícula decorrerá da eficácia constitutiva e mandamental secundária. Uma vez registrada a propriedade, nada impede que um terceiro de boa-fé realize a aquisição do imóvel devidamente matriculado e individuado. Em vista desta situação, qual a proteção que deverá ser conferida pelo sistema em caso de futuro embate entre o confinante omitido no processo de usucapião e o terceiro de boa-fé que adquiriu a propriedade registrada?

Em relação ao exemplo analisado, o Código Civil brasileiro não oferece uma solução de absoluta proteção ao terceiro de boa-fé, pois, na seara dos direitos reais, a aquisição *a non domino instantânea* da propriedade somente foi reconhecida para os bens móveis, desde que realizada em regime de publicidade, consoante o art. 1.268[175] (*open market*). O art.

---

175. CC, art. 1.268: "Feita por quem não seja proprietário, a tradição não aliena a propriedade, exceto se a coisa, oferecida ao público, em leilão ou estabelecimento

1.247, parágrafo único, do CC de 2002 restringiu a posição do terceiro de boa-fé em relação aos bens imóveis.[176] Mas a solução ofertada pelo art. 1.242, parágrafo único, oferece conforto ao terceiro de boa-fé, pela prescrição aquisitiva.

A proteção ao terceiro de boa-fé dependerá da situação jurídica versada no processo defeituoso. Podemos fornecer outro exemplo relativo à petição de herança, quando um herdeiro tenha sido suprimido do inventário ou arrolamento. A sentença proferida sem o herdeiro necessário está eivada de nulidade; contudo, não pode ser considerada inútil, pois as alienações realizadas ao terceiro de boa-fé com base na carta de adjudicação expedida pelo juízo serão plenamente válidas (art. 1.827, parágrafo único[177]). A necessidade de harmonizar tensões em relação a posições de terceiros merece um exame ainda não aprofundado em nosso sistema jurídico.

### 5.6.7 Litisconsórcio necessário e a classificação das ações e sentenças

Houve uma tendência prolongada, principalmente pela influência da doutrina italiana, em reduzir a incidência do litisconsórcio necessário aos provimentos constitutivos, em virtude da poderosa influência de Chiovenda.[178] No entanto, referido posicionamento não tardou a ser alvo de críticas, pelo reconhecimento de sua extensão aos provimentos declaratórios, como se observa pela atenta crítica de Redenti.[179]

---

comercial, for transferida em circunstâncias tais que, ao adquirente de boa-fé, como a qualquer pessoa, o alienante se afigurar dono".

176. CC, parágrafo único do art. 1.247: "Parágrafo único. Cancelado o registro, poderá o proprietário reivindicar o imóvel, independentemente da boa-fé ou do título do terceiro adquirente".

177. CC, parágrafo único do art. 1.827: "Parágrafo único. São eficazes as alienações feitas, a título oneroso, pelo herdeiro aparente a terceiro de boa-fé".

178. O pensamento de Chiovenda é marcado pela restrição do litisconsórcio necessário aos provimentos constitutivos (*diritti potestativi*), pois só em relação a estes teria sentido reconhecer a existência de sentença *inutiliter data*: "È solo nel campo dei diritti potestativi e piú particolarmente di quelli che tendono a una sentenza costitutiviva che può trovarsi il caso d'una sentenza priva d'ogni utilità pratica (che *inutiliter datur*) se non è pronunciata in confronto di più attori o convenuti" (*Principii di Diritto Processuale Civile*, cit., p. 1.082).

179. "Anche dopo da pubblicazione del volume, Chiovenda, il Maestro (nei *Principii*, 1923, 3ª edizione, e poi nelle *Istituzioni*, 1936), è rimasto fermo nel ritenere (come già nel suo scritto anteriore dal quale ho preso le mosse) che litisconsorzio necessario vi possa essere *secundum tenorem rationis* soltanto quando si chieda

Adotando-se a classificação quinária, e retirando as pretensões reais da classificação condenatória, percebe-se que o pretenso isolamento bem como a aplicação a uma modalidade de ação ou sentença revelam critério ineficiente e artificial. Provimentos executivos e mandamentais também exigirão, em determinadas situações, a formação do litisconsórcio, assim como provimentos declaratórios e condenatórios. Dentre os provimentos declaratórios revelam-se a ação de usucapião[180] bem como a ação de investigação de paternidade promovida em face dos sucessores do *de cujus*. No primeiro exemplo o litisconsórcio será necessário-simples; e no segundo, necessário-unitário.

Em ações mandamentais, no processo licitatório, o mandado de segurança exige a formação do litisconsórcio passivo entre a pessoa jurídica e o vencedor da licitação, uma vez que a procedência do *mandamus* afetará diretamente sua esfera jurídica.[181] Na ação de reintegração de posse, a qual é executiva *lato sensu*, existindo mais de um possuidor sobre a área

al giudice un provvedimento costitutivo in ordine ad un rapporto con pluralità di soggetti. Per definizioni, diceva, un provvedimento cosi fatto o ha effetto per tutti o altrimenti non può avere effeto nessuno. Ergo tutti i soggetti per i quali in ipotesi dovrebbe avere effeto devono essere in giudizio. Che si il provvedimento venisse dato solo in confronto di alcuni il provvedimento sarebbe *inutiliter datum*. Il che è veríssimo (...cum grano salis, come dirò). Ma dal canto mio ho sempre ritenuto che la stessa argomentazione valga per identità di ragione, e conduta allo stesso risultato, anche rispetto ai provvedimmenti di accertamento" (Redenti, *Il Giudizio Civile con Pluralità di Parti*, cit., p. 22, "Prefazione").

180. No polo ativo da ação a questão é mais complexa quanto à configuração do litisconsórcio. Tratando-se de composse, muito embora um só dos compossuidores esteja autorizado a defender a composse *pro indiviso* (única composse legítima), no usucapião há necessidade de demonstração cabal dos atos possessórios com a configuração do *animus possidendi*. Haveria a necessidade de participação de todos os compossuidores. Hoje esta previsão está positivada para fins de usucapião coletivo. No usucapião coletivo a necessariedade do litisconsórcio compõe a própria base da possibilidade jurídica do pedido, pois a modalidade coletiva exige a existência de compossuidores, os quais deverão participar obrigatoriamente do pleito. Daí nosso entendimento firmado quanto à necessidade de autorização expressa dos compossuidores para a configuração da legitimidade *ad processum* do art. 12, III, da Lei 10.257/2001. José Carlos Moreira Salles (*Usucapião de Bens Imóveis e Móveis*, p. 336) acata nosso entendimento e assevera que, apesar de o texto da lei ter previsto o termo "substituição", trata-se, na verdade, de "representação": "Filiamo-nos à opinião de Fabio Caldas de Araújo, que, como vimos, se assenta na jurisprudência hoje pacificada, de modo que, para nós, o inciso III do art. 12 do Estatuto da Cidade consubstancia hipótese de representação e não de substituição processual, apesar de aludir à figura do substituto processual".

181. STJ, 2ª Turma, REsp 810.982-PR, rel. Min. Castro Meira, j. 18.9.2007, *DJU* 1.10.2007 p. 260.

invadida, não resta dúvida quanto à necessidade de integração plúrima do polo passivo.

### 5.6.8 A intervenção "iussu iudicis"

O art. 115, parágrafo único, do CPC permite ao magistrado a imposição *ex officio* da formação do litisconsórcio, quando necessário. A diligência prevista no dispositivo legal não confere poderes para o magistrado ordenar a formação do litisconsórcio facultativo, pois o autor é *dominus litis*, cabendo-lhe fixar os limites subjetivos no exercício de sua pretensão em juízo. Mesmo no caso do art. 115, parágrafo único, a ordem judicial será direcionada para que a parte realize a integração, pois não caberá ao juiz determiná-la diretamente, independentemente dos atos necessários a serem praticados pelo interessado (materialização da citação). A formação do litisconsórcio será compulsória e autoriza a extinção (*rectius*: resolução) da relação processual, nos termos dos arts. 354 e 485, IV, do CPC. O juiz deverá extinguir o processo sem julgamento do mérito, uma vez que ficará impossibilitado de se pronunciar sobre o mérito, pela ausência de parte indispensável à solução da demanda. A manifestação judicial conterá vício de nulidade e poderá assumir a conotação de decisão inútil, ou seja, provimento *inutiliter data*, lembrando-se as considerações já realizadas sobre o tema.[182-183]

A ausência de parte essencial revela infringência a pressuposto processual de existência, e nada impede que o defeito seja pronunciado em grau recursal e pelo efeito devolutivo automático no que tange às questões de ordem pública. Não se trata de defeito que possa ser suprido ou convalidado na esfera recursal, sendo inaplicável a teoria da causa madura. Verificada a ausência de parte indispensável para a solução do litígio, o processo deverá ser anulado, para que a parte seja integrada e participe do contraditório.[184]

   182. Segundo Chiovenda, atrelava-se a uma consideração de ordem prática, pela qual somente nos casos em que a lei expressamente determinava sua formação a sentença seria considerada *inutiliter data*, uma vez que, "nei rapporti con molteplicità di soggetti, quando la legge non dispone diversamente, è sempre lecito agire da solo o contro un solo, purchè la domanda per il fatto d'essere proposta da un solo o contro un solo non perda ogni utilità pratica" (*Principii di Diritto Processuale Civile*, cit., p. 1.080).
   183. STJ, 1ª Turma, REsp 753.340-RJ, rel. Min. Luiz Fux, j. 8.5.2007, *DJU* 11.6.2007 p. 269.
   184. Nesse sentido: "Embargos de declaração – Efeitos infringentes – Recurso especial – Embargos à arrematação – Nulidade absoluta do processo – Não formação de litisconsórcio passivo necessário – Ofensa ao art. 47, parágrafo único,

Importante frisar que o comando do art. 115, parágrafo único, do CPC não reflete a possibilidade da intervenção *iussu iudicis* tal como modelada para o sistema italiano, a qual deita suas raízes na *adcitatio* do Direito Germânico. Como lembra a melhor doutrina,[185] não incide em nosso sistema a formulação da intervenção *iussu iuducis* tal como vigente na Itália, nos termos do art. 107: "Il giudice, quando ritiene opportuno che il processo si svolga in confronto di un terzo al quale la causa è comune, ne ordina l'intervento". A aplicação deste dispositivo no sistema Italiano está atrelada a duas condições básicas, que demonstram a impossibilidade de confusão com nosso art. 115, parágrafo único, quais sejam: *la comunanza di causa* e *la valutazione di opportunità della chiamata*.[186] Esta "valoração de oportunidade" é inexistente em nosso sistema, até porque a redação é clara ao se referir às situações em que se configura o litisconsórcio necessário.[187] Muitas vezes o desconhecimento e a má aplicação do instituto poderão gerar pedidos infundados do réu, o que justifica o controle *ex officio* sobre a necessidade da integração. Eventual discordância quanto à decisão do juiz em negar o pedido de integração deverá desafiar o recurso de agravo de instrumento (art. 1.015, VII e XIII, do CPC).

Em sentido diverso, quando o juiz determinar a obrigatoriedade da formação, o não atendimento provocará a resolução sem análise do mérito, o que motivará eventual recurso de apelação. Não se opera a preclusão

do CPC – Nulidade que pode ser conhecida a qualquer tempo – Art. 267, § 3º, do CPC – Embargos de declaração acolhidos com efeitos infringentes" (STJ, 3ª Turma, AREsp/AgR/ED/ED 200.954-RS, rel. Min. Paulo de Tarso Sanseverino, j. 5.6.2014, *DJe* 12.6.2014). E, ainda: "Tratando-se de litisconsórcio passivo necessário, é nula a sentença que não oportuniza a citação do litisconsorte, nos termos do art. 47, parágrafo único, do CPC, ainda que confirmada pelo tribunal. 2. Recurso especial da empresa provido para determinar a anulação do processo *ab initio*. 3. Prejudicados os demais recursos especiais" (STJ, REsp 478.499-PR, rela. Min. Eliana Calmon, *DJU* 25.8.2003, p. 287).

185. Dinamarco, *Litisconsórcio*, cit., p. 248. Para uma análise do regime processual anterior: Moacyr Lobo da Costa, *A Intervenção Iussu Iudicis no Processo Civil Brasileiro*, cit., em especial, pp. 27-104, com análise ampla da figura no Direito Italiano abrangendo os Códigos de Processo Civil de 1865 e de 1940.

186. Carpi/Colesanti/Taruffo, *Commentario Breve al Codice di Procedura Civile*, cit., p. 323.

187. Como demonstra Dinamarco, o princípio da excepcionalidade do litisconsórcio em nosso sistema não permite que o juiz torne obrigatória a participação de outrem, que seria, a critério do autor, facultativo. Esta é a faculdade concedida ao juiz no sistema italiano (v. *Litisconsórcio*, cit., pp. 132-133, especialmente quando rebate o posicionamento de Tornaghi).

temporal sobre a matéria, porque ela será concernente à legitimidade de agir. A formação indevida do litisconsórcio poderá provocar duas situações diversas. A primeira quando se conclua pela ilegitimidade de agir do litisconsorte, o que provocará sua exclusão da relação processual. A segunda quando se verifique que a integração era facultativa, e não obrigatória, fato que não provocará qualquer nulidade junto ao procedimento e será, obviamente, alvo da sentença, que poderá analisar a pretensão em face dos coligados em harmonia com o princípio da celeridade e economia processual.

### 5.7 O litisconsórcio unitário

O Código de Processo Civil de 2015 trouxe, com total acerto, a previsão dissociada do litisconsórcio unitário do necessário. O litisconsórcio unitário não se confunde com o litisconsórcio necessário, muito embora sejam figuras compatíveis e não excludentes.[188] A unitariedade diz respeito à *necessidade de uniformidade* de tratamento para todos aqueles que estão no polo ativo ou passivo da demanda.[189] No Direito Alemão a unidade advém de imposição do ordenamento processual (*prozessrechtlichen Gründen*) ou do direito material (*materiell-rechtlichen Gründen*).[190] Este posicionamento alinha-se com nosso sistema e com a redação do art. 116 do CPC: "O litisconsórcio será unitário quando, pela natureza da relação jurídica, o juiz tiver de decidir o mérito de modo uniforme para todos os litisconsortes". Qual "relação jurídica"? A princípio, há uma tendência irresistível de pensarmos apenas na relação jurídica de direito material. Nada mais natural. Acontece que a relação jurídica pode ser projetada no âmbito material e no processual. E algumas pretensões específicas são processuais. Um exemplo desta afirmação reside na ação rescisória. A propositura de uma ação rescisória para a desconstituição de toda ou

---

188. Barbosa Moreira, *Litisconsórcio Unitário*, cit., pp. 119 e ss. Também deve ser lembrado Pontes de Miranda, conforme menção já realizada.

189. No Direito Alemão a expressão "litisconsórcio necessário", impressa no § 62 – *Notwendige Streitgenossenschaft* – deve ser compreendida nesta acepção. Na verdade, o dispositivo regula o litisconsórcio unitário, que exige a participação necessária daqueles que serão submetidos à eficácia da decisão. Daí a advertência de Jauernig (*Zivilprozessrecht*, cit., § 82, p. 317): "Die Durchführung der notwendigen Streitgenossenschaft wird durch das eine Ziel bestimmt: Die Entscheidung muss sämtlichen Streitgenossen gegenüber unter Allen Umständen einheitlich, vor allem inhaltlich übereinstimmend" ("A efetivação do litisconsórcio necessário é alcançada pelo fim pretendido: a decisão deve ser una em face de todos os litisconsortes, em todas as circunstâncias, sobretudo quanto ao seu conteúdo" – tradução livre).

190. Lüke/Arens, *Zivilprozessrecht*, cit., § 41, 412.

de parte de uma decisão por terceiro prejudicado poderá exigir a formação de litisconsórcio necessário e unitário. É possível uma projeção do litisconsórcio formado na ação originária para a ação rescisória. E nesta situação a matéria poderá ser de índole meramente processual.[191]

Quando se intenta uma demanda visando à anulação da assembleia de uma S/A, não há dúvida de que o resultado não poderá ser diverso para cada um dos sócios. O mesmo pode ser dito da ação de nulidade de casamento proposta pelo Ministério Público (*Ehenichtigkeitsprozessen der Staatanswalt*), em que a solução da demanda exige a homogeneidade de resultados perante o marido e a esposa. No entanto, a distinção entre a unitariedade e a necessariedade é essencial, para não serem baralhados aspectos diversos do mesmo instituto. Com base nos dois exemplos citados, torna-se fácil apontar a diferença quanto à visualização prática dos institutos. No primeiro caso nada impede que a iniciativa da anulação seja tomada apenas pelos sócios minoritários, o que revela um litisconsórcio facultativo quanto à formação, mas unitário quanto à decisão.

O regime do litisconsórcio necessário não se confunde com o do unitário. A unitariedade depende essencialmente da análise do caso concreto para determinar a incidência do seu regime peculiar. O litisconsórcio unitário, apesar de sua previsão típica pelo novo Código de Processo Civil, não está preso a qualquer determinação do texto legal, o que vale apenas para o litisconsórcio necessário. Daí a importância de realizar uma leitura cuidadosa e analítica do art. 116 do CPC.[192]

A combinação dos arts. 114 e 116 do CPC constitui fonte de previsão do litisconsórcio necessário e do unitário, mas a aplicação e a incidência dependerão do exame das situações do direito processual e material para

---

191. "(...). É admissível que no recurso especial em ação rescisória se aponte contrariedade aos dispositivos legais que dizem respeito aos fundamentos do acórdão rescindendo – Precedentes da Corte Especial – (...). Nos embargos de terceiro, há litisconsórcio necessário-unitário entre o exequente e o executado quando a constrição recai sobre imóvel dado em garantia hipotecária pelo devedor – Ofensa ao art. 47 do CPC, segundo o qual 'há litisconsórcio necessário quando, por disposição de lei ou pela natureza da relação jurídica, o juiz tiver de decidir a lide de modo uniforme para todas as partes; caso em que a eficácia da sentença dependerá da citação de todos os litisconsortes no processo'. 5. Recurso especial provido" (STJ, 4ª Turma, REsp 601.920-CE, rela. Min. Maria Isabel Gallotti, j. 13.12.2011, *DJe* 26.4.2012).

192. "Não há lei alguma, no entanto, que exija a unitariedade, a qual efetivamente só ocorre mesmo quando a natureza da relação jurídica o exigir. Nem haveria razão de ser para disposições legais nesse sentido, quando a estrutura da relação jurídica em julgamento comportasse cisão em apreciações e determinações heterogêneas: a unitariedade é, acima de tudo, uma imposição natural das coisas, que em tese independeria até de qualquer comando da lei" (Dinamarco, *Litisconsórcio*, cit., p. 164).

a visualização das hipóteses de litisconsórcio facultativo-unitário, ou de litisconsórcio necessário-simples ou de litisconsórcio necessário-unitário.

Na análise do litisconsórcio unitário, a atividade de cada participante na lide deve ser compreendida no contexto dos reflexos que possa causar na solução do processo em relação a todos, pois a decisão haverá de ser obrigatoriamente una. Os atos isoladamente praticados não ganham a proteção do art. 117 do CPC, pois o princípio da independência entre os litisconsortes não tem guarida.[193] Em todo caso, a reunião de vários litigantes (*Mehrheit von Prozessen*) não elimina a necessidade de análise individual quanto ao preenchimento das condições da ação e dos pressupostos processuais.[194]

Daí a lição precisa de Barbosa Moreira quando ensina que no litisconsórcio unitário os comportamentos determinantes só produzem seus efeitos típicos quando manifestados pela totalidade dos litisconsortes.[195] Seria impensável que a renúncia (*Verzicht*) ou o reconhecimento jurídico do pedido (*Annerkenntnis*) por um único litisconsorte pudessem prejudicar todos os demais participantes da relação processual.[196]

O Código não estabelece quais comportamentos serão considerados *permitidos* e quais serão *proibidos*. Esta distinção é fruto do labor da doutrina e da jurisprudência. Segundo Barbosa Moreira, os litisconsortes unidos pelo regime comum ou unitário podem praticar atos diversos. Contudo, o ponto nodal é identificar quais atos surtem eficácia para a decisão do pleito. O regime unitário impedirá a prática de atos determinantes prejudiciais aos demais litisconsortes.[197] Sendo assim, a revelia de um dos litisconsortes, que se qualifica como ato determinante omissivo,

---

193. Como assinalam Lüke/Arens (*Zivilprozessrecht*, cit., § 41, p. 413), a necessidade de unidade decisional (*Notwendigkeit der einheitlichen Entscheidung*) acaba por limitar a atividade do litisconsorte.

194. "Daher sind die Voraussetzungen der Klageerhebung und der Zulässigkeit des Prozesses (Prozessvoraussetzungen und Prozesshindernisse) für jeden Streitgenosses selbständig zu prüfen (...)" (Rosenberg/Schwab/Gottwald, *Zivilprozessrecht*, cit., § 49, p. 298).

195. Barbosa Moreira, *Litisconsórcio Unitário*, cit., p. 174.

196. Como anota Jauernig, o regime que une os litisconsortes unitários exige que a decisão seja homogênea. O sistema prima pela unidade de entendimento, já que o objeto litigioso é um só em relação a todos ("Die Entscheidung muss sämtlichen Streitgenossen gegenüber unter allen Umständen einheitlich, vor allem inhaltlich übereinstimmend sein") (*Zivilprozessrecht*, cit., § 82, p. 316).

197. "Comportamento determinante no processo", segundo o ilustre processualista, é aquele "a que a lei confere influência decisiva no desfecho do pleito" (Barbosa Moreira, *Litisconsórcio Unitário*, cit., p. 161).

provocaria o julgamento antecipado, com fundamento no art. 355, II, do CPC. Todavia, se tal comportamento não for unânime, a prática de ato alternativo (oferecimento de contestação) por um dos litisconsortes impedirá que a contumácia prejudique os demais.[198] A prática dos inúmeros atos processuais e sua eficácia na relação processual passarão pelo crivo judicial. A confissão (art. 389 do CPC), o exercício do direito de recorrer (art. 998 do CPC), a participação na produção de provas (art. 369 do CPC), o depoimento pessoal (art. 385 do CPC), a desistência de prova, tudo deverá ser analisado criteriosamente, em função do regime jurídico do litisconsórcio. De qualquer forma, todos os atos que possam ser prejudiciais e contenham disposição de direito sem a autorização dos demais litisconsortes reputam-se *ineficazes* em relação a estes.

O resultado do exame dos atos deverá ser minucioso. De acordo com a exposição *retro*, atos relacionados à disposição do objeto litigioso do processo (como a renúncia ou o reconhecimento jurídico do pedido) não poderão ser alvo de conhecimento sem a unanimidade dos litisconsortes, em regime de unitariedade. Todavia, a desistência do processo por um dos litisconsortes poderá ser alvo de pronunciamento judicial quando a situação revelar a existência de um litisconsórcio facultativo-unitário.[199]

## 5.8 *O litisconsórcio simples ou comum*

Da mesma forma que é possível conceber o litisconsórcio necessário-unitário ou facultativo-unitário, é possível que o litisconsórcio (ainda que necessário quanto à sua formação) apresente a possibilidade de resultados diversos quanto ao resultado da decisão. Exemplo típico é o representado pela ação de usucapião. A formação de título dominial com eficácia *erga omnes* exige a citação de todos os possíveis interessados, provocando ato

---

198. No Direito Alemão a revelia é também afastada como comportamento determinante ("Ein Versäumnisurteil gegen einen einzelnen Streitgenossen ist ausgeschlossen" – "Uma sentença de revelia contra um dos litisconsortes está excluída") (Jauernig, *Zivilprozessrecht*, cit., § 82, p. 317).

"Assim é porque, sendo unitário o litisconsórcio, não se admite a cisão das situações dos colitigantes: a indispensável homogeneidade no julgamento do mérito impede que ao longo do processo caminhem eles por trilhas diferentes, desenvolvendo-se a instrução por modos distintos ou, em geral, criando-se situações que conduzissem a julgamentos de mérito de teor variado. Ou o ato realizado sem a unanimidade dos litisconsortes será eficaz para todos, ou não o será para nenhum" (Dinamarco, *Litisconsórcio*, cit., p. 174).

199. Dinamarco, *Litisconsórcio*, cit., p. 177.

de integração complexo (citação e procedimento edital). Será realizado o chamamento do proprietário, em nome de quem o bem está registrado, dos confinantes, além dos eventuais terceiros interessados, mediante citação editalícia, sem descurar da intimação da Fazenda Pública. Muito embora obrigatória a formação do litisconsórcio passivo, a decisão poderá ser diversa, em virtude da diversidade fática que poderá ser revelada na peça de confutação, por cada um dos confinantes.

A figura do litisconsórcio simples (ou comum) está retratada na redação proposta pelo art. 117 do CPC, que engloba a assistemática previsão dos casos de necessariedade e unitariedade. Determina o art. 117, *in verbis*: "Os litisconsortes serão considerados, em suas relações com a parte adversa, como litigantes distintos, exceto no litisconsórcio unitário, caso em que os atos e as omissões de um não prejudicarão os outros, mas os poderão beneficiar". A redação do texto permite a diferenciação clara entre o litisconsórcio unitário e simples (ou comum), uma vez que a regra ditada pelo artigo está centrada na independência de ações entre os litisconsortes, o que só poderia ser concebível na modalidade simples. Segundo a melhor doutrina, no litisconsórcio unitário "os comportamentos determinantes só produzem seus efeitos típicos quando manifestados pela totalidade dos litisconsortes".[200] A redação do art. 117 do novo CPC estabelece a exceção expressa da independência em relação ao litisconsórcio unitário, o que se prende ao regime de unitariedade.

O comportamento indicado no art. 117 do CPC refere-se tanto à postura comissiva como à omissiva, de tal modo que o dispositivo somente pode estar voltado para os casos em que os litisconsortes se encontram coligados em regime facultativo ou necessário, mas cuja decisão comporta dispositivos diversos para cada um dos litigantes.[201] Exclui-se absolutamente da sua previsão a figura do litisconsórcio unitário.[202]

Outro ponto a ser analisado está no grau de independência de atuação dos litisconsortes, uma vez que o próprio texto legal coloca o intérprete perante situações inusitadas quando prevê a incidência do litisconsórcio

---

200. Sobre a diferenciação entre comportamento *determinante* e comportamento *alternativo*, v. Barbosa Moreira, *Litisconsórcio Unitário*, cit., pp. 161-174.

201. Como ensina Arruda Alvim, ainda que com referência ao art. 48 do CPC de 1973: "O art. 48 estabelece a regra fundamental que rege a independência dos litisconsortes, uns em relação aos outros, pois que serão eles considerados, em suas relações com a parte adversa, como litigantes distintos'" (*Manual de Direito Processual Civil*, cit., vol. II, p. 117).

202. Arruda Alvim, *Manual de Direito Processual Civil*, cit., vol. II, p. 117.

sem determinar sua natureza, exigindo atenção redobrada do intérprete. Como exemplos citamos os arts. 345, I, 391 e 1.005 do CPC.[203]

O art. 345, I, do CPC retrata uma exceção da regra geral insculpida no art. 344, pela qual a ausência de resposta do réu devidamente citado acarreta sua revelia, gerando o nefasto efeito da confissão ficta quanto à matéria de fato, cuja consequência mais usual está no julgamento antecipado (art. 355, II), com o consequente acolhimento da pretensão do autor.[204] A regra do art. 345, I ("A revelia não produz o efeito mencionado no art. 344 se: I – havendo pluralidade de réus, algum deles contestar a ação; ..."), vem excepcionar o regime da revelia imposto pelo art. 344 do CPC, para permitir que a defesa útil realizada por litisconsorte venha a beneficiar, no que for possível, a situação dos demais inertes. Nesta situação específica, além da questão relativa ao conteúdo comum da peça de contestação apresentada pelo litisconsorte, configura-se questão de ordem prática a ser considerada, atinente à unidade procedimental,[205] pois seria inviável realizar o julgamento antecipado em relação a um só dos réus, ignorando que as provas a serem produzidas em fase de instrução não pudessem influir de forma favorável aos colitigantes no momento de julgamento do litígio. Nosso sistema, apesar de permitir o julgamento parcial de mérito, não conhece a sentença parcial (*Zwischenurteil*) com quebra da unidade procedimental, mesmo perante o novo Código de Processo Civil. O julgamento antecipado parcial (art. 356 do CPC) ape-

---

203. Da mesma forma, atentando para a relativa autonomia no litisconsórcio comum, com análise das diversas situações possíveis: Dinamarco, *Litisconsórcio*, cit., pp. 143-155; Barbosa Moreira (com análise detida no Anteprojeto do Código de Processo Civil de 1973), *Litisconsórcio Unitário*, cit., p. 219.

204. Sem dúvida, a aplicação do art. 344 do CPC exige cuidados extremos do magistrado, pois a aplicação do dispositivo deve ser analisada dentro do contexto probatório. O juiz, ainda em face da revelia, pode convencer-se da improcedência do pedido, ante sua notória inverossimilhança, pelas provas produzidas pelo autor, que acabaram por demonstrar o contrário do afirmado, pela insuficiência das mesmas para formar o quadro de convicção necessário ou pela improcedência quanto ao mérito da matéria de direito alegada. Não podemos olvidar que o fim instrumental da revelia não está em criar direitos inexistentes. Algumas situações, como nos embargos à execução, excluem por completo a possibilidade de aplicação dos efeitos da revelia por ausência de impugnação do credor, justamente pelo fato de a obrigação espelhada junto ao título refletir uma presunção relativa de certeza, liquidez e exigibilidade que não pode ser elidida pela revelia.

205. O que foi captado, com maestria, por Arruda Alvim (*Manual de Direito Processual Civil*, cit., vol. II, pp. 120-123), uma vez que o juiz não teria como cindir o julgamento e nem seria recomendável, ainda que hoje pudesse ser invocada a inovação do art. 356, I e II, do CPC (art. 273, § 6º, do CPC de 1973).

nas corrigiu a ilogicidade da classificação anterior do nosso Código de Processo Civil, que considerava o pedido ou parcela incontroversa como situação de antecipação de tutela (art. 273, § 6º, do CPC de 1973). Para o litisconsórcio existe a regra expressa do art. 345, I, que impede a aplicação dos efeitos da revelia. Contudo, isto não elimina a influência sobre o convencimento a ser formado pelo magistrado (art. 371 do CPC), que não poderá ignorar a possibilidade desta contaminação *pro consortium*.

Ainda que postergada a aplicação do art. 345, I, para o momento da sentença, e atuando como verdadeira regra de julgamento, ela deverá levar em conta o regime do litisconsórcio. No litisconsórcio, independentemente do seu regime – ou seja: unitário ou simples –, a contestação aproveitará aos réus revéis. A leitura do art. 117 do CPC, conjugada com a regra do art. 345, I, não pode gerar interpretação restritiva da matéria a ponto de limitar a aplicação do dispositivo aos casos de litisconsórcio unitário, em vista da necessidade de homogeneidade na decisão judicial. Dinamarco demonstrou, com grande precisão, que mesmo no regime do litisconsórcio simples (ou comum) a independência é relativa, pois seria um *nonsense* o juiz realizar o julgamento desfavorável em relação ao litisconsorte revel quando a prova tenha sido produzida por outrem no mesmo processo. Tal atitude repudia o bom-senso e a finalidade da atividade jurisdicional.[206] O art. 345, I, do CPC deverá ser aplicado indistintamente para as hipóteses de litisconsórcio unitário e simples quando os fatos alegados forem comuns e aproveitáveis para a defesa como um

206. Em posição contrária Rogério Lauria Tucci, apregoando a aplicação do antigo art. 320, I, do CPC de 1973 para a situação de litisconsórcio unitário. Na verdade, o posicionamento do ilustre processualista toma como base a redação do art. 90 do CPC de 1939: "Quando a relação jurídica houver de ser resolvida de modo uniforme para todos os litisconsortes, os revéis, ou os que tiverem perdido algum prazo, serão representados pelos demais. Os litisconsortes revéis poderão intervir nos atos ulteriores independentemente de nova citação" (*Do Julgamento Conforme o Estado do Processo*, p. 150). No mesmo sentido era o posicionamento do saudoso Wellington Moreira Pimentel: "Somente quando se tratar de litisconsórcio necessário-unitário (que o Código refere apenas como 'necessário') é que se justificará a aplicação da regra consignada no inciso I" (*Comentários ao Código de Processo Civil*, vol. III, pp. 338-339).

Barbosa Moreira, comentando o Anteprojeto do Código de Processo Civil de 1973, já se manifestava contrário à interpretação restritiva em relação ao art. 349, I, que se converteria no art. 320, I, do CPC de 1973: "Tudo se passará do mesmo modo, seja necessário ou facultativo o consórcio, quer se tenha de julgar uniformemente o mérito, quer se conceba a regulamentação heterogênea da situação litigiosa. Não há, pois, como enxergar no preceito do art. 349, I, *[leia-se: art. 320, I, do CPC de 1973 e, agora, art. 345, I, do novo CPC]* item de um regime especial aplicável a *determinada espécie* de litisconsórcio, como tal" (*Litisconsórcio Unitário*, cit., p. 222).

todo.[207] No sistema alemão a eventual contumácia de colitigante não gera prolação instantânea de sentença desfavorável (*Versäumnisurteil*).[208] A resposta oferecida pelo litisconsorte, por si só, impediria o julgamento antecipado da lide (*Entscheidung nach Aktenklage*), exigindo a análise da resposta oferecida para fixar sua extensão quanto ao aproveitamento para o litisconsorte ausente.[209]

Não há dúvida de que a contestação oferecida pelo litisconsorte simples também poderá aproveitar ao revel, desde que a defesa invoque fatos comuns, cuja extensão seja inevitável. Tratando-se de obrigação solidária passiva, quando codevedor comprove o pagamento total, indubitavelmente o fato aproveitará ao devedor revel, o que também acontecerá quando for suscitada objeção de decadência, com a comprovação da extinção do próprio direito material.[210] No regime da confissão, o art. 391 do CPC é claro quanto à impossibilidade de ela prejudicar o litisconsorte. A confissão somente terá validade em relação ao próprio confitente.[211] Mesmo assim, tratando-se de litisconsórcio unitário — e sendo, portanto, inaplicável o art. 117 do CPC —, a confissão não poderá gerar seus efeitos sequer em relação ao confitente. A confissão dependeria do assentimento dos demais litisconsortes — o que embora possível, revela situação excepcional. A regra do art. 371 do CPC não impede que o juiz se utilize da confissão como fato a ser analisado dentro do contexto global do quadro probatório, mas jamais como fonte única para a solução do caso concreto. O art. 1.005 delimita, com precisão, a nítida cisão do regime jurídico do

207. Neste sentido é o pensar de Rita Gianesini: "Em nosso entender, o efeito da revelia previsto no art. 319 só será elidido em havendo pluralidade de réus e um deles contestar a ação nas hipóteses de se tratar de litisconsórcio facultativo-unitário ou necessário-unitário, e de litisconsórcio facultativo-simples ou necessário-simples, quando forem os fatos comuns" (*Da Revelia no Processo Civil Brasileiro*, p. 87).

208. Jauernig, *Zivilprozessrecht*, cit., § 82, p. 317.

209. Situação também lembrada por Martínez: "Pero en el supuesto de litisconsorcio y aun habiendo un litisconsorte rebelde difícilmente se dará el caso de duda que menciona el art. 60 CPN, puesto que la presencia y actuación procesal de la otra parte inhibiran tal posibilidad" (*Procesos con Sujetos Múltiples*, cit., vol. I, pp. 56-57).

210. Por este motivo, o art. 345, I, do novo CPC, servindo-se da lição de Calmon de Passos para o Código de 1973, "tem que ser entendido como restrito à impugnação de fato comum a todos os litisconsortes, ou comum ao réu atuante e ao revel litisconsorte" (*Comentários ao Código de Processo Civil*, vol. III, p. 375).

211. Não podemos olvidar que a própria confissão não assume papel absoluto, pois terá o valor de uma presunção relativa em relação ao confitente. Mesmo no processo penal a confissão não é mais considerada a "rainha das provas", principalmente quando isolada em relação aos demais elementos probatórios (*testis unus, testis nullus*).

litisconsórcio unitário e comum, o que exige sua transcrição: "O recurso interposto por um dos litisconsortes a todos aproveita, salvo se distintos ou opostos os seus interesses". O regime do art. 1.005 somente permite o aproveitamento do recurso interposto ao litisconsorte quando existir regime de unitariedade, uma vez que, se os interesses forem distintos ou opostos, os litigantes serão considerados autônomos. Aliás, em relação ao litisconsorte que não recorreu terá ocorrido trânsito em julgado, motivo pelo qual o próprio prazo para recorrer deverá ser contado na forma simples, sem o benefício do art. 229 do CPC.[212]

## 6. Comunicação dos atos processuais aos litisconsortes

A comunicação dos atos processuais é realizada mediante o ato de intimação (art. 269 do CPC) das partes. *Citação* e *intimação* não se confundem, pois a primeira, além de configurar vértice essencial na formação da relação angular, permite que o réu se torne parte no processo. Após a citação o réu apenas será intimado dos atos processuais. No litisconsórcio, o art. 118 do CPC determina a necessária comunicação de todos os atos processuais mediante intimação. Não há dúvida de que a coligação entre as partes nasce de um vínculo jurídico cuja decisão provocará reflexos diretos na esfera de cada um dos colitigantes. Assim, independentemente da natureza do litisconsórcio, todos têm o direito de se cientificar dos atos processuais praticados, com o fim de tomar as providências cabíveis para a defesa de seus interesses.

O prazo em dobro previsto pelo art. 229 do CPC deverá ser observado quando os litisconsortes forem representados por procuradores diversos e que não pertençam à mesma sociedade de advogados. Este benefício aplica-se para não só à contestação e ao prazo recursal, mas a todas as manifestações inerentes ao processo. Não se revela viável a cumulação do benefício do art. 229 com aquele previsto pelos arts. 183 ou 186 do CPC. A *mens legis* não se coaduna com o *bis in idem*. E qual a solução a ser adotada? A prevalência do prazo maior já não corresponde mais a solução a ser adotada, pois as manifestações processuais (contestação e interposição de recurso) possuem, agora, prazo único, ou seja, em dobro.

A Súmula 641 do STF, já citada, limitou a concessão do prazo em dobro para recorrer quando apenas um dos litisconsortes tenha sucumbido. O verbete é claramente direcionado para os casos de litisconsórcio

---

212. A propósito, a Súmula 641 do STF determina: "Não se conta em dobro o prazo para recorrer, quando só um dos litisconsortes haja sucumbido".

simples. Tratando-se de litisconsórcio unitário, a sucumbência não poderia ser parcial, já que o resultado atingiria a todos de maneira uniforme.[213] Em vista da inexistência de sucumbência, quanto ao litisconsorte que não foi prejudicado, o prazo dobrado do art. 229 não teria suporte fático para sua incidência. O mesmo se diga se a decisão interlocutória diz respeito ao interesse exclusivo de um único colitigante.[214]

## 7. A figura da intervenção litisconsorcial voluntária

Esta forma de litisconsórcio ulterior merece destaque principalmente pela possibilidade de confusão com a figura da assistência litisconsorcial. Há uma tendência de equiparação entre os dois institutos, e a ausência de maiores investigações sobre o tema contribui para o obscurecimento das diferenças.[215]

---

213. Logicamente, esta conclusão não alcança a hipótese do litisconsórcio unitário parcial, quando a unidade se manifeste sobre parte da causa de pedir e, consequentemente, do pedido. Exemplo bem lembrado por Barbosa Moreira reside na ação demarcatória, quando engloba demarcação e divisão (*Litisconsórcio Unitário*, cit., pp. 150-151).

214. "A jurisprudência desta Corte é firme no sentido de que o prazo em dobro de que trata o art. 191 do CPC somente se aplica quando mais de um dos litisconsortes tiver legitimidade e interesse recursal, o que não é o caso dos autos, visto que o provimento do especial excluiu do polo passivo a União, que não detém qualquer interesse na reforma do entendimento firmado – Inteligência da Súmula n. 641/STF: 'Não se conta em dobro o prazo para recorrer, quando só um dos litisconsortes haja sucumbido' – Embargos de declaração não conhecidos" (STJ, 2ª Turma, REsp/ED 1.462.820-RJ, rel. Min. Humberto Martins, j. 5.3.2015, DJe 11.3.015).

215. Esta polêmica pode ser observada perante o Direito estrangeiro. Todavia, cremos que o posicionamento indicado por María Encarnación Dávila Millán quanto à discordância entre a doutrina italiana e a alemã sobre o tema é errôneo dentro da ótica enfocada, pois o posicionamento citado como de Chiovenda corresponde, na verdade, a uma explicação sobre o posicionamento da doutrina germânica sobre o ponto. Chiovenda não diverge quanto à caracterização do terceiro que ingressa na lide como um auxiliar da parte. Aliás, tanto nos *Princípios de Direito Processual* como em suas *Instituições* o ilustre processualista diferencia a intervenção adesiva da principal (nossa oposição). O terceiro que intervém como auxiliar, ainda que possa se qualificar como parte, pelo interesse no litígio, "no se convierte en parte en causa". Talvez o entendimento da ilustre jurista tenha forçado esta interpretação: "Para llegar a ver la formación de un evidentísimo litisconsorcio, es necesario partir de que el tercero interviniente tiene necesariamente que ser parte, acerca de lo cual no tenemos duda, si bien parte de la doctrina española y extranjera le niegan la condición de parte al interviniente litisconsorcial, aunque le llaman litisconsorte de la parte principal" (María Encarnación Dávila Millán, *Litisconsorcio Necesario*, cit., p. 35).

O contraste entre ambas as formas de intervenção deverá centrar-se na observação do objeto litigioso e dos efeitos provocados por ambas as formas de intervenção. Na intervenção litisconsorcial voluntária o terceiro amplia subjetiva e objetivamente o objeto litigioso, realizando pedido próprio e alterando a projeção inicial da coisa julgada, a qual terá que abarcar o pedido inserido pelo novo litisconsorte. Como se vê, não se trata de assistência prestada com o fim de propiciar julgamento favorável ao demandante originário. O interveniente formula pretensão autônoma, que será objeto de decisão pelo juiz. Daí a conclusão de Dinamarco quanto à formação da sentença em capítulos, pois com o alargamento do objeto do processo forma-se uma nova parte, que deverá ser alvo do *decisum*.[216]

A intervenção litisconsorcial voluntária não tem previsão legal em nosso sistema, e pode-se afirmar que a reforma do CPC-1973, propiciada pela Lei 11.280/2006, não viu com simpatia o instituto, principalmente pela alteração do art. 253 do CPC (cf. art. 286, II, do CPC-2015). Aliás, existe uma previsão legal específica de vedação do litisconsórcio voluntário, no art. 10, § 2º, da lei do mandado de segurança.[217] Muito embora seja compreensível a defesa do instituto pela ótica da otimização e da celeridade, a intervenção litisconsorcial representa uma válvula de escape para a violação do *princípio do juiz natural*.

Percebe-se que a discussão acaba recaindo, *mutandis mutandis*, no mesmo centro de indagação sobre a classificação do litisconsorte ulterior como assistente litisconsorcial, ou seja, um autêntico litisconsorte, em igualdade de condição com a parte originária do processo. Schönke repudia claramente a equiparação do interveniente litisconsorcial. Como exemplo de atuação do litisconsorte ulterior lembra "el acionista en el litigio entre otros accionistas sobre la nulidad de la sociedad anónima" (*Derecho Procesal Civil*, p. 102). E, mesmo concordando que "en estos casos la intervención adhesiva produce el efecto de que el litisconsorte se tiene como litisconsorte de su parte" (idem, ibidem), acaba reconhecendo que "el interveniente adhesivo litisconsorcial *no* se convierte en *parte*" (ob. cit., p. 103), pois ele somente auxiliará a parte principal. O que também é reforçado por Jauernig (*Zivilprozessrecht*, cit., § 85, p. 323), que, embora reconheça ao assistente litisconsorcial uma posição mais forte e autônoma ("Eine stärkere und selbständige Stellung"), contudo reconhece a limitação de sua atuação, pois não poderá realizar um pedido genuíno em seu nome, mesmo ficando vinculado ao teor da sentença ("da *er aber nicht wirklich Streitgenosse der Partei* wird, bleibt auch er na der Streitgegenstand gebunden und *kann keine Antrage für sich stellen*").

216. "(...). E a sentença a ser dada conterá *capítulos autônomos*, um referente à pretensão de cada um dos litisconsortes ativos. (...)" (*Intervenção de Terceiros*, p. 33). Especificamente sobre a estrutura da sentença, v. Dinamarco, *Capítulos de Sentença*, passim).

217. Fabio Caldas de Araújo e José Miguel Garcia Medina, *Mandado de Segurança Individual e Coletivo*, p. 137.

Nesta perspectiva, torna-se compreensível o combate à intervenção litisconsorcial, como meio de coibir a situação do litisconsorte que aguarda o ajuizamento prévio do pedido para unir sua pretensão após a distribuição do processo, prevalecendo-se de foro previamente testado e favorável à sua pretensão. Neste sentido é a redação do art. 253, II, do CPC-1973, ao fixar a distribuição por dependência: "quando, tendo sido extinto o processo, sem julgamento de mérito, for reiterado o pedido, ainda que em litisconsórcio com outros autores ou que sejam parcialmente alterados os réus da demanda".

O inciso II do art. 286 do novo CPC, ao repetir o mesmo texto, procurou evitar esta burla ao princípio do juiz natural, estabelecendo expressamente a impossibilidade de o litisconsorte provocar a extinção do processo sem a resolução do mérito com o fim de se coligar ao litigante que teve seu pedido distribuído perante juízo com posicionamento favorável a sua tese: "Art. 286. Serão distribuídas por dependência as causas de qualquer natureza: (...); II – quando, tendo sido extinto o processo sem resolução de mérito, for reiterado o pedido, ainda que em litisconsórcio com outros autores ou que sejam parcialmente alterados os réus da demanda; (...)".

Como afirmado, pela leitura do dispositivo conclui-se pela clara antipatia do legislador em relação à usurpação da figura do litisconsórcio ulterior. Por outro lado, a proibição referida no art. 286, II, do CPC procura impedir manobra ardilosa marcada pelo pedido de extinção do processo com o fim escolher o juízo que melhor lhe convém. Porém, a solução que se procura evitar pela aplicação do dispositivo pode ser encarada como parcial, e não serve de argumento para sua erradicação do sistema. A lei do mandado de segurança, conforme já assinalado, reforça esta impossibilidade de ingresso do litisconsorte após o despacho inicial (art. 10, § 2º, da Lei 12.016/2009), o que representa o repúdio à figura da intervenção litisconsorcial posterior em nosso sistema jurídico.

A antipatia em relação ao litisconsórcio voluntário ulterior é justificável, em virtude da previsão da infringência ao juiz natural. Todavia, nos casos em que a intervenção litisconsorcial voluntária não estiver voltada para alcançar um fim patrimonial e relativo a direito disponível, ela não deverá ser negada. Referimo-nos, indubitavelmente, à defesa dos interesses coletivos mediante o ajuizamento da ação civil pública. Pense-se numa ação civil pública intentada por associação de defesa do meio ambiente, com posterior ingresso do Ministério Público no polo ativo, com o fim de aprimorar a peça, inclusive aditando-a e ampliando o objeto litigioso.[218] A utilização da figura do litisconsórcio ulterior voluntário nesta hipótese está ancorada no art. 5º da Lei 7.347/1985, que prevê a legitimidade concorrente e disjuntiva dos *enti esponenziali*.[219]

Em favor do litisconsórcio ulterior milita um raciocínio de otimização na prestação da atividade jurisdicional, e que pode ser somado à constatação de que o processamento do pedido do litisconsorte ulterior geraria, inevitavelmente, A conexão dos processos, o que levaria à reunião das ações, com o fim de evitar a prolação de decisões conflitantes, nos termos do art. 55 do CPC. Como se sabe, o § 3º do art. 55 do CPC determina que o juiz, de ofício ou a pedido das partes, reúna os processos, para evitar sentenças contraditórias. Obviamente, esta junção somente será possível nas hipóteses de competência relativa, pois a prorrogação não será viável quando o juiz visualizar situação de competência absoluta.

Certamente, a reunião de inúmeros litisconsortes no mesmo processo poderá provocar prejuízo ao andamento do feito, principalmente dificultando a defesa do réu, quando o litisconsórcio ulterior for ativo. Consumando-se o litisconsórcio multitudinário, o próprio Código de Processo Civil permite que o juiz tome as medidas necessárias para o desmembramento do processo, o que deve valer inclusive para a reunião dos processos por conexão ou continência.[220]

## 8. *Litisconsórcio e o valor da causa*

Dentre os requisitos essenciais para a propositura de uma demanda destaca-se o valor da causa (art. 319, V, do CPC). Todo pedido realizado

218. Obviamente, o próprio aditamento e a modificação do objeto litigioso estariam sujeitos às fases de preclusão do procedimento. Afinal, após o saneamento do processo o objeto litigioso não poderá ser modificado, ainda que conte com a anuência da parte contrária. Esta exigência está ligada à necessidade de estabilização da demanda, e se aplica ao litisconsorte ulterior.

219. Como bem lembra Mancuso, em preciso ensaio sobre o tema, em que se manifesta favoravelmente ao litisconsórcio ativo facultativo ulterior: "Cabe aqui observar que pode dar-se a formação de um litisconsórcio ulterior, decorrente do ingresso de um colegitimado que intervém na ação já proposta e formula pedido próprio, mas que guarda afinidade com a pretensão original: cuidar-se-á de uma verdadeira 'intervenção litisconsorcial voluntária', em que pese às respeitáveis posições doutrinárias no sentido de que tal figura não existe no processo civil brasileiro" (*Ação Civil Pública*, p. 291).

220. Aliás, o próprio art. 80 do CPP prevê a possibilidade desta separação para os casos de conexão e continência: "Será facultativa a separação dos processos quando as infrações tiverem sido praticadas em circunstâncias de tempo ou de lugar diferentes, ou quando, pelo excessivo número de acusados e para não lhes prolongar a prisão provisória, *ou por outro motivo relevante, o juiz reputar conveniente a separação*" (grifos nossos).

em juízo deverá retratar valor determinado, o qual será essencial para orientar a fixação da sucumbência, o recolhimento da taxa judiciária, além da definição da própria competência (art. 3º, I, da Lei 9.099/1995) ou para fixação da competência na esfera recursal (art. 34 da Lei 6.830/1980).

A importância da determinação do valor da causa reflete diretamente na formação do litisconsórcio. De início suscita-se a questão-base que deverá ser enfrentada pelo julgador, qual seja, a determinação do valor correto da demanda quando se comprove a pluralidade de partes na relação processual. O valor deverá corresponder ao número de pessoas envolvidas no polo ativo ou passivo?

A solução para a questão exige a investigação da natureza do litisconsórcio formado no processo. Não resta dúvida de que o interesse perseguido em juízo orientará o valor correto. Antes de mais nada, o valor da causa expressa o valor econômico perseguido pela parte, pois deverá refletir o pedido mediato buscado em juízo, o denominado *bem da vida*.[221]

Partindo-se da premissa fixada, não resta dúvida de que as situações envolvendo litisconsórcio facultativo-simples (cúmulo próprio) deverão refletir a soma dos pedidos realizados pelas partes no processo. Haverá, via de regra, cumulação subjetiva e objetiva, pois os autores formularão pedidos independentes numa única demanda. Logo, a soma dos pedidos formulados revelará o valor da causa.[222] A jurisprudência é vacilante sobre o tema, e não realiza a distinção pela perspectiva da natureza do litisconsórcio (simples, unitário).[223-224] De qualquer forma, a soma dos

221. Neste sentido manifesta-se o STJ: "Este Tribunal já firmou entendimento no sentido de que o valor da causa deverá ser atribuído o mais aproximado possível ao conteúdo econômico a ser obtido – Necessidade de observância dos parâmetros do art. 260 do CPC, considerando-se que a ação abrange prestações vencidas e vincendas, envolvendo litisconsórcio ativo – Recurso parcialmente provido" (5ª Turma, REsp 677.776-RS (200401179949), rel. Min. José Arnaldo da Fonseca, *DJU* 21.11.2005, p. 286).

222. Neste sentido, v. Gelson Amaro de Souza, *Do Valor da Causa*, p. 105. Todavia, o ilustre autor não considera a questão sob o foco das possíveis combinações do regime litisconsorcial.

223. Neste sentido: "Em se tratando de hipótese de litisconsórcio ativo (cumulação subjetiva), deve prevalecer, para estimativa do valor da causa, apenas o *quantum* pretendido por um deles, e não a soma global dos valores envolvidos na demanda – Recurso provido" (TRF-2ª Região, 6ª Turma Especial, AI 2005.02.01.005335-3, rel. Des. federal Fernando Marques, *DJU* 8.2.2006, p. 96).

224. No Juizado Especial Federal, competente para causas até o valor de 60 salários-mínimos, observa-se a tendência de considerar o valor individual de cada colitigante para a determinação da competência, o que está mais atrelado à universalização do acesso à Justiça, em detrimento da análise dogmática do instituto:

pedidos, quando a demanda for autônoma em relação a cada um dos litisconsortes, é imperiosa, ainda mais tratando-se de demanda com eficácia preponderantemente condenatória. A soma dos valores deverá ser considerada como parâmetro de recolhimento das custas e emolumentos.[225] O princípio da autonomia inserto pelo art. 117 do CPC não se aplica, uma vez que a demanda deverá refletir o valor globalmente perseguido, e que deverá ser suportado pela parte sucumbente. Raciocínio inverso ocorrerá quando o pedido for único, quando ocorrer a configuração de litisconsórcio unitário (*necessário* ou *facultativo*). Para esta situação o objeto litigioso dirá respeito ao mesmo bem da vida perseguido em juízo; logo, não há que se falar em soma de pedidos. O pedido será único.

Tratando-se de demanda ajuizada pela Lei 9.099/1995, sabe-se que o valor de alçada será de 40 salários-mínimos na esfera estadual e de 60 salários-mínimos na esfera federal (Lei 10.259/2001). O litisconsórcio é

"O critério básico para a fixação da competência dos Juizados Especiais Federais é o valor da causa. No litisconsórcio ativo facultativo cada autor pode demandar com base no valor-limite estabelecido no art. 3º da Lei n. 10.259, de 12.7.2001" (TRF-4ª Região, 1ª Turma Suplementar, AI 2005.04.01.032531-0, rel. Des. federal Edgard A. Lippmann Jr., *DJU* 15.2.2006, p. 541). Todavia, o entendimento correto volta-se para a aplicação do art. 292, VI, do CPC (art. 259, II, do CPC de 1973), que exige a cumulação do pedido, sob pena de transformar o litisconsórcio facultativo em demanda transindividual. Neste sentido: "A competência quanto ao valor da causa possui natureza relativa e admite prorrogação. Todavia, a Lei n. 10.259/2001 – e precedida pela Lei n. 9.099/1995 – instituiu o Juizado Especial, e, com caráter de lei especial, imputou ao valor da causa competência absoluta. 2. O valor da causa encerra questões de ordem pública, fiscal e jurisdicional, servindo essa última como alicerce para adoção do procedimento. 3. Do art. 258 do CPC infere-se a obrigatoriedade da determinação do valor da causa ao estabelecer que 'a toda causa será atribuído um valor certo, ainda que não tenha conteúdo econômico imediato'. O valor da causa é o valor da relação jurídica de direito material, mas nos limites do *petitum*. 4. Mesmo que litiguem no polo ativo diversos autores, por meio de litisconsórcio facultativo, buscando o provimento jurisdicional que condene a agravada à restituição do valor tido como indevidamente recolhido, há cumulação de pedidos, que enseja a fixação do valor da causa equivalente à soma dos valores de cada pedido, segundo o disposto no art. 259, II, do CPC. 5. Agravo de instrumento provido" (TRF-3ª Região, 3ª Turma, Ag 253313 (2005.03.00.089720-2), rel. Des. federal Nery Jr., *DJU* 15.3.2006, p. 272).

225. Neste sentido: "Constatado que o valor da causa deve constituir-se da soma atualizada dos contratos de compra e venda dos imóveis dos autores, objeto da lide, com base no art. 259, inciso V, do CPC – Provido o recurso para determinar que o valor da causa leve em consideração o valor do imóvel de cada um dos autores, cabendo-lhes o recolhimento das custas incidentes sobre o respectivo valor apurado" (TRF-2ª Região, 5ª Turma Especial, AI 119361 (2003.02.01.015414-8), rel. Des. federal Paulo Espírito Santo, *DJU* 6.2.2006, p. 257).

perfeitamente admitido em demandas do Juizado Especial, e não deve ser considerado o valor global para fins de definição da sua competência. Do contrário existiria perda de jurisdição nesta esfera, uma vez que demandas simples, repetitivas e que permitem trâmite célere pelo Juizado não teriam mais o condão de ali serem analisadas. Felizmente este é o entendimento firmado pelo STJ sobre a matéria.[226]

## 9. As despesas processuais no litisconsórcio

Não havia tratamento específico no Código de Processo Civil de 1973 sobre a matéria. Contudo, a solução, ainda que genérica, foi inserida pelo art. 87 do novo CPC. Pela regra geral, autores e réus devem concorrer no rateio das despesas processuais e dos honorários periciais e advocatícios.

A materialização da responsabilidade deverá ser realizada pelo juiz na sentença. Nada mais óbvio do que o próprio julgador estabelecer a responsabilidade dos litisconsortes. É possível que o juiz fixe de modo diferenciado o rateio entre os litisconsortes. Tudo dependerá do exame do caso concreto. É possível que apenas um dos litisconsortes apresente reconvenção. Logo, o rateio diferenciado deverá ser determinado pelo juiz, com o espelho do cálculo judicial das custas e honorários, para permitir o cumprimento de sentença.

No litisconsórcio facultativo-simples, ou comum, as despesas processuais serão rateadas na proporção do interesse manifestado na causa. Há um reflexo direto sobre os pedidos formulados. Se cada pedido pode ser valorado economicamente, uma vez que nesta modalidade de litisconsórcio existem relações jurídicas somadas dentro de um único procedimento, nada mais coerente do que a responsabilidade pelo pagamento das despesas processuais ser determinada *pro rata*. Na hipótese de litisconsórcio unitário, como a relação jurídica que une os contendores é uma, a condenação quanto ao pagamento poderá ser solidária, como reflexo da

---

226. "A jurisprudência desta Corte firmou a compreensão de que, em se tratando de litisconsórcio ativo facultativo, a fixação da competência dos Juizados Especiais deve observar o valor de cada autor individualmente, e não o valor global da demanda – Precedentes: AgR no CComp 104.714-PR, rel. Min. Herman Benjamin, 1ª Seção, *DJe* 28.8.2009; AgR no REsp 1.376.544-SP, rel. Min. Humberto Martins, 2ª Turma, *DJe* 5.6.2013; AgR no REsp 1.358.730-SP, rel. Min. Mauro Campbell Marques, 2ª Turma, *DJe* 26.3.2014 – Agravo regimental não provido" (STJ, 1ª Turma, AREsp/ AgR 472.074-SP, rel. Min. Benedito Gonçalves, j. 18.12.2014, *DJe* 3.2.2015).

relação de direito material que embasa o liame entre os litisconsortes.[227] Neste sentido deve ser lido o art. 87, § 1º, do CPC.

O novo Código de Processo Civil estabelece de modo claro a regra da solidariedade entre os litisconsortes quando a sentença não estabelecer a forma de rateio entre os vencidos. Criou-se uma obrigação solidária passiva. Por este motivo, qualquer um dos vencidos poderá ser compelido ao pagamento integral das despesas e honorários, sem prejuízo da cobrança em regresso contra os demais codevedores.

Quando a sentença não cumprir com o disposto no art. 87, § 1º, do CPC, o ideal é que a parte sucumbente apresente embargos de declaração para o suprimento da omissão, especialmente quando o rateio deva ser diferenciado. É o caso daquele que foi admitido como assistente litisconsorcial. O art. 94 do CPC estabelece que o pagamento deverá ser realizado na proporção de sua atividade.

Muitas vezes a parte será obrigada a requerer o benefício da assistência judiciária (art. 98 do CPC) para ter condições de litigar em juízo. A integração de diversos litisconsortes no polo passivo, especialmente pela via editalícia, poderá ser causa de oneração excessiva quanto às custas processuais, o que permitirá o pedido de assistência judiciária, especialmente na configuração do litisconsórcio necessário, cuja formação é imperiosa.[228]

---

227. Aliás, a solução adotada na Argentina pelo *Código Procesal Civil y Comercial de la Nación*, como se observa da leitura do art. 75: "En los casos de litisconsorcio, las costas se distribuirán entre los litisconsortes, salvo que por la naturaleza de la obligación correspondiere la condena solidária".

228. STJ, 5ª Turma, ROMS 22416-BA (200601641511), rel. Min. Félix Fischer, *DJU* 3.12.2007, p. 336.

PARTE II
# O TERCEIRO
# NA RELAÇÃO PROCESSUAL

*Capítulo III – **Da Intervenção de Terceiros e da Assistência***

*Capítulo IV – **"Amicus Curiae"***

*Capítulo V – **Denunciação da Lide***

*Capítulo VI – **Chamamento ao Processo***

*Capítulo VII – **Do Incidente de Desconsideração da Personalidade Jurídica***

*Capítulo III*
## Da Intervenção de Terceiros e da Assistência

1. Considerações iniciais sobre o regime da intervenção de terceiros. 2. Breve notícia legal e histórica da assistência no ordenamento pátrio. 3. Topologia da assistência no Direito alienígena. 4. Aspectos preliminares sobre a assistência. 5. Finalidade e alcance da assistência. 6. Modalidades de assistência (simples e litisconsorcial): 6.1 Diferenciação entre a assistência simples e a litisconsorcial. 7. Assistente litisconsorcial e sua dupla função ("Doppelstellung"). 8. Assistência litisconsorcial em ações coletivas: arts. 91 e 94 do CDC. 9. Litisconsórcio ulterior e assistência litisconsorcial. 10. Pressupostos para o cabimento da assistência: 10.1 Litispendência – 10.2 Preenchimento dos pressupostos processuais: 10.2.1 Capacidade material, processual e postulatória – 10.2.2 Petição inicial. 11. Procedimento da assistência. 12. Atividade do assistente. 13. Assistência e revelia. A gestão processual do assistente. 14. Interação entre o assistente e o assistido. 15. A justiça da decisão e o efeito da intervenção. 16. Exceções à eficácia da intervenção. 17. As despesas do processo e a assistência. 18. Casos especiais de assistência e figuras afins: 18.1 Assistência anômala da Fazenda Pública: Lei 9.469/1997: 18.1.1 Legitimidade – 18.1.2 Convalidação dos atos processuais – 18.2 Recurso de terceiro prejudicado.

## 1. Considerações iniciais sobre o regime da intervenção de terceiros

Não resta dúvida de que a vocação do processo é estabilizar a relação jurídica de direito material controvertida, por meio do desenvolvimento da relação processual, que consiste no veículo instrumental para a formação da coisa julgada. A delimitação dos polos ativo e passivo constitui motivo de atenção especial do legislador, uma vez que a eficácia da coisa julgada possui limites subjetivos. Além disso, o art. 329, II, do CPC estabelece o saneamento como ponto final para a alteração da causa de pedir e do pedido. Percebe-se que a relação processual necessita de estabilidade para que o objeto litigioso possa ser analisado de modo adequado.

As modalidades de intervenção de terceiro representam, de certo modo, uma resistência a esta estabilização, uma vez que o terceiro se apresentará, no mais das vezes, formulando pedido e aumentando o espectro subjetivo e objetivo do processo. Os dois primeiros capítulos foram importantes para o tratamento de temas essenciais ao desenvolvimento de cada uma das modalidades de intervenção.

O novo Código de Processo Civil alterou com profundidade o tema da intervenção de terceiros, sem muitos resultados práticos e com a inserção de figuras anômalas no campo da intervenção, como o incidente de desconsideração da pessoa jurídica (*disregard*), assim como a importante figura do *amicus curiae*. De modo correto, houve o deslocamento da oposição para o campo dos procedimentos especiais; contudo, a oposição (art. 682 do CPC) assim como os embargos de terceiro (art. 674 do CPC) não deixam de representar a intromissão de um terceiro na relação processual principal, por meio de demanda incidental e prejudicial. A nomeação à autoria sofreu alteração topológica com grande rendimento, por meio da inserção junto ao art. 338 do CPC. A simplificação e a transformação da nomeação por meio do incidente do art. 338 representaram uma das alterações práticas mais relevantes realizadas na matéria, pois resolveram uma série de situações que eram enfrentadas por meio de utilização esdrúxula da denunciação da lide.

Nosso trabalho estará centrado em examinar as hipóteses de manifestação do terceiro na relação processual. Não podemos olvidar que a importância do terceiro exsurge na seara processual e material. Na verdade, a proteção ao terceiro de boa-fé decorre do respeito ao contraditório efetivo e pelo reconhecimento da importância da continuidade da cadeia negocial, que exige a criação de mecanismos especiais para sua defesa, na esfera processual. Falar em contraditório efetivo pode parecer tautologia, ou jogo de palavras; mas uma observação atenta revela que o terceiro nem sempre poderá participar da relação processual de cognição para sustentar sua inoponibilidade. Obviamente, o terceiro que não participou da relação jurídica de direito material ou processual não será afetado pela eficácia das relações consumadas (art. 506 do CPC). Porém, a realidade demonstra que sua intervenção antecipada poderá ser útil para a proteção de sua esfera jurídica, além de representar medida de economia processual.

Na análise das diversas modalidades de intervenção seguiremos a exposição sistemática adotada pelo Código de Processo Civil. Ela facilita a exposição e a organização mental da matéria. A *economia processual* está na base de configuração da intervenção de terceiros, o que também pode ser dito em relação ao *princípio da tipicidade*, uma vez que a relação jurídico-processual não pode ser turbada pela inserção de um terceiro fora das previsões legais. Tal liberdade geraria graves transtornos ao bom andamento do processo, pela inexistência de limites e parâmetros a serem obedecidos. As modalidades de intervenção de terceiros constituem-se por iniciativa das partes (autora e ré) ou por iniciativa do terceiro que busca ingressar na relação processual.[1] Ao juiz caberá unicamente o controle de admissibilidade, mas nunca a iniciativa quanto à intervenção. Seu controle visa a garantir a regularidade da relação processual, e apenas quando ela estiver exposta a alguma invalidade o juiz velará pela boa prestação da tutela jurisdicional (*e.g.*: art. 115, parágrafo único, do CPC).

O objeto desta exposição está centrado nas modalidades de intervenção de terceiros, com fulcro no processo de conhecimento. Acontece que o terceiro também se manifesta no processo de execução mediante formas específicas, as quais não estão atreladas às estruturas tradicionais previstas para o processo de conhecimento, ante a peculiaridade da via *in executivis*.[2] Isto revela as dificuldades de investigação do processo de execução, sempre relegado a um abismo negro, principalmente pela ausência de uma teoria geral devidamente aplicável aos seus institutos fundamentais. No processo cautelar as dificuldades também são grandes, ante a peculiaridade desta modalidade de prestação jurisdicional. No processo cautelar algumas modalidades de intervenção poderão esboçar conveniência, desde que coerentes com a estrutura do procedimento (art.

1. Como esclarece Dinamarco (*Intervenção de Terceiros*, p. 21), as formas de intervenção podem ser classificadas em *voluntárias*, quando tenham a finalidade de propiciar um julgamento favorável ao terceiro, mesmo em face do processo pendente *inter alios*, propiciando economia processual; ou *coatas*, quando visem a propiciar maior utilidade à parte em vista do processo pendente.
2. Como informa Araken de Assis: "Discrepantemente da disciplina outorgada ao processo de conhecimento, as ações executivas reguladas no Livro II do Código apresentam modalidades próprias de intervenção de terceiro" (in José Rogério Cruz e Tucci (coord.), *Processo Civil – Evolução – 20 Anos de Vigência*, p. 8). Defendendo a possibilidade da utilização da assistência simples e litisconsorcial na execução: Luiz Fux, *Intervenção de Terceiros*, p. 5.

301 do CPC).³⁻⁴ A intervenção no processo executivo e no processo cautelar será objeto de comentários incidentais, obedecendo à topologia e à sequência do Código de Processo Civil. Este pequeno trabalho tem como objetivo preliminar oferecer um panorama da intervenção em função do novo Código de Processo Civil.

## 2. Breve notícia legal e histórica da assistência no ordenamento pátrio

Não iremos realizar nenhuma incursão histórica profunda sobre o instituto, o que não impede algumas considerações gerais sobre seus antecedentes. O Direito Romano, fonte primeira de toda incursão histórica sobre qualquer instituto civil, não previa a assistência na forma como a conhecemos hoje. Todavia, segundo ensinamento de Hellwig, as raízes do instituto se faziam presentes.⁵ Como asseverou Maynz, reconhecia-se na esfera processual a possibilidade de pluralidade de sujeitos processuais e, posteriormente, a permissão da incursão de terceiros na demanda.⁶

3. Já tivemos oportunidade de apreciar pedido de denunciação da lide em sede cautelar relativo à produção antecipada de prova. Objetivava-se permitir a participação do futuro litisdenunciado na produção da prova pericial. Entretanto, como a denunciação importa paralisação do procedimento e a prova pericial exigia urgência, em virtude de o produto ser perecível, o pedido foi denegado, pois, se deferido fosse, levaria ao efeito contrário, ou seja, impediria que a perícia atestasse se o produto estava com defeito ou se deteriorou por ultrapassar sua validade. O deferimento deste tipo de medida exige análise criteriosa, em vista dos interesses colidentes.
4. O Livro III do processo cautelar foi eliminado, mas o remorso do legislador pode ser intuído pelo art. 301 do CPC, que procura exemplificar as medidas cautelares que poderão ser objeto de pedido. Na verdade, as medidas permanecem, mas com a necessidade de obedecer ao rito genérico do art. 305 do CPC.
5. "Die Nebenintervention (früher: akzessorische Intervention) hat ihre Wurzeln im römischen Recht." Hellwig (*Lehrbuch des Deutschen Zivilprozessrecht*, vol. II, § 135, p. 476) faz referência expressa ao Livro IV de Gaio bem como ao *Digesto*, indicando as possíveis formas de assistência. Segundo o grande processualista alemão, o termo *intervenire* (*dazwischentreten*) era utilizado nas fontes, indistintamente, como expressão atrelada ao direito material e ao processual. De qualquer modo, o termo não teria jamais o sentido de justificar a participação do terceiro como auxiliar da parte, até porque, na acepção processual, *intervenire* significava a assumir a demanda de outrem (*übernahme des Prozesses an Stelle eines anderes*). Teria sido no período clássico, em virtude de um *rescripto* de Antonino Pio, que o *intervenire* passou a ter significado mais próximo daquele que hoje conhecemos como "assistência". O terceiro que demonstrasse interesse (*cuuis interest*) poderia aderir ao processo (*causae adesse*) e, inclusive, apelar de modo autônomo (*selbständig appellieren*).
6. Maynz, *Cours de Droit Romain*, vol. I, § 66, p. 563.

A assistência estaria consubstanciada já na terceira fase do processo civil clássico, no período da *cognitio extra ordinem*.[7]

Na legislação nacional encontramos o Código de Processo Civil de 1939, o qual foi extremamente lacônico quanto à matéria, pois previa a assistência em único dispositivo, nos termos do art. 93: "Quando a sentença houver de influir na relação jurídica entre qualquer das partes e terceiro, este poderá intervir no processo como assistente, equiparado ao litisconsorte".[8] Segundo doutrina majoritária, valendo-se da interpretação literal do dispositivo, o legislador anterior previa apenas a assistência qualificada, ou litisconsorcial.[9] O texto legal havia sido infeliz, pois negava distinção realizada pela ZPO alemã e já incorporada pelo arts. 17 e 22 do Código da Bahia, cujo estatuto era de nítida inspiração germânica.[10]

Anteriormente a esses diplomas vamos encontrar o Regulamento 737/1850, que baralhava os conceitos de assistência simples e litisconsorcial e até confundia o instituto com o litisconsórcio.[11] A doutrina também titubeava na definição dos contornos do assistente e de sua atividade em juízo. Eis as palavras de Pereira e Souza: "Assistente é a pessoa do juízo que n'elle vem defender súa propria causa, juntamente com a alheia".[12] Referida definição acaba englobando a figura da assistência litisconsorcial. Ainda no Código de Processo Civil de 1939 foi grande a polêmica quanto à interpretação do art. 93, uma vez que havia dissenso quanto a

---

7. Moacyr Lobo da Costa, *Assistência*, pp. 8-9.

8. Ubiratan de Couto Maurício, *Assistência Simples no Direito Processual Civil*, p. 17.

9. Nesse sentido: Gabriel de Rezende Filho, *Curso de Direito Processual Civil*, vol. I, p. 137.

10. Cf. art. 17 Código da Bahia, *in verbis*: "Quem tenha interesse jurídico em que a decisão de uma causa, pendente entre outras pessoas, seja favorável a uma das partes pode intervir no processo em auxilio della, como assistente". Eis o art. 22, *in verbis*: "Si pela natureza da relação jurídica controvertida ou por disposição de lei a sentença proferida na causa é directamente efficaz para a relação jurídica entre o assistente e o adversário da parte assistida, a posição daquelle no processo é a de um litisconsorte". Para consulta: Eduardo Espínola, *Código do Processo do Estado da Bahia*, vol. I, pp. 328-336.

11. Regulamento 737/1850, art. 123: "O assistente é aquele que intervém no processo para defender o seu direito juntamente com o do autor ou réu". V. comentários de Eduardo Espínola, *Código do Processo do Estado da Bahia*, cit., vol. I, p. 329. Esta confusão havia sido detectada por Gusmão, *Processo Civil e Comercial*, p. 507. No mesmo sentido: Frederico Marques, *Instituições de Direito Processual Civil*, vol. II, p. 274.

12. Pereira e Souza, *Primeiras Linhas sobre o Processo Civil*, p. 48.

saber se o dispositivo abarcava a assistência simples e a litisconsorcial.[13] O Código de 1973 teve o mérito técnico de estabelecer a distinção entre a figura do assistente simples e a do litisconsorcial, ocupando-se a doutrina em estabelecer os contornos de aplicação e incidência do instituto. O diploma atual eliminou qualquer dúvida, firmando a posição do Direito Alemão.

Na verdade, perante o novo Código de Processo Civil existe uma reordenação na matéria, sem alteração quanto ao instituto da assistência simples ou litisconsorcial. Talvez o maior ponto de indagação em relação ao instituto seja sua aproximação com a figura do *amicus curiae*, o que exige uma diferenciação, em vista da positivação desta ultima, conforme o art. 138 do CPC.[14]

13. Não resta a menor dúvida de que a interpretação literal do dispositivo comentado não permitiria concluir pela adoção da assistência qualificada ou litisconsorcial. Todavia, a melhor doutrina da época, desapegada do exegetismo característico do século XIX (*in claris cessat interpretatio*), entendia que o verbo "influir" permitia a incorporação da assistência simples junto ao ordenamento pátrio. Neste sentido: Pontes de Miranda, *Comentários ao Código de Processo Civil* (de 1939), t. I, pp. 357-359; Waldemar Mariz de Oliveira Jr., *Substituição Processual*, p. 67.

14. A jurisprudência demonstra a tentativa de utilização de ambas as figuras de modo indiscriminado: "Agravo regimental interposto contra decisão que indeferiu o pedido de ingresso de parte em feito mandamental, na condição de assistente simples; a parte agravante reitera seu pedido para ingressar como assistente simples ou como *amicus curiae* e demanda que sejam conhecidos os embargos de declaração opostos. É sabido que o rito mandamental não comporta o ingresso posterior de assistentes ou de demais intervenientes, nos termos do § 2º do art. 10 da Lei n. 12.016/2009 – Precedente: AgRg no MS n. 15.298-DF, rel. Min. Og Fernandes, 1ª Seção, *DJe* 14.10.2014. 'O rito procedimental do mandado de segurança é incompatível com a intervenção de terceiros, *ex vi* do art. 24 da Lei n. 12.016/2009, ainda que na modalidade de assistência litisconsorcial, na forma da jurisprudência remansosa do STF' (MS 32.074-DF, rel. Min. Luiz Fux, 1ª Turma, processo eletrônico publicado no *DJe* em 5.11.2014). Ademais, a jurisprudência do STJ firma que o instituto do *amicus curiae* não é servível para os fins de intervenção no feito com a oposição de embargos de declaração, uma vez que tal atuação é permitida somente para dotar a controvérsia jurídica com mais fundamentos, e não para a representação ou defesa de interesses – Precedente: ED no REsp 1.418.593-MS, rel. Min. Luís Felipe Salomão, 2ª Seção, *DJe* 18.6.2014 – Agravo regimental improvido" (STJ, 2ª Turma, RMS/Pet/AgR 45.505-PE, rel. Min. Humberto Martins, j. 10.3.2015, *DJe* 13.3.2015).
A leitura do julgado demonstra que o próprio STJ terá que rever seu posicionamento, pois a admissão do *amicus curiae*, mesmo no mandado de segurança, não deve ser vedada, uma vez que ele atua como colaborador para a formação do convencimento, e sua intervenção poderá ser provocada pelo juiz (art. 138 do CPC). Além disso, para determinadas hipóteses ele terá a possibilidade de apresentar os embargos de declaração (art. 138, § 1º, do CPC).

## 3. Topologia da assistência no Direito alienígena

No Direito alienígena, o Código de Processo Civil português traz a previsão apenas da assistência simples, conforme redação do art. 326º,[15] regulando-a como meio de intervenção acessório e espontâneo.[16] A figura compatível com nossa assistência litisconsorcial estará embasada em uma modalidade de intervenção litisconsorcial, conforme previsão do art. 311º[17] (intervenção de litisconsorte).[18]

O *Nouveau Code de Procédure Civile* prevê, especificamente no art. 328, as modalidades voluntárias de intervenção (*intervention volontaire*).[19] Ela poderá ser principal, na qual o terceiro assume a qualidade de litisconsorte (art. 329),[20] ou acessória, quando o terceiro apenas apoia e auxilia uma das partes (art. 330).[21] Estas duas modalidades assemelham-se à intervenção litisconsorcial voluntária e à assistência simples, respectivamente. De qualquer forma, é interessante a observação de Jean Vincent quanto à diferenciação das condições da intervenção, o que também vale para o nosso sistema, pois o juiz deverá determinar, quando o pedido não mencionar, a qualidade da assistência que será prestada. Isto é fundamental, ainda mais ante a diversidade dos efeitos da

---

15. CPC português, art. 326º: "Estando pendente uma causa entre duas ou mais pessoas, pode intervir nela como assistente, para auxiliar qualquer das partes, quem tiver interesse jurídico em que a decisão do pleito seja favorável a essa parte. 2. Para que haja interesse jurídico, capaz de legitimar a intervenção, basta que o assistente seja titular de uma relação jurídica cuja consistência prática ou econômica dependa da pretensão do assistido". Trata-se da redação do atual Código, conforme a Lei 41/2013, mas sem alteração no tratamento da matéria.

16. V.: Salvador da Costa, *Os Incidentes da Instância*, p. 156.

17. CPC português, art. 311º: "Estando pendente causa entre duas ou mais pessoas, pode nela intervir como *parte principal* aquele que, em relação ao seu objeto, tiver um interesse igual ao do autor ou do réu, nos termos dos arts. 32º, 33º e 34º".

18. Ainda que sua colocação tenha sido feita com base no Código anterior, o ensinamento de Vicente Greco Filho continua válido: "A assistência conhecida no vigente Direito Português e admitida no art. 340º do seu Código é a chamada assistência simples, não se prevendo a hipótese de assistência qualificada ou litisconsorcial" (*Da Intervenção de Terceiros*, p. 53).

19. V.: *Code de Procédure Civile*, p. 346. Ainda: Natalie Fricero e Pierre Julien, *Procédure Civile*, p. 56; Jacques Héron, *Droit Judiciaire Privé*, pp. 705-707.

20. *Nouveau Code de Procédure Civile*, art. 329: "L'intervention est principale lorsqu'elle élève une prétention au profit de celui qui la forme. Elle n'est receivable que si son auteur a le droit d'agir relativement à cette prétention".

21. *Nouveau Code de Procédure Civile*, art. 330: "L'intervention est accessoire lorsqu'elle appuie les prétentions d'une partie. Elle est receivable si son auteur a intérêt, pour la conservation de ses droits, à soutenir cette partie".

intervenção e dos poderes e faculdades processuais.[22] No Direito Italiano a modalidade de intervenção voluntária, que corresponde à assistência, está disciplinada no art. 105, que engloba também a figura da intervenção principal. O dispositivo é alvo de crítica, pela previsão lacônica.[23] A ZPO constitui nossa fonte de referência direta quanto aos dispositivos concernentes à assistência. A lei processual alemã prevê ambas as modalidades, sendo a primeira delineada pelo § 66 (*Nebenintervention*)[24] e a segunda pelo § 69 (*streitgenossische Nebenintervention*).[25] A ZPO ainda influenciou claramente a denominada eficácia da intervenção (*Wirkungen der Nebenintervention*), bem como o procedimento de ingresso na relação processual (*Beitritt des Nebenintervenienten*).[26]

## 4. Aspectos preliminares sobre a assistência

A assistência configura uma modalidade interventiva que se situava numa zona cinzenta pelo Código de Processo Civil de 1973, pois não estava inserida no capítulo da intervenção de terceiros. O erro foi corrigido pelo novo Código, que agora inaugura o Título III do Livro III da Parte Geral com a previsão da assistência no Capítulo I (arts. 119 a 124).

---

22. Jean Vincent e Serge Guinchard, *Procédure Civile*, pp. 707-709. Segundo eles, a intervenção principal que se assemelha à nossa assistência litisconsorcial seria uma intervenção "en vertu d'un droit propre", enquanto a intervenção acessória, correspondente à assistência simples, se daria "à titre conservatoire" (ob. cit., p. 708).

23. O dispositivo será objeto de comentários mais adiante. Eis sua redação: "Art. 105. Ciascuno può intervenire in un processo tra altre persone per far valere, in confronto di tutte le parti o di alcune di esse, un diritto relativo all'oggetto o dipendente dal titolo dedotto nel processo medesimo. Può altresi intervenire per sostenere le ragioni di alcuna delle parti, quando vi ha un proprio interesse".

24. ZPO, § 66: "Wer ein rechtliches Interesse daran hat, dass in einem zwischen anderen Personen anhängigen Rechtsstreit die eine Partei obsiege, kann dieser Partei zum Zwecke ihrer Unterstützung beitreten" ("Quem possui um interesse jurídico em que perante uma lide pendente entre outras pessoas uma das partes seja vitoriosa pode se associar a esta parte com o objetivo de apoiá-la" – tradução livre).

25. ZPO, § 69: "Insofern nach den Vorschriften des bürgerlichen Rechts die Rechtskraft der in dem Hauptprozess erlassenen Entscheidung auf das Rechtsverhältnis des Nebenintervenienten zu dem Gegner von Wirksamkeit ist, gilt der Nebenintervenientent im Sinne des § 61 als Streitgenosse der Hauptpartei" ("Sempre que, segundo as disposições da lei civil, a coisa julgada oriunda da decisão proferida no processo principal surta eficácia quanto à relação jurídica do assistente com a parte contrária, o assistente, nos termos do § 61, será considerado litisconsorte da parte principal" – tradução livre).

26. Sobre o assunto: Thomas/Putzo, *Zivilprozessordnung – Kommentar*, pp. 127-131.

Uma análise rente à natureza do instituto demonstra que a atitude do legislador em não incluir a assistência como modalidade de intervenção era descabida. O assistente, ao ingressar na relação jurídica, não realiza qualquer pedido próprio, ou seja, não traz para o processo pretensão própria, e, desta forma, não influi na delimitação do objeto litigioso (*Der Streitgegenstand*).[27] Sua atividade está centrada no auxílio e colaboração para que uma das partes saia vitoriosa no processo, seja o autor, pelo acolhimento do pedido, ou o réu, pelo reconhecimento da defesa direta ou indireta produzida no processo.[28] Em outras palavras: o assistente representa o terceiro, por excelência.

Neste ponto o Código de Processo Civil atual andou bem, pois acompanhou o Código de 1973 e eliminou a dubiedade da caracterização da assistência que marcou o diploma de 1939, o qual previa a figura da assistência simples e litisconsorcial em um único dispositivo, representado pelo art. 93.[29] Esta previsão lacônica provocou dúvida na doutrina quanto à admissão dual da assistência em simples e qualificada. A redação atual não deixa dúvida quanto à admissão de ambas as previsões (arts. 121 e 124 do CPC).[30]

27. Clara a lição do Direito Alemão, a qual se aplica integralmente ao nosso sistema, quanto à impossibilidade de o assistente modificar o pedido ou realizar qualquer ato de disposição: "Der Streitgehilfe musst auch nicht zur Klageänderung oder zur Verfügung über den Streitgegenstand befugt (Anerkenntnis, Verzicht, Vergleich)" (Blomeyer, *Zivilprozessrecht*, § 112, p. 644). Segundo abalizada lição de Athos Gusmão Carneiro: "O terceiro, ao intervir no processo na qualidade de assistente, não formula pedido algum em prol de direito seu. Torna-se sujeito do processo, *mas não se torna parte*" (*Intervenção de Terceiros*, p. 123). Esta colocação é importante, pois há uma tendência de conceituar o terceiro como aquele que ainda não é parte no processo. Desta forma, após sua admissão na relação processual, aquele que antes era estranho assume o *status* de "parte". Isto acontece em algumas situações, como na oposição, quando o terceiro formula pedido próprio, ou na nomeação, quando há autêntica substituição do polo. Mas na assistência a realidade se mostra diversa; afinal, não há qualquer influência do assistente sobre o mérito da demanda, exceto quanto ao auxílio prestado ao assistido na produção de provas, interposição de recurso, impugnação de documentos e demais faculdades processuais, que serão analisadas oportunamente.

28. Como ensina Arruda Alvim, o fundamento da intervenção do assistente reside na "vantagem, eventualmente originável da sentença favorável ao assistido (...)" (*Comentários ao Código de Processo Civil*, vol. III, p. 40).

29. Como apontou Waldemar Mariz de Oliveira Jr., o conceito de assistência suscitou muita dúvida na doutrina e na lei processual anterior, pois se aludia à assistência "como sendo a intervenção de terceiro que comparecia à lide para defender o seu direito juntamente com o do autor ou com o do réu" (*Teoria Geral do Processo Civil*, vol. I, p. 271).

30. A doutrina brasileira, desde o período dos Códigos estaduais, sempre foi polêmica quanto à classificação e à topologia da assistência, como se observa do

Mediante a análise das formas previstas para a assistência, fica claro que a modalidade da assistência simples reflete situação na qual a intervenção é fruto de ato de terceiro (intervenção espontânea).[31] O assistente simples não terá uma relação jurídica direta e imediata com a parte adversa do assistido, e apenas atuará no interesse de uma das partes, como auxiliar no litígio (*Streithelfer*).[32] Na assistência litisconsorcial ou qualificada, ao contrário, o assistente receberá influxo direto oriundo da sentença proferia entre o assistido e a parte contrária. Portanto, é lícito afirmar que entre o assistente litisconsorcial e a parte contrária existe relação jurídica sobre a qual recairá o comando sentencial e influenciará diretamente sua posição jurídica (art. 124 do CPC).[33] É o que disciplina o art. 109 do CPC quando se opera a alienação da coisa ou do direito litigioso. Não existindo consenso da parte adversa quanto à substituição do polo passivo, e desde que a recusa seja motivada, o alienante ou cedente continuará no processo. O sucessor poderá, contudo, ingressar como assistente litisconsorcial, e o próprio texto legal não deixa dúvida quanto à modalidade de assistência, *ex vi legis*: "Estendem-se os efeitos da sentença, proferida entre as partes originárias ao adquirente ou ao cessionário" (art. 109, § 3º, do CPC). O novo CPC eliminou, no art. 109, § 2º, qualquer dúvida quanto à natureza da assistência: "O adquirente ou cessionário poderá intervir no processo como *assistente litisconsorcial* do alienante ou cedente" (grifos nossos).

Nesta situação teremos, indiscutivelmente, hipótese de assistência litisconsorcial.[34] Estas colocações iniciais demonstram que a dubiedade

estudo de José Antônio Almeida de Amazonas: "No Direito Brasileiro sempre se houve por certo não ser o assistente parte na causa, por isso que o terceiro intervém para ajudar uma das partes, autor ou réo, ainda quando, com isto, defenda direito seu" (*Assistência*, p. 15).

31. Salvador da Costa, *Os Incidentes da Instância*, cit., p. 157.

32. Rosenberg/Schwab/Gottwald, *Zivilprozessrecht*, p. 302.

33. "Eine streitgenössische Nebenintervention liegt dann vor, wenn zwischen dem Nebenintervention und der Gegenpartei ein Rechtsverhältnis besteht, für welches die Rechtskraft der Entscheidung des Hauptprozesses von Wirksamkeit ist" (Rosenberg/Schwab/Gottwald, *Zivilprozessrecht*, cit., p. 302).

34. Não é correto o exemplo fornecido por Waldemar Mariz de Oliveira Jr. quando qualifica o sublocatário como assistente litisconsorcial (*Teoria Geral do Processo Civil*, cit., vol. I, pp. 272-273). O interesse jurídico do sublocatário é jurídico, mas reflexo, pois não tem pretensão contra o proprietário. No entanto, é correta sua conclusão, ainda que no regime do Código de Processo Civil de 1939, quanto a não considerar o assistente litisconsorcial como parte, pois "o assistente, na realidade, não é litisconsorte, mas apenas equipara-se a este no que concerne à sua atuação processual" (p. 273).

topológica do instituto não é infundada. Todavia, a redação do art. 119 reforça o argumento de que a assistência é uma forma de intervenção de terceiro: "Pendendo causa entre duas ou mais pessoas, o terceiro juridicamente interessado em que a sentença seja favorável a uma delas poderá intervir no processo para assisti-la".[35]

A classificação da assistência como modalidade de intervenção de terceiros ainda enfrenta um obstáculo. Quando se diferenciam os conceitos de *parte* e *terceiro*, a distinção básica nasce da conclusão de que terceiro será todo aquele que não for parte. Contudo, após sua admissão no processo o terceiro se torna parte. Este raciocínio vale para o réu chamado ao processo assim como para o nomeado (conforme o art. 338 do CPC), que poderá ser parte temporária no processo. Entretanto, este raciocínio não nos parece válido para o assistente. Mesmo após sua admissão na relação processual o assistente se comportará como terceiro. Este rigor é diminuído em relação ao assistente litisconsorcial, em virtude do que dispõe o art. 124 do CPC. Mas a equiparação realizada pelo texto não é total, porque sua intervenção não será admitida para modificar o objeto litigioso da demanda. Isto permite concluir que a assistência configura uma modalidade genuína de intervenção de terceiros.

## 5. *Finalidade e alcance da assistência*

A redação do art. 121 do CPC é autoexplicativa. A finalidade do instituto (*Interventionsgrund*) não é outra senão propiciar que um terceiro auxilie uma das partes no sucesso da demanda.[36] Mas é preciso ter em mente que o assistente não é um altruísta, pois seu ingresso estará

---

35. Clara e precisa a lição de Ovídio Baptista da Silva, com indicação da origem dessa topologia: "Assistência é forma típica de intervenção de terceiro, embora o Código, inspirado nas lições de Carnelutti – que preferia indicar o assistente como sujeito da ação, em oposição à parte principal, que seria sujeito da lide –, não a tenha incluído no capítulo dedicado à intervenção de terceiros, preferindo tratá-la ao lado do litisconsórcio, como se o assistente fosse uma parte secundária, ou acessória" (*Comentários ao Código de Processo Civil*, vol. I, p. 256). Em posição intermediária, com foco na distinção entre as modalidades de assistência: Arruda Alvim, *Comentários ao Código de Processo Civil*, cit., vol. III, p. 6.

36. Como atestou Hellwig, a pretensão do assistente qualifica-se pelo interesse na vitória daquele a quem auxilia, "ist das Interesse an dem Obsiege der zu unterstüzenden Hauptpartei" (*Lehrbuch des Deutschen Zivilprozessrecht*, cit., vol. II, § 135, p. 479). Ainda neste sentido Rosenberg/Schwab/Gottwald: "Der Nebenintervenient muss nach Maßgabe der im Hauptprozess aufgestellten Parteibehauptungen ein rechtliches Interesse am Sieg der Hauptpartei haben" (*Zivilprozessrecht*, cit., § 47, p. 263). Na ZPO (lei processual alemã) a previsão da assistência encontra supedâneo no § 66.

condicionado à demonstração de interesse jurídico que justifique sua participação na relação processual.[37] Via de regra, faltará interesse jurídico para a assistência quando a participação do assistente não propiciar qualquer vantagem (*Vorteil*) ou sua ausência não revelar qualquer prejuízo (*Nachteil*) para sua esfera jurídica.[38]

A assistência pode ser ofertada tanto para o autor como para o réu. É ampla a possibilidade de sua utilização, pois o legislador não restringiu seu emprego a qualquer tipo de procedimento ou grau de jurisdição (art. 119, parágrafo único, do CPC).[39] Isto significa afirmar que a assistência é cabível, em tese, nos processos de conhecimento, de execução e cautelar.[40] No processo de conhecimento poderá ter cabimento no procedimento ordinário e no sumário. Veda-se sua utilização no procedimento

---

37. "'A lei processual exige, para o ingresso de terceiro nos autos como assistente simples, a presença de interesse jurídico, ou seja, a demonstração da existência de relação jurídica integrada pelo assistente que será diretamente atingida pelo provimento jurisdicional, não bastando o mero interesse econômico, moral ou corporativo' (AgR na Pet nos EREsp n. 910.993-MG, rela. Min. Eliana Calmon, Corte Especial, j. 17.12.2012, republ. *DJe* 19.2.2013, *DJe* 1.2.2013). No presente caso, não ficou demonstrado pelo Conselho Federal da Ordem dos Advogados do Brasil – CFOAB – o necessário interesse jurídico no resultado da demanda, o que inviabiliza o seu ingresso no feito como assistente simples. No julgamento do REsp n. 1.152.218/RS, rel. Min. Luís Felipe Salomão, julgado em 7.5.2014, *DJe* 9.10.2014, a Corte Especial pacificou seu entendimento, submetendo-o à sistemática dos recursos repetitivos, no sentido de que os créditos resultantes de honorários advocatícios têm natureza alimentar e equiparam-se aos trabalhistas para efeito de habilitação em falência – Embargos de divergência providos" (STJ, Corte Especial, EREsp 1.351.256-PR, rel. Min. Mauro Campbell Marques, j. 17.12.2014, *DJe* 19.12.2014).

38. Rosenberg/Schwab/Gottwald, *Zivilprozessrecht*, cit., p. 304.

39. O que inclui a possibilidade de assistência em grau de recurso especial e extraordinário. Nesse sentido: STJ, 1ª Turma, AGP 200701121127-PB, rela. Min. Denise Arruda, *DJU* 5.11.2007, p. 223.

40. O argumento tecido por Sérgio Ferraz quanto ao descabimento da assistência nos processos de execução e cautelar não é correto, pois entende o ilustre jurista inexistir "lide a ser julgada" (*Assistência Litisconsorcial no Direito Processual Civil*, p. 103). No processo cautelar, ainda que residual a hipótese, poderá ocorrer o julgamento de mérito quando o juiz pronuncie a decadência do direito que fundamentaria a pretensão do processo principal. Todavia, mesmo fora desta hipótese, como o processo cautelar tem por fim tornar útil o resultado da demanda futura, nada impede o ingresso do assistente nesta fase, como meio de otimizar a posição da parte assistida. O art. 119 fala em "sentença"; logo, sentença existirá, sendo que a melhor definição para a análise do cabimento da assistência reside na *eficácia da sua utilização*; em outras palavras: na demonstração do interesse jurídico. Isto pode ser fundamental em medidas específicas, como na *ad perpetuam rei memoriam*. No processo cautelar, o STJ já se pronunciou pela impossibilidade da denunciação da lide, mas pela viabilidade da assistência, conforme o REsp 213.556-RJ (rela. Min. Nancy Andrighi, j. 17.9.2001).

sumaríssimo do Juizado Especial (art. 10 da Lei 9.099/1995). Aliás, a celeridade não fica demasiadamente comprometida com a participação do assistente, porque sua atuação é limitada, na medida em que não exerce pretensão própria no processo. No processo de execução seria duvidosa sua admissão. Explica-se: a assistência pressupõe a necessidade de auxílio para compor o litígio. Não pode o assistente modificar o objeto litigioso, mas pode interferir no objeto do processo (*v.g.*: suscitar exceções), o que pressupõe fase cognitiva, ainda que sumária (como no processo cautelar). Na execução a cognição é rarefeita, sendo nula ou extremamente insignificante a possibilidade de atuação do assistente. O art. 119 do novo CPC repete o termo "sentença", constante do art. 50 do Código de 1973, sendo o motivo que levou Araken de Assis a visualizar a possibilidade do instituto na seara executiva.[41] A posição defendida merece reflexão. Numa primeira leitura, a posição do jurista parece ser extremamente formal e com apego acentuado à interpretação literal do art. 795 do CPC de 1973, cujo dispositivo equivalente é o atual art. 925, o qual se refere ao término do processo executivo: "A extinção só produz efeito quando declarada por sentença".[42] Sabe-se que esse provimento é meramente processual, uma sentença de mero encerramento.[43] Todavia, isto não elimina situações em que poderá ocorrer sentença de mérito no processo de execução. Muito embora o art. 925 do CPC não revele a produção de coisa julgada material, não podemos olvidar que o juiz poderá conhecer de questões incidentes, como prescrição, decadência e pagamento, que são causas de resolução da execução com análise do mérito. Tome-se como exemplo o pedido de assistência com apresentação de exceção de pré-executividade, com argumento de decadência. Para estes exemplos a assistência seria a fonte catalisadora de autêntica sentença de mérito (art. 487 do CPC) em plena seara executiva.[44] Na verdade, o ordenamento jurídico é infenso a soluções prontas e acabadas, e dependerá do exame

41. Araken de Assis, *Manual da Execução*, p. 427.

42. A jurisprudência vacila sobre a possibilidade da assistência. No STJ prepondera a tese de que sua admissão depende unicamente da demonstração do interesse jurídico, e não meramente econômico (4ª Turma, Ag/AgR/AgR 1.278.735-SP, rel. Min. Marco Buzzi, j. 18.4.2013, *DJe* 8.5.2013). Existem manifestações pela sua negativa na relação executiva: "Não tendendo o processo de execução à obtenção de sentença, não se pode admitir a assistência, nos termos do art. 50 do CPC" (TRF-2ª Região, 3ª Turma Especial, Ag 2004.02.01.010232-3, rel. Des. federal Paulo Barata, *DJU* 4.10.2005, p. 194).

43. José de Moura Rocha, *Comentários ao Código de Processo Civil*, vol. IX, p. 355.

44. Sobre o mérito na execução: José Miguel Garcia Medina, *Processo Civil Moderno*, vol. 3, "Execução", p. 259.

de cada caso concreto. Esta também é a solução indicada por Rosenberg/ Schwab/Gottwald para o Direito Alemão. Embora se reconheça que a assistência é voltada para o processo de conhecimento, que termina por sentença (*Urteilsverfahren*), a dogmática alemã não fecha as portas para a assistência dentro de outros procedimentos em que não há sentença de mérito, embora se reconheça a existência de decisão judicial que finalize a relação processual (*Entscheidungsverfahren*). Nesta configuração se incluem os processos monitório e cautelar ("wie das Mahnverfahren, Beweisverfahren, der Arrestprozess und das Verfahren der eintsweiligen Verfügung").[45]

A assistência está vocacionada para o processo de conhecimento, pois é ali que o auxílio surtirá maior efeito, até mesmo porque o *efeito da intervenção* preencherá o tipo do art. 123 do CPC, adequadamente, nas sentenças proferidas de acordo com o art. 487. Em procedimentos especiais, como na ação de mandado de segurança, não há obstáculo quanto à assistência simples e qualificada.[46] O STJ não admite a assistência no mandado de segurança, mas sua negativa prende-se unicamente à sumariedade e à cognição concentrada, o que não impede que o assistente se manifeste no processo. A cognição horizontal e vertical limitada no mandado de segurança não se revela como efeito limitador para que o assistente possa alegar matéria de direito.

### 6. Modalidades de assistência (simples e litisconsorcial)

O ordenamento jurídico brasileiro permite diferenciar duas espécies de assistência. Fala-se em *assistência simples*, cuja regra-matriz está alocada na previsão estatuída pelo art. 121 CPC, quando o assistente tem interesse jurídico no sucesso de uma das partes no litígio. Esse interesse há de ser necessariamente jurídico para gerar a possibilidade de seu auxílio na demanda;[47] contudo, deverá ter base econômica ou moral,

---

45. Rosenberg/Schwab/Gottwald, *Zivilprozessrecht*, cit., § 50, p. 303.
46. Sérgio Ferraz, *Mandado de Segurança (Individual e Coletivo) – Aspectos Polêmicos*, p. 75.
47. Contra: Chiovenda, que reputava suficiente um interesse de fato (*Instituciones de Derecho Procesal Civil*, vol. II, pp. 269-270). Correto Blomeyer, pois a adesão exige o interesse jurídico na vitória como forma de fundamentar seu apoio à pretensão da parte: "Der Beitritt erfordert das rechtlich Interesse am Sieg der unterstützten Partei, den sog. *Interventionsgrund*" (*Zivilprozessrecht*, cit., § 112, p. 642). Neste sentido é clara a jurisprudência: "Nos termos do art. 50 do CPC, a assistência pressupõe o interesse jurídico de terceiro, em processo no qual contendam duas ou mais pessoas, de que a sentença seja favorável a uma delas. Esta Corte já decidiu que

como substrato do móvel que determina sua adesão ao processo.[48] Fique claro, portanto, que o mero interesse econômico não é suficiente para que a assistência seja admitida ("Ein bloß wirtschaftliches Interesse reicht nicht aus"[49]). O reflexo desta afirmação impede que terceiros venham pleitear sua admissão no processo muito embora possam ser afetados indiretamente pela autoridade da coisa julgada. O credor não terá legitimidade para ingressar no processo como assistente para resguardar o patrimônio do devedor comum e garantir o pagamento do seu título no momento do vencimento.[50] Ao credor prejudicado por atividade fraudulenta do devedor o ordenamento põe à disposição meios específicos para sua defesa. O mesmo se diga da participação do assistente fundada em relação de amizade ou parentesco (*Freundschaft oder Verwandtschaft*). Tais circunstâncias não autorizam o pedido de assistência.[51] A definição fornecida pelo estatuto processual português é lapidar (art. 326º, segunda parte): "Para que haja interesse jurídico, capaz de legitimar a intervenção, basta que o assistente seja titular de uma relação jurídica cuja consistência prática ou econômica dependa da pretensão do assistido". Pela definição fornecida compreende-se que o interesse jurídico do assistente está vinculado à pretensão deduzida na demanda do assistido. Este vínculo pode ser explicado pela relação direta com o assistido e indireta com a parte

não basta o interesse corporativo ou institucional para que a assistência seja admitida" (STJ, 2ª Turma, REsp/AgR 1.389.427-RS, rel. Min. Mauro Campbell Marques, j. 26.11.2013, *DJe* 4.12.2013).

48. Somente o interesse jurídico é tutelado pelo ordenamento, ainda que tenha reflexo econômico, moral ou científico. Para o direito de ação o interesse assume conotação especial, pois representa a necessidade e a utilidade da via judicial para o alcance do interesse primário que não foi satisfeito de forma espontânea (v. Arruda Alvim, *Tratado de Direito Processual Civil*, vol. II, p. 384).

49. Blomeyer, *Zivilprozessrecht*, cit., § 112, p. 643.

50. Neste sentido: "A natureza jurídica da ação de desapropriação é de direito real, porque fundada sobre o direito de propriedade. 2. O interesse jurídico a ser demonstrado na assistência simples, disciplinada pelo art. 50 do CPC, nesse tipo de ação, deve corresponder a algum direito real sobre o imóvel. 3. Se os recorrentes detêm apenas direito obrigacional oponível contra a pessoa do expropriado, descabe admiti-los na condição de assistentes. 4. Precedente da 2ª Turma no REsp n. 337.805-PR. 5. Recurso especial provido" (STJ, 2ª Turma, REsp 404.093-PR, rela. Min. Eliana Calmon, *DJU* 21.6.2004, p. 191).

51. É clara a lição de Rosenberg/Schwab/Gottwald: "Der Begriff des rechtlichen Interesses darf nicht eng formalisch abgegrenzt werden; es braucht nicht gerade ein vermögensrechtliches zu sein. Aber ein *bloß tatsächliches* oder *wirtschaftliches Interesse* infolge *von Freundschaft* oder *Verwandtschaft* oder gleich Lage oder infolge einer Beteiligung am Vermögen der Hauptpartei, z.B als Aktionär oder Gesellschafter einer GmbH usf. Genügt nicht" (grifos nossos) (*Zivilprozessrecht*, cit., § 50, p. 304).

contrária (assistência simples) ou pela relação direta com ambas as partes do processo principal (assistência litisconsorcial). Há uma relação de prejudicialidade entre as posições jurídicas ocupadas por ambos. O insucesso do assistido provoca reflexo direto na situação jurídica do assistente.

A segunda forma de assistência está prevista no art. 124 do CPC. Ela é denominada de "assistência litisconsorcial", porque o terceiro não tem apenas o interesse jurídico reflexo na solução favorável da demanda. Na modalidade prevista pela art. 124 do CPC o assistente atua como se fosse um litisconsorte do assistido. Isto acontece porque possui pretensão harmônica com uma das partes e antagônica em relação à outra – ou seja: tem relação jurídica com a parte *ex adversa* do assistido. Isto é suficiente para diferenciá-lo do opoente, cujo procedimento está deslocado para a seara dos procedimentos especiais pelo novo Código de Processo Civil (art. 682). Na oposição a pretensão do terceiro é colidente com ambas as partes (autor e réu). Na assistência litisconsorcial sua pretensão será colidente com apenas uma das partes.

Em resumo, podemos concluir que na *assistência simples* o assistente intervém em processo alheio com o objetivo de auxiliar no sucesso da demanda, em vista do seu interesse jurídico reflexo. Os fatos jurídicos que serão imunizados pela autoridade da coisa julgada hão de influir na relação jurídica do assistente simples de forma indireta (*e.g.*: declaração de nulidade da escritura pública lavrada pelo tabelião, que poderá ensejar *actio civilis ex delicto* posterior). Na *assistência litisconsorcial* a relação jurídica decidida influi diretamente na situação jurídica do assistido. Isto provoca a conclusão inevitável de que o assistente litisconsorcial atuará como parte, porém com poderes limitados, em virtude de sua participação serôdia na relação processual (art. 124 do CPC). É importante delimitar as diferenças entre ambas as modalidades, especialmente quanto à eficácia da coisa julgada, tomando-se como base o disposto pelo art. 123 do CPC.

## 6.1 Diferenciação entre a assistência simples e a litisconsorcial

As duas formas de assistência merecem um exame detido quanto às suas dessemelhanças, justamente pela dificuldade teórica e prática em realizar uma nítida diferenciação. Fato que contribuiu ainda mais para o baralhamento é a ausência de reflexão quanto aos elementos que norteiam cada um dos institutos, o que provoca confusão na aplicação de ambas as modalidades.[52]

52. Como exemplo citamos posição do STJ que afirmou a condição de assistente litisconsorcial da seguradora. Discordamos desse posicionamento, pois o interesse da

Na assistência simples o assistente tem um interesse jurídico, mas reflexo. Isto significa que a solução do litígio entre o autor e o réu não irá afetá-lo diretamente, porque não tem relação jurídica imediata com a parte adversa do assistido e, da mesma forma, o objeto litigioso não lhe diz respeito. O fato de o assistido não ter relação jurídica imediata com a parte contrária não elimina os efeitos diretos provocados pela eventual sentença de procedência contra o assistido. Basicamente, os efeitos contra o assistente simples serão de ordem fática e jurídica. Tome-se como exemplo a clássica situação do locatário e do sublocatário. Quando o proprietário do imóvel esteja retomando o bem mediante a utilização de uma ação de despejo, fica claro que o sublocatário será atingido pelo conteúdo da decisão, ante o efeito constitutivo-negativo e executivo da sentença. A decisão irá afetá-lo de forma direta, pois, resolvida a locação, o sublocatário, ainda que não tenha relação jurídica direta com o proprietário, será desalojado do imóvel, com a extinção da sublocação.[53] Este fato não elimina a dura realidade: uma vez extinta a relação jurídica-base, a secundária também findará. Outro exemplo (muito utilizado pela doutrina alemã para identificar a posição jurídica – *Rechtslage* – do assistente) é o da intervenção do tabelião. A influência da relação jurídica principal entre o assistido e seu adversário não alcançará o campo fático, como na

seguradora na demanda de indenização é reflexo e eventual; portanto, de assistência simples. Não há qualquer união com a parte quanto ao objeto litigioso: REsp 679.352, 5.9.2005. Aliás, o v. acórdão, citado na *RePro* 105/366, com doutrina de Arruda Alvim, aponta para o sentido oposto, pois o que caracteriza o assistente litisconsorcial é a pretensão material sobre o objeto do processo (*RePro* 105/367). Neste sentido: Genacéia da Silva Alberton, *Assistência Litisconsorcial*, p. 18.

A questão é polêmica no próprio STJ, como aponta o ilustre Min. Beneti: "Com a denunciação da lide inaugura-se uma nova relação processual, em que o réu do processo originário passa a figurar como autor da lide secundária, estabelecida em face do terceiro denunciado, com quem mantém vínculo jurídico, no intuito de que este responda em regresso, na hipótese de sucumbência do denunciante. *Quanto à controvérsia em si, e passando ao largo da discussão acerca da natureza jurídica que o denunciado assume no processo, isto é, se assistente simples, assistente litisconsorcial ou litisconsorte*, tal qual enuncia o art. 75, I, do CPC, em qualquer caso tem-se-lhe reconhecido, e não poderia ser diferente, o interesse em oferecer resistência, de forma ampla, à pretensão deduzida pelo adversário do denunciante, tendo em vista que o desfecho da demanda principal poderá repercutir na demanda secundária – Recurso especial provido" (grifos nossos) (3ª Turma, REsp 900.762-MG, rel. Min. Sidnei Beneti, j. 12.2.2008, *DJe* 25.4.2008).

53. Observa-se que o locatário é possuidor indireto de segundo grau (*Stufenbesitz*), e com a perda da posse indireta resolve-se a posse direta, que volta ao proprietário do imóvel.

hipótese da sublocação.⁵⁴ O exemplo é lembrado por Rosenberg/Schwab/ Gottwald: "Suponha uma ação relativa a um contrato notarial. *[Escritura pública]* O réu contesta, alegando a existência de defeito de forma. O notário ingressará como assistente do autor e auxiliará no processo, porque, se o contrato for nulo devido ao vício de forma, o autor terá uma pretensão de indenização contra o notário; sendo assim, o notário tem interesse no sucesso do autor"⁵⁵ (tradução livre). O assistente simples auxilia com o objetivo de *prevenir* – o que nos leva a aceitar a noção de que esta modalidade tem *função preventiva*. A questão é realçada por Arruda Alvim quando analisa a intervenção do tabelião na demanda que envolve discussão sobre a existência de vício formal de escritura. Deve-se levar em consideração que a demanda poderá ser acolhida por outro motivo. Se assim fosse, o tabelião não seria alvo de qualquer pretensão regressiva da parte sucumbente (*e.g.*: não pagamento do preço).⁵⁶ Todavia, o mero interesse econômico na demanda não permite o ingresso do terceiro como assistente. Em ação de desapropriação, o terceiro titular de pretensão contra o expropriado tem legitimidade para ingressar como assistente simples e pode apontar vícios formais do processo de desapropriação. Todavia, sua posição jurídica de terceiro de boa-fé não surtirá eficácia contra a Administração Pública. O terceiro deverá pleitear seus direitos sobre o valor da sub-rogação.⁵⁷

54. O que se explica pela diversidade de eficácias das ações. Na rescisão da locação a demanda é executiva, e na ação de nulidade do registro a demanda é constitutiva negativa; portanto, esgotando sua eficácia no mundo jurídico (*Sollen*).

55. "Eine Klage aus einem notariellen Vertrag. Der Beklagte bestreitet dessen Formrichtigkeit. Der Notar tritt dem Kläger als Nebenintervenient bei und führt dessen Prozess, weil, wenn der Vertrag wegen Formmangels nichtig ist, der Kläger den Notar auf Schadensersatz in Anspruch nehmen wird, der Notar also ein Interesse am Obsiegen des Klägers hat" (Rosenberg/Schwab/Gottwald, *Zivilprozessrecht*, cit., § 47, p. 261).

56. Cumpre salientar que o conteúdo do auxílio também será limitado, pois o tabelião não poderá defender a validade formal e material do negócio jurídico, posto que a matéria lhe é estranha. Deverá intervir sustentando a integridade do seu ato, ou seja, a validade da escritura pública elaborada. Neste sentido é precisa a lição de Jauernig: "Der Notar als Nebenintervenienten kann nicht behaupten, dass der Grundstückskaufvertrag formgültig sei" (*Zivilprozessrecht*, § 83, p. 321).

57. "O STJ firmou o entendimento de que o interesse jurídico a ser demonstrado na assistência simples em ação de desapropriação deve corresponder a algum direito real sobre o imóvel. Na hipótese dos autos, o Tribunal de origem reconheceu que os pretensos adquirentes do imóvel expropriado possuem interesse jurídico de ingressar na demanda, pois detêm direito real sobre a propriedade em litígio e serão atingidos diretamente pela coisa julgada no processo" (STJ, 2ª Turma, REsp 1.095.295-PE, rel. Min. Herman Benjamin, j. 25.8.2009, *DJe* 31.8.2009; ainda: STJ, REsp 337.805, j. 9.12.2002).

## 7. Assistente litisconsorcial e sua dupla função ("Doppelstellung")

O mesmo não ocorre na assistência litisconsorcial. O reflexo propiciado na situação jurídica do assistente litisconsorcial será *direto*, e *não reflexo*. Há uma tendência a equiparar o assistente litisconsorcial à figura do litisconsorte. Todavia, esta comparação não é totalmente correta. O assistente litisconsorcial diferencia-se do simples pela união íntima com o objeto litigioso do processo.[58] Como informa a melhor doutrina, o assistente litisconsorcial possui um duplo papel na relação processual (*Doppelstellung*), o que lhe confere uma posição (*Rechtslage*) peculiar, pois terá o mesmo *status* da parte principal, contudo numa função limitada ao auxílio na demanda já proposta (*Streithelfer*). É preciso lembrar que sua intervenção é posterior; logo, não modifica ou adiciona o pedido formulado inicialmente, muito embora a decisão sobre a lide o afete diretamente.[59] Seu interesse não está inserido na relação jurídica secundária, tal como o sublocatário ou o tabelião. Na averiguação da manifestação da assistência litisconsorcial ter-se-ão, muitas vezes, situações de autênticos litisconsortes tardios. Dentre estas hipóteses encarta-se a situação do litisconsórcio facultativo-unitário, que informa a legitimação do condômino ou compossuidor. Quando um dos coproprietários ou compossuidores assume a defesa da propriedade ou posse comum, os demais compossuidores ou coproprietários poderão intervir no processo como assistentes litisconsorciais. O assistente litisconsorcial, na forma como está regulado no Código de Processo Civil, estará vinculado à autoridade da coisa julgada, bem como à eficácia da intervenção (*Interventionswirkung*), nos moldes do disposto pelo art. 123. O regime da unitariedade em relação ao objeto litigioso impede sua exclusão dos limites subjetivos da coisa julgada, pois não atuou efetivamente como parte na relação processual.[60]

Outro ponto extremamente importante na diferenciação entre o assistente simples e o litisconsorcial reside na atividade processual deste

---

58. Genacéia da Silva Alberton, *Assistência Litisconsorcial*, cit., p. 67.

59. Daí o acerto da melhor doutrina em firmar o entendimento quanto ao fato de o assistente litisconsorcial guiar uma ação estranha, pois não participou da formação do objeto litigioso: "Als Nebenintervenient führt er einen fremden Rechtsstreit" (Rosenberg/Schwab/Gottwald, *Zivilprozessrecht*, cit., § 50, p. 314).

60. Pela extensão da coisa julgada ao assistente litisconsorcial: Jauernig, *Zivilprozessrecht*, cit., § 83, p. 321; Arruda Alvim, *Comentários ao Código de Processo Civil*, vol. II, p. 86; Barbosa Moreira, *Litisconsórcio Unitário*, pp. 142 e ss.; Eduardo Talamini, *Coisa Julgada e sua Revisão*, p. 118. Contra: Athos Gusmão Carneiro, *Intervenção de Terceiros*, cit., pp. 136-137.

último assistente que atua no processo como parte. Apesar de não estar autorizado a modificar o objeto litigioso, o assistente litisconsorcial exerce as mesmas faculdades da parte principal no processo.[61] Como sua situação jurídica é equiparada à do litisconsorte, para fins de atividade processual, seus poderes são mais amplos, o que inclui a prática de atos contrários aos do assistido. Todavia, não poderá o assistente litisconsorcial praticar qualquer ato de renúncia ou disposição que possa prejudicar a situação do assistido (art. 117 do CPC). Na verdade, o assistente litisconsorcial não poderia praticar atos de disposição, como o reconhecimento ou a desistência, porque não tem a direção do processo e não tem legitimidade, nesta relação processual, para dispor sobre o objeto litigioso. As limitações à atividade do assistente litisconsorcial (*Beschränkungen*) não impedem que exerça suas faculdades de parte principal, como requerer a produção de provas documentais, exibição de documentos em posse de terceiros, realização da prova pericial, pedido para inspeção judicial, oferecimento de impugnação ou incidente de desconsideração (art. 133 do CPC), oferecimento de exceção, apresentação de recurso autônomo. Todas estas faculdades permitem que o assistente litisconsorcial supra a omissão (*Abwesenheit*) ou o silêncio (*Stillschweigen*) da parte principal (*Hauptpartei*).

Importante lembrar que o assistente (simples ou litisconsorcial) se sujeitará à prática dos atos processuais consumados (preclusão consumativa). Não será lícito reabrir a fase processual para a prática de ato sobre o qual se operou a preclusão. Esta solução é indicada pela parte final do parágrafo único do art. 119 do CPC, o qual é cristalino quanto a afirmar que a assistência tem lugar em qualquer grau, mas o assistente receberá o processo "no estado em que se encontre".

O assistente litisconsorcial sofre diretamente o influxo da coisa julgada, porque sua posição está entrelaçada com a da parte assistida. Apesar de não ser um litisconsorte na acepção literal, o art. 124 do CPC determina que a influência sobre sua esfera jurídica, em relação à parte adversa, será direta. Esta colocação sugere o regime da unitariedade entre o assistido e o assistente, pois a relação jurídica de direito material não terá como ser julgada de maneira diversa para um e para outro.

---

61. Como se sabe, o pedido formulado pelo autor (*Antrag*) acaba constituindo o objeto litigioso da demanda. Desta forma, a limitação à alteração do objeto litigioso inclui a impossibilidade da reconvenção, do pedido contraposto e da ação declaratória incidental, que representam formas de aumento do objeto litigioso pela cumulação de pretensões. Neste sentido: Thomas/Putzo, *Zivilprozessordnung – Kommentar*, cit., p. 129.

O elemento característico da assistência litisconsorcial é a defesa de um interesse direto na relação jurídica com a parte adversa; ao contrário do assistente simples, que não é titular de nenhuma relação jurídica direta, apenas indireta. Contudo, observa-se grande polêmica e obscuridade na tentativa de definir seus contornos. Não é correto afirmar que o assistente litisconsorcial será sempre um litisconsorte facultativo-unitário que ingressou serodiamente na relação processual. Os exemplos fornecidos por Arruda Alvim, como o do usufrutuário na ação reivindicatória contra o nu-proprietário ou, ainda, a participação do herdeiro na ação do executor testamentário, comprovam esta assertiva.

Os litisconsortes tardios não estarão aptos a modificar os termos da pretensão deduzida, o que provoca sua participação tardia como assistentes litisconsorciais. Esse fenômeno é característico da assistência no polo ativo. Caso o pedido fosse dirigido contra os condôminos, compossuidores, todos deveriam ser citados, em vista da unitariedade.

## 8. Assistência litisconsorcial em ações coletivas: arts. 91 e 94 do CDC

Nas ações coletivas é plenamente possível a configuração da assistência litisconsorcial. A determinação da modalidade cabível dependerá da situação concreta a ser enfrentada no processo.[62] Estas hipóteses, já admitidas na Lei da Ação Popular, encontram sintonia com a Lei da Ação Civil Pública. É possível que um colegitimado realize seu ingresso em fase posterior do processo como assistente litisconsorcial, uma vez que o direito coletivo também lhe diz respeito, ainda que não se trate de litisconsórcio necessário, em função da legitimação concorrente e disjuntiva. O maior problema reside na possibilidade de participação do indivíduo na ação coletiva. O art. 94 do CDC permite um regime diferenciado de participação. O dispositivo permite a figura da assistência litisconsorcial, a qual se revela perigosa e até prejudicial para o legitimado individual. Não se trata de possibilidade de intervenção litisconsorcial voluntária, ou o regime de legitimação para a propositura das ações coletivas estaria quebrado. O inconveniente na intervenção litisconsorcial são os efeitos de extensão da coisa julgada, os quais devem ser lidos com base no art. 124 do CPC. Se a demanda for julgada improcedente, o legitimado individual não poderá repropor o pedido por meio do ajuizamento de ação individual.

62. Rodolfo de Camargo Mancuso, *Ação Civil Pública*, pp. 293-295.

## 9. Litisconsórcio ulterior e assistência litisconsorcial

O regime do art. 123 do CPC aproxima o assistente litisconsorcial do assistido, a tal ponto que a doutrina vacila em considerá-lo autêntico litisconsorte, porém tardio. A figura híbrida da assistência litisconsorcial tem origem na construção dogmática alemã, que procurou conciliar o interesse do terceiro em participar da lide como parte principal, sem o intuito de excluir as partes principais, mas, sim, de auxiliar uma delas, em vista da sua ligação íntima com o objeto litigioso da demanda.[63] Há uma tendência de equiparação entre o assistente litisconsorcial e o litisconsorte, seja pela classificação doutrinária dos institutos ou mesmo pela simetria dos exemplos assimiláveis às hipóteses. Não obstante, a pretensa união não resiste a uma depuração mais elaborada dos referidos institutos. Perante o Código da Bahia, Eduardo Espínola, com base na doutrina de Gaupp e Stein, diferenciava claramente as figuras do litisconsorte e do assistente litisconsorcial.[64]

A primeira diferenciação crucial entre ambas as figuras reside na pretensão de direito material deduzida em juízo. Não há uma similitude obrigatória quanto às pretensões. O exemplo narrado inicialmente para distinguir o assistente simples do litisconsorcial baseou-se no art. 109 do CPC, relativo à alienação do objeto litigioso. Este exemplo é suficiente para indicar que a relação entre a parte assistida e o assistente não se amolda numa situação de litisconsórcio ulterior, pois revela exemplo de sucessão processual incompleta, pela discordância manifestada pelo autor da ação quanto ao ingresso do sucessor no processo (art. 109, § 1º, do CPC).[65] O eventual assistente, ao ingressar no processo, encontrará

---

63. Ovídio Baptista da Silva, *Comentários ao Código de Processo Civil*, cit., vol. I, p. 272.

64. "O assistente, em taes casos, vale como litisconsorte, embora não seja propriamente um litisconsorte, pois nem accionou nem foi accionado: defende seu direito no processo alheio. D'ahi uma serie de effeitos de espécies differentes. Como assistente que é, não pode formular pedidos para si, não tem o poder de modificar o objecto do pleito; a sentença ainda que atinja seu direito não é proferida a seu favor ou contra elle" (Eduardo Espínola, *Código do Processo do Estado da Bahia*, cit., vol. I, p. 337).

65. Correto o posicionamento de Sérgio Ferraz quanto à autêntica natureza jurídica do instituto, que é a sucessão das partes; porém, discordamos de que o art. 42 revele hipótese de litisconsórcio ulterior. Pela leitura do dispositivo abrem-se duas opções. Ou ocorre a sucessão processual, com exclusão da parte originária, ou o substituto atuará como assistente litisconsorcial. Desta forma, sendo inconfundíveis os institutos da assistência e do litisconsórcio ulterior, não há que se falar em formação acidental de litisconsórcio ulterior. Eis o pensamento do insigne jurista: "O instituto da sucessão das partes no processo pode, em verdade, dar ensejo à formação de um

uma demanda formada e sem qualquer possibilidade de ingerência sobre o objeto litigioso, sendo-lhe concomitantemente vedada qualquer alteração indireta, mediante reconvenção ou propositura de ação declaratória incidental. Isto não significa que ficará afastado da autoridade da coisa julgada, o que leva o ordenamento a permitir sua participação como assistente litisconsorcial, pois o regime da unitariedade que o liga ao assistido determinará o alcance e a eficácia da coisa julgada. Desta conclusão percebe-se a existência de pontos de contato entre os institutos.

O assistente litisconsorcial será invariavelmente atingido pela coisa julgada, ainda que não participe da relação processual com o assistido. O litisconsorte ulterior, na modalidade facultativa, somente será atingido quando inserido na relação processual, sob pena de infringência ao art. 506 do CPC.

Quanto à extensão da coisa julgada, vale lembrar que a solução apontada para o assistente litisconsorcial não se aplica ao assistente simples, pois ele não será atingido pela autoridade, apenas pelos efeitos da coisa julgada. Constitui ponto pacífico que toda sentença irradia sua eficácia para aqueles que convivem no meio social, mas ela se torna indiscutível apenas para as partes litigantes. O sublocatário, que não possui pretensão própria inserida na lide principal, será afetado de forma mediata, pois é dependente da relação jurídica que suporta com o locatário. A eficácia executiva *lato sensu* da sentença o atingirá de *forma indireta*, sob o ponto de vista jurídico, e de *forma direta*, sob o ponto de vista fático.

Não é tarefa fácil buscar a diferença entre ambas as figuras. Ovídio Baptista, após longa análise histórica e crítica sobre a tentativa da doutrina alemã de criar uma figura intermediária entre a intervenção principal (*Hauptintervention* – classificada como oposição pelo Código de Processo Civil) e a assistência simples (*Nebenintervention*), alcançou resultado tímido, e concluiu pela necessidade de separação dos litisconsortes dos assistentes litisconsorciais.[66] Mesmo após a digressão da copiosa doutrina, ainda não visualizamos um critério seguro para distinção. Parece-nos que a solução do saudoso Athos Gusmão Carneiro ainda é a preferível, ao encarar o problema sob o ponto de vista prático. Para o jurista gaúcho o ponto seguro de diferenciação será o *elemento cronológico*. Quanto à posição do assistente, em relação à autoridade da coisa julgada o assisten-

litisconsórcio. Tal, porém, é acidental. O elemento caracterizador do fenômeno é a substituição, a qual, acidentalmente, pode originar um litisconsórcio" (Sérgio Ferraz, *Assistência Litisconsorcial no Direito Processual Civil*, cit., p. 48).

66. Ovídio Baptista da Silva, *Comentários ao Código de Processo Civil*, cit., vol. I, pp. 272-299.

te litisconsorcial será atingido em função do regime da unitariedade que o une ao assistido.⁶⁷ Parcela da doutrina apresenta irresignação quanto a esta solução, o que também se aplica para a solução do litisconsórcio facultativo-unitário.

Em abordagem sintética e precisa, Sérgio Ferraz apresenta conclusão lúcida sobre o tema. Analisando as hipóteses de litisconsórcio ulterior, como abordagem preliminar ao exame da assistência litisconsorcial, o ilustre jurista conclui que o autêntico litisconsórcio ulterior restaria qualificado apenas pela hipótese do *litisconsórcio facultativo comum*.⁶⁸ Realmente, seria impróprio aludir ao litisconsórcio ulterior na modalidade necessária, visto que sua obrigatoriedade tornaria a sentença sem efeito para quem não participou do processo, abrindo ensejo para sua nulidade e rescisão. As hipóteses de litisconsórcio necessário ativo ou passivo revelam situações em que a participação das partes é essencial para o aperfeiçoamento da própria relação angular. Desta forma, não há que se falar em litisconsórcio necessário ulterior, visto que até sua efetiva realização a relação processual não estará adequadamente formada, permitindo ao juiz o manejo do art. 115, parágrafo único, do CPC, cujo não atendimento gerará a resolução do processo sem análise do mérito (art. 485, IV, do CPC).⁶⁹ Situação imprópria (mas que merece consideração ao

67. Arruda Alvim tem posicionamento vinculado à parcela da doutrina alemã que atrela o assistente litisconsorcial à autoridade da coisa julgada, *in verbis*: "Além de ser alcançado pela justiça da decisão, quem foi assistente litisconsorcial o é pela coisa julgada material, inexoravelmente" (*Comentários ao Código de Processo Civil*, cit., vol. III, p. 86). A bem da verdade, ainda que o assistente litisconsorcial não seja parte, não há como se afastar a autoridade da coisa julgada, pois a decisão sobre o objeto litigioso irá influir diretamente sobre o assistente litisconsorcial. Isto não elimina a possibilidade de que proponha a ação rescisória ou a ação anulatória ou declaratória como meio de afastar a coisa julgada. Será terceiro prejudicado, apto a pedir a rescisão do julgado.

68. Sérgio Ferraz, *Assistência Litisconsorcial no Direito Processual Civil*, cit., p. 49.

69. Como esclarecem Comoglio, Ferri e Taruffo, analisando dispositivo similar no Direito Italiano, a participação de todos os litisconsortes na causa poderá revelar situação crucial para que o juiz exerça seu poder-dever de manifestação sobre o mérito da demanda, o que justifica o rigor da norma jurídica em determinar a extinção do processo: "Le partecipazione di tutti i litisconsorti è quindi condizione di legittimo esercizio del potere-dovere del giudice di pronunciarsi sul merito della causa. Per evitare, in quanto possibile, che il processo si svolga in queste condizioni di contraditório cosiddetto *non integro*, la legge attribuisce al giudice in corso di causa, qualora si avveda che la regola della leggitimazione congiunta ad agire è violata, il potere di ordinare alle parti, entro termini perentori, di chiamare in causa i litisconsorti che non sono presenti nel processo. Se all'ordine del giudice non è data esecuzione,

lado do litisconsórcio facultativo-simples) é a reunião dos processos por conexão. É possível que ocorra a junção de dois processos, com partes diversas, que tenham em comum a causa de pedir ou o pedido (art. 55 do CPC), que deverão ser julgados em conjunto, com o fim de evitar decisões conflitantes.

Conclui-se que as figuras do assistente litisconsorcial e do litisconsorte ulterior não se confundem. Ainda que não seja simples a diferenciação, uma observação prática demonstra que o legislador vocacionou o instituto da assistência litisconsorcial para permitir o auxílio por parte daquele que será inexoravelmente atingido pelo efeito da coisa julgada. Será, em grande parte dos casos, um litisconsorte facultativo vinculado em regime de unitariedade ao objeto litigioso. Seus poderes e faculdades não são idênticos aos do litisconsorte ulterior, pois sequer poderá oferecer pretensão própria no processo. Como ficou demonstrado, será restrita a possibilidade de formação de litisconsórcio ulterior.[70] Nosso sistema não aderiu à solução portuguesa, que confere maior elastério ao ingresso e à participação do litisconsorte tardio através da intervenção espontânea adotada pelo Direito Português, prevista no art. 321º: "O interveniente principal faz valer um direito próprio, paralelo ao do autor ou do réu, apresentando o seu próprio articulado ou aderindo aos apresentados pela parte com quem se associa". Ao contrário, nosso Código repudia a figura do litisconsórcio ulterior, por infringência ao princípio do juiz natural (art. 286, II, do CPC).

O certo é que o assistente e o litisconsorte ocupam, perante nosso sistema, posições diversas, o que impede qualquer confusão entre ambas as figuras. O assistente litisconsorcial na maioria das vezes será um litisconsorte que perdeu a oportunidade de deduzir sua pretensão e de influir no objeto litigioso, e que agora colabora intensamente com o lado assistido. Inconfundíveis ambas as figuras.[71]

il processo si estingue" (*Lezioni sul Processo Civile*, vol. I, pp. 364-5). No Direito Italiano, conforme já mencionado, a regra está insculpida no art. 102 do *Codice di Procedura Civile*.

70. Como ensina Arruda Alvim: "O litisconsórcio ulterior é formado pelo ingresso de um litigante que, em tudo e por tudo, tem sua situação jurídica parificada à do litigante primitivo" (*Comentários ao Código de Processo Civil*, cit., vol. III, p. 7).

71. Como ensina Vicente Greco Filho, na chamada *intervenção litisconsorcial* "não há intervenção de terceiro, mas ampliação da lide, devendo a sentença abranger, também, o objeto da nova ação proposta" (*Da Intervenção de Terceiros*, cit., p. 54). Como sabemos, o que diferencia a assistência da intervenção litisconsorcial é justamente a impossibilidade de o assistente ampliar, reduzir ou modificar o objeto litigioso.

## 10. Pressupostos para o cabimento da assistência

### 10.1 Litispendência

A assistência só tem cabimento quando exista uma lide pendente. Desta forma, a pendência de uma lide entre autor e réu é essencial, inclusive, para averiguar a existência do interesse do assistente em sua participação na relação processual. A redação do art. 119 do CPC, primeira parte, não desmente a afirmação: "Pendendo uma causa entre duas ou mais pessoas, (...)" (*Anhängigkeit des Hauptprozesses*).[72] Como assevera Blomeyer, esta adesão (*Beitritt*) poderá ocorrer tanto no polo ativo como no passivo, mas exige a litispendência.[73] Esta advertência parece clara, não só pela dicção do texto legal, mas pelo fato de que a atividade de "assistir a alguém" comporta participar em uma relação jurídica previamente existente. A litispendência, em nosso sistema, exige o ato citatório válido, computando-a expressamente como um dos seus efeitos, nos termos do art. 240 do CPC.[74] Esta regra valerá tanto para a assistência simples quanto para a litisconsorcial. Não só encontramos o termo *a quo* perante a previsão do parágrafo único do art. 119 do CPC, mas o termo *ad quem*, que se encerrará com o trânsito em julgado da decisão. A menção expressa "em todos os graus de jurisdição" deixa explícita a possibilidade de intervenção do assistente mesmo em grau de recurso especial ou extraordinário, muito embora seja temerária sua participação nessa fase, pela limitação de sua atividade processual e pelo efeito limitador do art. 123 do CPC.

### 10.2 Preenchimento dos pressupostos processuais

Além da litispendência, como requisito específico para o cabimento da assistência, cabe indagar se o terceiro deverá preencher todos os

---

72. "Es muss ein Rechtsstreit, der sogenannte Hauptprozess, zwischen anderen Personen schon und noch anhängig sein" (§ 66, I, ZPO). Como se observa, o requisito é exigido pela lei alemã, como ensinam Rosenberg/Schwab/Gottwald: "Der Hauptprozess muss schon anhängig, d.h., die Klage oder der Antrag eingereicht sein oder gleichzeitig mit dem Beitritt des Nebenintervenienten anhängig warden" (*Zivilprozessrecht*, cit., § 47, p. 262).

73. "Die Nebenintervention ist zulässig, sobald und solange der Hauptprozess anhängig, d.h., rechtshängig ist der Beitritt ist in jeder Lage des Prozesses, auch mit Einlegung von Rechtsmitteln, möglich." A possibilidade da interposição do recurso (*Rechtsmitteln*) advém da previsão expressa desta faculdade pelo assistente junto ao § 66, II, da ZPO.

74. CPC, art. 240: "A citação válida, ainda quando ordenada por juiz incompetente, induz litispendência, torna litigiosa a coisa e constitui em mora o devedor, ressalvado o disposto nos arts. 397 e 398 da Lei n. 10.406, de 10 de janeiro de 2002 (Código Civil)".

requisitos formais exigidos para a ação principal. A resposta é negativa. A questão foi captada com maestria por Arruda Alvim: "O interesse jurídico do assistente não se confunde com o interesse de agir, desde que ele não vai exercer o direito de ação".[75] Realmente, o assistente, em qualquer modalidade (simples ou litisconsorcial), não exercitará pretensão própria em juízo. Isto elimina a necessidade de que seu pedido, formalmente, preencha os mesmos requisitos genéricos exigidos do autor para a propositura da ação. Os requisitos são apenas aqueles exigidos pelos arts. 119 e ss. De qualquer forma, alguns requisitos mínimos deverão ser observados.

### 10.2.1 Capacidade material, processual e postulatória

O assistente deverá comprovar que é capaz de ser *parte*, conceito que é haurido de nosso Código Civil (arts. 3º e 4º, c/c o art. 7º, do CPC).[76] Eventual incapacidade poderá ser suprida pela assistência, que revela hipótese de integração, ou pela representação, quando houver a mutilação total. O assistente também deverá comprovar sua capacidade processual, pois, embora possa ter capacidade para estar em juízo, poderá lhe faltar a capacidade processual. Discutível se o assistente necessita de atos de legitimação específica para demonstrar sua capacidade processual, como o consentimento ou outorga uxória do cônjuge, quando a assistência for prestada em ações petitórias. O assistente se submeterá às mesmas exigências (art. 73 do CPC). Poder-se-ia objetar com o argumento de que o assistente não é afetado pela coisa julgada do processo em que o assistido foi auxiliado. Todavia, os efeitos oriundos da assistência também são prejudiciais, pois o assistente, englobando-se o cônjuge, não poderá mais rediscutir a justiça da decisão em outra lide, nos termos do art. 123 do CPC, exceto mediante a comprovação de incidência das causas excludentes do art. 123, I e II. A capacidade postulatória há de ser normal, pois não se concebe, com raras exceções, que a parte realize pedido sem a assistência de advogado.

### 10.2.2 Petição inicial

O assistente deverá apresentar o pedido de forma escrita (*Schriftsatz*). A petição não conterá a estrutura exigida pelo art. 319 do CPC; afinal, a causa de pedir e o pedido são exigências específicas de quem fixa o objeto litigioso da demanda. O assistente deverá expor de forma

---

75. Arruda Alvim, *Comentários ao Código de Processo Civil*, cit., vol. III, p. 37.

76. Sobre a capacidade jurídica: Fabio Caldas de Araújo e José Miguel Garcia Medina, *Código Civil Comentado*, pp. 34 e ss.

sucinta os fatos que originam seu interesse em juízo, demonstrando sua vinculação com a relação litigiosa. Somente após o deferimento de seu ingresso é estará habilitado a realizar postulações que venham a auxiliar o assistido. O pedido de assistência é ato de postulação, e obedece à exigência do art. 103 do CPC. A petição deverá ser subscrita por advogado devidamente inscrito. O pedido intentado sem o mandato judicial será considerado ato processual inexistente.

## 11. Procedimento da assistência

O parágrafo único do art. 119 do CPC revela o procedimento da assistência. O pedido devidamente formalizado deverá ser atravessado ao processo pendente. Esta conclusão advém da interpretação do art. 120 do CPC. A redação atual do Código é lacônica, mas pela leitura do parágrafo único do art. 120 percebe-se que a formação do incidente será obrigatória quando ocorrer impugnação ao pedido de assistência. O pedido somente será desentranhado em caso de impugnação, o que pressupõe a adesão da petição do assistente ao processo em que intervém. Mesmo com a formação do incidente não há suspensão do processo.

Apresentado o pedido, a petição será distribuída no juízo por onde corre a demanda do assistido. A regra do art. 61 do CPC não permite conclusão diversa e nem concede outra alternativa ao assistente. Mas é conveniente lembrar que a regra da competência poderá ser alterada, como na hipótese em que a União se habilita como assistente (*e.g.*: art. 5º, parágrafo único, da Lei 9.469/1997).

Com os autos conclusos, é possível que o juiz indefira, de plano, o pedido de assistência quando verificar que o interesse que motiva a participação do terceiro no processo é meramente moral – portanto, sem reflexo jurídico na esfera do interveniente. Não sendo causa para o indeferimento *in limine*, as partes serão intimadas sobre o ingresso do assistente no processo. Quando falamos em "indeferimento *in limine*" significa que o juiz tem poder de controle oficioso sobre o pedido de assistência, apesar do silêncio do art. 120 do CPC. Esse controle é exercido sobre os pressupostos processuais de existência e validade específicos para que o pedido possa ser conhecido. Além disso, o juiz examinará as *condições da intervenção*. Não são as condições da ação, porque o assistente não formula pretensão própria – logo, não faz pedido. O juiz analisará as condições exigidas para sua intervenção como assistente: *legitimidade*, *interesse jurídico na relação* e *cabimento da assistência* em vista do procedimento.

Não sendo rejeitada a intervenção, *ab initio*, as partes serão intimadas. O texto não alude à intimação, mas ela será essencial para que a intervenção possa ser aceita ou impugnada harmonicamente pelas partes. O prazo para a impugnação será de 15 dias, sujeitando-se às regras ordinárias de contagem. A intimação abrirá a possibilidade da criação de um incidente (*Zwischenstreit*). Nosso Código de Processo Civil modelou-se no § 71, I, da ZPO. Abre-se uma fase para a impugnação do pedido de assistência; contudo, sem suspensão do processo.[77] A impugnação poderá ser oferecida por ambas as partes. Ao contrário de outros sistemas, o Direito Brasileiro franqueou a possibilidade de impugnação por parte do assistido.

Inexistindo impugnação, não há que se falar em aceitação tácita do terceiro, pois sua participação exige o preenchimento dos pressupostos processuais e das condições elencadas para a assistência. Aceitar a inclusão do terceiro pela ausência de impugnação seria retirar o controle oficioso do juiz sobre a relação processual. O magistrado poderá indeferir a assistência mesmo após a manifestação expressa de aceitação de uma ou de ambas as partes, desde que aponte defeito insanável que não permita a participação do terceiro (*e.g.*: ausência de interesse jurídico). O indeferimento pode ser *in limine*, ou seja, antes da abertura de prazo para manifestação das partes; ou após o contraditório previsto pelo art. 120, parágrafo único, do CPC. O magistrado poderá ter atentado para algum fato importante não percebido inicialmente, ainda que ausente a impugnação de uma das partes, o que será suficiente para motivar sua decisão de recusa da assistência. Sobre a possibilidade de emenda do pedido de assistência, não há qualquer óbice quanto à sua aceitação, com base na aplicação analógica do art. 321 do CPC. O magistrado poderá determinar a produção de prova sobre fato indispensável para a solução correta do incidente. Sua atividade probatória (art. 370 do CPC) revela compromisso com a pacificação do conflito, e não com o favorecimento de uma das partes.

O prazo de 15 dias é preclusivo. Trata-se de prazo peremptório. Não observado o prazo, as impugnações serôdias serão desconsideradas. Apenas questões que se encontram dentro do poder de apreciação *ex officio* poderão ser conhecidas pelo juiz. Apresentada impugnação, o

---

77. "Über die Zulassung des Nebenintervention kann ein besonderer Zwischenstreit (Interventionsstreit) entstehen, sofern eine Partei des Hauptprozesses die Zurückweisung der Nebenintervention beantragt (§ 71, I)" (Rosenberg/Schwab/Gottwald, *Zivilprozessrecht*, cit., p. 264).

desentranhamento e a formação do incidente serão obrigatórios, como meio de não tumultuar a relação processual.

O juiz poderá requerer documentos e determinar diligências para a solução da impugnação. O art. 120 do CPC não repete a previsão do art. 51, II, do CPC de 1973: "autorizará a produção de provas". A omissão do dispositivo não implica qualquer limitação, o que inclui até a oitiva de testemunhas. Estas diligências, todavia, não terão o condão de suspender o andamento do processo, o que motiva celeridade quanto à decisão do incidente, porque o assistente não estará autorizado a auxiliar o assistido enquanto sua participação não for admitida expressamente no processo. Mesmo que o art. 120, parágrafo único, seja categórico quanto à impossibilidade de suspensão do processo, a interpretação sistemática e teleológica permite que o magistrado lance mão do art. 313, V, "a", do CPC. A suspensão pelo prazo de 30 dias seria de bom alvitre, para permitir maior amplitude à participação do assistente em caso de deferimento – a questão principal estaria na preclusão, a que se sujeitaria pela não suspensão do processo, uma vez que, pela regra do art. 123, I, do CPC, o assistente apanha o processo na fase em que se encontra –, mas ela certamente diminuiria a eficácia da intervenção.

A solução do incidente gera decisão interlocutória, passível de ser objurgada pelo recurso de agravo de instrumento. Não seria correto postergar o reexame da decisão como preliminar do recurso de apelação.[78] O recurso de agravo não opera o efeito de suspender a relação processual (art. 995 do CPC), o que não impede sua concessão pelo relator, nos termos do art. 1.019, I, do CPC. Como lembra a melhor doutrina, isto será possível desde que o terceiro interessado demonstre o prejuízo inerente à sua situação jurídica pela ausência de sua participação.

A legitimidade recursal permite análise dual, pois o recurso de agravo de instrumento poderá ser interposto pelo terceiro que teve seu ingresso negado mediante decisão interlocutória ao mesmo tempo em que não retira a legitimidade de sua interposição por parte do autor ou réu da ação principal. Aliás, ainda que ambas as partes possam interpor o recurso, não será possível utilizar-se do recurso adesivo, em vista da restrição do art. 997, § 2º, II, do CPC.

Ainda com relação à decisão do incidente que soluciona o ingresso do assistente, é necessário que o juiz mencione a qualidade em que é admitido no processo (simples ou litisconsorcial). Apesar de ser possível deduzir,

---

78. No mesmo sentido: Arruda Alvim, *Comentários ao Código de Processo Civil*, cit., vol. III, pp. 44-45.

pela natureza de suas alegações, a decisão judicial deverá ser explícita, para evitar futuros transtornos junto ao processo. Além do quê a motivação é imperativo categórico, com natureza constitucional (art. 93, X, da CF de 1988) e legal (art. 489, § 1º, do CPC). A importância desta fundamentação e da qualificação correta pode ser visualizada na própria jurisprudência restritiva do STF, que somente admite pedido formulado pelo assistente litisconsorcial para a preservação da competência originária, rejeitando-o quando se trata de competência para a assistência simples.[79]

## 12. Atividade do assistente

A atividade do assistente simples ou litisconsorcial é definida essencialmente pelos arts. 121 *usque* 124 do CPC. Sendo admitido a integrar a relação processual, ele estará investido nos mesmos poderes e faculdades processuais.[80] Estes poderes e faculdades estarão voltados para a prática de atos processuais. O assistente não tem poderes para ampliar ou diminuir o objeto litigioso. Sua atividade será meramente de auxílio. Não poderá, via de regra, renunciar, desistir ou transigir no processo. Ao contrário, se o assistido renunciar, desistir ou transigir, o assistente não poderá objetar (art. 122 do CPC).[81] Isto não impede que exerça os poderes e as faculdades atribuídos à qualidade de parte no processo. Poderá pleitear a produção de provas, oferecer articulados indicando a existência de objeções bem como a possibilidade de exceção de suspeição ou impedimento.[82]

79. A posição do STF é clara, como se percebe do julgamento da seguinte reclamação: "Somente a assistência litisconsorcial induz o exercício da competência originária do STF (CF, art. 102, I, 'f') para julgar as causas e conflitos entre a União, Estados e Distrito Federal ou entre uns e outros, inclusive as respectivas entidades da Administração indireta. Se houvesse algum conflito de interesses entre a Fazenda do Estado de São Paulo e a União Federal, só justificaria a competência originária, nos termos do art. 102, inciso I, letra 'f', da CF, se configurada a possibilidade de conflito, suscetível de afetar o equilíbrio da Federação – Precedentes – Reclamação improcedente" (Rcl 723-SP, rela. Min. Ellen Gracie, j. 13.8.2002).

80. Precisa a observação de Arruda Alvim sobre a questão: "Por 'mesmos poderes' somente poderemos entender a prática de atos processuais, ou seja, somente aqueles destinados a impulsionar o processo; assim, poderá fazer as mesmas alegações, em termos de argumentação jurídica, que faz a parte principal" (*Comentários ao Código de Processo Civil*, cit., vol. III, p. 59).

81. Sérgio Ferraz, *Assistência Litisconsorcial no Direito Processual Civil*, cit., p. 65.

82. Como bem pondera Genacéia da Silva Alberton, a suspeição somente poderá ser arguida pelo assistente em relação à sua pessoa, pois se trata de um vício de ordem subjetiva. O impedimento, como é de caráter objetivo, será reconhecido ainda que em

De forma diferenciada deve ser analisada a situação do assistente litisconsorcial, porque exercerá todos os poderes inerentes à parte assistida, embora não possa, nesse estágio, influir sobre o objeto litigioso do processo. Sua atividade está disciplinada em dispositivo específico (art. 124 do CPC), motivo suficiente para estender as normas atinentes ao regime do litisconsórcio. A influência direta da relação jurídica discutida na ação principal sobre sua esfera confere-lhe maiores poderes. Não poderá renunciar, desistir ou transigir sobre o objeto litigioso isoladamente; contudo, o assistido também não poderá realizar tais atos sem sua anuência, porque é da essência do regime litisconsorcial que a atividade de um somente se legitima no processo enquanto não traga prejuízos ao outro. É o regime determinado pelo art. 117 do CPC. O regime da interdependência determinado pelo referido artigo, ao mesmo tempo em que permite a atividade autônoma de cada litisconsorte, veda que esta atividade possa ser fonte de prejuízo. Ela poderá beneficiar, mas não prejudicar. Além disso, a autonomia inexiste no regime do litisconsórcio unitário. Não haverá empecilho na prática de atos de disposição que não gerem prejuízo à parte contrária.[83]

A atividade de auxílio do assistente não permite que se rediscutam pontos que foram objeto de decisão judicial (art. 507 do CPC), bem como a reabertura de prazos para produção de provas ou diligências que estão preclusas para o assistido. O assistente ingressa no processo recebendo-o no estado em que se encontra (art. 119, parágrafo único, *in fine*, do CPC). Não poderá alegar violação ao contraditório, porque a coisa julgada não o atinge diretamente, uma vez que não é parte no processo. Em situação peculiar encontra-se o assistente litisconsorcial. Não resta dúvida de que será afetado diretamente pela eficácia da sentença, o que é natural quando a relação jurídica revele a existência de um litisconsórcio facultativo-unitário.

Jamais poderá o assistente formular qualquer pedido ou praticar ato processual que seja incompatível com a atividade de auxílio. Isto seria negar o fim do instituto, pois a proteção do seu interesse está associada, naturalmente, à vitória da parte assistida no processo: do autor, pela procedência da demanda; do réu, pela improcedência. O ingresso

face do assistente. Durante a vigência do Regulamento 737 houve situação inusitada, pois, a partir de 1850, as causas comerciais passaram a ser regidas por este diploma. O art. 126 do diploma proibia expressamente que o assistente arguisse a suspeição e o impedimento do magistrado. Todavia, as causas cíveis sob o manto do Livro III das Ordenações permitiam que o assistente oferecesse a exceção.

83. "O assistente litisconsorcial, tendo a posição de um litisconsorte, pode, inclusive, praticar atos e ter manifestações diferentes do assistido" (Arruda Alvim, *Comentários ao Código de Processo Civil*, cit., vol. III, p. 56).

e a participação do assistente têm lugar nos desdobramentos da relação processual. Deste modo, poderá existir assistência em benefício do chamado ao processo (art. 130 do CPC), do litisdenunciado no polo ativo ou passivo (art. 125 do CPC), no incidente de desconsideração (art. 133 do CPC), na reconvenção (art. 343 do CPC). Como lembra Arruda Alvim, é possível que a assistência tenha lugar somente na ação conexa.[84] Aliás, se o réu poderá deixar de contestar e apresentar somente a reconvenção, nada impede que o terceiro demonstre interesse jurídico em auxiliar a demanda reconvencional que é conexa, mas autônoma. Outro ponto que merece destaque concentra-se na possibilidade de o assistente requerer tutela de urgência (art. 300 do CPC) ou de evidência (art. 311 do CPC). Tanto na assistência simples como na litisconsorcial falece poder para o pedido de tutela provisória. O pedido somente diz respeito à parte que formula a pretensão. O assistente, ainda que litisconsorcial, não realiza pedido no processo, apenas desenvolve atividade processual de colaboração. Poderá participar da audiência de justificação que embasa a concessão da antecipação pelo art. 294 do CPC.

Esta conclusão torna incorreto, *data venia*, o ensinamento de Nelson Nery Jr. e Rosa Maria Nery ao admitirem a possibilidade de que terceiros *ad coadjuvandum* possam requerer a antecipação de tutela. Os terceiros que atuam na relação processual como assistentes não têm qualquer ingerência sobre o mérito, inclusive quanto à sua antecipação.[85] Única exceção que poderia ser aberta a esta afirmação reside na hipótese aventada por Cássio Scarpinella, quando o assistente atuar como gestor de negócios (art. 52, parágrafo único, do CPC de 1973). A figura da gestão não foi repetida pelo novo CPC, mas não impossibilita a sua utilização.

Nesta situação sua legitimação seria equiparada à atuação do substituto processual[86] (art. 121, parágrafo único, do CPC-2015). Cremos que a solução é correta, muito embora seja difícil de ser implementada na prática, pois a inserção do assistente no prazo de manifestação do assistido revela-se hipótese extremamente rara. A eliminação da previsão expressa da figura da gestão, pela futura revogação do art. 52, parágrafo

84. Arruda Alvim, *Comentários ao Código de Processo Civil*, cit., vol. III, pp. 52-63. Importante diferenciar o direito do assistente de participar da reconvenção do de propor a reconvenção. O assistente somente poderá participar da relação reconvencional, mas não poderá propor a reconvenção, pois estaria ampliando o objeto litigioso da demanda.
85. Nelson Nery Jr. e Rosa Maria de Andrade Nery, *Código de Processo Civil Comentado e Legislação Extravagante*, p. 400.
86. Cássio Scarpinella Bueno, *Partes e Terceiros no Processo Civil Brasileiro*, p. 156.

único, do CPC de 1973, em nada interfere, pois o instituto advém do direito material (861 do CC).[87]

No que toca ao direito de recorrer da sentença ou de decisão interlocutória, o assistente somente poderá exigir a reapreciação da decisão impugnada quando o assistido manifestar sua anuência. No âmbito da decisão interlocutória esta anuência se manifesta, *v.g.*, pelo cumprimento da decisão judicial, o que geraria preclusão lógica sobre a matéria. Quanto à sentença, será vedado o recurso de apelação quando o assistido desistir, renunciar ou aquiescer à decisão, nos termos do art. 998 e 999 do CPC. O mesmo é válido para aquelas situações em que a renúncia ao direito de recorrer do assistido é implícita, o que ocorre na transação e na conciliação judicial.[88] Esta solução não é válida para o assistente litisconsorcial, que terá autonomia para recorrer.[89] Ao assistente simples caberá o direito de recorrer desde que, no prazo legal, nenhuma das atitudes supra tenham sido praticadas pelo assistido.[90]

87. Fabio Caldas de Araújo e José Miguel Garcia Medina, *Código Civil Comentado*, cit., p. 563.

88. "Tendo sido extinto o processo, por sentença homologatória, face a acordo realizado entre as partes, não pode ser conhecido, por ausência de interesse recursal, o recurso interposto pelo assistente simples, face à incidência do art. 53 do CPC. 2. Ao assistente simples é permitido interpor recurso, desde que não haja manifestação em sentido contrário do assistido, como na hipótese de acordo extinguindo o feito, que é o caso dos autos – Apelo não conhecido" (TJES, 3ª Câmara Cível, ACi 24010166445, rel. Des. Jorge Góes Coutinho, j. 19.10.2004).

89. "(...). O tipo de assistência é que faz depender os poderes do assistente. Como ensina Celso Agrícola Barbi, 'na assistência simples eles são menores, porque o direito que nela se discute não é do assistente, mas sim do assistido, e aquele tem simples interesse em jogo; na assistência qualificada, ou litisconsorcial, o direito que se discute é também do assistente. E, no caso da alienação do direito, na verdade, esse direito já é só do assistente. Daí a conveniência em ser o assistente, que ingressou nessa qualidade por haver adquirido o objeto do litígio, considerado litisconsorcial, porque aí passa a ser considerado litisconsorte, isto é, parte, na forma art. 54' (*Comentários ao Código de Processo Civil*, Forense, 9ª ed., p. 151). Sendo o substabelecimento feito sem reserva de poderes: 'é indispensável, para efeito de intimação, que da publicação conste o nome do advogado substabelecido' (Min. Luiz Fux, in *Curso de Direito Processual Civil*, 3ª ed., p. 355). 3. Se a falta de intimação do assistente para a audiência de instrução e julgamento causou-lhe prejuízo concreto, seja pelo cerceamento do direito de defesa, seja porque as testemunhas ouvidas foram decisivas para formação da convicção do juízo julgador, o qual, inclusive, poderia ter resultado diverso, ante a possibilidade de determinação de novas provas a partir de requerimento do assistente, irrecusável a nulidade dos atos processuais a partir da falha ocorrida" (TJPR, 6ª Câmara Cível, AC 170441-4, rel. Des. Airvaldo Stela Alves, j. 14.3.2006).

90. Neste sentido: "Segundo o entendimento mais condizente com o instituto da assistência simples, a legitimidade para recorrer do assistente não esbarra na inexis-

## 13. Assistência e revelia. A gestão processual do assistente

O ingresso e a participação do assistente na relação processual pressupõem a presença do assistido. Ainda que revogado o art. 52, parágrafo único, do CPC de 1973 com a promulgação do novo Código, a possibilidade da revelia do assistido é fática e prática, o que exige o exame da questão. Afinal, sua atividade é ancilar. A solução operada pelo novo CPC reside em considerar o assistente como substituto processual. A principal consequência desta omissão do assistido reside na confissão ficta, que se opera em relação aos fatos noticiados pelo autor.[91]

É importante lembrar que a estrutura do atual Código de Processo Civil é diversa. A revelia opera pelo não oferecimento da contestação em tempo hábil; contudo, o novo Código estabelece a obrigatoriedade da audiência de conciliação prévia, como se observa do art. 319, VII, e da leitura do art. 334. Em nosso sentir, apesar da redação do art. 334, § 4º, I do CPC, não há o menor sentido em obrigar as partes ao comparecimento quando uma delas já manifesta o desinteresse pela conciliação (como o autor, *ex vi* do art. 319, VII, do CPC). Para fins de revelia, o prazo para o oferecimento da contestação pelo assistido será computado nos termos do art. 335, I, do CPC. Ele terá início na "última sessão de conciliação, quando qualquer parte não comparecer (...)".

Sendo declarada a revelia, não haverá necessidade de intimação do réu para os demais atos processuais a serem praticados. O oferecimento de contestação intempestiva provocará seu desentranhamento, com os documentos que a acompanham, com exceção da procuração, uma vez que representa a capacidade postulatória do réu. A este entendimento deve ser ressalvada a juntada de documentos que provoquem a indagação sobre questões de ordem pública. A revelia não impede que o réu participe

tência de proposição recursal da parte assistida, mas na vontade contrária e expressa dessa no tocante ao direito de permitir a continuidade da relação processual. Assim, *in casu*, em atendimento à melhor interpretação do dispositivo da norma processual, uma vez constatada a ausência da vontade contrária do assistido, afigura-se cabível o recurso da parte assistente, a qual detém legitimidade para a continuidade da relação processual – Embargos de divergência providos para afastar o óbice de admissibilidade do recurso especial quanto à legitimidade do assistente simples" (STJ, Corte Especial, EREsp 1.068.391-PR, rel. Min. Humberto Martins, rela. para o acórdão Min. Maria Thereza de Assis Moura, j. 29.8.2012, *DJe* 7.8.2013).

91. Sobre a discussão acerca dos efeitos da revelia – confissão ficta, presunção absoluta ou relativa –, v. Rita Gianesini, *Da Revelia no Processo Civil Brasileiro*, pp. 48 e ss.; e, ainda, Tereza Arruda Alvim Wambier, *Nulidades do Processo e da Sentença*, pp. 83 e ss.

dos atos processuais, apenas desonera o juízo da cientificação (art. 346, parágrafo único, do CPC).

Configurada a revelia existe permissão para que o assistente atue como substituto processual. Todavia, não podemos esquecer que até a configuração da revelia, inúmeros atos de autêntica gestão processual ou material podem ser necessários para impedir prejuízos. Ainda que não seja possível o assistente pleitear tutela antecipada, nada impede que possa requerer como substituto processual, inclusive em fase anterior, tutela cautelar, para preservar o objeto litigioso, que será examinado *a posteriori*.

Pela previsão do CPC anterior, o assistente seria apenas gestor processual e sua atividade cessaria com a nomeação do Curador Especial, ou com a integração do assistido no processo. Com a sua nova classificação, ou seja, como substituto processual, a condução será realizada até o final do processo.

A possibilidade da substituição aplica-se ao assistente simples e ao litisconsorcial? A resposta é afirmativa. Ingressando o assistente simples ou o litisconsorcial em tempo hábil na relação processual, poderá apresentar contestação ao pedido formulado pelo autor. Esta atitude afastará os efeitos da revelia em relação ao assistido. A resposta do assistente encaixa-se na dicção do art. 345, I, CPC. Como define Pontes de Miranda, o assistente litisconsorcial "assiste e participa";[92] logo, sua atividade é comparada à de um litisconsorte, o que torna inviável a configuração da revelia, em face de sua presença na relação processual. A apresentação da resposta somente terá eficácia após a eventual decisão sobre o incidente de impugnação da assistência. A decisão positiva de ingresso terá eficácia declaratória, o que tornará hábil a peça apresentada tempestivamente.

## 14. Interação entre o assistente e o assistido

A atividade do assistente sempre estará voltada para beneficiar o assistido. Os poderes e faculdades do assistente simples são livres, desde que não colidam com o interesse do assistido. Na assistência litisconsorcial os poderes do assistente são maiores, e a discordância do assistido não será suficiente para impedir a atividade do assistente, voltada a obter êxito na demanda.

Desta feita, o assistente simples poderá realizar pedido de provas, de exibição de documentos, indicar testemunhas para oitiva na instrução, interpor recurso das decisões judiciais. Mas estas faculdades processuais

---

92. Pontes de Miranda, *Comentários ao Código de Processo Civil*, t. II, p. 64.

exigem a anuência tácita do assistido ou que os pedidos não sejam incompatíveis com o ato processual praticado pelo assistido. Não poderá o assistente simples apelar da sentença se o assistido reconheceu a procedência do pedido ou quando tenha renunciado à pretensão deduzida em juízo. O mesmo vale para o pedido de desistência da ação, que obstará a atividade do assistente.[93] A dicção do art. 122 do CPC não permite interpretação diversa: "A assistência simples não obsta a que a parte principal reconheça a procedência do pedido, desista da ação, renuncie ao direito sobre o que se funda a ação ou transija sobre direitos controvertidos".

A regra do art. 122 está expressamente voltada ao assistente simples, porque sua atividade sempre estará subordinada à vontade do assistido. A mesma solução não se aplica em relação ao assistente litisconsorcial. Apesar de não influir quanto à delimitação do objeto litigioso e ser-lhe vedado ampliá-lo ou modificá-lo, poderá realizar todos os esforços para obter o melhor rendimento da atividade processual, ainda que isto implique a prática de atos processuais contrários àqueles praticados pelo assistido. Isto se justifica pelo regime autorizado pelo art. 124 do CPC, que equipara o assistente qualificado a um autêntico litisconsorte tardio.

Sendo assim, o art. 124 do CPC, quando cotejado com a regra do art. 117, não deixa dúvida quanto à impossibilidade de que o reconhecimento, a desistência, a transação e a própria renúncia à pretensão possam afetar a esfera do assistente litisconsorcial. Esta conclusão se apoia no regime da unitariedade, que o une à parte principal. Apesar de a lide não ser do assistente litisconsorcial, isto não confere direito ao assistido de prejudicá-lo; afinal, a relação jurídica controvertida com a parte adversa lhes é comum.

## 15. A justiça da decisão e o efeito da intervenção

O fim da assistência (*Ende der Nebenintervention*) ocorrerá com o trânsito em julgado da decisão. Após o término da relação processual da qual participou, auxiliando uma das partes, cabe indagar sobre a possi-

---

93. "Todavia, o 'interesse moral' alegado pelos recorrentes mostra-se insuficiente para autorizar a interposição de recursos por terceiros, mormente quando a parte principal desistiu do recurso por ela interposto (...). Com efeito, *no máximo, o interesse jurídico estaria jungido à relação existente entre recorrentes e réu. Assim, eventualmente, remanesceria apenas um interesse desqualificado, próprio de assistência simples, circunstância que faz com que não subsistam os recursos interpostos pelos terceiros prejudicados diante da desistência do recurso principal, interposto pelos réus* – Recursos especiais não conhecidos" (grifos nossos) (STJ, 4ª Turma, REsp 695.792-PR, rel. Min. Luís Felipe Salomão, j. 1.10.2009, *DJe* 19.10.2009).

bilidade de o assistente participar de nova relação processual, nos polos ativo e passivo.

Com o fim da assistência opera-se naturalmente a cessação da participação do assistente na relação processual. O art. 123, *caput* e incisos I e II, do CPC regula os efeitos da decisão proferida sobre a posição jurídica do assistente (*Rechtslage*). Na verdade, o pedido de assistência simples ou litisconsorcial deve ser objeto de análise acurada, justamente pelo *efeito da intervenção* (*Wirkung der Nebenintervention*).[94] O assistido ficaria, em regra, sujeito à autoridade da coisa julgada. Todavia, o art. 123 não vincula o assistente, *prima facie*, à coisa julgada, mas aos efeitos da decisão. Esta conclusão nasce da leitura do dispositivo: "Transitada em julgado a sentença no processo em que interveio o assistente, este não poderá, em processo posterior, *discutir a justiça da decisão*, (...)" (grifos nossos). Mesmo não tendo sido parte no processo, o assistente não poderá afastar a *justiça da decisão*. E o que se entende por "justiça da decisão"? Este conceito legal fixa a impossibilidade de alteração da fundamentação da sentença (fatos e fundamentos da decisão) e acaba por conferir à eficácia da intervenção um regime mais severo do que o da coisa julgada, pelo menos para o *assistente litisconsorcial*. Isto ocorre porque o assistente litisconsorcial estará unido ao objeto litigioso de duas formas básicas. Ele estará preso ao mérito do processo pelo regime da unitariedade (art. 124 do CPC), com a decisão final da lide. Por este motivo, estará impedido de rediscutir a autoridade da coisa julgada, devendo aceitar, ainda, os fatos e fundamentos jurídicos que embasaram a decisão judicial. Tal situação prenderá o assistente litisconsorcial não só à justiça da decisão, mas à própria autoridade da decisão. Arruda Alvim já alertava que a intervenção litisconsorcial provoca, ao mesmo tempo, um efeito mais amplo do aquele gerado pela coisa julgada.[95] O efeito será mais amplo, porque as partes principais ficam presas apenas ao dispositivo do julgado e não são alcançadas pela verdade dos fatos, exceto quando alguma questão prejudicial tenha sido analisada na sentença. Como se sabe, a coisa julgada recai apenas sobre o dispositivo, e permite a ampla rediscussão dos fatos jurídicos que embasaram o *decisum*. Na assistência não caberá aos terceiros rediscutir a autoridade da coisa julgada, porque a lide diz respeito somente às partes. Desta forma, ficarão presos à justiça da decisão, nos termos do art. 123 do CPC. Somente nos casos dos incisos I e II do artigo em comento poderão rediscutir os fundamentos, o que será fundamental para afastar os efeitos prejudiciais da decisão sobre suas esferas jurídi-

---

94. Também regulado pelo § 68 da ZPO, fonte do art. 123 do CPC.
95. Arruda Alvim, *Comentários ao Código de Processo Civil*, cit., vol. III, p. 89.

cas. Esta possibilidade de amenizar os efeitos da justiça da decisão é que confere um efeito mais restrito, pois não há previsão desta exceção para a autoridade da coisa julgada em relação às partes. Analisemos a incidência do art. 123 quanto a cada uma das espécies de assistência.

Na assistência simples o assistente não será atingido pela eficácia direta da coisa julgada, pois não tem relação imediata com o objeto litigioso do processo. Somente poderá ser atingido de forma reflexa, e geralmente no âmbito fático, quando a decisão proferida produzir efeitos práticos que o afetem. Em nenhuma hipótese caberá ao assistente simples rediscutir os termos da lide proposta entre o assistente e o assistido. Esta não lhe diz respeito, e não terá legitimidade para tanto. O que interessa é poder esquivar-se ou beneficiar-se dos efeitos práticos da coisa julgada. A imutabilidade da decisão não o afetará, mas as afirmações, negativas e omissões sobre fatos jurídicos e que ficaram englobadas na fundamentação poderão prejudicá-lo. Sendo assim, suponha-se que no processo principal a escritura pública foi anulada pela alegação de falsidade gritante da assinatura. Este fato jurídico poderia gerar demanda de regresso pelo prejudicado contra o tabelião que não conferiu o cartão de assinaturas ou que agiu em conluio. Quando não tenha participado como assistente, o tabelião poderá rediscutir livremente os fatos que embasam o pedido de indenização. Por outro lado, quando tenha participado como assistente não poderá mais rediscutir a justiça da decisão, pois deveria ter provado a autenticidade da assinatura no processo em que interveio. Isto não impede que suscite as escusas do art. 123, I e II, do CPC. Digamos que tenha ingressado no processo na fase de instrução (audiência de instrução já iniciada). O assistente não poderia mais produzir provas documental e pericial, essenciais para o deslinde do feito. A válvula de escape do art. 123, I e II, nada tem a ver com a coisa julgada – o que tem sido motivo de confusão na doutrina. O assistente nunca poderá se insurgir contra a coisa julgada, que não lhe diz respeito, e apenas poderá rediscutir, excepcionalmente, a justiça da decisão.

Em relação ao assistente litisconsorcial a questão é mais delicada, porque ele não apenas sofrerá a irradiação da eficácia da coisa julgada, mas da sua autoridade, uma vez que está unido ao objeto litigioso discutido no processo. O assistente poderia ter participado da demanda desde seu início (litisconsorte facultativo), porém atuou apenas como assistente. Mesmo assim aplica-se a escusa do art. 123, I e II, em relação à sua pessoa. Por outro lado, as escusas do art. 123 não permitem que o assistente litisconsorcial possa rediscutir a própria coisa julgada, rediscutir o *decisum*. O caminho viável para tanto seria a rescisão do julgado. O art.

123, I e II, permitirá apenas que deixe de sofrer reflexos da coisa julgada, como da má gestão processual de seu coligado, *e.g.*, devedor solidário condenado por litigância de má-fé. A verba acessória da litigância não poderá ser cobrada pelo devedor responsável em relação aos demais codevedores que não tenham participado do processo e que agora não possam mais rediscutir a coisa julgada. Podem invocar o art. 123, I e II, do CPC para se isentar do regresso quanto a esta parcela.

Caso não existam outros fatos novos que possam servir de supedâneo para sua pretensão ou defesa, o assistente ficará em posição delicada, uma vez que a imunização da justiça da decisão operará efeito semelhante ao da coisa julgada, pois a fundamentação não deixa de ser uma premissa essencial para a conclusão do *decisum*. A primeira lide terá funcionado como autêntico ponto prejudicial para o assistente simples: "Assim, a procedência de eventual ação que seja proposta contra ele, baseada nos fatos apurados na anterior ação, será praticamente inexorável".[96] Com isso, o fiador que tenha participado como assistente do afiançado não poderá exonerar-se do pagamento requerido em ação de regresso quando as excludentes da fiança tenham sido analisadas na fundamentação do processo originário. As partes do processo ficam atingidas pela imutabilidade da discussão quanto aos motivos que originaram aquela lide, em virtude do art. 508 do CPC, o qual impõe a preclusão sobre todas as questões de fato e de direito que poderiam ser arguidas naquela ação, impedindo que os mesmos fatos já analisados possam ser alvo de nova discussão.

## 16. Exceções à eficácia da intervenção

O assistente poderá afastar as amarras do art. 123 do CPC somente em dois casos, conforme previsão dos incisos I e II do dispositivo (*exceptio male gesti processus*).[97] O primeiro está direcionado ao assistente simples e se aplica quando for impedido de realizar defesa adequada, em vista dos atos e declarações do assistido. Esta limitação é direcionada, à primeira vista, à assistência simples, uma vez que na assistência litisconsorcial o assistente não ficará limitado em sua atividade processual, pois se comporta como litisconsorte nos termos do art. 124 do CPC. O art. 123, I, ainda prevê que o assistente ficará livre do efeito da intervenção quando demonstrar que não pôde influir de maneira eficaz no processo em virtude do estado em que o recebera. Esta causa legal para a exclusão do efeito da intervenção é mais delicada em face da aparente contradição

---

96. Idem, p. 30.
97. Rosenberg/Schwab/Gottwald, *Zivilprozessrecht*, cit., § 47, p. 271.

com a redação do parágrafo único do art. 119 do CPC. A leitura deste dispositivo é límpida em frisar que a assistência tem lugar em qualquer grau de jurisdição ou tipo de procedimento, mas o assistente recebe o processo "no estado em que se encontre". Ora, é justamente a impossibilidade de participar de maneira adequada do contraditório que abre a válvula para o art. 123, I, *in fine*, do CPC.

A interpretação do art. 123, I, deve ser realizada com extremo cuidado, e dependerá de análise meticulosa por parte do juiz. Algumas situações não permitem outra conclusão, senão pelo afastamento do efeito da intervenção. Uma hipótese seria quando o pedido de assistência tenha sido realizado em fase recursal. Seria inviável permitir ao assistente produzir provas preclusas pelo transcurso do tempo e da fase apropriada. Isto não impedirá que em ação autônoma possa rediscutir pontos fundamentais para a defesa efetiva de seus direitos.[98] Como frisam Rosenberg/Schwab/Gottwald, esta é uma consequência ligada ao fato de que o assistente ingressa e recebe a causa no estado em que se encontra ("Er ist gebunden an die Lage des Hauptprozesses zur Zeit seines Beitritts"), e sua posição de auxiliar (*Nebenpartei*) impede que possa ter qualquer ingerência sobre o objeto litigioso ("Der Nebenintervenient hat keine Dispositionsbefugnis hinsichtlich des Streitgegenstands"), o que favorece um *regime de moderação ao efeito da intervenção*.[99]

## 17. As despesas do processo e a assistência

O assistente não é parte e não realiza pedido no processo enquanto manifestação de pretensão ou pedido próprio. Todavia, o assistente tem o direito de realizar pedido para o ressarcimento das custas e honorários em caso de sucesso da intervenção. Aliás, este efeito condenatório da sentença é conatural aos processos que não findam por transação.[100]

A assistência, em qualquer de suas modalidades, gera a necessidade de participação do assistente no rateio das despesas processuais, o que inclui as custas e honorários advocatícios. Apesar de o art. 94 do CPC

---

98. Precisa a lição de Arruda Alvim: "No entanto, a circunstância de o assistente receber o processo no estado em que se encontra poderá ser relevante para o fim de habilitá-lo após o trânsito em julgado da sentença a discutir a justiça da decisão, como lhe permite o art. 55, I, primeira hipótese" (*Comentários ao Código de Processo Civil*, cit., vol. III, p. 38).

99. Rosenberg/Schwab/Gottwald, *Zivilprozessrecht*, cit., § 47, p. 267.

100. Como já ensinava Goldschmidt: "El interveniente adhesivo no se hace parte. No puede, por lo tanto, pedir nada para sí, ni se puede pedir nada de él, a excepción de lo que atañe a las costas por su intervención" (*Derecho Procesal Civil*, p. 448).

ser explícito apenas quanto às custas do processo, não há como deixar de diferenciar as figuras do assistente simples e do litisconsorcial como meio de incluir este último não só na responsabilidade pela repartição das custas, mas também dos honorários advocatícios. O assistente litisconsorcial terá o tratamento como litisconsorte, sendo lícita a incidência do art. 87, § 1º, do CPC.[101]

A atividade desenvolvida pelo assistente litisconsorcial é parificada àquela exercida pela parte, o que gera a necessidade desta diferenciação. A interpretação do art. 94 deve ser voltada, na sua literalidade, apenas para o assistente simples.[102-103]

## 18. Casos especiais de assistência e figuras afins

### 18.1 Assistência anômala da Fazenda Pública: Lei 9.469/1997

Existe uma previsão esdrúxula que favorece a Fazenda Pública, possibilitando sua intervenção como assistente em processos de seu in-

---

101. Neste sentido, no STJ, ainda que com referência ao Código de Processo Civil de 1973: "Ademais, por razões bem singelas, sendo o assistente qualificado (ou litisconsorcial) considerado verdadeiro litisconsorte – nos termos do art. 54 do CPC –, as regras de sucumbência aplicáveis devem ser as mesmas destinadas às partes principais, mormente a que enuncia que, 'concorrendo diversos autores ou diversos réus, os vencidos respondem pelas despesas e honorários em proporção' (art. 23 do CPC). Com efeito, reconhecida a sucumbência exclusiva do credor habilitante em decisão passada em julgado, mostra-se de rigor o arbitramento de honorários em favor do advogado do falido, levando-se em consideração não só o disposto no § 4º do art. 20 do CPC, mas também o fato de ter ele impugnado de forma substancial os créditos cuja habilitação se pleiteava – Precedente – Recurso especial provido para o arbitramento de honorários em benefício do advogado do falido" (4ª Turma, REsp 1.003.359-RS, rel. Min. Luís Felipe Salomão, j. 6.9.2012, *DJe* 2.10.2012).

No que toca ao assistente simples parece correta a interpretação literal e restritiva do dispositivo do art. 93: "1. Não há condenação do assistente simples em honorários advocatícios – Inteligência dos arts. 50 e 32 do CPC. 2. Remessa oficial parcialmente provida" (TRF-4ª Região, 3ª Turma, REO/AC 2000.04.01.005665-8, rela. Juíza federal Vânia Hack de Almeida, *DJU* 14.9.2005, p. 676). Alexandre de Paula não realiza qualquer distinção (*Código de Processo Civil Anotado*, vol. I, p. 453).

102. Neste sentido: Ovídio Baptista da Silva, *Comentários ao Código de Processo Civil*, cit., vol. I, p. 32.

103. A Lei 9.289/1996, que disciplina o Regimento de Custas da Justiça Federal, determina a isenção das pessoas jurídicas da Administração direta e indireta (autarquias e fundações) ao pagamento de custas como autoras, oponentes ou assistentes, ressalvado o direito de reembolso das despesas pelo vencedor da demanda. Se o vencedor for beneficiário da assistência judiciária (Lei 1.060/1950) não existirão despesas a serem ressarcidas.

teresse. Sem sombra de dúvida, a *mens legis* do art. 5º, parágrafo único, do referido diploma (Lei 9.469/1997), busca minimizar ou até eliminar os possíveis efeitos patrimoniais desfavoráveis que serão gerados por uma decisão condenatória contra a Administração indireta. Esta decisão provocará *reflexos econômicos diretos* à Fazenda Federal, Estadual ou Municipal, ainda que a parte condenada ao pagamento seja uma autarquia, empresa pública, sociedade de economia mista ou fundação pública.

O caráter anômalo desta intervenção reside no fato de permitir que o *mero interesse econômico, ainda que indireto*, seja suficiente para justificar sua participação como assistente na causa. O art. 5º, parágrafo único, da Lei 9.469/1997 é cristalino em determinar que a causa da intervenção não dependerá da explicitação do interesse jurídico que fundamenta a participação da União nos autos.[104]

O STJ modulou a aplicação desta figura anômala de intervenção, e tem exigido a conjugação do interesse econômico e do jurídico, de modo correto, para legitimar a assistência de modo efetivo, incluindo o deslocamento do foro. A interpretação do dispositivo pelo STJ demonstra mais uma vez que a interpretação literal nem sempre revela a riqueza do dispositivo (*in claris cessat interpretatio*) e geralmente necessita de modulação pelos tribunais.[105] Seria contrassenso admitir uma forma de intervenção com base no interesse puramente econômico, especialmente nesta situação, na qual a intervenção da pessoa jurídica de direito público provoca o deslocamento da competência, o que representa um ato processual complexo e dispendioso.[106]

104. Lei 9.469/1997, parágrafo único do art. 5º: "As pessoas jurídicas de direito público poderão, nas causas cuja decisão possa ter reflexos, *ainda que indiretos*, de natureza econômica, *intervir, independentemente da demonstração de interesse jurídico*, para esclarecer questões de fato e de direito, podendo juntar documentos e memoriais reputados úteis ao exame da matéria e, se for o caso, recorrer, hipótese em que, para fins de deslocamento de competência, serão consideradas partes" (grifos nossos).

105. "O deferimento da assistência prevista no art. 50 do CPC pressupõe a presença conjunta do interesse econômico e jurídico, não tendo sido esse último requisito verificado no caso concreto. Inviável acatar pedido de deslocamento do feito para a Justiça Federal, uma vez que dependente do reconhecimento da condição de assistente da União" (STJ, 1ª Turma, Ag/ED/ED/AgR 1.235.368/PE, rel. Min. Arnaldo Esteves Lima, j. 20.2.2014, *DJe* 27.2.2014).

106. Neste sentido é elucidativo e didático o seguinte pronunciamento do STJ: "Conquanto seja tolerável a intervenção anódina da União plasmada no art. 5º da Lei n. 9.469/1997, tal circunstância não tem o condão de deslocar a competência para a Justiça Federal, o que só ocorre no caso de demonstração de legítimo interesse jurídico na causa, nos termos dos arts. 50 e 54 do CPC/1973. A interpretação é consentânea com toda a sistemática processual, uma vez que, além de não haver previsão legisla-

O STF examinou o art. 5º da Lei 9.469/1997, fixando entendimento no sentido de que se trata de assistência simples.[107] Realmente, o art. 5º, *caput*, revela exemplo de assistência simples, aplicando-se a regra do art. 121 do CPC. Entretanto, o parágrafo único do dispositivo é que contém previsão teratológica, ao permitir um alargamento (*élargissement*) da Fazenda Pública na relação processual.[108]

### 18.1.1 Legitimidade

A autorização prevista pelo parágrafo único do art. 5º da Lei 9.469/1997 não se volta exclusivamente à União, como parece depreender-se da leitura do *caput*. Na verdade, o dispositivo é mais amplo, pois abre a possibilidade de que todas as pessoas jurídicas de direito público – portanto, União, Estados e Municípios e o Distrito Federal – possam se prevalecer da regra da intervenção anômala.[109] O fim colimado pela

tiva de deslocamento de competência mediante a simples intervenção 'anômala' da União, tal providência privilegia a fixação do processo no seu foro natural, preservando-se a especial motivação da intervenção, qual seja, 'esclarecer questões de fato e de direito, podendo juntar documentos e memoriais reputados úteis ao exame da matéria'. A melhor exegese do art. 5º da Lei n. 9.469/1997 deve ser aquela conferida pelo STF ao art. 70 da Lei n. 5.010/1966 e art. 7º da Lei n. 6.825/1980, porquanto aquele dispositivo disciplina a matéria, em essência, do mesmo modo que os diplomas que o antecederam. No caso em exame, o acórdão recorrido firmou premissa, à luz dos fatos observados nas instâncias ordinárias, de que os requisitos da intervenção anódina da União não foram revelados, circunstância que faz incidir o Verbete Sumular n. 7/ STJ – Recurso especial não conhecido" (REsp 1.097.759-BA (2008/0224645-6), rel. Min. Luís Felipe Salomão, j. 2.10.2012).

107. "Intervenção – União – Art. 5º da Lei n. 9.469/1997. A intervenção prevista no art. 5º da Lei n. 9.469/1997 situa-se no campo da assistência simples, longe ficando de ensejar a necessária intimação da União para implementá-la. Se a União houver por bem intervir, deverá receber o processo no estado em que se encontra – interpretação do sistema processual considerado o disposto no parágrafo único do art. 50 do CPC" (STF, julgamento dos embargos declaratórios em agravo regimental concernente à Carta Rogatória 9.790, presidido pelo Min. Marco Aurélio, j. 2.8.2002).

108. O que é amplamente reconhecido em juízo: "Preliminarmente, admite-se a União Federal, no feito, na condição de assistente simples da Caixa Econômica Federal, com base no que dispõem o art. 5º e respectivo parágrafo único da Lei n. 9.469/1997, que lhe garantem a intervenção nas causas em que figurarem, como autoras ou rés, autarquias, fundações públicas, sociedades de economia mista e empresas públicas federais, independentemente de demonstração de interesse jurídico" (TRF-1ª Região, 6ª Turma, EDAC 199701000094903-AM, rel. para o acórdão Des. federal Souza Prudente, *DJU* 25.7.2005, p. 59).

109. Neste sentido: Leonardo José Carneiro da Cunha, "Intervenção anômala: a intervenção de terceiro pelas pessoas jurídicas de direito público prevista no parágrafo único do art. 5º da Lei 9.469/1997", in Fredie Didier Jr. e Teresa Arruda Alvim

norma e a própria aplicação do instituto pela jurisprudência revelam que a União é a mais assídua na utilização desta intervenção. Sua atuação tem como foco essencial permitir o auxílio para combater irregularidades e erros concernentes ao pagamento de futuros precatórios. O reflexo econômico das decisões contrárias às autarquias, que são pessoas jurídicas de capacidade eminentemente administrativa, como o INSS, refletirá diretamente no orçamento da União. É importante observar que a regra imposta pelo parágrafo único é muito ampla, e autoriza a intervenção da Fazenda Pública em qualquer demanda que possa gerar reflexo junto ao Erário. A ausência de personalidade jurídica não elimina a personalidade judiciária, nos termos do art. 75, IX, do CPC. A jurisprudência do STJ sedimentou o entendimento de que os entes despersonalizados podem participar do polo ativo ou passivo da relação jurídica quando defendam prerrogativas essenciais ligadas à autonomia e funcionamento do ente.[110] Nas questões atinentes a pagamentos de salários não existe a autonomia, sendo necessária a participação da Fazenda Pública, efetiva responsável pelo desencaixe financeiro.[111]

O dispositivo do art. 5º, parágrafo único, da Lei 9.469/1997 enfoca a questão de modo equivocado ao expressar o cabimento da intervenção ainda que os efeitos sejam indiretos. Na verdade, a essência da assistência simples é o efeito reflexo e indireto. Todavia, não há dúvida de que a intervenção no feito é ampla, em vista da redação do dispositivo, o que não impede o controle por parte do órgão judicial, cujo exemplo se mostra na interpretação conferida pelo STJ. Como já foi frisado, juiz deverá avaliar a necessidade e a oportunidade dessa intervenção, até porque ela poderá provocar o deslocamento da competência, e sua decisão será passível de controle por meio do agravo de instrumento.

18.1.2 Convalidação dos atos processuais

O deslocamento da causa para processamento perante a Justiça Federal ou para o TRF poderá gerar a necessidade de anulação dos atos já praticados na esfera estadual quando alguma violação ao contraditório possa ser identificada. No entanto, a convalidação é perfeitamente possí-

Wambier (coords.), *Aspectos Polêmicos e Atuais sobre os Terceiros no Processo Civil e Assuntos Afins*, p. 597.

110. Araken de Assis, *Doutrina e Prática do Processo Civil Contemporâneo*, p. 121.

111. É o que se confirma pela decisão do STJ no REsp 64.824-RN (2ª Turma, rela. Min. Eliana Calmon, *DJU* 30.5.2006).

vel, em vista da instrumentalidade e do aproveitamento dos atos, inclusive decisórios, como manifestou o STJ ao tratar do tema em sede de recurso repetitivo, no que tange ao deslocamento da causa para julgamento pelo TRF, ou seja, após sentença proferida pela Justiça Estadual.[112] O novo CPC prevê expressamente a possibilidade do aproveitamento dos atos e decisões proferidas pelo juízo incompetente, conforme redação do art. 64, § 4º. Caberá ao juízo competente avaliar a necessidade de nova decisão, com a anulação dos atos praticados, ou com o aproveitamente da atividade processual já desenvolvida.

## 18.2 Recurso de terceiro prejudicado

O recurso de terceiro prejudicado não deixa de ser uma modalidade de intervenção de terceiros, e com pontos de contato com a assistência, porém em fase processual recursal. Sua intervenção se dá após a prolação da sentença e sua legitimidade recursal vem estampada no Livro III da Parte Especial do Código de Processo Civil. Apesar de o recurso de terceiro ser classificado como uma modalidade de intervenção de terceiro,[113] não possui regime jurídico próprio. Sua lacônica previsão é comprovada pelo disposto no parágrafo único do art. 996 do diploma processual: "Cumpre ao terceiro demonstrar a possibilidade de a decisão

---

112. "Demanda envolvendo questões referentes ao empréstimo compulsório sobre energia elétrica proposta unicamente contra a ELETROBRÁS, perante a Justiça Estadual. Na hipótese, a União requereu o ingresso no feito, com fundamento nos arts. 5º da Lei n. 9.469/1997 e 50 do CPC, após a prolação da sentença pela Justiça Estadual. No que se refere à competência para dirimir questões referentes ao empréstimo compulsório sobre energia elétrica, a jurisprudência desta Corte se firmou no sentido que a competência da Justiça Federal é definida em razão das partes litigantes, e não da matéria em discussão, de sorte que, sendo a demanda proposta unicamente em desfavor da ELETROBRÁS, a competência para sua apreciação é da Justiça Estadual, ao passo que, ingressando a União no feito, a competência passa a ser da Justiça Federal, por força do que determina o art. 109, inciso I, da CF. O pedido de intervenção da União realizado após a prolação da sentença enseja tão somente o deslocamento do processo para o TRF, para que examine o requerimento de ingresso na lide e prossiga (se for o caso) seu julgamento, sem a automática anulação da sentença proferida pelo juízo estadual – Recurso afetado à Seção, por ser representativo de controvérsia, submetido ao regime do art. 543-C do CPC e da Resolução n. 8/STJ – Recurso especial parcialmente provido, *para determinar a manutenção da sentença de primeiro grau e a remessa dos autos para o competente TRF, a fim de que se proceda à apreciação do pedido de intervenção da União e, se aceito, se realize o julgamento das apelações*" (grifos nossos) (STJ, REsp 1.111.159-RJ (2009/0014741-3), rel. Min. Benedito Gonçalves, j. 11.11.2009).

113. Fredie Didier Jr., *Recurso de Terceiro – Juízo de Admissibilidade*, p. 48.

sobre a relação jurídica submetida à apreciação judicial atingir direito de que se afirme titular ou que possa discutir em juízo como substituto processual". Eis o primeiro ponto a ser analisado. A dimensão temporal do terceiro prejudicado é diversa. Ele participará da relação processual, porém num estágio avançado, pois sua intervenção ocorrerá após a prolação da sentença de primeiro grau.

Todo e qualquer recurso exige a legitimidade por parte de quem apresenta a irresignação contra a decisão. O CPC delimita, no art. 996, quem serão os legitimados a ingressar com os recursos elencados pelo art. 994. Não há dúvida de que poderá interpor quem foi parte na relação processual. Faculta-se, ainda, a articulação da peça recursal ao terceiro prejudicado, que não participou do embate inicial e que, com a notícia da sentença ou acórdão, manifesta seu interesse em recorrer, desde que comprovada sua legitimidade. Nesta tarefa não bastará demonstrar o mero interesse fático, mas jurídico, provando que os reflexos da decisão afetarão, de forma reflexa ou direta, sua esfera jurídica.

Ponto que suscita discussão diz respeito a quem poderá ser qualificado como terceiro para fins recursais. O terceiro prejudicado, para fins recursais, deverá demonstrar a existência de interesse jurídico na modificação da sentença ou decisão interlocutória prolatada. A legitimidade para a interposição e a intervenção estará condicionada, no mínimo, à comprovação de que poderia ter sido assistente simples no processo, em sua fase inicial. O recurso de terceiro prejudicado também se aplicará na situação de ausência do *litisconsorte necessário* que postule a nulidade da sentença pela ausência de sua participação. Ao litisconsorte facultativo, a quem foi vedado o ingresso, por ferir o princípio do juiz natural, não há vedação para que possa se utilizar do recurso com o fim de cassar a sentença, o que o legitima igualmente ao manejo do art. 996 do CPC.[114] Percebe-se, por estas considerações, que não seria justo assimilar a figura do recurso de terceiro à assistência, pois sua utilização também abrangerá outras situações, como a do litisconsorte necessário, que não foi integrado ao processo.[115]

---

114. Seabra Fagundes, *Dos Recursos Ordinários em Matéria Civil*, pp. 43 e ss.
115. Cássio Scarpinella Bueno, *Partes e Terceiros no Processo Civil Brasileiro*, cit., p. 170.

*Capítulo IV*
*"Amicus Curiae"*

*1. O "amicus curiae" no Código de Processo Civil: 1.1 O "amicus curiae" no processo objetivo – 1.2 O "amicus curiae" no processo subjetivo: demandas repetitivas. 2. "Amicus curiae" e figuras afins: assistente, curador e perito. 3. O "amicus curiae" e sua atuação na relação processual: 3.1 Intervenção voluntária ou provocada – 3.2 A legitimação do "amicus curiae" – 3.3 Procedimento para a intervenção: competência e faculdades processuais – 3.4 Instrução do processo – 3.5 Legitimidade recursal.*

## 1. O *"amicus curiae"* no Código de Processo Civil

Dentre as inovações inseridas pelo novo Código de Processo Civil no campo da intervenção de terceiros destaca-se a previsão normativa da figura do *amicus curiae*, conforme disciplina do art. 138. Em um único dispositivo o legislador procurou delimitar a legitimidade, interesse da intervenção e faculdades processuais desta figura emblemática no direito processual civil brasileiro. A positivação da figura do *amicus curiae* no direito processual civil brasileiro é peculiar, assim como é singular a crise enfrentada pelo nosso sistema, que busca formas inusitadas de conferir eficácia aos princípios constitucionais processuais.

A positivação da figura do *amicus curiae* no Direito Brasileiro pode ser analisada por meio do art. 7º, § 2º, da Lei 9.868/1999. Este dispositivo corresponde à porta de entrada formal do instituto em nosso sistema. Na sua acepção literal, a expressão *amicus curiae* é traduzida como "amigo da Corte" (*friend of the Court*). Ele não atuará como parte, muito embora revele grande interesse na solução da causa.[1] Sua atuação, por iniciativa

---

1. "A person with strong interest in or views on the subject matter of an action, but not a party to the action (...)" (*Black's Law Dictionary*, p. 82).

própria, por requerimento das partes ou, ainda, por solicitação da própria Corte, acaba se justificando como um meio de legitimação social da decisão. Em questões de ampla repercussão geral a participação de juristas, professores e pesquisadores será essencial para enriquecer o julgamento da Corte e, assim, contribuir para a construção de uma decisão coerente e não dissociada da realidade.[2]

## 1.1 O "amicus curiae" no processo objetivo

É justamente pela leitura do art. 7º da Lei 9.868/1999 que se retira a primeira conclusão sobre o *amicus curiae* e sobre sua topologia no capítulo da intervenção de terceiros. Reza o dispositivo: "Não se admitirá intervenção de terceiros no processo de ação direta de inconstitucionalidade". A desnecessidade da participação de terceiros nas ações de controle de constitucionalidade fundamenta-se na existência de um *processo objetivo*. Não compõe o objeto litigioso da ação direta de constitucionalidade a análise da situação individual do terceiro efetiva ou potencialmente atingido pela decisão judicial. No controle abstrato decide-se sobre a ofensa à ordem jurídica em sua consideração global, e não particular. A participação do assistente será possível em ações individuais, nas quais se realize o controle difuso. As decisões proferidas pelo STF em controle concentrado, além da eficácia *erga omnes ultra partes*, possuem natureza vinculante.

Por este motivo, a possibilidade de intervenção do *amicus curiae* no processo constitucional representou um marco de evolução sensível em nosso sistema, conforme a redação do § 2º do art. 7º da Lei 9.869/1999: "O relator, considerando a relevância da matéria e a representatividade dos postulantes, poderá, por despacho irrecorrível, admitir, observado o prazo fixado no parágrafo anterior, a manifestação de outros órgãos ou entidades".

A leitura do *caput* e do § 2º do art. 7º permite inferir que o legislador autoriza uma modalidade anômala de intervenção de terceiros, pois sua intenção foi apenas a de vedar as modalidades tradicionais do Código de Processo Civil. Por meio das formas convencionais de intervenção o terceiro procura a defesa de interesse próprio, quando não a própria adesão à relação processual, para se tornar parte nela.

2. Para uma visão abrangente do instituto, e com notícia histórica e comparada: Cássio Scarpinella Bueno, *Amicus Curiae no Processo Civil Brasileiro*, em especial pp. 87-122.

A finalidade da intervenção do *amicus curiae* é diversa, e no processo constitucional ressalta-se justamente esta característica. Sua participação tem como objetivo auxiliar não as partes, mas a Corte, na solução de demanda que afetará um número indeterminado de pessoas.

A participação do *amicus curiae* não esta restrita ao controle concentrado, uma vez que também se apresenta no controle difuso. Esta previsão já existia no art. 482, § 3º, do CPC de 1973, e veio reafirmada no § 3º do art. 950 do novo Código: "Considerando a relevância da matéria e a representatividade dos postulantes, o relator poderá admitir, por despacho irrecorrível, a manifestação de outros órgãos ou entidades". No incidente de inconstitucionalidade, por força do art. 97 da CF de 1988, caberá à maioria absoluta dos membros do Tribunal, ou do seu Órgão Especial, organizado de acordo com o Regimento Interno, julgar as questões incidentais relativas à constitucionalidade do texto de lei ou ato normativo que tenha sido impugnado. Muito embora o STF tenha restrição quanto ao uso da transcendência dos motivos determinantes, ela pode ser usada pela via da reclamação para corrigir eventuais distorções que possam ocorrer no julgamento do tribunal local por usurpação ou julgamento contrário ao STF.[3] Nesse ponto o papel preventivo do *amicus curiae* é fundamental, como terceiro colaborador na formação da decisão final do incidente.

Esta constatação revela sua importância no papel de colaboração com o Poder Judiciário, o qual é obrigado a enfrentar questões complexas que fogem, muitas vezes, ao âmbito de compreensão do magistrado. A tarefa de decidir em uma sociedade industrializada e marcada pela complexidade das relações jurídicas e pela mutação de conceitos jurídicos revela, por si só, a necessidade de amparo e colaboração para o bom julgamento, que depende da correta compreensão sobre aquilo que se decide.

Uma possível desigualdade na relação jurídica material não está apoiada apenas no elemento econômico, mas, sim, no elemento racional, na correta compreensão do objeto da relação jurídica, o que sobreleva o papel do direito à informação, à transparência, e o conhecimento técnico sobre a matéria litigiosa. A informação e a correta compreensão sobre o que se decide podem exigir subsídios externos, para que o juiz possa decidir com equidade e racionalidade a causa que lhe é posta.

---

3. Existindo decisão sobre a matéria pelo STF, o tribunal sequer deve analisar a questão novamente, como determina o art. 949, parágrafo único, do CPC. Interessante que o novo Código determina que os legitimados do art. 103 da CF atuarão como terceiros quando queiram manifestar-se no processo para colaborar com a decisão local. Trata-se de forma qualificada de *amicus curiae*, contudo, que independe de decisão de aceitação, porque a legitimidade é definida pelo texto legal.

## 1.2 O "amicus curiae" no processo subjetivo: demandas repetitivas

Com a introdução do *amicus curiae* no processo constitucional objetivo percebeu-se paulatinamente sua importância para o tratamento dos litígios coletivos e subjetivos com repercussão de massa. As ações coletivas, muito embora procurem tutelar um número indeterminado de pessoas, não fogem da subjetividade, o que se comprova pela fase de liquidação do dano coletivo, no qual as partes afetadas deverão realizar a execução pela comprovação da sua adequação típica ao título executivo coletivo. Os litígios individuais com repercussão coletiva exigiram a própria modificação da estrutura recursal, com a criação do sistema de recursos repetitivos já no Código de 1973, com seu aprimoramento pelo sistema atual, conforme os arts. 1.036 a 1.041, para o STJ e STF, sem prejuízo da possibilidade de solução das demandas repetitivas em segunda instância por meio do incidente consagrado nos arts. 976 a 987. Nos termos do art. 983 do CPC: "O relator ouvirá as partes e os demais interessados, inclusive pessoas, órgãos e entidades com interesse na controvérsia, (...)". No mesmo sentido, a previsão do *amicus curiae* é inferida nos recursos repetitivos dirigidos ao STJ e ao STF, conforme o art. 1.038, I, do CPC: "O relator poderá: I – solicitar ou admitir manifestação de pessoas, órgãos ou entidades com interesse na controvérsia, considerando a relevância da matéria e consoante dispuser o Regimento Interno; (...)".

A participação de terceiros que não exercem o papel de partes mas podem colaborar com a solução da causa revela a abertura do sistema jurídico para a participação dos *amici curiae* nos processos subjetivos. A multiplicidade de causas ainda revela a imaturidade cultural de nosso sistema capitalista. As boas práticas de governança corporativa das empresas privadas e públicas necessitam de extremo aprimoramento. Até certo tempo ainda vigorava um pensamento inaceitável. Uma má prática negocial ou mesmo um imposto ou taxa inconstitucionais poderiam ser vantajosos, pois poucas seriam as pessoas que contestariam o fato em juízo. O ato ilegal seria uma fonte de vantagem manifesta. Esta concepção nunca poderia ser considerada válida, e hoje esta mentalidade exige séria reflexão por parte dos dirigentes das empresas públicas e privadas. O acesso à Justiça e a multiplicação de demandas repetitivas revela a comprovação fática desta assertiva. Isto demonstra a democratização do acesso à Justiça e a descoberta do direito de acesso ao Poder Judiciário. As decisões elaboradas em teses firmadas em segunda instância, em recursos repetitivos, ou perante súmulas do STJ e do STF, possuem um compromisso social, pois afetam milhares de pessoas. A necessidade de abertura do contraditório, para possibilitar a participação não apenas das partes, mas de terceiros que possam auxiliar no bom julgamento da causa, revela-se essencial.

Nos processos de índole subjetiva com repercussão em massa deve ser feita alusão à previsão da participação do *amicus curiae* nas soluções referentes aos incidentes de uniformização de jurisprudência da Turma Nacional dos Juizados Especiais Federais. Os Juizados Especiais Estaduais e Federais demonstraram sua força como modelos especiais de acesso à Justiça. A celeridade, a informalidade e a rapidez na prestação da tutela jurisdicional tornaram essa via um caminho importantíssimo por parte daquele que busca solução para as reclamações de pequeno porte (*small claims*), as quais dificilmente seriam analisadas pela via judicial ordinária.

O tratamento das questões de pequeno porte não elimina a importância de sua definição precisa, uma vez que podem atingir milhares de jurisdicionados. Na esfera federal, em que existe a Turma Nacional de Uniformização, basta analisarmos as demandas de natureza previdenciária. Além de o benefício previdenciário consistir em renda de caráter alimentar e refletir direito fundamental do trabalhador rural ou urbano, o impacto das decisões proferidas em Turmas recursais é de alto relevo, pois orienta o julgamento das milhares de demandas que serão ajuizadas. Por este motivo, a participação de terceiros não vinculados à causa mas que possam contribuir com o aprimoramento da decisão, que exercerá impacto em toda a Nação, revela a sensibilidade do legislador quanto à importância e à compreensão do princípio do contraditório. Apesar de a demanda nascer de um conflito intersubjetivo, ela alcançará outras partes, assumindo natureza objetiva. Trata-se de fenômeno similar ao controle concreto ou incidental de constitucionalidade quando analisado pelo STF. Por este motivo, a Resolução 390, de 17.9.2004, instituiu o regulamento para o funcionamento da Turma Nacional dos Juizados Especiais Federais e trouxe de modo explícito a previsão do *amicus curiae* no art. 23, § 1º, regrando a sustentação oral que poderá ser realizada pelas partes e pelo *amicus curiae*, *in verbis*:

"Art. 23. As partes poderão apresentar memoriais e fazer sustentação oral por 10 (dez) minutos, prorrogáveis por até mais 10 (dez), a critério do Presidente.

"§ 1º. O mesmo se permite a eventuais interessados, a entidades de classe, associações, organizações não governamentais etc., *na função de "amicus curiae"*, cabendo ao Presidente decidir sobre o tempo de sustentação oral" (grifos nossos).

Trata-se do único texto legislativo, até o advento do novo Código de Processo Civil, que previa de modo expresso a figura do *amicus curiae*.[4] Todas as previsões até aqui elencadas indicam que o novo Código realmente não poderia deixar de prever o instituto, muito embora o tenha feito de modo tímido. Uma atenção maior quanto aos poderes e faculdades processuais permitiria melhor enquadramento e distanciamento de figuras próximas, como da assistência ou do perito judicial.

## 2. *"Amicus curiae" e figuras afins: assistente, curador e perito*

A participação do *amicus curiae* não corresponde a uma modalidade tradicional de intervenção de terceiros. É indiscutível que sua função no processo tem como objetivo o auxílio quanto à decisão. Neste ponto encontra-se uma semelhança com o instituto da assistência. Afinal, observa-se a participação de um terceiro perante lide pendente e que tem como objetivo influenciar o julgamento da causa.

Embora existam pontos de contato, as diferenças ressaltam. Conforme entendimento do STF, o *amicus curiae* não exerce faculdades processuais, no que difere do assistente, que pode, inclusive, recorrer.[5] Na assistência há uma modalidade de intervenção típica de um terceiro (*Nebenpartei*) voltada para a proteção de um interesse jurídico individual que será afetado pela decisão judicial. A assistência permite sua previsão na modalidade simples ou litisconsorcial, e nesta última previsão encontramos a possibilidade de o terceiro ser atingido de modo direto. Quando

---

4. V. o excelente artigo de Cássio Scarpinella Bueno, *Amicus Curiae: uma Homenagem a Athos Gusmão Carneiro*, disponível em *http://www.scarpinellabueno. com.br/Textos/Athos%20Gusmão%20Carneiro-Homenagem%20Cassio%20 Scarpinella%20Bueno.pdf.*

5. "Ação direta de inconstitucionalidade – Intervenção assistencial – Impossibilidade – Ato judicial que determina a juntada, por linha, de peças documentais – Despacho de mero expediente – Irrecorribilidade – Agravo regimental não conhecido. O processo de controle normativo abstrato instaurado perante o STF não admite a intervenção assistencial de terceiros – Precedentes. Simples juntada, por linha, de peças documentais apresentadas por órgão estatal que, sem integrar a relação processual, agiu, em sede de ação direta de inconstitucionalidade, como colaborador informal da Corte (*amicus curiae*): situação que não configura, tecnicamente, hipótese de intervenção *ad coadjuvandum*. Os despachos de mero expediente – como aqueles que ordenam juntada, por linha, de simples memorial expositivo –, por não se revestirem de qualquer conteúdo decisório, não são passíveis de impugnação mediante agravo regimental (CPC, art. 504)" (STF, Tribunal Pleno, ADI/AgR 748, rel. Min. Celso de Mello, j. 1.8.1994, *DJU* 18.11.1994, p. 31.392, *Ement.* vol-01767-01 PP-00010).

o terceiro não tenha ingressado na lide em sua fase inicial, ele poderá intervir como assistente, na forma litisconsorcial. Como se percebe, há uma finalidade essencialmente individual na instituição da assistência, e sua preocupação com o assistente não é altruísta, mas pessoal. O assistente litisconsorcial atua como verdadeira parte processual, gozando de prerrogativas e faculdades, como a de recorrer das decisões proferidas no processo. Todavia, quanto ao direito de recorrer o argumento poderia sofrer crítica em virtude do que dispõe o novo Código de Processo Civil. Seu art. 138, § 3º, prevê a possibilidade de o *amicus curiae* recorrer da decisão que julgar o incidente de demandas repetitivas. Esta inserção do novo Código revela uma mutação no instituto, aproximando-o da figura da assistência simples. No entanto, ambas as figuras ainda continuam diversas, pois as faculdades agregadas à assistência são maiores. Ao assistente é facultada a participação ativa na relação processual. Sua adesão ao processo é espontânea, e nunca provocada. No uso de suas faculdades processuais, o assistente poderá, inclusive, atuar como gestor, colaborando na produção de provas, oferecimento de memoriais e na formulação do recurso.

A atividade do curador é de máxima importância no processo civil. O transcurso da relação processual não pode ocorrer sem a possibilidade mínima de defesa. O Estado Democrático de Direito não permite que alguém possa ser alijado do direito de defesa, ainda que ele seja exercido em autêntica substituição processual, como na atuação do curador *ad litem*. O curador exerce atividade essencial para a defesa do réu incapaz, preso revel ou revel citado por edital ou por hora certa (art. 72 do CPC). A função do *amicus curiae* possui pontos de contato com a figura da curadoria no que tange à atividade ancilar, mas o *amicus curiae* não formula defesa em favor de nenhuma das partes no processo. Sua atuação tem foco na cooperação para influenciar a formação do convencimento do magistrado, prestando subsídios que o auxiliem a compreender as *questões de ordem fática e jurídica* que envolvem o julgamento do processo. O auxílio no tratamento de questões jurídicas seria inviável, a princípio, pela aplicação do princípio *iura novit curia*. Por meio deste princípio, o juiz deveria conhecer o Direito, mas sabe-se que o conhecimento enciclopédico tornou-se impossível após o século XVI, com o renascimento e a especialização dos ramos científicos.[6] Nada impede que o juiz possa obter

---

6. García Morente, *Fundamentos de Filosofia – Lições Preliminares de Filosofia*, vol. I, p. 29. Até o Renascimento as Ciências da Natureza e culturais eram estudadas dentro da Filosofia. Filósofos geniais, como Descartes e Leibniz, ainda dominavam toda a Matemática, a Física, a História – enfim, o conjunto de conhe-

subsídios, de ofício, a pedido das partes ou por pedido de intervenção do terceiro com o intuito de prestar informações que serão analisadas pelo juiz no caso concreto. Aliás, este ponto é importante para desmistificar a possibilidade da intervenção do *amicus curiae* como pessoa física. Nada impede que o juiz determine a intimação específica de um jurista, para proferir parecer, cujo conhecimento seja notório, em virtude de sua titulação e produção acadêmica. O art. 138 do CPC prevê a possibilidade da participação "de pessoa natural ou jurídica". A participação de pessoa física na modalidade de *amicus curiae* tornou-se célebre por meio de parecer ofertado pelo professor Celso Lafer no famoso processo que tratou do crime de racismo no julgamento do HC 82.424-RS perante o STF, no qual os Ministros abertamente se utilizaram dos argumentos oferecidos pelo jurista para fundamentar a decisão em caso extremamente controvertido. Esta atividade de auxílio não se confunde com a de curador. Mesmo que o posicionamento do *amicus curiae* venha a favorecer uma das partes, sua participação tem como fim propiciar julgamento adequado, e não a formulação de defesa de uma das partes.

A similitude com a posição exercida pelo perito em juízo também justifica algumas considerações.[7] O perito assim como o intérprete, dentre outros sujeitos processuais, são terceiros que prestam grande colaboração para a solução da demanda. Nada impede que uma pessoa física ou jurídica possa atuar na relação processual como *perito* ou como *amicus curiae*. Esta mutação de posições é perfeitamente possível, porém nem todo perito poderá ser um *amicus curiae*. O *amicus curiae*, além do conhecimento técnico sobre o objeto litigioso, deve assumir posição diferenciada quanto à representatividade. O art. 138 do CPC expressamente determina que a decisão que analisar o ingresso do *amicus curiae* deverá levar em consideração a especialidade da entidade, assim como sua representatividade. Isto significa que não se trata de mera participação "técnica", mas de colaboração por entidade que agregue parcela considerável de pessoas que representam, no meio social, os potenciais interessados na solução do objeto litigioso. O *amicus curiae* não recebe qualquer honorário pela sua participação em juízo, ao contrário do perito, que formula proposta e deve

---

cimentos do seu tempo. Após o século XVII, a aceleração e a especialização do conhecimento científico exigem a especialização. A cultura polimórfica ainda existe, mas em caráter generalista e hipossuficiente. Hoje este fenômeno se replica dentro de cada ciência, inclusive o Direito. Por este motivo, ainda que aplicável o princípio *iura novit curia*, jamais se deve impedir que o juiz possa buscar auxílio de conhecimento para a formação de sua conclusão, por meio da colaboração de terceiros.

7. Cássio Scarpinella Bueno, *Amicus Curiae no Processo Civil Brasileiro*, cit., em especial p. 362.

receber, ainda que na fase final, os valores pelos trabalhos prestados no processo. O laudo pericial corresponde a peça processual que será paga pelo vencido ou pelo Poder Judiciário, por meio de convênio. O perito em determinadas funções poderá compor o quadro de funcionários da Justiça, em algumas especialidades. Por este motivo, visualiza-se que não há possibilidade de confusão entre ambas as figuras, embora sejam afins quanto ao objetivo de esclarecimento e contribuição para a formação do juízo de convencimento do magistrado.

## 3. O "amicus curiae" e sua atuação na relação processual

### 3.1 Intervenção voluntária ou provocada

O art. 138 do CPC permite que seja perquirida a atividade processual do *amicus curiae* na relação processual. Como já foi esclarecido, atualmente sua participação deve ser encarada dentro de uma nova postura, atingindo demandas objetivas e subjetivas. A intervenção do *amicus* ou *amici*, uma vez que se admite a pluralidade, poderá ser *provocada* pelas partes ou, mesmo, pelo juízo. Isto não impede que o terceiro pretendente ao ingresso como *amicus* formule pedido espontâneo. O juiz ou relator analisará o pedido de intervenção e levará em consideração a relevância da causa, a necessidade da intervenção e a pertinência do *amicus curiae* com o objeto do litigio. O juízo sobre o controle de admissibilidade será irrecorrível, sob pena de a participação do *amicus curiae* gerar mais transtorno do que benefício. Admite-se unicamente a oposição dos embargos declaratórios, que são ofertados perante o juízo *a quo*. É possível que o *amicus* ofereça os embargos como meio de legitimar seu ingresso quando algum ponto da decisão de inadmissão tenha sido contraditório, omisso ou obscuro. Na verdade, o pedido de reconsideração poderá ser formulado sem a necessidade dos embargos.

Não existe preclusão temporal, consumativa ou lógica quanto à decisão de indeferimento. Isto significa que o juiz pode mudar seu juízo. Após verificar a complexidade e a repercussão do objeto litigioso, o magistrado poderá admitir novo pedido ou, mesmo, solicitar seu ingresso em juízo. O art. 138 do CPC é claro quanto ao ato do juiz de solicitar, e não determinar. A colaboração do *amicus* ou dos *amici* não deve ser imposta. Como se trata de terceiro não vinculado e sua atividade é graciosa no processo, a recusa em participar também é possível; contudo, deverá ser motivada.

Após seu ingresso em juízo, o *amicus* será um terceiro, ainda que em qualidade anômala. Por este motivo, embora não esteja sujeito à sucumbência, isto não o exime da responsabilidade por dano processual. Toda intervenção é fonte de responsabilidade (art. 79 do CPC). Por este motivo, alegações infundadas e dados técnicos inverídicos que possam induzir a julgamento equivocado podem sujeitar o *amicus curiae* às penalidades de litigância, sem prejuízo de apuração do dano processual (art. 81, § 3º, CPC).

O *amicus*, com a admissão do seu ingresso, terá o prazo de 15 dias para realizar sua primeira intervenção em juízo. As partes necessitam fundamentar o pedido de ingresso do *amicus curiae* demonstrado a relevância e a necessidade de sua participação. A iniciativa também poderá recair sobre o juiz ou relator, o que não exime a necessidade de fundamentação sobre a solicitação de ingresso. O juiz definirá os contornos do ingresso do *amicus curiae*, fixando suas faculdades processuais de manifestação e delimitando o objeto específico de sua contribuição. A intervenção poderá consistir na produção de um parecer sobre o objeto litigioso, na sua oitiva sobre fatos produzidos nos autos, elaboração de manifestação técnica sobre perícia já produzida nos autos. Esta gama variada de possibilidades demonstra que o prazo inicial de 15 dias para sua manifestação não corresponde a uma limitação de sua atividade processual. O *amicus* deverá desenvolver sua atuação dentro dos limites traçados pela atividade processual, mas com possibilidade de desenvolver de modo adequado sua manifestação com o fim de contribuir com o máximo de informações que possam eliminar obscuridades quanto aos pontos controvertidos sobre os quais a decisão irá recair.

### 3.2 A legitimação do "amicus curiae"

A legitimação do *amicus curiae* exige, no mínimo, dois atributos que devem ser considerados pelo juiz na análise do pedido de ingresso ou da decisão *ex officio* para a solicitação. Esta afirmação deve ser compatibilizada com a diferenciação entre o ingresso de pessoa natural ou jurídica.

A leitura do art. 138 do CPC não deixa dúvida quanto à possibilidade de a pessoa natural exercer a função de intervenção no processo. A intervenção, ainda que requerida por uma das partes e deferida pelo juiz, não representa adesão ao polo ativo ou passivo. O *amicus curiae* defende interesse *supra partes*. Mesmo que o litígio reflita pretensão intersubjetiva, a participação do *amicus* justifica-se nos potenciais reflexos que essa decisão possa provocar em julgamentos semelhantes, em virtude da importância da matéria e sua projeção social. A participação da pessoa natural como *amicus curiae* não obedecerá ao requisito de representatividade, o qual somente se aplicará à pessoa jurídica. O juiz deverá analisar a especialidade e a notória especialização da pessoa natural que pretende seu ingresso na relação processual. A qualificação profissional da pessoa natural que participará do processo deve ser notória. A notoriedade deve refletir algo semelhante ao previsto no disposto no art. 25, II, da Lei 8.666/1993. A conduta ilibada, a reputação e o conhecimento notório são atributos a serem analisados pelo juiz no caso concreto.

A finalidade e o objeto social da pessoa jurídica deverão estar em conformidade com o *thema decidendum* do processo. Esta vinculação exigida pelo art. 138 do CPC revela a transposição do conceito de *pertinência temática* para a seara da intervenção do *amicus curiae*. A exigência também vincula o ingresso da pessoa jurídica à sua representatividade. A pertinência e a representatividade são condições de ingresso que atuam como filtros e permitem ao juiz ou relator do processo perante o tribunal exercer juízo de conveniência e oportunidade sobre o ingresso. Embora seja permitida a formação de um autêntico litisconsórcio entre os *amici curiae*, o ingresso desordenado e múltiplo poderá trazer maiores prejuízos do que benefícios ao deslinde da questão controvertida.

A pessoa jurídica poderá assumir natureza pública ou privada. A participação do INPI e do CADE revelam hipóteses especiais de possibilidade de intervenção de autarquias em processos na qualidade de *amici curiae*. O INPI, muito embora corresponda a uma autarquia federal, não obriga ao deslocamento automático do processo para o foro federal quando seja solicitada sua intervenção para atuar como *amicus curiae* em processos em que se discute a concorrência desleal. O objeto do processo nem sempre será centrado na nulidade do registro de marca ou patente, mas em pedido cominatório com dever de abstenção.[8] Da mesma forma,

---

8. Nesse sentido, v. interessante acórdão do STJ: "Propriedade industrial – Concorrência desleal – Justiça Estadual – Abstenção de uso de marca registrada pelo próprio titular – Justiça Federal – Competência – Necessária participação do Instituto Nacional da Propriedade Industrial/INPI – Violação ao art. 129 da Lei da Propriedade Industrial. A apreciação quanto à possível indenização devida entre particulares decorrente da prática de concorrência desleal é de competência da Justiça Estadual – Precedente. Compete ao INPI avaliar uma marca como notoriamente conhecida – Precedente. A desconstituição do registro por ação própria é necessária para que possa ser afastada a garantia da exclusividade em todo o território nacional (REsp n. 325.158-SP, rela. Min. Nancy Andrighi, rel. para o acórdão Min. Carlos Alberto Menezes Direito, 3ª Turma, j. 10.8.2006, *DJU* 9.10.2006, p. 284). Não há previsão legal para autorizar a retirada da eficácia de ato administrativo de concessão de registro marcário sem a participação do INPI e sem o ajuizamento de prévia ação de nulidade na Justiça Federal – Recurso especial provido" (4ª Turma, REsp 1.189.022-SP, rel. Min. Luís Felipe Salomão, j. 25.2.2014, *DJe* 2.4.2014).

o pedido de abstenção formulado com pedido de perdas e danos por violação de marca notória pode ser conhecido pela Justiça Estadual. Ela poderá reconhecer a existência ou não da proteção da classe (princípio da especialidade) como questão prejudicial, o que não interfere quanto a pedidos formulados perante o INPI para registro que se encontram pendentes para análise. O INPI poderá participar do processo como *amicus curiae*, sem necessidade de deslocamento da competência do juízo.[9]

### 3.3 Procedimento para a intervenção: competência e faculdades processuais

O *amicus curiae* não formula pedido no processo. O pedido não afeta a competência estabelecida para o processamento da causa principal. O STJ já se manifestou por várias vezes sobre a impossibilidade de deslocamento da causa para o foro federal quando a União se utiliza da intervenção anômala prevista pela Lei 9.469/1997. O STJ, no que tange à interpretação do art. 109 da CF de 1988, firmou posicionamento no sentido de a competência ser estabelecida em razão da pessoa, e não da matéria. No entanto, mesmo a União, quando se utiliza do art. 5º da Lei 9.469/1997, necessita demonstrar o interesse jurídico e econômico. Por este motivo, a demonstração apenas de interesse econômico poderá justificar sua participação no processo como *amicus curiae*, porém sem possibilidade de alteração de competência.

Isto não impede que a pessoa jurídica, por meio de sua manifestação, possa convencer o juiz sobre a necessidade do deslocamento da competência, pela exposição de razões que possam convencê-lo sobre a incompetência do juízo. Nesta situação, quando se tratar de remessa para a Justiça Federal será fundamental observar a regra da Súmula 150 do STJ, que atualmente possui reflexo perante o novo CPC, nos termos do art. 45, §§ 2º e 3º.

Há discussão sobre a possibilidade de intervenção do *amicus curiae* em procedimentos de natureza administrativa. Em algumas situações, como a de usucapião (art. 1.071 do CPC, que altera a redação do art. 216-A da Lei 6.015/1973, relativo à usucapião), esses processos são im-

---

9. "A nulidade da patente, com efeito *erga omnes*, só pode ser declarada em ação própria, proposta pelo INPI, ou com sua intervenção – quando não for ele o autor –, perante a Justiça Federal (Lei n. 9.279/1996, art. 57). Porém, o reconhecimento da nulidade como questão prejudicial, com a suspensão dos efeitos da patente, pode ocorrer na Justiça Estadual – Precedentes – Agravo regimental improvido" (STJ, 2ª Seção, CComp/AgR 115.032-MT, rel. Min. Sidnei Beneti, j. 9.11.2011, *DJe* 29.11.2011).

portantíssimos, especialmente quando assumem a modalidade coletiva. A admissão na esfera administrativa revela-se importante, e a ausência de litígio não deveria ser fator de limitação, pela interpretação literal do art. 138 do CPC. Afinal, se o interesse do *amicus curiae* não está vinculado ao litígio, razão pela qual não atua como assistente, não há motivo para que não possa atuar na esfera administrativa. Esta participação assume caráter inibitório, pois poderá prevenir o nascimento de um litígio. No entanto, o entendimento do STJ ainda é contrário a esta admissão na fase administrativa, em vista da inexistência de litígio que possa dar suporte à sua participação. É importante que o entendimento seja flexibilizado, uma vez que a participação do *amicus curiae* não trará prejuízo, e poderá contribuir para que o feito não seja judicializado.[10]

### 3.4 Instrução do processo

O *amicus curiae* não exerce faculdades processuais plenas, o que impede a instrução do feito por iniciativa própria. Significa que não poderá intervir no feito e realizar *pedido de produção de provas*. Isto não elimina a possibilidade da indicação sobre a necessidade de uma determinada prova, o que poderá provocar a sua produção por iniciativa do juízo (art. 370). O novo Código de Processo Civil apresenta modelo de contraditório diferenciado, o que se visualiza pela possibilidade da formulação do negócio jurídico processual pelas partes e pela flexibilização

---

10. "(...). O processo de dúvida registral em causa possui natureza administrativa, instrumentalizado por jurisdição voluntária, não sendo, pois, de jurisdição contenciosa, de modo que a decisão, conquanto denominada sentença, não produz coisa julgada, quer material, quer formal, donde não se admitir recurso especial contra acórdão proferido pelo Conselho Superior da Magistratura que julga apelação de dúvida levantada pelo Registro de Imóveis. O Ministério Público Estadual é legitimado, diante da impossibilidade de interpor recurso especial, à impetração de mandado de segurança, em legitimação extraordinária, para defesa, no interesse da sociedade e da preservação da regularidade registral imobiliária, impetração, essa, perante o Órgão Especial do Tribunal de Justiça competente, diante do deferimento de matrícula, em caráter qualificado como teratológico, de área de grandes dimensões em região ocupada há tempos, matrícula, essa, derivada de formal de partilha que remonta a adjudicação em processo hereditário do ano de 1850 e jamais transcrito – Indeterminação da área, de modo a adequar-se ao terreno, pondo em risco os princípios da continuidade e da identidade, essenciais ao sistema registrário – Questões correcionais relacionadas com o caso, no tramitar do processo, inclusive submetidas ao julgamento do Conselho Nacional de Justiça, não são enfocadas no presente julgamento, restando todas para exame pelas vias correcionais competentes. 8. Preliminares afastadas, intervenções indeferidas e recurso especial improvido" (STJ, 3ª Turma, REsp 1.418.189-RJ, rel. Min. Sidnei Beneti, j. 10.6.2014, *DJe* 1.7.2014).

procedimental. Isto também incide sobre a participação do *amicus curiae*, conforme o art. 138, § 2º. Por este motivo, o juiz ou relator definirá os poderes de participação do *amicus* na relação processual. A prova documental é naturalmente produzida pela sua participação no contraditório, a qual envolve a apresentação de esclarecimentos sobre o objeto litigioso. Também será plenamente válida sua manifestação sobre prova técnica que tenha sido produzida no processo. A dúvida sobre laudo apresentado em juízo pelo perito não impede que o *amicus curiae* se manifeste no processo para contribuir, dentro dos limites estabelecidos pelo juiz ou relator. O STF já realizou audiências públicas com a abertura de manifestação oral para *amici curiae* em casos sensíveis, como na determinação sobre a possibilidade de utilização de embriões. Neste processo – ADI 3.510-DF – se discutia questão jurídica, biológica e religiosa, uma vez que a decisão do STF repercutiria sobre a determinação do início da vida sob o ponto de vista jurídico.

A decisão do juiz que admite o ingresso do *amicus curiae* é irrecorrível. As partes não possuem interesse em recorrer da decisão judicial, pois não se trata de assistência. Se outra fosse a interpretação, o ingresso do *amicus curiae* e sua participação na relação processual estariam comprometidos, pelo tumulto processual. Afinal, como o STF já definiu em sua jurisprudência pela possibilidade de pluralidade de *amici curiae*, o andamento do feito restaria comprometido quanto à celeridade e à efetividade. Todavia, entendemos que o art. 138, § 1º, do CPC autoriza que os embargos de declaração sejam opostos pelo *amicus curiae* e pelas partes do processo. O poder do juiz de admitir o *amicus curiae* no processo não é discricionário. O art. 138 do CPC estabelece margem de indeterminação que deve ser motivada pelo juiz quando solicita sua admissão ou autoriza o requerimento das partes. Isto não impede que as partes possam embargar a decisão de admissão pela ausência de notória capacidade da pessoa natural, ou pela ausência de representatividade da pessoa jurídica ou comprovação de participação de uma das partes na pessoa jurídica que pede a intervenção. Como a decisão é irrecorrível, não há preclusão para que outras questões possam ser suscitadas no eventual recurso de apelação (art. 1.009, § 1º, CPC).

### 3.5 Legitimidade recursal

O *amicus curiae* sofreu limitação expressa quanto ao uso da faculdade processual de recorrer, que é vocacionada para aqueles subsumidos à condição de partes ou de terceiros prejudicados. A possibilidade de recorrer não é reconhecida em relação ao *amicus curiae* senão quanto ao oferecimento de embargos de declaração. O art. 138 do CPC inseriu esta possibilidade; contudo, parece conveniente reservar sua utilização pelo *amicus* para o controle quanto à decisão que inadmite sua participação em juízo.[11] Os embargos de declaração assumem importância significativa no cenário atual, e assumirão a posição de peça de estilo. É muito difícil uma apelação não ser precedida do recurso de embargos, como uma tentativa de obter efeito infringente. Esse uso excessivo dos embargos desnatura sua aplicação e faz com que o procedimento se torne moroso. A previsão do art. 138, § 1º, do CPC deve centrar-se na motivação do seu ingresso.[12]

A inovação implantada pelo novo Código de Processo Civil diz respeito à redação do art. 138, § 3º: "O *amicus curiae* pode recorrer da decisão que julgar o incidente de resolução de demandas repetitivas". O incidente permite que os tribunais (art. 976 do CPC) possam identificar as demandas que assumem repercussão econômica e social relevante ante a multiplicidade de ajuizamentos.

A abertura ao acesso à Justiça é elogiável e revela amadurecimento das instituições sociais e jurídicas. O tema do acesso foi preocupação dos juristas de todo o mundo, com estudo que ficou célebre pelos textos de Direito Comparado elaborados apor Mauro Cappelletti.[13] A procura do

---

11. "Conforme a firme jurisprudência do STJ e do STF, as entidades que ingressam na relação processual na condição de *amicus curiae* não possuem interesse imediato naquela determinada lide, sendo admitidas apenas com a finalidade de subsidiar o magistrado com informações úteis ao deslinde das discussões judiciais de interesse coletivo. Portanto, não se revela cognoscível a pretensão de sanar omissões indicadas em seus aclaratórios, diante de sua flagrante ilegitimidade recursal – Embargos de declaração não conhecidos" (STJ, 2ª Seção, REsp/ED 1.418.593-MS, rel. Min. Luís Felipe Salomão, j. 11.6.2014, *DJe* 18.6.2014).

12. Cujo posicionamento não deverá ser modificado pelo STJ: "A jurisprudência do STJ firma que o instituto do *amicus curiae* não é servível para os fins de intervenção no feito com a oposição de embargos de declaração, uma vez que tal atuação é permitida somente para dotar a controvérsia jurídica com mais fundamentos, e não para a representação ou defesa de interesses – Precedente: ED no REsp n. 1.418.593-MS, rel. Min. Luís Felipe Salomão, 2ª Seção, *DJe* 18.6.2014 – Agravo regimental improvido" (2ª Turma, RMS/Pet/AgR 45.505-PE, rel. Min. Humberto Martins, j. 10.3.2015, *DJe* 13.3.2015).

13. Destaca-se no texto a preocupação com a *class action* e a análise comparada no tratamento das *small and medium claims*: "There are at least three principal reasons why persons with small and modest claims may fail to seek judicial relief. First may be ignorant of their rights, and the harms they have suffered may be too small to justify investigation of their entitlements. Second, the costs of litigation may be too large to justify suit. Third, certain Courts may require that a minimum amount of money be stake before they will assume jurisdiction. The class action can potentially help

cidadão pelo Poder Judiciário não deve ser vista como um *mal du siècle*. Esta é a impressão que se tem quando parte dos operadores comentam sobre o aumento da litigiosidade.

Se o legislador tivesse permitido a manutenção do dispositivo de conversão da ação individual em coletiva o sistema teria grande rendimento, e o problema da segurança jurídica estaria preservado. A segurança e a uniformidade no tratamento das questões jurídicas teriam alto rendimento, pela eficácia *ultra partes* da coisa julgada coletiva. Isto não ocorre no incidente, apenas de modo acidental e com o preenchimento de requisitos específicos, nos termos do art. 982, § 3º, do CPC. O STJ e o STF podem suspender o trâmite das ações individuais e coletivas que tenham o mesmo objeto do incidente; contudo, este regime de afetação é extremamente mais complicado, pois, embora a solução do incidente seja oportuna e importante para todo o País, a falha quanto ao processamento do recurso especial ou extraordinário é suficiente para limitar sua repercussão ao Estado ou região (art. 982, § 5º, do CPC).

A previsão do recurso por parte do *amicus curiae* aproxima-o da posição do assistente litisconsorcial. Afinal, se as partes atingidas não recorrerem, o *amicus curiae* mesmo assim teria legitimidade? Pela leitura do texto do art. 138, § 3º, do CPC a resposta é positiva. Esta legitimidade recursal, ainda que seja justificada pela natureza coletiva do julgamento, não justificaria o ingresso do *amicus curiae* como parte na esfera recursal. No entanto, o texto trouxe a previsão, cujos efeitos serão definidos pela jurisprudência que irá se formar nas Cortes Excelsas.

A pretensão de recorrer não exime o *amicus curiae* do preenchimento dos pressupostos recursais genéricos e específicos para propiciar o conhecimento da peça recursal. A possibilidade de recorrer é genérica e pressupõe a utilização dos mecanismos de integração da decisão proferida no julgamento do incidente, bem como daqueles que visam à reforma da decisão com base na ofensa da lei federal ou entendimento já firmado sobre a matéria (recurso especial), ou mesmo pela ofensa da tese a dispositivo constitucional (recurso extraordinário). Na hipótese específica do recurso extraordinário a repercussão geral é presumida, em vista do filtro prévio ao qual a matéria já foi submetida (art. 987, § 1º, do CPC).

---

overcome all three of these obstacles" (E. Johnson, Jr., e outros, "Access to Justice in the United States: the economic barriers and some promising solutions, in Mauro Cappelletti e Bryant Garth (eds.), *Acess to Justice – A World Survey*, pp. 993-994).

*Capítulo V*
# *Denunciação da Lide*

*1. Perspectiva histórica do instituto. 2. Breve notícia da denunciação no Direito Comparado: 2.1 Direito Alemão – 2.2 Direito Português – 2.3 Direito Italiano. 3. A denunciação perante o art. 125 do CPC. 4. Pressupostos da denunciação. 5. Iniciativa da denunciação. 6. Aspectos genéricos acerca dos tipos do art. 125 do CPC. 7. O art. 125 do CPC e a denunciação por fundamento na evicção. 8. O art. 125, I, do CPC: denunciação por evicção: 8.1 Noções sobre a evicção – 8.2 Evicção e denunciação em casos de posse e uso do bem – 8.3 O regime da evicção no Código Civil brasileiro atual: 8.3.1 A reivindicação dos bens móveis – 8.3.2 O regime da evicção dos bens móveis – 8.3.3 A denunciação para as formas de dissociação da posse no Direito Brasileiro – 8.4 A denunciação na posse direta e a nomeação à autoria: 8.4.1 O art. 125, I, do CPC e a ação reivindicatória. 9. A denunciação pelo art. 125, II, do CPC: 9.1 A denunciação por natureza contratual – 9.2 As possíveis condutas da seguradora: art. 128 do CPC – 9.3 O ressarcimento pela seguradora: art. 786 do CC brasileiro e Súmula 188 do STF: 9.3.1 A participação do IRB como litisdenunciado: cosseguro, resseguro e retrocessão – 9.4 A denunciação por garantia legal: 9.4.1 O ente estatal no polo passivo das relações: atos comissivos – 9.4.2 O ente estatal e a responsabilidade por omissão (culpa aquiliana) – 9.4.3 Denunciação do ente estatal pelo agente público – 10. A denunciação do polo ativo e a posição do adquirente: 10.1 Aditamento da petição inicial – 10.2 A revelia do denunciado pelo autor – 10.3 Âmbito da denunciação pelo autor – 10.4 A situação jurídica do litisdenunciado pelo autor e réu: litisconsórcio e assistência. 11. Ausência de denunciação e reconhecimento jurídico do pedido pela parte. 12. A tutela provisória na denunciação. 13. Denunciação e ilegitimidade passiva. 14. A denunciação pelo réu e as possíveis atitudes do litisdenunciado: 14.1 O art. 128, I, do CPC: aceitação e formação de litisconsórcio – 14.2 O art. 128, II, do CPC: denunciado revel ou resistente à denunciação – 14.3 O art. 128, III, do CPC: a confissão pelo litisdenunciado. 15. A denunciação e seu cabimento: procedimento comum (ordinário e sumaríissimo) e especial. 16. Denunciação sucessiva, coletiva e direta ("per saltum"). 17. Procedimento da denunciação: 17.1 A citação – 17.2 A suspensão do processo – 17.3 Citação por iniciativa do réu – 17.4 Prazo para resposta do denunciado – 17.5 Competência para denunciação. 18. Despesas e honorários advocatícios: 18.1 Procedência da ação principal e a litisdenunciação pelo réu – 18.2 Improcedência da ação principal: litisdenunciação pelo autor – 18.3 Improcedência da ação principal: litisdenunciação pelo réu. 19. A denunciação e a formação do título executivo.*

## 1. Perspectiva histórica do instituto

A denunciação da lide corresponde a figura que acompanha a tradição de nossa legislação, ainda que sob denominações diversas. O CPC de 1973 já possuía a designação atual, conforme previsão dos arts. 70 a 76. Já, o Código de 1939 previa o instituto nos arts. 95 a 98, sob a denominação de *chamamento à autoria*.[1] O instituto direcionava-se claramente à proteção da "coisa" e do direito real a ela agregado, o que limitava sua utilização às ações reais (*rectius*: pretensões reais). Voltando ao período do Regulamento 737 e da *Consolidação das Leis*, encontraremos a denominação sintética "Da Autoria".[2] Teixeira de Freitas, comentado a obra de Pereira e Souza, explicava que a "autoria" era a forma de chamar o "autor" em juízo. A palavra "autor" assumia significado diverso, pois "se diz aquelle, de quem o réo recebeu causa; isto é, de quem houve a cousa, que possue; e em cujos direitos sucedeu".[3] Esta é a definição lembrada por

---

1. CPC de 1939, art. 95: "Aquele que demandar ou contra quem se demandar acerca de coisa ou direito real, poderá chamar à autoria a pessoa de quem houve a coisa ou o direito real, a fim de resguardar-se dos riscos da evicção".

2. Teixeira de Freitas, em suas notas a Pereira e Souza (*Primeiras Linhas sobre o Processo Civil*, p. 137, notas 384 e ss.), já realizava uma clara distinção entre o chamamento à autoria (nossa denunciação atual) e a nomeação à autoria: "Distingue-se entre o chamamento à autoria e a nomeação sem êlle. Chama a autoria quem, possuindo em seu próprio nome a cousa demandada, nomêa a pessoa, de quem a-houve, para o effeito de responsabilizal-a pela evicção. Faz simplesmente Nomeação, quem, possuindo em nome alheio a cousa demandada, nomêa a pessoa, de quem a-houve, sem chamal-a a autoria, mas só para o effeito de afastar de si a demanda com todas as suas consequências" (texto original). A única ponderação sobre a precisa diferenciação refere-se à classificação do cabimento da nomeação. Nessa época os casos encartados como detenção – e, portanto, sujeitos à nomeação – seriam posteriormente englobados pelo CC de 1916 no art. 486, art. 1.197 do CC de 2002. Referimo-nos ao inquilino, ao arrendatário e ao procurador. A organização vertical da posse, em posse direta e indireta, tal como nos moldes do § 868 do BGB alemão, somente restaria clarificada para a doutrina após a promulgação do BGB, em 1900. Seus antecedentes podem ser buscados na ALR do Código prussiano, onde se fazia uma distinção entre posse perfeita e imperfeita, embora ela se atenha mais à diferenciação entre possuidor próprio (*Alleinbesitz*) e impróprio (*Fremdbesitz*).

3. Pereira e Souza, *Primeiras Linhas sobre o Processo Civil*, cit., p. 137, nota 383.

Ribas: "Auctores dicuntur a quibus jus in nos transiit, et a quibus causam habemus".[4] Esta possibilidade de chamar o responsável pela titularidade do direito transmitido era uma conclusão lógica, como advertia Teixeira de Freitas, pois "o fundamento da autoria é que o chamado deve estar mais bem instruído do negócio, para poder impedir a evicção".[5]

O Código da Bahia trazia a previsão da Autoria no art. 25, cuja redação certamente inspirou o Código de Processo Civil de 1939: "Aquelle, contra quem se demandar judicialmente uma coisa ou um direito real, pode chamar á auctoria a pessoa de quem houve a coisa ou o direito real em questão". Espínola informa que o costume de chamar o responsável pela alienação do direito ou da coisa era prática vetusta, e teria sido incorporada nas *Ordenações* por transposição do Direito Romano (Ord., L. III, Títs. 44 e 45).[6] Como base em Glück, fundamenta a obrigatoriedade do chamamento, sob pena de perda efetiva do direito de regresso: "L'annuncio della lite insorta e l'invito a sosternela insieme è necessario da parte dell'acquirente (...). Tale invito è la condizione senza la quale di regola non è ammessa l'azione di regresso contro l'autore".[7] Essa previsão da obrigatoriedade também estava incorporada no regime das *Ordenações*, embora sempre restrita às hipóteses de evicção. A doutrina

---

4. Ribas, *Consolidação das Leis do Processo Civil*, p. 166.
5. Idem, ibidem.
6. Espínola, *Código do Processo do Estado da Bahia*, vol. I, p. 340.
7. Glück, *Commentario alle Pandette*, vol. XVIII, § 967, p. 3 e ss. Quanto à denunciação da lide no Direito Romano, há grande divergência entre os romanistas, principalmente pela necessidade de observar seu cabimento dentro de suas fases. Um dos pontos que suscitou o surgimento do direito de invocar a participação do terceiro na lide estaria atrelado à fórmula da *mancipatio*. Para quê servia a *mancipatio*? No Direito Romano inexistia a classificação atual dos bens em móveis e imóveis. Os bens eram classificados, pela sua importância, em: *res mancipi* e *nec mancipi*. Desta forma, a *mancipatio* atuava como fórmula negocial solene de transmissão da propriedade (*Eigentumsübertragung*) no Direito Romano antigo: "Die Manzipation ist ein Formalgeschäft u.z.w. der feierliche Kauf des alten Rechts" (Czyhlarz, *Lehrbuch der Institutionen des Römischen Rechtes*, § 51, p. 100). Como ensina Araújo Cintra, quando alguém se utilizasse da *mancipatio* para a transmissão onerosa de um bem, impunha-se ao alienante a garantia de que ninguém turbaria a posse pacífica transmitida. Esta garantia era denominada de *auctoritas*. Caso a posse fosse violada, facultava-se o ingresso da *actio auctoritatis*, pela qual o alienante estaria obrigado a pagar em dobro o preço que o adquirente lhe pagou (*Do Chamamento à Autoria*, p. 12). Para um panorama sintético da visão histórica, v.: Sydney Sanches, *Denunciação da Lide no Direito Processual Civil Brasileiro*, pp. 4-9. Para um panorama completo da origem histórica da evicção e da controvérsia sobre o conceito de *auctoritas*, v.: Pontes de Miranda, *Tratado de Direito Privado*, t. XXXVIII, § 4.214, pp. 158-165.

anterior indicava o chamamento à autoria para as *ações reais* e *in rem scriptae*, o que também era regra no Direito Alemão anterior. Nesta última classificação englobavam-se as ações mistas, ou seja, ações "pessoaes por natureza, mas de facto têm uma direcção real, que a lei lhes imprime". Neste tipo devem ser encartadas as ações cuja causa de pedir tenha por base uma obrigação *propter rem* ou um *ius ad rem*.[8-9]

A legislação anterior não tinha a amplitude do regime jurídico que seria imposto pelos ordenamentos processuais posteriores (art. 70, I, do CPC de 1973 e art. 125, I, do CPC atual). Com o Código de 1973 houve sensível aumento das hipóteses previstas para o chamamento, que seria denominado "denunciação" por meio do art. 70, II e III.

Isto não significa que o Código de 1939 não tivesse operado alguma transformação em relação ao instituto. Seu art. 95 estabelecia que o chamamento caberia tanto ao autor como ao réu. Este regime de duplicidade quebra a tradição romana e germânica do instituto, voltado essencialmente à garantia do réu contra o risco da evicção.[10] Embora o art. 98 aludisse expressamente à evicção, a doutrina propendia para uma aplicação de maior elastério ao instituto.[11] A litisdenunciação pelo autor seria requerida com a propositura da ação, e pelo réu em até três dias após a formalização de sua contestação (art. 95, § 2º, do CPC de 1939). O art. 98 determinava a obrigatoriedade de que o litisdenunciante prosseguisse na defesa até o final, mesmo se o denunciado não comparecesse após sua formal notificação. Atualmente a disciplina é bem diversa, em vista do art. 456, parágrafo único, do CC.[12]

## 2. Breve notícia da denunciação no Direito Comparado

### 2.1 Direito Alemão

Dentre os diplomas estrangeiros (dignos de menção pela influência exercida em nosso ordenamento) situa-se, em primeira grandeza, o ordenamento alemão. A denunciação da lide está prevista no § 72 (*Zulässigkeit*

---

8. Ribas, *Consolidação das Leis do Processo Civil*, cit., p. 166.
9. Para uma distinção ente *ius in re* e *ad rem*, v. nosso estudo *Posse*, p. 39.
10. O Regulamento 737/1850 previa apenas a denunciação pelo réu (art. 111).
11. Como ensinava Pontes de Miranda, *Comentários ao Código de Processo Civil* (de 1939), t. II, p. 163.
12. CC, parágrafo único do art. 456: "Não atendendo o alienante à denunciação da lide, e sendo manifesta a procedência da evicção, pode o adquirente deixar de oferecer contestação, ou usar de recursos".

*der Streitverkündung*).[13] De acordo com a doutrina de Rosenberg/Schwab/ Gottwald: "A denunciação da lide (*litis denunciatio*) é a notificação formal a um terceiro sobre a existência de uma demanda pendente intentada por uma das partes" (tradução livre).[14]

No sistema da ZPO a denunciação precisa ser diferenciada quanto à natureza da intervenção. O § 72 é uma notificação da demanda judicial que permite ao terceiro ingressar na lide como assistente. Ela não é obrigatória. Este parâmetro é conferido pela conjugação do § 74, I, da ZPO. Por sua vez, no Direito Alemão a *denuntiatio litis* possui abrangência maior e aplicação diversa para os casos dos §§ 75 *usque* 77 da ZPO. Essa dicotomia em sua incidência permite que seja catalogada, ao mesmo tempo, como uma modalidade de intervenção adesiva, em suma, a de um autêntico assistente simples (*Nebenintervention*), ou como um interveniente principal.[15]

A definição do § 72 determina a possibilidade da denunciação mesmo em instância superior, embora na doutrina não se admita sua utilização na *Revision*.[16] Goldschmidt, em sua monumental obra de sistematização do direito processual civil alemão, procurou explicitar o cabimento da denunciação para três situações, as quais indicam o campo diverso de aplicação do instituto naquele sistema. A primeira hipótese é a prevista pelo § 72 da ZPO. Neste caso, a denunciação se caracteriza por "el aviso dado por una parte a un tercero de la pendencia de un proceso, dejando al arbitrio del mismo el acudir en auxilio del demandante en calidad de interviniente adhesivo (§§ 72-74), el entrar en la causa como interviniente

---

13. ZPO, § 72: "Eine Partei, die für den Fall des ihr ungünstigen Ausgangen des Rechtsstreits einen Anspruch auf Gewährleistung oder Schadloshaltung gegen einen Dritten erheben zu können glaubt oder den Anspruch eines Dritten besorgt, kann bis zur rechtskräftigen Entscheidung des Rechtsstreits dem Dritten gerichtlich den Streit verkünden" (em vernáculo: "Uma parte, em caso de resultado desfavorável para ela, pode utilizar-se de uma ação de garantia ou de reparação contra um terceiro, ou quando esteja velando pela pretensão de terceiro pode, até a decisão final do litígio, denunciar a lide ao terceiro" (tradução livre).

14. "Streitverkündung (litis denuntiatio) ist die förmliche Benachrichtigung eines Drittes von anhängigen Rechtsstreit durch eine Partei" (Rosenberg/Schwab/ Gottwald, *Zivilprozessrecht*, § 48, p. 274).

15. "Die Streitverkündung soll dem Dritte Gelegenheit zur Nebenintervention oder in den Fällen der §§ 75-77 zur übernahme des Rechtsstreits geben, aber die Auffordnung dazu nicht zu enthalten" (Rosenberg/Schwab/Gottwald, *Zivilprozessrecht*, cit., § 48, p. 274).

16. Rosenberg/Schwab/Gottwald, *Zivilprozessrecht*, cit., § 48, p. 275. Na verdade, o § 74 elimina a utilidade da denunciação.

principal (§ 75), o el aceptar el proceso en calidad de demandado (§§ 76 y 77)".[17]

Alguns aspectos são relevantes. Inicialmente, o § 72 não estabelece a obrigatoriedade de denunciação. Apenas quando a lei determinar a obrigatoriedade, como meio de se valer da ação de garantia, ela será obrigatória. No sistema alemão esta exigência nasce de disposição legal expressa e residual, como no § 841 da ZPO (*Pflicht zur Streitverkündung*).[18]

Outro aspecto interessante é que a ZPO estabelece a posição do denunciado como assistente, e não como litisconsorte, para sua figura principal. Os efeitos que recaem sobre o denunciado são referentes à *exceptio male gesti processus*, pois seu interesse é eventual na causa principal. Obviamente nos referimos aos §§ 72 e 74, I, da ZPO. O § 72, II, ainda prevê a possibilidade da denunciação sucessiva.[19] Dentre os efeitos principais da denunciação a doutrina aponta a interrupção da prescrição (*Unterbrechung der Verjährung*) em relação ao garante. Isto é fundamental, porque nesse sistema não há um julgamento conjunto. A interrupção seria um efeito material (*materiell-rechtliche Folge*). Dentre as consequências processuais para a intervenção do denunciante estão expressamente delineados os efeitos da intervenção do assistente, caso o litisdenunciado a aceite.[20] Quando não participe, o processo continuará normalmente, muito embora fique sujeito aos efeitos da intervenção em processo posterior, em vista da dicção expressa do § 74, III, que determina a extensão dos efeitos do § 68 (*Wirkungen der Nebenintervention*).

As outras duas possibilidades de denunciação nesse sistema merecem atenção especial.

A figura prevista pelo § 75, também classificada como figura de denunciação da lide, assemelha-se a uma oposição provocada. O dispositivo prevê a possibilidade de um misto de consignação e intervenção principal. Aquele que for demandado por certa quantia em dinheiro ou para entregar um objeto pode denunciar terceiro, que também tem pre-

17. Goldschmidt, *Derecho Procesal Civil*, p. 450.

18. Na verdade, a denunciação é um direito do denunciante: "Die Streitverkündung ist unter den Voraussetzungen des §72 und in den Fällen der §§ 75-77 ein Recht des Streitverkünders; nur § 841 macht die Streitverkündung zur Plicht" (Rosenberg/Schwab/Gottwald, *Zivilprozessrecht*, cit., § 48, p. 274).

19. "Der Dritte ist zu einer weiteren Streitverkündung berechtigt" ("O terceiro está autorizado a efetuar denunciação da lide a outrem" – tradução livre).

20. "Der Verkündigungsempfänger kann dem Streitkünder unter den Voraussetzungen von §§ 66 und in der Form von § 70 als Nebenintervenient beitreten" (Rosenberg/Schwab/Gottwald, *Zivilprozessrecht*, cit., p. 278).

tensão sobre o objeto litigioso. Como consequência, o denunciante se retira do processo, e a disputa continua entre os pretendentes à quantia ou ao objeto depositado.[21]

A terceira modalidade de denunciação prevista no Direito Alemão refere-se ao possuidor direto (*unmittelbarer Besitzer*) que realiza a denunciação da lide ao possuidor indireto (*mittelbare Besitzer*), nos mesmos termos da previsão do art. 70, II, do CPC de 1973, eliminada no novo Código. O possuidor direto deverá ser demandado por ação real ou que represente um *ius ad rem*, fato que gera turbação na sua posse. O possuidor mediato poderá comparecer e assumir a causa, mas poderá não comparecer ou negar a necessidade de sua participação no litígio, pois o fato pode dizer respeito exclusivamente ao possuidor direto e seu contendor. Não se forma propriamente um litisconsórcio com o ingresso do denunciado, pois quando o possuidor mediato assume o litígio o imediato deixa a demanda. De qualquer forma, a eficácia do julgado recairá sobre ambos, pois, ainda que exista autêntica sucessão processual, ela não elimina os efeitos da sentença sobre o denunciante.

## 2.2 Direito Português

O Código de Processo Civil português atual encarta a denunciação como modalidade de intervenção provocada, a qual, nos termos do art. 321º, assume nitidamente caráter assistencial. Ela poderá ter lugar quando o réu (portanto, excluindo o autor) previr potencial perda da demanda principal, o que justificaria o pedido de regresso, pela perda da demanda principal. Eis a redação do dispositivo: "O réu que tenha acção de regresso contra terceiro para ser indemnizado do prejuízo que lhe cause a perda da demanda pode chamá-lo a *intervir como auxiliar na defesa*, sempre que o terceiro careça de legitimidade para intervir como parte principal" (grifos nossos).

O Direito Português foi preciso, pois determinou que o fundamento da intervenção fique sempre restrito às questões que tenham repercussão na *acção de regresso*. Não determina, como no Direito Brasileiro, que o denunciado assuma posição de postulante e litisconsorte, tal como ocorre nos arts. 127 e 128, I, do CPC – o que se revela em posição equivocada de nosso sistema, que já encontrava previsão perante o Código de 1973 nos arts. 74 e 75, I, e não foi corrigido. A redação do art. 321º, II, do CPC

---

21. Goldschmidt, *Derecho Procesal Civil*, cit., p. 451.

português é precisa, e demonstra a efetiva função do litisdenunciado perante a demanda acessória: "A intervenção do chamado circunscreve-se à discussão das questões que tenham repercussão na acção de regresso invocada como fundamento do chamamento".

Na fórmula atual, assim como em nosso sistema, não há mais a vinculação direta da intervenção provocada (antes denominada de chamamento à autoria) aos casos de evicção. Mesmo perante o quadro revelado pelo Código de 1939, José Alberto dos Reis indicava a tendência da jurisprudência de permitir a utilização do instituto quando presente o direito de regresso.[22]

A intervenção provocada é uma faculdade concedida ao réu; contudo, por meio de pedido expresso e com indicação da conexão da demanda com a ação de regresso. Em outros termos: deverá comprovar a relação de prejudicialidade. Sobre o pedido deverá ser ouvida a parte contrária (art. 322º, II, do CPC português). Abre-se um incidente semelhante ao que existe no sistema brasileiro para o deferimento da assistência.

O chamado poderá realizar sucessivamente a comunicação do litígio, e a sentença proferida terá a mesma eficácia da proferida em relação ao assistente. Aliás, o art. 323º, I, do CPC português determina expressamente que o chamado obedecerá ao estatuto do assistente. Daí se conclui que o Direito Português e o Alemão são coerentes em atribuir ao denunciado a qualidade de assistente simples junto à demanda principal, e não a de litisconsorte, como no Direito Brasileiro.

## 2.3 Direito Italiano

O Direito Italiano é lacônico em sua previsão sobre o chamamento do terceiro que seria obrigado pelo direito de regresso. O dispositivo legal invocado é o art. 106, que reúne um misto de denunciação com chamamento. Eis a previsão: "Ciascuna parte può chiamare nel processo un terzo al quale ritiene comun la causa *o dal quale pretende essere garantita*" (grifos nossos).

Para o instituto sob comento, interessa-nos a última parte, grifada, do dispositivo, pois cada uma das partes poderá realizar o chamamento do terceiro do qual pretende a garantia do regresso. Como esclarecem Carpi/Colesanti/Taruffo: "Com o chamamento para garantia a parte faz

---

22. José Alberto dos Reis, *Código de Processo Civil Anotado*, vol. I, p. 445.

valer, no confronto com o terceiro, o direito de ser indenizada, derivado da perda proveniente da sucumbência no juízo originário".[23]

A doutrina diferencia claramente as duas hipóteses previstas pelo art. 106 e, analisando a figura do chamado, propõe diferenciação para as hipóteses de garantia própria e imprópria.[24] Esta classificação é extremamente importante, porque influenciou deveras a doutrina brasileira. No Direito Italiano considera-se situação de garantia própria quando a solução da demanda de garantia está vinculada ao direito substancial deduzido na ação principal.[25] Neste caso se insere a evicção (art. 1.483 do CC italiano), pois o direito de garantia do prejudicado está centrado na possibilidade de violação de sua situação jurídica lastreada na transmissão *a non domino* ou *defeituosa* por parte do terceiro chamado ao processo. Na garantia imprópria há uma conexão pelo fato ou pelo direito, mas sem relação direta. Isto gera a possibilidade de uma demanda autônoma. São as situações de responsabilidade civil quando a pretensão de reparação pelo terceiro não derive de transmissão de qualquer direito.[26]

A doutrina atual ainda delimita a situação processual do terceiro em virtude de seu modo de postulação. Em princípio, a partir do momento em que o chamado é citado, poderá contestar a demanda principal, ou somente a de garantia ou, mesmo, quedar-se inerte. Quando assuma postura de litisconsorte terá o *status* de parte, com todas as faculdades inerentes à sua condição. Por outro lado, quando se abstém de litigar na demanda principal e se limita a atuar na demanda de regresso, assumirá a posição de assistente, com as limitações inerentes.[27] Uma solução diferenciada e coerente com a atividade processual do litisdenunciado.

23. "Con la chiamata in garanzia la parte fa valere nei confronti del terzo il diritto ad essere tenuta indenne dalla perdita derivante dall'eventuale soccombenza nel giudizio originario" (Carpi/Colesanti/Taruffo, *Commentario Breve al Codice di Procedura Civile*, p. 320).
24. "È tradizionale, anche se per certi aspetti incerta e non chiara, la distinzione tra due tipi di garanzia: propria e impropria" (Comoglio/Ferri/Taruffo, *Lezione sul Processo Civile*, vol. I, p. 373).
25. Comoglio/Ferri/Taruffo, *Lezione sul Processo Civile*, cit., vol. I, p. 373.
26. Carpi/Colesanti/Taruffo, *Commentario Breve al Codice di Procedura Civile*, cit., p. 321.
27. Nesse sentido: "La dottrina e la giurisprudenza ritengono che il terzo che si sia limitato a contestare il rapporto di regresso abbia, in riferimento alla causa principale, i poteri processuali di un interventore adesivo dipendente. (...). Qualora, invece, il terzo che non si sia limitato a contestare il rapporto di regresso, ma abbia anche negato la responsabilità del convenuto nei confronti dell'attore, può esercitare tutti i poteri processuali riconosiciuti alle parti (...)" (Carpi/Colesanti/Taruffo, *Commentario Breve al Codice di Procedura Civile*, cit., p. 322).

O art. 108 do CPC italiano permite que o litisdenunciado seja integrado na relação processual com a extromissão do litisdenunciante. Deste modo, o garante comparece e assume a causa, em autêntica sucessão processual. Uma análise mais acurada permite concluir que a aplicação do art. 108 não pode ser ampla, pois o garante somente pode assumir a causa naquelas situações em que o direito discutido está vinculado diretamente à sua posição jurídica. Na configuração da evicção ele poderá assumir o polo passivo da demanda principal e negar a qualidade de proprietário do reivindicante. Todavia, esta postura não é possível em outras situações, como aquelas englobadas em sede de garantia imprópria. Seria a hipótese de responsabilidade civil com chamamento da seguradora. Não haveria razão para a extromissão.[28]

## 3. A denunciação perante o art. 125 do CPC

O art. 125 do CPC prevê a possibilidade da denunciação da lide por qualquer das partes.[29] Ao contrário da redação do art. 70, *caput*, do CPC de 1973, não há menção mais à obrigatoriedade. Esta modificação foi importante, pois mesmo perante a hipótese de evicção (art. 70, I, do CPC de 1973 e art. 125, I, do CPC atual) não existe a perda do direito de regresso. Esta situação foi reforçada com a revogação do art. 456 do CC pelo art. 1.072, II, do CPC. É possível que ele sofra modulação pelo não exercício da denunciação, mas negar o pedido de regresso seria legitimar o ato ilícito do alienante que transmitiu bem imóvel ou móvel *a non domino*.[30] Este instituto processual está diretamente comprometido com o princípio da economia processual, na medida em que permite ao autor

---

28. Carpi/Colesanti/Taruffo, *Commentario Breve al Codice di Procedura Civile*, cit., p. 325.

29. Quanto à nominação realizada em alguns ensaios sobre a denunciação da lide, v. Dinamarco, *Intervenção de Terceiros*, pp. 153-154.

30. Esta atitude estaria vedando a possibilidade do ressarcimento por enriquecimento indevido e legitimando a má-fé, o que se mostra inconcebível. Neste sentido, merece menção o Enunciado 120 do Fórum Permanente de Processualistas Civis/FPPC: "A ausência de denunciação da lide gera apenas a preclusão do direito de a parte promovê-la, sendo possível ação autônoma de regresso". No momento oportuno voltaremos ao tema. V. o posicionamento do STJ com modulação da interpretação da obrigatoriedade pela redação do art. 70, I, do CPC de 1973: "Para que possa exercitar o direito de ser indenizado, em ação própria, pelos efeitos decorrentes da evicção, não há obrigatoriedade de o evicto promover a denunciação da lide em relação ao antigo alienante do imóvel na ação em que terceiro reivindica a coisa – Precedentes" (3ª Turma, REsp 880.698-DF, rela. Min. Nancy Andrighi, j. 10.4.2007, *DJU* 23.4.2007, p. 268).

e ao réu trazer para o litígio um terceiro que seria alvo de futura ação de regresso. No estatuto atual diminuíram as hipóteses de denunciação, uma vez que foi eliminada a previsão do art. 70, II, do CPC de 1973. Um olhar para a história revela que o Código de Processo Civil de 1939 possuía apenas uma tímida previsão para as hipóteses de evicção no art. 95, e denominava o instituto de "chamamento à autoria".[31] O Código de 1973 ampliou as hipóteses de denunciação pela redação do art. 70, I, II e III. O Código atual restringiu a previsão, pela reprodução de apenas dois dos incisos (art. 70, I e III), conforme a leitura do art. 125, I e II, sem, contudo, comprometer a possibilidade de denunciação nas hipóteses de direitos reais desmembrados ou, mesmo, de relação obrigacional reipersecutória, pois em ambas as situações o *extraneus* poderá ser denunciado junto ao processo. Houve apenas uma simplificação.

Por meio da denunciação permite-se que em uma única relação processual sejam decididas duas lides, uma principal e outra secundária. Esta última ficará subordinada ao resultado da primeira, e representa uma antecipação da ação de regresso que seria cabível em demanda futura. O ingresso do terceiro no processo suscita ilações sobre a natureza jurídica da intervenção. Muito embora o texto expresso do art. 127 do CPC dê a entender que o litisdenunciado comparece como litisconsorte, a simples análise da estrutura da relação processual demonstra que a interpretação literal do texto legal não corresponde ao melhor rendimento. A posição do litisdenunciado, em muitos exemplos, afeiçoa-se, com maior propriedade, como assistente, cuja atividade é adesiva, e não principal.[32]

### 4. Pressupostos da denunciação

Como a denunciação representa verdadeira demanda, ainda que acessória e prejudicial, o juiz deverá velar pelo exame da regularidade da relação processual secundária bem como pela sua viabilidade e adequação, no momento do pedido feito pelo autor ou pelo réu. Com toda propriedade, pontua Arruda Alvim: "Dever-se-á atentar, para ter cabimento a denunciação da lide, que haverão de estar presentes os pressupostos processuais e

---

31. Essencial a consulta à tese de Livre-Docência do professor Antônio Carlos de Araújo Cintra, *Do Chamamento à Autoria*, cit., *passim*.

32. "Si el tercero interviene, la lógica y la economía procesal exigen que sea tratado como interviniente adhesivo, pues aunque viene a la causa a defender un derecho suyo (evitar la acción de regresión), al fin el derecho principal es el del demandado a conservar la cosa por la cual le demanda un tercero, y su posición debe ser subordinada y de ayuda" (G. Orbaneja-Herce Quemada, *Derecho...*, p. 149, *apud* María Encarnación Dávilla Millán, *Litisconsorcio Necesario*, p. 43).

condições da ação".[33] O exemplo fornecido pelo ilustre professor paulistano retrata de modo preciso a afirmação quando se refere ao cabimento da denunciação em demanda possessória relativa a arrendamento. Nesta modalidade de demanda não se aplica o princípio *emptio venditio tollit locatum* (a venda rompe a locação), tendo-se em vista a proteção especial conferida pelo Estatuto da Terra ao produtor rural, ainda que o contrato tenha sido feito verbalmente. Por outro lado, o mesmo não pode ser dito quando a locação diga respeito a imóvel urbano, pois somente a existência do *ius ad rem* (art. 8º da Lei 8.245/1991) poderia impedir o rompimento do contrato. A denunciação, ante a resistência de saída do locatário do imóvel adquirido, poderia ser concretizada pela possível alegação de interversão da posse.[34] O comprador poderia denunciar no polo ativo o alienante (art. 125, I, do CPC) com o fim de ser indenizado, em vista de possível perda da ação pela materialização da usucapião em favor do réu.

A denunciação não se confunde com a nomeação à autoria. Muito embora a nomeação tenha sido eliminada como forma típica de intervenção de terceiros, seus rastros ainda estão expressamente delineados no art. 338 do CPC. Seu objetivo de proteção à teoria da aparência foi preservado pela possibilidade de substituição do polo passivo na fase da contestação. A nomeação suscitava um potencial conflito com a denunciação pela leitura da redação do art. 70, II, do CPC de 1973. Muito embora o inciso não tenha sido repetido pelo art. 125 do CPC atual, a advertência deve ser realizada. Afinal, como já foi afirmado, a eliminação do art. 70, II, do CPC de 1973 não significa que a denunciação não possa ser efetivada com base no art. 125, II, do CPC atual.

A denunciação não pode ser utilizada como figura de correção do polo passivo. Em juízo, especialmente nos processos de natureza sumária, os juízes sempre se utilizam da denunciação por meio da aplicação do art. 280 do CPC revogado. Admitia-se a denunciação no procedimento sumário, a qual por vezes era infrutífera. A parte integrada não correspondia à titular passiva do pedido e da indenização. O juiz, em vista deste incidente provocado na audiência de conciliação e apresentação da defesa, permitia a nomeação da parte correta, por meio da denunciação

---

33. Arruda Alvim, *Manual de Direito Processual Civil*, vol. II, p. 176.

34. A interversão é admitida, basicamente, em duas situações: (1) por fato próprio marcado pela mudança do *animus* e prática de atos contrários; (2) por fato de terceiro, quando a boa-fé leva a crer que a transmissão da propriedade ocorreu *a vero domino* quando, na verdade, se deu *a non domino*. Não há empecilho em reconhecer a interversão pela regra *nemo sibi ipse causam possessionis mutare potest*, pois, neste caso, mudou-se a causa. Sobre o assunto, Fabio Caldas de Araújo, *Posse*, p. 372.

da lide. Esta teratologia está encerrada pelo novo Código e era repudiada pelo STJ.[35] A nomeação passa a ser a figura correta para ser aplicada na hipótese de ilegitimidade aparente (pela detenção ao invés da posse, pela aparência do título, como nome constante no Certificado de Registro e Licenciamento de Veículo/CRLV etc.).

A ilegitimidade exclui a possibilidade de denunciação, pois a propositura da demanda secundária pressupõe a pertinência subjetiva do litisdenunciante na relação jurídica-base.[36-37] A denunciação da lide beneficia a prestação da atividade jurisdicional por dois ângulos. Consiste em meio de economia processual, permitindo que duas demandas sejam decididas aproveitando-se do mesmo processo, além de evitar sentenças contraditórias. Embora vantajosa, a demanda regressiva poderá ser intentada posteriormente, muito embora o ajuizamento da demanda secundária assuma importância quanto ao aspecto temporal e de harmonização probatória. A marcha simultânea favorece o litisdenunciante em caso de sucumbência na ação principal, uma vez que a concentração das provas permite maior auxílio do litisdenunciado, bem como a formação de título executivo na mesma sentença.

Esta *relação de prejudicialidade* entre a demanda principal e a demanda de garantia deve ser entendida em seus corretos termos. A viabilidade da denunciação tem como *conditio sine qua non,* para que a demanda de garantia venha a ser analisada em seu mérito, o insucesso do litisdenunciante na demanda principal. No entanto, a procedência da demanda de garantia não reflete procedência automática do direito de regresso. A demanda secundária deverá preencher as condições da ação e os pressupostos processuais, os quais serão essenciais para o aperfeiçoamento do trinômio processual. O mérito a ser enfrentado pelo magistrado nesta relação processual levará em conta a causa de pedir remota e a próxima. A causa de pedir *remota* demonstrará o fato jurídico originário, exigindo a *comprovação do elo que une o litisdenunciado ao processo,*

---

35. "Reconhecida a ilegitimidade, descabe a denunciação da lide, mormente quando não suscitada pela parte interessada. A denunciação da lide não é forma de correção da ilegitimidade passiva – Recurso não conhecido" (STJ, 4ª Turma, REsp 526.524-AM, rel. Min. César Asfor Rocha, *DJU* 13.10.2003, p. 372).

36. "Há que se indeferir pedido de litisdenunciação quando ausentes quaisquer das hipóteses previstas no art. 70 do CPC, visto que essa modalidade de intervenção de terceiros não é a via adequada à correção do polo passivo da lide – Recurso não provido" (STJ, 1ª Turma, REsp 830.766-RS, rel. Min. José Delgado, j. 5.10.2006, *DJU* 9.11.2006, p. 262).

37. Arruda Alvim, *Manual de Direito Processual Civil*, cit., vol. II, p. 177.

e a *próxima, pelo fundamento jurídico que autorize o exercício da pretensão de denunciação da lide*. Vários são os fundamentos para que, mesmo em face da procedência da ação principal, a demanda secundária não seja acolhida. É preciso frisar que o *thema decidendum* da demanda acessória não se confunde com o mérito da lide principal. Suponhamos que a seguradora tenha sido acionada como litisdenunciada em virtude de sinistro envolvendo um veículo. Mesmo que o segurado venha a ser condenado a pagar os prejuízos a que deu causa (art. 186 do CC), a seguradora poderá se negar a assumir a indenização, pela exclusão do evento da cobertura da apólice (*e.g.*: ação movida por passageiro quando a apólice possuía cobertura apenas para o motorista). É possível ocorrer procedência parcial da demanda regressiva quando presente cobertura para danos materiais mas exclusão expressa para danos morais. Desta forma, a relação de prejudicialidade entre a lide principal e a secundária gera verdadeira condição de procedibilidade. Por outro lado, observa-se que nas ações fundamentadas em pretensão real, com especial relevo para a previsão do art. 125, I, do CPC, a sentença que julgar procedente a ação principal dificilmente poderá gerar a improcedência do mérito da demanda secundária. Nas demandas atreladas à transmissão de direito real a causa de pedir da ação principal e a da ação secundária estão vinculadas. Esta vinculação é uma das motivações que origina no Direito Italiano a diferenciação entre a garantia própria e a imprópria. A garantia própria encontra seu fundamento "sobre a mesma relação jurídica de direito material deduzida na causa principal".[38]

## 5. Iniciativa da denunciação

A formação da lide regressiva secundária poderá ser iniciada pelo autor ou pelo réu. Esta modalidade não é espontânea, pois o comparecimento da parte é provocado e obrigatório, sob pena de o litisdenunciado se tornar confesso quanto aos fatos deduzidos na lide secundária (jamais em relação à principal).

O autor formulará o pedido de denunciação na petição inicial juntamente com o pedido de citação do réu. O deferimento da denunciação da lide por parte do autor provocará a suspensão do processo, para o fim de propiciar a integração do terceiro ao litígio. O prazo para o exercício da faculdade processual será de 30 dias, conforme aplicação extensiva do art. 131 do CPC.

---

38. "Sullo stesso rapporto giuridico sostanziale dedotto in causa" (Comoglio/Ferri/Taruffo, *Lezione sul Processo Civile*, cit., pp. 372-373).

O art. 127 do CPC assumiu o tratamento do terceiro como parte, pois permite sua integração como litisconsorte. Não há dúvida quanto à intenção, na medida em que concede ao litisdenunciado a possibilidade de modificação do pedido inicial, com o acréscimo de novos argumentos. Já deixamos claro nosso posicionamento pela natureza assistencial da intervenção na denunciação, seja ela realizada pelo autor ou pelo réu. A atitude do litisdenunciado pelo autor amolda-se à assistência litisconsorcial, pois a coisa julgada influenciará diretamente sua posição jurídica; contudo, o regime é de auxílio, uma vez que a pretensão da ação principal não lhe diz respeito diretamente, apenas indiretamente. Ainda que o regime adotado pelo art. 127 do CPC tenha sido o litisconsorcial, nada impede que o litisdenunciado assuma a condição de assistente litisconsorcial, sem qualquer interferência quanto ao pedido formulado pelo autor. O réu também possui a faculdade de realizar o pedido de denunciação no prazo destinado à defesa, provocando também a suspensão do processo até sua implementação, respeitando-se o prazo do art. 131 do CPC. Não há dúvida de que o juiz somente ordenará a citação do litisdenunciado após analisar se a situação narrada pelo autor ou pelo réu corresponde a alguma das figuras previstas pelo art. 125 do CPC.

## 6. Aspectos genéricos acerca dos tipos do art. 125 do CPC

O fundamento que embasa a previsão das duas figuras dos incisos I e II do art. 125 CPC é a economia processual em favor do litisdenunciado para responder pela evicção ou garantia de natureza contratual ou legal. Entretanto, quando se analisa a hipótese do art. 125, I, além da economia e otimização, deve-se examinar se existe a obrigatoriedade por imposição do direito material.

## 7. O art. 125 do CPC
## e a denunciação por fundamento na evicção

O art. 125 do CPC abre a possibilidade da denunciação em duas hipóteses, sistematicamente organizadas. Conclui-se pela exposição taxativa dos casos em que será admitida a inserção de demanda acessória. O Código de 1973, por meio da redação do art. 70, *caput*, conseguiu gerar grande polêmica na doutrina e na jurisprudência, mesmo em face de sua redação sintética, a qual estabelecia: "A denunciação da lide é obrigatória: (...)".

A interpretação literal desse dispositivo revelaria a obrigatoriedade da inserção da demanda de garantia, seja pelo autor ou pelo réu, em relação aos três incisos daquele dispositivo. Perante o Código de Processo Civil de 1973 a doutrina e a jurisprudência modularam o dispositivo, pois a obrigatoriedade levada a ferro e fogo teria o condão de impedir o ajuizamento posterior da ação de regresso. A correta compreensão da extensão da obrigatoriedade da denunciação deve levar em consideração a interpretação sistemática, ante a necessidade de cotejo do instituto com os dispositivos atinentes ao direito material. Acima de tudo, torna-se mister compreender que a lei processual, por si só, não disciplina a criação ou perda de direitos. E isto aconteceria se fosse negada a ação de regresso pela ausência da denunciação, pois a existência do direito subjetivo (poder-dever) sem a possibilidade de sua implementação revelaria previsão estéril e formalista. O direito processual é instrumental e voltado para a realização do direito material, condição de afirmação do Estado de Direito, existindo uma relação de interpenetração entre ambos os ramos, conforme feliz síntese de Neuner: "O direito privado é absolutamente inconcebível sem o direito processual e, da mesma forma, o direito processual sem o direito privado"[39-40] (tradução livre). Nada impede que a lei processual preveja dispositivo de intercâmbio com o direito material. Existem pontos de inflexão do sistema. Como exemplo podemos citar o art. 1.824 do CC, por meio do qual a legislação civil regula a previsão da ação de petição de herança (Súmula 149 do STF). Na parte geral, o Código Civil destina um capítulo para o tratamento material das provas, cujo exame e aplicação se processam no âmbito processual (art. 369 do CPC), inclusive fixando presunções aplicadas na esfera estritamente processual, *ex vi* do art. 232 do CC.[41] Esta polêmica não é atual, como procuramos indicar na parte inicial da exposição. Espínola, comentando

39. Em vernáculo: "Privatrecht ohne Prozessrecht ist überhaupt nicht denkbar und Prozessrecht ohne Privatrecht eigentlich auch nicht" (Kleinfeller, "Der Begriff 'Anspruch'", *Archive f. d. civ. Praxis*, apud Salvatore Pugliatti, *Esecuzione Forzata e Diritto Sostanziale*, p. 2).

40. Como ensina Carnelutti: "Il processo non potrebbe avere ragione di essere senza il Diritto e (...) il Diritto non avrebbe forza di essere senza il processo" (*Diritto e Processo*, p. 200).

41. Referendado pela Súmula 301 do STJ, que exige ponderação em sua aplicação: "Apesar de a Súmula 301/STJ ter feito referência à presunção *juris tantum* de paternidade na hipótese de recusa do investigado em se submeter ao exame de DNA, os precedentes jurisprudenciais que sustentaram o entendimento sumulado definem que esta circunstância não desonera o autor de comprovar, minimamente, por meio de provas indiciárias, a existência de relacionamento íntimo entre a mãe e o suposto pai (REsp n. 692.242-MG, rela. Min. Nancy Andrighi, 3ª Turma, *DJU* 12.9.2005)" (STJ, 4ª Turma, REsp 1.068.836-RJ, rel. Honildo Amaral de Mello Castro (Desembargador convocado do TJAP), j. 18.3.2010, *DJe* 19.4.2010).

o art. 25 do CPC da Bahia, negava veementemente a possibilidade de exercício do regresso sem a efetivação da denunciação.[42]

Atualmente, em face da modificação operada pelo art. 125 do CPC, deve ser repelido o entendimento de que a ausência da denunciação gera a impossibilidade de realizar pedido posterior de ressarcimento, mesmo tratando-se de evicção. Se tal entendimento vingasse, estar-se--ia avalizando, por via transversa, o enriquecimento sem causa. Não é a intenção do legislador. Ainda que não fosse cumprido o ônus da notificação (*rectius*: citação para integração) imposto pelo art. 456 do CC, atualmente revogado pelo art. 1072, II, do CPC, o alienante poderia reaver a quantia paga. Eis a redação do dispositivo suprimido do Código Civil: "Art. 456. Para poder exercitar o direito que da evicção lhe resulta, o adquirente notificará do litígio o alienante imediato, ou qualquer dos anteriores, quando e como lhe determinarem as leis do processo". Como se percebe, a redação do dispositivo parecia eliminar o direito de regresso, o que seria uma consequência determinada pela lei material quando o alienante não fosse citado para integrar o feito no polo ativo ou passivo. O evicto tem direito a perdas e danos no modo estipulado pelo art. 450 I, II e III, do CC. Neste ponto visualiza-se a necessidade da aproximação do direito material ao processo,[43] pois não caberia à lei processual determinar a extinção do direito material, ou mesmo à lei material impedir o direito processual de indenização pela impossibilidade de enriquecimento ilícito.

O fundamento do art. 456 do CC tinha como objetivo permitir que o evictor (o alienante) pudesse exercer seu direito de defesa de modo eficiente. Neste ponto, a revogação do art. 456 do CC não foi coerente, pois a necessidade de notificar o alienante do litígio tem como fim permitir a sua participação como assistente da demanda e auxiliar na defesa sobre fatos que podem ser desconhecidos por parte do evicto (comprador).

O ajuizamento de ação posterior seria, em tese, prejudicial, pela impossibilidade de participar do contraditório no momento em que as provas sobre a evicção são produzidas na ação principal. Sem dúvida, seu interesse é premente. Quando o alienante não integrar o processo por meio da denunciação, o evicto poderá exigir a reparação pela via ordinária; contudo, em vista do agravamento da situação do alienante, a indenização

---

42. Espínola, *Código de Processo Civil do Estado da Bahia*, cit., vol. I, pp. 242 e ss.
43. Bedaque, *Direito e Processo*, pp. 35-59.

não englobará as verbas adicionais previstas pelo art. 450, I e II, do CC. O alienante poderia comprovar a *exceptio male gesti processus*, o que se revela tema polêmico. Esta investigação exige a análise da defesa substancial que poderia ser formulada no momento oportuno. Um exemplo é a exceção de usucapião (Súmula 237 do STF), pois o tempo de posse do alienante somada ao do comprador (*acessio possessionis*) poderia ser suficiente para a consumação da usucapião. O alienante pode comprovar na demanda posterior que a área estava protegida por pretensão publiciana que não foi alegada pelo evicto na fase de defesa. A usucapião como exceção substancial sofre preclusão consumativa com o prazo de oferecimento da defesa. Deste modo, a renúncia tácita à usucapião configura a *exceptio male gesti processus* do evicto.[44]

O STJ (a quem a Constituição Federal incumbiu a tarefa de uniformizar a interpretação da lei federal) fixou entendimento que abrandava a aplicação da redação do art. 456 do CC, conforme linha adotada neste estudo, mesmo para a hipótese de evicção.[45] O art. 125, §1º, do CPC, tornou expressa a possibilidade da via autônoma quando não realizada por omissão ou por vedação de sua utilização. Nesta última situação, a natureza do procedimento empregado poderá influir na sua utilização em juízo (*e.g.* procedimento sumaríssimo do juizado especial).

## 8. O art. 125, I, do CPC: denunciação por evicção

A primeira modalidade de denunciação corresponde à previsão histórica do instituto, e que é alvo de intensa polêmica, conforme explanação supra. O texto do art. 125, I, do CPC teve o mérito de eliminar a expressão "a denunciação será obrigatória". Ela introduzia o art. 70, *caput*, do CPC de 1973. O CPC atual, por meio do art. 125, *caput*, determina: "É admissível a denunciação da lide, promovida por qualquer das partes: (...)".

---

44. V. o que escrevemos com José Miguel Garcia Medina in *Código Civil Comentado*, pp. 412-413.

45. "O exercício do direito oriundo da evicção independe da denunciação da lide ao alienante na ação em que terceiro reivindica a coisa, sendo certo que tal omissão apenas acarretará para o réu a perda da pretensão regressiva, privando-o da imediata obtenção do título executivo contra o obrigado regressivamente, restando-lhe, ainda, o ajuizamento de demanda autônoma. Ademais, no caso, o adquirente não integrou a relação jurídico-processual que culminou na decisão de ineficácia da alienação, haja vista se tratar de executivo fiscal, razão pela qual não houve o descumprimento da cláusula contratual que previu o chamamento da recorrente ao processo – Recurso especial não provido" (STJ, 4ª Turma, REsp 1.332.112-GO, rel. Min. Luís Felipe Salomão, j. 21.3.2013, *DJe* 17.4.2013).

Dois pontos merecem destaque em vista da redação do dispositivo do art. 125, I. Primeiro, a denunciação não será obrigatória. O exercício da denunciação corresponde a um ônus da parte, cujas consequências do desatendimento serão examinadas na ação autônoma de regresso. Segundo, as partes deverão indicar o alienante imediato, sem prejuízo da possibilidade de uma única denunciação sucessiva. O art. 456 do CC, revogado pelo art. 1.072, II, do CPC, também permitia a denunciação *per saltum*, a qual não foi recepcionada perante o novo diploma.. O art. 125, § 2º, do CPC não veda *denunciação per saltum*, mas prevê a *denunciação sucessiva* para uma única vez, como meio de evitar o tumulto e o prolongamento indevido da ação. Na prática, a denunciação *per saltum* é inviável, o que será comentado oportunamente.

A previsão do art. 125, I, do CPC visa não só à formação antecipada do título executivo, mas a garantir ao terceiro a possibilidade de defender a validade da transmissão do direito, com o fim de resguardá-lo dos riscos da evicção. Duas são as possibilidades para a aplicação do instituto, de acordo com a redação do dispositivo. O adquirente poderá estar no polo passivo ou ativo da demanda, o que exigirá atitudes diversas. Como destaca Arruda Alvim, a jurisprudência do Código de 1939 já exigia a a notificação (*rectius*: citação) como condição essencial para a invocação do direito de evicção.[46] Uma das consequências da ausência da notificação seria a conclusão inevitável de legitimação extraordinária por parte do adquirente, o qual, na verdade, faria autêntica defesa do alienante. Isto levaria à possibilidade de o alienante alegar a *exceptio male gesti processus*, inviabilizando a pretensão do regresso. Este seria o motivo de o direito material, por meio do art. 456 do CC, aludir à necessidade de notificação do litígio pela citação como forma de permitir o ingresso do alienante na lide. O art. 95 do CPC de 1939 explicitamente indicava, em boa técnica, que a denunciação (*rectius*: chamamento) tinha como objetivo resguardar o prejudicado dos riscos da evicção. Ainda que o dispositivo transparecesse estabelecer um benefício ao litisdenunciante, representava garantia dupla, ou seja: assegurava o litisdenunciante quanto aos riscos da perda da demanda principal e antecipava o ingresso do terceiro alienante, que poderia desde já realizar sua defesa. O art. 70 do CPC de 1973 agravou a necessidade da notificação, em virtude da redação do *caput*, o que foi corrigido pelo art. 125, § 1º, do novo CPC. No entanto, a evicção não pode ser examinada sem uma análise prévia do direito material.

46. Arruda Alvim, *Comentários ao Código de Processo Civil*, cit., vol. III, p. 242.

## 8.1 Noções sobre a evicção

A união e o enfeixamento do direito material com o processual são alvos de explícita previsão junto ao art. 125, I, do CPC, o qual está historicamente atrelado à evicção. Interessante observar que o Código de Processo Civil atual previu a cumulação de ações, o que não acontece, via de regra, no Direito alienígena e não constituía nossa tradição, *ex vi* art. 101 do CPC de 1939, que expressamente determinava: "A evicção pedir-se-á em ação direta".[47] Atualmente a cumulação é a regra, nos termos do art. 129, *caput* e parágrafo único, do CPC.

A evicção é uma forma de garantia ínsita aos contratos onerosos. Pode-se afirmar que visa à garantia e à proteção contra os vícios de direito que podem impedir o uso, gozo ou fruição do objeto inserido no negócio jurídico oneroso. Tratando-se de garantia conatural a todo contrato oneroso, sua exclusão deve estar expressamente ressalvada (art. 448 do CC). Duas situações necessitam de diferenciação, e estão vinculadas à boa-fé do adquirente. O outorgado poderá infirmar a cláusula que restringe ou elimina a evicção quando ignorava a existência do risco da evicção (art. 449 do CC). Para esta hipótese a própria validade da cláusula poderá ser infirmada. O Código Civil permite que o lesado receba o preço da coisa (art. 450). Outra situação será aquela marcada pela plena ciência do evicto, o qual poderá ter adquirido o bem sabendo dos riscos inerentes à evicção. O próprio CC determina expressamente, *ex vi* do art. 457: "Não pode o adquirente demandar pela evicção, se sabia que a coisa era alheia ou litigiosa".

Ponto delicado é definir em quais situações a evicção ocorrerá, pois o art. 125, I, do CPC aparentemente limitou sua invocação, em face da ação petitória. O art. 1.107 do CC anterior indicava expressamente que a evicção ocorreria não apenas nos contratos relacionados à transferência da propriedade, e incluía os referentes à posse e ao uso do bem transmitido.[48] A questão não passou despercebida por Pontes de Miranda, ainda perante a redação do art. 95 do CPC de 1939: "A evicção concerne a quaisquer contratos onerosos, pelos quais se transfere o domínio, posse

---

47. Como lembra Dinamarco, o instituto do chamamento à autoria não tinha outra função senão a de dar ciência ao terceiro da existência da demanda, permitindo que atuasse em benefício do chamante. Mas o chamado não sofreria qualquer condenação nesse procedimento, uma vez que deveria ser acionado em processo autônomo (Dinamarco, *Instituições de Direito Processual Civil*, cit., vol. II, pp. 405-406).

48. CC de 1916, art. 1.107: "Nos contratos onerosos, pelos quais se transfere o domínio, posse ou uso, será obrigado o alienante a resguardar o adquirente dos riscos da evicção, toda vez que se não tenha excluído expressamente esta responsabilidade"

ou uso. *[art. 1.107 do CC]* Bastaria esta afirmação para perceber que não só em ações sobre o domínio da coisa se pode chamar à autoria. No entanto, estão a repetir, sem meditação, que não há chamamento à autoria em ações possessórias, nem ações que se vai tomar ao locatário, ou a alguém que recebera a coisa ou uso".[49] A ação declaratória propiciará ambiente favorável para a utilização da denunciação. Os casos ventilados por Pontes de Miranda indicam ações preponderantemente *executivas lato sensu* (reivindicatória, reintegração de posse, despejo). Nada impede a denunciação em ação declaratória pela qual se formará coisa julgada material sobre matérias (posse, propriedade) que darão ensejo ao titular da pretensão de tomar medidas contrárias à transmissão indevida da *res*. Logo, decorre o interesse na denunciação em sede de ação declaratória, assim como perante as demais eficácias sentenciais.[50]

## 8.2 Evicção e denunciação em casos de posse e uso do bem

A denunciação, em vista da posse e uso, parece uma consequência óbvia, pelo desdobramento do direito de propriedade. O princípio da elasticidade permite que os poderes inerentes ao domínio – *ius utendi*, *fruendi* e *abutendi* – sejam objeto de gozo e fruição sem prejuízo da manutenção do direito de propriedade. Todavia, não resta a menor dúvida de que a transmissão da posse, que sedimenta a organização vertical e horizontal (arts. 1.196 e 1.197 do CC), poderá ser alvo de evicção. Na verdade, existindo a transferência do bem e a necessidade de garantir seu uso e sua fruição (posse mansa e pacífica), caberá a denunciação, pela configuração da evicção.[51]

Com a eliminação das hipóteses antes encartadas pelo art. 70, II, do CPC de 1973 pelo desdobramento da posse ou da propriedade pelo

49. Pontes de Miranda, *Comentários ao Código de Processo Civil* (de 1939), cit., t. II, p. 169.
50. Ainda que posição drástica quanto à interpretação da evicção é o posicionamento de Dinamarco, o qual deve ser acatado parcialmente, para fins de reconhecimento da denunciação em demanda declaratória: "(...). Também na ação meramente *declaratória do domínio* ela se admite com fundamento no mesmo inciso I do art. 70, perdendo o direito ao ressarcimento a parte que não fizer a denunciação ao alienante, porque também ali há o risco da evicção" (*Instituições de Direito Processual Civil*, cit., vol. II, p. 411).
51. "Se apenas se trata de direito pessoal sobre a coisa, cuja propriedade se transferiu, ou sobre o bem incorpóreo, cuja titularidade de direito se transferiu, o caso também é de chamamento à autoria, com as consequências que tem a falta de chamamento à autoria, pois que em causa está a transferência do direito real ou pessoal" (Pontes de Miranda, *Tratado de Direito Privado*, cit., t. XXXVIII, § 4.232, p. 259).

princípio da elasticidade, nada impede que a denunciação seja invocada com base no art. 125, I, do CPC. O problema não está na admissão da litisdenunciação para as situações relacionados à posse e seus desdobramentos, mas, sim, na extensão das consequências da perda do direito de regresso. A evicção é instituto regulado pelo direito material, e lá será o campo de observação de sua extensão. Não há limitação à sua aplicação para as ações petitórias, possessórias, reipersecutórias ou mesmo obrigacionais (obrigação de dar coisa certa/incerta ou de fazer).

### 8.3 O regime da evicção no Código Civil brasileiro atual

A evicção não fica limitada para as hipóteses referentes à transferência do domínio.[52] O Código Civil de 2002 estabeleceu, sinteticamente, nova definição, que elimina qualquer dúvida sobre o assunto: "Nos contratos onerosos, o alienante responde pela evicção. Subsiste esta garantia ainda que a aquisição se tenha realizado em hasta pública" (art. 447). A evicção é garantia ínsita ao contrato oneroso, que protege o outorgado, pois este deverá receber o objeto da pactuação livre de direitos, pretensões, ações e exceções de terceiros. A definição do art. 447 do CC não deixa dúvida de que a indicação do domínio realizada pelo art. 1.107 do CC de 1916 não era exaustiva. Na verdade, como ensinava Pontes de Miranda, esta ideia se explicava ante o fato de que "a existência do domínio alheio ou de direito real alheio apenas é o que mais frequentemente causa evicção".[53]

O regime inserido pelo Código Civil de 2002 exige uma diferenciação necessária entre a garantia da evicção dos bens móveis e dos bens imóveis. Além disso, vale lembrar que o art. 125, I, do CPC não utilizada mais a expressão "reivindica". Mesmo assim, a leitura do dispositivo está essencialmente voltada para a ação reivindicatória, uma vez que há referência à transferência do domínio. A distinção entre as consequências da aquisição *a non domino* para bens móveis e imóveis revela-se fundamental.

---

52. Pontes de Miranda, com a precisão habitual, indica os casos mais frequentes de manifestação da evicção: (1) o devedor não tem a propriedade do bem; (b) o devedor tem a propriedade e não tem a posse, de modo que a entrega foi da tença, e não da posse, expondo o credor a ações possessórias; (c) o devedor não tem a propriedade livre de direitos reais limitados; (d) o devedor não tem o exercício completo do uso ou aproveitamento do bem; (e) o devedor só tem a enfiteuse (*Tratado de Direito Privado*, cit., t. XXXVIII, § 4.214, p. 158).

53. Pontes de Miranda, *Tratado de Direito Privado*, cit., t. XXXVIII, § 4.216, p. 170.

## 8.3.1 A reivindicação dos bens móveis

A hipótese básica prevista pelo legislador na disciplina do art. 125, I, do CPC é a seguinte: o proprietário "A" ingressa com ação reivindicatória contra "B". Este, por sua vez, adquiriu o bem de "C". Pela lógica, este último deve ser cientificado, de acordo com a lei processual, ou seja: citado para assumir a responsabilidade para a defesa de sua posição de transmitente legítimo. Sua participação será importante para auxiliar a parte na defesa da inexistência de aquisição *a non domino*.

Especificamente na tradição dos bens móveis, o Direito Romano sempre imperou com grande força em nosso sistema. Prova disto encontra-se no repúdio de Clóvis à solução francesa adotada para a disputa da propriedade dos bens móveis, estampada naquele sistema pelo art. 2.276 do Código Napoleônico ("en fait de meubles, la possession vaut titre"), junto ao art. 521 do CC de 1916.[54] Este dispositivo determinava que os bens móveis fossem passíveis de ampla reivindicação, obedecendo-se ao princípio "nemo plus iuris transfere potest quam ipse habet".[55] Esta regra não encontrava exceção mesmo frente aos títulos ao portador ou ao dinheiro, de tal modo que o Direito Brasileiro repudiou a solução do art. 2.276 do Código Napoleônico, pela qual a posse valeria título ("en fait de meubles, la possession vaut titre"). Esta regra inviabilizava a reivindicação dos bens móveis, porque a posse transformaria o possuidor de boa-fé em proprietário, sem a necessidade de qualquer lapso temporal. A propriedade móvel no sistema francês cria-se *ex novo* e instantaneamen-

---

54. A regra estava prevista originariamente no art. 2.279 do Código francês. Com a reforma operada em 2008 houve uma reorganização no diploma civil francês, para sistematizar o tratamento diferenciado da prescrição aquisitiva e extintiva. Sobre a questão, v. nosso estudo: *Usucapião*, pp. 112 e ss.

55. Clóvis Beviláqua, *Direitos das Coisas*, vol. I, p. 92. Clóvis procurou justificar a posição adotada pelo sistema brasileiro como uma forma de evitar a aplicação do art. 2.279 do Código francês, que não representaria uma evolução, mas fonte de incerteza: "Note-se, desde já, que o Código Civil brasileiro não aceitou a regra do francês, art. 2.279, 'en fait de meubles, la possession vaut titre', que, ainda aplicada somente à posse de boa-fé, é assaz absoluta, tem incorrido na censura dos juristas mesmo franceses e vai sendo entendida diversamente" (ob. e vol. cits., pp. 92-93). A fórmula legislativa atual contraria a assertiva do ilustre jurista, mostrando que o tempo é o senhor da razão quando há necessidade de avaliar a eficácia de um instituto (o mesmo se diga quanto à disputa entre Savigny e Thibaut). Pontes de Miranda dedicou capítulo específico em seu monumental trabalho sobre a ação vindicatória e procura demonstrar que o Direito Brasileiro não titubeou, como o alemão, em definir a natureza da vindicação e não incluí-la no art. 521, no capítulo relativo à posse: "No Brasil, a colocação dela *[ação vindicatória]* no título da posse, e não no da propriedade, mostrou que não se anuiu em qualquer confusão" (*Tratado das Ações*, t. VII, p. 221).

te.[56] No Direito Brasileiro, o Código Civil atual modificou parcialmente sua orientação, de acordo com o posicionamento do Direito Inglês, que valoriza a aquisição *a non domino* pela oferta pública (*open market*).[57]

O regime inaugurado pelo Código Civil de 2002 estabelece a impossibilidade de reivindicação dos bens móveis quando tenham sido objeto de alienação por oferta pública realizada por ente privado (*e.g.*: mercado, feira) ou público (*e.g.*: hasta pública, leilão público). Vale lembrar, ainda, que a modificação do art. 896 do CC altera radicalmente a previsão do art. 521 do CC anterior, pois proíbe a reivindicação de títulos de crédito.[58]

A limitação quanto à reivindicação dos bens móveis é uma consequência natural do fortalecimento da boa-fé objetiva e da proteção ao tráfico negocial, nos termos do art. 1.268 do CC, o qual encontra guarida na jurisprudência do STJ, cujo maior exemplo para os bens móveis pode ser observado pela leitura da Súmula 92.

### 8.3.2 O regime da evicção dos bens móveis

O modelo inserido pelo Código Civil para a disciplina dos bens móveis é absolutamente coerente com a necessidade do tráfico moderno (*Rechtsverkehr*). Ele impede a aplicação cega do disposto pelo art. 447: "Nos contratos onerosos, o alienante responde pela evicção. Subsiste esta garantia *ainda que a aquisição se tenha realizado em hasta pública*" (grifos nossos). Para os bens móveis que tenham sido objeto de alienação em hasta pública, e cuja tradição não tenha sido obstada pelos embargos de terceiro ou embargos à arrematação, não há que se falar em evicção posterior. Eventual ação anulatória da arrematação jamais poderá atingir o arrematante. O art. 1.268 é norma especial em relação ao art. 447,

---

56. O art. 2.276 do Código francês é regra lacônica, e foi alvo de intenso debate e estudos. Esta regra incorpora os costumes de Bourjon, cuja base estava solidificada pela jurisprudência do *Chatelet* de Paris, durante o século XVII. Por sua vez, a origem desta regra é mais antiga, e está presa aos costumes franco-germanos. No Código Civil alemão a disciplina sobre a posse e a propriedade dos bens móveis alcançou maior cientificidade. Isto se comprova porque o BGB separou nitidamente a aquisição *a non domino* da posse e propriedade dos bens móveis no § 932; e a presunção sobre a propriedade e posse no § 1.006. Na verdade, como observa Saleilles, a síntese do art. 2.276 do Código francês rendeu muita incerteza e confusão quanto à disciplina dos bens móveis, o que foi evitado pelo BGB, que soube separar nitidamente a regra de direito material daquela de direito processual.

57. Saleilles, *De la Possession des Meubles*, p. 74.

58. CC, art. 896: "O título de crédito não pode ser reivindicado do portador que o adquiriu de boa-fé e na conformidade das normas que disciplinam a sua circulação".

pois regula situação específica relativa aos bens móveis. A ponderação é essencial, e deverá nortear o julgamento da demanda secundária (art. 125, I, do CPC) quando configurada pela iniciativa do autor ou do réu.

Com a aquisição mansa e pacífica da posse e propriedade do bem em hasta pública, a propriedade consolida-se na pessoa do adquirente de boa-fé. O próprio art. 903 do CPC determina que a hasta pública, após a assinatura do auto pelo juiz, pelo arrematante e pelo leiloeiro, considera-se irretratável. Mesmo que seja julgada procedente a ação de impugnação ou de embargos, protege-se a relação consumada, para não prejudicar a circulação econômica. Mesmo que o arrematante participe, como litisconsorte necessário, na ação de anulação, o ato não será afetado (art. 903, *in fine*), sem prejuízo da reparação de danos pela procedência da ação de impugnação (art. 903, § 4º, do CPC).

Este terceiro, depois de estabilizadas sua posse e sua propriedade, não ficará sujeito a qualquer demanda posterior pela evicção. Curial ressaltar que os arts. 521 e 622 do CPC-1973 não foram repetidos pelo legislador, o que comprova a *mens legis* no sentido de valorizar e fortalecer a circulação econômica dos bens móveis. Na verdade, reconhece-se princípio medieval pelo qual não se estende o direito de sequela aos bens móveis ("mobilia non habet sequelam").[59]

### 8.3.3 A denunciação para as formas de dissociação da posse no Direito Brasileiro

A não repetição do art. 70, II, pelo novo CPC não importa ausência de possibilidade da litisdenunciação, uma vez que a evicção assume configuração ampla, conforme já assinalado. O locatário que firmou contrato para ocupação do bem por período determinado poderá denunciar o locador, que deve garantir a posição contratual onerosa.[60] O art. 125, I,

---

59. V.: Ghestin, *Traité de Droit Civil*, vol. I, p. 795.

60. Esta noção já tinha sido captada pela jurisprudência do STJ, como se infere do seguinte aresto, o qual é antigo mas continua válido: "Aqueles que, ocupando o imóvel na condição de locatários, são demandados, para entrega da posse direta que exercem a título oneroso, por pessoa distinta daquela com quem celebraram o contrato de locação não só podem, como lhes é por lei imposto, denunciar da lide o locador, sob pena de perderem o direito de deste exigirem indenização pelos prejuízos decorrentes de eventual frustração do pacto locativo, em se tratando de garantia própria (formal), assim entendida a inerente à transmissão de direitos, e obrigatória, notadamente nos casos de evicção (transferência onerosa de domínio, posse ou uso – art. 1.107 do CC), a denunciação da lide ao alienante" (4ª Turma, REsp 20.121-PR, rel. Min. Sálvio de Figueiredo Teixeira, j. 30.8.1994, *DJU* 26.9.1994, p. 25.653).

do CPC revela a existência de evicção como causa de pedir, e o art. 125, II, determina que a obrigação do locador tem natureza contratual. Ambos os dispositivos permitem que a denunciação possa ser submetida ao crivo judicial. Não há qualquer dúvida quanto à previsão da denunciação para hipóteses de desdobramento da posse; contudo, sob a perspectiva vertical. Isto exige uma explanação prévia, ainda que breve, sobre a forma de organização da posse em nosso sistema.

A influência do Direito Alemão é clara, especialmente pela adoção do posicionamento de Ihering, quanto ao desdobramento da posse (incorporação do § 868 do BGB), cuja regra-matriz está estampada no art. 1.197 do nosso CC. O Direito Brasileiro acabou por incorporar a organização horizontal e vertical da posse, respectivamente, junto aos arts. 1.196 e 1.197 do CC. De acordo com lição precisa de Moreira Alves, o que qualifica a existência da posse dentro da relação fática, que une a pessoa e a coisa, é justamente a forma de organização da posse, pela qual se visualizam os poderes, em sua extensão e conteúdo, delineando, assim, o tipo de relação jurídica.[61] O estudo das formas de organização da posse constitui um dado essencial, porque, como lembra o ilustre jurista, "nem toda relação entre pessoa e coisa é, no entanto, posse".[62] Sem dúvida, a advertência é correta, porque existem situações em que se observa a ligação espacial entre a pessoa e a coisa, mas a qualificação jurídica poderá ser de detenção ou até mesmo de mera justaposição.[63]

A divisão entre posse direta e indireta corresponde à organização vertical da posse, cuja criação se deve ao Direito Germânico. A regra está estabelecida no § 868 do BGB, e acabou sendo incorporada junto ao nosso primeiro CC pelo art. 486.[64] A posse, em sua organização vertical, estabelece um sistema de escala hierárquica, permitindo a criação de degraus da posse (*Stufen des mittelbaren Besitzers*). Sua origem não está voltada propriamente ao Direito Romano, que somente conheceu a organização horizontal da posse.[65] Importante lembrar que a elaboração

61. Moreira Alves, *Posse – Estudo Dogmático*, vol. II, t. II, pp. 30-31.
62. Idem, p. 31.
63. O ilustre autor demonstra, no primeiro volume de seu monumental trabalho, que no Direito Romano esta diferenciação era passível de constatação dentro do período clássico.
64. Outra não é a lição de Gondim Neto: "O art. 486 do nosso Código outra cousa não faz que reproduzir o art. 868 do Código alemão" (*Posse Indireta*, p. 15).
65. Esta orientação não é pacífica, pois alguns autores procuram observar as raízes da posse indireta e direta no Direito Romano. Dentre eles, Biermann, ao analisar a ALR, que reputa ter influência romana. O grande jurista apontava uma menor influência do *usus modernus* sobre a ALR e sua vinculação ao Direito Romano:

da *possessio iuris* foi tardia, uma vez que o reconhecimento da *quasi possessio* somente aconteceu no período de Justiniano.[66] Segundo Barassi, o reconhecimento da *possessio iuris* adveio de uma necessidade prática, e não teórica – o que, aliás, foi uma característica do Direito Romano, no qual os institutos afloravam das transformações sociais e decorriam do aprimoramento da Civilização. Desta forma, a extensão da tutela possessória aos direitos reais menores nasceu pela transformação do próprio direito de propriedade.[67] Essa espiritualização da posse alcançaria um momento de maior elastério junto ao Direito Canônico, quando a tutela possessória abarcaria os direitos pessoais.[68]

"Am wenigsten abhängig von der Doktrin des usus modernus ist das preussische Allgemeine Landrecht. Von seinem Vorläufer, dem *Corpus juris Fridericiani*, gilt die allerdings noch nicht. Obgleich sich dasselbe ankündigt als ein 'in der Vernunft und Landesverfassungen gegründetes Landrecht', worin das römische Recht in eine natürliche Ordnung gebracht" ("O Direito Prussiano é o menos dependente da doutrina do *usus modernus*. De seu precursor, o *Corpus Juris Fridericiani*, não se pode vincular. Apesar de que ele mesmo se anuncia como um direito territorial fundado na razão e nas constituições territoriais, sobre o qual o Direito Romano se estabeleceria de forma natural – tradução livre) (Biermann, *Traditio Ficta*, p. 348). Reconhece o autor que a ALR, de inspiração romana, já reconhecia no § 3º a possibilidade de uma posse desdobrada pela custódia de outro ("Das Landrecht kennt auch eine Gewahrsam durch andere – § 3º –, unmittelbar oder durch andere in seine Gewahrsam nimmt" – ob. cit., p. 355). Entretanto, a explicação fornecida por Moreira Alves é irrefutável sobre o assunto, porque no Direito Romano os casos de reconhecimento do desdobramento da posse acabavam restritos aos casos de posse derivada aventados por Savigny. A necessidade de reconhecer o desdobramento era fundamental para permitir a continuidade do usucapião em favor do possuidor originário, de tal forma que este continuava com a posse *ad usucapionem* e perdia, temporariamente, a possibilidade de utilização dos interditos (Moreira Alves, *Posse – Estudo Dogmático*, cit., vol. II, t. II, p. 288).

É a partir do reconhecimento da possibilidade de convivência de duas posses, uma *ad interdicta* e outra *ad usucapionem*, que surge a noção de posse "fingida", porque o possuidor originário apenas manteria uma posse para possibilitar o usucapião.

66. Para uma análise completa da evolução histórica, por todos: Moreira Alves, *Posse – Estudo Dogmático*, cit., vol. II, t. I. Cristina Fuenteseca (*La Posesión Mediata e Inmediata*, p. 53) procurou estabelecer três linhas de investigação sobre o tema na doutrina alemã, que é a mais indicada para o tratamento da matéria.

67. "Sotto la pressione della vita, questo elemento soggettivo dell'animo di tener la cosa per sè estesso a qualche outro caso: l'usufrutto e l'uso e le servitù. Ciò acadde nel periodo romanistico post-classico" (Barassi, *Il Possesso*, p. 97).

68. Como explica o Min. Moreira Alves, o Direito Canônico restou marcado por duas características fundamentais quanto à matéria possessória. Os juristas, no afã de propiciarem soluções práticas, com base nos institutos romanos, acabaram por estender o conceito da *possessio iuris*, ao mesmo tempo em que ampliaram os meios de defesa possessória. Desta forma, o Direito Canônico acabou por extrapolar a

Como se observou da leitura do art. 447 do CC, o alienante responde pela evicção nos contratos onerosos. Nos contratos em que existe o desdobramento da posse não deve ser desconsiderada a possibilidade da denunciação. A garantia assume natureza contratual e pode ser invocada pelo art. 125, II, ou, mesmo, pelo art. 125, I, do CPC. Aliás, o fortalecimento da *função social e econômica da posse* revela dados que não permitem a interpretação cerrada do art. 125, I, do CPC. O domínio assume posição de primazia, mas a posse pode revelar força idêntica ao domínio em casos especiais, como da posse publiciana, da posse como meio de aquisição instantânea da propriedade de bens móveis ou, mesmo, quando a posse configure função social e possa ser contraposta ao domínio por meios das Súmulas 84[69] e 308 do STJ.[70]

previsão da proteção da posse aos *iura in re aliena*, abarcando direitos até então desconhecidos para os romanos, como os direitos episcopais (*Posse – Evolução Histórica*, vol. I, p. 112). Esta expansão do Direito Canônico também foi alvo das especulações de Savigny, que reconheceu o regime estrito a que se vinculava a posse no Direito Romano, ou seja, a propriedade e os *iura in re aliena*, enquanto no Direito Canônico passa a ser alvo de todo e qualquer direito: "Der Besitz bezog sich nach Römischem Recht bloss auf Eigenthum und *iura in re* (S. 194.195); in der Folge (und besonders durch das Canonische Recht) soll er auf jedes möglich Recht überhaupt ausgedehnt worden sein" ("A posse referia-se no Direito Romano meramente à propriedade e aos *iura in re*, posteriormente (e especialmente junto ao Direito Canônico) expandida, finalmente, a todo e qualquer direito possível" – tradução livre) (*Das Recht des Besitzes*, § 49, pp. 503-504).

O desenvolvimento e o alargamento na utilização da proteção possessória pareciam ser um desenvolvimento natural, até mesmo porque os romanos desconheceram institutos que não lhe eram peculiares, como o poder episcopal, que era exercido nos limites territoriais da sede do Bispado, ou, ainda, a soberania dos príncipes, cujo poder estava atrelado aos limites territoriais: "Mais la constitution de l'Eglise Chrétienne et des divers États européens donna naissance à certains droits qu'on rattachait intimement à la possession et à la jouissance du sol, droits que les romains n'avaient pas connus, ou avaient été loin de considérer comme pouvant appartenir à des particuliers. C'est ainsi que l'exercise du pouvoir episcopal dépend de la possession du siége episcopal et des biens qui y appartiennent. C'est d'une manière analogue que le pouvoir suprême ou certaines branches de ce pouvoir se rapportent à la souveraineté territoriale du prince ou aux jurisdictions seigneuriales" (Savigny, *Traité de la Possession en Droit Romain*, § 49, p. 477. No original: *Das Recht des Besitzes*, cit., § 49, pp. 504-505).

69. STJ: "Súmula 84. É admissível a oposição de embargos de terceiro fundados em alegação de posse advinda do compromisso de compra e venda de imóvel, ainda que desprovido do registro".

70. STJ: "Súmula 308. A hipoteca firmada entre a construtora e o agente financeiro, anterior ou posterior à celebração da promessa de compra e venda, não tem eficácia perante os adquirentes do imóvel".

A indistinção albergada pelo art. 447 do CC representa um fortalecimento do *ius possessionis* e o reconhecimento de que não somente situações baseadas no *ius possidendi* (domínio) podem ser objeto de evicção, mas também aquelas baseadas no *ius possessionis*. A transferência da posse representa a efetiva tradição econômica do bem. Por ela, o evicto responde pelo preço. Sua importância e sua autonomia, capazes de irradiar direitos formativos (usucapião), não devem ser desprezadas; e, por isso, urge que o terceiro responsável por garantir a posse direta mansa e pacífica sobre a *res* deva ser obrigatoriamente denunciado ao processo.

### 8.4 A denunciação na posse direta e a nomeação à autoria

A atual redação do art. 1.197 do CC é mais técnica, e foge da enumeração do art. 486 do CC de 1916, que estava modelada ao § 868 do BGB. O desdobramento que provoca a transmissão econômica da posse poderá ter sua origem em *relação jurídica de direito real ou obrigacional*.

A possibilidade de denunciação para a garantia da posse contratual ou fática transmitida não se confunde com eventual ilegitimidade passiva. A denunciação exige o liame de responsabilidade por parte daquele que irá aderir à relação processual para garantir a posição jurídica transmitida. Quando for ajuizada demanda por aquele que afirme a posição de proprietário existe a possibilidade de o réu alegar que é mero detentor. A ilegitimidade de parte será patente para responder ao processo, e caberá ao réu utilizar-se da figura do art. 338 do CPC, que não configura hipótese de denunciação, mas nomeação, de acordo com o novo regime imposto pelo atual Código.

É importante frisar – como bem lembra Arruda Alvim – que nas relações gratuitas, como no comodato, a hipótese não será propriamente de denunciação, mas de nomeação, ainda que o nomeante seja o possuidor direto.[71] Isto ocorre porque a demanda regressiva só teria cabimento na transmissão onerosa para uma antecipação das perdas e danos. Inexistindo esta pretensão, não há que se falar em denunciação, pois a relação jurídica não gera o dever de garantia.

#### 8.4.1 O art. 125, I, do CPC e a ação reivindicatória

O art. 125, I, do CPC é aplicado à transmissão do domínio – o que exige um exame quanto à pretensão de reivindicação. Muito embora não

---

71. Arruda Alvim, *Comentários ao Código de Processo Civil*, cit., vol. III, p. 257.

seja a única pretensão derivada do dispositivo, ela assume extrema relevância. A força da reivindicação para os bens imóveis pode ser verificada pelo tratamento conferido pelo art. 1.247, parágrafo único, do CC ao terceiro de boa-fé. A força do título em nosso sistema prepondera sobre a aparência, exceto para situações especiais (arts. 1.242, parágrafo único, 1.228, §§ 4º e 5º, e 1.827, parágrafo único, do CC; Súmula 308 do STJ).

Como se sabe, a ação reivindicatória desde o Direito Romano era o meio empregado pelo proprietário para reaver a propriedade. A ação reivindicatória, ao contrário da possessória, tem sua causa de pedir fundada no título. A ação possessória baseia-se na posse, pois o título não tem força para demonstrar uma situação fática, mas apenas de contribuir para sua prova (*colorandam possessionem*). No âmbito da posse o título assume função *colorandam possessionis*. A base do juízo petitório está centrada em um direito subjetivo, cujo reconhecimento depende da existência de um documento que comprove a titularidade do direito. O exercício do direito de propriedade e de qualquer direito real, de gozo ou limitado, nos termos do art. 1.225 do CC, está pautado pelos princípios da legalidade e da tipicidade (*Typenzwang und Typenfixierung*).[72] Os direitos reais são previstos de forma expressa pela lei em hipóteses determinadas (*Typenzwang oder numerus clausus des Sachenrechts*), o que impede sua livre criação pelas partes. Sua criação depende do encaixe em hipóteses normativas (*Tatbestand*) previamente determinadas (*Typenfixierung – geschlossene Zahl*). Isto comprova a necessidade do título, como documento essencial para o juízo petitório.[73]

---

72. Os direitos reais constituem a causa de pedir remota nas ações petitórias. Os direitos reais acabam por circunscrever direitos absolutos, como delimita Wolf: "Die dinglichen Rechte sind absolute Rechte, die gegen jedermann wirken und jedermann beachtet werden müssen" ("Os direitos reais são direitos absolutos e produzem efeitos contra todos e por todos deverão ser respeitados" – tradução livre) (*Sachenrecht*, § 2º, p. 10). Sua eficácia *erga omnes*, quanto aos efeitos (*wirken*), acaba exigindo que a configuração seja definida por tipos específicos dentro do texto legal, cuja prova exige a demonstração cabal de sua existência, sem possibilidade de ser suprida por outra forma (art. 406 do CPC). Na ação de natureza petitória, o proprietário ou titular de um direito real necessita provar não o "fato", mas a existência do "direito". Sobre o tema é clara a lição de Barassi: "La tutela della titolarità del diritto reale si ottiene con l'azione cosidetta petitoria – in contrapposto a quella possessoria di cui appresso – mercè la quale si istituisce il giudizio petitorio, mirante cioè alla dimostrazione che il diritto reale appartiene a chi invoca per sè la facoltà di esercitarlo. Come abbiamo già rilevato, la tutela dell'esercizio non è che la tutela della sua pertinenza: il titolare fa valere la facoltà di attuare il diritto reale che è insita nella stessa appartenenza a lui del diritto reale" (*Il Possesso*, cit., p. 10).

73. Importante lembrar que mesmo perante as ações "reais" (ainda que esta expressão não seja a mais adequada) se exige a demonstração da causa de pedir remota

O art. 125, I, do CPC permite a utilização da denunciação como demanda auxiliar para as ações principais que contenham a causa de pedir na evicção, cujo universo não se esgota na reivindicatória. A ação declaratória revela poderoso expediente, sem prejuízo de ações reipersecutórias ou de ações de natureza executiva *lato sensu* em cuja base esteja a transmissão do domínio, de direitos reais menores e da posse.

## 9. A denunciação pelo art. 125, II, do CPC

A denunciação também está prevista para os casos em que o terceiro seja obrigado, por lei ou contrato, a garantir o prejuízo daquele que sofre os efeitos da demanda. Nesta configuração estamos perante típica situação de denunciação no polo passivo da demanda. Ponto fundamental na denunciação por obra do inciso II está em delimitar seu campo de aplicação. O objetivo do instituto está focado na previsão do parágrafo único do art. 128 do CPC: "Procedente o pedido da ação principal, pode o autor, se for o caso, requerer o cumprimento de sentença também contra o denunciado, nos limites da condenação deste na ação regressiva".

Esta economia processual ganha alta relevância após a modificação da estrutura do processo de conhecimento, fato consumado já perante o Código de Processo Civil anterior por meio da introdução do cumprimento de sentença, nos termos da Lei 11.232/2005. Por meio dos arts. 513 e ss. do CPC foi consolidado o processo sincrético por meio do qual a execução do julgado representa uma fase de concreção do comando sentencial. O prosseguimento dos atos executivos ocorrerá por mero requerimento do credor (art. 513, § 1º, do CPC), e a impugnação a ser oferecida não terá o efeito suspensivo, como regra, evitando-se a suspensão automática dos atos executivos (art. 525, § 6º), o que confere maior agilidade na satisfação da demanda regressiva.

Na definição das hipóteses que são albergadas pelo tipo do art. 125, II, do CPC o dispositivo é claro em estabelecer a possibilidade de chamar ao processo o terceiro que tenha obrigação quanto ao regresso por vinculação *ex lege* ou *ex voluntatis*. Analisemos algumas das possíveis incidências de pedidos fundamentados com base no art. 125, II, do CPC. Há uma grande polêmica quanto à recepção do posicionamento do Direito Italiano (v. supra) no que tange à diferenciação entre garantia própria e garantia imprópria. Muito embora seja lícito afirmar que nosso ordena-

---

e próxima, uma vez que nosso sistema aderiu à substanciação. Para exame detalhado e profundo: Cruz e Tucci, *A Causa Petendi no Processo Civil*, pp. 142-267. Ainda: Arruda Alvim, *Manual de Direito Processual Civil*, vol. I, p. 490.

mento não adotou expressamente esta diferenciação, ela acaba sendo a única que se harmoniza com o fim do instituto, sob pena de perda do seu objeto.[74] A intromissão de todo e qualquer fundamento novo, para fins do art. 125, II, do CPC, acabaria retirando a função de otimização da denunciação. Isto restará evidenciado nos casos de denunciação envolvendo a Fazenda Pública.

### 9.1 A denunciação por natureza contratual

Dentre as possíveis causas que fundamentam o direito de regresso contratual destaca-se, sem sombra de dúvida, aquela que é centrada no contrato de seguro. A grande massa de processos em que a denunciação sempre foi utilizada em juízo está vinculada à denunciação com fundamento para os contratos de seguro, especialmente para sinistros envolvendo veículos terrestres. O STJ emitiu a Súmula 529 que exige a participação da seguradora no processo como garante e não como parte, o que impede o ajuizamento direto do feito contra a seguradora: "no seguro de responsabilidade civil facultativo, não cabe o ajuizamento de ação pelo terceiro prejudicado direta e exclusivamente em face da seguradora do apontado causador do dano".

A denunciação da lide está presa à garantia oriunda do contrato, na forma estabelecida pelo art. 125, II, do CPC. A parte que é processada para o pagamento dos danos materiais e morais poderá denunciar a seguradora, desde que configurada a garantia contratual. A denunciação poderá ser pautada pelo pedido realizado na ação principal para o pagamento de danos materiais e morais. Ainda que não exista cláusula expressa para o pagamento de danos morais, não há vedação para sua cobertura, desde que a apólice suporte seu pagamento. A exclusão de pagamento dos danos morais deve ser expressa, nos termos da Súmula 402 do STJ.[75]

Ainda que a seguradora possa assumir uma das três posturas definidas pelo art. 128 do CPC, o ingresso dela na relação processual assume caráter nitidamente assistencial. Não há sentido na posição da seguradora como litisconsorte do réu. Ela possui interesse na vitória do demandado,

---

74. Sydney Sanches, *Denunciação da Lide no Direito Processual Civil Brasileiro*, cit., pp. 124-125; Nelson Nery Jr. e Rosa Maria de Andrade Nery, *Código de Processo Civil Comentado e Legislação Extravagante*, p. 246.

75. "O contrato de seguro por danos pessoais compreende os danos morais, salvo cláusula expressa de exclusão" (Súmula n. 402/STJ) – Agravo regimental a que se nega provimento, com aplicação de multa" (STJ, 4ª Turma, REsp/AgR 1.153.461-RS, rel. Min. Luís Felipe Salomão, j. 10.9.2013, *DJe* 23.9.2013).

mas nenhuma relação jurídica direta ou conexa com o autor do pedido de indenização. Por este motivo, seu interesse é reflexo, o que define sua posição como assistente, e não litisconsorte, perante a relação processual.

No entanto, o STJ reconhece a posição da seguradora como litisconsorte. E mais, em respeito à função social do contrato de seguro, tem admitido não só a participação da seguradora como parte (art. 128, I, do CPC), mas como responsável solidário.[76] Esta posição permite a execução direta da seguradora, mas com limitação ao valor da apólice.

### 9.2 As possíveis condutas da seguradora: art. 128 do CPC

A atitude usual da seguradora está prevista pelo art. 128, I, do CPC, no qual assume o polo passivo em conjunto com o litisdenunciante e contesta o feito após sua citação. A lei determina a formação de um litisconsórcio passivo facultativo-simples. É muito comum a seguradora negar os dois pedidos formulados. Ela poderá contestar o feito principal e negar o pagamento da indenização pelo descumprimento do contrato de seguro. É possível que a seguradora denuncie o contrato de seguro pelo agravamento do risco por parte do segurado (art. 768 do CC). A apólice previa que o veículo seria conduzido unicamente pelo titular, e o acidente foi provocado pela direção de terceiro com o veículo segurado. A negativa quanto ao pagamento será lícita, uma vez que a contratação é pessoal. A Súmula 465 do STJ sintetiza com precisão o agravamento como causa de exclusão: "Ressalvada a hipótese de efetivo agravamento do risco, a seguradora não se exime do dever de indenizar em razão da transferência do veículo sem a sua prévia comunicação". A Súmula é importante, pois estabelece o direito de informação bilateral e boa-fé objetiva. Trata-se de um direito e um dever do consumidor. A seguradora somente poderá

---

76. Este posicionamento deve ser aceito em termos, pois a responsabilidade solidária estaria limitada ao valor da apólice, o que revela limitação na imposição da condenação: "Comparecendo a seguradora em juízo, aceitando a denunciação da lide feita pelo réu e contestando o pedido principal, assume a condição de litisconsorte passiva – Possibilidade de ser condenada e executada, direta e solidariamente, com o réu. Por se tratar de responsabilidade solidária, a sentença condenatória pode ser executada contra qualquer um dos litisconsortes – Concreção do princípio da função social do contrato de seguro, ampliando o âmbito de eficácia da relação contratual – Precedentes específicos da 3ª e da 4ª Turma do STJ – Agravo regimental desprovido" (STJ, 3ª Turma, REsp/AgR 474.921-RJ, Rel. Min. Paulo de Tarso Sanseverino, j. 5.10.2010, DJe 19.10.2010).

tomar conhecimento da modificação das condições de contratação (mudança de cidade, ocupação, utilização do bem) por meio da informação do consumidor. A utilização do veículo por terceiros somente não impossibilita o pagamento quando a apólice não diferencie o condutor – o que é raro no contrato de seguro. O agravamento das condições deve ser examinado com muita cautela, sempre com o detalhamento das circunstâncias fáticas.

A seguradora poderá quedar-se inerte após sua citação para a demanda, o que desobriga o litisdenunciante de prosseguir com sua defesa ou, mesmo, de recorrer (art. 128, II, do CPC). Aqui se observa a superioridade do tratamento da intervenção como assistência, uma vez que o reconhecimento jurídico do pedido ou a desistência de recurso pelo réu não corresponderiam a atitudes vinculantes em relação ao assistente simples. Em suma: nada poderia ser objetado pela seguradora. A redação do art. 128, II, rompe com o disposto no art. 75, II, do CPC de 1973, que exigia que o denunciante continuasse na defesa até a fase final.

Por outro lado, tomando-se a intervenção como litisconsorcial, o regime do art. 117 do CPC será imperativo para que os atos e omissões de uma parte não prejudiquem a outra. A parte apenas poderá ser beneficiada pela atividade do litisconsorte, mas não prejudicada, ainda mais não existindo regime de unitariedade. O art. 128, II, do CPC permite que o silêncio da seguradora litisdenunciada seja somado ao silêncio do litisdenunciante para o abreviamento da causa, mas não estabelece o poder de confissão ou reconhecimento. O réu não lançar mão da defesa, ante a contumácia do denunciado, revela atitude leal e de boa-fé quando não existam argumentos a serem produzidos. A demanda pode ter sido necessária pela negativa da seguradora em realizar o pagamento espontâneo. A defesa infundada, apenas como meio de procrastinar o feito, seria contraproducente. Por este motivo, a contumácia poderá representar o não exercício de defesa abusiva, e não descaso com o processo.

Este ponto é relevante para firmar o entendimento de que, mesmo na via extrajudicial, o segurado, quando atue pautado pela boa-fé, jamais perderá o direito ao seguro, ainda que não conte com a anuência da seguradora, quando reconheça o sinistro na via extrajudicial. A confissão, a transação ou o reconhecimento, em princípio, serão ineficazes em relação à seguradora.

A ineficácia decorre não apenas do regime litisconsorcial do art. 117 do CPC, mas do art. 787, § 2º, do CC, que revela uma limitação das atitudes do segurado frente ao terceiro lesado. Trata-se de ineficácia relativa.[77] Isto não significa que a seguradora ficará isenta do pagamento, pois, como afirmado acima, o segurado que age de boa-fé e reconhece a responsabilidade pelo evento pauta-se por conduta leal e de cooperação que não exime a seguradora do pagamento.[78]

A seguradora poderá reconhecer o evento e assumir o pagamento do valor previsto na apólice (art. 128, III, do CPC). Note-se que o reconhecimento quanto ao fato diz respeito à causa para sua intervenção, mas jamais a sua "confissão" poderia prejudicar a posição do litisdenunciante. Além da proibição do art. 117 do CPC, que impede a extensão de atos prejudiciais entre os litisconsortes, verifica-se, mais uma vez, que o regime da assistência se amolda perfeitamente ao caso, pois o reconhecimento do litisdenunciado não influencia a demanda principal. O réu poderá aderir ao reconhecimento sem prejuízo da continuidade de sua defesa na relação processual principal (art. 128, III, do CPC).

77. Neste sentido o Enunciado 373 do Conselho da Justiça Federal/CJF: "Embora sejam defesos pelo § 2º do art. 787 do CC, o reconhecimento da responsabilidade, a confissão da ação ou a transação não retiram ao segurado o direito à garantia, sendo apenas ineficazes perante a seguradora".

78. V. interessante julgado do STJ: "No seguro de responsabilidade civil, o segurado não pode, em princípio, reconhecer sua responsabilidade, transigir ou confessar, judicial ou extrajudicialmente, sua culpa em favor do lesado, a menos que haja prévio e expresso consentimento do ente segurador, pois, caso contrário, perderá o direito à garantia securitária, ficando pessoalmente obrigado perante o terceiro, sem direito de reembolso do que despender. *As normas jurídicas não são estanques; ao revés, sofrem influências mútuas, pelo quê a melhor interpretação do § 2º do art. 787 do CC é de que, embora sejam defesos, o reconhecimento da responsabilidade, a confissão da ação ou a transação não retiram do segurado, que estiver de boa-fé e tiver agido com probidade, o direito à indenização e ao reembolso, sendo os atos apenas ineficazes perante a seguradora (Enunciados ns. 373 e 546 das* Jornadas de Direito Civil*). Desse modo, a perda da garantia securitária apenas se dará em caso de prejuízo efetivo ao ente segurador, a exemplo de fraude (conluio entre segurado e terceiro) ou de ressarcimento de valor exagerado (superfaturamento) ou indevido, resultantes de má-fé do próprio segurado.* Se não há demonstração de que a transação feita pelo segurado e pela vítima do acidente de trânsito foi abusiva, infundada ou desnecessária, mas, ao contrário, sendo evidente que o sinistro de fato aconteceu e o acordo realizado foi em termos favoráveis tanto ao segurado quanto à seguradora, não há razão para erigir a regra do art. 787, § 2º, do CC em direito absoluto, a afastar o ressarcimento do segurado – Recurso especial não provido" (3ª Turma, REsp 1.133.459-RS, rel. Min. Ricardo Villas Bôas Cueva, j. 21.8.2014, *DJe* 3.9.2014).

## 9.3 O ressarcimento pela seguradora: art. 786 do CC brasileiro e Súmula 188 do STF

É possível que a seguradora se posicione de modo diverso na relação jurídica e com relação inversa à denunciação. Ela poderá assumir o polo ativo quando realize o cumprimento da apólice para ressarcir os danos provocados ao segurado. O art. 786 do CC é expresso quanto à sub-rogação da seguradora para reaver aquilo que foi pago para seu segurado. Como definiu o STF, por meio da Súmula 188: "O segurador tem ação regressiva contra o causador do dano pelo que efetivamente pagou até o limite previsto no contrato de seguro". Deste modo, a seguradora ainda terá pretensão para buscar o que pagou, de terceiro que possa ter dado causa ao sinistro que originou a ação de ressarcimento.

### 9.3.1 A participação do IRB como litisdenunciado: cosseguro, resseguro e retrocessão

Ponto que merece observação é a necessidade de denunciação sucessiva do instituto de Resseguros do Brasil/IRB. O resseguro e o cosseguro constituem técnicas contratuais disciplinadas pela Lei Complementar 126/2007 como meio de amenizar o risco para o segurador e garantir ao segurado o recebimento do valor contratado em caso de sinistro.[79] Para o seguro de dano o segurado somente poderá contratar uma única apólice, ao contrário do seguro de vida, em que a multiplicidade de apólices não é vedada. Por este motivo, no seguro de dano o cosseguro e o resseguro são técnicas de dispersão do risco. No cosseguro o valor contratado na apólice é dividido entre duas ou mais seguradoras, com a anuência do segurado, que terá ciência da divisão dos riscos. A anuência é fundamental, porque não existirá a solidariedade entre ambas quando sejam chamadas para o pagamento. O cosseguro exige que o segurado proponha a demanda de cobrança por meio da formação do litisconsórcio necessário, uma vez que a divisão dos riscos com anuência do segurado torna explícito seu conhecimento.

No resseguro ocorre a transferência do risco de pagamento da apólice para outra seguradora, denominada de resseguradora. E ainda existe a possibilidade de a resseguradora transferir os riscos do contrato de resseguro para outras resseguradoras, o que se denomina de *retrocessão*.

---

79. Sobre o tema, cf. o que escrevemos com José Miguel Garcia Medina: *Código Civil Comentado*, cit., p. 527.

No resseguro é possível a denunciação da lide da resseguradora. Desde a edição da Lei Complementar 126/2007 o art. 68 do Decreto-lei 73/1966 está revogado, o qual dispunha: "O IRB será considerado litisconsorte necessário nas ações de seguro, sempre que tiver responsabilidade no pedido". Com a revogação expressa também perdeu objeto a ADI 2.223-7 – responsável pela suspensão de eficácia do art. 12 da Lei 9.932/1999. O julgamento da liminar desta ação direta de inconstitucionalidade havia restabelecido a necessidade de integração do IRB. Com o advento da Lei Complementar 126/2007 houve a perda do seu objeto.

O resseguro não é mais uma exclusividade do IRB, o que retira a obrigatoriedade de formação de litisconsórcio e, por consequência, sua denunciação ao processo quando não participe da operação de resseguro.[80] Quando comprovada a relação de resseguro, será possível a denunciação sucessiva; contudo, limitada a uma única vez – o que impede nova denunciação da resseguradora sustentando a retrocessão, como limita o art. 125, § 2º, do CPC. A impossibilidade de denunciações sucessivas visa a não comprometer a celeridade do processo, até porque a via autônoma estará aberta para o pedido de regresso.

### 9.4 A denunciação por garantia legal

O art. 125, II, do CPC engloba a denunciação por garantia *ex lege*. Dentre as hipóteses de garantia legal está o dever de indenizar do Estado em caso de responsabilidade civil (art. 37, § 6º, da CF). A denunciação pode ser diferenciada conforme a posição ocupada pelo ente público como denunciante ou denunciado.

#### 9.4.1 O ente estatal no polo passivo da relação: atos comissivos

O art. 37, § 6º, da CF insere a obrigação de reparar em virtude de atos comissivos e omissivos. O dever de reparação é integral. Contudo, ainda encontra eco o posicionamento que vincula a responsabilidade estatal por atos omissivos à demonstração do elemento subjetivo *culpa* pautada pela omissão. A obrigação de reparar é, indiscutivelmente, objetiva por parte do Estado. Uma vez constatada a prática de atos lesivos contra o administrado, nos quais a culpa não seja imputada ao próprio lesado, surge o dever de reparar. Na responsabilidade objetiva o dever de reparar

---

80. STJ, 4ª Turma, REsp 1.107.613-SP, rel. Min. Marco Buzzi, j. 25.6.2013, DJe 6.8.2013).

é analisado essencialmente pela conexão entre a conduta do agente e o resultado provocado, sem a necessidade de perquirir o elemento anímico do agente.[81] Na responsabilidade subjetiva existe o ingresso do elemento subjetivo na análise da conduta (dolo ou culpa). Por este motivo, na responsabilidade subjetiva podemos identificar: (a) conduta culposa (dolo/culpa *stricto sensu*); (b) nexo causal; e (c) resultado. Apresentada esta distinção básica e preliminar, pode-se partir para a seguinte indagação: seria possível o Estado denunciar à lide o funcionário que, por obrigação legal, tenha o dever de reparar em ação regressiva?

À primeira vista não existiria qualquer obstáculo. Todavia, se atentarmos para a finalidade da denunciação, a discussão sobre a culpa do servidor ou agente delegado revelará a introdução de fundamento jurídico que retirará a celeridade do procedimento (art. 4º do CPC).[82] Além disso, a responsabilidade do Estado é objetiva; e como o procedimento para o cumprimento da sentença é moroso e dependente de condições específicas, como a expedição de precatório (art. 100 da CF), toda e qualquer medida que provoque atraso na análise da pretensão deve ser evitada.

Não há proibição legal, por meio da leitura do art. 125, II, do CPC, em discutir a culpa do agente público, mas uma interpretação teleológica do instituto revela que o juiz deve indeferir o pedido de denunciação nesta situação. O autor será deveras prejudicado, principalmente porque o procedimento para ressarcimento contra a Fazenda, em que pese à reforma do Código de Processo Civil, ainda é lento e complicado.

A posição do STJ atualmente é refratária à denunciação do agente público, com base em três argumentos centrais, quais sejam: a inexistência de obrigatoriedade, pois não haverá perda do direito de regresso; a dilatação excessiva do procedimento em detrimento do autor; e, por fim, a introdução de fundamento diverso (responsabilidade subjetiva)

---

81. Cf. nosso posicionamento em obra com José Miguel Garcia Medina, *Código Civil Comentado*, cit., p. 591.

82. Neste sentido: "Denunciação da lide pela Fazenda Pública ao seu agente, tido como causador do dano cuja reparação é perseguida pelos autores – Indeferimento corretamente pronunciado pelo juízo *a quo* – Diversidade de fundamentos da pretensão indenizatória deduzida perante o Poder Público e a pretensão regressiva deste contra o servidor culpado – Interpretação do inciso III do art. 70 do CPC que não permite a denunciação, pela via incidental, de toda e qualquer pretensão regressiva, sob pena de afronta ao princípio da economia processual – Agravo não provido" (TJSP, 9ª Câmara de Direito Público, AI 137.787-5, de Ribeirão Preto, rel. Des. Paulo Dimas Mascaretti, j. 23.2.2000, v.u.).

daquele que constitui a causa de pedir da ação principal (responsabilidade objetiva).[83]

Esta solução, apesar de não ser pacífica na jurisprudência e na doutrina, reflete coerência e deve nortear o julgador ao analisar o pedido de denunciação, pela prevalência da celeridade e não imposição de sacrifício excessivo à parte autora.[84] Além disso, admitir que o Estado possa denunciar o funcionário envolvido com a prática do ato, para o julgamento *simultaneus processus*, geraria a introdução de fundamento jurídico novo, pois a responsabilidade do Estado perante a demanda principal será, via de regra, objetiva.

A demonstração da culpa do funcionário exigirá ampliação indevida do lastro probatório. A introdução desta nova causa ao processo retardará

83. "A denunciação à lide do servidor público nos casos de indenização fundada na responsabilidade objetiva do Estado não deve ser considerada como obrigatória, pois impõe ao autor manifesto prejuízo à celeridade na prestação jurisdicional. Haveria em um mesmo processo, além da discussão sobre a responsabilidade objetiva referente à lide originária, a necessidade da verificação da responsabilidade subjetiva entre o ente público e o agente causador do dano, a qual é desnecessária e irrelevante para o eventual ressarcimento do particular. Ademais, o direito de regresso do ente público em relação ao servidor, nos casos de dolo ou culpa, é assegurado no art. 37, § 6º, da CF, o qual permanece inalterado ainda que inadmitida a denunciação da lide – Recurso especial desprovido" (STJ, 1ª Turma, REsp 1.089.955-RJ, rela. Min. Denise Arruda, j. 3.11.2009, *DJe* 24.11.2009)

Ainda:

"Conforme jurisprudência assentada na 1ª Seção desta Corte, nos EREsp n. 313.886-RN, rela. Min. Eliana Calmon, *DJU* 22.3.2004, 'a denunciação da lide ao agente do Estado em ação fundada na responsabilidade prevista no art. 37, § 6º, da CF de 1988 não é obrigatória, vez que a primeira relação jurídica funda-se na culpa objetiva e a segunda na culpa subjetiva, fundamento novo não constante da lide originária' (REsp n. 537.688-DF, 1ª Turma, rel. Min. Teori Albino Zavascki, *DJU* 2.5.2005). 2. Agravo regimental desprovido" (STJ, 1ª Turma, AGA 731.148-AP (200502138207), rela. Min. Denise Arruda, *DJU* 31.8.2006 – p. 220).

"1. Não é obrigatória a denunciação à lide de servidor público nas ações de indenização fundadas na responsabilidade civil objetiva do Estado – Precedentes. 2. "Não se conhece do recurso especial pela divergência quando a orientação do tribunal se firmou no mesmo sentido da decisão recorrida' (Súmula n. 83/STJ). 3. Recurso especial parcialmente conhecido e, nessa parte, não provido" (STJ, 2ª Turma, REsp 237.180-RN (199900999746), rel. Min. João Otávio de Noronha, *DJU* 22.8.2005, p. 184).

84. "A jurisprudência deste Tribunal Superior é firme no entendimento de que, nas ações de indenização fundadas na responsabilidade civil objetiva do Estado (CF de 1988, art. 37, § 6º), não é obrigatória a denunciação da lide do agente público supostamente responsável pelo ato lesivo – Agravo regimental da União desprovido" (STJ, 1ª Turma, AREsp/AgR 63.018-RJ, rel. Min. Napoleão Nunes Maia Filho, j. 19.3.2013, *DJe* 3.4.2013).

ainda mais sua marcha.[85] A professora Maria Sylvia Zanella Di Pietro procura enfocar distinção interessante que, em última análise, se baseia nos fatos que são delimitados pelo pedido do autor perante a demanda principal. Ajuizada a demanda com fundamento exclusivo na responsabilidade objetiva, a denunciação deve ser negada. Por outro lado, quando a petição inicial fundamenta a responsabilidade com base no art. 37, § 6º, da CF mas suscite a responsabilidade culposa ou dolosa do agente, será possível a denunciação, ou mesmo a formação do litisconsórcio facultativo.[86]

Esta última hipótese não pode, em tese, ser descartada, uma vez que o fundamento jurídico da demanda principal (responsabilidade objetiva + subjetiva) não será divergente do fundamento da denunciação. Todavia, mesmo nesta hipótese ela deve ser evitada, pois o óbice residiria no comprometimento da celeridade do processo.[87] A denunciação do agente não traz qualquer benefício para o autor, apenas para o litisdenunciante. O fim do instituto está em otimizar a prestação da tutela, e não retardá-la ainda mais. O Estado poderá lançar mão de expediente mais célere e rápido, pautado pelo processo administrativo disciplinar, sem a necessidade de se

85. Nesse sentido: "Segundo o entendimento jurisprudencial do STJ, não existe necessidade de denunciação da lide em matéria de responsabilidade civil objetiva do Estado. O recurso especial fundado na divergência jurisprudencial exige a observância do contido nos arts. 541, parágrafo único, do CPC e 255, § 1º, 'a', e § 2º, do RISTJ, sob pena de não conhecimento do recurso – Recursos especiais parcialmente conhecidos e, nessa parte, não providos" (STJ, 2ª Turma, REsp 1.177.136-RS, rel. Min. Mauro Campbell Marques, j. 19.6.2012, *DJe* 27.6.2012).

Ainda: "A denunciação da lide ao servidor público nos casos de indenização fundada na responsabilidade objetiva do Estado não deve ser considerada como obrigatória, pois impõe ao autor manifesto prejuízo à celeridade na prestação jurisdicional. Haveria em um mesmo processo, além da discussão sobre a responsabilidade objetiva referente à lide originária, a necessidade da verificação da responsabilidade subjetiva entre o ente público e o agente causador do dano, a qual é desnecessária e irrelevante para o eventual ressarcimento do particular – Orientação pacífica das Turmas de Direito Público do STJ. 4. Recurso especial desprovido" (STJ, 1ª Turma, REsp 606.224-RJ (200302055330), rela. Min. Denise Arruda, *DJU* 1.2.2006, p. 437).

86. Maria Sylvia Zanella Di Pietro, *Direito Administrativo*, p. 537. Ainda que possível, não nos parece correta a conclusão de Marçal Justen Filho (*Curso de Direito Administrativo*, p. 826) quanto à unitariedade da decisão, pois a sentença poderá condenar o Estado e, ao mesmo tempo, elidir a culpa do agente.

87. Celso Antônio Bandeira de Mello admite a possibilidade de responsabilidade conjunta e a formação do litisconsórcio passivo entre o Estado e o funcionário público; contudo, repudia a segunda solução concernente à denunciação do funcionário, pois constituiria um "retardamento injustificado do direito do lesado, (...)" (*Curso de Direito Administrativo*, p. 1.070).

socorrer da ação regressiva ou da denunciação para atingir seu objetivo. Esta solução não corresponde ao que Dinamarco sugere como "processo civil do autor", pois o próprio processualista, em seu preciso raciocínio, reconhece que a denunciação deve ser evitada em certas situações, ou seja, quando "revelar o propósito de tumultuar o processo e com isso alongar-lhe a duração, (...)".[88]

### 9.4.2 O ente estatal e a responsabilidade por omissão (culpa aquiliana)

Muito embora o art. 37, § 6º, da CF deva ter aplicação ampla, para abarcar as situações de atos comissivos como omissivos, o STJ entende que o Estado responderá por atos omissivos apenas com a demonstração da culpa.[89] Este entendimento aplicado ao Direito Brasileiro deriva de uma extensão do regime francês quanto às falhas do serviço público (*faute du service*). Para esta situação, a denunciação não implicará introdução de novo fundamento que possa comprometer o julgamento da lide principal. O fundamento da ação principal e o da ação secundária terão a culpa como elemento essencial, o que não provoca a introdução de elemento novo e permite a admissão da denunciação. Enquanto perdurar este posicionamento pela responsabilidade subjetiva do Estado por atos omissivos a denunciação poderá ser permitida, uma vez que a participação do funcionário será essencial para a comprovação da causa de pedir da ação principal.

### 9.4.3 Denunciação do ente estatal pelo agente público

É possível, ainda, que o funcionário público seja diretamente acionado pelo evento que tenha provocado dano ao autor. Esta solução seria extremamente benéfica para a Fazenda Pública, pois eliminaria sua participação na relação processual. Porém, esta solução não é usual. O caminho convencional é inverso, pois a Fazenda Pública não está sujeita aos problemas de solvabilidade que poderão afetar a esfera jurídica do agente público.

88. Dinamarco, *Instituições de Direito Processual Civil*, cit., vol. II, pp. 413-414.
89. "Nos termos da jurisprudência do STJ, a responsabilidade civil do Estado por condutas omissivas é subjetiva, sendo necessário, dessa forma, comprovar a negligência na atuação estatal, o dano e o nexo causal entre ambos – Agravo regimental improvido" (STJ, 2ª Turma, ARESP/AgR 501.507-RJ, rel. Min. Humberto Martins, J. 27.5.2014, *DJe* 2.6.2014).

A negativa quanto à possibilidade de denunciação constitui a resposta lógica e coerente com a natureza do instituto. O funcionário não terá direito de exercer o regresso. Afinal, ele será o alvo final das demandas de ressarcimento contra a Administração Pública.[90] Entretanto, a denunciação do Estado não pode ser descartada em outras situações que não envolvam discussão sobre a responsabilidade regressiva de seus agentes, mas a responsabilidade do Estado em regime de solidariedade ou subsidiariedade.[91]

## 10. A denunciação do polo ativo e a posição do adquirente

Apesar da tendência de utilização do instituto da denunciação no polo passivo, nada impede que a denunciação seja utilizada pelo autor no polo ativo. A utilização do art. 125, I, é usual para o polo ativo com supedâneo no procedimento previsto junto ao art. 126, ambos do CPC. A denunciação no polo ativo resulta de atividade preventiva do autor. O conhecimento quanto à resistência fundada do réu certamente advém de atitude pré-processual por meio da qual se visualiza potencial insucesso em demanda petitória. O título expressa força *erga omnes* quando fundado em transmissão dominial, mas pode ser combalido por defesas substanciais, como a usucapião ou nulidade (aquisição *a non domino*). Ambas permitem que a denunciação seja realizada como meio de garantir o direito de regresso, na hipótese de insucesso quanto ao pedido formulado de vindicação do bem.

Nada impede que o adquirente seja surpreendido pela presença de um possuidor sobre a área que foi comprada, muito embora a escritura pública indicasse que o bem se encontrava livre e desimpedido, sem qualquer ônus ou situações jurídicas consumadas. Isto é possível principalmente na aquisição da posse por via *simbólica* ou, ainda, na *traditio ficta*, através da qual não se exige mais o cumprimento do ritual romano de ingressar fisicamente no bem.[92] A utilização da ação petitória não ex-

---

90. "O funcionário público, acionado por particular que pretende haver indenização por dano causado em razão do exercício da função pública, não pode denunciar a lide à Fazenda Pública, porque contra ela o funcionário não tem direito de regresso" (Nelson Nery Jr. e Rosa Maria de Andrade Nery, *Código de Processo Civil Comentado e Legislação Extravagante*, cit., p. 248).

91. A questão foi debatida pelo STJ no AREsp/AgR 106.983-SP (1ª Turma, rel. Min. Benedito Gonçalves, j. 24.4.2014, *DJe* 6.5.2014).

92. Os glosadores defenderam que a aquisição da posse poderia ser realizada por qualquer um dos cinco sentidos (*fünf Sinne*). Savigny recorda o exemplo da aquisição de terras pela visão, desde que a distância não ultrapassasse 10 milhas (*per decem*

cluiu o receio da defesa do possuidor, baseado no usucapião (Súmula 237 do STF). Desta forma, poderá, desde já, o autor providenciar, nos termos do art. 126 do CPC, a denunciação do alienante juntamente com a citação do requerido. Quando deferida a denunciação pelo juiz, muito embora o pedido seja realizado em conjunto (integração do denunciado e do réu), a denunciação acarretará a suspensão do processo pelo prazo definido pelo art. 131 do CPC, para permitir as adequações procedimentais.

## 10.1 Aditamento da petição inicial

O novo Código de Processo Civil não trouxe nenhum ponto de inovação quanto aos poderes do "pretenso litisconsorte". A possibilidade do aditamento é repetida pelo art. 127: "Feita a denunciação pelo autor, o denunciado poderá assumir a posição de litisconsorte do denunciante e acrescentar novos argumentos à petição inicial, procedendo-se em seguida à citação do réu". Apesar de o dispositivo aludir ao litisdenunciado como litisconsorte e prever o aditamento da inicial, seus poderes devem ser encarados com parcimônia.[93] Vale o entendimento já consumado perante o Código de 1973. A limitação aos poderes do litisdenunciado será conatural à previsão de sua participação em caráter ancilar, e demonstra que sua atuação processual se coaduna com o papel do assistente. O litisdenunciado assume posição ativa na demanda, com o fito de aderir à pretensão do litisdenunciante, para impedir o regresso contra sua pessoa. Logo, não terá ingerência sobre a causa de pedir ou pedido, pois o *dominus litis* será o litisdenunciante. A atividade do litisdenunciado será de auxiliar e fornecer reforço ao pedido realizado, mediante indicação de fundamentos jurídicos que alicercem ainda mais a causa de pedir. Poderá realizar pedido de prova e juntada de documentos; enfim, poderá exercer as faculdades processuais para a defesa do objeto litigioso fixado pelo autor. Desta forma, sua posição mais se harmoniza com a de assistente do que a com a de litisconsorte. O denunciado pelo autor não tem relação

---

*militaria*): "z. B. durch das Gesicht: durch Anschauen also könne der Besitz erworben werden, und wenn auch die Sache 'per decem miliaria' enfernt wäre" ("por exemplo, pelo rosto: através da visão a posse poderia ser adquirida quando se encontrasse afastada em até 10 milhas" – tradução livre) (*Das Recht des Besitzes*, cit., § 15, p. 214).

93. Com reservas, como já se manifestava Sydney Sanches perante o Código de Processo Civil de 1973: "Não, porém, para ampliar, reduzir ou modificar o pedido propriamente dito (inciso IV do art. 282), porque não se concebe que o litisdenunciado possa deduzir em prol do litisdenunciante pretensões que este não quis ou não soube deduzir" (*Denunciação da Lide no Direito Processual Civil Brasileiro*, cit., p. 202).

jurídica qualquer com o réu da lide principal, o que permite traçar um quadro dicotômico sobre sua atuação no processo. O denunciado pelo autor será réu na demanda secundária que é instaurada com o pedido de citação, nos precisos termos do art. 126 do CPC. Por outro lado, atuará como assistente em relação à lide principal. Como consequência, a resolução da demanda principal, com ou sem análise de mérito, não enseja a assunção do polo ativo pelo denunciado.[94]

### 10.2 A revelia do denunciado pelo autor

A conclusão anterior permite indicar que o denunciado estará sujeito aos efeitos da revelia, pois existe uma lide secundária que é o fundamento da ação de denunciação e cuja função precípua está delineada pelo art. 126 do CPC.[95] Na hipótese de o autor ter seu pedido julgado improcedente, caberá ao denunciado pelo autor garantir o ressarcimento do seu prejuízo. A denunciação efetuada pelo autor não perde seu caráter de demanda secundária prejudicial, pois a análise de procedência do pedido é condicionada ao insucesso do pedido formulado pelo autor na demanda principal.

### 10.3 Âmbito da denunciação pelo autor

Além da possibilidade de a denunciação ser realizada pelo autor, cabe considerar se o art. 125, I, do CPC restringiria sua aplicação somente às demandas de natureza executiva *lato sensu*, que não dependeriam de execução posterior em caso de procedência. À primeira vista cremos que não, ainda que a dicção do art. 125, I, do CPC esteja voltada para as pretensões oriundas de direito real. A transmissão da propriedade é a base das ações petitórias. No entanto, o art. 125, I, permite a formulação do pedido de denunciação não só quando o autor lance mão de uma ação petitória, mas de ações de outras categorias, como a constitutiva negativa ou, mesmo, a ação declaratória. A ação reivindicatória possui conotação

---

94. "Tendo sido decretada a carência de ação em relação ao autor, não pode sobreviver a relação processual principal entre o denunciado e os réus, por inexistência de relação jurídica. O denunciado, na relação principal, assume a posição de mero assistente simples do denunciante, não tendo legitimidade para substituí-lo, na hipótese de extinção do processo decretada por ilegitimidade" (TJSC, 2ª Câmara Cível, ACi 34.914/1994, v.u., *Jurisprudência Catarinense* 74/303, *apud* Alexandre de Paula, *Código de Processo Civil Anotado*, vol. I, p. 679).

95. Neste sentido: Sydney Sanches, *Denunciação da Lide no Direito Processual Civil Brasileiro*, cit., p. 193.

vinculada historicamente ao dispositivo, mas não se revela exclusiva.[96] O exemplo fornecido por Arruda Alvim explica bem a questão. A própria ação declaratória negativa promovida pelo adquirente em relação a um terceiro que se arrogue proprietário do bem poderá ensejar o pedido de denunciação. Isto ocorrerá porque eventual improcedência da ação resultará numa autêntica declaração positiva para a parte contrária. Embora não possa exigir qualquer eficácia executiva pela procedência de pedido com eficácia preponderantemente declaratória, nada impede que posteriormente o pedido seja realizado de modo específico.[97] Isto elimina o mito da necessidade da eficácia condenatória (teoria trinária) ou executiva *lato sensu* (teoria quinária) como elementos essenciais para permitir a denunciação.[98] O STJ, acertadamente e há longa data, já sina-

96. Pontes de Miranda pode ser visto como precursor da teoria quinária, classificando a natureza as ações e sentenças em cinco efeitos, incluindo a modalidade mandamental e a executiva *lato sensu* como categorias autônomas (*Tratado das Ações*, t. I, pp. 133-135 e 211-212). O desenvolvimento da tutela mandamental encontrou sua base originária em Küttner (*Urteilswirkungen außerhalb des Zivilprozesses*, em especial, pp. 17-26 – *Die verschiedenen Arten der Urteilwirkungen*). Em sua obra inaugural o ilustre autor alemão defendeu uma análise diferenciada de eficácia sentencial contra o Poder Público. Küttner procura distinguir a sentença mandamental (*Anordungsurteile*) das demais formas de sentenças declarativas, constitutivas e condenatórias: "Wiederum anderer Art ist eine Urteilwirkung, die einer eigenartigen Gruppe von Urteilen, die sich zum Unterschiede von den Feststellung, Leistung und Gestaltungsurteilen unter der Namen 'Anordnungsurteile' zusammenfassen lassen" ("Por outro lado, uma outra eficácia sentencial que se amolda a um grupo peculiar de sentenças, e que se diferencia das declaratórias, condenatórias e constitutivas, pode ser reunido às demais, sob a denominação de sentenças mandamentais" – tradução livre (ob. cit., p. 21). Esta modalidade não foi recepcionada pacificamente. Goldschmidt a incorporou, expandindo seu campo de aplicação para as relações privadas. Todavia, Rosenberg não acata esta classificação, por compreender que o efeito mandamental é uma consequência, um efeito, que não reflete o conteúdo sentencial (*Tratado de Derecho Procesal Civil*, vol. I, p. 26). Aos poucos a teoria trinária está cedendo espaço, em vista da insuficiência da classificação, que procura reduzir a realidade processual aos provimentos declaratórios, constitutivos (positivos e negativos) e condenatórios.

97. "O que é relevante, desta forma, é partirmos do tipo de sentença que venha a ser proferida no sentido de sabermos se esta pode, ou não, afetar o direito de propriedade do adquirente" (Arruda Alvim, *Comentários ao Código de Processo Civil*, cit., vol. III, p. 245).

98. Embora a jurisprudência já tenha se mostrado refratária: "A obrigatoriedade de denunciação da lide pressupõe a existência de direito de regresso, ocorrente apenas nos processos de conhecimento em que há pretensão condenatória (inteligência do art. 76 do CPC) – Precedente desta Corte e do STF. 2. Com efeito, não havendo pedido de natureza condenatória, mas meramente declaratório (nulidade de processo administrativo e inexigibilidade de crédito), caso a recorrente seja vencida, não se lhe será possível postular, em ação regressiva, direito de indenização em face do Estado

lizou pela possibilidade da denunciação em situações específicas de ação declaratória.[99] Esse posicionamento é confirmado por julgamentos mais recentes nos quais a discussão não se centra na natureza da ação e na possibilidade do regresso imediato, mas na pertinência da denunciação e sua utilização sem prejuízo da celeridade da prestação jurisdicional.[100] Aliás, é importante frisar que o papel da ação declaratória já fora sensivelmente modificado pela reforma operada no Código de Processo Civil de 1973 pela Lei 11.232/2005, que revogou o art. 584 e incluiu o art. 475-N, que traz o elenco de títulos executivos judiciais, cujo inciso I não mais prevê a sentença condenatória como único título passível de execução (rectius: cumprimento), disposição agora constante do art. 515, I, do novo CPC.[101] Como informa abalizada doutrina, o STJ incorporou em alguns julgados a possibilidade de que a sentença declaratória opere o mesmo efeito da sentença condenatória quando o provimento declaratório já contenha todos os elementos essenciais para a condenação.[102]

de Goiás. 3. Agravo regimental da CONAB improvido" (TRF-1ª Região, 5ª Turma, AGA 200501000155492-GO, rel. Juiz federal convocado Manoel José Ferreira Nunes, *DJU* 13.6.2005, p. 81).

99. "O titular de ofício de notas é civilmente responsável pelos danos que ele e seus prepostos causem a terceiros na prática de atos próprios de serventia (art. 1.521, III, do CC; art. 22 da Lei n. 8.935/1994). II – Legitimidade passiva para a denunciação da lide, no caso, será do alienante do bem sobre o qual versa a demanda. Diante da possibilidade de derrota na ação principal, o adquirente tem interesse em denunciar a lide ao alienante, para obter desde logo, no mesmo processo, a indenização (RE n. 101.253-6-PR). III – Recurso conhecido e provido" (STJ, 3ª Turma, REsp 88.364-SP, rel. Min. Waldemar Zveiter, *DJU* 3.11.1998, p. 125; *RT* 761/193).

100. "A denunciação da lide só é obrigatória em relação ao denunciante que, não denunciando, perderá o direito de regresso, mas não está obrigado o julgador a processá-la se concluir que a tramitação de duas ações em uma só onerará em demasia uma das partes, ferindo os princípios da economia e da celeridade na prestação jurisdicional" (STJ, 4ª Turma, ARESP/AgR 334.359-SP, rel. Min. Marco Buzzi, j. 20.3.2014, *DJe* 31.3.2014).

101. Prevê o art. 475-N, I, do CPC-1973: "I – a sentença proferida no processo civil que reconheça a existência de obrigação de fazer, não fazer, entregar coisa ou pagar quantia; (...)". CPC-2015, art. 515: "São títulos executivos judiciais, cujo cumprimento dar-se-á de acordo com os artigos previstos neste Título: I – as decisões proferidas no processo civil que reconheçam a exigibilidade de obrigação de pagar quantia, de fazer, de não fazer ou de entregar coisa; (...)".

102. V.: Luiz Rodrigues Wambier, Teresa Arruda Alvim Wambier e José Miguel Garcia Medina, *Breves Comentários à Nova Sistemática Processual Civil*, vol. II, pp. 165-166. Como esclarecem os ilustres autores, trata-se de um posicionamento engenhoso do Min. Teori Albino Zavascki, que introduziu referido posicionamento no STJ. O raciocínio é extremamente elegante e visa à efetividade na prestação jurisdicional, principalmente em casos de improcedência de ação declaratória. Tome-

Quando a denunciação é realizada pelo autor, a suspensão do processo, além de exigência legal, será um imperativo categórico, em vista da necessidade de garantir ao réu a amplitude de defesa. Como o denunciado poderá deduzir razões e realizar pedido de provas, o réu somente deverá ter a citação efetivada após a regularização da sua integração na relação processual.

O prazo para o denunciado exercitar seu direito de aditamento ao pedido inicial será de 15 dias. O texto é silente quanto ao prazo, mas a melhor interpretação é a que se coaduna com a necessária harmonização deste prazo com aquele que terá para deduzir sua contestação à demanda secundária.

Questão extremamente interessante, e bem lembrada por Cássio Scarpinella Bueno, diz respeito à desistência da ação pelo autor da demanda. Ele dependeria do assentimento do litisdenunciado? A solução, como bem explica o jurista, dependerá da atitude tomada quanto a classificar o litisdenunciado como assistente ou litisconsorte. A primeira posição, que julgamos correta, elimina a necessidade do consentimento exigido pelo art. 485, § 4º, do CPC. Já, o segundo posicionamento impede esta conclusão, pois o litisdenunciado será considerado parte principal na demanda.[103]

## 10.4 A situação jurídica do litisdenunciado pelo autor e réu: litisconsórcio e assistência

O Código de Processo Civil acaba por conferir expressamente o *status* de litisconsorte ao denunciado. Os arts. 127 e 128, I, não deixam dúvida quanto a isso. Por outro lado, observa-se que a posição de denunciado

-se como exemplo uma ação de inexigibilidade ou de nulidade de relação jurídica. Obviamente, a sentença de improcedência corresponderia a uma declaração de existência da dívida; e, desde que presentes todos os elementos necessários para sua cobrança (liquidez, certeza e exigibilidade), nada mais coerente do que propiciar a execução dessa sentença. Todavia, a questão não é tão simples. Não resta dúvida de que o prisma da efetividade deve nortear o aplicador e intérprete da lei, mas nesta situação há uma clara eliminação do princípio dispositivo. No exemplo mencionado, nada impediria que o réu, na ação declaratória, apresentasse a reconvenção com pedido de condenação. Eliminar a necessidade da reconvenção seria ignorar o princípio dispositivo e conferir à contestação o poder de ampliar o objeto litigioso, pois esta conclusão seria inevitável ao se aceitar a sentença declaratória como título executivo, pois a mera declaração seria insuscetível de provocar a formação de título executivo.

103. Cássio Scarpinella Bueno, *Partes e Terceiros no Processo Civil Brasileiro*, p. 242.

estaria perfeitamente delineada na posição do assistente. Esta visão não escapou aos olhos do legislador português, conforme abordagem supra.

No Direito Alemão, como assinalamos no início da exposição, o tratamento do denunciado é o mesmo do assistente (*Nebenintervention*). Deve-se fugir da interpretação literal (*in claris cessat interpretatio*), que, quando aplicada como meio principal de revelação do texto legal, não propicia bons resultados. A dicção dos arts. 127 e 128, I, do CPC procura demonstrar que as faculdades processuais do denunciado são de um autêntico litisconsorte; contudo, basta submetermos o terceiro ao regime dos arts. 113 e 114 do CPC para nos rendermos à classificação do denunciado como assistente.[104]

O reconhecimento do regime de litisconsórcio entre denunciante e denunciado acarreta reflexos importantes na relação processual, como o prazo em dobro (art. 229 do CPC) para a prática dos atos processuais, além da submissão à coisa julgada. A classificação também influi quanto à atribuição das despesas do processo. A doutrina se divide quanto à qualificação do litisdenunciado como *assistente*[105] ou *litisconsorte*.[106]

Assumindo a posição de assistente simples, o litisdenunciado não se sujeitará à coisa julgada, mas aos efeitos da intervenção (*Interventionsgrund*). Por outro lado, não há que se falar na duplicação de prazos caso sua atitude seja de mera colaboração.[107] O reconhecimento da qualidade

---

104. No mesmo sentido pronuncia-se Dinamarco, ainda que com referência ao Código de Processo Civil de 1973 – o que não compromete o raciocínio, uma vez que não houve mudança pelo novo Código: "(...). Fala a lei também de um suposto litisconsórcio (arts. 74 e 75, I), mas evidentemente a situação ocorrente na hipótese é de *assistência*, jamais de litisconsórcio (...)" (*Litisconsórcio*, p. 37).

105. Em relação à assistência, a doutrina diverge quanto ao enquadramento do denunciado como assistente simples ou qualificado (*rectius*: litisconsorcial). Entendemos que o denunciado será assistente simples nas hipóteses dos arts. 70, I e II, do CPC-1973 e 125, I e II, do novo CPC. Somente em relação ao art. 70, II, é possível classificá-lo como litisconsorte de caráter unitário. Na doutrina, pela qualificação do denunciado como assistente simples: Nelson Nery Jr. e Rosa Maria de Andrade Nery, *Código de Processo Civil Comentado e Legislação Extravagante*. Como assistente litisconsorcial: Cândido Rangel Dinamarco, *Instituições de Direito Processual Civil*, cit., vol. II, pp. 407-408.

106. Arruda Alvim (*Manual de Direito Processual Civil*, cit., vol. II, p. 178) qualifica o litisdenunciado como parte principal: "Denunciante e denunciado são, portanto, litisconsortes, em face do adversário comum e tendo em vista o objeto (= lide) da ação principal".

107. Dinamarco, muito embora reconheça a qualidade de assistente litisconsorcial do denunciado, nega peremptoriamente a aplicação do art. 191 do CPC de 1973 (art. 229 do CPC de 2015): "(...). A primeira consequência prática da percepção de

de assistente é mais consentâneo com a atividade desenvolvida pelo litisdenunciado. É muito difícil conceber para situações como a do art. 125, II, do CPC a configuração de litisconsórcio facultativo e unitário. A unitariedade não diz respeito apenas à homogeneidade da decisão em relação a ambas as partes, mas aos laços que unem os contendores e que impede solução diversa. Todavia, esta relação do litisdenunciado pelo réu com o autor da ação principal é inexistente. Somente advém de uma interpretação literal do art. 128, I, do CPC, que não se demonstra adequada.

## 11. Ausência de denunciação e reconhecimento jurídico do pedido pela parte

Hipótese importante, e atrelada ao direito de evicção, surge da situação em que o litisdenunciante não exercita a denunciação e acaba por reconhecer juridicamente o pedido do autor. Em virtude de sua atividade omissiva, seria prejudicado quanto ao direito de regresso? Em sentido afirmativo responde Arruda Alvim.[108] Cremos que a questão merece reflexão, pois cada situação deverá ser analisada detidamente pelo magistrado.

É de se esperar do réu que empregue todas as diligências e empreenda todos os esforços na tentativa de obter sucesso na demanda. Porém, se a pretensão do autor revelar direito inconteste e evidente, o reconhecimento do pedido representará atividade leal e condizente com a boa-fé processual. Exigir que o réu suscite defesa infundada e ainda proceda ao pedido de denunciação com suspensão do processo seria trazer maior delonga, num período em que o tempo vale ouro. O art. 456 do CC sofreu revogação e a pretensa obrigatoriedade desapareceu de modo expresso com a redação do art. 125, § 1º, do CPC. Mesmo assim, não há dúvida de que a atitude de reconhecimento coloca o alienante numa situação desconfortável para o pedido futuro de regresso, pelo menos no que toca ao art. 125, I, do CPC. Sua atitude de reconhecimento estaria impedindo a participação do litisdenunciado no processo, inclusive para produzir provas até então desconhecidas e que poderiam mudar o rumo dos acontecimentos.

que o denunciado é assistente litisconsorcial do denunciante e não *litisconsorte* é que, inexistindo litisconsórcio entre eles, nem um nem outro recebe o benefício dos prazos em dobro apesar de serem representados por diferentes defensores (art. 191)" (*Instituições de Direito Processual Civil*, cit., vol. II, p. 408).

108. "Se, por outro lado, reconhecer juridicamente o pedido do autor, sem que tenha denunciado a lide, não lhe assistirá, igualmente, direito de pleitear, nem em ação autônoma, os direitos resultantes da evicção."

A partir deste ponto assume relevância o posicionamento quanto à natureza jurídica da participação do denunciado, ou seja, como litisconsorte ou assistente. A primeira opção impedirá que a ausência de contestação ou o reconhecimento possam operar seus efeitos em caso de resposta oferecida pelo litisdenunciado (art. 117 do CPC). Com a denunciação o denunciante possibilitaria a manifestação do denunciado, que estaria ungido ao regime do litisconsórcio e poderia impedir o efeito da revelia ou do reconhecimento do pedido. Aplicar-se-ia o regime do art. 117 do CPC.

Na segunda hipótese, a qual julgamos correta, considera-se o litisdenunciado mero assistente, o que permite o reconhecimento jurídico do pedido pelo denunciante, sem possibilidade de qualquer ingerência do denunciado. Esta atitude não geraria procedência automática da ação de denunciação, mas obrigaria a que o magistrado analisasse a lide secundária para averiguar a efetiva responsabilidade do litisdenunciado e o próprio preenchimento das condições e pressupostos para a configuração do art. 125 do CPC.

## 12. A tutela provisória na denunciação

O autor, prejudicado com a suspensão do processo e com a maior delonga na solução da demanda, poderá requerer a antecipação da tutela, pela urgência ou evidência, nos termos do art. 294 do CPC. O pedido de antecipação será viável para que o mérito da demanda alcance satisfação provisória e sua eficácia se direcione ao denunciante, uma vez que nenhuma relação tem com o denunciado. Deferida a antecipação, o réu denunciante poderá pedir a antecipação em relação ao denunciado para suportar, desde já, os encargos advindos da decisão proferida na lide principal. Os requisitos deverão ser preenchidos nos moldes dos arts. 300 ou 311 do CPC.

A tutela antecipada corresponde a uma das modalidades de tutela de urgência, e estará centrada na alta probabilidade do direito. Deve ser salientado que o legislador no novo Código de Processo Civil estabeleceu requisitos gerais e comuns para a concessão da tutela de urgência. As tutelas cautelar e antecipada sujeitam-se ao regime do art. 300 do CPC. Há uma simplificação, pois os requisitos para a concessão de ambas as medidas indicam a urgência e a probabilidade acentuada do direito. Na tutela de evidência a urgência não está na base de sua concessão, nos termos do art. 311 do CPC. O litisdenunciante demonstrará ao juiz a força de sua pretensão, alicerçada por prova documental que permita a concessão da tutela provisória.

## 13. Denunciação e ilegitimidade passiva

O novo Código de Processo Civil resolveu um problema corrente em juízo. Nosso sistema não contava com um expediente simples e objetivo para a solução da extromissão da parte ilegítima do processo, mediante o aproveitamento da relação processual. Por meio da eliminação da nomeação à autoria como figura típica de intervenção de terceiro houve seu aproveitamento como técnica de defesa por meio do art. 338 do CPC. A aplicação deste dispositivo elimina a necessidade de ser utilizada a denunciação como subterfúgio para a integração da parte legítima, o que era frequente, especialmente nas ações submetidas ao rito sumário para a indenização por acidentes de veículos na vigência do CPC de 1973, art. 280.[109]

A matéria foi tão recorrente em juízo, que originou o verbete 132 do STJ: "A ausência de registro da transferência não implica a responsabilidade do antigo proprietário por dano resultante de acidente que envolva o veículo alienado". Como se sabe, a propriedade dos bens móveis no Direito Brasileiro não se comprova pelo título, mas pela tradição. É a regra do art. 1.267 do CC: "A propriedade das coisas não se transfere pelos negócios jurídicos antes da tradição". O título, como meio de comprovação da propriedade, assume importância residual, especificamente voltado para a proteção do terceiro de boa-fé, tal como disciplina a Súmula 92 do STJ.

## 14. A denunciação pelo réu e as possíveis atitudes do litisdenunciado

No tópico relativo à seguradora já foi examinada, *en passant*, a aplicação do art. 128 do novo CPC. Ele apresenta melhor técnica que a redação do art. 75 do CPC de 1973.[110]

---

109. A utilização da denunciação ainda que atípica era admitida pelo STJ: "Para o cabimento da denunciação da lide, é necessário que o litisdenunciado esteja obrigado, pela lei ou pelo contrato, a indenizar, em ação regressiva, o prejuízo do litisdenunciante. Todavia, em hipóteses como a presente, em que o denunciado, citado, vem aos autos, contesta o feito e assume a posição de litisconsorte, embora se reconheça não se tratar de caso de denunciação da lide, esta Corte vem admitindo o prosseguimento do processo, tendo em vista a ausência de prejuízo para as partes, bem como atendendo aos princípios da celeridade e da economia processuais – Recurso especial improvido" (3ª Turma, REsp 896.224-RN, rel. Min. Sidnei Beneti, j. 11.5.2010, *DJe* 25.5.2010).

110. Com crítica severa de Dinamarco quanto à confusão de conceitos perante o art. 75 do CPC de 1973 (*Instituições de Direito Processual Civil*, cit., vol. II, pp. 414 e ss.).

O dispositivo mantém em número de três as possíveis atitudes do litisdenunciado, com melhoria da redação, sem, contudo, eliminar a confusão entre a atitude de assistente do denunciado e sua classificação como litisconsorte do denunciante. A realidade demonstra que a necessária conjugação da ação principal e da secundária provoca repercussões diversas no processo, envolvendo a soma das posições ativas e passivas de todas as partes na disputa. Passemos a examinar as hipóteses do art. 128 do novo CPC.

## 14.1 O art. 128, I, do CPC:
### aceitação e formação de litisconsórcio

A primeira leitura do art. 128, I, do CPC permite concluir que não houve qualquer modificação do legislador quando comparada com a figura do art. 75, I, do CPC anterior. Por meio do dispositivo determina-se a formação do litisconsórcio passivo entre o litisdenunciante e o litisdenunciado. Ela pressupõe a aceitação da demanda secundária e a defesa direta formulada contra a pretensão do autor.

A solução legal não é a melhor. Na verdade, uma simples observação na estrutura da relação processual, após a efetivação da denunciação, já informa quão equivocada foi a designação do denunciado como litisconsorte.[111] O denunciado não detém nenhuma relação jurídica com o autor. Contudo, o texto legal conferiu-lhe a posição de litisconsorte. A simples análise do Direito Comparado, realizada no início da exposição, evidenciou claramente o tratamento adequado do denunciado nos Direitos Alemão e Português. No sistema alemão ele é classificado como assistente simples (*Nebenintervention*), mesma solução encontrada no Direito Português atual, inclusive após a última reforma.

Para aqueles que aceitam a formação de litisconsórcio torna-se mister mirar as consequências legais deste posicionamento no que tange ao desenvolvimento da relação processual e sua estabilização (coisa julgada). O regime do litisconsórcio passivo insere, sob o ponto de vista lógico, o

---

111. O STJ reconheceu como clara a impossibilidade de condenação do denunciado na sucumbência da ação principal, pela inexistência de qualquer liame entre o autor e o denunciado: "A denunciação à lide não estabelece vínculo de direito material entre a parte adversa do denunciante e o denunciado, tendo por finalidade eventual responsabilidade do denunciado perante o denunciante. Inadmissível a condenação do denunciado na lide principal" (6ª Turma, REsp 699.090-SP, rel. Min. Paulo Medina, *DJU* 19.6.2006 p. 215).

denunciado em posição de responsável pelo pagamento do valor da obrigação, ainda que limitado à apólice, além da condenação proporcional à sucumbência, nos termos do art. 87 do CPC.[112]

De acordo com o que foi exposto, é fundamental não olvidar que o regime que informará a atividade processual destes litisconsortes será pautado pela interdependência dos atos processuais, nos termos do art. 117 do CPC. Não seria lícita a prática de atos que pudessem prejudicar a posição processual de cada um dos litisconsortes.

Era lícito por parte do réu realizar o reconhecimento jurídico do pedido antes da formação da lide secundária, agora não o será mais. O reconhecimento do pedido não surtirá efeito em relação ao denunciado, que poderá continuar no polo passivo exercendo suas faculdades processuais, inclusive recorrendo. Os atos que possam prejudicar sua esfera de atuação são tidos como ineficazes em relação à sua pessoa. No entanto, caso o texto legal tivesse assumido a postura correta de enquadramento do litisdenunciado como assistente simples o problema desapareceria, pois o assistente não poderia praticar atos conflitantes com o réu. Como consequência, o assistente estará fora dos limites subjetivos e objetivos da coisa julgada, sujeitando-se apenas aos efeitos da intervenção (art. 123 do CPC).

Uma segunda possibilidade quanto à aplicação do art. 125, I, do CPC reside no comparecimento do denunciado ao processo contestando a ação principal e a secundária. Neste caso, a contestação ao pedido de denunciação assume caráter prejudicial invertido. A procedência do pedido do autor não significará a condenação automática do denunciado. A contestação dupla oferecida pelo denunciado exigirá, no segundo capítulo da sentença, a análise dos argumentos expostos contra o pedido regressivo. A contestação do denunciado poderá englobar questões referentes ao trinômio processual (condições, pressupostos e mérito da denunciação). A improcedência do pedido do autor torna desnecessária a análise da demanda secundária.

---

112. Como já se manifestou o STJ, ainda que perante a redação do art. 75, I, do CPC de 1973, a condenação do denunciado é uma questão de coerência quando se comporte como um litisconsorte: "A seguradora-litisdenunciada, ao oferecer contestação, assume posição de litisconsorte passiva do denunciante. Pode, assim, ser condenada, em conjunto com este, à indenização por acidente de trânsito. Esta é a interpretação correta e pragmática do art. 75, I, do CPC" (3ª Turma, REsp 275.453-RS, rel. Min. Humberto Gomes Barros, *DJU* 11.4.2005 p. 288).

*14.2 O art. 128, II, do CPC:*
*denunciado revel ou resistente à denunciação*

O inciso II do art. 128 do CPC determina que, "se o denunciado for revel, o denunciante pode deixar de prosseguir com sua defesa, eventualmente oferecida, e abster-se de recorrer, restringindo sua atuação à ação regressiva". Conforme apontamentos anteriores, o dispositivo deve ser lido em conexão ao disposto pelo art. 456, parágrafo único, do CC. Este dispositivo isenta o réu denunciante quanto ao impulso da demanda, retirando-lhe o ônus da má-fé pelo abandono do processo: "Não atendendo o alienante à denunciação da lide, e sendo manifesta a procedência da evicção, pode o adquirente deixar de oferecer contestação, ou usar de recursos". Denota-se que a redação do art. 128, II, do CPC foi aprimorada quando comparada com a versão do art. 75, II, do CPC de 1973. O dispositivo material influenciou a lógica natural quanto à atividade processual do denunciante ante a inércia do denunciado.

A revelia do denunciado torna verossímeis os fatos alegados (art. 344 do CPC) quanto à demanda secundária. No entanto, a visão instrumental do processo não permite que o cabimento da lide secundária não seja examinado de modo atento pelo magistrado. Mesmo que o denunciado não se manifeste, nos termos do art. 128, II, é possível o controle oficioso sobre a denunciação.

O art. 128, II, do CPC inova ao permitir a modulação da postura do denunciante, conforme a resposta do denunciado no processo. A boa-fé processual exige o comportamento leal das partes. O denunciante não terá que formar defesa obrigatória quando a demanda de regresso esteja garantida pela confissão ficta do denunciado. O denunciado poderá deixar de prosseguir com sua defesa ou, mesmo, de recorrer, como meio de abreviar o prolongamento da relação processual. Será essencial que diligencie apenas quanto à demanda secundária, para garantir o direito de regresso (art. 128, II, *in fine*).

*14.3 O art. 128, III, do CPC:*
*a confissão pelo litisdenunciado*

O litisdenunciado poderá confessar (*rectius*: reconhecer) os fatos alegados pelo autor. O texto revela aparente impropriedade, pois se realmente existe, como afirma parte da doutrina, um regime litisconsorcial entre denunciante e denunciado, jamais o litisdenunciado poderia reconhecer juridicamente o pedido. É certo que o texto alude a confissão, a qual que se opera apenas sobre fatos; contudo, o regime litisconsorcial impediria sua eficácia, pela regra do art. 391, *in fine*, do CPC.[113] Logo, a confissão prevista no art. 128, III, não tem a largueza que a interpretação literal lhe parece atribuir. Nada impede que o denunciado confesse "fatos", mas isto não representa o reconhecimento da pretensão deduzida pelo autor. A redação do novo Código de Processo Civil acrescentou uma conclusão que otimiza o dispositivo. O denunciante poderá aderir ao reconhecimento do denunciado, o que permite que sua atividade se concentre unicamente na procedência do pedido secundário, com o fito de garantir o regresso com julgamento simultâneo. Esta atitude demonstra claramente o caráter prejudicial da demanda principal em relação à demanda secundária.

O art. 128, III, fala que o litisdenunciante poderá continuar com sua defesa mesmo com a confissão do denunciado. Esta é, basicamente, a hipótese já disciplinada pelo art. 75, III, do CPC de 1973. A confissão do denunciado não possui o condão de prejudicar o litisdenunciado, e poderá reforçar a necessidade de sua defesa. O eventual reconhecimento do litisdenunciado quanto à posição de proprietário do autor da ação não poderá conflitar com a defesa de usucapião que possa ser formulada pelo litisdenunciado. A confissão do litisdenunciado quanto à transmissão *a non domino* nunca impediria que a defesa do terceiro de boa-fé pudesse sustentar a prescrição aquisitiva com base no no art. 1.242, parágrafo único, do CC.

### 15. *A denunciação e seu cabimento: procedimento comum (ordinário e sumariíssimo) e especial*

O processo, como instrumento de concreção do direito material, permite que o autor escolha o procedimento adequado para a realização do seu pedido em juízo. Quanto ao procedimento a ser utilizado, o sistema processual oferece solução binária para o processo de conhecimento. Prevê a existência de procedimento *comum* e *especial*. O procedimento comum poderá ser ordinário ou sumariíssimo, este último disciplinado pelas Leis 9.099/1995 e 10.259/2001. Nos procedimentos especiais há previsão de rito diferenciado para a tutela de direitos materiais. Na verdade, os procedimentos especiais refletem a necessidade de tutelas diferenciadas, pois nem toda pretensão trazida em juízo pode receber a mesma forma de tratamento.

---

113. CPC, art. 391: "A confissão judicial faz prova contra o confitente, não prejudicando, todavia, os litisconsortes".

Cabe analisar se a denunciação da lide tem cabimento em qualquer modalidade de procedimento, ou se seu emprego exige pressupostos específicos para conformá-la ao processo. A análise passa por um juízo teleológico sobre o instituto. Em outras palavras: qual o objetivo do denunciante ao realizar a citação do denunciado? Esta pergunta deve guiar o juiz ao analisar o cabimento da denunciação perante os diversos procedimentos previstos pelo Código de Processo Civil.

Dentro do processo de conhecimento, via de regra, a denunciação da lide não deveria encontrar maiores obstáculos para seu cabimento. Ela está vocacionada para o procedimento ordinário. De acordo com as noções acima fixadas, o denunciante busca, através da denunciação, a otimização na prestação da tutela jurisdicional para aqueles processos em que possa pleitear a antecipação do seu direito de regresso. A denunciação terá cabimento desde que uma das duas previsões do art. 125 do CPC seja satisfeita. A sentença de procedência terá eficácia preponderantemente condenatória quanto à denunciação, como meio de formar título executivo contra o denunciado e o denunciante (art. 128, parágrafo único).

Sendo assim, percebe-se que o procedimento ordinário será o ambiente adequado para o cabimento da denunciação. Perante o Código de Processo Civil anterior o procedimento ordinário foi alvo de intensa hesitação por parte do legislador quanto à admissão da denunciação, que chegou a vedá-lo no procedimento sumário pela Lei 9.245/1995. Após a percepção do erro, a Lei 10.444/2002, por meio da modificação do art. 280 do CPC de 1973, voltou a permitir a intervenção fundada em contrato de seguro. Este dispositivo foi fonte de intensa aplicação do instituto, por meio do art. 70, III, do CPC de 1973, com participação da seguradora. Com o novo Código o procedimento sumário foi abolido, motivo pelo qual sua admissão passa a ser regulada apenas no procedimento comum ordinário.

No procedimento sumariíssimo a vedação é expressa quanto à denunciação, bem como qualquer modalidade de intervenção de terceiros. Nos Juizados Especiais Cíveis a vedação incorpora o instituto da assistência (art. 10 da Lei 9.099/1995).[114]

Os procedimentos especiais não impedem a incidência da denunciação. Como regra, o procedimento será especial pela existência de alguma fase preliminar que o diferencia do comum. Todavia, na grande maioria de situações ele se equipara ao procedimento comum no decorrer da

---

114. Lei 9.099/1995, art. 10: "Não se admitirá, no processo, qualquer forma de intervenção de terceiro nem de assistência. Admitir-se-á o litisconsórcio".

instrução. É o exemplo das ações possessórias, cuja peculiaridade básica se concentra na possibilidade de decisão imediata para a concessão de liminar, com base na cognição sumária sobre o esbulho/turbação, além da qualidade da posse (nova/velha). Aliás, sobre o cabimento da denunciação na ação possessória a questão é pacífica. Anteriormente ao Código de Processo Civil de 1973 havia discussão sobre seu cabimento, pois parte da doutrina entendia que o instituto estava reservado para a ação reivindicatória. Atualmente, além de se reconhecer a autonomia da posse como instituto jurídico e de valoração econômica, resta clara a possibilidade de evicção da posse. Isto permite sua alocação no art. 125, I, do CPC. Tudo dependerá da análise fática de sua aquisição e da posição do possuidor na relação jurídica.

A análise do cabimento da denunciação da lide no procedimento comum ou especial está centrada no processo de conhecimento.[115] A inserção do cumprimento de sentença otimizou ainda mais a posição de denunciante, que poderá exigir o cumprimento da sentença contra o denunciado sem a necessidade de instauração de nova relação jurídica (art. 513 do CPC).

No processo de execução voltado para o processamento dos títulos extrajudiciais a denunciação não tem cabimento. Não há, na fase *in executivis*, cognição plena ou sumária apta a formar outro título executivo *in simultaneus processus*. O mesmo pode ser dito em relação ao processo cautelar. Todavia, em situações específicas o juiz até poderá permitir a denunciação, aplicando por fungibilidade os preceitos oriundos da assistência, até porque o litisdenunciado atua, perante a demanda principal, como um assistente, como a produção antecipada de provas.[116] Algumas medidas probatórias, quando não ofertadas para o conhecimento em tempo oportuno, não poderão ser alvo de contraditório posterior, inclusive em relação àquele que será denunciado.

115. Para Sidney Sanches a denunciação só é cabível no processo de conhecimento (*Denunciação da Lide no Direito Processual Civil Brasileiro*, cit., p. 142).
116. O STJ se mantém firme contra a possibilidade de denunciação no âmbito cautelar: "'Não cabe denunciação da lide em medida cautelar de produção antecipada de prova' (REsp n. 213.556-RJ). Por ordem da força preclusiva dos atos processuais, descabe inovar em grau de recurso pedido subsidiário relativamente a tema não decidido – Agravo regimental a que se nega provimento, com aplicação de multa" (4ª Turma, REsp/ED/AgR 934.582-SP, rel. Min. Luís Felipe Salomão, j. 27.3.2012, DJe 10.4.2012.
Ainda: "Não cabe a denunciação à lide em medida cautelar de produção antecipada de provas" (STJ, 3ª Turma, REsp 75.646-SP, rel. Min. Carlos Alberto Menezes, j. 3.2.1998).

Não há dúvida de que, sob o ponto de vista dogmático, a denunciação não se amolda ao processo cautelar. A função de garantia e regresso inexiste nesta fase preparatória.[117] Além do mais, a própria suspensão, exigida para formalizar a denunciação, destoa do processo cautelar e de sua urgência imanente. Mesmo antes de qualquer análise dogmática quanto ao cabimento da denunciação, a medida seria funesta, pelos efeitos danosos que geraria na própria análise da demanda principal. A denunciação provoca a paralisação do feito, e mesmo com o prazo delimitado pelo art. 131 do CPC para sua formalização, na prática, a integração acarreta a suspensão do feito.

Esta suspensão, em vista de medida cautelar preparatória, que prima pela urgência, poderá ser fatal.[118] Sob o ponto de vista dogmático, certamente não há, na fase cautelar, motivação para a inserção do denunciado na lide cautelar. A participação do terceiro como assistente é possível e se revela figura que não discrepa da própria natureza de sua incidência; contudo, sua participação na seara cautelar desnatura a essência do instituto, pois na maioria das vezes o terceiro terá que ser notificado da demanda cautelar, o que provoca mutação na característica do instituto, que é pautado pelo ingresso *voluntário*, e não *provocado*.[119]

### 16. Denunciação sucessiva, coletiva e direta ("per saltum")

O art. 125, § 2º, do CPC inovou ao limitar a denunciação sucessiva que era prevista pelo art. 73 do CPC de 1973. Neste dispositivo a denunciação sucessiva não possuía limitação: "Para os fins do disposto no art. 70, o denunciado, por sua vez, intimará do litígio o alienante, o proprietário, o possuidor indireto ou o responsável pela indenização e, assim, sucessivamente, observando-se, quanto aos prazos, o disposto no artigo antecedente". A transcrição do dispositivo ainda permitia concluir, por interpretação meramente literal do enunciado, pela existência de autêntica assistência do litisdenunciado. Afinal, ao se determinar a possibilidade de "intimações" sucessivas se estaria abrindo a oportunidade para que os

---

117. "Denunciação à lide – Ação cautelar – Produção antecipada de provas – Inadmissibilidade – Sentença proferida em sede de cautelar que, por não discutir o mérito da ação principal, nunca poderá declarar a eventual responsabilidade ou não do denunciado – Requerimento indeferido – Recurso improvido" (1º TACivSP, 8ª Câmara, AI 13458390 (57276), de Serra Negra, rel. Juiz Carlos Alberto Lopes, j. 15.12.2004).

118. Com análise do princípio do contraditório na produção antecipada: Eduardo Cambi, *Direito Constitucional à Prova no Processo Civil*, pp. 154-155.

119. Dinamarco, *Intervenção de Terceiros*, p. 191.

demais terceiros interessados pudessem tomar conhecimento do processo e, com isso, participar na qualidade de assistentes.[120]

O novo Código de Processo Civil mudou substancialmente o tratamento da denunciação sucessiva. Embora ainda seja admitida, ela estará limitada a um único chamamento. A finalidade do instituto reside em otimizar a relação processual, permitindo o julgamento simultâneo das pretensões (primária e secundária). A denunciação sucessiva, muito embora permita investigar o causador originário da transmissão defeituosa ou a revelação do garante da relação jurídica, não pode gerar a perpetuação indefinida da relação processual. Por este motivo, a redação do § 2º do art. 125 rompe com a denunciação sucessiva ilimitada: "Admite-se uma única denunciação sucessiva, promovida pelo denunciado, contra seu antecessor imediato na cadeia dominial ou quem seja responsável por indenizá-lo, não podendo o denunciado sucessivo promover nova denunciação, hipótese em que eventual direito de regresso será exercido por ação autônoma". A denunciação sucessiva somente poderá ser utilizada uma única vez para os fins do art. 125, I ou II, do CPC. E, quando necessário, o denunciado sucessivo poderá ingressar com ação autônoma, com o fim de não prejudicar a solução célere do feito, em cumprimento ao disposto no art. 4º: "As partes têm o direito de obter em prazo razoável a solução integral do mérito, incluída a atividade satisfativa".

Moniz de Aragão, mesmo antes da previsão do art. 456 do CC, ora revogado, defendeu a possibilidade de *denunciação coletiva* para permitir a participação de todos os envolvidos na cadeia de transmissão. Seu posicionamento inovador era centrado pela possibilidade de chamamento simultâneo de todos os envolvidos na cadeia, sem a necessidade de inserção gradual pela aplicação do art. 73 do CPC de 1973 a cada um dos subsequentes participantes das relações jurídicas travadas.[121] O problema desta denunciação esbarra no mesmo óbice da denunciação sucessiva. Sob o ponto de vista prático, a denunciação coletiva não se revela operacional,

---

120. Esta diferença, como aponta Arruda Alvim (*Comentários ao Código de Processo Civil*, cit., vol. III, p. 298), é importante; afinal, "os intimados do litígio não são partes como são denunciantes e denunciados. Entretanto, nada obsta a que pleiteiem sua entrada no processo como assistentes". Este posicionamento do ilustre civilista e processualista sofreu modificação em seu festejado *Manual*, que é posterior aos seus *Comentários ao Código de Processo Civil*. Muito embora a finalidade da denunciação seja propiciar economia processual, pela solução de várias lides num único processo, não resta dúvida de que as denunciações sucessivas também acarretam morosidade na solução da lide principal.

121. In *Ajuris* 25/22. V., ainda: Sydney Sanches, *Denunciação da Lide no Direito Processual Civil Brasileiro*, cit., p. 183.

pela morosidade no chamamento de várias pessoas quando a cadeia dominial seja formada por mais de duas pessoas, ou mesmo quando várias operações de resseguro ou retrocessão sejam efetuadas. Além do mais, a prática revela que nem sempre o denunciante tem acesso àqueles que compõem a cadeia dominial (especialmente nos bens móveis). O ônus que recairia sobre o denunciante seria severo, o que não justifica essa adoção. A nova regra do art. 125, § 2º, do CPC é racional e atende de modo conveniente ao direito de denunciar, sem prejuízo da solução do processo em prazo oportuno. É de se ressaltar que o STJ já se manifestou quanto à admissão da denunciação coletiva, como apregoava o saudoso Min. Athos Gusmão, o que, na verdade, era um subterfúgio para tentar a recomposição célere do patrimônio do litisdenunciado atingido pela evicção.[122]

O CC estabelecia no art. 456 a denunciação direta, ou *per saltum*, o que representaria salutar inovação e esforço de otimização, pela possibilidade de indicação do alienante ou terceiro que seja o primeiro responsável pela ação de regresso: "Para poder exercer o direito que da evicção lhe resulta, *o adquirente notificará do litígio o alienante imediato, ou qualquer dos anteriores*, quando e como lhe determinarem as leis do processo" (grifos nossos). Acontece que o dispositivo foi revogado – portanto, a denunciação *per saltum* deixa de ter previsão legal em nosso ordenamento, cuja aplicabilidade prática, no curto período de sua previsão, foi extremamente duvidosa.[123]

A possibilidade de denunciação do responsável direto tinha como fim propiciar maior celeridade e economia da atividade jurisdicional. Ela permitiria que o litisdenunciante pudesse buscar a reparação contra o responsável originário pela evicção ou pelo ressarcimento da obrigação. Na primeira situação apurar-se-ia a responsabilidade daquele que gerou a ca-

---

122. "Admissibilidade da denunciação 'coletiva', com chamamento conjunto, e não 'sucessivo', dos vários antecessores na cadeia de proprietários ou possuidores – Recurso especial conhecido pela alínea 'a' e parcialmente provido" (STJ, 4ª Turma, REsp 4.589-PR, rel. Min. Athos Carneiro, j. 19.6.1991, *DJU* 18.11.1991, p. 16.527). V., ainda: Athos Gusmão Carneiros, *Intervenção de Terceiros*, p. 97. É também o posicionamento adotado pelo ilustre processualista Arruda Alvim: "Agora, ao que aprece, em face da expressa autorização do Código Civil, não haveria mais necessidade De o denunciado seguir a ordem das alienações do bem evicto: poderá denunciar (notificar) ao alienante imediato, ou a qualquer de seus anteriores" (*Manual de Direito Processual Civil*, cit., vol. II, p. 165).

123. Sobre a crítica ao dispositivo: Rodrigo Salazar, in Teresa Arruda Alvim Wambier e Fredie Didier Jr. (coords.), *Aspectos Polêmicos e Atuais sobre os Terceiros no Processo Civil e Assuntos Afins*, pp. 943-949.

deia dominial (art. 125, I) *a non domino*, e reflete hipótese de visualização mais simples. Na segunda situação (art. 125, II) alocaríamos as situações de ilícito absoluto e relativo. Como exemplo de ilícito absoluto temos as demandas geradas por *aberratio ictus*, e que pelo sistema anterior obrigariam o lesado a buscar a reparação contra o terceiro que provocou o dano, em virtude de legítima defesa ou estado de necessidade de terceiro (art. 930, *caput* e parágrafo único, do CC). Nada impediria que o autor do dano fosse diretamente denunciado e responsabilizado pelo fato, que, muito embora praticado pelo terceiro, teve como fim afastar uma situação de perigo. O mesmo se diga em relação aos demais coobrigados da cadeia dominial, principalmente quando o terceiro vinculado ao litisdenunciante seja insolvente ou tenha desaparecido.

Contudo, na prática, as situações de denunciação direta causam maiores transtornos do que benefícios. A mera indicação do responsável originário, na prática, tumultuará o processo. Na verificação da evicção dos bens móveis a localização do responsável originário será assaz complicada, sem levar em consideração as possíveis defesas, que dependeriam da participação dos demais envolvidos, inclusive para definir questões como a existência de boa-fé, cuja configuração é poderosa, nos termos do art. 1.268 do CC. Por este motivo, com a revogação do art. 456 do CC, não existe mais sua tipificação para o uso das partes.

## 17. Procedimento da denunciação

A denunciação não deixa de ser uma lide secundária, mas seu cabimento exige o preenchimento dos pressupostos processuais e a análise da possibilidade jurídica de sua viabilidade pela tipificação indicada pelo art. 125 do CPC e seus incisos. Sendo viável a denunciação pelo autor ou réu, o pedido deverá obedecer aos seguintes pressupostos: *citação válida, suspensão do processo principal por prazo mínimo para regularização, formação da demanda secundária, competência do juízo* e *prazo para resposta do denunciado.*

### 17.1 A citação

A denunciação realizada pelo autor ou pelo réu exigirá a citação para a formação da relação angular. Será pressuposto essencial para a constituição e o desenvolvimento da relação processual junto à lide secundária. O pedido de citação, quando a denunciação seja formalizada pelo autor, é efetuado na petição inicial e requerido juntamente com o ato de integração do réu (art. 126 do CPC). O réu deverá realizar o pedido com o oferecimento de sua defesa, como questão prévia de sua contestação.

Não há que se falar em prazo para a denunciação para o autor, exceto quanto ao preparo da citação. Como o pedido é realizado na petição inicial, sujeita-se ao princípio dispositivo.

Com a modificação da estrutura do procedimento ordinário, o primeiro ato processual não será a citação do réu para contestar, mas para comparecer à audiência de conciliação (art. 319, VII, do CPC). O novo Código de Processo Civil, de modo elogiável, procura a solução por meios alternativos (conciliação ou mediação) antes de iniciar o procedimento contencioso propriamente dito.

Mesmo assim, o art. 319, VII, não pode ser interpretado literalmente, pois o autor poderá manifestar seu desejo de não participar da audiência prévia de conciliação. Trata-se de princípio básico na mediação que ninguém pode ser obrigado a conciliar. A mediação e a conciliação são atos essencialmente voluntários (*Voluntariness*). Afinal, "partes estão presentes porque elas querem estar lá, ou ao menos não estão compelidas a estar lá" [124] (tradução nossa). Por este motivo, o art. 334, § 4º, I, do CPC deverá ser lido com muita atenção, pois exigir o ato de dispensa expresso de ambas as partes para a não realização da conciliação se revela severo.

De qualquer modo, quando o autor tenha requerido o ato prévio de conciliação sem oposição da parte ré, o litisdenunciado também deverá participar do ato, pois sua integração poderá ser essencial para a solução amigável da questão, inclusive assumindo eventual responsabilidade pelo ato da transmissão.

O réu deverá requerer a denunciação no prazo para contestar. A denunciação poderá ser requerida com a contestação. O prazo para contestar será contado de acordo com as regras do art. 335, I a III, do CPC. Este prazo leva em consideração a audiência de conciliação realizada mas frustrada (art. 335, I), ou o protocolo do pedido de cancelamento da audiência de conciliação ou mediação (art. 335, II), ou o prazo do art. 231, quando dependerá da forma pela qual a citação foi materializada (art. 335, III).

O juiz poderá indeferir a denunciação, e, neste caso, o recurso cabível será o agravo de instrumento (art. 1.015, VIII e IX, do CPC). O art. 125, I, do CPC, conforme nosso posicionamento, não provoca a perda do regresso, mas a denunciação deve ser realizada, pois, além da perda da

---

[124]. "Parties were present because they wanted to be there, or at least were not compelled" (David Spencer e Michael Brogan, *Mediation Law and Practice*, p. 85.

indenização integral pela ausência de notificação oportuna, o denunciado experimenta um déficit na defesa, eis que não participa do processo no momento em que se discute a validade da transmissão do domínio.

## 17.2 A suspensão do processo

O art. 313 do CPC estabelece causas objetivas e subjetivas para a suspensão do processo e determina que o processo será suspenso fora das hipóteses ali nominadas desde que prevaleça a exigência legal. Seu inciso VIII está coligado ao art. 126. Sendo admitida a denunciação do autor, o processo será suspenso. Não existe mais a menção à suspensão, como na redação do art. 72 do CPC de 1973. Embora não exista previsão expressa, a suspensão do processo será essencial para permitir a formação da demanda secundária. O art. 126 do CPC prevê a suspensão de modo mascarado, ainda que limitada ao prazo do art. 131 do CPC – ou seja: 30 dias. A possibilidade de aditar a inicial, nos termos do art. 127 do CPC, exige a suspensão na fase inicial para permitir a integração. Nada impede o aditamento da petição inicial para fins de o autor realizar a *emendatio libelli*, nos limites impostos pelo art. 329, I, do CPC – ou seja: até a citação.

## 17.3 Citação por iniciativa do réu

Quando requerida pelo réu a ação de garantia também tem o escopo de economia processual. A resposta não é uma oportunidade voltada unicamente para a apresentação da contestação. O réu poderá oferecer exceções (competência, suspeição e impedimento), ação declaratória incidental, reconvenção ou, mesmo, anuência ao pedido do autor e do denunciante na ação secundária.

A citação para a integração do réu obedecerá ao regime geral determinado pelo art. 246 do CPC. O oferecimento da contestação pressupõe o insucesso da audiência de conciliação (art. 334 do CPC) na ação principal, motivo pelo qual o denunciado não participará, ante a preclusão consumativa. A demanda secundária não obedece ao rito do procedimento ordinário, do contrário a celeridade e o objetivo do ato estariam comprometidos. O denunciado será citado e poderá assumir alguma das posturas já comentadas acima, nos termos do que dispõem os incisos I, II e III do art. 128 do CPC.

Na hipótese de o litisdenunciado não ser encontrado deverá ser repelida a ação secundária, pois seu objetivo é agilizar, e não emperrar, o desenvolvimento da relação processual. Nestes termos, é claro o estatuto português, art. 323º, II: "Não se procede à citação edital, devendo o juiz considerar findo o incidente, quando se convença da inviabilidade da citação pessoal do chamado". É possível que este entendimento seja amenizado na situação do art. 125, I, do CPC em vista da necessidade da denunciação para o ressarcimento integral do denunciante, *a posteriori*.

## 17.4 Prazo para resposta do denunciado

O denunciado, ainda que silente o texto legal, terá o prazo da contestação, que será de 15 dias, seja ela implementada pelo autor ou pelo réu. De qualquer forma, deverá ser observada a regra do art. 229 do CPC.[125] A contagem do prazo em dobro pelo novo Código de Processo Civil refere-se a todas as manifestações da parte, ou seja, para contestar ou para recorrer. O STJ não demonstra tese refratária ao prazo em dobro no litisconsórcio oriundo da denunciação, mas, sim, quando o recurso não seja de todos, o que provoca a incidência do art. 229, § 1º e da Súmula 641 do STF: "Não se conta em dobro o prazo para recorrer, quando só um dos litisconsortes haja sucumbido".[126]

## 17.5 Competência para denunciação

A competência para a ação de denunciação é determinada pela ação principal. Como lide secundária, seu processamento estará delineado

125. Sydney Sanches, *Denunciação da Lide no Direito Processual Civil Brasileiro*, cit., p. 168.
126. A jurisprudência desta Corte posicionou-se no sentido de que somente há prazo em dobro para litisconsortes com diferentes procuradores (art. 191 do CPC) quando todos possuam interesse em recorrer da decisão impugnada – Entendimento consolidado no STF na Súmula n. 641" (STJ, 3ª Turma, Ag/AgR 963.283-MG, rel. Min. Ricardo Villas Bôas Cueva, j. 17.4.2012, *DJe* 23.4.2012).
"Se há litisconsórcio, formado com a denunciação da lide, o prazo para recurso conta-se em dobro" (TJDF, 6ª Turma Cível, APC 19990110516390, rel. para o acórdão Des. Jair Soares, *DJU* 24.5.2005, p. 174).
Em posicionamento ainda mais antigo do STJ: "Opera-se a formação de litisconsórcio quando o denunciado, comparecendo aos autos, aceita a qualidade que lhe é atribuída e contesta a pretensão deduzida pelo autor. Com a formação de litisconsórcio, e havendo procuradores distintos, é de aplicar-se o prazo em dobro para recorrer, merecendo incidência a regra do art. 191 do CPC" (4ª Turma, REsp 181.907-RS, rel. Min. Sálvio de Figueiredo Teixeira, j. 23.9.1998, *DJU* 18.12.1998, p. 365).
Contra o prazo em dobro, v. a exuberante jurisprudência citada por Nelson Nery e Rosa Maria de Andrade Nery: "TJSP-*RT* 535/104, *JTACivSP* 124/30, 105/51" (*Código de Processo Civil Comentado e Legislação Extravagante*, cit., p. 254). Ainda: Theotônio Negrão, *Código de Processo Civil e Legislação Processual em Vigor*, p. 200.

pela regra do art. 61 do CPC. Sem dúvida, mesmo sendo uma ação de garantia, a competência poderá ser deslocada quando o litisdenunciado esteja albergado por regra especial de competência, como a União. Nesta situação peculiar, a ação acessória desloca a competência da própria ação principal.

Na denunciação da lide de pessoa jurídica de direito público, abarcada pela regra dos arts. 45 do CPC e 109 da CF, a causa deverá ser deslocada para a Justiça Federal. Na verdade, o juízo federal apreciará o cabimento, ou não, da denunciação, o que será essencial para confirmar sua competência. Caso a denunciação não seja admitida, os autos retornam para a Justiça Estadual, nos termos do que estabelece o art. 45, § 3º, do CPC, que está em sintonia com a Súmula 150 do STJ e com a jurisprudência do STJ.[127] A apreciação sobre a competência e o cabimento da denunciação deve ser realizada pelo juiz federal, pois não cabe à Justiça Estadual apreciar a competência da Justiça Federal (Súmula 150 do STJ[128]).[129]

## 18. Despesas e honorários advocatícios

A responsabilidade pelo pagamento das custas e honorários obedece à disciplina determinada pelos arts. 82 e ss. do CPC. As despesas do pro-

127. "A mera alegação da existência de interesse jurídico da União no feito não tem o condão de afastar a competência da Justiça Estadual para apreciar o conflito entre particulares, sobretudo porque o próprio ente federal, voluntariamente, não manifestou interesse em ingressar na causa, nem foi provocada a sua intervenção por qualquer das partes. Muito embora o art. 109, I, da CF não faça referência à denunciação da lide, à nomeação à autoria e ao chamamento ao processo, a jurisprudência do STJ se firmou no sentido de que, havendo provocação para incluir na demanda a União, suas autarquias ou empresas públicas, à Justiça Federal cumpre examinar se há interesse que justifique o seu ingresso, aplicando-se, por analogia, a Súmula n. 150/STJ. A invocação de normas previstas em convenção internacional, por si só, não desloca para a Justiça Federal a competência para processar e julgar a causa, salvo quando as disposições de 'tratado ou contrato da União com Estado estrangeiro ou organismo internacional' forem o próprio objeto da lide" (STJ, 3ª Turma, REsp 1.181.954-PR, rela. Min. Nancy Andrighi, j. 27.8.2013, *DJe* 4.9.2013). Contra: Theotônio Negrão, citando julgado da *RJTJSP* 100/306.

128. STJ: "Súmula 150. Compete à Justiça Federal decidir sobre a existência de interesse jurídico que justifique a presença, no processo, da União, suas autarquias ou empresas públicas".

129. Não nos parece correto o posicionamento de Sydney Sanches ao negar a possibilidade da denunciação do ente federal; contudo, sua postura ainda estava vinculada à Constituição anterior, e antes da Súmula 150 do STJ (*Denunciação da Lide no Direito Processual Civil Brasileiro*, cit., p. 176).

cesso são suportadas por aqueles que movimentam a máquina judiciária. As partes devem realizar o preparo dos atos necessários a impulsionar o feito, quando exigido, sob pena de resolução deste quando não atendida a determinação de impulsão (arts. 290 e art. 485, II e III, do CPC).

No término da demanda o juiz deverá aplicar o princípio da sucumbência, conforme estabelecem os art. 84 e 85 do CPC. O vencido deverá pagar as despesas do processo e os honorários do vencedor. O princípio da sucumbência está atrelado ao fato de que o vencido deverá suportar o ônus financeiro do processo. As despesas do processo incluem custas, emolumentos, indenizações, diárias, honorários periciais – enfim, tudo que foi gasto para a movimentação da máquina judiciária.

Na denunciação da lide as despesas estão sujeitas a regime especial, pela necessidade de avaliação da atividade de responsabilidade do denunciado na demanda. Com a formação do título executivo pela procedência da demanda contra o denunciante e o denunciado (art. 128, parágrafo único, do CPC), as despesas serão de responsabilidade de ambos, conforme fixação proporcional, e não solidária, nos termos do art. 87 do CPC. Interessante observar que se o entendimento – a nosso ver, correto – fosse o de considerar o denunciado como assistente, o regime de participação nas despesas seria o do art. 94 do CPC. O assistente não seria condenado em honorários, mas apenas nas despesas do processo, na proporção em que tivesse concorrido.

Quando o denunciante for vencedor na ação, pela procedência do pedido (denunciação do autor) ou pela improcedência do pedido do autor (denunciação do réu), a demanda secundária perderá seu objeto. O parágrafo único do art. 129 do CPC tornou expressa a única solução lógica, e que provocava certa discussão quanto ao reembolso do denunciado: "Se o denunciante for vencedor, a ação de denunciação não terá o seu pedido examinado, sem prejuízo da condenação do denunciante ao pagamento das verbas de sucumbência em favor do denunciado".

O dispositivo elimina a necessidade da parte vencida na ação principal realizar o pagamento das verbas de sucumbência. Muitas decisões fixavam a obrigação para o responsável pela ação principal no que tange às despesas da demanda secundária, o que não se mostrava correto. O STJ foi o responsável pela redação do art. 129, parágrafo único, após construir a acertada jurisprudência sobre a matéria.[130] O STJ em inúmeros

---

130. "Consoante o entendimento jurisprudencial sedimentado desta Corte Superior, em se tratando de denunciação facultativa da lide, uma vez julgado improcedente o pedido deduzido na ação principal, incumbe ao réu-denunciante arcar com o paga-

precedentes manifestou-se pelo descabimento dos honorários em caso de aceitação da denunciação pelo denunciado. O descabimento dos honorários é facilmente assimilável à intervenção do litisdenunciado como assistente.[131] Deste modo podemos realizar uma síntese, com base no exposto quanto às possíveis consequências da sucumbência em relação ao litisdenunciado:

## 18.1 Procedência da ação principal e a litisdenunciação pelo réu

Com a procedência da ação principal, a coerência da interpretação do art. 125, I, do CPC exige que denunciante e denunciado sejam condenados solidariamente nas despesas do processo.[132] Deve-se lembrar de que duas serão as demandas sob análise. Inicialmente, a demanda principal, que atua como lide prejudicial. A segunda, a lide prejudicada, referente ao pedido de regresso. Desta forma, as despesas do processo necessitam de análise dual. Com a procedência da ação principal, ambos, denunciante e denunciado, serão condenados nas custas e honorários advocatícios. Não é possível atribuir a condição de parte e ao mesmo tempo negar sua responsabilidade junto ao processo. Seria ferir um princípio basilar de natureza ontológica, ou seja: uma coisa não pode *ser* e *não ser* ao mesmo tempo.[133]

Com relação à lide secundária abrem-se dois caminhos. A procedência da demanda inicial é *conditio sine qua non* para a análise do mérito do

mento dos honorários advocatícios devidos ao denunciado e das despesas processuais concernentes à lide secundária (precedentes: AgRg nos ED no Ag n. 550.764-RJ, rel. Min. Castro Filho, *DJU* 11.9.2006; AgRg no Ag n. 569.044-RS, rel. Min. Aldir Passarinho Jr., *DJU* 16.11.2004; e REsp n. 132.026-SP, rel. Min. Barros Monteiro, 4ª Turma, *DJU* 2.10.2000) – Recurso especial não conhecido" (STJ, 4ª Turma, REsp 237.094-RS, rel. Min. Carlos Fernando Mathias (Juiz Federal convocado do TRF-1ª Região), j. 20.11.2008, *DJe* 9.12.2008).

131. STJ, 4ª Turma, REsp 579.386-RJ, rel. Min. Barros Monteiro, j. 17.11.2005.

132. Neste sentido: "O denunciado à lide que apenas contesta a ação principal, aceitando, por consequência, a denunciação, transforma-se em litisconsorte passivo. Passa, portanto, a responder pela ação juntamente e em igualdade de condições com o réu originário, denunciante, podendo deduzir todas as alegações pertinentes à demanda, incluindo-se, como no presente caso, a arguição de usucapião como meio de defesa – Recurso especial provido em parte para determinar que o Tribunal de origem conheça da questão relativa à usucapião, decidindo-a como entender de direito à luz das alegações apresentadas pela denunciada à lide" (STJ, 4ª Turma, REsp 586.107-MG, rel. Min. Antônio Carlos Ferreira, j. 1.4.2014, *DJe* 2.6.2014).

133. São Tomás de Aquino, *Summa Theologica*, vol. I, p. 162.

pedido de regresso. Quando a primeira lide alcançar sucesso, a segunda deverá ser examinada. A procedência não é automática. Mas, sendo viável e legítimo o pedido de regresso, o litisdenunciado será condenado ao ressarcimento até o limite de sua responsabilidade e arcará com o pagamento adicional da sucumbência pela lide secundária.

Todavia, abre-se outra possibilidade. O litisdenunciante poderá sucumbir na demanda principal e na secundária. É possível que o litisdenunciado seja condenado na ação principal, sem prejuízo da improcedência da ação secundária, pela demonstração do não cabimento da demanda. A sucumbência está atrelada essencialmente ao princípio da causalidade.

### 18.2 Improcedência da ação principal: litisdenunciação pelo autor

Quando ocorrer a improcedência da ação principal, o autor e seu litisdenunciado serão solidariamente responsabilizados pelas custas e honorários advocatícios. O regime do litisconsórcio ativo exige a repartição proporcional do prejuízo da sucumbência. O litisdenunciado que postulou aditando a inicial e exercendo as faculdades processuais para obter a procedência no pleito não poderia ser eximido da obrigação quanto ao ônus da sucumbência.[134] O parágrafo único do art. 128 do CPC não aborda esta configuração, porque prevê a formação do título executivo pela procedência. Mas o legislador *dixit minus quam voluit*, uma vez que encartou expressamente a denunciação pelo autor, o que obriga o sistema a regular a formação do título contra o litisdenunciado para esta situação.

### 18.3 Improcedência da ação principal: litisdenunciação pelo réu

Em caso de improcedência da ação principal não resta dúvida quanto à vitória do litisdenunciante no processo. Atuando o litisdenunciado como litisconsorte, nos termos do art. 125, I e II, do CPC, terá direito de reaver do autor as custas e honorários pela sua participação na demanda principal.

Com relação à demanda secundária, em vista da improcedência, ela perderá o objeto. Será extinta, por ausência de interesse e possibilidade

---

134. "Responde também pelos ônus da sucumbência o litisdenunciado que comparece aos autos e adita a petição inicial, assumindo a posição de litisconsorte do denunciante (art. 74 do CPC) – Recurso especial não conhecido" (STJ, REsp 11.5894-DF, rel. Min. Barros Monteiro, *DJU* 25.3.2002, p. 287; *RSTJ* 165/359).

jurídica, pois o mérito não deve ser analisado, em vista da relação de prejudicialidade inerente ao pedido. Em razão disto, surge a polêmica sobre a responsabilidade pelo pagamento das despesas do processo, que aparentemente está resolvida pelo regime imposto pelo art. 129, parágrafo único, do CPC: "Se o denunciante for vencedor, a ação de denunciação não terá o seu pedido examinado, sem prejuízo da condenação do denunciante ao pagamento das verbas de sucumbência em favor do denunciado".

Utilizamos a palavra "aparentemente" porque o STJ utiliza como argumento essencial para imputar a sucumbência ao denunciante a natureza voluntária da denunciação. Ela seria facultativa; portanto, o denunciado faria jus à indenização pela sua participação provocada de modo antecipado. Se o litisdenunciante tivesse aguardado, não teria necessidade de integrá-lo ao processo. A análise do STJ sobre a demanda secundária nesta situação específica tem procurado diferenciar as hipóteses retratadas pelo art. 125, I e II, do CPC.

Por este motivo, com base no argumento da facultatividade (art. 125, I, do CPC) e obrigatoriedade da denunciação (art. 125, II, do CPC), seria possível pensar em solução diversa quanto à fixação da verba sucumbencial. A razão deste posicionamento centra-se na obrigatoriedade da denunciação, sob pena de perda do direito de regresso nas hipóteses de evicção. O litisdenunciante, nesta hipótese, não teria assumido o "risco da denunciação", pois ela seria necessária. Seria uma demanda secundária qualificada como "processo necessário". Todavia, cremos que esta diferenciação não é mais possível, em vista da revogação do art. 456 do CC, o que não poderá mudar a aplicação do art. 129, parágrafo único. Mesmo antes da revogação do art. 456 pelo art. 1.072, II, do CPC, o STJ havia amenizado a obrigatoriedade, sob pena de gerar enriquecimento ilícito, como assinalado supra. Por este motivo, ainda que a denunciação fosse encartada como obrigatória, o pagamento seria realizado pelo litisdenunciante, o qual deveria obter o ressarcimento integral de suas despesas em relação ao autor da ação que teve sua demanda julgada improcedente. Afinal, o ressarcimento integral das despesas engloba o que despendeu na lide principal e na secundária.

## 19. A denunciação e a formação do título executivo

A procedência do pleito principal poderá acarretar a procedência da demanda de regresso. A relação de prejudicialidade entre as demandas não representa um automatismo sentencial. Isto é: a demanda secundária poderá ser julgada improcedente mesmo com a procedência da primeira.

O que não pode acontecer, em hipótese alguma, é a procedência da ação de regresso após a improcedência da lide principal. O parágrafo único, primeira parte, do art. 129 do CPC não deixa dúvida quanto ao assunto: "Se o denunciante for vencedor, a ação de denunciação não terá o seu pedido examinado, (...)".

O art. 128, parágrafo único, é claro quanto à formação do título executivo judicial em relação ao denunciante e ao denunciado, sendo este último obrigado até o limite de sua responsabilidade, reconhecida no julgamento da lide secundária. O dispositivo possui rendimento superior ao do art. 76 do CPC de 1973. Não faz menção à declaração, mas à condenação, e o dispositivo estabelece a possibilidade do início do cumprimento de sentença, nos moldes do art. 513 do CPC.

Deve-se evitar ao máximo a necessidade de postergar a solução do *quantum debeatur* para a fase de liquidação. Todavia, o fato não pode ser descartado. Sendo necessária a liquidação por arbitramento ou por artigos, será observado o art. 509 do CPC.[135]

Dependendo apenas de cálculo aritmético, o cumprimento da sentença iniciar-se-á nos próprios autos, com prazo de 15 dias para o pagamento da quantia, sob pena de acréscimo de 10% a título de multa (art. 523 do CPC). Não realizado o pagamento no *tempus iudicati* (15 dias), o credor requererá o prosseguimento da execução, que não dependerá de citação do devedor para pagamento, mas apenas de sua intimação por meio de alguma das formas previstas pelo art. 513, § 2º do CPC.

O exequente apenas deverá instruir o pedido com a planilha devidamente atualizada e com os valores cobrados descritos de modo analítico (art. 524 do CPC). Isto será suficiente para a expedição do mandado de penhora e avaliação (art. 523, § 3º, CPC).

---

135. Nesse sentido: "Essa condenação *[no julgamento da ação incidental]* poderá ser ao pagamento de quantia certa (se já houver elementos nos autos para a sua fixação). Caso contrário haverá necessidade de uma liquidação, por cálculo do contador, por arbitramento ou por artigos, conforme o caso" (Sydney Sanches, *Denunciação da Lide no Direito Processual Civil Brasileiro*, cit., p. 230.

*Capítulo VI*
***Chamamento ao Processo***

*1. Considerações preliminares. 2. Direito Comparado. 3. Iniciativa do chamamento. 4. Cabimento do chamamento. 5. Hipóteses do chamamento: 5.1 Art. 130, I, do CPC: o chamamento do devedor principal – 5.2 Art. 130, II, do CPC – 5.3 Art. 130, III, do CPC: 5.3.1 Chamamento na obrigação alimentar. 6. Regime jurídico entre o chamante e o chamado. 7. Procedimento do chamamento: 7.1 Momento do chamamento – 7.2 Análise dos pressupostos do chamamento – 7.3 Suspensão do processo – 7.4 O chamamento pelo reconvindo. 8. Sentença. 9. Recursos.*

## 1. Considerações preliminares

O chamamento ao processo constitui uma modalidade de intervenção pela qual o réu influi diretamente na ampliação do polo subjetivo da demanda, por meio do chamamento de coobrigados. Seu objetivo também encontra fundamento na economia processual; contudo, desde que não se crie maior obstáculo para o exercício da pretensão do autor, especialmente quando diga respeito a direitos fundamentais.[1]

O instituto obtempera a incidência do direito material, especialmente quanto ao regime previsto para a obrigação solidária, na qual o credor tem a faculdade de imputar a obrigação do pagamento a um único devedor.

1. V. a importante consolidação da matéria no STJ: "De acordo com a jurisprudência desta Corte, consolidada sob o rito do art. 543-C do CPC, por ocasião do julgamento do REsp n. 1.203.244-SC, rel. Min. Herman Benjamin (*DJe* 17.6.2014), 'o chamamento ao processo da União com base no art. 77, III, do CPC nas demandas propostas contra os demais entes federativos responsáveis pelo fornecimento de medicamentos ou prestação de serviços de saúde não é impositivo, mostrando-se inadequado opor obstáculo inútil à garantia fundamental do cidadão à saúde' – Agravo regimental improvido" (1ª Turma, ARESP/AgR 594.577-PB, rel. Min. Sérgio Kukina, j. 18.12.2014, *DJe* 3.2.2015).

O novo CPC, por meio do art. 130, não realiza um rompimento com o sistema anterior, embora seja visível o aperfeiçoamento da redação dos dispositivos legais referentes ao chamamento. Por meio das hipóteses previstas em seus três incisos permite-se que o réu realize o chamamento ao processo dos demais coobrigados. Há uma atenuação do regime que informa a solidariedade (arts. 264 e ss. do CC), pois o autor da ação se sujeitará a demandar contra quem inicialmente não constava de sua peça vestibular.[2] A faculdade do art. 130 amplia o polo passivo, ainda que o autor tenha direcionado seu pedido apenas em face de um dos devedores.[3]

O chamamento revela instrumento importante para amenizar a satisfação da obrigação, ao mesmo tempo em que prepara o processo de execução. Por meio dele se permite o reforço indireto quanto ao cumprimento, pela afetação patrimonial de todos os coobrigados. Todo aquele que estabelece relação jurídica obrigacional (*Schuldverhältnis*) sujeita seu patrimônio como garantia da dívida a ser paga. Esta correlação entre dívida e responsabilidade também gerou dificuldades para a afirmação da própria autonomia do processo de execução, uma vez que o direito de executar era visto como direito à prestação. Assim, o direito subjetivo de reclamar o crédito seria um desdobramento da própria relação jurídica do direito material.[4] Hellwig insurgiu-se contra este posicionamento, demonstrando que o direito sobre o patrimônio do devedor não poderia ser exigido como um poder privado, mas sujeito à tutela estatal.[5]

A inclusão do codevedor permite que a tutela executiva seja estendida a todos que figuram no título executivo, bem como autorizando o direito de regresso automático em caso de satisfação da dívida por um dos executados, nos termos do art. 132 do CPC.

## 2. *Direito Comparado*

O chamamento ao processo encontra supedâneo no ordenamento português. Como esclarece Arruda Alvim, nosso Código de Processo Civil de 1939 não possuía previsão similar, o que demonstra a nítida importação do instituto do Direito Português para sua inserção no diploma

---

2. Sobre o princípio da unidade da prestação solidária: Fabio Caldas de Araújo e José Miguel Garcia Medina, *Código Civil Comentado*, p. 296.

3. Em sentido contrário, Nelson Nery Jr. e Rosa Maria de Andrade Nery (*Código de Processo Civil Comentado e Legislação Extravagante*, p. 297), que qualificam o chamamento como autêntica ação condenatória promovida contra os coobrigados.

4. José Alberto dos Reis, *Processo de Execução*, vol. I, p. 12.

5. Hellwig, *System des deutschen Zivilprozessrechts*, § 17, p. 111.

de 1973.[6] No Direito Português o instituto era denominado de "chamamento à demanda", cujo perfil e cuja diferenciação das demais figuras de intervenção foram obra do grande jurista português Alberto dos Reis.[7] A previsão do dispositivo naquele sistema, perante o Código Português de 1939, ganhou independência de seu similar, o chamamento à autoria, que corresponde à nossa denunciação da lide. O instituto era regulado pelo art. 335º do CPC português, em quatro partes.[8] O dispositivo indica claramente a fonte de inspiração de nossa previsão legal (arts. 130 *usque* 132 do CPC), com exceção da última situação, que é resolvida em nosso sistema pela oposição dos embargos de terceiro. Os embargos constituem a solução adotada para a defesa da meação quando o cônjuge comprovar que não teve qualquer relação com a dívida constituída, bem como pela comprovação da impossibilidade da comunicação da dívida, em virtude do regime de bens do casal (art. 1.647, *caput*, do CC).

O dispositivo foi posteriormente modificado pelo Código de 1967 e sofreu alteração estrutural após o Decreto-lei 329-A/1995 e o Decreto-lei 180/1996. A figura do chamamento restou sintetizada pelo art. 329. Com a promulgação do novo CPC português (Lei 41/2013) a figura foi estabilizada pelo art. 317º, I, que determina a possibilidade de chamamento do codevedor nos seguintes termos: "Sendo a prestação exigida a algum dos condevedores solidários, o chamamento pode ter por fim o reconhecimento e a condenação na satisfação do direito de regresso que lhe possa vir a assistir, se tiver de realizar a totalidade da prestação". Neste sistema, pela redação atual, os demais chamados não ficam obrigados ao pagamento na mesma ação. O reconhecimento valerá para satisfação posterior. Este entendimento é complementado pelo inciso II do art. 317º: " No caso previsto no número anterior, se apenas for impugnada a solidariedade da dívida e a pretensão do autor puder de imediato ser julgada procedente,

---

6. Arruda Alvim, *Comentários ao Código de Processo Civil*, vol. III, p. 332. Ainda: Dinamarco, *Intervenção de Terceiros*, p. 172; José Alberto dos Reis, *Código de Processo Civil Anotado*, vol. I, p. 449.

7. José Alberto dos Reis, *Código de Processo Civil Anotado*, cit., vol. I, pp. 449 e ss.

8. Eis a redação do dispositivo no CPC de 1939: "Art. 335º. O chamamento à demanda tem lugar nos casos seguintes: 1º. quando o fiador, sendo demandado, quiser fazer intervir o devedor, nos termos do art. 832 do Código Civil; 2º. quando, sendo vários os fiadores, aquele que for demandado quiser fazer intervir os outros, nos termos do art. 835 do mesmo Código; 3º. quando o devedor solidário, demandado pela totalidade da dívida, quiser fazer intervir os outros devedores; 4º. quando, sendo demandado um dos cônjuges por dívida que haja contraído, quiser fazer intervir o outro cônjuge para o convencer de que é também responsável".

é o primitivo réu logo condenado no pedido no despacho saneador, prosseguindo a causa entre o autor do chamamento e o chamado, circunscrita à questão do direito de regresso".

A alteração do art. 317º, II, do diploma demonstra a origem do posicionamento defendido por parte da doutrina brasileira. Pela redação do dispositivo percebe-se que o texto não permite a quebra do regime da solidariedade, pois a dívida continuará sendo do devedor imputado pelo credor, não assistindo direito ao réu de exigir a divisão antecipada na responsabilidade pelo pagamento. O devedor será responsabilizado pelo pagamento mas poderá exigir – em autêntico regresso – o direito de reembolso. Nesta situação há autêntica equiparação do chamamento à denunciação da lide, nos termos do art. 125, II, do nosso CPC.[9]

## 3. Iniciativa do chamamento

Nestas duas situações, fiança e obrigação solidária (ou, mesmo, fiador solidário), o texto do art. 130 do CPC permite que o réu realize o aumento do polo subjetivo da demanda. Via de regra, esta fixação cabe somente ao autor, que delimita os polos ativo e passivo, além da fixação do objeto litigioso da demanda. A alteração (*rectius*: ampliação) do objeto litigioso pelo réu somente seria possível em situações excepcionais, como na reconvenção, na ação declaratória incidental ou quando realiza pedido contraposto. Em todo caso, mesmo na reconvenção a modificação e a ampliação subjetiva da demanda são contestadas, por exigirem que o autor da ação acabe litigando com pessoas diversas daquelas que foram acionadas por ele. Isto provocaria um aumento de risco e reflexo direto na extensão subjetiva dos efeitos da coisa julgada e na própria sucumbência.

---

9. Esta sobreposição entre a *denunciação* e o *chamamento* foi observada por Ovídio A. Baptista da Silva, ainda perante a comparação entre nosso Código de Processo Civil de 73 e o Código de Processo Civil português de 1967, sendo essencial frisar que a inexistência de opção entre o regime do chamamento e da denunciação se prende ao fato que o denunciado não comparece no processo para assumir posição de litisconsorte, mas de assistente, em que pese à redação dos arts. 127 e 128, I, do novo CPC. No chamamento o corréu claramente assume a posição de litisconsorte. Eis a lição do eminente processualista: "Entretanto, a exegese verdadeira é a que considera inviável a opção entre a denunciação da lide e o chamamento ao processo, por isso que, nas hipóteses catalogadas pelo art. 77, *[art. 130 do novo CPC]* há entre o réu e o terceiro por ele chamado idêntica legitimação passiva *ad causam*, o que não se dá nos casos de denunciação da lide, em que o denunciado não ingressa como litisconsorte do denunciante, e sim como seu assistente, perante a ação principal" (Ovídio A. Baptista da Silva, *Comentários ao Código de Processo Civil*, vol. I, p. 366).

Este é o problema central que gera polêmica quanto à natureza do chamamento ao processo. Nelson Nery Jr. e Marcelo Abelha, em vista dos problemas supracitados, não admitem que o chamamento ao processo seja uma faculdade do réu consistente em mera ampliação subjetiva do polo passivo por sua conveniência. Os ilustres juristas sustentam que o chamamento constitui uma demanda condenatória proposta pelo réu contra os demais coobrigados.[10] Todavia, cremos que este posicionamento não reflete a melhor doutrina. Antes de mais nada, deve ser ressaltado que o novo Código de Processo Civil eliminou a impossibilidade da ampliação subjetiva na reconvenção, conforme dicção expressa do § 3º do art. 343: "A reconvenção pode ser proposta contra o autor e terceiro". A ampliação, desde que respeitado o efetivo contraditório, não impede a formulação de litisconsórcio passivo na reconvenção. Esta solução atende à efetividade e à celeridade do processo, especialmente quando se agrega a participação do terceiro para legitimar o pedido formulado na reconvenção, como no pedido de usucapião. A reconvenção com pedido de usucapião na ação reivindicatória exige a citação dos confinantes, cuja participação não prejudica sequer o exame da reivindicação.

O chamamento constitui uma modalidade de formação ulterior de litisconsórcio que cabe exclusivamente ao réu.[11] Somente o demandado poderá exercer a pretensão do chamamento, pois se trata de faculdade concedida para amenizar a situação do responsável, que não deverá responder sozinho por toda a obrigação. O argumento do posicionamento contrário estaria centrado na impossibilidade de o réu modificar a natureza da obrigação solidária e das próprias regras que alicerçam o direito material. A confluência entre o direito material e o processual é realidade inarredável. A ação material pode ser postulada pelo credor contra qualquer um dos codevedores; contudo, surgindo a pretensão e utilizando-se da ação processual, o réu tem o direito de exigir a participação dos demais coobrigados no deslinde do feito. A interação e a confluência entre as normas do direito material e do processual são facilmente visualizadas em outros institutos, como na denunciação da lide. Ali, o direito de regresso para as situações de evicção sofre consequências no direito de recomposição do evicto quando não exercido oportunamente. Não há nenhum problema na obtemperação da norma de direito material quando se veicule modo de cumprimento da obrigação por meio do exercício da pretensão processual. Não há retórica nesta utilização, pois o instituto é

---

10. Nelson Nery Jr. e Rosa Maria de Andrade Nery, *Código de Processo Civil Comentado e Legislação Extravagante*, cit., p. 257.
11. Flávio Cheim Jorge, *Chamamento ao Processo*, p. 15.

justamente enfocado em sua visão concreta. A norma processual colabora com o adimplemento da obrigação pela possibilidade do chamamento, o que não elimina, a princípio, que a pretensão de cumprimento seja direcionada à constrição dos bens do réu previamente acionado.

Considerar o chamamento uma ação condenatória estabelece aspectos inconciliáveis com a interpretação teleológica do instituto, pois geraria questionamentos inapropriados. Poderia o corréu oferecer reconvenção contra o chamante? Seria, ainda, possível introduzir fundamento jurídico que invalide a relação de coobrigação? Para os que consideram o chamamento ao processo autêntica ação a resposta terá que ser positiva.[12] Para o outro posicionamento – que julgamos correto –, o chamado poderá oferecer resposta na forma de contestação, reconvenção ou ação declaratória incidental, mas contra o autor da demanda, pois o chamado será um litisconsorte passivo ulterior. O chamamento é um exemplo clássico de litisconsórcio *facultativo-simples* ulterior.[13] No Direito Alemão a questão resta devidamente esclarecida principalmente pela disciplina relativa ao contrato de fiança (*Bürgschaftvertrag*), que evidencia a impossibilidade de tratamento unitário na sentença da situação jurídica de cada um dos devedores. Independentemente de a fiança ter sido prestada em regime de subsidiariedade pela existência do benefício de ordem (*Einrede der Vorausklage*) ou de solidariedade na fiança (*Mitbürgschaft*), as exceções pessoais poderão determinar regime diferenciado no dispositivo da sentença. Um exemplo simples reside na eventual renúncia da prescrição por parte de algum dos coobrigados. O Direito Brasileiro permite esta faculdade pelo art. 191 do CC, e o Direito Alemão reconhece expressamente que a renúncia não prejudicará o fiador, mesmo que a exceção não possa mais ser alegada pelo devedor principal.[14]

## 4. Cabimento do chamamento

Assim como a denunciação da lide, o chamamento é voltado para o processo de conhecimento. Sua admissão no processo cautelar é, *prima*

---

12. Nelson Nery Jr. e Rosa Maria de Andrade Nery, *Código de Processo Civil Comentado e Legislação Extravagante*, cit., p. 260.
13. Neste sentido: Flávio Cheim Jorge, *Chamamento ao Processo*, cit., pp. 29-38.
14. § 768 II do BGB: "Der Bürge verliert eine Einrede nicht dadurch, dass der Hauptschuldner auf sie verzichtet" ("O fiador não perde a exceção quando o devedor principal a tenha renunciado" – tradução livre). V. Jauernig, *BGB -Kommentar*, p. 1042.

*facie*, inviável.¹⁵ Sem dúvida, o objeto litigioso do processo cautelar não se confunde com a finalidade do chamamento. No processo cautelar nenhuma condenação será determinada pelo dispositivo. A única hipótese de conhecimento de matéria de mérito no âmbito cautelar reside na previsão do art. 302, IV, do CPC, mas nesta situação a sentença judicial é preponderantemente declaratória. No caso do chamamento a solução viável é a mesma apontada para a denunciação. A produção da prova com respeito ao contraditório pleno, ou seja, em todas as fases do processo, exigirá que o codevedor tenha a possibilidade de participar da demanda como assistente.¹⁶

Na seara executiva o chamamento ao processo, assim como a denunciação da lide, não terá cabimento.¹⁷ O fim do chamamento é propiciar a formação de título executivo amplo, fato que beneficia não só o credor, mas o próprio devedor, como meio de formar título executivo antecipado comum que permitirá o exercício do direito de regresso, nos termos do art. 132 do CPC. Atualmente o processo de execução dos títulos judiciais segue o capítulo do cumprimento da sentença, nos termos dos arts. 513 e ss. do CPC. O art. 794, *caput*, do CPC poderia provocar certa confusão perante uma leitura desavisada, pois permite que o fiador, quando executado, realize a indicação dos bens do afiançado. Esta situação somente se aplica quando o título tenha prévia formação no processo de conhecimento ou pela existência de um título executivo extrajudicial que preveja o fiador, bem como a possibilidade do benefício de ordem. Na primeira situação seria necessária a participação do afiançado no processo de conhecimento. O segundo exemplo tem incidência em casos de títulos extrajudiciais, como no contrato de locação (art. 784, VIII, do CPC). Aliás, o STJ fixou entendimento cristalino sobre o tema ao emitir o Verbete 268: "O fiador que não integrou a relação processual na ação de despejo não responde pela execução do

---

15. Dinamarco, *Intervenção de Terceiros*, cit., p. 192.

16. Dinamarco, *Instituições de Direito Processual Civil*, vol. II, pp. 418-419; Cássio Scarpinella Bueno, *Partes e Terceiros no Processo Civil Brasileiro*, p. 311.

17. Neste sentido: "O instituto do chamamento ao processo tem natureza cognitiva, podendo ser empregado somente nas ações desse mesmo jaez. Assim, nos processos de execução, peculiares por seu contraditório bastante atenuado, inviável a sua utilização. Sendo a duplicata título eminentemente causal, é imprescindível que esteja acompanhada do comprovante da entrega da mercadoria para que se torne exequível" (TJSC, 1ª Câmara de Direito Comercial, AC 2005.008213-1, de Itajaí, rela. Desa. Salete Silva Sommariva, j. 10.11.2005).

julgado". Como informa Arruda Alvim, a jurisprudência do STF vacilou sobre o cabimento do chamamento ao processo no primeiro decênio da promulgação do Código de Processo Civil de 1973.[18] Não podemos olvidar que esta modalidade de intervenção representou uma inovação em nosso sistema perante o diploma de 1973, e nada mais natural do que sua acomodação provocasse este tipo discussão. Contudo, no estágio atual seria inviável admitir a possibilidade do chamamento na fase de cumprimento da sentença ou perante o processo executivo dos títulos executivos extrajudiciais. Poder-se-ia redarguir sobre o cabimento no pedido de impugnação ou nos embargos. Todavia, a eficácia preponderantemente condenatória relevada pela dicção do art. 132 do CPC não autoriza esta conclusão.

Conclui-se pela acomodação do chamamento ao processo junto ao processo de conhecimento. A vocação do instituto está atrelada às demandas com eficácia preponderantemente condenatória. Atualmente, em virtude de posicionamento surgido no STJ, que procura encartar as sentenças declaratórias como títulos executivos, a indagação sobre a possibilidade de chamamento em ações eminentemente declaratórias não revela atitude absurda.[19] A executividade duvidosa das sentenças declaratórias esbarraria na violação ao princípio dispositivo. Na verdade, toda sentença de improcedência, que é declaratória negativa, passaria a ser um título executivo. No entanto, este posicionamento não é instrumental e não está adequado ao processo civil de resultado. A ação declaratória pode comportar-se por autêntica fungibilidade como uma ação condenatória quando a sentença de improcedência contiver os elementos essenciais que identificam um título executivo: obrigação de conteúdo certo, líquido e exigível. A instrumentalidade não permite outra interpretação. Exigir do réu a propositura de uma ação condenatória seria um contrassenso. Além disso, o argumento pelo qual as pretensões condenatórias se tornariam imprescritíveis é falso. Não é a roupagem processual que regula o prazo prescricional, mas o conteúdo da pretensão. As ações declaratórias, quando executadas como títulos condenatórios, terão seu prazo regulado pelo não exercício de pretensão condenatória, nos termos da lei geral (Código Civil) ou da legislação extravagante.

18. As referências podem ser consultadas in Arruda Alvim, *Código de Processo Civil e Legislação Extravagante – Anotações de Jurisprudência e Doutrina*, pp. 63-65.
19. Admitindo este posicionamento: Arruda Alvim, *Manual de Direito Processual Civil*, vol. II, p. 200.

## 5. Hipóteses do chamamento

### 5.1 Art. 130, I, do CPC:
### o chamamento do devedor principal

A primeira hipótese do art. 130 do CPC refere-se ao chamamento do afiançado quando o fiador tenha sido acionado para solver a obrigação. A redação do dispositivo é melhor do que a do art. 77, I, do CPC de 1973, pela precisão vocabular, embora sem qualquer alteração de conteúdo. A hipótese é de mão única, ou seja: somente o devedor subsidiário poderá chamar o principal. Não pode o devedor principal realizar o chamamento do fiador.[20] De acordo com a explanação realizada, a fiança nasce do poder potestativo do fiador, o qual se obriga pelo pagamento (*Haftung*) de uma dívida que não lhe diz respeito (*Schuld*).[21] A relação existente entre o fiador e o afiançado revela um contrato bilateral imperfeito. Pela análise dual da relação obrigacional (*Schuld/Haftung*) conclui-se, sem maiores dificuldades, que o fiador é responsável (*Haftung*), apesar da absoluta ausência de titularidade com relação à origem da dívida (*Schuld*). Coube ao romanista Brinz[22] a delimitação dual[23] do conteúdo obrigacional. Foram os alemães os responsáveis pela dissecação do conteúdo obrigacional em duas partes claras e distintas: o débito e a responsabilidade. Estes dois elementos representam uma constante em qualquer vínculo obrigacional, e apenas em situações excepcionais um dos elementos estará ausente, como nas obrigações naturais. Todo aquele que estabelece relação jurídica obrigacional (*Schuldverhältnis*) sujeita seu patrimônio como garantia da dívida a ser paga (art. 789 do CPC).

---

20. Precisa a lição de Cássio Scarpinella Bueno: "O que, à luz do direito material, não tem sentido algum é que o devedor principal chame ao processo os demais devedores subsidiários. Daí o silêncio do art. 77 do CPC quanto a esta hipótese, sendo bastante claro o inciso I do dispositivo quando à possibilidade de somente o devedor subsidiário (fiador) chamar ao processo o principal (afiançado)" (*Partes e Terceiros no Processo Civil Brasileiro*, cit., p. 283).

21. Para uma diferenciação entre direitos subjetivos, direitos potestativos e poderes, situações jurídicas, exceções: Menezes Cordeiro, *Tratado de Direito Civil Português – Parte Geral*, vol. I, pp. 176-191.

22. Brinz, *Lehrbuch der Pandekten*, vol. II, § 274, p. 302.

23. Não se deve confundir o elemento dual com a classificação do próprio negócio jurídico subjacente, que também é base para a definição do negócio em unilateral, quando gera obrigação para apenas uma das partes, ou bilateral, quando há reciprocidade. Certo é que no campo obrigacional a relação jurídica é preponderantemente recíproca: "Es gibt Rechtsverhältnis, in denen nur einige individuell bestimmte Personen, meist nur zwei, beteiligt sin; so vor allem die Schuldverhältnisse" (Karl Larenz, *Allgemeiner Teil des Bürgerlichen Rechts*, § 13, 12, p. 256).

O contrato de fiança é bilateral imperfeito, pois não há um regime de reciprocidade em sua instituição. Analisando a relação obrigacional como processo,[24] percebe-se que o trato sucessivo da relação obrigará, em sequência, ao reembolso por parte do afiançado. O art. 818 do CC estabelece que: "Pelo contrato de fiança, uma pessoa garante satisfazer ao credor uma obrigação assumida pelo devedor, caso este não a cumpra".[25] Como regra, o fiador tem o benefício de ordem, o que lhe garante o direito de exigir que a excussão dos bens recaia primeiramente sobre os bens do devedor. Outra não é a dicção do art. 827 do CC: "O fiador demandado pelo pagamento da dívida tem direito a exigir, até a contestação da lide, que sejam primeiro executados os bens do devedor". Como informa Arruda Alvim, o chamamento ao processo representa nada mais que uma forma de disciplinar o exercício do benefício de ordem. O exercício desta pretensão não é absoluto, pois em algumas situações o fiador assumirá o papel de devedor principal. Isto acontece quando renuncia ao benefício de ordem (art. 828, I, do CC), quando assume a condição de devedor principal (art. 828, II, do CC) ou aceita o *status* de devedor solidário (art. 828, II, do CC). Devem ainda ser lembrados as situações em que o devedor não pode ser chamado ao processo em virtude de sua insolvência ou falência (art. 828, III, do CC).

A disciplina relativa ao direito material, ou seja, sobre o contrato de fiança, é essencial, pois o chamamento ao processo assume natureza instrumental e corresponde a um modo de operacionalizar o cumprimento de duas obrigações. A primeira relativa ao credor que demanda pelo pagamento do débito, e a segunda pela implementação prática da relação jurídica entre o fiador e o afiançado. A possibilidade do cumprimento da sentença contra o devedor dependeria de sua participação na relação processual. Desta forma, com sua integração no polo passivo da demanda permite-se que o fiador possa requerer o cumprimento do título executivo formado a seu favor, com a formação de título executivo com legitimação passiva plural. Isto permite, nos termos do art. 132 do CPC, que o devedor que realizar o pagamento possa se aproveitar deste título para exercer o direito de regresso, sem necessidade de nova ação de cobrança.

24. Clóvis Couto e Silva, *A Obrigação como Processo*, passim.
25. Disciplina que encontra respaldo claro no § 765 do BGB (*Bürgschaft* – "Fiança"): "Durch den Bürgschaftsvertrag verpflichtet sich der Bürge gegenüber dem Gläubiger eines Drittes, für die Erfüllung der Verbindlichkeit des Dritten einzustehen" ("Através do contrato de fiança o fiador se obriga perante o credor de um terceiro ao cumprimento da obrigação do terceiro" – tradução livre).

O fiador, ao ser definitivamente condenado juntamente com o devedor ao pagamento da dívida, poderá realizar o pagamento imediato, com o objetivo de impedir o acréscimo da multa de 10% sobre o valor do *quantum debeatur* (art. 523, § 1º, do CPC). Realizado o pagamento, poderá exigir o valor desembolsado valendo-se do mesmo procedimento, inclusive com direito à multa de 10%, pelo não cumprimento da sentença. O fiador realizará o pedido de pagamento contra o afiançado, uma vez que há autêntica sub-rogação em benefício do fiador (art. 831 do CC[26]). Obviamente que a sub-rogação obedecerá à parte final do art. 132 do CPC.

Importante ressaltar que o fiador poderá apresentar impugnação em sede de execução quando o valor da dívida venha a incluir verba que não foi alvo de contraditório no processo de conhecimento ou sobre a qual não tenha responsabilidade, como na hipótese de extensão ou prorrogação da locação sem sua anuência.[27]

Quando o devedor não realizar o cumprimento imediato surgirá situação inusitada, pois na fase de cumprimento da sentença não se permite mais a indicação prévia de bens por parte do devedor. Entretanto, a regra do art. 794 do CPC não pode ser ignorada, e a penhora deverá recair inicialmente sobre os bens do devedor. A regra é reforçada pelo direito material, e não pode ser ignorada (art. 827 do CC). Em virtude da nova sistemática do art. 794 do CPC, o fiador poderá, desde já, formular uma petição indicando a necessidade de respeito ao benefício de ordem quando surpreendido pelo mandado de intimação da penhora e avaliação. O pedido poderá ser formulado por *petitio simplex*, com a necessidade de penhora prévia sobre bens do devedor. A matéria também poderá ser alegada em sede de impugnação (art. 525, § 1º, IV, do CPC).

---

26. CC, art. 831: "O fiador que pagar integralmente a dívida fica sub-rogado nos direitos do credor, mas só poderá demandar a cada um dos outros fiadores pela respectiva quota". Esta parte final deve ser lida em conexão com o art. 829, pois a fiança prestada em conjunto se considera dívida solidária entre os fiadores; contudo, nada impede que seja pactuado o benefício de divisão.

27. "A exclusão dos embargantes-fiadores da lide, por manifesta ilegitimidade passiva *ad causam*, implica sua exoneração do pagamento dos ônus da sucumbência impostos pelas instâncias ordinárias. Por conseguinte, tendo a parte autora, ora embargada, dado causa ao chamamento indevido dos ora embargantes-fiadores, obrigando-os a integrar a lide para defenderem-se, deve arcar com 50% das referidas verbas, nos termos do art. 20, *caput*, do CPC – Embargos de declaração acolhidos" (STJ, 5ª Turma, REsp/ED 733.188-RS, rel. Min. Arnaldo Esteves Lima, j. 15.2.2007, *DJU* 12.3.2007, p. 313).

## 5.2 Art. 130, II, do CPC

O inciso II permite que os demais fiadores sejam chamados ao processo para responder pelo pagamento da dívida. A mesma opção era concedida pelo art. 77, II, do CPC de 1973. Nada impede que o contrato exija a presença de mais de um fiador para reforçar o elo obrigacional. Esta situação poderá acontecer em hipóteses de cosseguro, resseguro ou, mesmo, retrocessão, conforme apontamentos realizados no capítulo da denunciação da lide, dentre outras hipóteses. Sendo acionado apenas um dos fiadores, surgirá a possibilidade de aplicação cumulativa dos incisos I e II. Em outras palavras: o fiador poderá realizar o chamamento dos demais fiadores e do próprio devedor. Além disso, é possível o chamamento sucessivo. Não há vedação ao chamamento sucessivo, mas é evidente que o juiz deverá analisar a formação sucessiva quando ela comprometer o bom andamento da relação processual, pois não se trata de litisconsórcio necessário, mas facultativo.

A relação jurídica que une os fiadores está disciplinada pelo direito material. Importante ressaltar que o Código Civil de 2002 não traz mais a figura do *abonador*. O abonador estava previsto pelo art. 1.482 do CC de 1916, *in verbis*: "Se o fiador tiver quem lhe abone a solvência, ao abonador se aplicará o disposto neste Capítulo sobre fiança".[28] Quando a fiança é prestada em conjunto, a relação que se origina entre os coobrigados é de solidariedade. O regime da obrigação solidária é sempre excepcional, exigindo que sua configuração advenha de texto expresso da lei ou da vontade das partes. *In casu*, a origem é legal, cuja conclusão tem apoio na redação do art. 829 do CC.[29] A limitação da responsabilidade dependerá de acordo expresso, nos termos do parágrafo único do dispositivo.[30] Estas assertivas demonstram que o juiz deverá analisar com minudência os documentos comprobatórios da relação jurídica que une os fiadores, para imputar corretamente a responsabilidade de cada coobrigado, uma vez que as consequências serão importantíssimas na fase de cumprimento da sentença.

---

28. Como esclarece Arruda Alvim, o abonador não poderia ser chamado ao processo e deveria ser acionado por via autônoma, pois sua garantia era referente à solvabilidade do fiador (*Comentários ao Código de Processo Civil*, cit., vol. III, p. 351).

29. CC, art. 829: "A fiança conjuntamente prestada a um só débito por mais de uma pessoa importa o compromisso de solidariedade entre elas, se declaradamente não se reservarem o benefício de divisão".

30. CC, art. 829, parágrafo único: "Estipulado este benefício, cada fiador responde unicamente pela parte que, em proporção, lhe couber no pagamento".

## 5.3 Art. 130, III, do CPC

O art. 130, III, do CPC abriga especificamente a questão atinente à solidariedade passiva. Existe uma alteração de redação que simplifica o chamamento. O réu poderá chamar os demais devedores unidos pelo regime da solidariedade, desde que a obrigação seja comum. O regime do direito das obrigações prevê, dentre as diversas modalidades de obrigações, a solidária. Ela poderá ser ativa e/ou passiva. Sua peculiaridade consiste em permitir que mais de um credor ou devedor possa ser responsável pela exigência ou cumprimento da obrigação. As obrigações solidárias não se presumem, pois a possibilidade de exigir o cumprimento integral de uma obrigação de um único devedor, quando vários são coobrigados, somente pode nascer de autorização legal ou por vontade das partes (art. 265 do CC).[31] Há uma diferença importante entre a obrigação solidária e a indivisível. Nesta última, com foco voltado para polo passivo, o credor poderá exigir o cumprimento de qualquer um dos devedores; contudo, o nascimento da indivisibilidade está atrelado à natureza do objeto, que não permite sua divisão cômoda. Sendo assim, quando a obrigação se resolva convertendo-se em perdas e danos, a obrigação se tornará divisível, e cada devedor será responsável apenas pelo pagamento de sua cota-parte. Esta situação não se verifica na obrigação solidária. Ainda que o objeto pereça, as perdas e danos serão exigidas no regime da solidariedade (art. 264 do CC[32]).

No âmbito das obrigações solidárias nos interessa, de forma específica, a solidariedade passiva, regulada pelos arts. 275 e ss. do CC. Aliás, a redação do art. 130, III, do CPC está em simetria com a definição de solidariedade passiva. O presente dispositivo constitui o ponto nevrálgico do chamamento ao processo, pois, segundo parte da doutrina, o princípio da singularidade determina que o credor poderá ingressar com a ação contra o devedor que escolher, pois esta escolha traz reflexos diretos na sua responsabilidade por perdas e danos geradas pelo processo, além das despesas de sucumbência (v. arts. 82 do CPC e 404 do CC, *in fine*).

O ajuizamento da ação de conhecimento em relação a um dos devedores não importa renúncia ao regime de solidariedade (art. 275, parágrafo único, do CC). Mas o Código de Processo Civil alterou o *modus*

---

31. CC, art. 265: "A solidariedade não se presume; resulta da lei ou da vontade das partes".

32. CC, art. 264: "Há solidariedade, quando na mesma obrigação concorre mais de um credor, ou mais de um devedor, cada um com direito, ou obrigado, à dívida toda".

*operandi* da solidariedade passiva, ao permitir que o codevedor possa chamar os demais devedores para responder pela obrigação. Sem dúvida, esta solução modifica o regime processual de iniciativa do autor quanto à formulação do pedido, bem como quebra a regra de direito material do art. 275 do CC. Todavia, esta modificação é parcial. O réu poderá forçar o nascimento do título executivo plural, mas o credor/exequente poderá iniciar a execução contra o devedor originário, que certamente será aquele que possui maior solvabilidade.

Na análise da previsão do inciso II do art. 130 do CPC frisou-se a possibilidade do chamamento sucessivo, nos moldes da denunciação sucessiva, na medida em que os demais devedores fossem integrados ao processo. No inciso III, ora analisado, a situação é idêntica. Entretanto, vale a observação de Arruda Alvim quanto ao exame criterioso a ser efetuado pelo magistrado para evitar a formação de litisconsórcio multitudinário, o que levaria a necessidade de limitação.[33]

### 5.3.1 Chamamento na obrigação alimentar

Outra situação próxima ao regime da solidariedade, e que merece exame, reside na responsabilidade pelo pagamento das obrigações alimentares, por força do art. 1.698 do CC.[34] A obrigação solidária nasce da estipulação da vontade das partes ou da lei. Contudo, sua principal característica está ungida à possibilidade de sua exigência de qualquer um dos codevedores, em sua integralidade. Este atributo não informa a obrigação alimentar, nos termos do art. 1.698 do CC. Como ensina Cássio Scarpinella Bueno, "nos alimentos não existe a maior característica da solidariedade, que é a legitimidade de se exigir a totalidade da dívida de um só dos devedores".[35]

A leitura do art. 1.698 do CC não permite uma acomodação típica da parte final do seu dispositivo – que determina que "poderão as demais ser chamadas a integrar a lide" – com as figuras previstas a título de intervenção de terceiros em nosso sistema. É conhecida a crítica da doutrina

---

33. Arruda Alvim, *Manual de Direito Processual Civil*, cit., vol. II, p. 196.

34. CC, art. 1.698: "Se o parente, que deve alimentos em primeiro lugar, não estiver em condições de suportar totalmente o encargo, serão chamados a concorrer os de grau imediato; sendo várias as pessoas obrigadas a prestar alimentos, todas devem concorrer na proporção dos respectivos recursos, e, intentada ação contra uma delas, poderão as demais ser chamadas a integrar a lide".

35. Para um exame detido: Cássio Scarpinella Bueno, *Partes e Terceiros no Processo Civil Brasileiro*, cit., pp. 284 e ss.

quanto à redação do dispositivo, que remonta a quadrantes anteriores à promulgação do Código de Processo Civil de 1973.[36] Porém, cremos que o melhor rendimento do dispositivo será obtido pela aplicação do chamamento ao processo.[37] A obrigação alimentar sempre será exigida em juízo com a observância do critério dual: necessidade/possibilidade. Quando o alimentante em grau mais próximo não tenha possibilidade de cumprir com o dever alimentar, surge a *pretensão de complementação*.[38] O devedor chamado será obrigado tão só pela complementação do valor, ou pelo valor integral caso o parente em grau mais próximo demonstre sua absoluta impossibilidade (*e.g.*: perda de emprego). Sem dúvida, o alimentante poderá realizar o pedido inicial voltado contra mais de um parente

36. Fredie Didier Jr. e outros, *Comentários ao Código Civil Brasileiro*, vol. XV, p. 332.

37. Acompanhamos o pensamento de Cássio Scarpinella, *Partes e Terceiros no Processo Civil Brasileiro*, cit., pp. 288-293.

38. A jurisprudência reconhece o caráter de complementaridade e aduz o princípio da solidariedade, mas com acepção diversa daquela empregada para fins do art. 130, III, do CPC, para a possibilidade de complementação ou pagamento total pelo parente mais próximo: "O art. 1.694 do CC/2002 contempla os parentes, os cônjuges ou companheiros, como sujeitos potencialmente ativos e passivos da obrigação recíproca de prestar alimentos, observando-se, para sua fixação, a proporção das necessidades do reclamante e dos recursos dos obrigados. Àqueles unidos pelos laços de parentesco, sejam eles ascendentes, descendentes ou, ainda, colaterais, estes limitados ao segundo grau, impõe-se o dever recíproco de socorro, guardada apenas a ordem de prioridade de chamamento à prestação alimentícia, que é legalmente delimitada, nos termos dos arts. 1.696 e 1.697 do CC/2002. São chamados, primeiramente, a prestar alimentos os parentes mais próximos em grau, só fazendo recair a obrigação nos mais remotos à falta daqueles; essa falta deve ser compreendida, conforme interpretação conjugada dos arts. 1.697 e 1.698 do CC/2002, para além da ausência de parentes de grau mais próximo, como a impossibilidade ou, ainda, a insuficiência financeira desses de suportar o encargo. Os alimentos provisionais arbitrados em cautelar incidental à ação de investigação de paternidade têm amparo legal não apenas se forem decorrentes do vínculo paterno-filial surgido do reconhecimento, como também dos laços de parentesco dele derivados. O parentesco surgido entre as partes, na hipótese, irmãos unilaterais, em razão da sentença de reconhecimento da paternidade, declarada e confirmada, respectivamente, em primeiro e em segundo graus de jurisdição, é suficiente para autorizar o arbitramento dos alimentos na forma em que se deu. A condição de idoso do alimentando encontra disciplina específica na Lei n. 10.741/2003 (Estatuto do Idoso), que estabelece, a partir do art. 11, os alimentos devidos às pessoas idosas. Com a cessação do efeito suspensivo atribuído ao REsp n. 1.120.922-SE, julgado concomitantemente ao presente recurso especial, torna-se desde já obrigatório o pagamento dos alimentos provisionais, na forma em que foram arbitrados pelo ilustre Juiz e confirmados pelo TJSE. O débito pretérito – desde o arbitramento – poderá, desde logo, ser executado – Recurso especial não provido" (STJ, 3ª Turma, REsp 1.170.224-SE, rela. Min. Nancy Andrighi, j. 23.11.2010, *DJe* 7.12.2010).

quando perceba a impossibilidade de pagamento da pensão pelo devedor de alimentos principal.[39] Entrementes, quando não seja realizada a formação do litisconsórcio inicial, sua formação posterior seria indevida, pois após a estabilização da demanda a integração do litisconsorte somente seria possível para impedir a nulidade da relação processual nas situações de litisconsórcio necessário. O pedido, quando decorrente de iniciativa do alimentante, revela situação de litisconsórcio facultativo-sucessivo.[40]

Quando os demais parentes não tenham integrado a lide desde o início, em vista de formulação do autor, o réu poderá realizar o chamamento invocando o art. 1.698 do CC e provando sua incapacidade quanto ao pagamento total ou parcial do débito alimentar. Esta possibilidade, embora revele situação excepcional, não pode ser descartada, principalmente em face da natureza da obrigação requerida e pela necessidade de acomodação do direito material perante instituto que não trará prejuízo a nenhuma das partes.[41] A defesa dos chamados perante o chamamento permitirá que o direito material seja acomodado de modo oportuno por meio da responsabilidade dos parentes remotos quanto à complementação, o que corresponderia a uma modalidade de *beneficium excussionis*. Por este motivo, o juiz deverá analisar o cabimento do chamamento em obediência ao *princípio da complementação* em relação aos parentes.[42]

---

39. "Emenda à inicial a fim de que se processe o feito contra o genitor ou tão somente contra os avós paternos – Determinação – Demanda alimentar em face de vários parentes numa mesma ação – Possibilidade – Art. 1.698 do CC – Recurso provido" (TJSP, 3ª Câmara de Direito Privado, AI 309.214-4/4, de São Paulo, rel. Des. Flávio Pinheiro, j. 18.11.2003).

40. V. o excelente estudo de Rodrigo Mazzei, "Litisconsórcio sucessivo: breves considerações", passim, in Fredie Didier Jr. e Rodrigo Mazzei (orgs.), *Processo e Direito Material*, pp. 223-246.

41. Como bem explicita Cássio Scarpinella Bueno, *Partes e Terceiros no Processo Civil Brasileiro*, cit., p. 287. Também parecem admitir o chamamento: Fredie Didier Jr. e outros, *Comentários ao Código Civil Brasileiro*, cit., vol. XV, pp. 332-333.

42. "Apenas na impossibilidade de os genitores prestarem alimentos serão os parentes mais remotos demandados, estendendo-se a obrigação alimentar, na hipótese, para os ascendentes mais próximos. O desemprego do alimentante primário – genitor – ou sua falta confirmam o desamparo do alimentado e a necessidade de socorro ao ascendente de grau imediato, fatos que autorizam o ajuizamento da ação de alimentos diretamente contra este. O mero inadimplemento da obrigação alimentar por parte do genitor, sem que se demonstre sua impossibilidade de prestar os alimentos, não faculta ao alimentado pleitear alimentos diretamente aos avós. Na hipótese, exige-se o prévio esgotamento dos meios processuais disponíveis para obrigar o alimentante primário a cumprir sua obrigação, inclusive com o uso da coação extrema preconizada no art. 733 do CPC. Fixado pelo Tribunal de origem que a avó demonstrou, em contestação, a impossibilidade de prestar os alimentos subsidiariamente, inviável o recurso especial,

## 6. Regime jurídico entre o chamante e o chamado

Na denunciação da lide é polêmica a caracterização do vínculo jurídico que une o litisdenunciante e o litisdenunciado em vista da ação principal. A doutrina se divide, e nos posicionamos pela adesão ao entendimento de que o litisdenunciado atuará como *assistente*. No chamamento ao processo não há que se falar na existência de lide principal e secundária. O autor promove uma ação contra o réu e o sistema jurídico faculta a este último a invocação do disposto no art. 130 do CPC. Não há formação de lide secundária entre o chamante e o chamado. O chamado simplesmente será inserido na relação processual originária. Esta conclusão não permite outra solução quanto à definição do elo de ligação entre chamante e chamado: trata-se, indiscutivelmente, de um *litisconsórcio*.

O chamamento não seria necessário caso o autor tivesse inserido o coobrigado na relação processual desde o início do processo. A lei não se importa com os motivos de sua decisão de exclusão. Podem ser pessoais, materiais, estratégicos etc. O certo é que o sistema defere ao réu a ampliação do espectro passivo da relação processual, e o chamado atuará como parte no processo, na plenitude de sua significação. Percebe-se claramente que o litisconsórcio será *facultativo*. A lei concede uma faculdade (*facultas agendi*) ao réu de abreviar o caminho de regresso em relação ao coobrigado. Caso se tratasse de litisconsórcio necessário sua formação seria obrigatória, nos termos do art. 114 do CPC, o que não impediria o réu de suscitar sua necessidade na primeira oportunidade de manifestação no processo. Por fim, o litisconsórcio facultativo, formado entre o chamante e o chamado, será *simples* quanto à decisão. A solução tende a ser homogênea, mas não representa um imperativo, pois se, porventura, forem suscitadas defesas pessoais a solução poderá ser diversa.

A atuação conjunta de ambos evitará que o autor da ação possa desistir do processo unilateralmente, como meio de evitar a aplicação do instituto. A faculdade conferida pelo art. 485, § 4º, do CPC não poderá ser exercitada sem anuência da parte contrária, o que dificultaria sua aplicação. Contudo, ainda que no campo da *cogitatio*, seria absurdo pensar que o autor pudesse desistir da demanda em relação ao chamado, o que burlaria a faculdade concedida pelo art. 130 do CPC. Note-se que o autor poderia ter deixado de incluir o chamado propositadamente. Isto revela que o instituto não teria utilidade se o autor propusesse ao chamado a

no particular, pelo óbice da Súmula n. 7/STJ" (STJ, 3ª Turma, REsp 1.211.314-SP, rela. Ministra Nancy Andrighi, j. 15.9.2011, *DJe* 22.9.2011).

desistência e este anuísse. A melhor forma de evitar esta situação reside em exigir a anuência dupla.

## 7. Procedimento do chamamento

Não resta a menor dúvida de que o pedido de chamamento poderá ser impugnado pelo chamado, fato que poderá ser controlado pelo juiz, uma vez que o cabimento deve ser analisado não só em relação ao procedimento em que o chamamento é invocado, mas quanto ao próprio preenchimento dos requisitos do art. 130, I, II e III, do CPC. A decisão que defere ou indefere o chamamento deverá ser alvo de agravo de instrumento, nos termos do art. 1.015, IX, do CPC.

### 7.1 Momento do chamamento

O chamamento é uma prerrogativa do réu, e deverá ser requerido no prazo da contestação, via de regra, como matéria preliminar. O art. 132 do CPC determina expressamente que o chamamento, quando procedente, valerá como título executivo; portanto, exsurge a responsabilidade dos demais coobrigados. Para tanto, o pedido deverá ser realizado no prazo da contestação.

O juiz condenará o réu e demais coobrigados caso reconheça, em relação a estes, a liceidade da união pelo elo obrigacional. Sendo assim, a sentença que reconhecer a dívida servirá de título executivo judicial para posterior regresso quando um dos devedores, ou parte deles, realize o pagamento do débito. Seguir-se-á a sistemática de cumprimento da sentença nos moldes dos arts. 513 e ss. do CPC, pois a sentença valerá como título, conforme o art. 515, I.

### 7.2 Análise dos pressupostos do chamamento

Como em qualquer outra modalidade de intervenção, o chamamento está subordinado ao exame dos pressupostos de sua admissibilidade em juízo, o que exige a verificação da sua viabilidade e regularidade procedimental. Sob o ponto de vista das condições da ação, o juiz deverá analisar, *ex officio*, a existência da legitimidade passiva do chamado para integrar o polo da relação processual, bem como se efetivamente há interesse e adequação do pedido. Quando o réu realize pedido de chamamento perante procedimento sumariíssimo ou na relação executiva, o juiz deverá indeferir de plano o requerimento.

O exame de fundo quanto ao liame obrigacional é necessário para saber se o pedido está adequado à previsão do art. 130 do CPC. Digamos que a obrigação não seja solidária, mas divisível; nesta hipótese não há possibilidade jurídica do pedido. Os pressupostos processuais específicos (como a citação válida, nos termos do art. 131 do CPC) encerram-se no poder oficioso do juiz, pois refletem a regularidade e a validade da relação processual. A competência para o processamento não apresentará problemas, pela aplicação do regime da acessoriedade, conforme o art. 61 do CPC. A representação por patronos diversos permitirá a invocação do prazo em dobro, nos termos do art. 229 do CPC.

### 7.3 Suspensão do processo

O deferimento do chamamento provoca a suspensão do processo, com prazo especial de 30 dias, nos moldes do art. 131 do CPC, o qual também se aplicará para a denunciação da lide, sob pena de preclusão temporal para a formação do chamamento. O chamamento sucessivo também obedecerá ao mesmo prazo.

Deferido o chamamento, nos termos do art. 130, I, II ou III, do CPC, caberá ao juiz determinar a suspensão do processo pelo prazo máximo de 30 dias, no qual o chamante deverá providenciar a integração. Considera-se suspenso o processo a partir da decisão judicial que acolhe o chamamento. A suspensão também se ajusta ao art. 313, VIII, do CPC, que estende o regime da suspensão aos demais casos previstos pelo sistema processual. A citação deverá ser providenciada pelo réu no prazo de 30 dias, quando resida mesma comarca, ou em 60 dias, quando resida em local diverso ou esteja em local incerto. Por este motivo, embora não seja desejável, a citação por edital é admitida ao chamado, desde que cumprida no prazo legal. A alusão ao prazo refere-se ao preparo das custas, que será essencial para que a citação possa ser implementada. Obviamente, este preparo será muito mais simples quando requerida a citação pelo Correio (art. 246, I, do CPC), sem prejuízo das demais modalidades.

Implementada a citação do chamado, estará aberta a faculdade de participação na relação processual. Importante alertar que a diversidade na concepção da natureza jurídica do chamamento (ação ou incidente) influirá profundamente na estrutura de participação do chamado. Para a corrente que acredita tratar-se de autêntica ação, o pedido formulado pelo chamante deverá preencher todos os requisitos elencados pelo art. 319 do CPC, e a ausência de resposta do chamado importaria sua revelia na demanda secundária. Não comungamos deste pensamento. O chamado atuará sempre ao lado do chamante como litisconsorte passivo. O objetivo do chamamento está essencialmente voltado para a economia processual, permitindo que o réu obtenha um comando amplo e com maior eficácia, ao mesmo tempo em que permite uma atenuação na situação do réu, que obterá o título regressivo antecipadamente.

No prazo de 15 dias o chamado poderá oferecer resposta ao autor da ação principal. Não resta dúvida de que poderá suscitar defesa baseada na impropriedade do chamamento, pela demonstração de causa extintiva da obrigação que impeça sua integração ao processo. Poderá, ainda, oferecer contestação ampla, reconvenção, bem como as peças de exceção (impedimento e suspeição). Como alerta Flávio Cheim, mesmo a exceção de incompetência relativa, agora formulada no corpo da contestação (art. 337, II, do CPC), não pode ser negada ao chamado, pois o chamante pode ter olvidado alguma circunstância que tornaria legítima a alegação de incompetência em sua impugnação.[43] Como chamante e chamados são litisconsortes, os poderes e faculdades são autônomos, ainda que limitados, ante a expressa dicção do art. 117 do CPC.

Embora inusitado, é possível, em tese, que o chamante seja revel, pela ausência de contestação hábil, e o chamado compareça e conteste o pedido formulado pelo autor. Esta possibilidade, assaz rara, provocaria a incidência do art. 345, I, do CPC. Este dispositivo impede que sejam aplicados os efeitos perniciosos da revelia. Em relação ao litisconsórcio simples, as defesas comuns aproveitarão ao litisconsorte revel. Na hipótese do art. 130, II ou III, do CPC, existindo solidariedade passiva, aplicar-se-á o regime do art. 1.005, parágrafo único, que também regula especificamente a situação das partes unidas pelo regime da solidariedade.

## 7.4  O chamamento pelo reconvindo

O réu reconvinte não poderá realizar o pedido de chamamento do processo na peça de reconvenção. O réu pode oferecer várias formas de resposta no prazo que lhe é conferido para manifestação. A reconvenção é uma das possibilidades. Poderá reconvir sem apresentar contestação; porém, quando optar por esta forma de resposta, não terá legitimidade para suscitar o chamamento. Na reconvenção o réu assume a postura de autor, pois amplia o objeto litigioso e realiza pedido. Logo, sendo o chamamento instituto típico do réu, não terá possibilidade de exercitar a

---

43. Contra: Barbi, *Comentários ao Código de Processo Civil*, vol. I, p. 273.

pretensão do art. 130 do CPC por meio dessa peça.[44] Outrossim, o autor (agora, réu reconvindo) poderá suscitar o chamamento no oferecimento de sua peça de defesa.

## 8. Sentença

O art. 132 do CPC expressa com felicidade a formação do título executivo em favor do réu que satisfizer a dívida. No entanto, o dispositivo disse menos do que deveria; afinal, a princípio, o título vale em benefício do titular da pretensão. O pagamento por um dos obrigados é uma possibilidade.

Por meio do art. 132 do CPC percebe-se a impossibilidade de considerar o chamamento como ação autônoma; caso contrário teríamos cumulação de ações e a necessidade de dois dispositivos. O tratamento conferido pelo texto revela que todos são litisconsortes passivos simples. Sendo assim, a estrutura da sentença observará os requisitos postos pelo art. 489 do CPC. Haverá só um relatório, uma só fundamentação e, consequentemente, um único dispositivo. Para a parte minoritária da doutrina, que enxerga o chamamento como ação condenatória, a sentença obrigatoriamente teria que contar com dois dispositivos: o primeiro contendo decisão sobre a lide principal e o segundo relativo ao chamamento, no qual se resolve a condenação dos coobrigados.

## 9. Recursos

O chamamento ao processo, quando tratado como uma inserção de novo réu no polo passivo, não permite outra conclusão possível: a decisão que defere ou indefere seu ingresso deverá ser contrastada pelo recurso de agravo (art. 1.015, IX, do CPC).

A sentença que condenar os devedores estará sujeita ao recurso de apelação, e o litisconsórcio passivo exige a incidência da regra insculpida no parágrafo único do art. 1.005: "Havendo solidariedade passiva, o recurso interposto por um devedor aproveitará aos outros quando as defesas opostas ao credor lhes forem comuns". Trata-se da alocação na esfera recursal do art. 117 do CPC. Para fins recursais, o benefício do prazo em dobro deverá ser observado, pela aplicação do art. 229 do CPC. Se a dívida não for solidária (art. 130, I, do CPC), ou quando um

---

44. Neste sentido: Arruda Alvim, *Manual de Direito Processual Civil*, cit., vol. II, p. 202.

dos litisconsortes tenha sido beneficiado por exceção pessoal, deverá ser observada a Súmula 641 do STF: "Não se conta em dobro o prazo para recorrer, quando só um dos litisconsortes haja sucumbido". Este dispositivo alinha-se ao *caput* do art. 1.005: "O recurso interposto por um dos litisconsortes a todos aproveita, salvo se distintos ou opostos os seus interesses".

*Capítulo VII*
## Do Incidente
## de Desconsideração da Personalidade Jurídica

*1. A importância e o papel da pessoa jurídica no sistema econômico moderno: a atomização do direito de propriedade. 2. O marco de surgimento da desconsideração. 3. A doutrina da desconsideração ("Nichtbeachtung der juristischen Person"). 4. A figura normativa da desconsideração e a boa-fé. 5. Teorias: objetiva e subjetiva. 6. Requisitos para a desconsideração da personalidade no Direito Brasileiro. 7. Petição inicial: pedido autônomo ou incidental: 7.1 Conteúdo específico da causa de pedir: a violação à boa-fé objetiva – 7.2 Legitimação processual ativa – 7.3 Legitimação passiva e regularidade da pessoa jurídica: registro civil ou comercial: 7.3.1 A desconsideração da personalidade e a doutrina "ultra vires" ("beyond the powers") – 7.3.2 A pessoa jurídica de responsabilidade limitada – 7.4 A legitimação passiva e a desconsideração inversa – 7.5 O pedido de citação e a formação de litisconsórcio. 8. O procedimento judicial do incidente de desconsideração: 8.1 A desconsideração como processo incidental – 8.2 Necessidade do contraditório na desconsideração – 8.3 A tutela de urgência no pedido de desconsideração – 8.4 A defesa na desconsideração da personalidade. 9. A desconsideração no processo cognitivo e executivo. 10. A desconsideração da personalidade jurídica: fraude à lei, fraude contra credores e fraude à execução: 10.1 A fraude à execução e os terceiros de boa-fé – 10.2 A desconsideração e a responsabilidade patrimonial do sócio: art. 790, II e VII, do CPC. 11. A desconsideração e o regime da ineficácia.*

## 1. A importância e o papel da pessoa jurídica no sistema econômico moderno: a atomização do direito de propriedade

O desenvolvimento da teoria da pessoa jurídica no período moderno deve seu crédito à sistematização de Glück.[1] Sua influência é manifesta

---

1. "Haben sich hingegen mehrere Menschen zur Erreichung eines gemeinnützigen Zweckes, mit Genehmigung des Staats vergestalt, dass Sie im rechtliche Verstande

no pensamento sistemático moderno, pela poderosa influência que exerceu sobre Savigny.[2-3] Coube ao jurista alemão a formulação da primeira teoria moderna sobre a pessoa jurídica, por meio da qual a inseriu na relação jurídica com todas as faculdades inerentes à pessoa natural.[4] Ao contrário de outros institutos, como a posse, em que encontrou subsídios no Direito Romano e no Canônico para adaptá-lo ao uso moderno (*usus modernus pandectarum*), neste tema houve uma elaboração refinada e genial.[5] O desenvolvimento da pessoa jurídica exigiria um grau de refinamento, cujos traços podem ser revelados no período romano[6] mas cuja maturação aconteceu no período moderno, principalmente após a Revolução Industrial.[7] A noção ainda não decantada da personalidade jurídica, que também embasaria o surgimento do ramo mais novo do direito civil (direitos da personalidade), foi construída com o auxílio da ficção jurídica para as pessoas coletivas. A teoria da ficção (*Fiktionstheorie*) fixou o patamar inaugural para as agudas críticas da doutrina (Flume) e com sua superação pela teoria da realidade orgânica de Gierke (*Theorie der realen Verbandspersönlichkeit*).[8] Outras teorias se sucede-

gleichsam nur wie eine Person angesehen werden, so nennt man eine solche Gesellschaft eine moralische Person" ("Quando várias pessoas se unem, com a aprovação do Estado, com um fim comum, de tal modo que elas possam ser compreendidas igualmente como uma só pessoa, chama-se tal sociedade de uma pessoa moral" (tradução livre) (Glück, *Aüsfürliche Erläutering der Pandecten*, vol. II, § 113, p. 62, segundo parágrafo, *in fine*).

2. Savigny, *System des heutigen römischen Rechts*, vol. II, § 85, pp. 235 e 239 (reed. Scientia Verlag Aalen, 1981).

3. Como informa José Lamartine Corrêa de Oliveira (*A Dupla Crise da Pessoa Jurídica*, p. 2), de acordo com Binder, deve-se agradecer a problematização criada por Savigny, pois até então apenas os problemas práticos advindos da pessoa jurídica haviam sido enfrentados pelos romanos, glosadores e canonistas ("Ihm haben wir das Problem der juristischen Persönlichkeit zu denken").

4. Medicus, *Allgemeiner Teil des BGB* 1.105/433.

5. Sobre o papel de Savigny na teoria da posse, v. nosso estudo *Posse*, pp. 34 e ss.

6. Sobre a evolução do conceito de *pessoa jurídica*: Édouard Cuq, *Manuel des Institutions Juridiques des Romains*, p. 115.

7. Como ilustra Spota, com toda propriedade: "Esa indispensable facultad de abstracción para concebir en el mundo jurídico otra persona que el hombre requirió cierta madurez de pensamiento, que en vano podría buscarse en los primeros tiempos del Derecho Romano" (*Tratado de Derecho Civil – Parte General*, vol. VI, p. 21).

8. Medicus, *Allgemeiner Teil des BGB* 1.106/434. Para um apanhado sobre toda a evolução histórica das pessoas jurídicas: Francisco Ferrara, *Teoría de las Personas Jurídicas*, em especial pp. 122-313; Federico de Castro y Bravo, *La Persona Jurídica*, pp. 137-170.

ram na tentativa de explicar o fenômeno de formação e independência da personalidade jurídica, o que revela campo propício para a aceleração na criação e multiplicação dos tipos de pessoas jurídicas: associações,[9] fundações[10] e sociedades – civis e empresárias.[11] No entanto, pouco se evolui com a tratativa da pessoa jurídica e sua personalidade no que tange ao embate entre a ficção e a realidade. A maioria das construções posteriores parte desses dados essenciais. A doutrina, de um modo geral, repete modelos que foram construídos no fecundo ambiente positivista do século XIX, como se o tema já tivesse passado por um esgotamento teórico, com repetições de ensinamentos formulados por Hauriou, Gierke, Brinz, Ferrara – dentre outros. Óbvio que determinados marcos alcançados devem ser reconhecidos, mas o modelo atual, no qual exsurge o fenômeno da desmaterialização do Direito, da mudança do significado econômico da propriedade[12] e da integração econômica por blocos, exige

9. Destaca-se o importante estudo de Savigny e sua sistematização das fontes sobre a matéria (*System des heutigen römischen Rechts*, cit., vol. II, § 85, pp. 235 e 239 (reedição Scientia Verlag Aalen, 1981, t. II, § 87, p. 24). A apuração no desenvolvimento da pessoa jurídica não foi um reflexo exclusivo do direito privado. O direito público romano exigiu-a, em virtude da expansão territorial e da necessidade de organizar a divisão política do Estado. Nascem as *civitas*, *municipes*, *communes*.

10. As fundações são mais recentes que as associações no Direito Romano, sendo conhecidas como instituições *piae causae*. Savigny revela que as fundações somente surgiram após o Cristianismo ter demonstrado sua força, principalmente com o apoio dos imperadores cristãos (*System des heutigen römischen Rechts*, cit., vol. II, § 86, p. 244. Na visão de Savigny, a separação de um patrimônio para a satisfação de um fim surgiu como incentivo à caridade, e tal conquista foi possível pela unidade da fé e principalmente pelo monoteísmo. Como entidade impessoal e representante de Deus na terra, a Igreja assumia a titularidade do patrimônio destinado às causas pias, o que permitiu o desenvolvimento do conceito de fundação. No mesmo sentido é a lição de Bonfante: "Le fondazioni sono un portato genuino del Cristianesimo, una emanazione della carità, idea essenzialmente nuova, e in quelle prime origini non ebbero altro che scopi di beneficenza e di pietà, donde il nome di *piae causae*: erano ricoveri, ospedali, orfano trofi, brefo trofi, lasciti per chiesi e funzioni ecc." (*Istituzioni di Diritto Romano*, p. 53).

11. Sobre a sociedade empresária: Fabio Caldas de Araújo e José Miguel Garcia Medina, *Código Civil Comentado*, pp. 622 e ss.

12. Um dos exemplos desta afirmação reside nos bens móveis representados por valores mobiliários (ações e quotas). Sem dúvida, um conjunto de ações de uma empresa como a *Google* ou a *Apple* assume maior significação econômica do que o conjunto de imóveis da Ilha de Manhattan. Essa noção modifica a clássica concepção romana de bens *mancipi* e *nec mancipi*. É dela que exsurge o tratamento formal para a transferência de bens imóveis, pois assumiam preponderância os terrenos itálicos e as servidões, embora alguns bens móveis estivessem incluídos nesta formalidade, como

modelos conceituais que permitam uma adaptação do Direito às novas realidades.[13]

A atomização do direito de propriedade (por meio da criação dos valores mobiliários[14]) exigiu o aperfeiçoamento das formas societárias e acarretou uma mudança de perspectiva. Se a sociedade romana tinha a propriedade imóvel como principal bem de valoração econômica, o período moderno vislumbra o fortalecimento dos bens móveis,[15] conceito no qual se inserem as quotas ou ações, que são documentos representativos da propriedade de uma sociedade, ou seja, de uma *pessoa jurídica*. A possibilidade de fracionamento da propriedade em ações marcou o surgimento dos valores mobiliários, como meio de possibilitar a captação de recursos às empresas e, assim, financiar a atividade industrial, o que exigia grandes somas para alavancar as novas atividades desenvolvidas em escala industrial.[16]

O estudo das relações entre a pessoa física e a jurídica é importante para o direito processual, como se percebe na discussão que se travou sobre a possibilidade de o sócio ser testemunha da pessoa jurídica, uma vez que correspondem a realidades distintas, ou a possibilidade de se alegar a compensação de dívidas em execução promovida por pessoa jurídica quando o sócio seja devedor, em sociedade unipessoal.[17] Muitas são as

os escravos e os animais de tiro e carga. Sobre o assunto: Oto Karlowa, *Römische Geschichite*, p. XX.

13. O assunto será abordado futuramente, em obra de direito material, na qual ainda se recolhe extenso material para elaboração.

14. Sobre a distinção entre os *títulos de crédito* e os *valores mobiliários*: Fábio Konder Comparato, *Novos Ensaios e Pareceres de Direito Empresarial*, pp. 16-25.

15. No Direito Romano todos os bens ligados à propriedade rural imóvel eram considerados *res mancipi*: terrenos itálicos, escravos, animais de carga e as quatro servidões prediais, que eram vitais para a passagem de pessoas e da água. Estes bens somente eram transmitidos por fórmula especial, *a mancipatio*; por isso eram denominados *res mancipi*. Os demais não necessitavam de modo especial, e eram chamados de *res nec mancipi*. Estes necessitavam apenas da *traditio* para a transmissão (v. Czylahr, *Lehrbuch der Institutionen der Römischen Rechtes*, § 39, p. 76).

16. "O aparecimento e a surpreendente difusão dos títulos de massa, inicialmente através das ações de emissão das sociedades anônimas, logo encontrando respaldo nas negociações nas Bolsas, seguidas de outras obrigações por elas emitidas, além dos chamados títulos públicos de emissão governamental, e, ainda, a difusão no mercado dos títulos cambiais, pelo desconto no banco, trouxeram à baila uma nova realidade no mundo até então restrito às negociações com os títulos cambiários, limitados aos particulares nas feiras e mercados e aos poucos se expandindo" (Waldírio Bulgarelli, *Títulos de Crédito*, p. 81).

17. José Lamartine Corrêa de Oliveira, *A Dupla Crise da Pessoa Jurídica*, cit., p. 298.

questões interessantes que decorrem da separação e interpenetração entre a pessoa física e jurídica.

## 2. O marco da doutrina da desconsideração

Como explica Menezes Cordeiro, no Direito europeu a cogitação de realizar a interpenetração entre a pessoa *jurídica* e a *física* decorre da criação das sociedades limitadas no Direito Alemão em 1892.[18] E o motivo foi simples. As sociedades por ações assumiam natureza impessoal e com mecanismos especiais de proteção, mas com regras de menor alcance para permitir o fomento. Na outra ponta existiam as sociedades com responsabilidade ilimitada, as quais representavam grande risco ao sócio, pelo comprometimento de todo seu patrimônio. Com a criação das sociedades por quotas muda o panorama, uma vez que existiria a limitação da responsabilidade do sócio ao capital integralizado por meio da quota. Fundava-se nesse momento o princípio da separação entre o patrimônio da empresa e o do sócio, como realidades distintas. Segundo Menezes Cordeiro, a "certidão de nascimento" da desconsideração deve ser analisada em uma decisão do *Reichsgericht* de 22.6.1920, quando pela primeira vez o Tribunal reconheceu possibilidade de ataque ao patrimônio do sócio ainda que unipessoal a sociedade.

No Direito Norte-Americano a manifestação sobre a doutrina do *disregard* já seria pontuada desde o início do século XIX, conforme célebre decisão de Marshall no ano de de 1809, em que se discutia a competência da jurisdição federal.[19] A jurisdição federal regulava os conflitos entre pessoas físicas de Estados diversos mas nada dispunha sobre as pessoas jurídicas. A única solução possível seria ultrapassar o véu da pessoa jurídica para enxergar a pessoa que estaria por detrás dela. Note-se que não há uma preocupação teórica, mas prática, com a questão. Segundo Marshall seria necessário "to look beyond the entity to the character of the individuals who compose the corporation".[20]

A doutrina da desconsideração ganhou relevo com a sistematização de Rolf Serick, em sua tese *Rechtsform und Realität juristischer Personen – Ein rechtsvergleichender Beitrage zur Frage des Durchgriffs auf die Personen oder Gegenstände hinter der juristischen Person* (*Forma*

---

18. Menezes Cordeiro, *O Levantamento da Personalidade Colectiva no Direito Civil e Comercial*, p. 103.

19. Idem, p. 108.

20. *Apud* Menezes Cordeiro, *O Levantamento da Personalidade Colectiva no Direito Civil e Comercial*, cit., pp. 108-109.

*Jurídica e Realidade das Pessoas Jurídicas – Uma Contribuição do Direito Comparado à Questão da Penetração no que Visa a Atingir Pessoas e Objetos Situados Detrás da Pessoa Jurídica*).[21] Trata-se do primeiro estudo dogmático e sistematizado no Direito Alemão sobre a desconsideração da pessoa jurídica (*Nichtbeachtung der juristischen Person*).[22] Em seu estudo realiza a primeira sistematização do instituto com a análise dos julgados alemães e da rica contribuição anglo-saxã sobre o tema. No Brasil o tema foi tratado com maestria por José Lamartine Corrêa de Oliveira em estudo clássico e reconhecido mundialmente;[23] bem como por Marçal Justen Filho, em monografia pontual sobre o assunto.[24]

## 3. A doutrina da desconsideração (*"Nichtbeachtung der juristischen Person"*)

No Direito Brasileiro a jurisprudência e a doutrina reconhecem a desconsideração de longa data. Contudo, sua incursão legislativa foi paulatina. Em nosso sistema a adoção da desconsideração já tinha alcançado sistematização legal perante os arts. 28, *caput* e § 5º, do CDC e 18 da Lei 8.884/1994, de modo expresso, sem prejuízo do seu reconhecimento por meio de interpretação de outros dispositivos de nosso sistema, como o art. 135 do CTN.[25] Todavia, o art. 50 do CC representou nítido avanço na sistematização e consagração de soluções reconhecidas pela jurisprudência, especialmente quanto à construção de um modelo metajurídico para desconsideração da personalidade jurídica, cuja atenção

---

21. Publicada por Walter de Gruyter & Co., Berlin, Tübingen, 1955.

22. Várias são as formulações linguísticas. O Direito Português tomou como base a fórmula brasileira, como informa Menezes Cordeiro. O ilustre tratadista usa a expressão o termo "levantamento da personalidade colectiva". No Direito Inglês outras expressões são utilizadas: *lifting the corporate veil* ("levantando o véu da corporação); no Direito Alemão, *Durchgriff bei juristischer Personen* ("penetração das pessoas jurídicas").

23. A obra de José Lamartine Corrêa de Oliveira (*A Dupla Crise da Pessoa Jurídica*, cit.) representa estudo a ser dificilmente superado, pelo brilhantismo de sua exposição e sua sistematização, sendo referência obrigatória para qualquer estudo sério sobre o tema, inadmissível sua omissão, ainda que como referência de consulta de manuais e cursos de direito civil. O jurista realiza uma abordagem analítica do pensamento de Serick e sua contribuição para a sistematização do assunto no Direito Alemão.

24. Marçal Justen Filho, *Desconsideração da Personalidade Societária no Direito Brasileiro*, p. 94, com visão sistêmica do instituto.

25. Sobre a desconsideração, v. o que escrevemos com José Miguel Garcia Medina in *Código Civil Comentado*, cit., p. 100.

se volta essencialmente para o regime das sociedades limitadas. Apesar da complexidade do tema proposto pelo art. 50 do CC, a finalidade da desconsideração é simples, como informa Menezes Cordeiro: "O levantamento destina-se, precisamente, a evitar que, a coberto da personalidade colectiva, os agentes possam, contra o sistema, contornar situações de responsabilidade que lhes seriam imputáveis".[26]

Várias são as hipóteses práticas que podem levar à aplicação da desconsideração, as quais são enquadráveis, em sua generalidade: (a) no abuso de direito; (b) no abuso específico da personalidade; (c) no desvio da finalidade da empresa; (d) na infração da lei ou do contrato social que vise a prejudicar as relações constituídas e amparadas pela boa-fé; (e) e na confusão patrimonial, especialmente na sociedade unipessoal. Esta última situação merece exame cuidadoso, especialmente pela possibilidade expressa de limitação da responsabilidade pelo sistema atual (art. 980-A do CC). As construções do quadro probatório para fins de aplicação da desconsideração dependerão do caso concreto, embora algumas sejam mais simples quanto à sua constatação, como na hipótese subcapitalização da empresa com o objetivo de contratar e limitar futura responsabilidade da pessoa jurídica. O caso foi analisado em concreto com a aplicação do princípio geral da boa-fé, no qual se constatou sua violação, bem como dos bons costumes do tráfico comercial, junto ao Tribunal alemão. Outros casos interessantes impõem a análise da desconsideração, como na fraude à lei. A fraude legal consiste, basicamente, em obter finalidade não prevista pelo texto legal, seja em virtude de um silêncio eloquente ou por expressa vedação legal. O sócio, por exemplo, pode simplesmente avariar, como pessoa física, um bem que pertença à pessoa jurídica. O seguro contratado deve considerar a separação entre as esferas jurídicas, ou considerar uma única realidade? Caso o sócio seja considerado pessoa física e não autorizada a utilizar o bem, o pagamento do seguro poderá ser negado? Em outra formulação: seria lícito considerar que o sócio deliberadamente teria avariado o bem para o recebimento do seguro, o que também é vedado, ainda que ele seja autorizado a utilizar o bem como um benefício salarial indireto (*fringe benefit*)? Estas e outras interessantes questões não podem ser analisadas neste trabalho, ante seu escopo eminentemente processual, mas fazem parte do conjunto de questões que podem ser enfrentadas na decisão do incidente.

---

26. Menezes Cordeiro, *O Levantamento da Personalidade Colectiva no Direito Civil e Comercial*, cit., p. 164.

## 4. A figura normativa da desconsideração e a boa-fé

Para a desconsideração da personalidade jurídica assume relevo a temática da boa-fé. Para o exame específico da figura do art. 50 do CC considera-se como figura-base a *boa-fé objetiva*. Não está em jogo um comportamento isolado do sujeito, que irradia consequências no mundo jurídico, tal como ocorre com a posse prolongada de boa-fé que gera a usucapião (art. 1.242 do CC). A desconsideração exige o exame das formas de violações da boa-fé objetiva cometidas por meio da pessoa jurídica. Ela exige o exame das regras de conduta que mantêm o equilíbrio do tráfico negocial (*Rechtsverkehr*). Em suma: um especial comportamento legítimo que se espera por parte daquele que assume posição jurídica no meio social. É por meio desta posição que sua conduta pode gerar prejuízos a terceiros, que merecem correção pela aplicação do incidente previsto pelos arts. 133 e ss. do CPC. No plano da desconsideração esta conduta pode ser causada pelo sócio em relação à sociedade, ou pela sociedade em relação ao sócio (desconsideração inversa).

A boa-fé objetiva, no campo da desconsideração, toma em relevo a figura do abuso de direito, prevista pelo art. 187 do CC.[27] O abuso provoca distorções que afetam dois pontos essenciais de concretização da boa-fé: (a) a tutela da confiança e (b) a primazia da realidade subjacente.

Estes fatores, muito embora não sejam reconhecidos com a apreciação dogmática indicada, são intuídos pelo julgador. O próprio STJ, mesmo antes da inserção da figura prevista pelo art. 133 do CPC, manifestava-se pela necessidade de demonstração do dolo, ainda que desprezasse o ajuizamento de ação autônoma. O posicionamento seguido pela Corte Federal partia da concepção de que a inserção da parte despersonalizada seria benéfica à efetividade do processo e sua defesa não seria prejudicada, pois teria a possibilidade de opor embargos e/ou impugnação, sem prejuízo da própria exceção de pré-executividade.[28]

---

27. Menezes Cordeiro (*Tratado de Direito Civil Português – Parte Geral*, vol. I, pp. 230 e ss.) sintetiza os campos de projeção da boa-fé objetiva em cinco frentes: (a) no tratamento da culpa *in contrahendo*; (b) na integração e correção do negócio jurídico; (c) no abuso de direito; (d) na alteração da base objetiva da relação jurídica; e (e) como meio de proteção de obrigações complexas. Nesta última projeção devem ser lembradas a violação positiva do contrato e a noção de obrigação como processo, com grande contribuição de Clóvis do Couto e Silva (*A Obrigação como Processo*, passim).

28. "Esta Corte firmou entendimento de que é prescindível a citação prévia dos sócios para a desconsideração da personalidade jurídica da sociedade empresária, sendo forçosa a demonstração do efetivo prejuízo advindo do contraditório diferi-

## 5. Teorias: objetiva e subjetiva

Mais que mera discussão teórica, a desconsideração da personalidade jurídica pode ser enfocada pelo elemento *subjetivo* ou *objetivo*. Aqui temos uma certa semelhança com o raciocínio desenvolvido para a teoria da posse. O elemento subjetivo não pode ser exigido como prova essencial para a desconsideração. Há um embate entre a concepção subjetiva e a objetiva sobre o tema da desconsideração. O jurista alemão Serick despontou como defensor da teoria subjetiva.[29] Sua posição é interessante, pela combinação ou conformação do elemento objetivo com o subjetivo, pois a desconsideração exigiria uma atitude consciente da pessoa jurídica em cometer o desvio.[30] A posição de Serick retrata doutrina ainda construída com casos analisados na primeira metade do século XX. Atualmente, na Alemanha, este posicionamento é ultrapassado. A verificação da extrapolação dos limites para fins de levantamento tem prisma objetivo.

O sistema jurídico, por meio da jurisprudência criativa, estabelece os padrões objetivos para a composição das hipóteses que caracterizam a atitude abusiva e a necessidade da desconsideração. Um dos exemplos mais comuns é o do encerramento irregular da empresa. O não encerramento regular da empresa conforma padrão objetivo; contudo, o especial fim de agir (elemento subjetivo = dolo) deve ser demonstrado por fatores de ordem objetiva: confusão patrimonial, retirada de caixa sem suporte contábil – enfim, por atos que comprovem a lesão à empresa e em relação aos terceiros interessados.[31]

do" (STJ, 3ª Turma, REsp/AgR 1.459.831-MS, rel. Min. Marco Aurélio Bellizze, j. 21.10.2014, *DJe* 28.10.2014).

29. Serick, *Rechtsform und Realität juristischer Personen/Ein rechtsvergleichender Beitrag zur Frage des Durchgriffs auf die Personen oder Gegenstände hunter der juristischer Person*, pp. 38-39.

30. V. nosso estudo com José Miguel Garcia Medina, *Código Civil Comentado*, cit., pp. 102-103.

31. "A teoria da desconsideração da personalidade jurídica (*disregard of legal entity doctrine*) incorporada ao nosso ordenamento jurídico tem por escopo alcançar o patrimônio dos sócios-administradores que se utilizam da autonomia patrimonial da pessoa jurídica para fins ilícitos, abusivos ou fraudulentos, nos termos do que dispõe o art. 50 do CC: comprovação do abuso da personalidade jurídica, mediante desvio de finalidade ou de confusão patrimonial, em detrimento do interesse da própria sociedade e/ou com prejuízos a terceiros. 2. A mera demonstração de insolvência da pessoa jurídica ou de dissolução irregular da empresa sem a devida baixa na Junta Comercial, por si sós, não ensejam a desconsideração da personalidade jurídica – Precedentes. Tendo por incontroversa a base fática apresentada pelo Tribunal de origem – insolvência e encerramento irregular das atividades empresariais –, este

É certo que em algumas situações o elemento *culpa* será examinado, como na prática de atos decisórios que gerem responsabilidade civil que atinge a empresa, ou no exame do não cumprimento deliberado de obrigações societárias. Todavia, a concretização da culpa por padrão objetivo é essencial, sob pena de subjetivismo insustentável e da ausência de segurança jurídica.[32] A formação de precedentes nesta matéria é fundamental para a segurança do próprio direito societário.

## 6. Requisitos para a desconsideração da personalidade no Direito Brasileiro

O exame do direito material da desconsideração da personalidade não é o objeto da exposição, mas a simbiose entre o direito material e o processual nesta seara é intensa, com o foco voltado para os requisitos elencados no art. 50 do CC, o qual retrata a hipótese genérica do instituto.

O procedimento judicial para a desconsideração foi inserido no Capítulo IV ("Do Incidente de Desconsideração da Personalidade Jurídica") do Título III ("Da Intervenção de Terceiros") do Livro III ("Dos Sujeitos do Processo") da Parte Geral do Código de Processo Civil, nos termos do art. 133. Por meio de sua utilização há uma inserção de terceiro na relação originária, a qual estará suspensa até a decisão final do incidente (art. 134, § 3º, CPC). A desconsideração configura-se como um chamamento ao processo às avessas, pois a parte interessada pleiteia a projeção do

Tribunal Superior não esbarra no óbice da Súmula n. 7/STJ, por analisar a alegação de violação do art. 50 do CC – Precedentes – Agravo regimental não provido" (STJ, 4ª Turma, REsp/AgR 1.225.840-MG, rel. Min. Raul Araújo, j. 10.2.2015, *DJe* 27.2.2015).

32. "A criação teórica da pessoa jurídica foi avanço que permitiu o desenvolvimento da atividade econômica, ensejando a limitação dos riscos do empreendedor ao patrimônio destacado para tal fim. Abusos no uso da personalidade jurídica justificaram, em lenta evolução jurisprudencial, posteriormente incorporada ao direito positivo brasileiro, a tipificação de hipóteses em que se autoriza o levantamento do véu da personalidade jurídica para atingir o patrimônio de sócios que dela dolosamente se prevaleceram para finalidades ilícitas. Tratando-se de regra de exceção, de restrição ao princípio da autonomia patrimonial da pessoa jurídica, a interpretação que melhor se coaduna com o art. 50 do CC é a que relega sua aplicação a casos extremos, em que a pessoa jurídica tenha sido instrumento para fins fraudulentos, configurado mediante o desvio da finalidade institucional ou a confusão patrimonial. O encerramento das atividades ou dissolução, ainda que irregulares, da sociedade não são causas, por si sós, para a desconsideração da personalidade jurídica, nos termos do Código Civil – Embargos de divergência acolhidos" (STJ, 2ª Seção, EREsp 1.306.553-SC, rela. Min. Maria Isabel Gallotti, j. 10.12.2014, *DJe* 12.12.2014).

terceiro sobre a relação jurídica base, com sua alocação no polo passivo da demanda originária.

O rito do incidente exige uma análise sobre os pressupostos de sua aplicação, como reza o art. 133, § 1º, do CPC. O Código processual apenas disciplinou de modo sucinto o procedimento, exigindo a leitura atenta das hipóteses fixadas pelo direito material como causa de pedir, *ex vi* dos arts. 50 do CC, 28, *caput* e § 5º, do CDC, 34 da Lei 12.529/2011, e 135 do CTN. Além disso, o procedimento deverá conjugar a leitura dos arts. 133 e ss., presentes no já referido capítulo da intervenção de terceiros, com os dispositivos referentes à responsabilidade patrimonial (art. 789 do CPC) e à fraude à execução (art. 792 do CPC).

## 7. Petição inicial: *pedido autônomo ou incidental*

O pedido inicial será formulado por meio de requerimento que obedecerá aos requisitos do art. 319 do CPC. A princípio, pela mera leitura do art. 135 do CPC, o preenchimento de todos os requisitos previstos para o oferecimento da petição inicial nos termos do Código de Processo Civil seria desnecessário. Contudo, a inicial poderá sofrer variação. Tudo dependerá da natureza *incidental* ou *autônoma* do pedido de desconsideração.

Na forma incidental a parte interessada deve cumprir rigorosamente os requisitos previstos pelo art. 319, II, III, IV e VI. Afinal, o pedido será incidental; portanto, distribuído por dependência, com registro e anotação perante o Distribuidor (art. 134, § 1º, do CPC). O elemento essencial do libelo incidental concentra-se nos incisos III e IV do art. 319 do CPC. O primeiro inciso exige a demonstração da causa de pedir do incidente. A parte autora deverá comprovar a motivação do pedido, que deverá se centrar nas causas da desconsideração: abuso, desvio, fraude (teoria maior), dificuldade de obter a reparação (teoria menor). Esta demonstração envolve não apenas a descrição dos fatos e fundamentos jurídicos, mas a anexação de provas documentais e a indicação daquelas que poderão ser produzidas no decorrer da instrução.

Na modalidade autônoma a petição inicial obedecerá aos requisitos integrais do art. 319 do CPC, pois o pedido de desconsideração será realizado de modo cumulado com o principal. Na formulação autônoma o litisconsórcio passivo sucessivo será formado pelo autor, e a audiência de conciliação poderá ser realizada com a participação do sócio e da sociedade, desde que requerido pela parte autora (art. 319, VII). A audiência de conciliação, de acordo com nosso posicionamento, será sempre facultativa. Basta a manifestação de uma das partes quanto ao seu desinteresse para que ela não se realize.

A leitura do art. 334, § 4º, I, do CPC deve ser relativizada, pois não há sentido, dentro da teoria moderna da mediação e da arbitragem, em forçar qualquer uma das partes à conciliação. O ato é sempre pautado pela voluntariedade (*voluntariness*) – afinal, "as partes estão presentes porque elas querem estar lá, ou ao menos não estão compelidas a estar lá".[33] A forma como está redigido o art. 334 do CPC viola a essência da conciliação e da mediação.

Com a formulação do pedido autônomo não ocorrerá a suspensão do processo (art. 134, § 3º, do CPC). A citação de ambas as partes permitirá a formação de litisconsórcio, sem prejuízo de que o pedido de desconsideração seja analisado como questão prejudicial, por ocasião da sentença final (arts. 485 ou 487 do CPC) ou por meio de sentença intermediária (art. 356, I e II, do CPC).

O pedido de citação deverá ser dirigido ao sócio ou à sociedade (art. 134, § 2º, do CPC). Tudo dependerá de o objetivo do pedido ser a desconsideração própria, na qual se objetiva a responsabilização do sócio, ou a desconsideração imprópria, na qual se busca a desconsideração inversa da personalidade jurídica, para que os bens da sociedade passem a compor o patrimônio do sócio que está sendo executado.

## 7.1 Conteúdo específico da causa de pedir: a violação à boa-fé objetiva

O art. 50 do CC, como comando genérico para a desconsideração, não traz prejuízo aos contornos específicos da legislação consumerista e da tributária[34] e reforça a atitude de má-fé por parte daquele que comete o abuso de direito, como pressuposto de sua aplicação. O abuso de direito é figura de criação francesa, com origem na famosa decisão do Tribunal de Colmar.[35] Por meio do abuso de direito veda-se a prática de posição

---

33. "Parties were present because they wanted to be there, or at least were not compelled" (tradução livre) (David Spencer e Michael Brogan, *Mediation Law and Practice*, p. 85.

34. Enunciado 51 do Conselho da Justiça Federal/CJF: "A teoria da desconsideração da personalidade jurídica – *disregard doctrine* – fica positivada no novo Código Civil, mantidos os parâmetros existentes nos microssistemas legais e na construção jurídica sobre o tema".

35. A doutrina do abuso de direito foi desenvolvida pela jurisprudência francesa no século XIX tendo como caso emblemático a famosa decisão de Colmar, na qual

aparentemente legítima, ou seja, aquela que é praticada como se seu titular realizasse o exercício regular de um direito. Na fraude combate-se a utilização da sociedade como meio de atingir um fim ilícito e de cunho pessoal do seu administrador. No desvio de finalidade os objetivos de constituição e desenvolvimento da atividade-fim da sociedade sofrem flagrante alteração por meio de atividade do sócio ou administrador. Na verdade, a violação da boa-fé e a projeção do abuso conferem uma zona de indeterminação conceitual que permite que a atividade a ser analisada, para fins de desconsideração, seja concretizada pelo juiz perante a conduta narrada. Por esse motivo, o comando do art. 50 do CC, assim como dos demais dispositivos legais, tem o suporte essencial na violação da boa-fé objetiva e sua projeção para o sistema jurídico. Não há propriamente um elenco típico e cerrado. O art. 50 do CC tem cunho aberto, cujas previsões serão analisadas pelos tribunais no caminho de construir as hipóteses de aplicação da desconsideração.[36-37] Uma das formas de banalização na utilização do instituto pode ser visualizada nos pedidos formulados pelas Fazendas Públicas na tentativa de obter a satisfação de débitos fiscais. A mera irregularidade quanto ao não encerramento ou encerramento falho da empresa acabou por motivar pedidos de desconsideração com

o Tribunal francês reconheceu a prática de um ato emulativo pela construção de uma chaminé falsa com o único objetivo de retirar a visão da propriedade do vizinho. Os atos emulativos são atos prejudiciais praticados no aparente exercício de um direito regular, notadamente nos conflitos de propriedade e especialmente no direito de vizinhança. Outra decisão interessante conhecida é referente a 1913, na qual ofendículos foram colocados em uma propriedade com o fim de lesar o construtor de dirigíveis que era seu vizinho (sobre essas decisões, cf. Menezes Cordeiro, *Tratado de Direito Civil Português – Parte Geral*, cit., vol. I, p. 241).

36. A fluidez quanto às hipóteses de construção pode ser visualizada nos exemplos citados por Menezes Cordeiro (*O Levantamento da Personalidade Colectiva no Direito Civil e Comercial*, cit., pp. 137-146, nos casos *Tiefbau*, *Video* e *TBB*, analisados pelo Tribunal Federal alemão (BGH).

37. O STJ paulatinamente modela as hipóteses de incidência do instituto: "A desconsideração da personalidade jurídica é admitida em situações excepcionais, devendo as instâncias ordinárias, fundamentadamente, concluir pela ocorrência do desvio de sua finalidade ou confusão patrimonial desta com a de seus sócios, requisitos sem os quais a medida torna-se incabível. A alteração de endereço de empresa, em regra, não é suficiente para demonstrar qualquer dos pressupostos, ainda que conjugada à ausência de bens. A inexistência de indicação de novo endereço, mesmo na interposição do agravo de instrumento na origem, em que se declinou o mesmo endereço no qual desde 2009 não se encontra, conforme certidão de oficial de justiça, faz presumir o abuso da personalidade jurídica, apto a embasar o deferimento da desconsideração da personalidade jurídica da empresa, para se buscar o patrimônio individual de seu sócio –Recurso especial não provido" (3ª Turma, REsp 1.311.857-RJ, rela. Min. Nancy Andrighi, j. 13.5.2014, *DJe* 2.6.2014).

base no art. 135 do CTN. A novidade e a vacilação da jurisprudência bem como a ausência de sistematização exigiram sedimentação do STJ sobre a questão.[38]

Quando o pedido for realizado de modo autônomo, a causa de pedir para a desconsideração deverá ter capítulo próprio na petição inicial, pois estará configurada uma questão prejudicial. O pedido condenatório poderá ser formulado em relação a ambas as partes, mas a condenação daquela que se pretende atingir pelo levantamento exigirá, na fundamentação da sentença, decisão prévia sobre a desconsideração. É possível que o juiz decida antecipadamente o mérito da desconsideração por meio de decisão parcial de mérito (art. 356, I e II, do CPC).

### 7.2 Legitimação processual ativa

A legitimação ativa para o pedido de desconsideração pertence à parte lesada, assim como ao terceiro interessado, na hipótese de assistência litisconsorcial. Dentre os legitimados ativos destaca-se a Fazenda Pública, que atua por meio dos seus procuradores para a proteção do patrimônio público. Um dos pontos de maior importância reside no combate aos grupos econômicos que criam sociedades empresárias coligadas com o fim de cometer atos ilícitos.[39]

38. Atualmente é pacífica no STJ a noção de impossibilidade de aplicar a desconsideração por mera irregularidade de encerramento. Posicionamento acertado, pois do contrário a gravidade do levantamento da personalidade poderia decorrer até da negligência do contador que não tivesse comunicado o encerramento empresa. Neste sentido: "A aplicação da teoria da desconsideração da personalidade jurídica para excepcionar a regra legal que consagra o princípio da autonomia da pessoa coletiva requer a comprovação de que a personalidade jurídica esteja servindo como cobertura para abuso de direito ou fraude nos negócios e atos jurídicos. O encerramento da empresa, com declaração de inexistência de passivo, porém na pendência de débito inadimplido, quando muito pode configurar dissolução irregular, o que é insuficiente, por si só, para a aplicação da teoria da *disregard doctrine* – Precedentes – Recurso especial conhecido em parte e provido" (STJ, 3ª Turma, REsp 1.241.873-RS, rel. Min. João Otávio de Noronha, j. 10.6.2014, *DJe* 20.6.2014).

39. "O acórdão recorrido tem fundamentação robusta acerca da existência de confusão patrimonial entre empresas do mesmo grupo econômico com a finalidade de fraudar credores. Assim, é cabível a desconsideração da personalidade jurídica, nos termos do art. 50 do CC, bem como o reconhecimento da fraude à execução, com amparo na Súmula n. 375/STJ: 'O reconhecimento da fraude à execução depende do registro da penhora do bem alienado ou da prova de má-fé do terceiro adquirente' – Incidência da Súmula n. 7/STJ – Agravo regimental não provido" (STJ, 4ª Turma, AREsp/AgR 231.558-PR, rel. Min. Luís Felipe Salomão, j. 18.12.2014, *DJe* 2.2.2015).

O Ministério Público, como titular de ação civil coletiva, como eventual substituto processual em ação individual ou, ainda, na função de *custos legis*, terá a possibilidade de pedir a desconsideração (art. 133 do CPC).[40] Nas ações de improbidade o papel do Ministério Público é de extrema relevância no combate à corrupção, sendo fundamental sua atuação na tarefa de velar pela desconsideração da personalidade para impedir que a pessoa jurídica seja utilizada como subterfúgio para a prática de ilegalidades que possam afetar o patrimônio público e terceiros contratantes.

### 7.3 Legitimação passiva e regularidade da pessoa jurídica: registro civil ou comercial

Só há sentido em se falar em desconsideração quando possível visualizar a pessoa jurídica de modo independente de seus sócios. A desconsideração pressupõe a duplicação de posições jurídicas.[41] Sem ela não há sentido em "penetrar na pessoa jurídica" para a investigação da responsabilidade dos seus componentes (*Haftungsdurchgriff*).[42] Esta separação é fundamental para que a doutrina da desconsideração possa ter aplicação. Várias são as possibilidades de aplicação da desconsideração. Dentre elas, a possibilidade de contratação com terceiro de boa-fé que acredita no poder de autorização do representante da pessoa jurídica para a celebração do negócio jurídico. Aqui visualiza-se perfeitamente a figura da pessoa jurídica e de seu sócio ou administrador com projeção de atos no tráfico negocial (*Gesellschaft vom Nichtberechtigten*). No exemplo citado a teoria da aparência seria o primeiro subsídio para responsabilizar a pessoa jurídica e garantir que o terceiro não sofra qualquer prejuízo. Este ponto assume contato com a necessidade de exame da doutrina

---

40. "Diante da inegável influência que um decreto de falência exerce na ordem social, bem como diante da necessidade de se fiscalizar a obediência ao pagamento preferencial de certas modalidades especiais de crédito disciplinadas pelo Poder Público, reconhece-se a legitimidade do Ministério Público para realizar pedido incidental, nos autos da falência, de desconsideração da personalidade jurídica e de indisponibilidade de bens dos envolvidos em ato tido como destinado a prejudicar credores da falida. A existência de medida cautelar específica não impede o exercício do poder cautelar do juiz, embasado no art. 798 do CPC" (STJ, 4ª Turma, REsp 1.182.620-SP, rel. Min. Raul Araújo, j. 10.12.2013, *DJe* 4.2.2014).

41. Marçal Justen Filho, *Desconsideração da Personalidade Jurídica Societária no Direito Brasileiro*, p. 55.

42. Medicus, *Allgemeiner Teil des BGB*, cit., 1.106/433, § 65.

*ultra vires*, com exame da publicidade do registro do contrato social da pessoa jurídica.[43]

Muitas vezes a pessoa jurídica não terá condições de arcar com a responsabilidade dos atos praticados em sua gestão fraudulenta. Por este motivo, interessa a distinção entre a pessoa da sociedade e a do sócio, para permitir o levantamento da personalidade jurídica coletiva com o fim de atingir o patrimônio daquele que se beneficiou com o ato lesivo.

A existência da pessoa jurídica depende da regularidade dos seus atos constitutivos (art. 967 do CC). Quando se trata de sociedade irregular ou de fato a responsabilidade é automaticamente ilimitada. Obviamente, nas sociedades empresárias o tema assume maior relevância, especialmente perante as sociedades de responsabilidade limitada, pois é aqui que reside com clareza o princípio da independência patrimonial da pessoa jurídica em relação à pessoa física. A desconsideração para as fundações e associações é de menor importância, como reconhece a melhor doutrina (*weil sie für Verein und Stiftung kaum Bedeutung hat*). [44]

O registro é ato essencial, e constitui a "certidão de nascimento" da sociedade civil ou empresária.[45] O Código Civil de 1916 traçava uma diferenciação entre sociedade civil e comercial. A classificação entre uma modalidade e outra não era firmada por um critério digno de precisão. O comércio de bens móveis poderia gerar uma sociedade comercial; mas a mercancia sobre bens imóveis, somente uma sociedade civil. O direito comercial era orientado pela doutrina francesa do século XIX, informado pela teoria dos atos de comércio, que viria a ser substituída pelo atual diploma, embasado pela teoria da empresa. O Regulamento 737/850 – que serviu para processar as causas comerciais e, mais tarde, as civis – enumerava (no art. 19) os atos considerados como *atos de mercancia*, e neles

---

43. Na doutrina *ultra vires* aplica-se o princípio da especialidade e discute-se a responsabilidade da sociedade por atos praticados por seus integrantes que excedem limites de seus poderes estatutários, ou quando os celebrem com total ausência de poderes. O registro do contrato social com seu objeto, em tese, seria um fator de limitação da responsabilidade da pessoa jurídica em face do terceiro, que não poderia alegar a boa-fé. Sobre o assunto, Fabio Caldas de Araujo e José Miguel Garcia Medina, *Código Civil Comentado*, p. 657, Ed. RT, 2014.

44. Medicus, *Allgemeiner Teil des BGB*, cit., 1.106/455, § 66. No entanto, deve ser mencionado, o Enunciado 284 das Jornadas do CJF: "As pessoas jurídicas de direito privado sem fins lucrativos ou de fins não econômicos estão abrangidas no conceito de abuso da personalidade jurídica".

45. Sobre o tema, v. nosso estudo sobre o registro civil in *Lei de Registros Públicos Comentada*, pp. 27-150.

não se incluíam os relativos à compra e venda de bens imóveis.⁴⁶ Daí, como esclarece Fabio Ulhôa Coelho, toda atividade relativa à compra e venda de bens imóveis estaria excluída do âmbito do direito comercial.⁴⁷

O Código Civil de 2002 modificou o foco da questão, uma vez que a definição sobre a natureza mercantil ou não da sociedade está espelhada pelo tipo de atividade desenvolvida.⁴⁸ A unificação entre o regime obrigacional civil e o comercial propiciou uma nova modalidade de exposição da matéria, pela criação das sociedades simples e empresárias. Esta diferenciação tem reflexo imediato quanto ao registro, pois o art. 1.150 do CC delimita: "O empresário e a sociedade empresária vinculam-se ao *Registro Público de Empresas Mercantis a cargo das Juntas Comerciais*, e a sociedade simples ao *Registro Civil das Pessoas Jurídicas*, o qual deverá obedecer às normas fixadas para aquele registro, se a sociedade simples adotar um dos tipos de sociedade empresária". A definição quanto à natureza da sociedade dependerá do tipo de atividade exercido pelos seus membros e da qualificação dos sócios. Se os indivíduos estão encartados como empresários, porque exercem atividade econômica organizada, nos termos do art. 966, c/c o art. 981, do CC, a sociedade será empresária.⁴⁹

O critério principal adotado pelo legislador está centrado na atividade econômica desenvolvida pela empresa, que pode desembocar em duas vertentes: *prestação de serviços* ou *produção de bens*. São as duas atividades que informam os setores secundário e terciário da economia

---

46. Eis a redação do art. 19 (segundo o *Código Penal Brasileiro Comentado*, de Bento Faria, p. 14): "'Considera-se mercancia:

"'§ 1º – A compra e venda ou troca de effeitos moveis ou semoventes para os vender por grosso ou a retalho, na mesma especie ou manufacturados, ou para alugar o seu uso;

"'§ 2º – As operações de cambio, banco e corretagem;

"'§ 3º – As emprezas de fabricas, de comissões, de depósito, de expedição, consignação, e transporte de mercadorias; de espectaculos publicos;

"'§ 4º – Os seguros, fretamentos, riscos e quaesquer contractos relativos ao commercio marítimo;

"'§ 5º – A armação e expedição de navios.'"

O ilustre jurista considerava a enumeração *iuris et de iure*, muito embora apregoasse que o rol não deveria ser interpretado de modo exaustivo (*numerus clausus*) (ob. cit., pp. 15-16).

47. Fábio Ulhôa Coelho, *Manual de Direito Comercial*, p. 6.

48. Arnoldo Wald, *Comentários ao Novo Código Civil*, vol. XIV, p. 80.

49. CC, art. 966: "Considera-se empresário quem exerce profissionalmente atividade econômica organizada para a produção ou a circulação de bens ou de serviços".

e justificam a atuação do empresário e o fomento da sua atividade.⁵⁰ O Código Civil disciplina de modo diferenciado algumas atividades, tais como: a intelectual; a artística; a científica; e a literária. A previsão encontra alicerce no parágrafo único do art. 966 do CC. A diferenciação entre a atividade empresarial e a intelectual é muito nítida. Dificilmente se poderá equiparar a atividade empresarial, marcada pela organização concatenada de um conjunto de fatores preordenados para a produção de bens ou a prestação de serviços em larga escala, à atividade puramente intelectual de determinados profissionais. Esta distinção é benfazeja.⁵¹ Estas atividades apenas serão equiparáveis quando os profissionais envolvidos na atividade intelectual *lato sensu* empregarem meios para organizá-la com fim empresarial. Neste modelo se encaixam os médicos, os quais se congregam para a formação de um hospital, ou os advogados que prestam serviço através de uma sociedade estritamente organizada para tal mister. Note-se que os dois exemplos não se confundem com a posição do advogado ou do médico que atuam isoladamente. Outrossim, enquanto a atividade intelectual não estiver organizada para a prestação sucessiva e dentro de um modelo empresarial de gerenciamento, ela estará sujeita ao *registro civil*. O Código Civil regula duas formas societárias de modo vinculativo, independentemente do tipo de atividade desenvolvida: trata-se da sociedade anônima e da sociedade cooperativa. A primeira será sempre *empresária*; e a segunda, *simples* (art. 982, parágrafo único).⁵²

A sociedade simples poderá utilizar o modelo societário da sociedade empresária, com exceção da sociedade por ações. Entretanto, esta

50. Com relação ao setor primário, delimitado pela sociedade rural, o produtor rural poderá assumir a qualidade de empresário, nos termos do art. 971 do CC: "O empresário, cuja atividade rural constitua sua principal profissão, pode, observadas as formalidades de que tratam o art. 968 e seus parágrafos, requerer inscrição no Registro Público de Empresas Mercantis da respectiva sede, caso em que, depois de inscrito, ficará equiparado, para todos os efeitos, ao empresário sujeito a registro".

51. Eis a perfeita justificação realizada por Sylvio Marcondes, autor do Anteprojeto, e lembrada por Arnoldo Wald: "Pela simples razão de que o profissional intelectual pode produzir bens, como o fazem os artistas; pode produzir serviços, como o fazem os chamados profissionais liberais; mas nessa atividade profissional, exercida por essas pessoas, falta aquele elemento de organização dos fatores de produção" (*apud* Arnoldo Wald, *Comentários ao Novo Código Civil*, cit., vol. XIV, p. 45).

52. CC:

"Art. 982. Salvo as exceções expressas, considera-se empresária a sociedade que tem por objeto o exercício de atividade própria de empresário sujeito a registro (art. 967); e, simples, as demais.

"Parágrafo único. *Independentemente de seu objeto, considera-se empresária a sociedade por ações; e, simples, a cooperativa*" (grifos nossos).

utilização não muda a natureza do seu ato constitutivo e a necessidade do registro civil. Não há que se falar em mudança de natureza jurídica pela adoção de forma peculiar da sociedade empresária (art. 983 do CC).[53] Além do mais, o art. 983 deve ser cotejado com o art. 114, II, da Lei de Registros Públicos/LRP.[54]

O Código Civil de 2002 disciplina a situação da sociedade de fato, denominada de sociedade não personificada, nos termos do art. 986: "Enquanto não inscritos os atos constitutivos, reger-se-á a sociedade, exceto por ações em organização, pelo disposto neste Capítulo, observadas, subsidiariamente e no que com ele forem compatíveis, as normas da sociedade simples". O registro será fundamental para o reconhecimento da sociedade simples e da empresária. Como alerta Arnoldo Wald, o Código Civil regulou a sociedade comum e a sociedade em conta de participação como não personificadas. A primeira não pode ser registrada porque é uma sociedade interna; contudo, a segunda necessita de regularização pelo registro. A sociedade de fato não terá personalidade jurídica, o que dificulta seu funcionamento, pela ausência de reconhecimento pelo sistema jurídico. Não terá personalidade jurídica, apenas judiciária (CPC, art. 75, IX). Este fato repercute diretamente quanto à impossibilidade da desconsideração.

### 7.3.1 A desconsideração da personalidade e a doutrina "ultra vires" ("beyond the powers")

O registro da sociedade, além de consistir na sua *declaração pública de nascimento*, confere proteção especial contra atos que são praticados pelos sócios e administradores com desvio de finalidade. A questão exige a menção sucinta da doutrina *ultra vires*, que encontrou acomodação no art. 1.015 do CC.[55] O assunto também esta regulado de modo específico para a sociedades anônimas no art. 158, II, da Lei das S/A, consistindo em diploma especial.

---

53. CC, art. 983: "A sociedade empresária deve constituir-se segundo um dos tipos regulados nos arts. 1.039 a 1.092; a sociedade simples pode constituir-se de conformidade com um desses tipos, e, não o fazendo, subordina-se às normas que lhe são próprias". Assevere-se o conteúdo do Enunciado 57 do CJF: "A opção pelo tipo empresarial não afasta a natureza simples da sociedade".

54. Lei 6.015/1973 (LRP): "Art. 114. No Registro Civil de Pessoas Jurídicas serão inscritos: (...); II – as sociedades civis que revestirem as formas estabelecidas nas leis comerciais, salvo as anônimas; (...)".

55. Sobre o assunto, v.: Fabio Caldas de Araújo e José Miguel Garcia Medina, *Código Civil Comentado*, cit., p. 657 e ss.

A aplicação da doutrina *ultra vires* gera um potencial conflito com a figura da desconsideração, cujo exame não será realizado neste trabalho, ante seu escopo eminentemente processual. Todavia, algumas considerações breves são oportunas. Vale lembrar que a doutrina *ultra vires* representa forma de proteção da sociedade civil ou empresária com origem nas discussões e interpretações do art. 316 do antigo Código Comercial: "O sócio-gerente que emprega a firma social em transações estranhas ao objeto da sociedade, declarando no respectivo contrato, não obriga a sociedade nem os outros sócios, salvo se estes deram o seu consentimento".[56] A doutrina discutia com ardor o alcance do dispositivo, sem posição pacífica sobre a extensão da exclusão em relação ao terceiro de boa-fé. O Código Civil de 2002 incorporou a doutrina *ultra vires* de modo mitigado no art. 1.015, *caput* e parágrafo único, que merecem transcrição:

"Art. 1.015. No silêncio do contrato, os administradores podem praticar todos os atos pertinentes à gestão; não constituindo objeto social, a oneração ou a venda de bens imóveis depende do que a maioria dos sócios decidir.

"Parágrafo único. O excesso por parte dos administradores somente pode ser oposto a terceiros se ocorrer pelo menos uma das seguintes hipóteses: a) se a limitação de poderes estiver inscrita ou averbada no registro próprio da sociedade; b) provando-se que era conhecida do terceiro; c) tratando-se de operação evidentemente estranha aos negócios da sociedade."

O juiz, ao analisar o pedido do incidente de desconsideração, terá que levar em conta a aplicação do art. 1.015, parágrafo único. A decisão do processo incidental deve apreciar de modo fundamentado a defesa formulada pela pessoa jurídica quando, por exemplo, seja realizado pedido de desconsideração inversa. Nesta situação a sociedade é chamada para ser responsabilizada pelos atos de seus sócios e administradores.

A desconsideração não se aplicará quando o vínculo entre o pretenso ato de gestão não comprometer a sociedade, pela não configuração da boa-fé objetiva e revelar a incidência do art. 1.015, parágrafo único do CC. Mais uma vez a boa-fé, como instituto essencial do direito civil, revela sua força (art. 113 do CC). O terceiro não poderá pedir a desconsideração e alegar a interpenetração entre a pessoa jurídica e a física quando o ato praticado pelo sócio em nome da sociedade for absolutamente

---

56. Waldemar Ferreira, *Tratado de Direito Comercial*, t. III, n. 519, pp. 577-579; Carvalho de Mendonça, *Tratado de Direito Comercial Brasileiro*, vol. III, p. 231.

estranho ao objeto ou contrato social da empresa (art. 1.015, parágrafo único, III).[57] A doutrina *ultra vires* representa um equilíbrio de proteção da sociedade, como meio de evitar que possa se tornar um alvo fácil de manipulação por sócios e administradores inescrupulosos que possam agir em conluio com terceiros. Os atos praticados em conexão com a atividade empresarial nem sempre estão expressamente previstos, o que exige o reconhecimento de *poderes implícitos* que não são apagados pelo princípio da especialidade. Em suma: denota-se a importância do registro civil ou empresarial (art. 985 do CC) com a previsão dos poderes e das limitações dos sócios e administradores, o que será essencial para conferir publicidade e formar o conceito de boa-fé em relação ao terceiro. A descrição do objeto social do contrato de constituição deverá ser detalhado, para não gerar dubiedade quanto à sua atividade econômica.

### 7.3.2 A pessoa jurídica de responsabilidade limitada

É possível afirmar que a desconsideração, sob o ângulo prático, volta-se essencialmente para a sociedade, civil ou empresária, de responsabilidade limitada, como já afirmado; do contrário não existiria necessidade de atravessar a pessoa jurídica na busca da pessoa física, ou mesmo na hipótese inversa (art. 133, § 2º, do CPC). No entanto, não há restrição quanto à sua utilização nos demais tipos societários, inclusive em relação à sociedade por ações, bem como nas sociedade coligadas – que representam um campo fértil para o seu emprego, em vista da possibilidade de utilização da teia societária para fins de dispersão do patrimônio.[58-59]

Desta feita, os tipos societários de responsabilidade ilimitada, como a sociedade em comum (art. 986 do CC) ou a sociedade em nome coletivo, não demonstram sequer relevância prática para fins de desconside-

---

57. "(...). Demonstrado que o negócio verbal realizado se distancia totalmente do objeto social da sociedade e, ainda, que o requerido tinha pleno conhecimento desse fato, justifica-se afastar a responsabilidade da sociedade pelo negócio entabulado entre o requerido e mandatário, em evidente excesso de mandato – Inteligência do parágrafo único do art. 1.015 do CC brasileiro" (TJDF, 3ª Turma, ACi 7944-5.2009.807.0007, rel. Des. Humberto Adjuto Ulhôa, j. 15.2.2012).

58. Cf., STJ, REsp 1.316.256-RJ, rel. Min. Luis Felipe Salomão, 4ª T., j. 18.6.2013, *DJe* 12.8.2013.

59. Em relação à desconsideração dos grupos empresariais, Suzy Elizabeth Cavalcante Koury, *A Desconsideração da Personalidade Jurídica ("disregard doctrine") e os Grupos de Empresas*, p. 89.

ração. Além disso, nos tipos societários de responsabilidade ilimitada, a execução permite a citação do sócio como responsável secundário, para fins do art. 790, II, do CPC. As sociedades em comandita simples apresentam um regime diferenciado, em vista da dualidade da condição societária: sócios comanditados e sócios comanditários. Apesar da raridade da hipótese, ela pode existir. Os sócios comanditados são pessoas físicas que exercem a administração e são responsáveis solidários e de modo ilimitado. Já, os comanditários são os sócios financeiros, e respondem apenas pelo valor da cota e sua integralização. Nada impede que o incidente seja instaurado para apurar a necessidade de desconsideração para atingir o sócio comanditário.

A legitimidade para o pedido de desconsideração poderá ser da própria pessoa jurídica, o que reforça a necessidade de sua personalidade jurídica devidamente constituída.[60] A pessoa jurídica também deverá realizar sua própria defesa quando o pedido for inverso, uma vez que existe a possibilidade de desconsiderar a personalidade para que bens sejam retornados ao patrimônio do sócio (art. 133, § 2º, do CPC).

## 7.4 A legitimação passiva e a desconsideração inversa

O pedido de desconsideração tradicionalmente nasce em decorrência do abuso da personalidade jurídica da sociedade praticado pelo sócio ou administrador. Por este motivo, o pedido de desconsideração é formulado para atingir o patrimônio do sócio ou administrador quando a pessoa jurídica não possui condições de arcar com suas obrigações. Na desconsideração inversa a situação é diversa. O sócio encontra-se no polo passivo e procura desviar seu patrimônio para a pessoa jurídica como meio de fugir do cumprimento de suas obrigações.

A desconsideração inversa é muito relevante não apenas para demandas de cunho condenatório. Nas ações de família, como a separação e o divórcio litigioso, sua importância é extrema, para não permitir a lesão de um dos cônjuges ou companheiros. Aqui, a participação do Ministério Público é relevante para evitar uma flagrante desproporção na partilha, em vista da habilidade de um dos cônjuges em camuflar o patrimônio. A atitude de transferência paulatina de bens para a pessoa jurídica deverá permitir a desconsideração da personalidade da sociedade, para que os

---

60. Enunciado 285 do CJF: "A teoria da desconsideração, prevista no art. 50 do CC, pode ser invocada pela pessoa jurídica, em seu favor".

bens incorporados sob a forma de ativos imobilizados ou, mesmo, capital integralizado possam voltar ao acervo do processo principal, para a garantia da dívida ou divisão do quinhão.[61]

## 7.5 O pedido de citação e a formação de litisconsórcio

A criação do incidente de desconsideração exige algumas considerações sobre a necessidade, ou não, de pedido de citação bifronte na petição inicial. Em vista da possibilidade de apresentação da desconsideração sob a modalidade autônoma e incidental, o litisconsórcio poderá ser formado de modo diverso.

Quando o pedido de desconsideração da personalidade for formulado na petição inicial a citação deverá ser dirigida à parte ré contra a qual se move o pedido condenatório, sem prejuízo da inclusão da parte cuja personalidade se pretende desconsiderar. Neste momento surge a primeira indagação. Os pedidos formulados na inicial não são idênticos, uma vez que a segunda parte somente poderá ser atingida após a decisão sobre a questão prejudicial, ou seja, quando comprovada a infringência à boa-fé objetiva, nos termos previstos pelo ordenamento jurídico (arts. 50 do CC, 28 CDC e 18 da Lei 8.884/1994). Deste modo, quando o pedido for inicial, entendemos que há formação de um litisconsórcio facultativo sucessivo simples. Assim, o pedido inicial conterá a postulação condenatória contra o réu principal e o pedido de desconsideração em relação ao réu secundário. Os pedidos são cumulados de modo sucessivo, sem prejuízo de que o pedido de desconsideração possa ser analisado em fase antecipada, por decisão parcial de mérito (art. 356 do CPC).

Se o pedido for formulado de modo incidental, a princípio não existe a necessidade de formação do litisconsórcio. Por meio do incidente, o que se pede é a inclusão da parte desconsiderada, como réu solidário na ação principal. A declaração de ineficácia sobre as alienações ou onerações do patrimônio da parte cuja personalidade será desconsiderada representa o julgamento do mérito da desconsideração (art. 137 do CPC) e surtirá seus efeitos na relação principal que se encontra suspensa (art. 134, § 3º, do CPC).

---

61. "Agravo regimental no agravo em recurso especial – União estável – Partilha de bens – Desconsideração da personalidade jurídica da empresa para fins de partilha de bens – Dano moral – Inexistente – Reexame de fatos e provas – Impossibilidade – Súmula n. 7/STJ – Improvimento – Agravo regimental improvido" (STJ, 3ª Turma, AREsp/AgR 53.701-RS, Rel. Min. Sidnei Beneti, j. 19.6.2012, *DJe* 26.6.2012).

É possível – como será abordado oportunamente – que no incidente seja concedido pedido de tutela de urgência. Este fato poderá provocar a indisponibilidade do patrimônio que eventualmente já esteja na posse de terceiro. Caso o terceiro seja atingido, nada impede que medidas específicas, como os embargos de terceiro, sejam utilizadas. Quando a questão esteja sendo tratada no processo principal, a declaração de fraude com fundamento na desconsideração não deverá ocorrer de modo automático quando interesse de terceiro possa ser atingido. Sua integração será essencial, com base no art. 792, § 4º, do CPC.

É importante salientar que o interesse de terceiro poderá não se manifestar no processo, e muito menos a fraude à execução. É possível que pela desconsideração apenas se desfaça a *confusão patrimonial entre o sócio e a sociedade*. Atinge-se unicamente o patrimônio em nome da parte a ser desconsiderada, sem qualquer envolvimento com terceiro.

Por este motivo, na formação do incidente será fundamental a comprovação do abuso, desvio ou fraude, independentemente da indicação precisa dos bens pertencentes ao desconsiderado. O que importa é a demonstração de atos fraudulentos de gestão ou abuso da personalidade jurídica que permitem a desconsideração. Esta é a matéria litigiosa que será examinada no incidente. A eficácia prática da desconsideração é ampliar a legitimidade passiva na ação principal. No processo principal é que o autor/exequente poderá exercer de modo pleno o direito de sequela, o direito de nomeação de bens para penhora – enfim, para a perseguição de todo o patrimônio desviado. Os eventuais obstáculos que possa encontrar serão ultrapassados com os efeitos da declaração de ineficácia, nos moldes preconizados pelo art. 137 do CPC.

## 8. O procedimento judicial do incidente de desconsideração

O novo Código de Processo Civil inseriu o procedimento incidental para a desconsideração da personalidade jurídica. Das modificações operadas pelo novo Código, a inserção da desconsideração revela-se uma das mais úteis. Trata-se de demanda incidental com natureza prejudicial, pois seu insucesso poderá levar à ineficácia do processo de conhecimento, ou mesmo da tutela executiva (cumprimento de sentença e execução extrajudicial). Não se trata propriamente de novidade, pois a desconsideração era aplicada há um largo tempo em nosso sistema. O que muda com o Código de 2015 é a tipificação do procedimento para sua exteriorização judicial.

O número de aplicações do instituto em juízo aumentou consideravelmente, exigindo o aperfeiçoamento da jurisprudência do STJ. No entanto, deve ser frisado que a desconsideração não deve perder seu caráter de excepcionalidade, pois a regra será sempre a independência funcional e patrimonial entre a pessoa física e a jurídica. A previsão do art. 133 do CPC é bem-vinda, por definir dois pontos essenciais. O primeiro diz respeito à natureza incidental do procedimento. O segundo, como decorrência lógica do primeiro, é a impossibilidade de afetação do patrimônio do sócio ou administrador sem o prévio contraditório. Este ponto provoca significativa alteração quanto ao procedimento até então adotado, inclusive quanto à revisão da jurisprudência do STJ.

### 8.1 A desconsideração como processo incidental

O art. 133 do CPC tem como grande mérito pacificar o tratamento da desconsideração como um processo incidental, modificando o tratamento conferido pelo STJ, como um mero incidente de solução instantânea. Havia incerteza sobre a forma de materializar a desconsideração e seu procedimento em juízo. O STJ procurou simplificar, especialmente na execução fiscal, com a inclusão direta do sócio no polo passivo, desde que inexistentes bens para a execução da sociedade ou quando ela fosse encerrada de modo irregular (Súmula 435 do STJ). E, seguindo essa linha, nossa Corte argumentava que a desconsideração seria um incidente, e não um processo incidental. Por este motivo, a inclusão do sócio não dependeria de contraditório prévio. Afinal, todas as questões incidentais e anteriores à penhora abririam ensejo para defesas diferidas: apresentação de embargos, impugnação ou, mesmo, exceção de pré-executividade.[62] Tratando-se de processo incidental, o juiz deverá determinar seu registro no Distribuidor para fins de controle judicial (art. 134, § 1º, do CPC). Em seguida será desenvolvido o procedimento, com oportunidade de

---

62. Nesse sentido: "A superação da pessoa jurídica afirma-se como um *incidente processual* e não como um *processo incidente*, razão pela qual pode ser deferida nos próprios autos, dispensando-se também a citação dos sócios, em desfavor de quem foi superada a pessoa jurídica, bastando a defesa apresentada *a posteriori*, mediante embargos, impugnação ao cumprimento de sentença ou exceção de pré-executividade (REsp n. 1.096.604-DF, rel. Min. Luís Felipe Salomão, 4ª Turma, j. 2.8.2012, *DJe* 16.10.2012) – Incidência da Súmula n. 83/STJ na hipótese. A admissibilidade do recurso especial, na hipótese da alínea 'c' do permissivo constitucional, exige a indicação das circunstâncias que identificam ou assemelham os casos confrontados, mediante o cotejo dos fundamentos da decisão recorrida com o acórdão-paradigma, a fim de demonstrar a divergência jurisprudencial existente (arts. 541 do CPC e 255 do RISTJ) – Agravo regimental a que se nega provimento" (STJ, 4ª Turma, REsp/AgR 1.182.385-RS, rel. Min. Luís Felipe Salomão, j. 6.11.2014, *DJe* 11.11.2014).

contraditório, o qual precederá a decisão interlocutória de mérito sobre a questão prejudicial.

O procedimento incidental é oportuno e torna transparente o pedido de desconsideração, estabelecendo um procedimento uniforme a ser aplicado no processo de conhecimento e execução. Nada impede que o pedido seja realizado por meio cumulado, conforme já analisado supra. O art. 134, § 2º, do CPC prevê expressamente a possibilidade de que o pedido seja realizado com a petição inicial. Nesta hipótese há formação inicial de *litisconsórcio facultativo passivo sucessivo*, uma vez que serão integrados ao processo, desde a fase inicial, a sociedade e o sócio ou administrador.[63] Em um primeiro quadro, o objetivo da formação do litisconsórcio passivo facultativo será buscar a responsabilidade primária da sociedade, com afetação subsidiária do sócio para a satisfação do débito em relação à sociedade. Existe a possibilidade do pedido inverso (art. 133, § 2º, do CPC), no qual a sociedade será alvo do incidente, com o fim de ser responsabilizada pela fuga de capital do patrimônio do sócio (art. 790, VII).[64]

Embora não seja simples evidenciar a conduta de má-fé que confira a adequação típica ao art. 50 do CC, em lides de natureza consumerista há regra de atenuação para a incidência da desconsideração, a qual poderá ser aplicada quando a personalidade se revele obstáculo efetivo para a reparação integral do consumidor, nos termos do art. 28, § 5º, do CDC (teoria menor).[65]

63. Com precisão, Rodrigo Mazzei: "O pedido de desconsideração da pessoa jurídica poderá gerar também litisconsórcio sucessivo. Com efeito, apesar de a sociedade figurar como parte passiva na ação, o cúmulo subjetivo se justificará para a responsabilização subsidiária do(s) sócio(s), especialmente quando se tratar de desconsideração que aplicar a teoria menor" ("Litisconsórcio sucessivo: breves considerações", *passim*, in Fredie Didier Jr. e Rodrigo Mazzei (orgs.), *Processo e Direito Material*, pp. 223-246).

64. Fórum Permanente de Processualistas Civis/FPPC, Enunciado 248: "Quando a desconsideração da personalidade jurídica for requerida na petição inicial, incumbe ao sócio ou à pessoa jurídica, na contestação, impugnar não somente a própria desconsideração, mas também os demais pontos da causa".

65. "(...).

"6. Não fosse por isso, cuidando-se de vínculo de índole consumerista, admite-se, a título de exceção, a utilização da chamada 'teoria menor' da desconsideração da personalidade jurídica, a qual se contenta com o estado de insolvência do fornecedor somado à má administração da empresa ou, ainda, com o fato de a personalidade jurídica representar um 'obstáculo ao ressarcimento de prejuízos causados aos consumidores', mercê da parte final do *caput* do art. 28, e seu § 5º, do CDC.

## 8.2 Necessidade do contraditório na desconsideração

O segundo ponto definido com a criação do incidente é a impossibilidade de desconsideração instantânea.[66] O processo incidental tem como objetivo justamente o de permitir a formação do convencimento sobre a violação da boa-fé objetiva no âmbito negocial, por meio da caracterização do abuso de direito, do desvio de finalidade da sociedade, da prática de fraude por meio da pessoa jurídica (art. 50 do CC) ou, ainda, em hipótese mais larga, pela própria má administração (art. 28, *caput*, do CDC), ou quando a personalidade se revele um empecilho para a proteção do consumidor (art. 28, § 5º, do CDC – teoria menor). O ponto nodal da aplicação da desconsideração está em construir e comprovar a conduta de má-fé do *sócio* ou *administrador da sociedade*.

Por este motivo, seja no processo de conhecimento ou no processo de execução (art. 134 do CPC), o contraditório prévio deve ser formado, para permitir a inclusão do sócio ou administrador no polo passivo da ação de conhecimento, ou na fase de cumprimento de sentença ou na execução de título extrajudicial. Além disso, deve ser reforçado que o novo Código de Processo Civil repudia a decisão-surpresa (art. 10), com exceções pontuais, como na concessão da tutela de urgência.

O contraditório será essencial na formulação do pedido autônomo de desconsideração ou quando decorrente de postulação incidental. O prazo a ser obedecido será o de 15 dias, nos termos do art. 135 do CPC. Interessante que, na postulação incidental, o Código de Processo Civil determina que o pedido poderá ser formulado "em todas as fases do processo de conhecimento, no cumprimento de sentença e na execução fundada em título executivo extrajudicial" (art. 134). A princípio, o dispositivo oportuniza que o pedido possa ser realizado em qualquer fase. É possível, por exemplo, que o processo de execução esteja suspenso por ausência de bens penhoráveis, o que não impede a formulação do pedido incidental para trazer o sócio e seus bens para o polo passivo da execução.

"7. A investigação acerca da natureza da verba bloqueada nas contas do recorrente encontra óbice na Súmula n. 7/STJ.

"8. Recurso especial não provido" (STJ, 4ª Turma, REsp 1.096.604-DF, rel. Min. Luís Felipe Salomão, j. 2.8.2012, *DJe* 16.10.2012).

66. Por este motivo, o STJ deverá rever seu posicionamento, inclusive quanto à Súmula 435: "Presume-se dissolvida irregularmente a empresa que deixar de funcionar no seu domicílio sem comunicação aos órgãos competentes, legitimando o redirecionamento da execução fiscal para o sócio-gerente".

## 8.3 A tutela de urgência no pedido de desconsideração

O tema da tutela de urgência também reside em ponto de indagação relevante perante o procedimento do art. 133 do CPC. Um dos argumentos do STJ para a inclusão imediata do sócio ou administrador, quando presentes indícios de ato de má gestão, abuso, fraude e desvio, consistia na ineficácia da medida pelo fator *tempo*.[67] A preocupação é sensata, e se agrava em vista da suspensão do processo principal. O elemento temporal revela-se importante. É conhecido o ensinamento de Calamandrei sobre o papel fisiológico e patológico do tempo no processo. Todo processo deve durar certo tempo; afinal, o transcurso de fases é essencial para o nascimento e o exercício do contraditório e da defesa endoprocessual. Por outro lado, quando o tempo é excessivo, apresenta-se o elemento patológico. Ele é prejudicial, e viola o princípio da duração razoável do processo (art. 5º, LXXVIII, da CF).

A concessão da tutela de urgência, especialmente na modalidade cautelar, assume extrema relevância como meio de preservar o objeto litigioso, cujo exame estará suspenso até a decisão final do incidente (art. 134, § 3º, do CPC). Nada impede que o juiz conceda medida conservativa genérica com base em seu poder geral de cautela, com separação (art. 301 do CPC) de parte dos bens do sócio ou do administrador até a decisão final do incidente, quando requerido na fase de conhecimento (art. 134 do CPC, primeira parte).[68] A medida deve ser concedida com cautela e análise do perigo de dano *in rem verso* quanto à sua concessão.[69]

---

67. "A desconsideração da personalidade jurídica é instrumento afeito a situações limítrofes, nas quais a má-fé, o abuso da personalidade jurídica ou confusão patrimonial estão revelados, circunstâncias que reclamam, a toda evidência, providência expedita por parte do Judiciário. Com efeito, exigir o amplo e prévio contraditório em ação de conhecimento própria para tal mister, no mais das vezes, redundaria em esvaziamento do instituto nobre" (STJ, 4ª Turma, REsp 1.096.604-DF, rel. Min. Luís Felipe Salomão, j. 2.8.2012, *DJe* 16.10.2012).

68. "Garantido o direito ao contraditório, ainda que diferido, não há falar em nulidade de decisão que desconsidera a personalidade jurídica, em autos de processo de falência, para, cautelarmente, alcançar bens de administradores que teriam agido com o intento de fraudar credores. A indisponibilidade de bens, quando determinada com o objetivo de garantir o integral ressarcimento da parte lesada, alcança todos os bens, presentes e futuros, daquele acusado da prática de ato ímprobo – Recurso especial desprovido e pedido cautelar indeferido" (STJ, 4ª Turma, REsp 1.182.620-SP, rel. Min. Raul Araújo, j. 10.12.2013, *DJe* 4.2.2014)"

69. "(...).

"4. O protesto contra alienação de bens tem por escopo primordial dar conhecimento a terceiros de situação desfavorável de bem, incrementando a segurança jurídica nas relações negociais.

O pedido de tutela de urgência também pode ser pleiteado na esfera da execução. Na tutela executiva o exequente também poderá realizar o pedido de tutela de urgência. Quando o pedido de desconsideração for realizado com a inicial executiva, o pedido de indisponibilidade terá alicerce específico conforme o art. 799, VIII, do CPC. Este dispositivo permite que medidas urgentes sejam requeridas no processo executivo. O pedido de indisponibilidade deverá ser formulado para não frustrar a utilidade da desconsideração em caso de julgamento positivo do incidente. Quando o pedido for incidental o juiz poderá determinar a indisponibilidade com base no mesmo dispositivo, que reflete nada mais que o poder geral de cautela. Por meio da tutela de urgência permite-se a afetação antecipada do patrimônio do eventual responsável, mesmo sem o juízo de mérito sobre a existência de violação à boa-fé sob a forma do abuso, desvio ou fraude deliberada.

A concessão da tutela de urgência não se revela medida prejudicial, pois não será satisfativa, mas meramente conservativa, e sem prejuízo da aplicação da responsabilidade objetiva *a posteriori*. A medida de indisponibilidade de parcela dos bens será suficiente para reservar parcela do patrimônio até a decisão sobre o incidente. A atitude tomada pelo STJ até agora tem sido mais grave do que a concessão da tutela de urgência, pois a Corte Federal, até antes da criação do incidente, realiza a inclusão imediata do sócio ou administrador no processo de execução, com penhora imediata sobre os bens. Trata-se de medida de cunho executivo e com enorme gravame, sem possibilidade de defesa prévia. Com a criação do

"5. Em contrapartida, nos termos do art. 869 do CPC, a medida deve ser indeferida quando dela resultar agravamento da insegurança jurídica e óbice concreto à realização de negócios jurídicos lícitos.

"6. Na hipótese dos autos, o deferimento da medida, fundado na possível existência de atos nulos e fraudulentos relacionados a disputas hereditárias, alcançou bens particulares da inventariante e de sociedade da qual o *de cujus* era sócio.

"7. A pessoa jurídica recorrente é sociedade anônima, com autonomia patrimonial, estranha às lides autônomas relativas às disputas hereditárias e dedicada ao mercado imobiliário, de modo que o protesto de seus bens acarreta desconfiança no mercado em que atua, com resultados potencialmente nefastos para sua manutenção.

"8. O alcance dos bens da empresa, ao fundamento de proteção de direitos hereditários decorrentes do falecimento de sócio, resulta em desconsideração inversa da personalidade jurídica, sem o devido enfrentamento dos requisitos necessários para tanto.

"9. O protesto dos bens particulares da inventariante, por se tratar de bens igualmente estranhos às disputas hereditárias, também não podem ser abarcados [*sic*] pela aludida medida conservativa" (STJ, 3ª Turma, REsp 1.432.831-MG, rel. Min. Marco Aurélio Bellizze, j. 17.3.2015, *DJe* 24.3.2015).

incidente pelos arts. 133 e ss. este posicionamento deverá ser revisitado, pois a medida de inclusão no polo passivo da demanda de conhecimento ou de execução será precedida da possibilidade de defesa e produção de provas.

## 8.4 A defesa na desconsideração da personalidade

A defesa será apresentada pela parte ré. Em vista da possibilidade de desconsideração própria ou imprópria (inversa), o polo passivo poderá ser ocupado pelo sócio ou pela pessoa jurídica. A defesa será autêntica contestação, na qual a parte poderá suscitar preliminares, além de defesa direta e indireta.

A defesa apresentada por ocasião do incidente não prejudica as defesas que serão apresentadas no processo principal, uma vez que o julgamento positivo do incidente acaba por inserir a parte ré como parte legítima passiva na ação principal.

É possível que a parte ré no incidente suscite sua ilegitimidade passiva e realize a nomeação à autoria, nos termos do art. 338 do CPC, pela sucessão na posição societária. O pedido, ainda que negado, permite a análise da aplicação do art. 109, § 1º, do CPC em relação ao adquirente das quotas, que poderia atuar como assistente litisconsorcial.

## 9. A desconsideração no processo cognitivo e executivo

A desconsideração revela-se medida de grande utilidade no processo de conhecimento. Há uma tendência equivocada de isolar o fenômeno ao processo de execução, em virtude de as medidas executivas serem tomadas nessa fase. No momento da execução do título extrajudicial ou de cumprimento de sentença revela-se a busca pelo patrimônio do devedor.

Por este motivo, a alegação de fraude à execução e o pedido de desconsideração, para tornar ineficazes onerações ou alienações, são mais comuns na fase de cumprimento de sentença ou na execução por título extrajudicial.

No entanto, a desconsideração na fase de conhecimento pode servir como instrumento que venha a evitar a fraude à execução. Se a parte interessada se valer do disposto no art. 134, § 2º, do CPC, o pedido de desconsideração nascerá com a petição inicial e poderá evitar prejuízo a terceiros de boa-fé.

Uma breve análise da teoria quinária permite identificar que o pedido de desconsideração será útil não apenas para ações condenatórias, nas quais se busca a formação do título executivo judicial para futura execução, mas nas ações executivas *lato sensu*, que sequer passam pelo cumprimento de sentença. Mesmo as ações executivas *lato sensu* são protegidas contra a fraude à execução, conforme o art. 792, I, do CPC. É importante a ampla publicidade, desde sua fase inicial, em virtude do *princípio da concentração*, instituído pela Lei 13.097/2015.

## 10. *A desconsideração da personalidade jurídica: fraude à lei, fraude contra credores e fraude à execução*

A fraude à lei (*Gesetzesumgehung*) consiste em instituto jurídico-base que projeta consequências no campo do direito material (art. 158 do CC – fraude contra credores; art. 50 do CC – desconsideração da personalidade jurídica) ou processual (art. 792 do CPC – fraude à execução). É necessário realizar uma leitura atenta das disposições do direito material e processual para não baralhar os institutos, especialmente quanto às suas consequências práticas.

A fraude cometida pelo sócio que encobre suas atividades ilícitas por meio da pessoa jurídica enquadra-se, indiscutivelmente, no art. 50 do CC. Trata-se de modalidade de fraude contra credores. A configuração da fraude contra os potenciais credores está embasada em atividade dolosa (má-fé) do(s) sócio(s) e/ou administrador(es) voltada para o desvio de patrimônio da empresa para a esfera individual. A configuração e a comprovação desta atividade ilícita são o objetivo do incidente de desconsideração da personalidade jurídica. Trata-se de autêntico incidente prejudicial, inclusive para a análise da existência de fraude à execução em relação à parte cuja personalidade se pretende desconsiderar. A relação entre a desconsideração e a fraude à execução é estreita; contudo, nem sempre a desconsideração provocará declaração de fraude na ação de conhecimento ou execução. A fraude pressupõe a existência de alienação ou oneração de bens da parte desconsiderada após sua citação (arts. 137 e 792, § 3º, do CPC). Esta definição objetiva quanto ao marco temporal para os atos praticados em fraude à execução é importantíssima. Por meio dela o Código de Processo Civil evita discussões infindáveis na desconsideração. A citação é adotada em alguns sistemas, como no Direito Alemão, como marco para o término da boa-fé. A citação já seria suficiente para incutir a dúvida na parte contrária, elemento suficiente para que o réu, a partir da citação, não possa alienar bens ou usufruir dos frutos gerados pelo bem disputado em juízo.[70]

Os bens do sócio que foram transferidos ou onerados antes da sua citação estarão, a princípio, isentos da alegação de fraude à execução. Por este motivo, deve ser enaltecida a regra do novo Código de Processo Civil que estabeleceu a citação como marco para a afetação das alienações e onerações realizadas pelo réu ou devedor, nos termos do art. 792, § 3º: "Nos casos de desconsideração da personalidade jurídica, a fraude à execução verifica-se a partir da citação da parte cuja personalidade se pretende desconsiderar". Isto não impede que a parte demonstre a atitude abusiva e de má-fé, mesmo antes do marco da citação; mas na ausência desta demonstração valerá o marco objetivo estipulado pelo CPC. A demonstração da confusão patrimonial entre a pessoa jurídica e o sócio depende unicamente da comprovação das condutas de abuso e violação à boa-fé objetiva.

Pela leitura dos arts. 137 e 792, § 3º, do CPC podemos extrair as seguintes considerações: (a) qualquer alienação ou gravame imposto sobre bem de terceiro (pessoa natural ou jurídica) em relação ao qual se pretende a desconsideração resultará em fraude após sua citação no processo de conhecimento (art. 238 do CPC[71]) ou no processo de execução (art. 802 do CPC) (pedido autônomo); (b) as alienações e onerações promovidas pela pessoa (natural ou jurídica) de bens integrantes de seus respectivos patrimônios após a citação para o incidente (art. 135 do CPC), também configurarão embasamento para a fraude à execução (pedido incidental). Todavia, nesta última hipótese a decisão do incidente será fundamental

---

70. No BGB conhece-se a figura do possuidor processual (*Prozessbesitzer*), nos termos da dicção do §§ 987-993, especialmente a do § 987, I: "O possuidor entregará ao proprietário as vantagens que receba após a data da litispendência". Esta regra elimina qualquer subjetividade. Sobre a questão deve ser reforçada a lição de Baur/Stürner (*Sachenrecht*, § 11, 5, p. 99), uma vez que ele será equiparado, quanto aos efeitos, ao possuidor de má-fé: "Prozessbesitzer ist derjenige, gegen den die Klage auf Herausgabe der Sache erhoben (§ 989). *Er ist dem unredlichen Besitzer gleichgestellt*" (grifos nossos) ("Possuidor processual é aquele contra quem a demanda de restituição da coisa é proposta (§ 989). Ele é equiparado ao possuidor de má-fé" – tradução livre).

71. A citação, tanto para ações condenatórias como executivas *lato sensu*, parte do processo de cognição para fins de determinação da fraude à execução. Afinal, após a inserção do cumprimento de sentença pela Lei 11.232/2005, o cumprimento de sentença corresponde a uma fase que depende apenas de intimação. Na fase de cumprimento de sentença o condenado é intimado para o pagamento (art. 523 do CPC); logo, o marco para o nascimento da fraude deve alcançar os atos praticados desde a fase do processo de conhecimento.

para que ocorra a efetiva integração do sócio ou da sociedade no polo passivo (art. 795, § 4º, do CPC) da ação principal.

Somente na relação processual principal é que será aplicada de modo prático a ineficácia decorrente de eventual alienação ou oneração por fraude à execução (art. 792 do CPC). Na relação processual principal, que se quedou suspensa até a solução do incidente (art. 134, § 3º, do CPC), os bens alienados ou onerados retornarão, para compor o objeto litigioso. Todavia, mesmo com a decisão de procedência do pedido de desconsideração, pelo reconhecimento da fraude, abuso ou desvio, a ineficácia relativa valerá apenas em relação à parte cuja personalidade foi desconsiderada e desde que não atinjam terceiros inocentes. Aqui exsurge a necessidade de conjugar os *efeitos internos* (*innerhalb*) da desconsideração da personalidade jurídica com os *efeitos externos* (*außerhalb*), pois os bens que compõem o acervo do sócio ou da empresa podem ter sido alvo de alienação para terceiros de boa-fé.

## 10.1 *A fraude à execução e os terceiros de boa-fé*

Com o julgamento do processo incidental de desconsideração, o juiz ainda terá que analisar a eficácia externa da desconsideração e saber se ela poderá afetar terceiro que adquiriu o bem da parte que teve sua personalidade desconsiderada. Será inviável o juiz integrar a parte desconsiderada na relação processual e declarar a fraude de modo automático. Isto porque o terceiro que será atingido pela eventual declaração de ineficácia relativa necessita ser ouvido previamente. O art. 792, § 4º, do CPC não permite outra interpretação, que se coaduna com a natureza de amplo contraditório: "Antes de declarar a fraude à execução, o juiz deverá intimar o terceiro adquirente, que, se quiser, poderá opor embargos de terceiro, no prazo de 15 (quinze) dias".

Desta forma, podemos concluir que a decisão sobre a existência da fraude no direito material (art. 50 do CC) atua como prejudicial para o conhecimento da fraude no plano processual. E a fraude, quando embasada na desconsideração, poderá sofrer nova duplicação, pois primeiro será necessária a declaração da existência de ato fraudulento em relação à parte cuja personalidade será desconsiderada, para posterior análise da fraude à execução quanto aos atos de alienação ou oneração que tenha praticado. E a decisão sobre a fraude exigirá a análise sobre a posição jurídica do terceiro de boa-fé. É possível que a ação executiva esteja averbada em relação à sociedade (art. 799, IX, do CPC), mas não em relação ao sócio que foi integrado apenas após a decisão sobre o incidente. Os casos práticos certamente despertarão profícua atividade jurisprudencial do STJ, com o despertar do incidente da desconsideração perante o novo Código de Processo Civil. O terceiro sempre poderá exercer sua defesa por meio dos embargos de terceiro, nos termos do art. 674 do CPC.

## 10.2  A desconsideração e a responsabilidade patrimonial do sócio: art. 790, II e VII, do CPC

O tema da desconsideração é complexo e fascinante, na medida em que envolve uma série de interconexões entre o direito material e o processual, exigindo interpretação sistemática e construtiva (*Rechtsfortbildung*). A responsabilidade patrimonial do sócio pode ser inferida direta e indiretamente pela leitura do art. 790 do CPC, que trabalha com o tema da responsabilidade patrimonial.

A responsabilidade pelo cumprimento das obrigações atinge de modo primário todos aqueles que formam o vínculo jurídico. A obrigação, compreendida como um processo complexo de posições e relações jurídicas, possui caráter dinâmico.[72] Por este motivo, a mutação quanto ao polo *ativo* ou *passivo* da relação jurídica deve ser considerada no transcorrer da relação jurídica, e pode decorrer de alterações naturais no campo material (cessão de crédito, assunção da dívida, morte) ou no campo processual (alienação do bem litigioso). Todavia, sob o ponto de vista da responsabilidade patrimonial, o sistema jurídico permite que determinados sujeitos assumam a responsabilidade patrimonial subsidiária mesmo sem a participação na formação originária do vínculo obrigacional. Deve-se a Brinz a possibilidade desta construção.[73] Afinal, com a bipartição da relação obrigacional entre o elemento dívida (*Schuld*) e responsabilidade (*Haftung*) foi possível observar que nem sempre aquele que é responsável pela dívida será o o responsável pelo pagamento. Em resumo: a imputação quanto ao pagamento pode recair sobre pessoa que não tem relação originária com o débito. Isto explica a classificação utilizada por parte da doutrina em relações obrigacionais unilaterais ou bilaterais (*sinalagmáticas*).[74] É o que explica a vinculação do fiador, mesmo sem relação direta com o débito afiançado.

---

72. Clóvis do Couto e Silva, *A Obrigação como Processo*, cit. Sobre as teorias que explicam o vínculo obrigacional, v. a excelente síntese de Menezes Cordeiro, *Direito das Obrigações*, vol. I, p. 189-213.

73. Brinz, *Lehrbuch der Pandekten*, vol. II, § 206.

74. Menezes Cordeiro prefere o uso da expressão "monovinculante" para o tratamento das obrigações unilaterais (*Tratado de Direito Civil Português – Parte Geral*, cit., vol. I, p. 309).

O CPC procurou estabelecer situações de responsabilidade secundária por meio do art. 790, independentemente da existência de vínculo originário entre o executado e o exequente. Com relação ao sócio, de modo simplificado, podemos visualizar sua posição nos incisos II e VII do art. 790 do CPC; contudo, por causas diversas.

O art. 1.024 do CC estabelece: "Os bens particulares dos sócios não podem ser executados por dívidas da sociedade, senão depois de executados os bens sociais". Por meio desta redação torna-se clara a responsabilidade subsidiária do sócio. O dispositivo tem direção e aplicação claras. A responsabilidade do sócio, nos termos do art. 790, II, do CPC, dirige-se àquelas situações em que a responsabilidade é ilimitada (art. 795 do CPC). Por este motivo, o sócio poderá ser alcançado pela execução como responsável secundário. Afinal, em sociedade em que não há limitação da responsabilidade a vinculação do sócio é essencial como garantia do cumprimento das obrigações assumidas pela sociedade com terceiros. Isto não elimina a possibilidade do exercício do benefício de ordem previsto pelo art. 795, § 1º, do CPC. O sócio poderá optar pelo pagamento da dívida e optar pela execução contra a sociedade nos mesmos autos (art. 795, § 3º, do CPC).

Outra é a situação prevista pelo inciso VII do art. 790 do CPC. Nas sociedades de responsabilidade limitada o sócio poderá ser atingido, mas a limitação da responsabilidade ao capital social integralizado exige a desconsideração, para que o sócio possa ser atingido pelos atos executivos. Por este motivo, o incidente de desconsideração da personalidade jurídica previsto pelo art. 133 do CPC assumirá caráter prejudicial. A decisão positiva do incidente permite que as cotas sociais do sócio possam ser atingidas como garantia da execução. Esta garantia poderá recair: (a) *sobre os lucros distribuídos em função do número de quotas que o sócio possui*; (b) *sobre o valor apurado das quotas na apuração dos haveres*.[75] Não existe direito do credor de pedir a penhora das quotas e sua adjudicação, pois do contrário estaria quebrada a *affectio societatis*. Mais uma vez deve ser frisada a necessidade do contraditório quanto ao incidente, que é reforçado pelo art. 795, § 4º, do CPC.

## 11. *A desconsideração e o regime da ineficácia*

O efeito provocado pela desconsideração no processo principal será a ineficácia relativa da relação jurídica. Não se trata de defeito que atinja

---

75. Enunciado 388 do CJF: "O disposto no art. 1.026 do CC não exclui a possibilidade de o credor fazer recair a execução sobre os direitos patrimoniais da quota de participação que o devedor possui no capital da sociedade".

a invalidade da relação jurídica. A opção de nosso legislador foi correta no plano processual, adotando-se, na prática, a mesma consequência aplicável ao regime da fraude contra credores e da fraude à execução.

Todavia, a leitura do disposto no art. 137 do CPC deve ser corretamente interpretada. Reza o dispositivo: "Acolhido o pedido de desconsideração, a alienação ou a oneração de bens, havida em fraude de execução, será ineficaz em relação ao requerente". A consequência do acolhimento do *incidente* (art. 134, § 1º, do CPC) ou do *pedido cumulado com a petição inicial* (art. 134, § 2º, do CPC) será a afetação do patrimônio da parte que sofreu a desconsideração da personalidade jurídica.

A declaração da ineficácia não será automática, como se infere da leitura do art. 137 do CPC. Na verdade, o legislador redigiu o dispositivo orientado pela forma de aplicação da desconsideração da personalidade no regime atual. Pelo modelo atual, o STJ entende ser possível o conhecimento imediato do pedido, com a declaração de ineficácia. Todavia, em vista da criação do incidente, a declaração da ineficácia necessita ser compatibilizada com a pretensão deduzida no processo principal (tutela cognitiva ou executiva).

Em um primeiro momento o juiz deverá formar o contraditório, para analisar a existência dos atos de abuso da personalidade jurídica, fraude ou desvio de finalidade praticados pelo sócio ou administrador. De acordo com o que foi exposto acima, nada impede que a parte requeira tutela de urgência na fase inicial do incidente, para proteção e imobilização dos bens da parte ré. No entanto, somente após o contraditório e a decisão do incidente o terceiro será integrado ao processo de conhecimento ou executivo, como parte da relação processual. Como exemplo citamos a hipótese do sócio de uma sociedade de responsabilidade limitada que após a decisão do incidente passa a ocupar o polo passivo da relação processual executiva. Uma vez integrado ao processo, o exequente poderá nomear bens do sócio para cobrir o valor do título executivo que está sendo executado. É possível que estes bens componham o patrimônio do sócio e não tenham sido sequer alienados ou gravados em favor de um terceiro. A penhora é formalizada, e o sócio e a empresa poderão oferecer defesa (embargos ou exceção de pré-executividade) para tentar obstar à eficácia executiva do título.

Outro caminho também pode ser desenhado. O bem indicado pelo exequente tem sua penhora formalizada, com a informação de que um terceiro se encontra na posse do bem e alega ser o proprietário (art. 845 do CPC). Tratando-se de bem móvel, a transferência da propriedade se perfaz unicamente pela posse (*en fait de meubles, la possession vaut titre*). Para esta hipótese deverão ser observadas as consequências do julgamento do incidente previsto pelo art. 137 do CPC. Desde a citação do sócio para responder ao incidente, todas as alienações realizadas para terceiros serão consideradas ineficazes; mas, como o terceiro não participou do incidente, o juiz deverá aplicar o disposto no art. 792, § 4º: "Antes de declarar a fraude à execução, o juiz deverá intimar o terceiro adquirente, que, se quiser, poderá opor embargos de terceiro, no prazo de 15 (quinze) dias".

Deste modo, muito embora a consequência da declaração da desconsideração seja a ineficácia das alienações e onerações realizadas de modo fraudulento, isto não significa que ela será imediatamente decidida no próprio incidente. É possível, até, que em situações excepcionais isto venha a acontecer. Se o juiz conceder tutela de urgência para tornar indisponíveis bens que pertençam ao devedor, a medida poderá sofrer ataque por ação de embargos de terceiro. Nesta situação teremos duas demandas incidentais, e a decisão sobre os embargos suprirá a necessidade do contraditório previsto pelo art. 792, § 4º, do CPC.

Como se trata de declaração de ineficácia, isto significa que, se a obrigação perseguida for adimplida de outra forma, a relação jurídica havida com o terceiro não sofrerá qualquer prejuízo. O juiz não irá declarar a nulidade ou desconstituir o negócio jurídico. A decisão do incidente previsto pelo art. 133 e declarado nos termos do art. 137 do CPC será uma decisão interlocutória de mérito, e sujeita ao agravo de instrumento. A decisão proferida pelo relator sobre a desconsideração estará sujeita ao agravo interno (art. 1.021 do CPC).

## Parte III
# FIGURAS AFINS DA INTERVENÇÃO DE TERCEIROS

*Capítulo VIII* – **Embargos de Terceiro**
*Capítulo IX* – **Da Oposição**
*Capítulo X* – **Nomeação à Autoria**


A última parte desta obra visa a condensar figuras que não estão inseridas na classificação da intervenção de terceiros, mas que revelam formas de inserção de influência do terceiro na relação processual entre as partes originárias, por meio de ação autônoma (oposição e embargos de terceiro) ou por extromissão processual, como na aplicação da nomeação à autoria por meio do art. 338 do CPC. A oposição permanecia como modalidade de intervenção de terceiros pelo Código de Processo Civil de 1973. Em sua essência, ela não representa uma modalidade de intervenção de terceiro, pois a oposição revela ação autônoma que interfere na lide pendente entre o autor e o réu da ação primitiva. A diferença essencial com os embargos reside na necessidade de construção da posição jurídica do oponente. Ele não possui a prova-base que está na posse do embargante. A nomeação à autoria possuía um regime complexo de formação perante o Código de 1973. Em mais de 20 anos de judicatura tivemos contato com não mais que duas situações de nomeação. No entanto, sua utilização como meio de correção do polo passivo é importante, especialmente nas situações de "aparência justificável da posição passiva". A figura foi eliminada do Código de Processo Civil como meio de intervenção de terceiros. Na verdade, houve uma otimização na utilização da figura pela aplicação do art. 338 do CPC, tratada neste estudo como uma figura afim. Afinal, se toda situação sempre permitir a troca do polo passivo, não existirá mais a ilegitimidade passiva como categoria nata da condição da ação. Sempre seria possível a correção do polo passivo. Não parece ser essa a leitura ideal do art. 338 do CPC, sobre a qual serão tecidos alguns comentários nesta Parte III.

*Capítulo VIII*
**Embargos de Terceiro**

*1. Natureza jurídica e incidência do procedimento especial: visão comparativa. 2. Embargos de terceiro "versus" ação possessória. 3. Os embargos e sua distinção em relação à oposição. 4. A nota essencial: ato de constrição judicial. 5. "Quem, não sendo parte no processo, (...)". A figura do terceiro: 5.1 Análise do terceiro pela ótica da legitimidade "ad causam" – 5.2 Distinção entre terceiro vinculado e terceiro desvinculado: o devedor "ultra titulum". 6. A legitimação ativa para os embargos de terceiro: 6.1 Embargos pelo possuidor indireto e direto – 6.2 Terceiro possuidor e as Súmulas 84 e 303 do STJ – 6.3 Embargos pelo proprietário – 6.4 Terceiro proprietário e a Súmula 92 do STJ – 6.5 A Súmula 308 do STJ e a defesa da posse perante o incorporador – 6.6 A parte equiparada ao terceiro. Art. 674, § 2º, do CPC: 6.6.1 Os embargos do cônjuge e do companheiro: a Súmula 134 do STJ – 6.6.2 Terceiro adquirente e a fraude à execução – 6.6.3 A fraude e a proibição da surpresa ("Verbot der Überraschungsentscheidung"): 6.6.3.1 A ineficácia e a tipicidade na fraude à execução – 6.6.3.2 Fraude em pretensões reais e reipersecutórias: boa-fé objetiva e o princípio da concentração da matrícula (Lei 13.097/2015) – 6.6.3.3 Fraude na pendência da ação de execução – 6.6.3.4 Fraude em atos constritivos: a penhora e a Súmula 375 do STJ – 6.6.3.5 Fraude com alienação ou oneração durante pendência de demanda – 6.6.4 Terceiro adquirente e a desconsideração da personalidade jurídica – 6.7 Terceiro credor com garantia real. 7. A legitimação passiva e a Súmula 303 do STJ. 8. Prazo para a interposição dos embargos: 8.1 Prazo para os embargos nos processos de conhecimento e cautelar – 8.2 Prazo para os embargos no processo de execução – 8.3 Objeto dos embargos de terceiro. 9. Procedimento: 9.1 Petição inicial – 9.2 A concessão da liminar e justificação prévia – 9.3 Suspensão do processo principal – 9.4 Competência – 9.5 Defesa do embargado. 10. Sentença e coisa julgada.*

## 1. Natureza jurídica e incidência do procedimento especial: visão comparativa

Os embargos de terceiro não se coadunam como instrumento típico de intervenção de terceiros. Sua justificativa nos procedimentos especiais é semelhante à da oposição. O terceiro não se insere na relação processual de modo adesivo ou para realizar a extromissão de uma das partes. Por este motivo, à semelhança do que ocorre no próprio Direito Alemão (§ 771 –*Widersrpruchklage*),[1] os embargos de terceiro acomodam-se como procedimento peculiar por meio do qual o terceiro exerce duas funções importantes: (a) *protege sua posição jurídica (posse ou propriedade)*; (b) *impede a formação defeituosa e ineficaz da relação processual pela afetação de bem indevido ao processo*. De certa forma, esta última função é protetiva para uma das partes da relação processual, pois não desenvolverá atividade processual inócua, pela possibilidade de correção oportuna. Isto é muito importante nas situações de proteção aos bens móveis, em que a dinamicidade do tráfico negocial é intensa. Trata-se da força da boa-fé na consolidação de relações jurídicas – o que será examinado adiante.

O sistema italiano também prevê a oposição de terceiro, com amplitude inversa ao que era disciplinado pelo Código de Processo Civil anterior. Expliquemos. Enquanto nosso Código de 1973 previa possibilidade de utilização dos embargos para a proteção do possuidor e proprietário/possuidor, o art. 619 do diploma processual italiano resguarda o direito do terceiro proprietário de excluir bens indevidamente constritos.[2] A redação do dispositivo reforça a posição do proprietário. E o mais interessante é que a ação também permite a tutela da posse, mas por trabalho da doutrina

---

1. O que configura uma demanda de terceiro (*Drittewiderklage*) na qual aquele que possua ou seja proprietário poderá exercer a pretensão de impedir a alienação (*Die Veräußerung hinderndes Recht*) no processo de execução. Esta medida, que se assemelha aos nossos embargos de terceiro, pode ser utilizada também pelos titulares de direitos reais, pelos condôminos.

Como asseveram Baur/Stürner (*Zwangsvollstreckungsrecht*, § 46, pp. 565-575), por meio desta modalidade de intervenção no processo de execução (*Interventionsklage*) o terceiro obtém uma proteção contra medidas executivas voltadas ao seu patrimônio (*Abwehr einer Vollstreckungsmaßnahme in das Vermögen des Dritten*). Ela poderá ser utilizada para a proteção da propriedade (*Eigentum*) e da posse (*Besitz*) e para situações específicas, como a do herdeiro, ou de direitos especiais (*Sondervermögen*), tais como situações de inalienabilidade. V. a extensa lista de situações autorizadas pela jurisprudência in Baumbach/Lauterbach/Albers/Hartmann, *Zivilprozessordnung*, p. 2.135.

2. CPC italiano, art. 619, primeira parte: "Il terzo che pretende *avere la proprietà o altro diritto reale* sui beni pignorati può proporre opposizione con ricorso al giudice dell'esecuzione, prima che sia disposta la vendita o l'assegnazione dei beni" (grifos nossos) ("O terceiro que pretender excluir a propriedade ou outro direito real sobre os bens penhorados poderá propor oposição com recurso ao juiz da execução, antes que seja determinada a sua venda ou adjudicação do bem" – tradução livre).

e da jurisprudência, uma vez que o dispositivo legal é expresso quanto à tutela da propriedade, e não da posse.[3]

Nosso sistema sofreu influência do direito processual português relativo ao Código de 1939 quanto à formatação dos embargos de terceiro perante nosso Código de 1973, voltado predominantemente à defesa da posse, com limitação de seu cabimento ao proprietário.[4] No Direito Português, após a reforma de 1995, os embargos de terceiro encontram acomodação como uma subespécie da ação de oposição.[5] Atualmente no sistema português a restrição da utilização dos embargos pelo proprietário é inexistente, pois os embargos têm cabimento para a defesa da posse ou da propriedade, por meio da redação do art. 342º daquele diploma.[6]

Um dado interessante é que o Direito Português, mesmo perante o recente Código de Processo Civil, ainda insere os embargos de terceiro em posição inversa à do nosso Código. Lá os embargos estão disciplinados ao lado da oposição também, porém no processo de conhecimento, como um incidente da instância.[7]

A natureza jurídica dos embargos de terceiro é revelada pela análise do seu cabimento, ou seja, como *procedimento especial para proteção contra a constrição judicial sobre bens que estejam na posse ou propriedade do terceiro*. Perante o Código de Processo Civil de 1973 ressaltamos, em outro trabalho, a natureza preponderantemente possessória dos embargos, o que decorria da previsão do art. 1.046, *caput* e § 1º:

"Art. 1.046. Quem, não sendo parte no processo, sofrer turbação ou esbulho na posse de seus bens por ato de apreensão judicial, em casos

---

3. Carpi/Colesanti/Taruffo, *Commentario Breve al Codice di Procedura Civile*, p. 1.848.
4. Jorge Duarte Pinheiro, *Fase Introdutória dos Embargos de Terceiro*, pp. 35-36.
5. Sobre o tema, consultar o excelente trabalho de Fernando Amâncio Ferreira, *Curso de Processo de Execução*, pp. 205-207. Para uma visão comparativa no Direito Português entre a oposição e os embargos de terceiro: Eurico Lopes-Cardoso, *Manual dos Incidentes da Instância em Processo Civil*, pp. 157 e ss.
6. CPC português, art. 342º: "Se a penhora, ou qualquer ato judicialmente ordenado de apreensão ou entrega de bens, ofender a posse ou qualquer direito incompatível com a realização ou o âmbito da diligência, de que seja titular quem não é parte na causa, pode o lesado fazê-lo valer, deduzindo embargos de terceiro".
7. Como reconhece Salvador Costa (*Os Incidentes da Instância*, p. 161), comentando o Código de 2014: "Todavia, apesar de regulados nessa sede de incidentes da instância, *[oposição e embargos]* configuram-se como ações declarativas, autônomas e especiais, embora conexas com alguma ação ou procedimento de função executiva, salvo para a mera prestação de facto".

como o de penhora, depósito, arresto, sequestro, alienação judicial, arrecadação, arrolamento, inventário, partilha, poderá requerer lhe sejam manutenidos ou restituídos por meio de embargos.

"§ 1º. Os embargos podem ser de terceiro senhor e possuidor, ou apenas possuidor."[8]

Por esse texto percebe-se facilmente que a vocação natural da ação de embargos era voltada à proteção do terceiro contra ameaça ou lesão à posse. Ela poderia ser desafiada pelo proprietário, mas desde que possuidor. Como exceção, o Código de 1973 ainda previa a possibilidade da defesa de direito real desvinculado da posse, por meio do art. 1.047, II.

Aquele que pretendesse a defesa apenas do seu direito deveria se utilizar de instrumentos específicos, como ação reivindicatória, negatória – enfim, ações de natureza petitória. Os embargos de terceiro caracterizavam-se por serem medida de caráter preponderantemente possessório, voltada à eliminação de um ato judicial de constrição sobre o patrimônio jurídico do lesado. No entanto, nosso Código de Processo Civil não impede mais que a utilização dos embargos pelo senhor ou possuidor. O proprietário, ainda que fiduciário, está plenamente autorizado a manejar os embargos de terceiro. O art. 674 do novo CPC estabelece, no seu *caput*: "Quem, não sendo parte no processo, sofrer constrição ou ameaça de constrição sobre bens que possua ou sobre os quais tenha direito incompatível com o ato constritivo, poderá requerer seu desfazimento ou sua inibição por meio de embargos de terceiro". Esta redação já seria suficiente para a compreensão da mudança. Mas o § 1º do art. 674 foi enfático: "Os embargos podem ser *de terceiro proprietário*, inclusive *fiduciário*, ou *possuidor*" (grifos nossos).

No conceito do art. 674 do CPC são realçadas duas características essenciais. A primeira é o conteúdo quanto à defesa da posse ou propriedade. A segunda, a natureza do ato que será combatido, e que estará voltado à eliminação de uma ordem de constrição judicial. Este é um elemento que separa os embargos da oposição. A redação atual restabelece a aplicação das disposições do Direito Luso-Brasileiro, pois a tradição de nosso sistema sempre permitiu a utilização dos embargos pelo possuidor ou proprietário (*Ordenações Filipinas*, L. III, Tít. 86, § 17), sem a necessidade de o proprietário exercer a posse. Vale a crítica de Pontes de Miranda quando comentou o art. 707 do CPC de 1939. Nosso maior

---

8. Fabio Caldas de Araújo, Fernando da Fonseca Gajardoni e José Miguel Garcia Medina, *Procedimentos Cautelares e Especiais*, vol. 4, pp. 334 e ss.

processualista criticou duramente a eliminação indevida, por parte do Regulamento 737/1850 e pelo Decreto 763/1890, da tutela da propriedade por meio dos embargos.[9] O Código de 1973 não eliminou o direito real de sua previsão; contudo, manteve-o de modo limitado. O sistema atual não prevê mais essa limitação. Se a prova do domínio ou de outros direitos reais (de garantia ou de gozo) é mais simples do que a posse, qual a lógica em limitar sua utilização em juízo? Nenhuma. A adesão do Brasil ao sistema tabular incorpora o princípio da matrícula, com a concentração dos gravames e ônus (Lei 13.097/2015). Isto confere caráter simples e objetivo à demonstração da ofensa ao direito de propriedade, sem prejuízo do direito afirmado nos embargos, nos quais a propriedade é comprovada pela posse.

O art. 674 do CPC não repete mais o elenco de atos constritivos, ainda que pelo sistema de 1973 fosse óbvia a natureza aberta do dispositivo (*numerus apertus*). O que importa é a impossibilidade de alienação judicial do bem, ainda que o ato de constrição seja realizado no processo de conhecimento. Apesar de os atos de transformação e alienação serem processados na esfera executiva, o ato já prepara futura reserva de bens para garantia da execução ou mesmo a para atribuição ao patrimônio de uma das partes, como em disputas na esfera de conhecimento (partilha em ação de divórcio, improbidade com sequestro para devolução).

Desde já é fundamental frisar que o cabimento dos embargos de terceiro, ao contrário do que se poderia supor, recai em qualquer uma das formas de prestação da tutela jurisdicional (*cognitiva, executiva* ou *cautelar*), o que se depreende da redação do art. 675 do CPC. Ainda que inexista critério estatístico oficial, é forçoso reconhecer a maior incidência da medida no processo de execução, o que se revela pela própria previsão de ordenamentos estrangeiros, como o alemão, que prevê a oposição de terceiro no processo executivo (*Gegenstand der Zwangsvollstreckung*) como meio de impedir a alienação do bem penhorado.[10] Nada nada impede sua utilização no processo de conhecimento, como no caso do deferimento de antecipação de tutela (art. 300 do CPC), ou mesmo no processo cautelar, em vista da concessão de uma medida de arresto ou sequestro que atinja patrimônio de terceiro (art. 301 do CPC).

9. Pontes de Miranda, *Comentários ao Código de Processo Civil* (de 1939), t. IX, pp. 41-44.

10. Os §§ 771 a 774 do ordenamento alemão estabelecem causas diversas para a oposição do terceiro, inclusive a do cônjuge que pode se opor à alienação de bens que componham a sociedade conjugal (*Drittwiderspruchsklage des Ehegatten*).

Detenhamo-nos nos elementos que compõem a definição legal, dos quais extrairemos importantes considerações.[11]

## 2. Embargos de terceiro "versus" ação possessória

Aproveitando a distinção quanto ao ato de constrição, algumas distinções podem ser traçadas entre a ação de embargos de terceiro e a ação possessória. Felizmente o sistema atual corrigiu o cabimento dos embargos, para ampliar sua incidência no Direito Brasileiro. O Código de Processo Civil de 1973 seguiu orientação peculiar ao direcionar os embargos para a defesa da posse. O proprietário, denominado de "senhor" pela redação do art. 1.046, § 1º, deveria ser também possuidor para ter direito ao uso dos embargos. Isto não o impedia de defender a posse na qualidade de possuidor indireto, cuja configuração exige uma relação de desdobramento da posse (*Besitzrechtableitung*). No entanto, a utilização dos embargos tendia, naturalmente, a ser alargada, inclusive para lindes que ultrapassavam o âmbito da tutela específica (*res corporea*) indicada pelo art. 1.046, *caput*, do CPC anterior. A redação do art. 674 do novo CPC comprova esta tendência, que confere melhor rendimento ao instituto.

Certo é que a ação possessória é direcionada a conter o ato particular (pessoa física/jurídica).[12] Os embargos de terceiro voltam-se contra o ato estatal. De comum aponte-se a proteção à posse ameaçada, turbada ou ofendida. A diferença fundamental dos embargos de terceiro com as ações possessórias reside no alvo do comando mandamental. Outros pontos merecem realce para a distinção, dentre eles: o procedimento, o modo de concessão da liminar e a fungibilidade.

---

11. Para consulta sobre a matéria indicam-se as seguintes obras: Pontes de Miranda, *Comentários ao Código de Processo Civil* (de 1973), t. XV; Clóvis do Couto e Silva, *Comentários ao Código de Processo Civil*, vol. XI, t. II; Nelson Nery Jr. e Rosa Maria de Andrade Nery, *Código de Processo Civil Comentado e Legislação Extravagante*; Luiz Ambra, *Dos Embargos de Terceiro* (consulta obrigatória, conta com excelente síntese); Araken de Assis, *Manual da Execução*, 2007, pp. 1.193-1.223; José Horácio Cintra G. Pereira, *Dos Embargos de Terceiro*; Ricardo Rodrigues Gama, *Limitação Cognitiva nos Embargos de Terceiro*, Ed. Bookseller.

No Direito estrangeiro: Jorge Duarte Pinheiro, *Fase Introdutória dos Embargos de Terceiro*, cit.; Fernando Amâncio Ferreira, *Curso de Processo de Execução*, cit.; Chiovenda, *Principii di Diritto Processuale Civile*; James Goldschmidt, *Derecho Procesal Civil*; e, por fim, Baumbach/Lauterbach/Albers/Hartmann, *Zivilprozessordung*, cit.

12. Pontes de Miranda, *Comentários ao Código de Processo Civil* (de 1973), cit., t. XV.

Nos embargos de terceiro o procedimento é sumário, e a pista revelada pelo legislador concentra-se no art. 677, *in fine*, do CPC. Houve adoção expressa do rito sumário, sem prejuízo de sua acessoriedade. Nas ações possessórias o procedimento será ordinário após a fase inicial. Ambas as ações possibilitam a prova sumária da posse, caso necessário, por meio de audiência de justificação da posse (art. 677, § 1º, do CPC). Após o transcurso da fase que abrange o juízo sobre a concessão da liminar, o procedimento passa a ser ordinário. Nos embargos de terceiro o procedimento é sumário, com restrição à cognição horizontal e vertical; e tal situação não se modifica após a concessão ou denegação da liminar. A questão ficou claramente delineada pelo STJ ao rejeitar a possibilidade de arguição por parte do embargado da exceção de fraude contra credores, nos termos da Súmula 195: "Em embargos de terceiro não se anula ato jurídico, por fraude contra credores". No que tange à liminar, o procedimento do art. 558 do CPC não encontra respaldo na previsão legal dos embargos. Desta forma, o limite temporal de ano e dia não será obstáculo para a concessão da liminar. O limite temporal para a liminar acabará se confundindo com o estabelecido para a própria medida, nos termos do art. 675 do CPC. Não há fungibilidade nos embargos de terceiro na forma estabelecida para as ações possessórias, nos termos propugnados pelo art. 554 do CPC.

## 3. Os embargos e sua distinção em relação à oposição

A oposição constitui uma modalidade de intervenção de terceiro vocacionada ao processo de cognição ampla, o que impede sua utilização no processo executivo. Antes de mais nada, seu cabimento está limitado temporalmente, pelo Código de Processo Civil, ao encerramento do processo por sentença. Todavia, como assinala a doutrina italiana, esta intervenção no processo originário é facultativa, o que não impede que o terceiro atingido pela sentença possa se valer da *oppozione di terzo* (no Direito Italiano, *ex vi* dos arts. 404 e 619), que corresponderia, *mutatis mutandis*, aos embargos de terceiro. Não há preclusão pela não utilização da oposição; afinal, trata-se de uma modalidade de intervenção facultativa.[13]

A oposição representa a insurgência de um terceiro contra as pretensões deduzidas por ambas as partes. A pretensão do oponente não está

---

13. "Per il terzo, l'intervento principale costituisce un mezzo di *tutela facoltativo*" (Carpi/Colesanti/Taruffo, *Commentario Breve al Codice di Procedura Civile*, cit., p. 318).

voltada exclusivamente à proteção da posse ou propriedade, como nos embargos de terceiro.[14] Pela oposição apresenta-se pedido de tutela jurisdicional que permite cognição ampla. Como assevera Arruda Alvim: "A oposição não deve ser confundida com os embargos de terceiro, porquanto através destes, e tendo em vista as qualidades de senhor e/ou possuidor, colima-se excluir de ato judicial constritivo incidente sobre um determinado bem, a respeito do qual se alega a inviabilidade de submissão àquele ato. Já, na oposição o que pretende o opoente é afastar as posições do autor e do réu sobre a coisa ou o direito disputado ou controvertido, em função de entender que a titularidade cabe a ele, opoente".[15]

Na oposição a lei processual permite cognição ampla, com possibilidade de análise de inúmeras questões de fato. O mesmo não acontece em sede de embargos de terceiro, cuja restrição não atinge apenas a legitimidade ativa, mas o campo de debate, o qual fica restrito à matéria elencada pelo art. 674 do CPC.[16]

Atualmente não há mais distinção entre a oposição e os embargos de terceiro quanto à restrição dos embargos para a defesa da posse. Restabeleceu-se o Direito anterior, pois o manejo dos embargos de terceiro (*Ordenações*, L. III, Tít. 86) também permitirá a alegação exclusiva do domínio, ainda que sem a cognição ampla que será possível na oposição.[17]

A diferença essencial entre a *oposição* e *os embargos* reside no fato de os embargos objetivarem a exclusão da constrição judicial, motivo que gera a eficácia mandamental como efeito preponderante do comando judicial.[18] Na oposição o terceiro não se volta contra a ordem estatal, mas contra ambas as partes entre as quais pende relação jurídico-processual (*Rechtshängigkeit*) e na qual se situa o bem jurídico circunscrito ao interesse do opoente.[19]

14. Nas *Ordenações*, L. III, Tít. XX, § 31, restringia-se a oposição à tutela dos direitos reais, fato que não se coaduna com a disciplina atual.

15. Arruda Alvim, *Manual de Direito Processual Civil*, vol. II, p. 141.

16. Luiz Ambra, *Dos Embargos de Terceiro*, cit., p. 64. O autor ainda alude ao Código de Processo Civil de 1939, com referência aos arts. 707 e 708.

17. Lafayette, *Direito das Cousas*, vol. I, p. 54, onde se lê: "Os embargos de terceiro podem também ser de senhor, isto é, fundados no domínio. Neste caso tomam a natureza da acção de reivindicação".

18. Jamais declaratória, como pretende parcela da doutrina brasileira atrelada à primeira fase do pensamento italiano, que já superou esta concepção e classifica a ação e a sentença como constitutivas negativas.

19. Pontes de Miranda, *Comentários ao Código de Processo Civil* (de 1973), p. 4.

## 4. A nota essencial:
### ato de constrição judicial

O cabimento dos embargos de terceiro pressupõe a existência de um ato judicial que provoque ameaça ou lesão sobre o patrimônio do terceiro. Há uma vocação possessória quanto ao ato de agressão ao patrimônio, uma vez que a constrição judicial pressupõe o desapossamento do bem. No entanto, isto não elimina a tutela da propriedade, nos termos do art. 674, § 1º, do CPC. É possível, contudo, que a constrição atinja o direito sem afetar a posse. Uma medida cautelar de indisponibilidade sobre o bem é suficiente para que o direito de propriedade seja alijado. Pense-se no adquirente de um bem por meio de hasta pública. Ele nunca foi possuidor do bem, mas pretende ingressar na posse. Ele adquire o direito, mas nunca teve a posse. O fato de a carta de arrematação ainda não estar registrada não lhe confere a propriedade plena. Da mesma forma, não pode ser considerado possuidor, pois nunca exerceu posse direta ou indireta. Pela redação do art. 674 do CPC, o arrematante é titular de direito à imissão, e pode utilizar os embargos caso o bem seja alvo de nova constrição em virtude de posição jurídica afeta ao antigo titular. O mesmo se diga da ordem de restrição que afete direito e não propriamente a posse, como na restrição junto ao DETRAN.[20] O mesmo pode ser dito da alienação do bem ao terceiro de boa-fé que adquiriu com base em registro isento de constrição, o qual poderá fazer valer seu direito de propriedade por meio dos embargos.[21]

20. Já reconhecida pelo Código de Processo Civil anterior: "A ordem judicial ao DETRAN que impõe vedação para a transferência de veículo dá ensanchas aos embargos de terceiro (STJ, 3ª Turma, REsp 73.066-MG, rel. Min. Menezes Direito j. 25.3.1997)" (cf. Theotônio Negrão, *Código de Processo Civil e Legislação Processual em Vigor*, p. 1.057).
21. "'A jurisprudência pacífica desta Corte inclina-se no sentido de que presume-se a boa-fé do terceiro adquirente quando não houver registro no órgão competente acerca da restrição de transferência do veículo, devendo ser comprovado pelo credor que a oneração do bem resultou na insolvência do devedor e que havia ciência da existência de ação em curso (precedentes: REsp n. 944.250-RS, rel. Min. Castro Meira, *DJU* 20.8.2007; AgR no REsp n. 924.327-RS, rel. Min. José Delgado, *DJU* 13.8.2007; AgR no Ag n. 852.414-DF, rela. Min. Nancy Andrighi, *DJU* 29.6.2007)' (REsp n. 675.361-CE, rel. Min. Mauro Campbell Marques, 2ª Turma, j. 25.8.2009, *DJe* 16.9.2009) – Incidência da Súmula n. 375 do STJ: 'O reconhecimento da fraude à execução depende do registro da penhora do bem alienado ou da prova de má-fé do terceiro adquirente'. Os embargos de declaração somente são cabíveis nos casos de obscuridade, contradição ou omissão nas decisões judiciais – Embargos de declaração

O ato de ameaça ou lesão deve ter natureza judicial. Qualquer ato praticado pela Administração Pública desafia o mandado de segurança ou, mesmo, a tutela específica para a obrigação de dar.[22] O mandado de segurança tem cabimento específico em virtude do ato abusivo praticado quando não existe motivação para apreensão ou restrição ao direito do impetrante.

A constrição judicial é um dos pontos que sempre diferenciaram o cabimento dos embargos de terceiro em relação às ações possessórias perante o Código de Processo Civil de 1973, ou mesmo em relação às ações petitórias pelo Código atual. Nas ações possessórias típicas (manutenção, reintegração ou interdito proibitório) ou petitórias o ato de violação é oriundo de pessoa física ou jurídica, mas nunca do juiz.

## 5. "Quem, não sendo parte no processo, (...)". A figura do terceiro

De acordo com a exposição preliminar, vimos que os embargos são voltados a eliminar a constrição judicial. Porém, surge a pergunta essencial: em relação a quem? Atento à *vexata quaestio*, Pontes de Miranda procurou eliminar qualquer confusão entre os embargos do devedor e os embargos de terceiro. Como alerta o insigne jurista, "se a pessoa figura na sentença como parte, e não no foi, embora o pudesse ter sido, se tivesse sido citada, então, os embargos são do devedor, e não de terceiro". A citação ilustrativa demonstra que aquele que participou ou cuja participação foi indevidamente provocada (nulidade de citação) deve ser considerado como parte para fins de embargos ou de rescisão do julgado. Para fins de embargos o terceiro é completamente alheio ao processo.[23-24] O terceiro

---

rejeitados" (STJ, 2ª Turma, Ag/AgR/ED 1.168.534-RS, rel. Min. Humberto Martins, j. 4.11.2010, *DJe* 11.11.2010).

22. Por esse motivo, mesmo os atos administrativos expedidos pela autoridade judiciária poderão se sujeitar ao mandado de segurança. Sobre o assunto, v. nosso estudo com José Miguel Garcia Medina, *Mandado de Segurança Individual e Coletivo*, pp. 36 e ss.

23. Pontes de Miranda, *Comentários ao Código de Processo Civil* (de 1973), t. XV, p. 25.

24. Neste sentido: "Tem legitimidade ativa para opor a ação o terceiro que não participa ou não participou da relação jurídica processual, ou seja, quem não foi parte no processo. 2. Tendo o sócio sido devidamente citado para integrar o polo passivo da execução fiscal, deve promover sua defesa pela via adequada, e não por meio de embargos de terceiro, eis que esta ação é instrumento a ser utilizado apenas por aquele estranho à relação jurídica processual. 3. Precedentes do STJ" (TRF-2ª

não pode ser atingido por ato de constrição sem sua integração ao título judicial que justifica a excussão. Mesmo quando autorizada a responsabilidade patrimonial secundária (como a do sócio) exige-se sua citação e participação na relação executiva.

Embora pareça pura tautologia, os embargos de terceiro são destinados ao *terceiro*.[25] É a resposta para a pergunta, "quem?". Desta forma, surge a necessidade de delimitar o conceito e extensão do terceiro. Nem todo terceiro estará legitimado a intentar os embargos. Além da necessidade de preenchimento do art. 674 do CPC, urge examinar a posição processual do terceiro com base na responsabilidade primária ou secundária.

### 5.1 Análise do terceiro pela ótica da legitimidade "ad causam"

A analise da legitimidade do terceiro pode ser realizada pela ótica das condições da ação. Polêmica é a sua adoção como categoria processual, principalmente, pelas limitações de sua aplicação. Liebman, mentor de sua criação, condicionou a existência do direito de ação à emissão de um provimento de mérito. Em que pesem as limitações deste enquadramento que envolve à admissão de uma inegável simbiose com o direito material, a opção legislativa pela sua inclusão é inegável, tomando-se em consideração os termos do art. 485, VI do CPC. Pensamento ilógico é a consideração por parte da doutrina quanto à não recepção das condições da ação apenas pela ausência de menção da possibilidade jurídica do pedido no art. 485 do CPC. Na verdade, Liebman, que foi mentor das condições da ação eliminou a possibilidade jurídica de sua teoria após a 3 edição do seu *Manuale*, com a aprovação do divórcio na Itália, sem contudo rechaçar a aplicação da legitimidade e do interesse.[26]

Região, 4ª Turma Especial, AC 98.02.45200-9, rel. Des. federal Luiz Antônio Soares, *DJU* 1.11.2006, p. 145).

25. "O terceiro hipotecante, que não figura na relação processual originária, tem legitimidade para opor embargos de terceiro (REsp n. 49.550-RO, rel. Min. Carlos Alberto Menezes Direito, 3ª Turma, j. 3.9.1996, *DJU* 30.9.1996). A análise da existência de um mesmo grupo econômico entre executado e garantidor hipotecário demandaria o reexame do contexto fático probatório dos autos, procedimento vedado nesta via recursal, ante o teor do Enunciado sumular n. 7 do STJ – Agravo regimental a que se nega provimento" (STJ, 4ª Turma, AREsp/AgR 131.437-PR, rel. Min. Luís Felipe Salomão, j. 7.5.2013, *DJe* 20.5.2013).

26. É o que se denota na leitura de sua 5ª edição (Liebman, *Manuale di Diritto Processuale Civile*, cit., p. 144), onde o Mestre italiano afirma: "Le condizioni

Quanto à legitimidade para agir, é essencial a investigação do conceito de *parte*, principalmente pelo estrangulamento entre a legitimidade *ad causam* e a *ad processum*. É essencial que o terceiro que pretenda embargar não tenha participado do juízo ou tenha sido incluído no julgado. Da mesma forma, sua pretensão não pode estar voltada à impugnação do título executivo (judicial ou extrajudicial). Não há ataque ao julgado, mas ao ato judicial de constrição. Mesmo naqueles casos em que se possa alegar a inexistência do julgado por vício insanável, como ausência de participação no processo de conhecimento ou nulidade da citação (*querella nulitatis insanabilis*), o instrumento adequado será outro.

O conceito de *terceiro* nasce por exclusão, pois se consideram partes (autor e réu) todos aqueles que fazem o pedido bem como aqueles contra quem o pedido é direcionado. Todos os demais são terceiros. A distinção oferecida é eminentemente processual, com forte apego à dogmática alemã, o que pode ser evidenciado pela explicação de Baur: "Wer Partei in einem Prozess ist, wird durch die Klage bestimmt: Kläger ist, wer die Klage erhebt; Beklagtet ist, gegen wen sich die Klage richtet".[27] Em suma: terceiro é aquele que não participa da relação processual.[28] A distinção fornecida por Cândido Dinamarco, em obra clássica sobre o tema, assume extrema importância quanto à delimitação das partes na demanda (autor[es] e réu[s]) e partes na relação processual. As partes na demanda estão ligadas inexoravelmente pelo objeto do processo (*Der Streitgegenstand*),[29] e poderão ter a contribuição de outros interessados na relação processual, como no caso da assistência.[30]

dell'azione, poco fa menzionate, sono l'interesse ad agire e la legitimazione. Essi sono, come già accenato, i requisiti di esistenza dell'azione (...)".

27. Baur/Grunsky, *Zivilprozessrecht*, 12ª ed., § 6º, 73, p. 72: "Quem é parte no processo é determinado pela demanda; autor é quem propõe a demanda; réu, contra quem a demanda é dirigida" (tradução livre).

28. Referindo-se ao conceito por exclusão, ensina Dinamarco: "Esse conceito extremamente simples e de legítima conotação puramente processualística é o *preciso contraponto do conceito puro de parte*, no sentido de que se consideram terceiros no processo todos os que não são autores da demanda deduzida, não foram citados e não intervieram voluntariamente: todo sujeito permanece *terceiro* em relação a dado processo enquanto não ocorrer, em relação a ele, um dos modos pelos quais se adquire a qualidade de parte (...)" (*Litisconsórcio*, p. 30).

29. Sobre a diferenciação entre o *objeto do processo* e o *objeto litigioso*, v., de Dinamarco, *Fundamentos do Processo Civil Moderno*, vol. II, pp. 1.164-1.166.

30. Dinamarco, *Litisconsórcio*, p. 26.

Esta última colocação suscita outra questão. Aqueles que realizarem algum tipo de intervenção de terceiros (assistência, denunciação, oposição) podem manejar os embargos de terceiro? A resposta exige a análise da posição jurídica do terceiro interveniente e sua conexão com o objeto litigioso do processo. O assistente simples (*Nebenpartei*) não pode ser considerado parte, pois não tem qualquer conexão direta com o objeto litigioso – fato que o legitima a utilizar os embargos de terceiro. A mesma solução não pode ser preconizada para o assistente litisconsorcial, que tem relação direta com o objeto litigioso. Exemplo clássico reside na figura do art. 109 do CPC. O adquirente ou cessionário, quando atue como assistente litisconsorcial, não poderá ajuizar embargos de terceiro.[31]

## 5.2 Distinção entre terceiro vinculado e terceiro desvinculado: o devedor "ultra titulum"

Há uma distinção necessária relacionada ao conceito de terceiro junto à ação de embargos de terceiro, principalmente pela importância capital que esta forma de prestação de tutela assume no processo de execução, com especial relevo para a execução por quantia certa contra devedor solvente. Uma mera análise do rol estabelecido pelo art. 674 do CPC é suficiente para observar como é poderosa a interferência dos diversos atos executivos que estão ali elencados. Nada mais natural; afinal, parafraseando Rosenberg, no processo de execução o devedor não é citado para contestar, mas para realizar o cumprimento. Isto demonstra que os atos praticados na fase *in executivis* são voltados para a satisfação do credor. A tutela executiva exige a prática de atos enérgicos que são direcionados ao cumprimento da obrigação constante do título.[32] No caso dos embargos oferecidos junto ao processo de excussão de bens, urge diferenciar o terceiro vinculado e o desvinculado. Esta conceituação acaba sendo necessária em virtude da genial duplicação da relação obrigacional idealizada por Brinz.[33] O processo de execução sempre acabou refletindo uma simetria dos conceitos formulados para a relação jurídico-material.

31. Nelson Nery Jr. e Rosa Maria de Andrade Nery, *Código de Processo Civil Comentado e Legislação Extravagante*, cit., p. 1.220.
32. Sobre a crítica à restrição dos requisitos específicos da execução ao título e ao inadimplemento, v. Araken de Assis, *Manual da Execução*.
33. Aloys Brinz, *Lehrbuch der Pandekten*, vol. II, § 274, p. 302.

Conforme afirmado anteriormente, coube ao romanista Brinz[34] a delimitação dual[35] do conteúdo obrigacional.[36] Foram os alemães os responsáveis pela dissecação do conteúdo obrigacional em duas partes claras e distintas: o débito e a responsabilidade. Estes dois elementos representam uma constante matemática em qualquer vínculo obrigacional, ainda que eventualmente algum elemento possa claudicar, como nas obrigações naturais. Todo aquele que estabelece relação jurídica obrigacional (*Schuldverhältnis*) sujeita seu patrimônio como garantia da dívida a ser paga.

Esta correlação entre dívida e responsabilidade também gerou dificuldades para a afirmação da autonomia do próprio processo de execução, uma vez que o direito de executar era visto como direito à prestação. Assim, o direito subjetivo de reclamar o crédito seria um desdobramento da própria relação jurídica do direito material.[37] Hellwig insurgiu-se contra esse posicionamento, demonstrando que o direito sobre o patrimônio do devedor não poderia ser exigido como um poder privado. Na verdade, o direito de execução expressa pretensão processual, na qual o Estado assume o controle dos atos executivos sobre o patrimônio do devedor (*das Monopol auf den Zwang*). O problema está em delimitar qual o patrimônio que poderá ser afetado pelos atos executivos que visam a satisfazer a pretensão contida no título.

A elaboração da teoria binária por Brinz acabou por determinar que a relação jurídica obrigacional seria composta pela dívida (*Schuld*) e pela responsabilidade (*Haftung*). Estes elementos caracterizariam a relação obrigacional, e somente em situações excepcionais não estariam concomitantemente presentes. Exemplo clássico seria o das obrigações naturais, nas quais se faz presente o elemento dívida mas ausente a responsabilidade. É o caso das dívidas prescritas. O inverso também é possível, como no

---

34. Brinz, *Der Begriff Obligatio* (*O Conceito de Obrigação*), 1874, *apud* Ruggiero, *Instituições de Direito Civil*, vol. III, p. 14.

35. Não se deve confundir o elemento dual com a classificação do próprio negócio jurídico subjacente, que também é base para a definição do negócio em unilateral, quando gera obrigação para apenas uma das partes, ou bilateral, quando há reciprocidade. Certo é que no campo obrigacional a relação jurídica é preponderantemente recíproca: "Es gibt Rechtsverhältnis, an denen nur einige individuell bestimmte Personen, meist nur zwei, beteiligt sind; *so vor allem die Schuldverhältnisse*" (Karl Larenz, *Allgemeiner Teil des Bürgerlichen Rechts*, § 13, 12, p. 256).

36. Sobre o tema deve ser consultado Serpa Lopes, *Curso de Direito Civil*, pp. 10-38.

37. José Alberto dos Reis, *Processo de Execução*, vol. I, pp. 3-60.

caso de certos direitos potestativos. O fiador que se obriga ao pagamento do afiançado não é o titular da dívida, mas atua como responsável.

A transposição desta situação para o processo de execução acaba por diferenciar a figura do *devedor* e do *terceiro*. De tal forma que no processo *in executivis* o devedor será, em regra, determinado pela materialidade do título. O título prevê em sua configuração quem deva ser executado, uma vez que a obrigação é certa e determinada, o que inclui a identificação do devedor. Por outro lado, não só o devedor que conste do título poderá ser obrigado a suportar os efeitos da constrição. Surge neste caso o devedor *ultra titulum*.[38] No sistema brasileiro, além dos casos em que ocorre a previsão legal da sucessão da execução, há previsão expressa da responsabilidade secundária do terceiro, nos termos do art. 790 do CPC. Este terceiro é *vinculado* ao processo de execução. A lei estabelece sua responsabilidade, ainda que sua vontade seja contrária. Trata-se da constituição de uma obrigação de sujeição *ope legis*. O elenco do art. 790 do CPC é exaustivo. Fora daqueles casos não há que se falar na existência de responsabilidade pela execução. É interessante observar, como lembra Lüke, que no Direito Alemão o terceiro poderá ser responsável pela satisfação da execução, pela sua inclusão como garante. A *Vollstreckungsklausel* poderá conter partes que não participaram da relação jurídica que originou o título. Neste caso, o terceiro garante revive o papel do *vindex* do Direito Romano.

Os demais terceiros que não possuem qualquer vinculação e porventura são afetados por atos executivos são terceiros aptos a intentar os embargos de terceiro. Por fim, com base na exposição retro, adotamos a sistematização do processualista português Miguel Mesquita, pela qual podemos visualizar o terceiro em três dimensões no processo executivo, fonte primeira para o manejo dos embargos de terceiro: (1) terceiros não demandados, mas que constam do título executivo; (2) terceiros vinculados por responsabilidade secundária, mas não incluídos na ação; (3) terceiros não vinculados e que não foram demandados.[39]

O conceito de *terceiro* do art. 674 do CPC-2015, incide sobre as três figuras. Aquele que deveria ter sido incluído na relação processual

---

38. Miguel Mesquita, *Apreensão de Bens no Processo Executivo e Oposição de Terceiros*, p. 37.
39. Como assevera Araken de Assis (*Manual da Execução*, cit., 2007, p. 1.199), o terceiro absolutamente desvinculado também possui legitimidade para opor embargos à execução, pois a flagrante ilegitimidade passiva o autoriza.

de conhecimento, ou no polo passivo da execução, mas não o foi, pode manejar os embargos de terceiro. O terceiro que possui responsabilidade secundária mas não foi regularmente incluído na seara processual poderá se defender pelos embargos de terceiro.[40] Existindo responsabilidade limitada e possuindo patrimônio e capital para saldar as dívidas, é ilegítima qualquer constrição direta sobre o patrimônio do sócio.

A responsabilidade secundária prevista pelo art. 790 do CPC está voltada naturalmente para as situações de responsabilidade ilimitada. A afetação dos bens do sócio em sociedades de responsabilidade ilimitada pressupõe decisão judicial prévia que reconheça a desconsideração. O incidente, conforme já examinado, poderá ocorrer em qualquer fase do processo de conhecimento ou execução. O sócio que foi vencido no incidente não tem mais legitimidade para opor os embargos de terceiro. Com a decisão declaratória, seu patrimônio estará afetado pela responsabilidade patrimonial, e poderá ajuizar os embargos à execução ou a impugnação, bem como oferecer exceção de pré-executividade. Outra será a situação do terceiro que eventualmente seja atingido pela decisão de desconsideração.

Devemos lembrar que o sócio poderá ou não ter alienado seu patrimônio. Quando não tenha ocorrido a circulação patrimonial (*Rechtsverkehr*) não existirá terceiro afetado. Por outro lado, quando a desconsideração afetar terceiro, ele poderá ajuizar os embargos, quando não tenha integrado o procedimento na desconsideração (art. 674, § 2º, III, do CPC).[41]

Além disto, mesmo em dívidas tributárias a aplicação da teoria da desconsideração exigirá, doravante, a comprovação de fatos jurídicos concretos relativos à fraude à execução, por meio do incidente de desconsideração da personalidade jurídica. Caso contrário o sócio terá legitimidade para o oferecimento dos embargos de terceiro.[42] Na última situação

---

40. Situação contrária será a do sócio que consta no título executivo, pois deverá se utilizar dos embargos ou impugnação: "Nos termos da jurisprudência iterativa desta Corte, os embargos do devedor são o meio adequado para defender interesse patrimonial do ex-sócio incluído no polo passivo da execução por força da desconsideração da personalidade jurídica da empresa. Encontrando-se o Tribunal Estadual em harmonia com o entendimento do STJ, é de rigor a aplicação da Súmula n. 83 desta Corte – Agravo regimental não provido" (STJ, 4ª Turma, Ag/AgR 1.378.143-SP, rel. Min. Raul Araújo, j. 13.5.2014, *DJe* 6.6.2014).

41. V. Capítulo VI.

42. "Embargos de terceiro à execução fiscal – Violação ao art. 535 do CPC – Omissão não configurada – Sócio não citado na demanda executiva – Legitimidade

temos a incidência pura dos embargos, pois o terceiro é absolutamente desvinculado da relação processual ou material.

Analisemos as hipóteses de legitimação ativa para a propositura dos embargos, nos termos do art. 674, §§ 1º e 2º, do CPC.

## 6. A legitimação ativa para os embargos de terceiro

### 6.1 Embargos pelo possuidor indireto e direto

O art. 674, *caput* e seu § 1º, do CPC merecem um exame inicial relacionado à pessoa do possuidor. A posse sempre esteve intimamente ligada aos embargos de terceiro, pela sua previsão como causa de pedir remota para o ajuizamento dos embargos, durante todas as transformações legislativas do instituto em nosso ordenamento. Desde já é necessário mencionar que estão legitimados a ajuizar os embargos de terceiro tanto o *possuidor direto* como o *indireto*.

A posse configura instituto-base quanto aos efeitos provocados pelo ato de constrição judicial. Sofrem-na o possuidor e o proprietário--possuidor. Deste modo, a ameaça à posse ou, mesmo, sua turbação e seu esbulho pela decisão judicial permitem o ajuizamento dos embargos de terceiro. O detentor foge desta legitimidade, uma vez que não possui legitimação para a defesa do interesse possessório.

O detentor não expressa em seus atos a senhoria (*Herrschaft*) que caracteriza o poder fático de disposição do possuidor (*tatsächlichen Gewalt*), mas a lei confere a possibilidade da autodefesa. A pretensão quanto ao afastamento da ameaça, turbação ou esbulho caberá naturalmente ao possuidor imediato (direto), mas isto não afasta a pretensão possessória do possuidor mediato (indireto). Com o desdobramento da posse, é possível afirmar que tanto o possuidor indireto como o direto estão em posição de exercer a pretensão de proteção da posse (*Besitzschutzanspruch*). O possuidor "real", enquanto vigente a relação jurídica que fundamenta o desdobramento, será o possuidor direto. Afinal, ele utilizará efetivamente o bem, estabelecendo uma relação de senhoria mediante a exteriorização dos atos possessórios, tal qual o proprietário.[43]

---

ativa reconhecida – Precedentes – Agravo regimental a que se nega provimento" (STJ, 1ª Turma, REsp/ED/AgR 996.106-AM, rel. Min. Teori Albino Zavascki, j. 2.2.2012, *DJe* 10.2.2012).

43. Desta forma é possível compreender a afirmação severa de Gondim Neto, em sua preciosa monografia, sobre a real importância da posse indireta: "A posse indireta não é, na realidade, aquilo que as palavras parecem indicar, não é posse como

Esta diferenciação entre possuidor real e possuidor fictício ganhou muita força no Direito Alemão, pois se considerava o possuidor indireto um possuidor "fingido" (*fingierter Besitz*), uma vez que existiria posse sem senhoria fática (*ein Besitz ohne Sachherrschaft*).[44] Contudo, Joost afirma que esta visão está ultrapassada na doutrina, e atualmente o possuidor indireto é classificado não como um possuidor fictício, mas espiritualizado (*vergeistigt*). Ele também detém o poder de disposição, mas de forma atenuada, na medida em que a posse mediata somente existe quando a posse imediata é exercida através de outrem.[45] Desta forma, torna-se compreensível e clara a definição de possuidor imediato e possuidor mediato oferecida por Baur: "Possuidor imediato é, então, quem exerce o poder de disposição fático sobre a coisa; possuidor mediato é aquele cuja posse é exercida através da intermediação de outrem, o possuidor imediato".[46]

Embora não tenha poderes de ingerência direta sobre a *res*, o possuidor indireto poderá se valer das ações possessórias; e isto impossibilita que seja classificado como um possuidor "fingido", porque a base da ficção é a projeção de uma situação inexistente, o que não caracteriza as faculdades inerentes ao possuidor indireto.[47]

a dos outros possuidores, constitui unicamente uma ficção, que se reduz ao direito de exercer, subsidiariamente, as ações possessórias, para reprimir atos ilegais praticados contra o verdadeiro possuidor. Não vai além a importância da posse indireta" (*Posse Indireta*, p. 16).

44. Outra não é a lição de Joost: "Die Rechtsnatur des mittelbaren Besitzer ist umstritten. Nach einer älteren Auffassung ist der mittelbarer Besitz ein fingierter Besitz, bzw. ein Besitz ohne Sachherrschaft" ("A natureza jurídica da posse mediata é polêmica. De acordo com uma posição antiga, a posse mediata seria uma posse fingida, relacionada a uma posse sem senhoria fática" – tradução livre) (*Münchener Kommentar Bürgerliches Gesetzbuch*, vol. VI, "Sachenrecht", p. 90).

45. Neste sentido Joost: "Nach heute h. M. ist mittelbarer Besitz dagegen tatsächliche Sachherrschaft und daher begrifflich nicht wesensverschieden vom unmittelbaren Besitz" ("Atualmente a posição doutrinária majoritária reconhece a senhoria fática ao possuidor mediato, e, por isso, não o diferencia conceitualmente do possuidor imediato" – tradução livre) (*Münchener Kommentar Bürgerliches Gesetzbuch*, cit., vol. VI, "Sachenrecht", p. 90). No mesmo sentido Wolff: "La primera de estas dudas encuentra su solución en que la posesión mediata se basa en una decidida espiritualización del concepto del señorío sobre una cosa: apesar de la posesión inmediata, interpuesta entre la cosa y el poseedor superior, la relación entre éstos aparece siempre como un señorío de hecho actual y no como una expectativa de un señorío futuro" (*Tratado de Derecho Civil*, t. III, vol. I, "Derecho de Cosas", § 8º, I, p. 56).

46. "Unmittelbarer Besitzer ist also, wer die tätsachliche Gewalt über die Sache ausübt, mittelbarer Bestizer ist, wer den Besitz durch Vermittlung eines anderen – des unmittelbaren Besitzers – ausüben kann" (Baur/Stürner, *Sachenrecht*, p. 58).

47. Sobre a questão, Pontes é enfático: "A posse mediata é poder fáctico, porque o fáctico não é só o corporal; razão, essa, assaz para que se tenha por falsa qualquer

Nada impede que o exercício dos embargos tenha como causa relação jurídica que tenha reflexo no desdobramento da posse. Em determinada situação o possuidor direto poderá oferecer seus embargos com base em compromisso de compra e venda em que esteja inserida a cláusula *constituti*, conforme permite a Súmula 84 do STJ. A tradição ficta poderá ser impugnada pelo credor, mas será matéria para análise do mérito dos embargos. A tradição ficta constitui causa para a consolidação da posse indireta pelo possuidor direto. Trata-se de uma atenuação da teoria objetiva da posse, pois o art. 1.196 do CC não reflete a mudança na *causa possessionis*, a qual decorre do *animus possidendi* decorrente da cláusula *constituti*.

É possível, ainda, que o possuidor direto que tenha realizado a *interversão da posse* apresente embargos de terceiro para demonstrar que tem posse qualificada pelo usucapião, o que impede a possibilidade de constrição sobre bem que não pertence mais de fato ao possuidor indireto.[48]

### 6.2 Terceiro possuidor e as Súmulas 84 e 303 do STJ

A Súmula 84 do STJ representa uma evolução da jurisprudência brasileira, pela valorização da função social da posse. Eis seu teor: "É admissível a oposição de embargos de terceiro fundados em alegação de posse advinda de compromisso de compra e venda de imóvel, ainda que desprovido de registro". Antes desta construção o STF emitiu, na década de 1980, a Súmula 621, em sentido diametralmente oposto: "Não enseja embargos de terceiro à penhora a promessa de compra e venda não inscrita no registro de imóveis".

A posição atual do STJ reflete a valorização da função social da posse, uma vez que a publicidade registral, muito embora essencial para o sistema jurídico, necessita de interpretação coerente com a situação econômica e social de nosso País. Aquele que exerce a posse mansa e pacífica sobre bem adquirido de modo irretratável não pode ser prejudicado pela inexistência do registro do seu compromisso de compra e venda.

O manejo dos embargos de terceiro será lícito e viável ao possuidor. Contudo, o STJ procurou equalizar a necessidade de distribuir a

---

teoria que aluda à ficção" (*Tratado de Direito Privado*, t. XXXVIII, § 1.071, p. 101). Na verdade, o sistema, ao reconhecer a possibilidade do desmembramento, não alija o possuidor indireto de todos os poderes de disposição sobre a coisa. No BGB isto resta claro quanto à possibilidade de defesa da posse perante terceiros, ante a redação do § 868.

48. Sobre o tema, v. nosso ensaio *Usucapião*, p. 194.

responsabilidade das despesas processuais pela teoria da causalidade nos embargos. Se é lícito ao possuidor defender a posse sobre o bem, não é justo imputar a responsabilidade pela sucumbência ao credor. Ele não teria condições de saber sobre a existência do negócio jurídico de caráter pessoal entre o devedor e o terceiro. Daí a importância da Súmula 303 do STJ: "Em embargos de terceiro, quem deu causa à constrição indevida deve arcar com os honorários advocatícios".[49] Afinal, as despesas serão pagas por quem deu causa (princípio da causalidade) e não por quem perdeu o processo (princípio da sucumbência).

### 6.3 Embargos pelo proprietário

O art. 674, *caput*, do CPC, ao se referir ao embargante como titular de "direito incompatível com o ato constritivo", já englobaria a propriedade em qualquer de suas modalidades. O art. 674 do CPC parece ter leitura mais ampla do que o próprio direito de propriedade. Ao se referir a "direito incompatível", pode-se pensar em situações que transitam entre os direitos reais e pessoais, como o direito de retenção ou a sucessão aberta (art. 80, II, do CC). A sucessão aberta representa o conjunto de bens móveis e imóveis cujas posições jurídicas ativas e passivas do *de cujus* permitem defesa da posse e propriedade em juízo. Aliás, a defesa da posse pelo herdeiro ou inventariante é autêntica ficção jurídica, somente compreendida pelas razões históricas de filiação de nosso sistema ao princípio da *saisine*, nos termos do art. 1.784 do CC.[50]

---

49. "1. Embargos de terceiro – Legitimidade. É admissível a oposição de embargos de terceiro fundados em alegação de posse advinda do compromisso de compra e venda de imóvel, ainda que desprovido do registro. 2. Princípios da sucumbência e da causalidade O princípio da sucumbência deve ser interpretado em consonância com o princípio da causalidade quando, embora vencedora, a parte deu causa à instauração da lide. Caso o registro fosse realizado no momento adequado, ou seja, quando da venda do imóvel, a par da publicidade do ato, o bem em discussão não teria sofrido constrição" (TJPR, 15ª Câmara Cível, AC 0384987-8, de Londrina, rel. Des. Jurandyr Souza Jr., j. 31.1.2007).

50. O herdeiro não terá legitimidade ativa quando responda à execução pelos bens herdados: "O herdeiro é parte passiva legítima na execução no tocante aos bens que recebeu por herança, não podendo ingressar com embargos de terceiro – Precedentes. A configuração do bem de família envolve o revolvimento do conteúdo fático-probatório, o que não se admite em sede de recurso especial – Súmula n. 7/STJ. Ademais, o acórdão recorrido não se manifestou expressamente sobre tal ponto – Súmulas ns. 282 e 356/STF – Recurso especial não conhecido, com recomendação" (STJ, 3ª Turma, REsp 1.039.182-RJ, rela. Min. Nancy Andrighi, j. 16.9.2008, *DJe* 26.9.2008).

No entanto, o art. 674, § 1º, do CPC reforçou e tornou explícita a previsão dos embargos de terceiro pelo proprietário. A propriedade como título jurídico que confere direito pleno ou parcelar legitimará o proprietário a ingressar com os embargos como meio de defesa hábil para eliminar constrição judicial que recaia sobre o bem imóvel ou móvel. O direito de propriedade que constitui causa de pedir para o ajuizamento dos embargos engloba os direitos reais parcelares, ou seja, os direitos reais de gozo e garantia, bem como a propriedade fiduciária (art. 1.361 do CC) e o compromisso de compra e venda devidamente registrado (art. 1.417 do CC).[51] A comprovação da titularidade exige a demonstração do domínio por meio do registro. O rigor aqui é maior, uma vez que a condição de proprietário se subsome aos ditamos dos arts. 1.245 a 1.247 do CC.

Pelo regime anterior a propriedade fiduciária era encaixada na previsão do art. 1.046, § 2º, do CPC. Por meio deste dispositivo admitia-se a interposição dos embargos para a defesa da posse de terceiro que figurava como autêntico *extraneus*, pois defendia o bem em autêntica legitimação extraordinária. O interesse jurídico na manutenção da posse seria o motivo legítimo para autorizar o manejo dos embargos. O direito comum reconheceu o princípio pelo qual *uma pessoa faz as vezes de duas* (*una et eadem persona respectu diversorum iurium, pro pluribus, et diversis personis reputentur*).[52]

A legitimidade insculpida no art. 1.046, § 2º, do CPC de 1973 estava em harmonia com os princípios da efetividade e da economia processual. A parte tem o dever de abreviar o caminho quando possa demonstrar ao magistrado a impossibilidade de constrição sobre o bem. É a situação referente à propriedade fiduciária. O bem alienado ainda não pertencia ao devedor fiduciário; logo, não podia ser penhorado para fins de transferência compulsória por meio de alienação ou adjudicação. Por este motivo, o devedor realizava autêntica defesa do direito de propriedade fiduciária por meio do art. 1.046, § 2º, do CPC-1973, o que se tornou desnecessário pelo regime atual.[53]

51. Sem prejuízo do ajuizamento pelo compromissário sem o registro, nos termos da Súmula 84 do STJ.

52. Pontes de Miranda, *Comentários ao Código de Processo Civil* (de 1973), cit., t. XV, p. 19.

53. "'A alienação fiduciária em garantia expressa negócio jurídico em que o adquirente de um bem móvel transfere – sob condição resolutiva –, ao credor que financia a dívida, o domínio do bem adquirido.

"'Permanece, apenas, com a posse direta. Em ocorrendo inadimplência do financiado, consolida-se a propriedade resolúvel' (REsp n. 47.047-1/SP, rel. Min. Humberto Gomes de Barros). O bem objeto de alienação fiduciária, que passa a per-

Outro exemplo, lembrado por Pontes de Miranda, reside na situação do herdeiro. A mesma aplicação em relação ao art. 1.046, § 2º, do CPC de 1973 era utilizada. O herdeiro não poderia responder por dívidas superiores ao montante da herança recebida do *de cujus*. A execução proposta diretamente aos herdeiros após a conclusão do inventário ou arrolamento legitima que o herdeiro ofereça embargos do devedor na qualidade de sucessor e embargos de terceiro para a exclusão da parcela que não foi herdada, mas que constitua patrimônio próprio do herdeiro. Como afirmamos supra, esta defesa resta autorizada pelo próprio *caput* do art. 674 do CPC atual, uma vez que posições jurídicas incompatíveis com o ato de constrição podem ser defendidas por meios dos embargos de terceiro.

### 6.4 Terceiro proprietário e a Súmula 92 do STJ

No Direito Brasileiro, embora não exista previsão legal para a aquisição *a non domino* de bens móveis fora dos casos do art. 1.268 do CC, não seria correto desconhecer a construção da jurisprudência sobre o tema, o que pode ser constatado na alienação fiduciária de veículos automotores, que representa uma grande força na circulação econômica do País. Com a alienação busca-se solução viável para o mercado, um meio de garantir o financiamento do bem, uma vez que o vendedor não precisará arcar com o ônus da operação de financiamento, circunstância que limitaria seu capital de giro. Esta era a prática corrente nas operações de venda a prazo quando a compra e venda se realizava com reserva de domínio.[54] Na alienação fiduciária de veículos exige-se que a restrição

---

tencer à esfera patrimonial do credor fiduciário, não pode ser objeto de penhora no processo de execução, porquanto o domínio da coisa já não pertence ao executado, mas a um terceiro, alheio à relação jurídica. Por força da expressa previsão do art. 1.046, § 2º, do CPC, é possível a equiparação a terceiro do devedor que figura no polo passivo da execução quando este defende bens que, pelo título de sua aquisição ou pela qualidade em que os possuir, não podem ser atingidos pela penhora, como é o caso daqueles alienados fiduciariamente – Recurso especial não provido" (STJ, 2ª Turma, REsp 916.782-MG, rela. Min. Eliana Calmon, j. 18.9.2008, *DJe* 21.10.2008).

54. Esta função acabou sendo incorporada pelas sociedades de crédito e financiamento, conhecidas popularmente como financeiras, cujo principal objetivo é fomentar a circulação econômica, mediante o financiamento da aquisição de bens móveis de longa duração – bens, estes, infungíveis e não sujeitos a consuntibilidade. O art. 66 da Lei 4.728/1965 (Lei do Mercado de Capitais) determinou a origem da alienação em nosso sistema, tendo sido regulamentada posteriormente pelo Decreto-lei 911/1969. O texto sofreu alteração pela Lei 10.931/2004, que revogou o referido dispositivo e visivelmente fortaleceu a propriedade fiduciária.

à propriedade esteja anotada junto ao Certificado de Registro. Eventual falha na anotação eximirá de vícios a aquisição realizada pelo terceiro de boa-fé. O STJ sintetizou este princípio através do Verbete 92: "A terceiro de boa-fé não é oponível a alienação fiduciária não anotada no Certificado de Registro do veículo automotor".

Esta solução encontrada pelo ordenamento vem excepcionar o que está contido no art. 1.268 do CC e prevê uma aplicação clara do princípio *en fait de meubles la possession vaut titre*. O terceiro que tenha adquirido o veículo de boa-fé mediante causa lícita representada pelo negócio jurídico oneroso acaba por consolidar a propriedade. Importante frisar que, muito embora presentes dois requisitos do usucapião ordinário (boa-fé e justo título), a Súmula 92 do STJ não convalida e nem cria hipótese de usucapião, pois não há prazo a ser respeitado, e a aquisição será imediata. Isto acarreta consequências importantes, pois o exame da boa-fé se faz com os olhos voltados para o momento da aquisição. Nem se há de cogitar da aplicação do princípio *mala fides superveniens non nocet*, pois, uma vez verificada a existência da boa-fé, a aquisição restará consumada.

Cumpre observar que a alienação fiduciária envolve a transmissão da posse, e esta transmissão se aperfeiçoa através da tradição.[55] E de que modalidade de tradição? O ponto é delicado. A alienação fiduciária não se aperfeiçoa mediante tradição real, mas simbólica, pois o devedor transmite a propriedade fiduciária sem se desfazer da posse direta. Tem-se um negócio jurídico translativo da propriedade fiduciária pelo qual o devedor transmite os bens como autêntica garantia de pagamento do credor. No campo possessório a transmissão da posse ocorre pelo constituto possessório.[56]

A análise do Direito Comparado mostra-se importante neste aspecto, porque o Direito Alemão não admite a possibilidade de aquisição *a non domino* de bens móveis nos casos de constituto possessório (*Besitzkonstitut*) e de cessão da pretensão à entrega da coisa (*Abtretung des Herausgabeanspruchs*). Relembrando a precisa dogmática alemã, o que

55. Inclusive com importante alteração do parágrafo único do art. 1.368-B do CC, que estabelece a responsabilidade sobre os tributos e demais encargos ao proprietário fiduciário após sua imissão sobre o bem.
56. Clara a lição de Orlando Gomes: "O adquirente não recebe materialmente a coisa, pois continua a possuí-la o alienante. Dá-se, porém, simbolicamente, presumida na lei, ocorrendo no momento mesmo em que se aperfeiçoa o título aquisitivo. A transmissão fiduciária pelo *constituto possessório* é, nestas condições, operação indispensável à configuração da alienação em garantia" (*Alienação Fiduciária em Garantia*, p. 72).

se tutela na aquisição *a non domino* é uma situação de aparência jurídica (*Rechtschein*) e de boa-fé. A solução adotada pelo STJ ultrapassa essa limitação, porque reconhece a aquisição da propriedade numa situação de constituto possessório, privilegiando a circulação do tráfico e a posição do terceiro de boa-fé.

Acontece que no sistema brasileiro o certificado de propriedade do veículo automotor era expressamente referido como prova legal da propriedade fiduciária, nos termos do revogado art. 66, § 10, da Lei 4.728/1965 (em consonância com o art. 121 do Código de Trânsito Brasileiro/CTB).[57] O dispositivo exigia o registro do gravame nos contratos de alienação fiduciária, *in verbis*: "A alienação fiduciária em garantia de veículo automotor deverá, para fins probatórios, constar do Certificado de Registro, a que se refere o art. 52[58] do Código Nacional de Trânsito". Do mesmo modo, o art. 1.361, § 1º, do CC preceitua sua necessidade para a publicidade da propriedade fiduciária.

A inclusão do gravame é um ônus do credor que firma o contrato de alienação fiduciária, e caberá a ele, parte interessada, registrar o contrato e demonstrar o cumprimento das condições estabelecidas pelo art. 2º da Deliberação CONTRAN-77/2009. Caso não realize o registro, a inclusão não será realizada. Cumpridas as formalidades legais, a inclusão do gravame, assim como sua liberação, será realizada eletronicamente, via sistema.[59] As informações sobre inclusão e exclusão do gravame são de inteira responsabilidade dos credores.[60] Isto reforça o teor da Súmula 92

---

57. A matéria está regulamentada pela Deliberação CONTRAN-77/2009, que disciplina a anotação no Certificado das garantias reais. O art. 5º da portaria estabelece: "Art. 5º. Os órgãos ou entidades executivos de trânsito dos Estados e do Distrito Federal, após registrarem o contrato na forma prevista nesta Deliberação, farão constar no campo observações do CRV o gravame com a identificação da instituição credora".

58. Art. 121 do atual Código de Trânsito Brasileiro: "Registrado o veículo, expedir-se-á o Certificado de Registro de Veículo – CRV, de acordo com os modelos e especificações estabelecidos pelo CONTRAN, contendo as características e condições de invulnerabilidade à falsificação e à adulteração".

59. Art. 6º da Deliberação CONTRAN-77/2009: "O repasse das informações para registro do contrato, inserções e liberações de gravames será feito eletronicamente, mediante sistemas ou meios eletrônicos compatíveis com os dos órgãos ou entidades executivos de trânsito, sob a integral responsabilidade técnica de cada instituição credora da garantia real, inclusive quanto ao meio de comunicação utilizado, não podendo tal fato ser alegado em caso de mau uso ou fraude nos sistemas utilizados".

60. Art. 7º da Deliberação CONTRAN-77/2009: "Será da inteira e exclusiva responsabilidade das instituições credoras a veracidade das informações repassadas para registro do contrato, inclusão e liberação do gravame de que trata esta Deliberação, (...)".

do STJ, principalmente na ótica pela qual o credor negligente não merece proteção em vista do terceiro de boa-fé que adquiriu o veículo sem possibilidade de conhecer a existência de limitação ao direito de propriedade (*boa-fé subjetiva ética*). A necessidade de o gravame estar estampado junto ao CRV permite o reconhecimento da aquisição *a non domino*, pela aplicação da máxima *en fait de meubles, la possession vaut titre*. Os dados objetivos que faltam à tradição simbólica pela via do constituto ou da cessão acabam sendo garantidos pela exigência da anotação do gravame, que é um ônus do credor.

Os embargos de terceiro se mostram como medida adequada para a proteção do terceiro de boa-fé.[61] Interessante observar que a anotação de qualquer restrição no DETRAN configura a licitude da medida quando a tradição seja anterior, o que desconfigura a utilização dos embargos para fins nitidamente possessórios.

## 6.5 A Súmula 308 do STJ
e a defesa da posse perante o incorporador

Após os grandes prejuízos provocados pela falência de incorporadas e os reflexos gerados aos compromissários compradores de boa-fé, o STJ editou a Súmula 308: "A hipoteca firmada entre a construtora e o agente financeiro, anterior ou posterior à celebração da promessa de compra e venda, não tem eficácia perante os adquirentes do imóvel".

Poucas são as incorporadoras que atuam com recursos próprios, o que provoca uma situação de desvantagem para o comprador leigo e de boa-fé. Ao realizar a compra de um imóvel na planta, aproveitando-se de um melhor preço pela antecipação do pagamento, desconhece que a matrícula está gravada com direitos reais de garantia (hipoteca) em favor do agente financeiro que emprestou determinada quantia para o início da obra. Com a falência do incorporador, não resta dúvida de que o compromisso de compra e venda assegura um direito pessoal. Logo, a hipoteca como direito real teria preferência na liquidação geral. O direito real tem preferência, e somente cede em casos especiais (créditos trabalhistas e tributários). Todavia, o STJ, em posicionamento inédito, rompeu com o sistema legal e alterou a ordem de preferência ao eliminar a prevalência da hipoteca. Não importa se a constituição do compromisso tenha sido

---

61. "Embargos de terceiro – Veículo automotor – Inexistência de restrição junto ao DETRAN – Boa-fé do adquirente – Descaracterização de fraude à execução – Precedente do STJ – Apelo e remessa oficial improvidos" (TRF-5ª Região, 4ª Turma, AC 2004.81.00.005411-3, rel. Des. federal Lázaro Guimarães, *DJU* 14.12.2006, p. 554).

anterior ou posterior.[62] A Súmula 84 do STJ tem o mérito de reconhecer a função social da posse, mas abre um elastério muito grande ao eliminar o âmbito temporal. O magistrado deverá analisar o caso concreto para visualizar a possibilidade de fraude à execução ou fraude contra credores. A instituição do regime do patrimônio de afetação constitui novo meio de proteger o consumidor e valorizar as incorporadoras sérias.[63]

### 6.6 A parte equiparada ao terceiro. Art. 674, § 2º, do CPC

O sistema processual atribuiu legitimidade ativa diferenciada para terceiros, mediante hipóteses tipificadas pelo art. 674, § 2º, do CPC. A névoa que paira entre o executado e o terceiro justifica o ajuizamento dos embargos de terceiro, que permitirá comprovar a impossibilidade de constrição sobre bem que não integra o patrimônio do devedor, mas, sim, do terceiro embargante. A *causa petendi* poderá ser fundada na posse ou na propriedade.

#### 6.6.1 Os embargos do cônjuge e do companheiro: a Súmula 134 do STJ

O cônjuge ou companheiro poderá se utilizar dos embargos para a defesa da meação ou bens próprios que não devam responder por dívidas exclusivas de um dos cônjuges ou dos companheiros. A mulher casada, em especial, utiliza um sistema de dupla proteção: poderá apresentar embargos do devedor quando intimada da penhora (art. 842 do CPC), porém poderá apresentar embargos de terceiro para a defesa da posse e propriedade dos bens reservados e que compõem sua meação. Esta situação é

---

62. "Embargos de terceiro – Adquirente de unidade habitacional – Imóvel gravado como hipoteca. 'É admissível a oposição de embargos de terceiro fundados em alegação de posse advinda do compromisso de compra e venda de imóvel, ainda que desprovido do registro' (Súmula n. 84/STJ). 'A hipoteca firmada entre a construtora e o agente financeiro, anterior ou posterior à celebração da promessa de compra e venda, não tem eficácia perante os adquirentes do imóvel' (Súmula n. 308/STJ) – Recurso especial não conhecido" (STJ, 4ª Turma, REsp 587.835-PE, rel. Min. Barros Monteiro, j. 20.10.2005, *DJU* 19.12.2005, p. 417).

63. V. Lei 10.931/2004, que modifica a Lei 4.591/1964, pela inserção do art. 31-A: "A critério do incorporador, a incorporação poderá ser submetida ao regime da afetação, pelo qual o terreno e as acessões objeto de incorporação imobiliária, bem como os demais bens e direitos a ela vinculados, manter-se-ão apartados do patrimônio do incorporador e constituirão patrimônio de afetação, destinado à consecução da incorporação correspondente e à entrega das unidades imobiliárias aos respectivos adquirentes".

mais simples nos casos de separação absoluta de bens. Todavia, nada impede que possam ser manejados os embargos para a defesa no regime de separação parcial ou de comunhão, desde que os bens sejam particulares ou não sujeitos a divisão. O STJ apenas ressalva, independentemente do regime, as dívidas contraídas em benefício da família, nos termos do art. 1.644 do CC, e reconhece, de modo pacífico, que o aval prestado pelo marido em firma da qual é sócio transfere o ônus da prova para a mulher quanto ao não aproveitamento da dívida para o seio familiar.[64]

A separação de fato do casal também opera efeitos sobre a impossibilidade de comunicação de dívidas. O exame do caso concreto é fundamental, mas mesmo no direito sucessório a separação de fato por mais de dois anos provoca reflexos patrimoniais severos (art. 1.830 do CC). A separação fática, mesmo sem registro da partilha, permite a defesa pelos embargos de terceiro, mas a boa-fé e a confiança no registro deverão ser cotejadas no caso concreto, para análise da manutenção do ato constritivo.[65]

A polêmica que reinava sobre a possibilidade da dupla legitimidade do cônjuge, e atualmente em relação ao companheiro, foi definida pela Súmula 134 do STJ, que dissipou qualquer controvérsia sobre o assunto: "Embora intimado da penhora em imóvel do casal, o cônjuge do executado pode opor embargos de terceiro para defesa de sua meação".

O direito de utilização dos embargos também se estende à união estável (art. 1.723 do CC e art. 226, § 3º, da CF).[66] A união estável deve levar

64. "'Se o aval foi prestado pelo marido em garantia de dívida da sociedade de que faz parte, cabe à mulher que opõe embargos de terceiro o ônus da prova de que disso não resultou benefício para a família' (REsp n. 148.719-SP, rel. Min. Ari Pargendler, 3ª Turma, j. 27.3.2001, DJU 30.4.2001 p. 130)" (STJ, 3ª Turma, Ag/AgR 702.569-RS, rel. Min. Vasco Della Giustina (Desembargador convocado do TJRS), j. 25.8.2009, DJe 9.9.2009).

Ainda: "Nas situações em que o avalista não é sócio da empresa, o STJ entende que a presunção é de prejuízo do cônjuge, e, portanto, inverte-se para o credor o ônus de provar que a família teria se beneficiado do empréstimo" (STJ, 3ª Turma, REsp 440.771-PR, rel. Min. Humberto Gomes de Barros, DJU 21.6.2004, p. 215).

65. "O entendimento do Tribunal de origem de que a falta de registro da separação não possui o condão de afetar o direito de propriedade da ex-cônjuge em decorrência de dívida contraída por ex-marido está em conformidade com precedentes desta Corte Superior – Agravo regimental não provido" (STJ, 4ª Turma, AREsp/ED/AgR 336.404-RS, rel. Min. Luís Felipe Salomão, j. 14.10.2014, DJe 21.10.2014).

66. "Embargos de terceiro – Execução de título extrajudicial – Penhora de bem considerado como de família – Hipoteca constituída pelo companheiro da embargante como garantia de dívida da pessoa jurídica da qual compõe o quadro societário – Impenhorabilidade – Não incidência da exceção prevista no art. 3º, V, da Lei n.

em conta o teor da ADPF 132-RJ, pois engloba a união estável de pessoas do mesmo sexo. A união estável exige um olhar diferenciado quanto à sucumbência, pois, não existindo a averbação da união estável no registro civil ou sua conversão em casamento, o exequente não terá como pedir a reserva de meação ou de porção do patrimônio para penhora. Isto acarreta a impossibilidade de condenação do embargado na sucumbência, cujo fundamento pode ser interpretado pela aplicação da Súmula 303 do STJ, que será examinada oportunamente. O novo Código de Processo Civil incorpora este entendimento pela redação do art. 674, § 2º, I.

O cônjuge ou companheiro não poderá separar faticamente sua porção patrimonial quando o bem penhorado for indivisível. Nesta situação peculiar aplica-se a solução do art. 843 do CPC, por meio da qual o bem será alienado e o fruto da venda será repartido e destinado ao embargante. Nesta situação, o embargante terá legítimo interesse de atuar como assistente no processo de execução para resguardar a alienação do bem pelo valor de mercado, sem prejuízo de eventual adjudicação pelo credor, quando necessitará depositar o preço.

6.6.2  Terceiro adquirente e a fraude à execução

O terceiro adquirente do bem afetado por constrição judicial, mediante declaração de fraude à execução, tem legitimidade para opor os embargos de terceiro. A previsão do art. 674 § 2º, II, do CPC reflete, antes de mais nada, a necessidade de amplo contraditório para que posição jurídica de terceiro possa ser afetada por decisão judicial.

A fraude à execução e a fraude contra credores consistem em institutos que combatem a má-fé. A responsabilidade patrimonial do devedor existe desde o momento de criação do vínculo obrigacional, sendo lícito ao credor cobrar antecipadamente a dívida quando o devedor se mostre insolvente ou sem garantia suficiente para o cumprimento de suas obrigações vincendas (art. 333 do CC). Seu patrimônio é a garantia para a solução das dívidas presentes e futuras (art. 789 do CPC).

8.009/1990 – Ônus da prova do exequente. 1. Segundo o entendimento dominante da 2ª Seção, é impenhorável o bem de família dado em hipoteca como garantia de dívida contraída por terceiro. 2. A exceção à garantia do direito à habitação, corporificada na Lei n. 8.009/1990, prevista no inciso V do art. 3º da Lei n. 8.009/1990, incide quando o bem é dado em garantia de dívida da própria entidade familiar. 3. As razões articuladas no agravo não infirmam as conclusões expendidas na decisão agravada" (STJ, 3ª Turma, REsp/AgR 1.292.098-SP, rel. Min. Paulo de Tarso Sanseverino, j. 14.10.2014, *DJe* 20.10.2014).

A fraude à execução pode ser discutida em sede de embargos de terceiro, uma vez que toma como pressuposto fato objetivo e que pode ser averiguado pelo elemento temporal no qual a alienação ou oneração do bem ocorreu, de acordo com a previsão do art. 792 do CPC.

### 6.6.3 A fraude e a proibição da surpresa ("Verbot der Überraschungsentscheidung")

A decretação da fraude por meio de provocação do exequente deve permitir a intimação prévia do terceiro. Não é lícito que sua posição seja afetada sem no mínimo ser concedida a possibilidade de defesa. O art. 10 do CPC veda qualquer tipo de decisão-surpresa que envolva fundamento sobre o qual as partes não tenham tido oportunidade de se manifestar. O termo "parte" deve ser ampliado, para englobar terceiros. A declaração de ineficácia da relação de alienação entre o executado e o terceiro exige o direito de defesa. A redação do art. 792, § 4º, do CPC atende a este objetivo quando determina que o terceiro seja intimado para, se quiser, opor embargos no prazo de 15 dias. O termo "intimação" revela que não existe integração do terceiro ao processo. A finalidade do ato é propiciar a formação de relação jurídica autônoma, conexa e acessória, para a discussão sobre a liceidade do ato de afetação do bem ao processo pendente.

#### 6.6.3.1 A ineficácia e a tipicidade na fraude à execução

Não há como dissipar sob o ângulo ontológico o ato praticado em fraude contra credores do ato em fraude à execução. O que ressalta em ambas as situações é a violação expressa ao art. 333 do CC e ao art. 792 do CPC. Na fraude contra credores a necessidade de cognição plena para a demonstração de sua configuração ressalta estampada na Súmula 195 do STJ, que impede sua alegação como matéria de defesa nos embargos. Cremos que esta orientação deverá permanecer mesmo em face do disposto no art. 679 do CPC, que prevê a conversão do procedimento em ordinário após a contestação, sob pena de o procedimento inviabilizar a esfera executiva com seu prolongamento indevido. O procedimento é especial justamente pela causa de seu nascimento, que permite ao terceiro a invocação da inexistência de fraude à execução, com previsões tipificadas no art. 792, I a V, do CPC.

A fraude à execução trabalha com a aplicação do art. 333 do CC durante a pendência da relação processual. Os atos de disposição do devedor são visualizados na pendência (*Rechtshängigkeit*) da relação processual quando, por meio dela, o terceiro tinha condições de averiguar a existência de demanda que compromete a eficácia de sua aquisição.

A relação jurídica firmada com o terceiro pelo executado não é atingida no plano jurídico quando à validade, mas apenas na sua eficácia, conforme influência do Direito Italiano. Trata-se de ineficácia relativa positivada pelo § 1º do art. 792 do CPC: "A alienação em fraude à execução é ineficaz em relação ao exequente".[67]

### 6.6.3.2 Fraude em pretensões reais e reipersecutórias: boa-fé objetiva e o princípio da concentração da matrícula (Lei 13.097/2015)

Os atos praticados em fraude estão tipificados pelo art. 792 do CPC. A leitura do dispositivo permite inferir que a fraude à execução poderá ocorrer tanto na esfera cognitiva como na executiva. Nas ações fundadas em pretensão real ou reipersecutória a transmissão do bem a título singular permite a incidência do regime do art. 109, c/c o art. 792, I, do CPC. As pretensões reais, como na ação reivindicatória, ou reipersecutórias, como na exigência de restituição de um bem em contrato de depósito, permitem o registro destas ações. Aliás, o registro é essencial, pela incidência do princípio da concentração, que determina o registro de ações reais e reipersecutórias (art. 54, I, da Lei 13.097/2015 e art. 167, I, n. 21, da Lei de Registros Públicos/LRP).

Por este motivo, a pendência da ação devidamente registrada remete à fraude qualquer ato de alienação praticado após. A boa-fé objetiva toma como padrão o comportamento diligente da parte em providenciar as certidões de verificação. As cautelas necessárias, como padrão do *bonus pater familiae*, estão previstas no art. 792, § 2º, do CPC.

### 6.6.3.3 Fraude na pendência da ação de execução

A fraude à execução será decretada quando o terceiro não observar o registro da ação executiva (cumprimento ou execução de título extrajudicial), nos termos do art. 828 do CPC. Esta possibilidade já existia perante o regime anterior, desde as alterações promovidas no processo executivo por meio da Lei 11.382/2006, que inseriu o art. 615-A no CPC de 1973. O art. 828 do novo CPC determina: "O exequente poderá obter certidão de que a execução foi admitida pelo juiz, com identificação das

---

67. Trabucchi, *Istituzioni di Diritto Civile*, p. 158.

partes e do valor da causa, para fins de averbação no registro de imóveis, de veículos ou de outros bens sujeitos a penhora, arresto ou indisponibilidade". Não resta dúvida de que a aquisição realizada pelo terceiro após essa averbação o sujeitará ao regime da fraude à execução.

### 6.6.3.4 Fraude em atos constritivos: a penhora e a Súmula 375 do STJ

A inexistência de registro anterior da ação permite que a fraude seja detectada de modo objetivo pela construção da Súmula 375 do STJ: "O reconhecimento da fraude à execução depende do registro do bem alienado ou da prova de má-fé do terceiro adquirente". Por meio dela se institui o registro da penhora como fato objetivo para tornar indevida a transmissão do bem ao terceiro, nos termos do art. 792, III, do CPC. O registro da penhora sempre foi ponto que rendeu polêmica, e com a sedimentação da obrigação de seu registro pela parte interessada, por meio do art. 844 do CPC, facilita-se o controle da fraude: "Para presunção absoluta de conhecimento por terceiros, cabe ao exequente providenciar a averbação do arresto ou da penhora no registro competente, mediante apresentação de cópia do auto ou do termo, independentemente de mandado judicial". O interesse do exequente é manifesto, o que o obriga ao registro. Trata-se de ônus, o qual, descumprido, acarretará a manutenção do bem na posse e propriedade do terceiro.

O mesmo raciocínio se aplica para o registro de outros atos, como a hipoteca judiciária (art. 495 do CPC), que também é mencionada pelo art. 792, III, do CPC. No entanto, como aduz Cruz e Tucci, em que pese à atipicidade quanto ao procedimento para a inscrição, torna-se mister a necessidade do contraditório. A penhora, que é o ato executivo mais drástico, não se opera sem o devido processo legal, o que torna obrigatória a bilateralidade sobre qualquer outra forma de ônus real que caiba contra uma das partes: "Conclui-se que qualquer afronta, no procedimento de constituição da hipoteca judiciária, aos regramentos do contraditório e à publicidade dos atos processuais, bem como à Lei de Registros Públicos, implica, sem dúvida, vício insanável, cognoscível até mesmo *ex officio*, em virtude macular preceitos de ordem pública".[68] A hipoteca nasce como decorrência da sentença condenatória, e consiste em expediente pouco utilizado, mas de grande eficácia, embora sujeite o interessado aos riscos de reversão da sentença e à responsabilidade objetiva (art. 495, § 5º,

---

68. Cruz e Tucci, "Hipoteca judiciária e devido processo legal", in *Questões Práticas de Processo Civil*, pp. 91-99, Atlas, 2000.

do CPC). Todavia, por meio da hipoteca, o credor e o futuro exequente tornam o ato público, e qualquer alienação posterior será considerada em fraude.

### 6.6.3.5 Fraude com alienação ou oneração durante pendência de demanda

O terceiro ainda poderá ser atingido por declaração de fraude quando a alienação ou oneração do bem com gravame tenha ocorrido durante a pendência de processo que sujeitaria o devedor à insolvência, ou seja, comprometeria todo seu capital. O texto legal procurar evitar a burla à responsabilidade patrimonial do devedor por meio dissipação dos seus bens com o objetivo de frustrar futura execução ou devolução. Por este motivo, em tese podem ser veiculadas pretensões reais ou pessoais. O art. 792, IV, do CPC não faz distinção.

O art. 792, IV, embora consista em proteção correta ao exequente, deve sofrer obtemperamento. O sistema da fraude construído perante o Código de Processo Civil procurou, de modo claro, tornar objetivas as hipóteses de reconhecimento da fraude à execução. Todavia, a previsão do art. 792, IV, tornaria letra morta os demais incisos em face de sua aplicação literal. Como bem ilustra o STJ, a penhora será o momento que definirá, como regra, o momento pelo qual a transmissão do bem será tida como fraudulenta, quando o conhecimento pelo registro não tenha sido possível anteriormente.

Isto significa que a mera propositura da demanda, por si só, não pode ser considerada como fato objetivo e suficiente para a decretação da fraude. A presunção que se opera no sistema quanto à alienação ou oneração é a de boa-fé. No art. 792, IV, do CPC o exequente deverá comprovar a ciência do terceiro e sua má-fé na aquisição. Inverte-se o ônus para a afetação do bem ao processo executivo ou de conhecimento.[69]

69. Correto o posicionamento do STJ:
"(...).
"1.3 A presunção de boa-fé é princípio geral de Direito universalmente aceito, sendo milenar a parêmia: a boa-fé se presume; a má-fé se prova.
"1.4 Inexistindo registro da penhora na matrícula do imóvel, é do credor o ônus da prova de que o terceiro adquirente tinha conhecimento de demanda capaz de levar o alienante à insolvência, sob pena de tornar-se letra morta o disposto no art. 659, § 4º, do CPC.
"1.5 Conforme previsto no § 3º do art. 615-A do CPC, presume-se em fraude de execução a alienação ou oneração de bens realizada após a averbação referida no dispositivo.

### 6.6.4 Terceiro adquirente e a desconsideração da personalidade jurídica

A desconsideração foi examinada no Capítulo VII, para o qual remetemos o leitor quanto aos pressupostos de sua incidência, cujo regime geral pode ser iluminado pelo art. 50 do CC. De acordo com o que foi exposto, a desconsideração exigirá sempre um prévio procedimento com amplo contraditório, por meio do qual se procure averiguar a existência da desconsideração própria ou imprópria. A desconsideração própria revela-se pelo abuso da personalidade jurídica que provoque confusão patrimonial indevida entre o que é da sociedade e o que é do sócio. Nesta primeira modalidade busca-se o retorno para a sociedade dos bens que foram desviados para o patrimônio do sócio.

Quando a alienação do bem atinja transmissão que tenha sido realizada para terceiro, surge o interesse em opor os embargos. Com a integração do sócio na relação executiva, as alienações e transmissões gratuitas serão alvo de declaração de fraude. O art. 792, § 3º, do CPC estabelece que estas alienações serão tomadas como em fraude quando ocorrerem após a "citação da parte cuja personalidade se pretenda desconsiderar". Na desconsideração própria, da citação do sócio, momento a partir do qual o terceiro não poderá, em tese, adquirir os bens, sob pena de se submeter ao regime da fraude. O marco da citação é expressamente delineado pelo referido art. 792, § 3º, do CPC: "Nos casos de desconsideração da personalidade jurídica, a fraude à execução verifica-se a partir da citação da parte cuja personalidade se pretende desconsiderar". Na desconsideração imprópria, ou inversa (art. 133, § 2º, do CPC) busca-se a penetração (*Durchgriff*) na pessoa jurídica para afetar os bens que foram transmitidos para o sócio, com o fim de eliminar a possibilidade de responsabilidade pessoal.

Como foi frisado no tema da desconsideração, nada impede que o terceiro participe do incidente quando seja intimado o devedor. O terceiro poderá oferecer os embargos de modo preventivo, os quais assumirão caráter prejudicial. A solução negativa dos embargos será seguida da

"2. Para a solução do caso concreto:
"2.1 Aplicação da tese firmada.
"2.2 Recurso especial provido para se anular o acórdão recorrido e a sentença e, consequentemente, determinar o prosseguimento do processo para a realização da instrução processual na forma requerida pelos recorrentes" (STJ, Corte Especial, REsp 956.943-PR, rela. Min. Nancy Andrighi, rel. para o acórdão Min. João Otávio de Noronha, j. 20.8.2014, *DJe* 1.12.2014).

desconsideração e declaração de fraude, o que justifica a redação final do art. 674, § 2º, III, do CPC.

## 6.7 Terceiro credor com garantia real

Esta previsão de legitimação aproxima os embargos do Direito brasileiro da *opposizione* do Direito Italiano e da *Widerspruchsklagen* do Direito Alemão, figuras já examinadas, como instrumentos processuais atrelados ao direito real. Poder-se-ia objetar, quanto a esta afirmação, com a alegação de que a tutela sobre a posse também se efetiva em relação aos direitos reais menores pela proteção da posse direta. Todavia, o argumento não prospera nesta seara. A hipoteca constitui direito real anômalo, pois se constitui sem a posse. No Direito Argentino esta defecção eliminou-a do sistema jurídico. Trata-se de uma exceção, que merece tutela em nosso ordenamento, mas cuja previsão em dispositivo próprio torna-se despicienda pelo regime atual, uma vez que a propriedade tutelada no art. 674, § 1º, do CPC já irradia a proteção para os demais direitos reais que são passíveis de defesa por ato de constrição judicial.

No que toca ao credor com garantia real, a Súmula 308 do STJ, retrocitada, deve ser tomada com atenção, em vista da relativização da eficácia *erga omnes* da hipoteca em nosso sistema, fato que justifica o declínio de sua utilização e a sobreposição natural pela propriedade fiduciária como meio de garantia e lastro das operações financeiras.

## 7. A legitimação passiva e a Súmula 303 do STJ

Aspecto peculiar dos embargos reside na formação do polo passivo. Normalmente será ocupado pelo credor, o qual é responsável pela prática dos atos executivos e pelo desencadeamento dos atos constritivos que atingem o terceiro. A formação do ato constritivo, como regra, decorre, na tutela de urgência, de iniciativa do autor, e no processo executivo da atividade do exequente. Entrementes, quando a indicação do bem é do devedor que realiza seu oferecimento, altera-se o foco, especialmente pela necessidade de observar a lealdade e a boa-fé na relação processual. O devedor integrará o polo passivo como litisconsorte necessário,[70] pois

---

70. Pontes de Miranda, *Comentários ao Código de Processo Civil* (de 1973), cit., t. XV, p. 111; Edson Prata, *Embargos de Terceiro*, p. 28. Contra: Luís Ambra, *Dos Embargos de Terceiro*, cit., p. 77. O argumento exposto pelo último monografista, além de não considerar a boa-fé e a lealdade, ínsitas à atividade processual,

deverá assumir a responsabilidade pelo nascimento da ação de embargos.[71] Neste sentido aplica-se a leitura da Súmula 303 do STJ, que deve ser direcionada não só ao embargante negligente, mas ao executado que litiga de má-fé: "Em embargos de terceiro, quem deu causa à constrição indevida deve arcar com os honorários advocatícios".

Parcela da doutrina manifesta-se pela formação incondicional do litisconsórcio passivo, pois o ato de constrição judicial diz respeito ao autor e ao réu, ou exequente e executado.[72] Este posicionamento não nos parece correto. O litisconsórcio necessário não nasce de determinação *ex lege* nesta hipótese. Logo, depende da verificação, por parte do magistrado, da existência de relação jurídica que justifique sua incidência. Caso a nomeação seja exclusiva do credor, sem ciência ou participação do devedor, não há que se falar na obrigatoriedade de participação do executado ou réu no polo passivo. Seu interesse na causa justificaria sua intervenção como assistente, mas não como litisconsorte.

## 8. Prazo para a interposição dos embargos

O ponto crucial para a viabilidade dos embargos de terceiro diz respeito ao prazo para sua interposição. O art. 675 do CPC especifica dois momentos para o manejo dos embargos de terceiro. O primeiro, no processo de conhecimento, quando poderá ser ajuizado a qualquer tempo, desde que ainda não tenha transitado em julgado a sentença, o que possibilita seu manejo na esfera recursal.

Antes de mais nada, o art. 675 do CPC *dixit minus quam voluit*. A leitura do dispositivo gera a impressão de que os embargos de terceiro seriam inviáveis em relação ao processo cautelar. Ledo engano. Como ensinou Pontes de Miranda, os embargos dirigem-se contra o mandado, alvará ou qualquer ordem judicial. O processo cautelar, sob o signo de um *tertium genus*, abriga eficácia executiva que justifica a manifestação do art. 674 do CPC. Mesmo em situações referentes ao processo cautelar

---

desconsidera que o oferecimento de bens não recai apenas sobre bens imóveis, mas sobre bens móveis. Nesta última situação o credor não pode verificar com certeza a propriedade efetiva do devedor, pois a alienação se efetiva pela tradição – o que acabou sendo reconhecido pelo próprio STJ mediante a Súmula 92.

71. Neste sentido vale a leitura do excelente acórdão do Min. Delgado: REsp 2003/0082838-1, *RT* 827/218.

72. Clóvis do Couto e Silva, *Comentários ao Código de Processo Civil*, cit., vol. XI, t. II, p. 469.

– no qual, em tese, não existe formação de coisa julgada – o prazo deve ser computado. Afinal, é indiscutível que o ato de constrição poderá ocorrer justamente em virtude da concessão de medida cautelar (art. 301 do CPC), mediante processo acessório, mas autônomo, que termina por sentença.[73] Esta visão deve ser consolidada perante o novo Código de Processo Civil pela possibilidade de estabilização das medidas de urgência.

O segundo momento refere-se ao processo de execução, cujo prazo hábil será de até cinco dias após a arrematação ou adjudicação ou remição, sempre antes da assinatura da respectiva carta. A Lei 11.382/2006 já havia uniformizado o prazo de cinco dias perante o art. 746 do CPC de 1973, cuja sistemática foi mantida pelo novo Código.

Apesar da simplicidade da redação do art. 675 do CPC, inúmeras questões merecem abordagem específica, principalmente pela necessidade de resolver questões essencialmente práticas. Por exemplo: como submeter o terceiro alheio ao processo executivo ao prazo de cinco dias do art. 675 do CPC? A fixação de um prazo para o exercício de ação ou exceção exige a obrigatória cientificação do interessado. Quando se tratar de terceiro alheio ao processo *in executivis* o prazo de cinco dias somente poderá ser contado a partir da data da imissão na posse?[74] Estas considerações obrigam ao exame do mecanismo dos embargos nas duas formas de prestação de tutela.

73. "Embargos de terceiro – Sequestro de soja em sede de ação cautelar – Julgamento antecipado da lide – Não comprovação do fato constitutivo do direito do autor – Cerceamento de defesa – Ocorrência. A irregularidade na representação processual constitui, nas instâncias de origem, nulidade sanável, de forma que os embargos de declaração opostos pela recorrente em face do acórdão recorrido somente poderiam ser considerados inexistentes se, uma vez intimada, não promovesse a devida regularização. Há cerceamento de defesa no procedimento do magistrado que, sem oportunizar a produção de provas, julga antecipadamente a lide e conclui pela não comprovação do fato constitutivo do direito do autor – Precedentes específicos deste STJ" (STJ, 3ª Turma, REsp/AgR 1.149.914-MT, rel. Min. Paulo de Tarso Sanseverino, j. 23.10.2012, *DJe* 26.10.2012).

74. Nesta linha decide o STJ: "Agravo regimental no agravo em recurso especial – Embargos de terceiro – Duplicata – Embargante que não participou da lide executiva – Prazo para oposição de embargos contado a partir da data da turbação, a qual se caracterizou no momento em que a instituição financeira foi intimada para promover a devolução dos valores liberados anteriormente – Pretensão que demanda o reexame do conjunto probatório – Súmula n. 07/STJ – Decisão mantida" (4ª Turma, AREsp/AgR 346.436-PR, rel. Min. Luís Felipe Salomão, j. 17.12.2013, *DJe* 3.2.2014).

## 8.1 Prazo para os embargos nos processos de conhecimento e cautelar

Embora mais comum o ajuizamento dos embargos no processo de execução, nada impedirá que o terceiro prejudicado realize a defesa do *ius possessionis* (possuidor) ou do *ius possidendi* (proprietário) no processo de conhecimento. Medidas constritivas que afetem a posse e a propriedade poderão suscitar a invocação dos embargos de terceiro. O termo *ad quem* é a cessação da litispendência, ou seja: enquanto não existir trânsito em julgado será possível o ajuizamento. Tratando-se de demanda em fase recursal, os embargos serão ajuizados em primeira instância.[75]

## 8.2 Prazo para os embargos no processo de execução

O Código de Processo Civil não deixa dúvida quanto ao prazo preclusivo para o ajuizamento dos embargos de terceiro. Será de cinco dias após a prática do ato executivo máximo, ou seja, do auto de adjudicação, alienação ou arrematação.[76] Outros atos não foram incluídos, como a instituição do usufruto. De qualquer forma, ultrapassado o prazo fixado no art. 675 do CPC, o princípio *quieta non movere* será resguardado pelas medidas petitórias e possessórias ou ações de conhecimento (declaratória/constitutiva negativa).

Nos atos de expropriação que dependem da expedição da carta para permitir a transferência o prazo de cinco dias deverá ser contado a partir do ato de expropriação. Ultrapassados os cinco dias, o escrivão entregará a carta para registro. O registro da carta elimina a possibilidade de utilização dos embargos, pois a partir deste momento surge a necessidade de invalidá-lo, nos termos do art. 1.245 do CC. A ação será de reivindicação cumulada com anulação/nulidade do registro. Vale lembrar que nosso sistema não protege o terceiro de boa-fé de modo automático.

O art. 675 do CPC necessita de leitura *cum grano salis*; afinal, nem sempre o terceiro terá ciência do ato de constrição, o que poderá ocorrer

---

75. Nelson Nery Jr. e Rosa Maria de Andrade Nery, *Código de Processo Civil Comentado e Legislação Extravagante*, cit., p. 1.223.

76. "Os embargos de terceiro podem ser opostos, no processo de execução, 'até cinco dias depois da arrematação, adjudicação ou remição, mas sempre antes da assinatura da respectiva carta' – Inteligência do art. 1.048 do CPC. 2. *In casu*, ocorrida a arrematação em 26.6.2003, apresentam-se serôdios os embargos de terceiros somente opostos em 7.7.2003. 3. Apelação desprovida" (TRF-5ª Região, 1ª Turma, AC 2003.83.00.014901-0-PE, rel. Des. federal Francisco Wildo Lacerda Dantas, *DJU* 29.9.2005, p. 701).

somente com o ato de imissão, justificando o elastério dos cinco dias.[77] O novo Código de Processo Civil determina que o terceiro alheio ao processo possa ser identificado e intimado para fins de propor os embargos nos termos do art. 675, parágrafo único. Trata-se de inovação salutar e que visa ao amplo contraditório e à adequação do procedimento ao modelo constitucional de processo civil.

### 8.3 Objeto dos embargos de terceiro

A análise do objeto dos embargos de terceiro diz respeito ao bem juridicamente tutelado, pela leitura do art. 674, *caput* e § 1º, do CPC. A interpretação do dispositivo não deixa dúvida quanto à necessidade de o pedido formulado pelo autor (*Antrag*) se referir a *ameaça* ou *lesão* ao titular da posse ou propriedade, ou titular de posição jurídica incompatível com o ato de constrição. Os embargos de terceiro refletem tutela destinada a afastar todo ato ilícito que venha a causar obstáculo ao poder de disposição fático e jurídico sobre o bem. Desta forma, a causa de pedir que embasará o oferecimento da petição inicial poderá ter conteúdo exclusivamente possessório, petitório, possessório e petitório, ou ser fundada em situação jurídica incompatível, conforme o art. 674, *caput* e § 1º, do CPC. O art. 677, § 2º, demonstra a possibilidade de que o possuidor direto defenda seu interesse por meio do direito de propriedade do possuidor indireto. Trata-se de autêntica legitimação extraordinária, que permite ao possuidor direito suscitar matéria petitória no interesse alheio. Aqui, pode-se pensar na defesa da propriedade fiduciária pelo possuidor direto que demonstra por meio dos embargos a impossibilidade de constrição sobre o direito de propriedade que não lhe pertence.

No Direito estrangeiro a oposição do terceiro poderá derivar da mera contraposição da situação de posicionamento, independentemente da vinculação da pretensão do embargante com a posse ou propriedade. Ele necessita apenas demonstrar a contraposição de sua situação jurídica. No Direito Alemão há uma situação interessante e dual. Segundo

---

77. "O STJ, de acordo com ambas as Turmas de Direito Privado e conforme o entendimento mais recente, admite a oposição de embargos de terceiro que tenham por objeto a proteção da posse exercida por aquele que não fez parte da execução, sem que tal pretensão encontre-se limitada pelo prazo estatuído no art. 1.048 do CPC. 2. Não tendo a alegada prova da posse sido enfrentada em primeiro grau, não é lícito a esta Corte examinar a questão, sob pena de supressão de instância e malferimento à repartição constitucional de competências. 3. Agravo conhecido e não provido" (TJPR, 15ª Câmara Cível, Ag 0344037-1/01, de Curitiba, rel. Des. Luiz Carlos Gabardo, j. 17.1.2007).

Baumbach, o terceiro poderá se utilizar de medida específica quando sua posse for violada no processo executivo. Trata-se da *Erinnerung*, prevista pelo § 766 da ZPO, medida incidental e vinculada ao processo principal. Por outro lado, caso o direito de propriedade sobre o bem esteja ameaçado, então, surge a pretensão para uma demanda autônoma do terceiro (*Drittwiderspruchsklage*). Neste último caso trata-se de ação fundada em direito real, nos termos do § 771 da ZPO.[78]

No Direito Italiano, a *opposizione del terzo* pertence ao terceiro alheio à demanda principal.[79] O art. 619 do CPC italiano[80] não estabelece qualquer restrição quanto ao tipo de pretensão. Esta parece ter sido a orientação adotada pelo novo modelo português, após a reforma de 1995, como aponta Fernando Amâncio Ferreira.[81] Os embargos estão encartados como subespécie da ação de oposição, conforme já delineado. Não há restrição quanto à pretensão que poderá ser deduzida pelo terceiro.

No Direito Brasileiro determinadas situações indicam um elastério quanto ao cabimento dos embargos, ainda que fora do padrão usual do seu cabimento. É o caso dos embargos pela simples descrição do bem no processo de arrolamento ou inventário. Tutela-se, segunda parte da doutrina, uma "ameaça" de violação da posse.[82] Deste modo, o art. 674 do CPC permitiria uma hipótese clara de modelo preventivo para os embargos de terceiro (tutela inibitória).

Quando o objeto dos embargos recair sobre a posse, é fundamental frisar que a medida incidirá apenas sobre objetos corpóreos e tangíveis. Todavia, mesmo os bens intangíveis e incorpóreos podem se transformar em corpóreos. O gás é um bem intangível; contudo, nada impede sua alocação em tubos ou dispositivos para armazenagem. O mesmo se diga em relação à energia ou à água. Esta é a interpretação atual do § 90, que define o conceito de coisas para fins possessórios no CC alemão (BGB).[83]

78. Baumbach/Lauterbach/Albers/Hartmann, *Zivilprozessordung*, cit., p. 2.107.
79. Salvatore Satta, *Diritto Processuale Civile*, atualizado por Carmini Punzi, p. 796.
80. CPC italiano, art. 619: "Il terzo che pretende avere la proprietà o altro diritto reale sui beni pignorate può proporre oppozione (...)".
81. Fernando Amâncio Ferreira, *Curso de Processo de Execução*, cit., p. 206.
82. Assim já decidiu o STF: "São cabíveis embargos de terceiro em inventário, desde que o inventariante descreva os bens sobre os quais incida, e por aqueles a quem possa prejudicar a descrição, face ao elenco dos efeitos dela emergentes" (2ª Turma, RE 81.413-MG, rel. Min. Thompson Flores, j. 19.8.1975, *apud* Alexandre de Paula, *Código de Processo Civil Anotado*, vol. IV, p. 3.966).
83. A doutrina alemã sempre foi firme no sentido de que a posse somente poderia recair sobre bens corpóreos, tomando-se em consideração o legado romano bem

## 9. Procedimento

A ação de embargos de terceiro possui procedimento diferenciado, mas com modificação substancial perante o novo Código de Processo Civil. O Livro IV do CPC de 1973 foi eliminado, e os procedimentos especiais foram realinhados na Parte Especial como subdivisão do processo de conhecimento.

Sua especialidade reside na cognição horizontal específica e pela possibilidade de concessão de liminar na fase inicial, com os requisitos específicos do art. 678. O procedimento não adere mais ao rito cautelar, em vista da disposição expressa do art. 679 do CPC, segundo o qual o prazo para contestar do embargado será de 15 dias, com posterior desenvolvimento do processo pelo rito comum.

Todavia, mesmo que o procedimento comum seja utilizado, isto não significa que estamos perante cognição plena. Do contrário a alegação de

como as necessidades do tráfico: "Gegenstand des Besitzes kann nur eine körperliche, verkehrsfähige Sache sein" (Bernhard Mathias, *Lehrbuch des Bürgerliches Rechtes*, § 3º, p. 8). Entretanto, com as inovações e avanços tecnológicos, a interpretação do § 90 do BGB foi amenizada. Como atesta Arruda Alvim em seu profundo estudo sobre a teoria geral dos direitos reais: "Em relação à significação *material* imprimida ao § 90 do CC alemão, diferentemente de falar-se em *coisa incorporal*, como está no § 285 do CC austríaco, é explicada pela circunstância de o Código Civil alemão ter se inclinado por caminho diferente daquele das primeiras grandes codificações europeias, como, por exemplo, o Código Civil francês, para o qual é preferível o uso da expressão 'bem'. Em relação ao Código Civil austríaco, explica-se o que a respeito de coisa aí consta pela influência de Kant sobre Franz von Zeiller, como consta da obra deste (Franz Zeiller, *Kommentar über das allgemeine bürgerliche Gesetzbuch, [Comentários sobre a Parte Geral do Código Civil]* § 14, Viena, 1811, 1º vol., § 4º, p. 90). Porém, explicação mais completa é a fornecida pelo professor A. Dufour, no seu trabalho 'Notion et division des choses en Droit Germanique', publicado nos *Archives de Philosophie du Droit* com o título "Les biens et les choses", vol. 24, Paris, Sirey, 1979. A pesquisa, levada a efeito por este autor (especialmente lastreada, *neste ponto*, na obra de Otto von Gierke, *Deutsches Genossenschaftsrecht, [Direito Alemão da Associação]* Berlim, 1873, reimpressão em Graz, 1954, 2º vol., pp. 58 e ss.), indica que a concepção romana de 'coisa' marcou o direito comum na Alemanha, refletindo-se nos Códigos Civis alemão e suíço. A esta concepção se contrapôs uma *visão germânica*, que ignorava o entendimento romano, centrado na corporeidade do objeto. Terá sido esta *visão germânica* 'que explicará a compreensão muito mais larga do conceito de coisa nas disposições e definições legais das primeiras grandes codificações modernas: Código Civil da Bavária, de 1756, Código prussiano de 1795, Código Civil francês de 1804, Código Civil austríaco de 1811' (v. A. Dufour, ob. ult. cit., pp. 111-112, especialmente p. 113). Ou seja, no Código Civil alemão e no suíço *não se retrata uma tradição germânica, senão que romana*" (Arruda Alvim, *Comentários ao Código Civil – Livro Introdutório – Teoria Geral dos Direitos Reais*, Vol. XI, t. I, pp. 5-56, Forense, 2009).

fraude contra credores poderia ser suscitada, com rompimento da Súmula 195 do STJ. Não cremos que esta situação deva mudar. Do contrário não existiria sentido mais na manutenção dos embargos como procedimento especial. Há uma restrição nítida quanto à cognição horizontal, uma vez que a matéria que informará a causa de pedir na ação de embargos é restrita ao art. 674, *caput*, do CPC. Observação madura e precisa de Araken de Assis, ainda que perante o Código de Processo Civil de 1973, revela que a limitação quanto ao objeto de cognição nos embargos de terceiro possibilitará a utilização da via ordinária em momento oportuno: "isto se justifica na medida em que, reduzida a cognição dos embargos, haverá matéria sem julgamento e, portanto, a descoberto da autoridade de coisa julgada".[84]

A adoção do rito comum torna ilimitada a cognição vertical quanto à demonstração da ilegalidade do ato constritivo, mas não há espaço para reconvenção. Este é o motivo pelo qual em sede de embargos não se admite a defesa do embargado pautada na fraude contra credores. Eis o teor da Súmula 195 do STJ: "Em embargos de terceiro não se anula ato jurídico por fraude contra credores". A defesa deverá sustentar a legitimidade do ato constritivo, com possibilidade de demonstração da ineficácia do ato de alienação ou oneração, sem, contudo, pleitear sua anulação por meio de autêntica ação pauliana. Esta situação exigiria que o embargado oferecesse reconvenção e formasse litisconsórcio passivo necessário-unitário por meio de reconvenção.

### 9.1 Petição inicial

A petição inicial obedecerá aos requisitos do art. 319 do CPC, sem obediência ao procedimento conciliatório prévio, o qual se revela incompatível com a celeridade e a especialidade. Isto não significa que as partes não possam pedir a conciliação, ou que dentro de uma análise peculiar o juiz não possa determiná-la. A causa de pedir remota deverá ser informada pelo objeto específico dos embargos com a demonstração da posse, propriedade ou direito incompatível com o ato constritivo. A qualidade de terceiro deverá ser demonstrada pela ausência de vínculo com o processo originário, pelo menos em relação ao objeto dos embargos. Existem situações em que se admite a posição dupla, como a do cônjuge, a do herdeiro, do sócio; logo, posições que admitem o combate por meio de embargos à execução e embargos de terceiro. Mais uma vez lembramos que o possuidor direto, como substituto processual do

---

84. Araken de Assis, *Manual da Execução*, 2007, p. 1.218.

possuidor indireto, estará autorizado a realizar a defesa petitória, ainda que seja apenas possuidor.

O pedido deverá ser dirigido contra quem deu causa à constrição, e poderá envolver a formação de litisconsórcio passivo necessário. A formação do polo passivo deverá obedecer ao disposto no art. 677, § 4º, do CPC. Este dado revela importante reflexo sucumbencial, nos termos da Súmula 303 do STJ. A participação do executado no polo passivo é justa quando a causa da constrição decorre de sua indicação. Mesmo que o exequente seja diligente, algumas situações fogem do seu controle, como na demonstração da propriedade dos bens móveis.

A ação de embargos será distribuída por dependência. Apesar de ação ser proposta de modo acessório, nos termos dos arts. 108 do CPC-1973 e 61 e 676 do CPC-2015, a ação de embargos consiste em ação autônoma. A necessidade de outorga ou consentimento dos cônjuges será essencial para os casos de demandas relacionadas a direito de propriedade (art. 73, § 1º, I, do CPC) ou quando a defesa da posse estiver atrelada a ato praticado por ambos (art. 73, § 1º, II, do CPC).

Fato de extrema relevância reside na necessidade de citação pessoal do embargado. Tratando-se de ação autônoma, embora acessória, não se justifica a "intimação" do advogado para o oferecimento da resposta nos embargos.[85] Mesmo assim, o art. 677, § 3º, do CPC permite que a citação recaia sobre o procurador quando a parte esteja sendo representada no processo principal; do contrário será realizada na modalidade pessoal.

O embargante deverá informar as provas que irá produzir, não existindo limitação quanto à produção da prova testemunhal e da documental. A prova pericial não está mencionada no art. 677 do CPC, mas não deve ser suprimida, desde que realizada de modo célere.

A petição inicial ainda deverá conter o valor da causa (art. 319, V, do CPC), com a descrição do proveito econômico que o embargante procura obter. Ele poderá ser parcial ou total em relação ao bem constrito, e deverá ter suporte no art. 291 do CPC.

### 9.2 A concessão da liminar e justificação prévia

A petição inicial, quando acompanhada da prova necessária à demonstração da ilegalidade do ato constritivo, poderá gerar a concessão de liminar para a suspensão dos atos de constrição sobre os bens afetados ao

---

85. Idem, p. 1.213.

processo principal. A liminar poderá determinar a manutenção ou reintegração provisória da posse do bem, quando requerido pelo embargante. Aplicam-se de modo subsidiário as disposições concernentes à concessão da tutela provisória (art. 294 do CPC). O juiz poderá determinar a prestação de caução idônea para que a medida de reintegração possa ser concedida. A caução também poderá ser oferecida como medida de contracautela. Não observamos nenhum obstáculo a esse requerimento. A caução configura medida de garantia contra o *periculum in mora ex adverso*.

Caso o juiz não se convença sobre a existência da posse e de sua turbação ou esbulho, deverá marcar audiência de justificação, nos termos do art. 677 § 1º, do CPC. Não há necessidade da audiência quando a matéria é petitória. A audiência de justificação tem como função a concessão da liminar e configura autêntica decisão interlocutória, que sujeitará o *decisum* ao recurso de agravo de instrumento.

## 9.3 Suspensão do processo principal

A suspensão do processo não possui qualquer relação com o deferimento da liminar. A suspensão corresponde a um juízo legal de cautela quanto aos prejuízos potenciais caso a demanda principal continue sem levar em consideração a propositura dos embargos.

Neste diapasão, o art. 678 do CPC não titubeia. Oferecidos os embargos de terceiro, o juiz não terá outra alternativa senão suspender o processo principal, uma vez que a suspensão das medidas constritivas afeta a relação processual, que estará paralisada. A suspensão poderá ser *total* ou *parcial*. Dependerá, em última análise, do conteúdo da peça inicial. O terceiro poderá se insurgir apenas contra parte do objeto litigioso da ação principal. Neste caso os embargos serão de suspensão parcial, como na defesa pelo cônjuge de sua meação. O oferecimento de medida de contracautela ou de substituição junto ao processo principal poderá permitir que a relação processual não seja suspensa.

## 9.4 Competência

As disposições relativas aos embargos de terceiro são extremamente lacônicas, em vista do grande número de questões que se abrem após a utilização desse poderoso instrumento processual. Não há qualquer menção quanto ao juízo competente para o processamento dos embargos.

A ação de embargos será sempre ação autônoma, uma vez que possui objeto processual próprio, centrado no ato judicial, *ex vi* do art. 674 do CPC. Todavia, seu caráter acessório é indiscutível, nos termos dos arts. 108 do CPC-1973 e 61 e 676 do CPC-2015. Sendo assim, o juízo competente será o da ação principal.

Todavia, esta solução não escapa de percalços específicos. Dentre eles, situamos três: a execução por *carta precatória*, o cumprimento de *carta de ordem* e a apresentação dos embargos em regime de *execução provisória*.

No que tange ao cumprimento da carta precatória, a polêmica perdurou por bom tempo, não só em relação aos embargos de terceiro, mas em vista dos próprios embargos do devedor. Discutia-se quem seria o juiz competente para sua apreciação. Nos embargos do devedor a questão acabou sendo pacificada pela Súmula 46 do STJ: "Na execução por carta, os embargos do devedor serão decididos no juízo deprecante, salvo se versarem unicamente vícios ou defeitos da penhora, avaliação ou alienação dos bens". Esta solução foi incorporada ao art. 914, § 2º, do CPC. Trata-se de solução lógica. O juiz deprecado tem melhores condições para decidir conflitos atinentes aos atos executivos de constrição e defeitos inerentes à sua consecução.

Quanto aos embargos de terceiro o raciocínio deverá ser idêntico. A competência será funcional do juiz que materializar o ato de constrição, nos termos do art. 108 do CPC-1973, art. 61 do CPC-2015. Caso seja de responsabilidade do juízo deprecado, ele deverá analisar os embargos de terceiro. Este posicionamento foi adotado em parte pela Súmula 33 do TFR: "O juízo deprecado, na execução por carta, é o competente para julgar os embargos de terceiro, salvo se o bem apreendido foi indicado pelo juízo deprecante".

A parte final desse posicionamento ("salvo se o bem apreendido foi indicado pelo Juízo deprecante") acabou sendo acatada pelo STJ, mas não possui qualquer justificativa lógica. O juízo competente deverá ser o deprecado. Pouco importa se o credor fez a indicação do bem no juízo deprecante; o que se revela essencial é a proximidade do juízo executor do ato constritivo, para melhor apreciação do conteúdo dos embargos. Este foi o norte que gerou a formulação do art. 914, § 2º, do CPC. Por que deveria ser diverso em relação aos embargos de terceiro?

A Súmula 33 do TFR apenas se justifica em situações excepcionais. Quando o ato nasça de atividade do juízo federal e seja materializado pela Justiça Estadual. Mas nada tem a ver a incompetência com o fato da indicação, mas, sim, com a incompetência absoluta do juízo deprecado para decidir a causa acessória, que está atrelada à ação principal que é de competência absoluta da Justiça Federal.[86]

Nos embargos de terceiro oferecidos em segunda instância, quando pendente execução provisória, a competência será do juiz de primeira instância – o que se justifica pelos mesmos fundamentos expostos. Somente quando se tratar de cumprimento de carta de ordem a competência absoluta será do juízo deprecante, que exerce competência originária.[87]

## 9.5 Defesa do embargado

Há uma limitação cognitiva quanto à defesa oferecida pelo embargado, uma vez que deverá estar circunscrita às matérias suscitadas pelo art. 674 do CPC.

Muito embora tenha sido admitido o rito comum, após a fase preliminar, na qual se analisa a concessão da tutela provisória, não existe a possibilidade de ser oferecido todo tipo de resposta pelo embargado, como a reconvenção. Não se admite a ampliação do objeto litigioso por parte do réu, como sói acontecer no processo de conhecimento por meio da reconvenção ou formulação de pedido contraposto. A adoção do procedimento que informa o processo cautelar (art. 803 do CPC-1973, art. 307 do CPC-2015) não deixa qualquer sombra de dúvida. O legislador procurou limitar a resposta, o que se comprova pela dicção do art. 680 do CPC. Nos embargos fundados em direito real de garantia a matéria de defesa esta circunscrita aos incisos I a III do art. 680. Do contrário os embargos perderiam sentido como procedimento especial. Há uma limitação quanto aos termos da postulação do embargante. Questões complexas, e que exigem cognição vertical aprofundada, como a fraude contra credores, não poderão ser objeto de pedido reconvencional do em-

---

86. "O pedido de retenção por benfeitorias contém discussão ampla, envolvendo a própria ordem, do juízo deprecante, de apreensão do bem, ao final, adjudicado. Embora o juízo deprecado tenha praticado atos decisórios, a determinação quanto à constrição do bem, sobre o qual se pretende a retenção por benfeitorias, partiu do Juízo deprecante, suscitante. Nessa hipótese, a análise de questões relativas à retenção de benfeitorias no imóvel adjudicado compete ao Juízo deprecante, mormente porque o juiz estadual, ao cumprir carta precatória expedida por juiz federal, não age investido de jurisdição federal. 2. Conflito conhecido para declarar competente o Juízo Federal da 1ª Vara de Criciúma – TJSC" (STJ, 2ª Seção, CC 54682-SC (2005/0148443-1), rel. Min. Carlos Alberto Menezes Direito, *DJU* 1.2.2007, p. 390).

87. Nelson Nery Jr. e Rosa Maria de Andrade Nery, *Código de Processo Civil Comentado e Legislação Extravagante*, cit., p. 1.225.

bargado: "Em embargos de terceiro não se anula ato jurídico, por fraude contra credores" (Súmula 195 do STJ).

Quando os embargos forem oferecidos por credor com garantia real, especialmente quanto ao credor hipotecário, a defesa não residirá na inexistência de ofensa à posse, pois o credor hipotecário não a tem. Somente os credores pignoratícios e o anticrético a exercem.[88]

## 10. Sentença e coisa julgada

A sentença proferida nos embargos de terceiro tem natureza mandamental. Para os que não admitem a posição quinária de Pontes de Miranda a natureza da sentença seria constitutiva negativa, pois o pedido visa a desfazer o ato judicial constritivo (art. 681 do CPC).[89] Por outro lado, não há como admitir que a ação e a sentença de embargos tenham natureza declaratória.[90] Este posicionamento corresponde à primeira fase do pensamento italiano sobre a *opposizione* e não corresponde à eficácia desejada, pois a sentença declaratória somente declara, nada mais. Com a precisão habitual, Pontes de Miranda revela que a sentença proferida nos embargos vai além da declaração, tanto que o ato judicial impugnado cede, com eficácia demasiadamente forte para uma sentença declarativa.[91] A sentença que julga os embargos restringe-se ao objeto litigioso do processo, e sua eventual improcedência não impede que o terceiro busque a via ordinária, desde que seja necessária a demonstração de fatos que não podem ser discutidos nos embargos (*e.g.*: fraude contra credores).[92] A sentença estará limitada ao horizonte projetado pela petição inicial.

A sucumbência deve levar em consideração a Súmula 303 do STJ: "Em embargos de terceiro, quem deu causa à constrição indevida deve arcar com os honorários advocatícios". Como regra, é o exequente quem dá causa, o que torna natural a imposição dos honorários mesmo quando o ato seja praticado diretamente pelo Sr. Oficial. A execução se estabelece para benefício do exequente, que tem a gestão dos atos executivos.

---

88. Affonso Dionysio Gama, *Da Antichrese*, p.13, Saraiva, 1919.

89. Como se visualiza no posicionamento de Nelson Nery Jr. e Rosa Maria de Andrade Nery, *Código de Processo Civil Comentado e Legislação Extravagante*, cit., p. 1.219.

90. Chiovenda, *Principii di Diritto Processuale Civile*, cit., p. 1.019. No Brasil: Ernane Fidélis dos Santos, *Manual de Direito Processual Civil*, vol. 3, p. 128.

91. Pontes de Miranda, *Comentários ao Código de Processo Civil* (de 1973), cit., t. XV, p. 9.

92. José Horácio Cintra G. Pereira, *Dos Embargos de Terceiro*, cit., p. 69.

No entanto, quando a constrição tenha causa na indicação do executado, em vista de seu apontamento, nada mais justo do que o rateio da verba sucumbencial, uma vez que o bem foi indicado pelo devedor e aceito pelo credor, o que justificou a formação do litisconsórcio passivo nos embargos de terceiro.

*Capítulo IX*
**Da Oposição**

*1. Introdução. 2. Cabimento da oposição. 3. O procedimento da oposição: 3.1 A petição inicial. Requisitos: 3.1.1 Causa de pedir e pedido – 3.2 Prazo para oposição – 3.3 A tutela provisória na oposição – 3.4 Formação da relação processual da oposição – 3.5 Fase instrutória – 3.6 Fase decisória: o caráter de prejudicialidade da oposição – 3.7 Oposições sucessivas.*

## 1. Introdução

A oposição reflete modalidade interventiva na qual o terceiro promove uma demanda bifronte e autônoma buscando obter para si o bem jurídico que constitui o objeto litigioso do processo instaurado entre as partes originárias.[1] Sua mudança para os procedimentos especiais é justificável, na medida em que a demanda proposta pelo terceiro se amolda mais a um procedimento especial do que propriamente a uma forma de intervenção de terceiro. O opoente não adere à relação processual originária, mas a combate por meio de ação própria.

Como sugere Blomeyer, a oposição (*Hauptintervention*) constitui uma solução processual (*prozessuale Lösung*) que resguarda, em segundo plano, o direito material (*materiell-rechtlichen*), cujo objetivo é possibilitar ao terceiro intervir quando a posição jurídica das partes principais o

---

1. Com ampla referência doutrinária e histórica e com análise do Direito Comparado: Arruda Alvim, *Comentários ao Código de Processo Civil*, vol. III, pp. 105 e ss. Na literatura estrangeira: Baur/Grunsky, *Zivilprozessrecht*, § 9º, p. 118. Com maior profundidade: Rosenberg/Schwab/Gottwald, *Zivilprozessrecht*, § 51, pp. 295-300; Blomeyer, *Zivilprozessrecht*, § 110, pp. 636-638; Schönke, *Derecho Procesal Civil*, § 28, pp. 103-104.

prejudicar.² A oposição tem sua origem vinculada aos juízos universais, autêntica manifestação da aplicação do direito coletivo entre os germânicos.³ No Direito Luso sua previsão era estampada pelas *Ordenações* no seu Livro III, o qual modelava a oposição como meio de intervenção *ad excludendum*.⁴ O Regulamento 737/1850 (posteriormente estendido às causas cíveis pelo Decreto 848/1890) disciplinou sinteticamente a oposição como ação de terceiro que intervém no processo para excluir autor e réu. O CPC de 1939 previa o instituto no art. 102. A redação dos arts. 56 a 61 do CPC de 1973 sofreu forte influência da ZPO alemã, pois a redação anterior não delimitava o prazo para o terceiro deduzir sua pretensão, o que restou tipificado pelo referido art. 56, que fixou a prolação da sentença como termo *ad quem*.⁵

O novo Código de Processo Civil realizou a mudança topológica da oposição, alocando-a para os procedimentos especiais, junto ao Capítulo VIII, arts. 682 a 686, com previsão colateral dos embargos de terceiro nos termos dos arts. 674 a 681. Não houve mudança quanto ao tratamento substancial da oposição. O legislador incentivou o julgamento conjunto por meio da possibilidade de suspensão do processo principal mesmo quando oferecida a oposição após a audiência de instrução (parágrafo único do art. 685 do CPC). A atitude é louvável, pois o julgamento conjunto é desejável, ante o caráter de prejudicialidade da oposição.

Na figura regulada pelo art. 682 do CPC o opoente visa essencialmente a um provimento declaratório-negativo contra o autor e condenatório contra o réu.⁶ Isto obriga à formação de um autêntico litisconsórcio

---

2. "Diese 'prozessuale Lösung' hat einen materiell-rechtlichen Hintergrund. Der Dritte kann intervenieren, weil der Prozess der Parteien seine eigene Rechtslage beeinträchtigt" (Blomeyer, *Zivilprozessrecht*, cit., § 110, p. 637).

3. Para uma abordagem histórica completa e instigante sobre o instituto é fundamental a consulta ao trabalho do professor Arruda Alvim, que tece um panorama da evolução do instituto, deitando suas raízes no período medieval e demonstrando a situação atual do instituto na Itália e na Alemanha, que inusitadamente acabaram por trilhar caminhos diversos, com troca de influências (*Comentários ao Código de Processo Civil*, cit., vol. III, pp. 135-141).

4. Cf. texto do L. III, Tít. 20, § 31.

5. A oposição é regulada pelo § 64 da lei processual alemã.

6. Rosenberg/Schwab/Gottwald, *Zivilprozessrecht*, cit., § 51, p. 297. O opoente valer-se-ia do disposto no § 256 da ZPO, que traz a previsão da ação declaratória (*Feststellungsklage*). É válida a advertência de Dinamarco quanto ao fato de a generalização de que a oposição sempre gera um comando condenatório em relação ao réu e declaratório negativo contra o autor não é correta. Tudo dependerá da natureza da demanda principal. Se for de cunho declaratório, realmente será possível que o

passivo, que será necessário quanto à formação e simples quanto à decisão.⁷ Dinamarco posiciona-se contrariamente, pois alude a que o litisconsórcio passivo ulterior será necessário e unitário.⁸ Sua argumentação está pautada na necessidade de homogeneidade da decisão que analisa a oposição. Esta uniformidade não está presente na sentença que analisa a oposição, uma vez que os litisconsortes estão unidos por razões e fundamentos diversos no polo passivo. Duas são as pretensões do oponente; logo, há uma cumulação objetiva que gera a existência de dois pronunciamentos. Outra não é a lição de Arruda Alvim: "Não se colocam, todavia, em litisconsórcio unitário, pois o juiz não há de decidir a lide de modo necessariamente uniforme em relação aos opostos".⁹

A oposição diferencia-se das demais formas de intervenção de terceiro porque não reflete o ingresso de terceiro com o fim de auxiliar ou

pedido do oponente seja declaratório em relação ao réu também. Por outro lado, além do comando condenatório, o réu poderá ser alvo de pedido de natureza executivo *lato sensu*, o que gera a necessidade de invocação da teoria quinária para acrescentar a tutela mandamental e executiva *lato sensu* à tradicional divisão tripartite das ações e sentenças. Em todo caso, a análise da eficácia das ações (*rectius*: pretensões) a serem intentadas pelo oponente dependerá da situação fática enfrentada. Em determinados casos o autor da ação principal poderá intentar uma ação declaratória negativa contra o réu, o que poderá gerar a oposição com pretensão declaratória positiva contra o autor e negativa contra o réu. Neste exemplo se encaixa a oposição a uma ação negatória de servidão.

7. É da essência da oposição a formação do litisconsórcio. Contudo, nada impede que a decisão a ser proferida em relação a cada uma das partes seja diversa. O exemplo fornecido por Arruda Alvim (*Comentários ao Código de Processo Civil*, cit., vol. III, p. 108) ilustra perfeitamente a questão: "Suponha-se a hipótese de uma ação reivindicatória entre 'A' e 'B', em que 'B' tenha contestado, alegando que é o proprietário. Na hipótese de 'C' ingressar, como oponente, e o juiz entender, afinal, que os títulos de 'C' são melhores que os de 'A', *ipso facto*, a pretensão de 'A' está *prejudicada*. Nesse caso, portanto, a pretensão de 'C' exerce uma influência negativa absoluta sobre a pretensão de 'A'. Apesar disto, abrindo-se caminho ao confronto do direito de 'C' e 'B', é possível que os títulos de 'B' sejam melhores que os de 'C'; então, a oposição será julgada improcedente, tendo-se em vista o réu, 'B'. Disto podemos concluir que os opostos colocam-se como *litisconsortes* em relação ao oponente". Este litisconsórcio necessário-simples demonstra a existência de cumulação objetiva de pretensões, que serão analisadas em conjunto pela sentença caso a intervenção seja oportuna, permitindo o julgamento *simultaneus processus*. Neste sentido, v., ainda: Cássio Scarpinella Bueno, *Partes e Terceiros no Processo Civil Brasileiro*, p. 183; e Luiz Edson Fachin, *Intervenção de Terceiros*, p. 15.

8. Dinamarco, *Intervenção de Terceiros*, pp. 102-103.

9. Arruda Alvim, *Manual de Direito Processual Civil*, vol. II, p. 149. Ainda: *Comentários ao Código de Processo Civil*, cit., vol. III, p. 164, com apoio na dogmática germânica.

substituir uma das partes. Schönke, ao procurar diferenciar a oposição (*Hauptintervention*) da assistência (*Nebenintervention*), reforça que na oposição não há participação em um litígio alheio, mas uma demanda independente em face da demanda originária.[10] Ainda que no sistema alemão exista somente a previsão da oposição autônoma, a afirmação é válida perante o Direito Brasileiro. Há verdadeiro cúmulo objetivo, que deverá ser descortinado pelo juiz ao final do processo com o julgamento de duas demandas.

Condição essencial para seu cabimento é a pendência da lide principal (*Rechtshängikeit*) entre o autor e o réu,[11] bem como a inexistência de preclusão temporal do terceiro para realizar o oferecimento de sua pretensão – ou seja: até a prolação da sentença (art. 682 do CPC). Pelo Código de Processo Civil de 1973 era possível visualizar duas formas claras de oposição, conforme o marco temporal de sua concretização. Esta dicotomia ainda é possível, uma vez que a suspensão da ação principal por período extremamente longo poderá ser extremamente prejudicial para as partes da ação ordinária. No entanto, como já afirmamos, o legislador procurou vincular o julgamento conjunto, pela leitura do art. 685, parágrafo único, do CPC.[12] Este dispositivo não repete mais a limitação da suspensão de 90 dias que constava no art. 60 do CPC de 1973. Mesmo assim o processo principal não poderá ultrapassar a suspensão máxima prevista pelo art. 313, V, "a", e § 4º, do CPC, de um ano.

Como assevera Arruda Alvim, a marca característica desta modalidade de intervenção reside na colisão da esfera jurídica do terceiro contra o autor e réu, e não somente um deles.[13] Como observa a doutrina alemã, o objetivo do instituto centra-se na diminuição do número de processos, assim como no intuito de evitar a prolação de decisões contraditórias.[14]

Em vista da previsão do sistema anterior (arts. 59 e 60 do CPC de 1973), podiam ser descortinadas as formas de oposição interventiva e autônoma junto ao sistema brasileiro. Pelo sistema atual, a redação do

---

10. Schönke, *Derecho Procesal Civil*, cit., § 28, p. 103.

11. Assim como no Direito Alemão, nos termos do § 64 da ZPO.

12. Importante diferenciar o cabimento da oposição dos embargos de terceiro, pois a pendência da lide deverá refletir litigiosidade que exija cognição plena para a oposição.

13. Arruda Alvim, *Comentários ao Código de Processo Civil*, cit., vol. III, pp. 107-108.

14. "Auf diese Weise kann die Anzahl der Prozesse vermindert werden; widersprüchliche Entscheidungen werden vermieden" (Rosenberg/Schwab/Gottwald, *Zivilprozessrecht*, § 51, p. 296).

art. 685, parágrafo único, revela a intenção do legislador de não limitar a figura do art. 60 do CPC de 1973, sem, contudo, descartá-la. A primeira figura está prevista pelo art. 683, *caput* e parágrafo único, do atual CPC. Na primeira figura a conexão dos processos é obrigatória. A pretensão do opoente não perde sua autonomia, mas sua análise fica dependente do desenvolvimento conjunto da relação processual instaurada previamente entre os opostos (autor e réu). A produção conjunta de provas visa a propiciar economia processual. Na na fase decisória a oposição interventiva assumirá caráter de prejudicialidade (art. 686 do CPC – v. infra).[15]

Na oposição autônoma (art. 685 do CPC) a demanda seguirá procedimento próprio e não ficará presa ao procedimento da ação originária. O julgamento conjunto é desejável; por isso mesmo, o legislador estabelece duas situações possíveis para permitir o julgamento conjunto. Quando a oposição for processada após o início da audiência de instrução, o juiz: (a) poderá suspender o processo principal após a colheita das provas iniciais, para aguardar a instrução e o andamento da oposição; (b) poderá suspender o processo principal e não realizar a audiência de instrução, com o fim de aguardar a instrução conjunta, em razão do princípio da unidade da instrução e da duração razoável do processo. Por meio desta leitura, a oposição autônoma deixaria de existir, em vista da suspensão obrigatória do art. 685, parágrafo único. O Código de Processo Civil de 1973 limitava essa suspensão a 90 dias, conforme afirmado. A prática revela que a posição do legislador foi acertada, pois o juiz sempre paralisa o andamento do processo principal para aguardar o julgamento simultâneo. Todavia, não se deve olvidar que o tratamento da oposição como ação autônoma não pode ser descartada, uma vez que o tempo de suspensão do processo não pode ser ilimitado e está sujeito ao limite imposto pelo art. 313, V, "a", do CPC.

O Código de Processo Civil de 1973 determinava que a oposição oferecida após o início da audiência de instrução seguiria o procedimento ordinário. Arruda Alvim havia captado com maestria o erro cometido pelo legislador, pois a expressão "ordinário" deve ser lida como "autônomo".[16]

Pela nova redação, o legislador não traz mais a previsão da oposição autônoma nos moldes do Código de 1973, motivo pelo qual o juiz deverá envidar esforços para realizar o julgamento com o aproveitamento dos atos processuais conjuntos. Mas, como já afirmamos, a possibilidade da

---

15. Sobre a distinção: Luiz Fux, *Intervenção de Terceiros*, p. 16.
16. Arruda Alvim, *Comentários ao Código de Processo Civil*, cit., vol. III, p. 171.

desconexão não deve ser eliminada quando o tempo excessivo provocar prejuízos severos à demanda originária. A questão deverá passar pela análise do juiz perante o caso concreto.

## 2. Cabimento da oposição

A oposição é forma de intervenção vocacionada para o processo de conhecimento. O art. 682 do CPC é claro ao determinar a possibilidade de sua utilização até a prolação da sentença. Ao pontuar a sentença como marco final para sua utilização, certamente faz referência à sentença de mérito do processo de conhecimento. O processo de execução, muito embora seja encerrado formalmente por sentença, nos termos do art. 925 do CPC, não expressa comando judicial de mérito, nos termos do art. 487. Aquela sentença é meramente processual. Ao possibilitar que o terceiro seja inserido na relação processual litigiosa instaurada entre as partes, o legislador se refere ao processo de conhecimento, momento em que o litígio encontra a solução de todas as controvérsias suscitadas entre as partes.[17]

Em vista do exposto se poderia indagar da possibilidade de utilização da oposição no procedimento de embargos (judicial e extrajudicial), uma vez que referida ação tem natureza cognitiva. Entretanto, o objetivo visado pelos embargos, restrito à eficácia declaratória e constitutiva-negativa, exclui a viabilidade da oposição. O fim colimado na impugnação (art. 525, § 1º, do CPC) ou nos embargos (art. 917 do CPC) é o ataque ao título executivo, e a utilização do instituto se revela inadequada, pois o terceiro tem meios específicos para sua tutela nessa seara. No processo executivo, em vista da existência de constrição, o meio usual de defesa do terceiro é o manejo dos embargos de terceiro.[18]

Especificamente nos casos da execução por título extrajudicial, em que não há fase de cognição prévia, poder-se-ia alegar a possibilidade de utilização ampla do art. 771, parágrafo único, do CPC. Entretanto, a possibilidade de cognição vertical ampla não revela a utilização indiscriminada de todos os institutos do processo de conhecimento. O acertamento prévio

---

17. Nesse sentido é a lição de Fachin: "Descabe no processo de execução, seja fundado em título judicial, seja em extrajudicial" (*Intervenção de Terceiros*, cit., p. 15).

18. Como esclarece Araken de Assis: "Haverá, relativamente ao terceiro, constrição judicial. Nesta contingência, ele há de ajuizar os embargos do art. 1.046 *[ainda referindo-se ao Código de Processo Civil de 73]* para desfazê-la, ficando-lhe vedada a via da oposição" (*Manual da Execução*, p. 1.282).

do direito estampado junto ao título e com reconhecimento *ope legis* (art. 784 do CPC) não dá margem à utilização da oposição. A defesa ofertada ficará presa ao fim a que se destinam os embargos. Admitir-se a oposição seria comprometer ainda mais a celeridade da execução e introduzir discussão que não foi almejada pelo legislador na disciplina da execução por título executivo extrajudicial.[19]

Não há obstáculo para a utilização da oposição nos procedimentos especiais, sendo certo que a grande maioria dos procedimentos tem sua conversão para o procedimento ordinário após a fase inicial da citação. É o que acontece na ação possessória, que, após a fase preliminar para a justificação da posse, assume a via do procedimento ordinário. No que tange ao processo monitório, a posição de Cândido Dinamarco deve ser acatada com moderação.[20] Não há dúvida de que o processo monitório é uma forma de tutela diferenciada, mas com o oferecimento dos embargos (art. 700 do CPC) o procedimento passa a ser o ordinário, admitindo a possibilidade da oposição.

Outro ponto de interessante indagação suscitado pelo processualista das Arcadas diz respeito à possibilidade da oposição nos chamados juízos universais. Destaca-se, com particular relevância, o processo de usucapião. A ação de usucapião não está mais topologicamente inserida junto aos procedimentos especiais.[21] O novo Código de Processo Civil eliminou a ação de usucapião como procedimento especial. Desde a alteração provocada pela Lei 8.951/1994, com a exclusão da audiência de justificação da posse, a ação de usucapião não podia mais ser catalogada como procedimento especial. O procedimento adotado é o ordinário, desde então. Além disso, o novo CPC inseriu, pelo art. 1.071, que acrescentou o art. 216-A à Lei 6.015/1973 (Lei de Registros Públicos/LRP), o usucapião administrativo, que deverá oferecer grande rendimento ao instituto.

A questão relacionada à necessidade do juízo universal não teria o condão de conferir natureza especial à ação de usucapião. Por outro lado, cabe indagar se na ação de usucapião é possível que o terceiro se utilize da oposição como forma de demonstrar a existência de pretensão

---

19. Arruda Alvim, *Comentários ao Código de Processo Civil*, cit., vol. III, p. 112. Ainda: Luiz Edson Fachin, *Intervenção de Terceiros*, cit., p. 15. Em sentido contrário, admitindo a oposição, porém sem qualquer justificativa ou, mesmo, diferenciação entre os embargos dos arts. 741 e 745 do CPC de 1973, para fins de cabimento: William Couto Gonçalves, *Intervenção de Terceiros*, p. 194.

20. Dinamarco, *Intervenção de Terceiros*, cit., pp. 71-72.

21. Sobre o tema, v. nosso estudo sobre *Usucapião*, p. 425, cit., 2015.

contraditória àquela formulada pelo autor. Posicionamo-nos pela negativa, justamente pela universalidade do juízo do usucapião. A citação nesse procedimento revela um ato complexo, e a manifestação de qualquer terceiro interessado revelará autêntica contestação, com a concretização do procedimento edital (art. 259 do CPC), que não se confunde com a citação por edital.[22] Desta forma, a intervenção do terceiro nasce por força do ato citatório de caráter universal. Sendo ultrapassada a fase para a impugnação, não poderá o terceiro valer-se da oposição.

A utilização da oposição no processo cautelar não apresenta suporte, com base na própria redação do art. 682 do CPC. As partes não controvertem na esfera cautelar sobre o direito material, que seria alvo de requerimento do opositor interveniente. O processo cautelar, embora autônomo, é acessório e voltado a garantir a utilidade e a conveniência da lide principal.

## 3. O procedimento da oposição

Para que a oposição mereça o julgamento de mérito, em caráter prejudicial à demanda já instaurada e pendente, ela deverá obedecer aos requisitos essenciais para qualquer ação, incluindo o preenchimento dos pressupostos processuais de existência e validade, denominados pela melhor doutrina de positivos, assim como não incidir nos pressupostos negativos. A oposição, além de ser instituto voltado ao processo de conhecimento, somente é viável no procedimento ordinário, com as observações referentes aos procedimentos especiais após sua ordinarização. Inviável também a oposição junto ao procedimento sumariíssimo, nos termos do art. 10 da Lei dos Juizados Especiais/LJE (Lei 9.099/1995).[23] Sem dúvida, a utilização da intervenção de terceiros nestas situações acarretaria maior complexidade na relação jurídico-processual e, consequentemente, uma dilação do procedimento. Por outro lado, a participação do terceiro na relação processual oferece outros benefícios, como a economia processual e a prolação de decisões harmônicas. Em todo caso, a opção legislativa voltou-se para a restrição da atividade do terceiro, o que inviabiliza a oposição fora do procedimento ordinário – conclusão, esta, que vincula, conforme salientado, sua utilização junto aos procedimentos especiais.

22. A redação do art. 259 do CPC não deixa dúvida quanto à necessidade do procedimento edital para a consumação da eficácia *erga omnes*: "Serão publicados editais: I – na ação de usucapião de imóvel; (...)".
23. LJE, art. 10: "Não se admitirá, no processo, qualquer forma de intervenção de terceiro nem de assistência. Admitir-se-á o litisconsórcio".

Deve-se lembrar que a sentença analisará as pretensões em capítulos sentencias distintos, em vista da acumulação de demandas em caráter de prejudicialidade. Embora a sentença seja una, ela terá natureza complexa, pois decidirá a oposição em caráter prejudicial e a ação originária em segundo plano. Tratando-se de oposição autônoma, que constitui autêntica ação desvinculada do julgamento, não resta dúvida de que a natureza do procedimento será indiferente.[24] No entanto, o art. 685, parágrafo único, do CPC demonstra que mesmo com o oferecimento de oposição autônoma ela deverá ser julgada *simultaneus processus*. Se a ação está sendo intentada após a audiência de instrução, a causa estaria naturalmente desvinculada do julgamento conjunto, mas a eliminação do prazo máximo de suspensão de 90 dias do sistema anterior revela a preferência do legislador pela suspensão e julgamento conjunto com o fim de evitar sentenças contraditórias. O atraso excessivo poderá gerar a desvinculação que será analisada no caso concreto pelo magistrado.

A admissão da oposição exige um exame, ainda que breve, dos requisitos essenciais para seu desenvolvimento regular em juízo, pautados pelo exame da petição inicial, da competência e da citação.

### 3.1 A petição inicial. Requisitos

A petição inicial consiste em requisito essencial, como *conditio sine qua non* para o nascimento da demanda. A peça escrita deverá preencher todas as condições inerentes ao art. 319 do CPC.[25] Trata-se de autêntica petição inicial, com descrição da causa de pedir e do pedido, indicação das partes, das provas e do valor da causa. O pedido, nos termos do art. 319, VII, será de citação, e não de audiência de conciliação, ante o rito diferenciado para o processamento da oposição. Isto não significa que a conciliação não possa ser requerida pelas partes e determinada pelo juiz (art. 139, V, do CPC).

O pedido deverá realçar a existência de pretensões inconciliáveis, pois o objeto mediato é comum ao pedido do opoente e do autor da ação principal. Quando sejam harmônicas e independentes, não há possibilidade jurídica de utilização da oposição. A inicial e os documentos que

---

24. Neste sentido: Dinamarco, *Intervenção de Terceiros*, p. 116.
25. Como ensina Arruda Alvim: "Não nos esqueçamos de que, em sendo o opoente um verdadeiro autor, deverá sua pretensão ser deduzida como uma ação, ou seja, devem ser preenchidos os pressupostos processuais e condições da ação, sem o quê deverá ser a oposição indeferida" (*Comentários ao Código de Processo Civil*, cit., vol. III, p. 114).

a acompanham serão distribuídos por dependência (art. 683, parágrafo único, do CPC).

Por meio da petição inicial identificam-se as partes do pedido. O autor da oposição deverá ser terceiro. Nesta locução deve ser englobado aquele que tem pretensão contrária e não derivada de alguma das partes. Se existir interesse, mas não colidente e com o objetivo de beneficiar uma das partes, a hipótese será de assistência. O terceiro qualifica-se como parte somente quando ingressa na relação processual; até então apresenta-se como pessoa estranha ao litígio, o qual pende sem sua participação (*Rechtshängigkeit des Dritten*[26]).

### 3.1.1 Causa de pedir e pedido

A oposição é uma contraposição. Isto significa que o opoente atua *ad excludendum*, e não *ad coadjuvandum*. Esta característica torna essencial que a petição inicial do opoente demonstre, *ab initio*, a incompatibilidade da pretensão do autor. A causa de pedir da oposição não terá, necessariamente, identidade com a causa de pedir que embasa o pedido do autor na ação principal. Certamente apresentarão pontos comuns, mas esta identidade não é necessária. Autor e opoente formulam pretensões próprias. Isto é o que gera a cumulação de pretensões, constituindo o objeto do processo que será alvo da sentença judicial. Por outro lado, o pedido mediato formulado por ambos é contraditório, pois visam ao mesmo objeto material.[27] Se os pedidos formulados não forem contraditórios, passíveis de harmonização, a hipótese não revelará cabimento de oposição.[28]

O art. 682 do CPC é claro em delimitar que o opoente poderá realizar o pedido de forma *global* ou *parcial* sobre a coisa ou direito que é objeto do processo principal. O dispositivo revela que a contrariedade das pretensões do opoente e do autor, quanto ao objeto mediato do processo, poderá ser parcial. Neste caso, o dispositivo sentencial que reconhecer a oposição não gerará a improcedência do pedido autor e sua exclusão do processo, uma vez que o pedido da oposição será referente A parte

---

26. Rosenberg/Schwab/Gottwald, *Zivilprozessrecht*, cit., § 52, p. 325.

27. Esta distinção foi captada com maestria por Arruda Alvim: "Há, portanto, dois objetos litigiosos, ou seja, o do autor contra o réu e o do opoente, contra ambos. O que há unitariamente, isto, sim, é o objeto do processo" (*Comentários ao Código de Processo Civil*, cit., vol. III, p. 117).

28. Neste sentido, Hermann Homem de Carvalho Roenick: "Essa 'incompatibilidade' ou 'não coerência' é que caracteriza a pretensão exclusivista do opoente, pois o seu direito colide com o direito alegado pelo autor e o deduzido pelo réu" (*Intervenção de Terceiros – A Oposição*, p. 50).

do objeto ou quota do direito. O reconhecimento da oposição geraria procedência parcial da ação principal.

O pedido deve ser formulado contra o autor e o réu (*Die Hauptintervention wird erhoben durch schriftlich Klage gegen die beiden Parteien*).[29] Desta forma, restará clara a cumulação de pretensões, motivo pelo qual o pedido formulado não poderá ser homogêneo em relação às partes que compõem o polo passivo (*Die Klageantrage gegen beide Streitgenossen können verschieden sein*[30]).

### 3.2 Prazo para oposição

A oposição somente poderá ser oferecida até a sentença. A interpretação do art. 682 do CPC não abre a possibilidade de estender a norma para as decisões de segunda instância. Proferida a sentença, qualquer pretensão do terceiro deverá ser exercida pela via própria e autônoma. Quando a sentença seja anulada, em virtude do sucesso no recurso de apelação, abre-se, em tese, nova possibilidade de utilização da oposição. A sentença refere-se ao prazo final; contudo, nunca impedirá que o terceiro possa ajuizar sua demanda autônoma com o fim de pleitear o direito afirmado, que não é imunizado pela coisa julgada formada entre o autor e o réu da ação originária. Por este motivo, o procedimento não deve ser permitido em grau recursal.[31] Na verdade, após a sentença o pedido do terceiro, além de não provocar qualquer vinculação procedimental, assumirá o caráter de ação autônoma.

### 3.3 A tutela provisória na oposição

A tutela provisória na modalidade de urgência (art. 300 do CPC) ou de evidência (art. 311 do CPC) é plenamente cogitável em ambas as modalidades. Existirão situações em que o objeto material disputado entre as partes originárias poderá suscitar não só o pedido de oposição, como o requerimento da antecipação da tutela. Tudo dependerá do quadro fático e do preenchimento dos requisitos legais. A hipótese de tutela de evidência pelo abuso no direito de defesa (art. 311, I, do CPC) é plausível, e pode

---

29. Rosenberg/Schwab/Gottwald, *Zivilprozessrecht*, cit., § 51, pp. 299.
30. Blomeyer, *Zivilprozessrecht*, cit., § 111, p. 638.
31. Arruda Alvim posiciona-se pela possibilidade da oposição ainda que o processo principal esteja em segundo grau de jurisdição, apoiando-se em Frederico Marques e Pedro Palmeira (*Comentários ao Código de Processo Civil*, cit., vol. III, p. 169).

gerar pedido de antecipação após o oferecimento da oposição, quando uma ou ambas as partes pratiquem atos de postergação na realização da defesa. Caso inusitado poderá acontecer em face de pedidos sucessivos de antecipação da tutela. O autor poderá ter realizado pedido com base no art. 300 do CPC, obtendo decisão interlocutória favorável. Isto não impede que o opoente realize outro pedido, demonstrando ao juiz novo quadro probatório. É da essência da antecipação a possibilidade de sua modificação e/ou revogação até o final da relação processual (art. 304, § 3º, do CPC).

Na oposição interventiva resta clara a confluência das pretensões, que obriga o juiz a realizar o julgamento simultâneo, momento em que o pedido de antecipação gera natural interferência na relação processual originariamente instaurada.

### 3.4 Formação da relação processual da oposição

A oposição, uma vez oferecida e distribuída por conexão (art. 61 do CPC), exigirá a citação válida para a formação da relação processual. A citação será realizada na pessoa dos procuradores dos opostos (art. 683, parágrafo único, do CPC).[32] Muito embora o processo seja conexo, a citação deverá ser realizada nos moldes dos arts. 246 e ss.[33] Obviamente, os patronos não poderiam ser alvo de mera intimação, uma vez que se constitui uma nova relação processual, em que autor e réu são litisconsortes. Frise-se, mais uma vez, que a hipótese será de litisconsórcio necessário, mas simples, porque a decisão não é uma para ambas as partes.[34]

O art. 229 do CPC estabelece a benesse do prazo em dobro para a prática dos atos processuais dos litisconsortes; porém, o art. 683, parágrafo único, estabeleceu, de forma clara, o *prazo comum* de 15 dias. Não há que se falar em prazo em dobro para contestar. Contudo, a dicção do art. 683, parágrafo único, não abrange os atos subsequentes, como o ato de recorrer. A Súmula 641 do STF,[35] em harmonia com o art. 1.005

---

32. Luiz Fux, *Intervenção de Terceiros*, cit., p. 19.

33. Conforme anota Theotônio Negrão: "A citação, embora na pessoa dos advogados, não pode ser feita mediante simples publicação na Imprensa Oficial, mas obedecerá ao disposto nos arts. 213 e 233 (*RJTJSP* 107/247, 155/158)" (*Código de Processo Civil e Legislação Processual em Vigor*, p. 168).

34. Hermann Homem de Carvalho Roenick, *Intervenção de Terceiros – A Oposição*, cit., pp. 33-34.

35. STF, Súmula 641: "Não se conta em dobro o prazo para recorrer, quando só um dos litisconsortes haja sucumbido".

do CPC, determina que o prazo não deve ser contado em dobro quando somente um dos litisconsortes tenha sucumbido. Contudo, esta hipótese não se aplica em caso de procedência da oposição, pois autor e réu serão obrigatoriamente sucumbentes, ainda que sob ângulos diversos.

Eventual revelia do réu junto ao processo não exime o opoente de promover o ato citatório de forma regular. A possibilidade de oposição em caso de revelia demonstra que a relação processual instaurada entre o autor e o réu não necessitará ser controvertida – o que demonstra a inconveniência da redação do art. 682 do CPC.[36] Exige-se a litispendência, mas não a controvérsia como aspecto essencial.

### 3.5 Fase instrutória

Salientou-se a necessidade da pendência do processo para que a oposição possa ser intentada. O novo Código de Processo Civil aproximou a oposição interventiva e a autônoma justamente pela atividade instrutória, como disciplina o art. 685, parágrafo único. Ainda que a oposição seja deduzida após o início da audiência de instrução, o juiz poderá suspender o processo depois da colheita das provas, sem prejuízo de concluir toda a instrução, em respeito aos princípios da unidade e da duração razoável. Deste modo, uma vez concluída, o juiz poderá suspender o processo, para realizar o julgamento simultâneo. Percebe-se o comprometimento do sistema com a prolação de decisões uniformes e harmônicas para o julgamento conjunto das demandas principal e secundária, como prevê o art. 686 do CPC. Esta suspensão não tem o limite previsto pelo art. 60 do CPC de 1973. Ela deverá obedecer ao regime previsto pelo art. 313 do novo CPC, que estabelece o teto de um ano como máximo para a suspensão (§ 4º). Tudo deverá ser analisado pelo juiz em face das circunstâncias fáticas.

### 3.6 Fase decisória:
### o caráter de prejudicialidade da oposição

O art. 686 do CPC expressamente determina o caráter de prejudicialidade da oposição: "Cabendo ao juiz decidir simultaneamente a ação originária e a oposição, desta conhecerá em primeiro lugar". É necessário diferenciar novamente as hipóteses elencadas pelo art. 683 (oposição

---

36. Arruda Alvim, *Comentários ao Código de Processo Civil*, cit., vol. III, p. 109.

interventiva) e pelo art. 685 (oposição autônoma). Na oposição interventiva, que se comporta como verdadeiro incidente na relação processual instaurada entre autor e réu, a relação de prejudicialidade é inexorável. Caberá ao juiz decidir primeiramente a procedência da oposição, o que exige solução sobre as duas pretensões trazidas pelo opoente, sendo uma contra o autor e outra contra o réu. Sendo julgada procedente, a demanda originária obrigatoriamente será improcedente, uma vez que são incompatíveis os pedidos formulados pelo opoente e pelo oposto (autor). Na verdade, a análise da oposição não impede o julgamento da demanda principal, apenas a condiciona, prejudica-a.[37]

Outra situação possível será o não acolhimento da oposição. Para esta situação o juiz poderá julgar pela improcedência ou procedência da demanda principal, nos termos do art. 487 do CPC. Obviamente, como não há preclusão *pro judicato* para a manifestação sobre as condições da ação e os pressupostos processuais, nada impede que o juiz determine a resolução do processo com base no art. 485 do CPC. Isto não impede a formação de coisa julgada material quanto à oposição e de coisa julgada formal em relação à demanda principal.

O art. 684 do CPC também prevê a possibilidade de reconhecimento do pedido por um dos opostos. O reconhecimento jurídico do pedido é causa de extinção da demanda com análise do mérito (art. 487, III, "a", do CPC). Quando o autor-oposto reconheça o direito do opoente, a demanda prosseguirá normalmente contra o réu. A situação do réu não sofrerá qualquer prejuízo, até porque é vedada a disposição de direitos alheios no regime litisconsorcial. O réu poderá ter oferecido reconvenção, o que lhe confere autonomia, inclusive para aumentar o objeto litigioso da demanda. A princípio, o reconhecimento da pretensão do opoente por parte do autor provocará renúncia automática à pretensão dirigida contra o réu.[38]

O reconhecimento jurídico do pedido pelo réu desloca a decisão judicial para o exame do pedido realizado pelo opoente contra o autor. Cabe analisar o efeito do reconhecimento. O juiz deverá analisar a viabilidade da pretensão do opoente contra o autor da ação. Julgando-a procedente, a demanda principal será logicamente improcedente. A hipótese inversa também é possível. A oposição poderá ser julgada improcedente, e, neste caso, o reconhecimento jurídico da pretensão do réu em relação ao opoente não gera o julgamento favorável, nos termos do art. 487, I, do

---

37. Com precisão: Arruda Alvim, *Comentários ao Código de Processo Civil*, cit., vol. III, p. 119.

38. Dinamarco, *Intervenção de Terceiros*, cit., pp. 124-125.

CPC, em favor do autor. As três pretensões são autônomas, e merecem exame distinto.

A sucumbência deverá ser analisada de acordo com os dispositivos que se formarem. Inicialmente em relação à oposição, e posteriormente em face da demanda originária. A procedência da oposição gerará a improcedência da ação originária, obrigando à determinação das verbas sucumbenciais. A diferença está na necessidade de rateio entre os opostos em caso de procedência da oposição (art. 87, § 1º, do CPC). Já, na ação principal o encargo será do autor, em vista da improcedência do pedido. É curial lembrar que o reconhecimento do pedido não isentará do pagamento das custas, mas poderá provocar a redução da verba honorária pela metade (art. 90, § 4º, do CPC).

A sentença poderá ser impugnada pelo recurso de apelação. A via recursal será aberta aos sucumbentes; contudo, cada qual obedecendo ao interesse e à legitimidade recursal relativa à matéria que poderá ser devolvida ao tribunal. Autor e réu, indiscutivelmente, terão maior espectro para a devolução das matérias, pois estão ligados à oposição e à demanda originária. O oponente somente poderá rediscutir a pretensão relativa ao pedido formulado nos termos do art. 682 do CPC.

Na oposição oferecida na modalidade interventiva, quando o juiz a rejeite *in limine*, tem-se a mesma situação da reconvenção, o que provocará o recurso de agravo (art. 1.015, IX, do CPC). Como autêntico processo incidental, sua rejeição não provoca o término da relação processual originária. Logo, desafiará o recurso de agravo, cabível contra decisão interlocutória. Por outro lado, sendo caso de rejeição da petição inicial referente à oposição autônoma, o recurso cabível será a apelação, o que facultará ao magistrado o exercício do juízo de retratação, nos moldes do art. 331 do CPC.

### 3.7 Oposições sucessivas

Questão que acabou não sendo regulada pelo Código atual refere-se à possibilidade de oposições sucessivas.[39] *Grosso modo*, seria a mesma situação encontrada na denunciação da lide, nos termos do art. 125, § 2º, do CPC. A doutrina manifesta-se positivamente pela aplicação do instituto

---

39. José Raimundo Gomes da Cruz, *Pluralidade de Partes e Intervenção de Terceiros*, p. 77; Hermann Homem de Carvalho Roenick, *Intervenção de Terceiros – A Oposição*, cit., pp. 51 e ss. Este último jurista indica que somente os Códigos de São Paulo (art. 87) e de Pernambuco (art. 409) regularam a oposição sucessiva na fase das codificações estaduais.

na forma sucessiva. Dentro desta hipótese, o terceiro manifestaria uma oposição à outra já inicialmente intentada na mesma relação processual. Dificuldades de ordem procedimental poderiam conturbar o procedimento, principalmente se a primeira oposição tiver sido manifestada antes da audiência de instrução e a segunda em momento posterior ao término da instrução. O pedido realizado pelo último opoente revelará um litisconsórcio necessário que contará com as partes originárias da relação processual, além do primeiro opoente. Não resta a menor dúvida de que o último opoente manifesta pretensão incompatível e excludente em relação ao autor e primeiro opoente, bem como contrária ao réu. Pensar de forma diversa seria desnaturar o instituto da oposição. A denominada "oposição convergente", citada por Dinamarco, não apresenta ares de viabilidade senão quando o pedido realizado pelos opoentes for parcial – como, aliás, permite a própria dicção do art. 682 do CPC.[40] Se a oposição for total é inviável visualizar uma oposição convergente, mas, sim, a adesão pelo litisconsórcio ou assistência litisconsorcial. No Direito Italiano diferencia-se a intervenção principal (nossa oposição) da *intervenção litisconsorcial* quando "il terzo proponga nei confronti di una sola parti una domanda connessa con quella originaria per *identità di titolo* o di oggetto, facendo valere un diritto *compatibile* e *paralelo*".[41]

A existência de oposições sucessivas também gera efeitos quanto à relação de prejudicialidade indicada pelo art. 686 do CPC. Isto implica a conclusão de que as eventuais oposições deverão se solucionadas em cadeia de prejudicialidade, para que o mérito da demanda principal possa ser objeto de decisão.[42]

---

40. Dinamarco, *Intervenção de Terceiros*, cit., pp. 97-98.
41. Carpi/Colesanti/Taruffo, *Commentario Breve al Codice di Procedura Civile*, p. 318.
42. Arruda Alvim, *Comentários ao Código de Processo Civil*, cit., vol. III, pp. 173-178.

*Capítulo X*
## *Nomeação à Autoria*

*1. Nomeação e aparência jurídica. 2. Aspectos preliminares sobre a nomeação no sistema jurídico. 3. Breve notícia do Direito anterior. 4. Breve escorço no Direito Comparado. 5. A correção do polo passivo em face da relação jurídica real: 5.1 Distinção entre proprietário/possuidor/detentor – 5.2 A correção do polo nas relações jurídicas pessoais – 5.3 A correção do polo em ações inibitórias e reparatórias. 6. Cabimento da nomeação à autoria. 7. A ação reivindicatória e a interpretação do art. 1.228 do CC brasileiro. 8. A hipótese da ação publiciana. 9. Iniciativa da nomeação. 10. A aceitação da correção pelo autor. 11. Etapas da aceitação e formação do litisconsórcio. 12. Ausência de nomeação e responsabilidade por perdas e danos.*

## 1. Nomeação e aparência jurídica

Esta modalidade interventiva é tradicionalmente classificada como um instituto processual cujo fim reside na correção do polo passivo da demanda. Sua alocação na parte final deste estudo tem como objetivo permitir um exame sobre sua estrutura e sua aplicação perante o novo Código de Processo Civil. Não se trata mais de um modo de intervenção, mas de extromissão da parte ilegítima, com aproveitamento da relação processual.

O instituto foi eliminado do novo Código de Processo Civil como forma específica de intervenção de terceiros, mas seu rastro permanece claro na alocação da figura do art. 338. É possível afirmar que a modificação realizada pelo legislador tenha sido uma das mais importantes no campo da intervenção. Eliminou-se um procedimento anacrônico, que dependia de dupla aceitação e que o tornava inexequível sob o ponto de vista prático.

Porém, um exame detido sobre sua origem e sua evolução, e do Direito Comparado e sua utilização perante o regime das ordenações, suscita questões interessantíssimas, as quais estão interligadas à aplicação do instituto no formato atual. Ao mesmo tempo, a incidência da nomeação acaba por excepcionar uma regra clássica de nosso sistema processual, qual seja: a que permite o controle oficioso sobre a legitimidade da postulação (ativa ou passiva).[1] Afinal, apontada a ilegitimidade passiva pelo nomeante, o sistema permite a correção do polo passivo.

Esta simples constatação provoca uma indagação natural: qual o motivo de o sistema não penitenciar o autor que dirigiu sua demanda contra a parte ilegítima? A investigação sobre a resposta desta indagação escora-se na *tutela da aparência*. A aparência jurídica ganhou grande conotação com a evolução do sistema jurídico, e pode ser estudada desde a época do Direito Romano, sob diferentes enfoques.[2] Hodiernamente a tutela da aparência jurídica suscitou uma transformação nos ordenamentos jurídicos, pela natural preocupação em garantir a segurança das relações jurídicas.[3] A compreensão da nova ordem sistêmica, pautada pelas relações de massa e pela necessidade de proteção ao terceiro de boa-fé, exigiu um fortalecimento natural das relações jurídicas aparentes. O papel de destaque quanto à boa-fé objetiva nas relações contratuais tem como pano de fundo a necessidade de manter a cadeia negocial (*Rechtsverkehr*). No mundo globalizado é essencial a percepção do conjunto, pois a sustentação da teia das relações jurídicas exige o fortalecimento da confiança entre as partes da relação negocial.[4]

1. No Direito Brasileiro destaca-se o estudo específico de José de Albuquerque Rocha, *Nomeação à Autoria*, de 1983, bem como a profunda incursão de Arruda Alvim, *Comentários ao Código de Processo Civil*, vol. II, pp. 180 e ss.
No Direito alienígena merecem menção: Baumbach/Lauterbach/Albers/Hartmann, *Zivilprozessordnung*, pp. 241-243; Arweb Blomeyer, *Zivilprozessrecht*, pp. 651-652; Calamandrei, *La Chiamata in Garantia*, pp. 4-5; Martínez, *Procesos con Sujetos Múltiples*, t. I, pp. 411-421; Podetti, *Tratado de la Tercería*, pp. 321-336; José Alberto dos Reis, *Código de Processo Civil Anotado*, vol. I, pp. 421-432; Eurico Lopes-Cardoso, *Manual dos Incidentes da Instância em Processo Civil*, pp. 92-102.
2. Como ilustra o Min. Moreira Alves, este gérmen sobre a construção da teoria da aparência também encontra supedâneo no estudo da emblemática figura da *Gewere*. Esta figura de construção medieval representou particular influência germânica na construção da teoria da posse moderna, com especial relevo na dissociação entre a posse direta e a indireta. Sobre a questão: Moreira Alves, *Posse – Evolução Histórica*, vol. I, nota 324.
3. Luiz Fux, *Intervenção de Terceiros*, p. 24.
4. No Direito Alemão o princípio da confiança na seara dos direitos reais está incorporado no § 892 do BGB, o qual restou intocado pela última reforma de 2002.

A questão da aparência nos situa em outro problema filosófico e jurídico: o reconhecimento e o fortalecimento da aparência representam a impossibilidade de alcançarmos a verdade? Obviamente, não é o local e muito menos a intenção de desenvolvermos qualquer argumentação sobre a teoria do conhecimento. Contudo, a Filosofia, como Ciência primeira, é fonte das principais questões que acabam por transbordar, inevitavelmente, nas demais Ciências, inclusive a Jurídica. O problema da "verdade" para o direito processual se resume em "segurança jurídica". Por mais que se diga que o juiz não está obrigado a alcançar a verdade real para legitimar seu pronunciamento judicial, não resta a menor dúvida de que deverá mirar-se nela, esforçando-se para acomodar sua decisão dentro de um patamar de satisfação mínimo para as partes envolvidas na disputa.

A aparência jurídica reflete sua força nas relações jurídicas reais e obrigacionais. Não podemos jamais esquecer que os direitos obrigacionais e reais não podem ser analisados como sistemas isolados.[5] A manutenção das relações jurídicas é condição essencial para a confiança e o desenvolvimento sadio das relações econômicas e sociais.

Analisando uma pequena aplicação da tutela da aparência jurídica na nomeação à autoria torna-se fácil concluir sobre os motivos de sua aplicação, em vista da dificuldade de diferenciar, *prima facie*, o titular da relação possessória. Neste ambiente, os conceitos de *possuidor* e *detentor* assumem relevância singular, principalmente ante a necessidade de dife-

---

Aliás, vale lembrar que a presunção *iuris et de iure* do registro no Direito Alemão provocou um embate inicial perante o Código Civil brasileiro de 1916 quanto à natureza jurídica do art. 859: "Presume-se pertencer o direito real à pessoa, em cujo nome se inscreveu, ou transcreveu". Firmou-se a correta interpretação pela presunção relativa, nos termos do entendimento de Soriano Neto. Seria inaplicável o posicionamento alemão em nosso País por questões sociais, geográficas e históricas. O fracasso do modelo Torrens é o sintoma mais claro desta assertiva. Quiçá, no futuro, nosso País alcance este modelo pela ocupação e organização sistemática do álbum imobiliário. Sobre o assunto: Francisco Landim, *A Propriedade Imóvel na Teoria da Aparência*, p. 113.

5. Para a compreensão desta assertiva seria essencial, ao menos, a leitura da primeira parte da monografia de Couto e Silva, *A Obrigação como Processo*, pp. 5-34. A afirmação supra somente merece leitura diversa em sistemas como o Alemão, em que o princípio da abstração opera um isolamento natural entre a fase obrigacional e a real. Todavia, mesmo perante a posição peculiar do BGB conclui-se que a "finalidade deste isolamento" repousa na garantia do terceiro de boa-fé. Eventual incongruência entre a matrícula do imóvel e o negócio jurídico entabulado entre as partes (*e.g.*: venda *a non domino*) não possibilitará o desfazimento da cadeia. Restará ao prejudicado, após o registro, a ação de enriquecimento sem causa, e não a ação reivindicatória (Couto e Silva, ob. cit., p. 11).

renciar a aplicação da denunciação da lide (art. 125, I e II, do CPC) e a correção do polo passivo pela nomeação (art. 338 do CPC) em vista dos conceitos fornecidos pelos arts. 1.196, 1.197 e 1.198 do CC. A correção ainda poderá gerar a formação de litisconsórcio, sem a substituição da parte originária (art. 339 do CPC).

## 2. Aspectos preliminares sobre a nomeação no sistema jurídico

A nomeação à autoria representa instituto jurídico que visa à correção da parte que ocupa o polo passivo (*Parteiänderung*). Caracteriza-se por ser modalidade de intervenção *provocada*, uma vez que o nomeado é chamado a participar do processo por iniciativa do nomeante.[6] Sua aplicação, à primeira vista, parece estar diretamente relacionada às ações com pretensão real, em vista da dificuldade do autor em direcionar sua petição inicial de modo correto em ações de natureza possessória, cujo problema se liga intimamente ao conteúdo do art. 1.198 do CC.[7] Este dispositivo conceitua a figura do detentor: "Considera-se detentor aquele que, achando-se em, relação de dependência para com outro, conserva a posse em nome deste e em cumprimento de ordens ou instruções suas". O dispositivo permite ao autor da ação evitar o desenvolvimento de uma relação processual infrutífera, na medida em que confere a oportunidade de correção do polo passivo. Todavia, esta alteração depende da indicação do nomeante, que pela redação do art. 338 do CPC, está alocado como réu na petição inicial.

Nas situações em que o erro decorre da aparência, o réu tem a obrigação e o ônus de indicar a parte legítima. A obrigação decorre de imposição legal do art. 339 do CPC, e o ônus deve ser compreendido pelo perigo de não indicar e ter sua legitimidade confirmada quanto ao pleito.

A responsabilidade imputada ao réu silente decorrerá de sua atitude desleal, uma vez que o ordenamento reconhece as dificuldades em no-

---

6. Cf. Athos Gusmão de Carneiro, *Intervenção de Terceiros*, p. 57.

7. E que configura sua base dogmática de aplicação. A própria ZPO, no § 77, embora preveja a possibilidade de ações relativas a perdas e danos, vincula o pedido ao desdobramento da legitimação da nomeação ao direito real ofendido, como se lê na primeira parte do dispositivo: "Ist Von dem Eigentümer einer Sache oder von demjenigen, dem ein Recht na einer Sache zusteht (...)". A hipótese do art. 63 do CPC de 1973 correspondeu a um desvirtuamento do instituto, e absolutamente desnecessário, em vista das soluções que emergiram no campo do direito obrigacional. Sobre o tema voltaremos adiante.

minar o polo passivo em questões possessórias, nas quais a definição da situação fática não decorrerá do exame meramente documental.[8] Como ensina Arruda Alvim,[9] referindo-se à situação mais comum de aplicação do instituto, a compreensão do mecanismo da nomeação à autoria exige noções elementares sobre o conceito de posse, incluindo a cisão da posse em direta e indireta e a distinção entre os conceitos de detentor e possuidor.[10]

Em casos especiais, mesmo em situações em que aparentemente não seria possível invocar o desconhecimento do polo passivo correto, deverá existir uma ponderação por parte do magistrado. Pense-se na hipótese de uma relação de compra e venda com cláusula *constituti* que configura a *traditio* ficta por constituto possessório. O antigo proprietário poderá ser citado como réu no processo, por ausência da regularização documental (*rectius*: registro), e poderá continuar no imóvel exercendo os atos de outrora como possuidor ou mero detentor. Embora ainda permaneça a existência de relação possessória, ela continuará com uma inversão no polo da relação jurídica. Neste exemplo, configurando-se relação de detenção em relação ao antigo proprietário, terá cabimento a nomeação do novo proprietário e possuidor. No constituto possessório não se exige qualquer modificação física, pois se operará por modificação no *animus*, e não no *corpus possessionis*.[11] Na aplicação do instituto visualizaremos as nuanças que geram a dificuldade na sua aplicação, que decorrem da estrutura exigida para o aperfeiçoamento da relação jurídica processual

---

8. Como bem lembra Ovídio Baptista da Silva: "O instituto da nomeação à autoria é um meio de superar a dificuldade fática em que o autor poderá encontrar-se em face da impossibilidade de distinguir entre os atos do verdadeiro possuidor e aqueles praticados pelo servidor da posse em seu nome" (*Comentários ao Código de Processo Civil*, vol. I, p. 318).

9. Arruda Alvim, *Manual de Direito Processual Civil*, vol. II, p. 167.

10. Trata-se de influência direta do BGB, e corresponde àquilo que se denomina de organização vertical da posse. O sistema brasileiro admite a organização vertical (posse direta e indireta) bem como a horizontal (*possessio rei* e *possessio iuris*). Nem todos os Países admitem esta dupla cisão. O BGB, por exemplo, somente admite a organização horizontal para disciplinar a posse e a usucapião da servidão, tendo-se em vista rígida concepção de coisa (*Sache*) estampada no § 90. Além disso, alguns sistemas não conhecem a distinção entre possuidor direto e possuidor indireto e realizam a inserção da detenção como posse, como os sistemas francês e italiano.

11. Bierman, *Traditio Ficta*, p. 15. O autor, que é a maior autoridade no assunto, cita os exemplos de constituto já utilizados no Direito Romano, inclusive na mutação de possuidor para detentor (*Der bisheriger Besitzer wird Detentor*), além de exemplos sobre a aplicação da *traditio brevi manu*.

da nomeação. Dentre elas destaca-se o regime da dupla aceitação (v., infra, ns. 4 e 10).[12]

## 3. Breve notícia do Direito anterior

O Código de Processo Civil de 1939 não conferia independência normativa à nomeação à autoria, que convivia com os dispositivos referentes ao chamamento à autoria, modelo anterior da denunciação da lide.[13] A redação do art. 99 do CPC de 1939 retratava a hipótese da nomeação à autoria nos seguintes termos: "Aquele que possuir, em nome de outrem, a coisa demanda, poderá, nos 5 (cinco) dias seguintes à propositura da ação, nomear à autoria o proprietário ou possuidor indireto, cuja citação o autor promoverá". A simples leitura permite constatar a imprecisão do dispositivo, pois baralhava os conceitos de posse e detenção.[14] Em vista do estágio alcançado pelo nosso sistema, que já contava com o Código Civil de 1916, esta falha não poderia ser considerada escusável, pois os arts. 485, 486 e 487 permitiam uma correta diferenciação dos conceitos de proprietário, possuidor e detentor. O possuidor sempre exerce o controle fático da *res* em seu próprio interesse. Na detenção a situação é diversa, e se caracteriza pela absoluta ausência de *animus domini* ou *animus rem sibi habendi*.[15] A atecnia do art. 99 não foi repetida na formulação do art. 62 do CPC de 1973, inclusive em harmonia com a redação do próprio art.

12. Na Alemanha a doutrina atual revela que a incidência do § 76 não é frequente, consistindo em uma figura de maior relevo científico do que prático ("Diese Prozessfigur ist indessen ebenso wie der Beanspruchterstreit mehr ein juristisches Gedankenspiel als eine Erscheinung der Praxis") (Baumbach/Lauterbach/Albers/Hartmann, *Zivilprozessordnung*, cit., § 76, p. 242). No Direito Alemão a dificuldade de incidência do instituto se explica por outros fatores, como a organização e a seriedade do cadastro imobiliário, assim como a titulação das relações jurídicas. No Brasil espera-se que esta versão dos arts. 338 e 339 da nomeação, ainda que sem a feição de uma modalidade de intervenção, alcance efeitos práticos já absorvidos por outras figuras, como a denunciação.

13. Muito embora Pontes de Miranda realizasse clara diferenciação do instituto (*Comentários ao Código de Processo Civil* (de 1939), t. II, pp. 164 e ss.), sua observação sobre o tema é digna de transcrição: "É tormentosa a confusão que o legislador faz em matéria de posse. Evidentemente, não entendeu a teoria da posse que entrara no nosso Direito com o Código Civil. Continuou a pensar em termos das velhas leis brasileiras de processo, ou das anteriores ao Código Civil ou elaboradas de fresco, antes de ter penetrado na cultura jurídica comum a teoria possessória" (ob. cit., p. 164).

14. Ovídio Baptista da Silva, *Comentários ao Código de Processo Civil*, cit., vol. I, p. 318.

15. Sobre a origem da problemática concernente à diferenciação entre o *animus domini* e o *animus rem sibi habendi* no período medieval, especialmente após

1.198 do CC atual. O Código anterior realizou importantes transformações na aplicação do dispositivo, pois tornou obrigatória sua utilização pelo detentor e excluiu o possuidor direto de sua configuração, que deveria valer-se, como regra, do art. 70, II, do CPC de 1973. Além do mais, alargou o espectro de sua abrangência, ao permitir a nomeação nas ações embasadas em pretensões pessoais, conforme o art. 63 do CPC de 1973. Nosso sistema pode ser considerado, sem sombra de dúvida, superior ao das demais legislações, pois alcançou um grau analítico que permitia traçar uma linha nítida de separação entre a *denunciação da lide* e a *nomeação à autoria*. Não resta dúvida de que ambas as figuras são fruto de uma mesma gênese. Pela aplicação de ambos os institutos provocar-se-ia o ingresso de um terceiro no processo, porém em condições absolutamente diversas. Na nomeação à autoria há clara provocação do nomeado para a defesa de um *interesse próprio* e *excludente*. Na denunciação a notícia do litígio tem como objetivo proteger o *interesse alheio* (do denunciante) e, por via indireta, o *interesse próprio*.[16]

Antes do primeiro Código processual unificado o País experimentou um regime de autonomia processual perante os Estados, próprio de um sistema confederativo, ao sabor da influência advinda da Constituição de 1891. Dentre os Códigos Estaduais destacou-se, como frisamos anteriormente, o Código da Bahia, em razão de dois motivos básicos: pela excelência de seu redator e pela fonte de sua elaboração. O art. 24 trazia a previsão embrionária da nomeação à autoria.[17] Espínola[18] asseverou que os praxistas portugueses conheciam perfeitamente a diferenciação entre a denunciação e a nomeação, ainda que Ribas tivesse, inadvertidamente, unificado os dois institutos como se fossem uma única realidade.[19] A diferença entre ambas as figuras havia sido alvo das cogitações de Teixeira

a descoberta, no período moderno, da paráfrase de Teófilo, v. Moreira Alves, *Posse – Evolução Histórica*, cit., vol. I, pp. 109 e ss.

16. Ramiro Podetti, *Tratado de la Tercería*, cit., p. 321.

17. Código de Processo Civil da Bahia, art. 24: "Aquelle, que administra ou possue em nome de outrem a coisa que constitue objecto da lide, deve, quando citado, nomear o proprietario ou o possuidor indirecto, na audiência em que se accusar a citação, e só assim se desonera de qualquer responsabilidade".

18. Eduardo Espínola, *Código do Processo do Estado da Bahia*, vol. I, p. 338.

19. Não há uma separação nítida na consolidação entre as duas figuras. Entretanto, o art. 265 claramente revela a hipótese de nomeação. Se não, vejamos: "Quando o réo possue em nome alheio, deve nomear em juízo a pessoa em cujo nome possue; e se o autor quizer proseguir na causa, deverá fazer citar o verdadeiro possuidor, que póde declinar para o juízo do seu foro" (Ribas, *Consolidação das Leis do Processo Civil*, p. 169).

de Freitas, que, elaborando fina distinção, definiu a nomeação à autoria por exclusão, ao comentar a obra de Pereira e Souza. Segundo Teixeira de Freitas: "Distingue-se entre o chamamento à autoria (*rectius*, denunciação da lide) e a nomeação sem elle. Chama à autoria quem, possuindo em seu próprio nome a cousa demandada, nomêa a pessoa, de quem a-houve, para o effeito de responsabilisal-a pêla evicção. Faz simplesmente nomeação quem, possuindo em nome alheio a cousa demanda, nomêa a pessoa, de quem a-houve, sem chamal-a à autoria, mas só para o effeito de afastar de si a demanda com todas as suas consequências".[20] A previsão embrionária do instituto estaria calcada nas *Ordenações*, L. III, Tít. 45, § 10.[21] Contudo, como será anotado em seguida, nosso ordenamento irmão eliminou o instituto de sua legislação atual, quebrando a tradição do Direito anterior.

## 4. Breve escorço no Direito Comparado

O primeiro e mais importante sistema para estudo da nomeação é o alemão.[22] A ZPO prevê, no § 76, a figura do chamamento ou comunicação do possuidor – *Urheberbenennung bei Unterlassungsklagen*.[23] Este dispositivo não é puramente voltado para a nomeação à autoria, pois sua previsão aproxima a incidência da hipótese do art. 70, II, do CPC de 1973, o qual se refere à denunciação da lide, e que foi suprimido, uma vez que o

20. Pereira e Souza, *Primeiras Linhas sobre o Processo Civil*, nota 384 de Teixeira de Freitas, Pp. 137-138.
21. Eis a previsão das *Ordenações Filipinas*: "E o que fôr demandado por alguma cousa móvel, ou de raiz, que elle possuísse e tivesse em nome de outro, assi como seu Lavrador, Colono, Inquilino, Rendeiro, Feitor, Procurador, ou por outro modo semelhante, elle pôde e deve nomear por autor a tal demanda o senhor da cousa, em cujo nome a possue, e a quem principalmente essa demanda pertence" (*Ordenações Filipinas, Livro III*, comentada por Cândido Mendes de Almeida, p. 631).
22. Paulus, *Zivilprozessrecht*, p. 187.
23. "Wer als Besitzer einer Sache verklagt ist, die er auf Grund eines Rechtsverhältnis der im § 868 des Bürgerlichen Gesetzbuch bezeichneten Art zu besitzen behauptet, kann vor der Verhandlung zur Hauptsache unter Einreichung eines Schriftsatzes, in dem er den mittelbaren Besitzer benennt, und einer Streitverkündungsschrift die Ladung des mittelbaren Beistzers zur Erklärung beantragen. Bis zu dieser Erklärung oder bis zum Schluss des Termins, in dem sich der Benannte zu erklären hat, kann der Beklagte die Verhandlung zur Hauptsache verweigern" ("Quem é demandado como possuidor de uma coisa, com fundamento numa relação jurídica pautada pelo § 868 do CC, pode, antes de ingressar na análise do mérito, apresentar uma peça escrita de exceção, na qual nomeia o possuidor indireto, e uma petição escrita de denúncia da lide, para esclarecimento. Até este esclarecimento, ou até o final do prazo para se manifestar, o demandado pode recusar o seguimento da causa principal" – tradução livre).

novo Código de Processo Civil englobou-o no art. 125, II. Acontece que o dispositivo alemão congrega elementos de ambos os institutos, ainda que não se permita a atuação do detentor como nomeante. Pelo § 76 da ZPO permite-se que o demandado possa trazer ao processo o possuidor indireto, quando tenha sido demandado em seu lugar. Como atesta Blomeyer, o § 76 é uma reminiscência da *laudatio auctoris* do direito comum.[24] Através desse instituto promove-se o chamamento (*Benennung*) daquele que seria a parte legítima passiva na demanda – portanto, do autor do fato que tenha provocado o surgimento da pretensão em juízo (*Urheber*).[25] Em virtude da comunicação sobre a existência de um processo que ameace a posse direta, o chamado à autoria poderá assumir o polo passivo, desde que conte com a autorização do demandado (§ 76, II, da ZPO).[26] No Direito Alemão, muito embora o nomeado à autoria assuma o polo passivo, a sentença alcança ambas as partes, ou seja, o nomeante e o nomeado, conferindo ao autor título executivo contra ambos ("Das urteil gegen den übernehmer ist auch gegen den ausgeschieden Beklagten, *wirksam und vollstreckbar*" – grifos nossos).[27] Em nosso Código de Processo Civil atual há um traço similar com esse tratamento em vista da formulação delineada pelo art. 339, § 2º: "No prazo de 15 (quinze) dias, o autor pode optar por alterar a petição inicial para incluir, como litisconsorte passivo, o sujeito indicado pelo réu".

Não se trata de instituto voltado para a mera correção do polo passivo, pois, na medida em que o título se forma contra ambos, reconhece-se a possibilidade de ambos serem responsabilizados perante a sentença. Apesar de o nomeado continuar no processo como parte passiva legítima (*Urheber den Prozess als Beklagter weiter*), segundo Bettermann,[28] os efeitos da litispendência não se alteram em relação ao excluído, alcançando-o, nos termos do que dispõe o art. 109 do nosso CPC. Basicamente, são três as atitudes permitidas em vista da *laudactio auctoris* naquele sistema: (1) o nomeado atende à notificação e assume o polo passivo da causa, afastando o nomeante da demanda; (2) o nomeado não atende ao chamado, o que poderá gerar a alegação de ilegitimidade passiva por

---

24. Blomeyer, *Zivilprozessrecht*, cit., § 112, p. 640.
25. Baur/Grunsky, *Zivilprozessrecht*, p. 109.
26. Como ensina Blomeyer: "Bekennt sich der Urheber dagegen zum mittelbaren Besitz, so ist er berechtigt, mit Zustimmung des Beklagten den Prozess an dessen Stelle zu übernehmen" (*Zivilprozessrecht –Erkenntnisverfahren*, cit., § 112, p. 640).
27. Blomeyer, *Zivilprozessrecht*, cit., § 112, p. 641.
28. Bettermann, *Rechtshängigkeit*, p. 81, *apud* Blomeyer, *Zivilprozessrecht*, cit., § 112, pp. 641-642.

parte do nomeante ou, ainda, permitir que continue no processo; (3) o nomeado poderá assumir a causa e o nomeante poderá pedir que continue na causa como assistente simples no processo.[29] Conclui-se pela simbiose entre a previsão da nomeação e a da denunciação pelo possuidor direto dentro da previsão da codificação alemã. Contudo, uma simbiose relativa. A semelhança com nosso sistema reside na extromissão do nomeado quando o nomeante assuma o polo passivo. Porém, no Direito Alemão não se admite a denúncia da relação processual pelo detentor. Esta atitude de nomeação revela um desdobramento da denunciação do litígio. Nosso sistema delimitou ambas as situações em dispositivos diversos perante o CPC de 1973, como se depreende dos arts. 62 e 70, II.

No Direito Alemão a invocação do § 76 da ZPO ganha relevo quando a participação do proprietário ou possuidor indireto é essencial, principalmente em vista das consequências advindas do julgamento da pretensão. Destacam-se, nestes casos, as pretensões oriundas do §§ 985 e 1.007, II, do BGB, respectivamente relacionadas aos bens imóveis e móveis.[30] A possibilidade da nomeação acontecerá perante qualquer hipótese de reivindicação do bem imóvel (§ 985), que colocará o próprio direito real na disputa, ou perante a vindicação de bem móvel (§ 1.007, II, BGB).[31-32] Este dispositivo estava refletido em nosso sistema através

29. María Encarnación Dávila Millán, *Litisconsorcio Necesario*, p. 46.

30. Quanto ao § 985 do BGB (pretensão de restituição), aplicável às demandas de reivindicação, há incidência específica da figura do § 76, como acentuam Baur/ Grunsky através do clássico exemplo em que o locatário é demandado como proprietário: "K klagt gegen B auf Herausgabe einer Sache. B sagt, das gehe ihn gar nichts na, er sei nur Mieter; Vermieter sei V. Er benennt ihn als den mittelbaren Besitzer". Observe-se que este exemplo em nosso sistema é causa para a incidência do art. 70, II, do CPC de 1973 desde que o locatário não invoque a *interversio possessionis*.

31. Na ação vindicatória o fundamento reside na posse anterior (*bisheriger Besizt*). Há um desapossamento involuntário que justifica a perseguição do bem e a invocação do domínio. Este dado provoca uma superposição da ação vindicatória sobre a ação publiciana. Pontes de Miranda, analisando o § 1.007 do BGB, assinala que na doutrina alemã há dissenso quanto à mescla da publiciana com a vindicatória. Na verdade, as semelhanças são grandes, muito embora o objetivo seja diverso. A publiciana confere proteção de um direito adquirido, porque o possuidor só não é o titular do domínio frente ao proprietário que detém o título, mas em relação a todos os demais tem oposição *erga omnes*. Protege-se um direito adquirido por posse anterior. Na vindicatória não se busca a proteção de um direito, mas apenas da posse que foi violada. E, quanto aos bens móveis, como esta representação dificilmente poderá ser feita por documento, criou-se esta proteção especial, lastreada na posse anterior. O vindicante deve comprovar que sua posse era anterior e melhor. A presunção da melhor posse advém da anterioridade (elemento cronológico). É a própria lei que cria esta presunção para situações de desapossamento involuntário. O descortinamento da

do contido no art. 521 do CC anterior. A compreensão da vindicação no Código Civil de 1916 restou incompreendida, pela ausência de investigação da fonte principal, que era o § 1.007 do BGB, e não o art. 2.280 do Código francês.[33] O § 1.007, II, do BGB comprova a assertiva. Pela sua redação, a comprovação da boa-fé ou da má-fé do possuidor atual é indiferente. O texto permite a vindicação da posse, em virtude do desapossamento involuntário do possuidor anterior. Somente poderá ser paralisada a pretensão do vindicante quando o possuidor atual comprovar que é o proprietário da coisa (*Eigentümer der Sache sein*) ou que era possuidor anterior ao vindicante, e sua posse havia sido extraviada (*die Sache ihm vor der Besitzzeit des früheren Besitzers abhanden gekommen war*). A parte final do dispositivo não permite qualquer vindicação sobre dinheiro ou títulos ao portador.[34]

ação de vindicação não é simples, e passou por um período de turbulência no próprio Direito Alemão. Medicus informa que o primeiro Projeto do BGB previa, no § 945, um mecanismo semelhante àquele previsto pelo Direito Romano, ou seja, a *actio publiciana* (*Münchener Kommentar zum Bürgerlichen Gesetzbuch – Sachenrecht*, p. 1.095). Por este sistema, a preferência na posse advém do justo título e da boa-fé, qualificando a posse do demandante e tornando-a melhor que a do possuidor atual. Desta forma, a *posse anterior* prevaleceria em relação à *posse posterior*. Um dos motivos que tornaram o § 945 dispensável foi a introdução do § 1.006 (*in verbis*: "Zugunsten des Besitzers einer beweglichen Sache wird vermutet, dass er Eigentümer der Sache sei" *["Presume-se em benefício do possuidor do bem móvel a propriedade da coisa" – tradução livre]*). Este dispositivo introduziu o conceito de presunção de propriedade pela posse no campo probatório.

32. Eis a redação do dispositivo: "Ist die Sache dem früheren Besitzer gestohlen worden, verloren gegangen oder sonst abhanden gekommen, so kann er die Herausgabe auch von einem gutgläubigen Besitzer verlangen, es sei denn, dass dieser Eigentümer der Sache ist oder die Sache ihm vor der Besitzzeit des früheren Besitzers abhanden gekommen war. Auf Geld und Inhaberpapiere findet diese Vorschirft keine Anwendung" ("Se a coisa foi roubada, perdida ou apenas extraviada em relação ao possuidor anterior, então, ele também pode exigir a restituição do possuidor de boa-fé, a não ser que seja proprietário da coisa ou que tenha tido sua posse extraviada em momento anterior ao do possuidor vindicante" – tradução livre).

33. Saleilles, em sua densa obra relativa à posse dos bens móveis, analisa (detalhada e comparativamente) os sistemas alemão e francês. Com relação à ação de reivindicação da posse (lembrando que no sistema francês não há ação possessória para bens móveis), frisa a necessidade da perda involuntária como fato essencial do nascimento da pretensão do § 1.007: "Le point sur lequel il convient d'insister est celui qui concerne l'hypothèse générale que l'on a eue en vue, c'est-à-dire la condition d'ouverture essentielle de l'action en revendication de possession; et celle condition est la preuve, supposée faite, d'une perte involontaire de la possession. *Il s'agit donc d'une revendication de possession pour perte involontaire*" (grifos nossos) (*De la Possession des Meubles*, p. 287).

34. Para uma visão detalhada da questão, v. nosso estudo *Posse*, p. 406.

Cumpre ainda destacar quais os pontos de dessemelhança entre o estatuto alemão e o brasileiro. Antes de mais nada, a nomeação à autoria tem mecanismo diferenciado no sistema alemão, pois não será aplicado ao detentor, lá denominado de *Inhaber* ou *Besitzdiener*.[35-36] A nomeação há de ser realizada sempre pelo possuidor direto ao indireto, pois o § 76 restringe seu cabimento à nomeação do possuidor mediato pelo imediato.[37] A nomeação não estará vinculada ao regime da dupla aceitação no Direito Germânico.[38] Como se observa, não há uma reciprocidade estreita com nosso sistema, muito embora as semelhanças na causa de sua invocação em juízo sejam inegáveis. Outro ponto de inegável contraste refere-se à ausência de previsão para a nomeação em caso de ações pessoais. A doutrina alemã é clara quanta à origem do dispositivo estar atrelada à posse (*Sachlich befügter Besitz*), assim como à impossibilidade de sua utilização em ações pessoais.[39]

O Direito Português, que possuía previsão semelhante, aboliu o instituto junto à reforma de 1995, inclusive com bons argumentos. No Direito Português o instituto era denominado de "nomeação à ação", e constituiu o paradigma para a modelação do art. 99 do CPC de 1939, lembrando que nosso diploma incorporou, erroneamente, a indistinção entre posse e detenção.[40] O legislador da reforma portuguesa eliminou o

---

35. "El poseedor en beneficio de otro a que se refiere el § 855 BGB carece en absoluto de legitimación pasiva" (Goldschmidt, *Derecho Procesal Civil*, p. 452).
36. A expressão "servo da posse" – *Besitzdiener* – é atribuída a Bekker (cf. in Joost, *Münchener Kommentar zum Bürgerlichen Gesetzbuch*, vol. VI, "Sachenrecht", p. 43).
37. Neste sentido: Rosenberg/Schwab/Gottwald, *Zivilprozessrecht*, § 42, p. 226. O assunto é tratado no capítulo da modificação das partes, e não como uma forma de intervenção de terceiros (*Parteiänderung*). No Direito Alemão a modificação do polo pode ocorrer por determinação legal (*ipso iure*) ou em virtude da atividade de uma das partes (*Durch einen Parteiakt*). Nesta última hipótese encontra-se a nomeação do possuidor indireto. A nomeação torna-se essencial para que o possuidor indireto, que é titular do domínio (*Eingentum*) ou direito real desmembrado (*dingliche Recht*), assuma a condição de parte no processo. Justamente a importância do direito posto em juízo legitima, nos dizeres de Schwab, a assunção do polo na relação processual: "der mittelbare Besitzer oder der Dritte kann den Prozess an Stelle des Beklagten mit dessen Zustimmung übernehmen (§§ 76, 77)" (ob. cit., p. 226). No mesmo sentido: Schönke, *Derecho Procesal Civil*, p. 108.
38. James Goldschmidt, *Derecho Procesal Civil*, cit., p. 452.
39. Baumbach/Lauterbach/Albers/Hartmann, *Zivilprozessordnung*, cit., p. 242.
40. Trata-se do art. 320º do CPC português, que assim dispunha: "Aquele que for demandado como possuidor de uma coisa em nome próprio, e a possua em nome alheio, deve nomear à ação em nome de quem a possui". Conforme remissão efetuada, não se possui em nome de alguém, apenas se detém em nome de alguém. Posse e

instituto, pois considerou que "tal incidente perdeu já, mesmo no domínio do Direito vigente, sentido e utilidade".[41] Realmente é rara sua utilização em juízo, e as responsabilidades do possuidor e do detentor não podem ser averiguadas de forma sumária quando invocada a nomeação. No entanto, não houve seu aproveitamento, com deslocamento de sua aplicação como técnica para a correção da relação processual.

No Direito Brasileiro a questão passou por dificuldade similar quanto à aplicação prática, principalmente pela submissão de sua aplicação ao regime da dupla aceitação. Muitas vezes o detentor poderia praticar atos que dizem respeito à sua esfera jurídica, inclusive como meio de comprovar a interversão da posse. Daí a necessidade de averiguar e interpretar o atual art. 1.228 do CC, que permite ao proprietário reivindicar o bem do possuidor ou do detentor.[42] Outro ponto que contribuiu para a alteração promovida pelo Decreto-lei 329/1995 no Código de Processo Civil português refere-se à desnecessidade de utilizar a nomeação para situações em que se pleiteavam verbas indenizatórias por ofensa ao direito de propriedade ou ao direito à posse (art. 324º do CPC português[43]). A advertência sobre a desnecessidade deste dispositivo foi alertada por Eurico Lopes-Cardoso em virtude do regime da solidariedade que une os serviçais e empregados ao patrão ou comitente.[44]

No Direito Argentino, como aponta, com precisão, Arruda Alvim, a possibilidade da nomeação à autoria estava inserida no art. 2.782 do CC, que abria a possibilidade ao demandado de indicar o *verus possessor*.[45]

detenção são figuras absolutamente distintas, independentemente da posição que se adote quanto às teorias possessórias. Para maior aprofundamento, v. nosso *A Posse e sua Aquisição, Conservação e Perda*, passim, no prelo, pela Forense.

41. V. "Exposição de Motivos" (p. 40) do *Código de Processo Civil*, Coimbra, Livraria Almedina, 1997.

42. CC, art. 1.228 (que será objeto de comentário posterior – v. n. 7, abaixo): "O proprietário tem a faculdade de usar, gozar e dispor da coisa, e o direito de reavê-la do poder de quem quer que injustamente *a possua ou detenha*" (grifos nossos).

43. Eis a previsão do art. 324º do CPC português: "O que fica nos artigos anteriores é igualmente aplicável ao caso de o proprietário ou o possuidor demandar alguém em consequência dum facto que reputa ofensivo do seu direito e o demandado pretender alegar que praticou esse facto por ordem ou em nome de terceiro".

44. "Note-se que, nos termos do art. 2.380º do CC, os criados de servir ou as pessoas encarregadas de certos serviços ou comissões respondem, solidariamente com seus amos e comitentes, pelos prejuízos causados no desempenho dos ditos serviços ou comissões" (Eurico Lopes-Cardoso, *Manual dos Incidentes da Instância em Processo Civil*, cit., p. 93).

45. Assim dispõe o citado dispositivo do CC argentino: "Art. 2.782. La reivindicación puede dirigirse contra el que posee a nombre de otro. Este no está a responder

Hugo Alsina demonstrou que a imprecisão do dispositivo acabou por contaminar a própria doutrina.[46] A nomeação à autoria é classificada como modalidade de intervenção obrigatória. O nomeado é classificado como um terceiro que defende interesse próprio; contudo, não há perante o Código nacional nenhum procedimento específico que regule sua adesão ao processo.[47] Essa ausência de regramento específico gerou, na doutrina e na jurisprudência, o baralhamento da nomeação à autoria com outras figuras, como a denunciação da lide. Todavia, como adverte Podetti, ambas as figuras são inconfundíveis, pois, "a diferencia de lo que ocurre en otros casos de denuncia de *litis*, en la *nominatio auctoris*, el llamado excluye al demandado, ocupando su lugar".[48] Em todo caso, o detentor deve sempre indicar todos os elementos necessários para a correta identificação do nomeado, sob pena de não afastar sua responsabilidade por perdas e danos junto ao processo.[49] Lembramos que o novo Código Civil argentino entrará em vigência a partir de 1º de janeiro de 2106.

a la acción, si declara el nombre y la residencia de la persona a cuyo nombre la tiene. Desde que así lo haga, la acción debe dirigirse contra el verdadero poseedor de la cosa".

46. Como se percebe pela leitura de suas palavras: "La *laudatio* o *nominatio auctoris*, cuando el poseedor demandado denuncia el nombre de aquel por quien posee (CC, art. 2.782)" (grifos nossos) (Hugo Alsina, *Tratado Teórico-Práctico de Derecho Procesal Civil y Comercial*, vol. I, p. 596).

47. Ramiro Podetti, *Tratado de la Tercería*, cit., pp. 324-325. Entretanto, parte da doutrina procura visualizar o art. 94 do Código nacional como o dispositivo legal aplicável para o reconhecimento da *laudatio auctoris*. O art. 94 está inserido no Capítulo VIII, que trata da *intervención de terceros*, e o dispositivo regula a denominada *intervención obligada*: "El actor en el escrito de demanda, y el demandado dentro del plazo para oponer excepciones previas o para contestar la demanda, según la naturaleza del juicio, podrán solicitar la citación de aquél a cuyo respecto consideraren que la controversia es común. La citación se hará en la forma dispuesta por los arts. 339 y ss.". Realmente, a leitura instrumental do dispositivo não impede que a nomeação à autoria seja enquadrada no procedimento previsto pelo art. 94; contudo, a doutrina e a jurisprudência dos Códigos provinciais não são pacíficas.

48. Podetti, *Tratado de la Tercería*, cit., p. 324.

49. Nesse sentido é clara a manifestação da Corte Suprema argentina: "Si la reivindicada respondió a la demanda negando ser poseedora ni propietaria del inmueble, y declara el nombre y residencia de la persona por quien posee, no pudo el actor tramitar su juicio sin traer al poseedor denunciado, pues contra él debe dirigirse la acción puesta en movimiento. La categórica manifestación de la reivindicada la exonera de responder a la acción y, en situación así, no puede el actor pretender protección jurídica en proceso tramitado contra quien no debió serlo" (Cám. Civ. y Com. 1ª, Córdoba, C. J., t. VII, p. 538, *apud* Podetti, *Tratado de la Tercería*, cit., p. 331).

Dentre os Códigos latinos deve ser feita menção ao Código processual da Colômbia, que contempla, nos arts. 214 e 215, previsão sobre o instituto, além do art. 953 do CC.[50] O primeiro dispositivo estabelece a obrigatoriedade do detentor de declinar sua ilegitimidade no prazo da contestação, sob pena de arcar com as consequências de sua negligência.[51] Comprovada a mera detenção, o procedimento não prevê a integração ao processo do possuidor direto ou indireto. Aplicar-se-á a mesma solução prevista pelo art. 330 do nosso CPC, pois a petição será inepta. Somente continuará a relação processual quando se comprovar que o demandado era ladrão da *res* ou que a alienou de má-fé, com o fim de dificultar a gestão do autor da demanda.[52] Sua responsabilidade por perdas e danos não poderá ser afastada.[53] Seria algo similar ao disposto no art. 69 do CPC de 1973 (v. art. 339 do CPC de 2015), ao prever a responsabilidade objetiva do nomeado, a qual se funda em conceito mais largo, pois bastará a ausência da nomeação ou a indicação errônea do possuidor/proprietário.

Sistemas jurídicos como o italiano, o espanhol e o francês não serão mencionados, pela ausência de sistematização e previsão do instituto. Contribuiu para a ausência de sistematização a inferioridade desses ordenamentos quanto ao grau analítico de organização da posse. O Direito Brasileiro pode ser considerado mais avançado que o Direito Alemão, uma vez que conhece a organização horizontal (art. 1.196 do CC) e a vertical (art. 1.197 do CC). No Direito Italiano, por exemplo, não existe a figura do possuidor direto. A inexistência do desdobramento da posse em indireta e direta acaba baralhando a distinção entre possuidor e detentor. Os possuidores são detentores.

---

50. Este dispositivo prevê expressamente a *laudatio auctoris*: "Art. 953. El mero tenedor de la cosa que se reivindica es obligado a declarar el nombre y residencia de la persona a cuyo nombre la tiene".
51. CPC da Colômbia, art. 214: "Cuando alguno es demandado diciéndose de él que tiene la cosa en su poder, si no es así, debe expresarlo en la contestación, pues de lo contrario, al probar el actor su propiedad, se hace el demandado responsable de la cosa o de su precio, a menos que el demandante proceda con mala fe comprobada, sabiendo que aquél no era el poseedor".
52. CPC da Colômbia, art. 215: "Si le que es demandado por cosa que no posee lo expresa así al juez, se sustancia esa excepción dilatoria, comprendida en la de inepta demanda y si se sentencia en favor del demandado, queda exento de la demanda, a no ser que sea el ladrón o estafador de la cosa demandada, o que dolosamente la haya enajenado para hacer más difícil la gestión del actor".
53. O que também está regulado pelo art. 954 do CC colombiano: "Si alguien, de mala fede, se da por poseedor de la cosa que se reivindica sin serlo, será condenado a la indemnización de todo perjuicio que de este engaño haya resultado al actor".

## 5. A correção do polo passivo em face da relação jurídica real[54]

A legitimação para a incidência dos arts. 338 e 339 do CPC permite uma abordagem preliminar nas situações referentes às relações reais, nas quais a aparência justifica a possibilidade de alteração do polo passivo, sem a extinção da demanda por ilegitimidade. Este ponto permite uma indagação básica. A utilização do art. 338 seria uma faculdade que não passaria por qualquer análise judicial? A extromissão seria legítima mesmo sem a demonstração de um erro fundamentado em aparência jurídica? Se a resposta for positiva, a ilegitimidade de parte não seria mais condição aferível pelo juiz como condição da ação, e a legitimidade de parte para a condução do processo não exigiria mais suporte mínimo para a imputação dos polos ativo e passivo.

Cremos que a utilização do art. 338 não representa uma liberalidade do autor, mas a correção deverá demonstrar a pertinência inicial, o que justificará a indicação pelo nomeante da parte legítima. Se o erro é crasso, a hipótese é de resolução da demanda, nos termos do art. 485, IV e VI, do CPC. E para esta hipótese a parte ilegítima sequer indicará o responsável, uma vez que não terá qualquer vinculação com os fatos deduzidos.

Nas relações reais é comum ser demandado o detentor quando o responsável por ocupar o polo passivo é o proprietário ou possuidor. Por este motivo, um breve exame da distinção entre as figuras se revela essencial.

### 5.1 Distinção entre proprietário/possuidor/detentor

Em termos básicos, o proprietário (*Eigentümer*) é caracterizado pelo sujeito de direito portador de título jurídico que lhe confere o direito de propriedade. A propriedade é um direito real absoluto (*erga omnes*)[55]

---

54. Sobre as relações jurídico-reais: José de Oliveira Ascensão, *Direitos Reais*, pp. 231 e ss. Não há dúvida que o art. 62 do CPC de 1973 poderia revelar sua incidência não apenas em face de pretensões reais (reivindicação, ação negatória etc.), mas em vista de pretensões reipersecutórias, as quais podem conter fundamento obrigacional, mas estão fincadas na titularidade sobre o direito real. É o que ocorre com a ação de despejo. Não se trata de uma ação real, mas com eficácia preponderantemente executiva, o que decorre do direito de propriedade que informa a causa de pedir do locador.

55. Muito embora atribuída a Planiol, a teoria da sujeição passiva universal, que parece dominar a explicação da natureza jurídica dos direitos reais, foi criada por Teixeira de Freitas 40 anos antes da publicação do trabalho do jurista francês. O fato é lembrado por Vélez Sarsfield, grande codificador do Direito Argentino. Pouco se conhece da obra deste grande jurisconsulto brasileiro, cujo Anteprojeto de Código

sobre o qual o proprietário exerce poderes e faculdades de dispor, fruir e utilizar (*ius abutendi, fruendi* e *utendi*).[56] O possuidor, que pode ou não coincidir com a figura do proprietário, caracteriza-se, pela própria dicção do art. 1.196 do CC, por exercer todos ou alguns dos poderes inerentes à propriedade. Nesta classificação insere-se o locatário, que apenas exerce uma das faculdades pautadas pelo uso da *res* em proveito próprio.[57] O detentor, por sua vez, é todo aquele que não exerce qualquer das faculdades do domínio em nome próprio, mas movido por interesse alheio. Trata-se do servidor da posse, nos termos do § 855 do BGB (*Besitzdiener*),[58] cuja redação influenciou diretamente a construção do art. 1.198 do CC atual.

Como o detentor não age por instrução e ordem próprias, mas, sim, no interesse do proprietário ou possuidor, a lei determina a obrigatoriedade da nomeação para a indicação da pessoa responsável. Pelo instituto da nomeação visualiza-se a superioridade da teoria de Ihering, que afirmava inexistir diferença entre o detentor e o possuidor com base no *animus possidendi*. Aos olhos do autor da ação, o possuidor e o detentor exercem atos possessórios semelhantes e se comportam de modo igual perante o *corpus*, sendo imprestável, no campo da prova, a averiguação do *animus*. Assim, a distinção advém da *causa possessionis*, de natureza legal, motivo pelo qual a situação jurídica do agente é averiguada objetivamente.[59]

A distinção entre o possuidor e o detentor não é tão simples quanto parece. A discussão toma como pano de fundo a redação dos §§ 854 e

Civil brasileiro serviu de base integral ao modelo argentino, sendo conhecido como "el colosso brasileño" (v. Guillermo Allendo, *Panorama de los Derechos Reales*).

56. Sobre as modulações do direito de propriedade, v. as excepcionais considerações de Arruda Alvim em sua *Teoria Geral dos Direitos Reais*, vol. XI, T. I, *passim*, , Forense, 2009.

57. Nosso Código Civil adotou, predominantemente, a teoria objetiva, embora faça concessões singelas à teoria subjetiva, como no constituto possessório ou na *traditio brevi manu*. Sobre o assunto tecemos algumas considerações no nosso *Posse*, cit., pp. 314 e ss.

58. Reza o dispositivo (§ 855 do BGB): "Übt jemand die tatsächliche Gewalt über eine Sache für einen anderen in dessen Haushalt oder Erwerbsgeschäft oder in einem ähnlichen Verhältnis aus, vermöge dessen er den sich auf die Sache beziehenden Weisungen des anderen Folge zu leisten hat, so ist nur der andere Besitzer" ("Todo aquele que exerce o poder de disposição de uma coisa para outrem, em virtude de uma relação doméstica ou laborativa, ou em virtude de uma relação assemelhada, pela qual deverá receber ordens e instruções, então, somente aquele outrem é possuidor" – tradução livre!.

59. Ihering, *Du Fondement de la Protection Possessoire – Théorie Simplifiée et Mise à la Portée de tout Le Monde*, p. 215.

855 do BGB. Como informa o eminente professor Moreira Alves, a dúvida entre detenção ou posse deve levar à opção de caracterizar o sujeito como possuidor, uma vez que os sistemas que adotam a formulação objetiva pressupõem a posse em face do *corpus*. A distinção é muito sutil, pois mesmo em sistemas como o italiano, que não admite a organização vertical,[60] a posse direta é qualificada como detenção interessada, e as situações fáticas descritas pelo art. 1.198 do CC como hipóteses de detenção desinteressada. A diferença crucial nesta classificação reside na impossibilidade de utilização dos interditos para a última hipótese. Enfim, a relação de maior dependência na detenção (*totale Abhängigkeit*) deve ser o elemento essencial a servir de norte para a diferenciação, uma vez que a ausência de autonomia na administração do *corpus possessionis* servirá de forte indício para a qualificação da detenção, nos termos do art. 1.198 do CC.

O art. 339 do CPC é claro ao afirmar que o réu deve indicar o sujeito passivo da relação jurídica, sob pena de ser responsabilizado pelas despesas processuais, sem prejuízo dos danos decorrentes da falta da indicação. A responsabilidade será objetiva.

## 5.2 A correção do polo nas relações jurídicas pessoais

A correção também se aplica quando se tenha conhecimento do responsável nas relações jurídicas obrigacionais, sejam elas geradas por ilícito absoluto ou relativo. Aplica-se à nomeação e à correção do polo nas relações jurídicas pessoais.[61]

O proprietário de um bem ou o titular de um direito sobre o mesmo (*e.g.*: credor hipotecário) pode ingressar com ação indenizatória quando sofra algum dano em virtude de ato ilícito, por culpa extracontratual ou contratual. O terceiro que tenha sido responsável pelo ato lesivo em função de ordem de terceiro (proprietário ou possuidor) deverá efetuar a indicação de quem seja o responsável pelo ato cometido. O autor da ação não é obrigado a realizar a alteração, o que não impede que o autor altere o pedido inicial para incluir a pessoa nomeada a fim de que também participe da relação processual, nos termos doa art. 339, § 2º, do CPC.

60. A organização horizontal da posse no sistema italiano se comprova pela leitura da primeira parte do art. 1.140 do CC: "Il possesso è il potere sulla cosa che si manifesta in un'attività corrispondente all'esercizio della proprietà o da altro diritto reale".

61. Previsão que pode ser alicerçada junto ao § 77 do BGB (*Urheberbenennung bei Unterlassungsklagen*).

A expressão "titular de um direito" alcança relações jurídicas pessoais, as quais podem estar absolutamente dissociadas da comprovação de um direito real. Assim, o possuidor não titulado será parte legítima para pleitear danos materiais e morais em face do terceiro que age por conta de seu patrão. Igual direito assiste ao locatário, que é titular do direito de uso e fruição sobre bem por determinado período.[62]

Nas ações de indenização, o art. 932, III, do CC estabelece hipótese de responsabilidade solidária, o que possibilita a permanência de ambas as partes no polo passivo e será fundamental para a prova do dano produzido pelo terceiro. Por este motivo, o pedido de correção permite a utilização da faculdade concedida pelo art. 339, § 2º, do CPC, retrocitado.

Não podemos olvidar que, muito embora o Código Civil tenha inserido a responsabilidade por fato de terceiro no campo da responsabilidade objetiva, em vista da opção do legislador pela teoria do risco (art. 927, parágrafo único, do CC), o prejudicado não se exime de provar a culpa do empregado, filho ou hóspedes, na dicção do art. 932, I, II e III.[63] Isto impede uma simples extromissão do nomeado do processo. A hipótese correta para esta situação seria a de chamamento ao processo, nos termos do art. 130, III, do CPC. O posicionamento que acomoda a utilização do art. 339 do CPC é o que exige a nomeação para as situações em que não há vínculo empregatício entre o que executou ordens e o efetivo titular do polo passivo.[64]

## 5.3 A correção do polo em ações inibitórias e reparatórias

Esta modalidade de correção para pretensões obrigacionais terá cabimento em ações inibitórias e reparatórias. No Direito Alemão, o caráter dual, ou seja, a possibilidade de incidir em ações inibitórias e reparatórias é claro no § 77 (*auf Beseitigung der Beeinträchtigung oder auf Unterlassung weiterer Beeinträchtigungen*). A finalidade do instituto, obviamente, inclui a possibilidade da tutela de remoção do ilícito nas situações em

---

62. Arruda Alvim, *Comentários ao Código de Processo Civil*, cit., vol. II, p. 202.

63. Como esclarece Carlos Roberto Gonçalves: "Não será demasia acrescentar que incumbe ao ofendido provar a culpa do incapaz, do empregado, dos hóspedes e educandos. A exigência da prova da culpa destes se coloca antecedente indeclinável à configuração do dever de indenizar das pessoas mencionadas no art. 932" (*Responsabilidade Civil*, p. 130).

64. Na exata observação de Arruda Alvim, *Comentários ao Código de Processo Civil*, cit., vol. II, p. 206.

que a inibição e o dano convivem num ambiente de maior prejuízo para a parte lesada, pois, ainda que o dano esteja presente, a atividade pode e deve ser cessada (*e.g.*: vazamento contínuo de uma refinaria de petróleo com prejuízos individuais [vizinhos] e transindividuais [meio ambiente]). Nas ações do art. 497 do CPC é plenamente possível a aplicação da nomeação à autoria, nos moldes dos arts. 338 e 339, quando a cessação da atividade nociva deva ser praticada pelo proprietário ou possuidor, uma vez que são os titulares que podem cumprir a ordem judicial de modo efetivo. Na tutela específica o pedido de correção será importante, pela necessidade de otimização do tempo e da concessão do provimento adequado. Quando necessária a colaboração do réu para o cumprimento da ordem mandamental, a eventual correção do polo passivo exige um mecanismo simples, como o previsto pelo novo Código de Processo Civil.

## 6. Cabimento da nomeação à autoria

Como instrumento de correção do polo passivo, a nomeação à autoria não encontra resistência quanto ao procedimento, pois a correção do polo passivo seria cabível em qualquer situação. Não há limitação na utilização da nomeação à autoria, em virtude da natureza do provimento requerido. A nomeação tem cabimento perante ações declaratórias, constitutivas, condenatórias, mandamentais e executivas *lato sensu*.[65] Por este motivo, a nomeação nos moldes preconizados pelo novo CPC nos arts. 338 e 339 pode ser aplicada em qualquer procedimento, inclusive no mandado de segurança, cuja jurisprudência necessita de modificação. Na ação de mandado de segurança a impetração em face de autoridade coatora incorreta não permite alteração, ante a jurisprudência inaceitável do STJ, especialmente em vista da simplificação procedimental operada pelo novo Código de Processo Civil.[66]

A eliminação da nomeação como figura específica de intervenção não impede mais sua utilização como mero instrumento de correção do

---

65. Para um exame da teoria quinária: Pontes de Miranda, *Tratado das Ações*, t. I, pp. 3-54.

66. Nesse sentido: "Esta Corte entende que 'é insuscetível de retificação o polo passivo no mandado de segurança, sobretudo quando a correção acarretaria deslocamento de instância, nos termos do acórdão recorrido' (ED no AREsp n. 33.387-PR, rel. Min. Humberto Martins, 2ª Turma, *DJe* 13.2.2012) – Outros precedentes: ED no MS n. 15.320-DF, rel. Min. Herman Benjamin, 1ª Seção, *DJe* 26.4.2011; e RMS n. 22.518-PE, rel. Min. Teori Albino Zavascki, 1ª Turma, *DJU* 16.8.2007 – Agravo regimental não provido" (STJ, 1ª Seção, MS/Pet/ED/AgR 20.233-DF, rel. Min. Benedito Gonçalves, j. 11.2.2015, *DJe* 19.2.2015).

polo passivo. Afinal, a limitação à correção esbarrava na vedação da intervenção de terceiros para determinados procedimentos, como o sumariíssimo (art. 10 da Lei 9.099/1995 – LJE). Será possível, inclusive, no processo cautelar, corrigindo eventual ilegitimidade que se pronunciaria com a demanda principal.[67]

## 7. A ação reivindicatória e a interpretação do art. 1.228 do CC brasileiro

O cabimento da nomeação na forma preconizada pelo novo Código de Processo Civil leva em consideração a necessidade de correção do polo passivo, o que está de acordo com o fim estabelecido pelos arts. 338 e 339. O art. 1.228 do CC inaugurou o capítulo do direito de propriedade de modo inusitado, estabelecendo a seguinte redação: "O proprietário tem a faculdade de usar, gozar e dispor da coisa, e o direito de reavê-la do poder de quem quer que injustamente a *possua* ou *detenha*" (grifos nossos).

O texto indica, numa primeira leitura, a absoluta desnecessidade da correção da nomeação à autoria quando se tratar de demanda reivindicatória, pois a eficácia *erga omnes* proporcionada pelo domínio tornaria desnecessária a integração do possuidor direto ou proprietário aparente à relação jurídico-processual. Todavia, este posicionamento nos parece incorreto, pois o raciocínio exposto flagra diretamente o princípio do contraditório.

Imagine-se a situação do proprietário putativo e de boa-fé, ou mesmo do possuidor com prazo de prescrição aquisitiva completado, os quais teriam seus imóveis reivindicados sem qualquer possibilidade de defesa apenas porque o art. 1.228 do CC autorizaria o exercício do direito de sequela contra o possuidor ou detentor que injustamente se encontre com o bem. Aliás, a própria menção ao advérbio "injustamente" reflete carga valorativa (posse justa e injusta) e revela a conduta de desvalor agregada ao tipo do art. 1.228, e sob a qual o detentor estaria qualificado para assumir o polo passivo na relação processual. O processo conduzido neste diapasão seria claramente nulo, pois, ainda que se admitisse a legitimidade da participação do detentor no polo passivo, a situação revelaria hipótese de litisconsórcio necessário-simples (art. 113 do CPC). A invocação do litisconsórcio necessário não advém, como todos sabemos, apenas da previsão expressa do texto legal, mas quando

---

67. Dinamarco, *Instituições de Direitos Processual Civil*, vol. II, p. 404.

a situação de direito material o exigir.[68] Nada mais coerente do que sua formação nesta espécie, uma vez que a relação possessória nasceu dos atos praticados pelo primeiro, cuja atuação foi essencial para que o detentor se instalasse sobre o bem e pudesse receber as ordens e instruções do possuidor/proprietário putativo.

A interpretação literal seduz (*in claris cessat interpretatio*), pois a ânsia de celeridade e efetividade do processo acaba muitas vezes por cegar a doutrina quanto ao real e efetivo alcance do dispositivo. Da maneira como foi elaborada a redação do art. 1.228 do CC, a leitura não deixaria margem para outra interpretação. Todavia, a Ciência Jurídica, após a Escola Exegética, desenvolveu com maestria métodos alternativos de interpretação, cujo valor pode ser auferido neste exato momento. Referimo-nos ao método histórico e sistemático. Se olharmos para a fonte desse dispositivo (método histórico), encontraremos sua base no art. 948 do CC italiano, o qual dispõe: "O proprietário pode reivindicar a coisa daquele que a possui ou detém (...)". Esta compilação não obedeceu à análise dos conceitos de posse e detenção no ordenamento estrangeiro (*método sistemático*), principalmente pela opção do sistema pelo Direito Alemão, conforme dicção do art. 1.197 do CC, que reflete o § 868 do BGB. O BGB acabou adotando esta diferenciação porque ambos, detentor e possuidor, têm o poder fático sobre a res (*tatsächliche Gewalt*); mas o § 855 consagrou a solução prática indicada por Ihering. Para as pessoas que se encontram no tipo do § 855 foi adotada a expressão "servo da posse" (*Besitzdiener*), neologismo atribuído a Bekker.[69]

Com o BGB foi consagrada a diferenciação legislativa entre posse e detenção, cuja influência seria imediata em nosso ordenamento. Dentre as codificações europeias anteriores, o *Landrecht* prussiano destacou-se pelo pioneirismo na diferenciação entre as figuras do detentor e do possuidor, atrelando ao primeiro o dever de guarda e cumprimento de ordens de terceiro (*blosser Inhaber*), e ao possuidor imperfeito o dever de guardar e conservar a res, mas no interesse próprio.[70]

Esta foi a configuração adotada pelo ordenamento brasileiro, que acabou por distinguir objetivamente a situação do possuidor (arts. 1.196 e 1.197 do CC) daquela prevista para o detentor (arts. 1.198 e 1.208 do

---

68. CPC, art. 114: "O litisconsórcio será necessário por disposição de lei ou quando, *pela natureza da relação jurídica controvertida, a eficácia da sentença depender da citação de todos que devam ser litisconsortes*" (grifos nossos).

69. Schwab/Prütting, *Sachenrecht*, § 9º, p. 35.

70. Ihering, *Du Rôle de la Volonté dans la Possession*, p. 3.

CC). O detentor caracteriza-se pela relação fática que o une à *res*, com a diferença de que não exerce senhoria, porque cumpre ordens e instruções do possuidor. Sendo assim, não possui vontade livre e autônoma para exercer a senhoria sob seu comando, pois sua vontade é dependente (*Willen des anderen abhängig*).[71]

Parte da doutrina identifica outra forma de detenção, a qual não está atrelada ao interesse do possuidor, na redação do art. 1.208 do CC. Destaca-se neste posicionamento o Min. Moreira Alves, cujos comentários são referentes ao texto da codificação anterior, em que alertava para o descuido da doutrina ao negligenciar o exame de outras três situações específicas que fugiam da dicção do art. 487, atual art. 1.198, *in verbis*: "Considera-se detentor aquele que, achando-se em relação de dependência para com outro, conserva a posse em nome deste e em cumprimento de ordens ou instruções suas".

Segundo o eminente civilista, analisando as disposições do Código de 1916, o sistema brasileiro apresentava outros três dispositivos que revelavam situações de detenção.[72] Trata-se dos dispositivos elencados nos arts. 497 e 520, III, segunda parte, e 522 do CC revogado. O primeiro dispositivo corresponde literalmente ao atual art. 1.208 do CC: "Não induzem posse os atos de mera permissão ou tolerância assim como não autorizam a sua aquisição os atos violentos, ou clandestinos, senão depois de cessar a violência ou a clandestinidade". O segundo dispositivo regulava as situações de perda da posse. Este dispositivo determinava que a posse deixaria de existir quando a *res* estivesse perdida, destruída ou "posta fora do comércio (*res extra commercium*)". O texto não foi recepcionado pelo novo diploma, mas sua previsão é implícita na atual redação do art. 1.223 do CC. O art. 522 acabou transformando-se, com leve alteração, no art. 1.224 do atual diploma: "Só se considera perdida a posse para quem não presenciou o esbulho, quando, tendo notícia dele, se abstém de retornar a coisa, ou, tentando recuperá-la, é violentamente repelido".

Por meio da leitura desses dispositivos o Min. Moreira Alves procurou comprovar que a detenção não nasce apenas quando a pessoa estiver sob ordens ou instruções do possuidor, mas também naquelas situações em que o ordenamento jurídico não reconhece a posse. Trata-se de uma

---

71. Joost, *Münchener Kommentar zum Bürgerlich Gesetzbuch*, cit., vol. VI, "Sachenrecht", p. 43.

72. Moreira Alves, "A detenção no direito civil brasileiro", in Yussef Said Cahali (coord.), *Posse e Propriedade: Doutrina e Jurisprudência*, p. 6.

*detenção interessada*. Segundo o ilustre civilista: "Nessas hipóteses – as previstas nos arts. 487, 497, 520, III, *in fine*, e 522 – ter-se-ia posse se não existissem esses dispositivos legais que declaram que, em tais casos, ela não se configura, de onde decorre, implicitamente, a ocorrência, neles, de detenção".[73]

Desde já nos posicionamos de forma contrária, em que pese à autoridade indiscutível do autor, quanto à inclusão do art. 1.208, segunda parte, dentre as hipóteses de detenção. A questão assume reflexo prático, principalmente na esfera processual. O aplicador seria levado a reconhecer a inexistência da relatividade dos vícios da posse e a inexistência da posse *ad interdicta* ao possuidor injusto. Por sua vez, admitir a existência de duplicidade de posses, justa e injusta, acaba por gerar um conceito de duplicidade de posses, que foi combatido desde o Direito Romano, ante o princípio *plures eadem rem in solidum possidere non possunt*. E qual a interpretação correta? A questão central é extremamente simples, desde que se acompanhe não só o texto do art. 948 do CC italiano, mas a explicitação dos conceitos de possuidor e detentor dentro desse sistema, que não corresponde ao que aplicamos no art. 1.196 do CC. Os Direitos Italiano, Francês e Português não conhecem a diferenciação entre possuidor direto e indireto. A detenção não é termo unívoco, e possui aplicação diferenciada nos sistemas jurídicos que não conhecem a organização vertical da posse – o que ocorre nos Direitos Italiano e Francês.[74] As situações elencadas como posse direta no Direito Italiano são tratadas em nosso sistema como tipos de detenção, o que gera uma classificação diversa daquela prevista pelos arts. 1.197 e 1.198 do CC brasileiro.[75] A demonstração cabal da impossibilidade de transporte imediato dos conceitos de possuidor e detentor do Direito Italiano para

73. Idem, ibidem.
74. Como explica Barassi: "Per comprendere la differenza in confronto al sistema giuridico italiano basti questo: l'usufruttuario, ad. es. pur avendo il possesso della cosa nel limite del suo godimento (art. 1.140 comma 1º CC italiano) – e fin qui i due sistemi parrebero coincidere – è nei rapporti col proprietario un semplice detentore nel sistema italiano (il proprietario possiede la cosa per mezzo dell'usufruttuario); mentre nel sistema germanico è il vero possessore anche di fronte al proprietario, cui è riconosciuto il semplice possesso mediato. Il 2º comma dell' art. 1.140 si contrappone al § 868, pur concludendo tutti e due col riconoscere il possesso mediato al proprietario" (*Il Possesso*, p. 78).
75. Para uma visão do sistema Direito Francês, especialmente sobre a legitimação das ações possessórias do detentor, v. Ghestin, *Traité de Droit Civil – Les Biens*, pp. 430-431. Na Itália: Roberto Beghini, *L'Azione de Reintegrazione del Possesso*, p. 6.

o Brasileiro advém do art. 1.168 do CC italiano, que determina a legitimidade da ação possessória. Se não vejamos – art. 1.168, segunda parte, do CC italiano): "(...). L' azione è concessa altresi a chi ha la detenzione della cosa [1140, 1585], *tranne* il caso che l'abbia per ragioni di servizio o di ospitalità" (grifo nosso).

Como explica Barassi, os códigos de inspiração romana não tratam o usufrutuário, o depositário e o locatário como "possuidores", porque não há apreensão com o *animus domini*. Sendo assim, as legislações fiéis à classificação do período clássico reconhecem a *possessio naturalis*.[76] Desta constatação se observa a influência da teoria subjetiva em relação ao Código italiano, que inspira sua classificação em uma clivagem baseada na existência ou não do *animus domini* como forma de qualificar a existência de posse ou detenção.

Sobre o Direito Francês é fundamental a análise realizada por Planiol e Ripert ao compararem o tratamento conferido pelo Código francês em relação ao BGB.[77] Os ilustres tratadistas franceses informam que a concepção da posse no Direito Francês exige a intenção (*animus*) de agir no interesse próprio, descartando-se a posse quando o agente atua no interesse de terceiro.[78] Esta concepção, numa primeira leitura, parece demonstrar que não haveria diferença no tratamento conferido pelos arts. 1.196 e 1.198 do CC brasileiro, uma vez que o art. 1.198 revela a detenção justamente quando o poder fático não é exercido no interesse próprio, mas alheio. Todavia, como os próprios autores confessam, a visão do Direito Francês é estreita em relação ao sistema alienígena, principalmente se comparada com o BGB.[79]

No sistema francês a posse confina-se na esfera dos direitos reais, ao contrário do BGB, que procurou encontrar o fator de limitação da posse na definição do seu objeto, nos termos do § 90, de tal forma que possuidor é todo aquele que exerce poder de fato sobre a coisa, incluindo

---

76. Barassi, *Il Possesso*, cit., p. 80.
77. Planiol/Ripert, *Traité Pratique de Droit Civil Français*, vol. III, n. 147, p. 159.
78. "La conception française de la possession se caractérise par les traits suivants: elle exige l'intention d'agir pour son propre compte, la possession pour autrui n'étant pas considérée comme une possession véritable" (Planiol/Ripert, *Traité Pratique de Droit Civil Français*, cit., vol. III, n. 147, pp. 159-160).
79. "L'étroitesse de cette conception apparait si on compare avec la conception de certains Droits étrangers" (Planiol/Ripert, *Traité Pratique de Droit Civil Français*, cit., vol. III, n. 147, p. 159).

o locatário, o usufrutuário e o depositário (*Sachbesitz*). Não há limitação baseada no exercício do *animus domini*. Isto acaba sendo um requisito apenas dos sistemas subjetivistas.

No Direito Francês esta classificação (do possuidor direto como detentor) acaba gerando um reflexo ainda mais severo, porque a defesa possessória se torna mais restrita. Somente na década de 1970, na França, a jurisprudência permitiu a defesa da posse pelo detentor qualificado (nosso possuidor direto).[80] Sobre o tema merece destaque na doutrina francesa o estudo de Saleilles, que realiza um exame minucioso sobre a distinção entre a detenção e a posse, estabelecendo uma comparação com o BGB e identificando os contornos da *detenção subordinada*.[81]

Sendo assim, a redação do art. 1.228 do nosso CC não elimina a necessidade da nomeação à autoria. Esta é uma criação alemã, com base nos estudos de Ihering sobre a *Gewere*.

Desta forma, italianos, franceses e portugueses englobam nosso possuidor direto na figura do detentor. Nesses sistemas o locatário é um detentor qualificado, e não um possuidor. Esta noção é fundamental, pois por meio desta leitura o art. 1.228 do CC brasileiro assume nova conotação e não entra em choque com o art. 338 do CPC. Em resumo: o detentor não poderá responder à ação reivindicatória como parte legítima, e deverá informar quem é o possuidor ou proprietário, sob pena de incidência do art. 339, *caput*, com sua responsabilização pelas despesas do processo, sem prejuízo de eventual dano.

## 8. A hipótese da ação publiciana

Outro ponto que pode ser suscitado reside em saber se a nomeação teria cabimento em vista da ação publiciana intentada pelo melhor possuidor. Cremos que a resposta deverá ser positiva. A nomeação não distingue seu cabimento pela eficácia das ações e sentenças. A ação publiciana não

---

80. Planiol e Ripert já demonstravam na primeira metade do século XX a preocupação da doutrina e a superioridade da visão objetiva quanto a esse ponto: "En tout cas, les auteurs contemporains tombent d'accord sur la nécessité d'élargir la conception de notre Code et d'accorder aux détenteurs réguliers de la chose d'autrui, qui ne sont que possesseurs précaires, la protection possessoire contre toute personne, le maître de la chose excepté, ce qui serait un progrès sur l'état de choses actuel" (*Traité Pratique de Droit Civil Français*, cit., vol. III, n. 147, p. 161).

81. "Les détenteurs subordonnés n'ayant pas la possession, n'auront plus, de leur chef, le droit, d'intenter les actions possessoires contre persone, pas même contre les tiers" (Saleilles, *De la Possession des Meubles*, cit., especialmente p. 9).

deixa de se revelar autêntica ação reivindicatória em potência, uma vez que é pleiteada pelo possuidor que se comporta como legítimo proprietário. O possuidor qualificado tem, no seu benefício, a *actio publiciana*, que é a ação do possuidor *quase proprietário*.[82] Sua pretensão pode ser exercida por aquele que já usucapiu mas ainda não requereu a declaração judicial.

O possuidor tem o direito de participar do polo passivo da ação reivindicatória para poder formular sua defesa de usucapião, na forma de reconvenção, ou como fundamento da contestação, nos termos da Súmula 237 do STF. Por este motivo, o detentor quando está no polo passivo deve realizar a indicação do possuidor que é titular da pretensão publiciana e pode paralisar a pretensão reivindicatória. Percebe-se a importância e a seriedade da nomeação indicada no art. 339 do CPC, pois os prejuízos pela ausência da nomeação são evidentes para todos os sujeitos do processo.

## 9. Iniciativa da nomeação

A nomeação cabe exclusivamente ao réu.[83] Não é mera *facultas agendi*, pois a nomeação é obrigatória, nos termos do art. 339 do CPC. O instituto visa a impedir a atividade judicial desnecessária e, ao mesmo tempo, preservar o interesse do autor e do réu. As consequências da ausência da nomeação, quando necessária, são graves, sujeitando à apuração de perdas e danos. Embora obrigatória, a nomeação está sujeita a preclusão. Para que a nomeação possa ocorrer será necessário que o nomeante, no prazo da resposta, faça a indicação.

---

82. Eis os elementos, segundo Molitor, que definem a publiciana: "On peut donc dire que la publicienne est une action que le possesseur de bonne foi qui si trouve en condition d'acquérir une chose ou un droit réel par prescription intente contre quiconque possède à un moindre titre qui lui" ("Podemos afirmar que a publiciana é uma ação na qual o possuidor de boa-fé se encontra em condições de adquirir uma coisa ou direito real por prescrição, intentada contra quem possui por um título inferior" – tradução livre) (*La Possession, la Revendication, la Publicienne et les Servitudes en Droit Romain*, p. 281).
V., ainda: Bonfante, *Scritti Giuridici Varii*, vol. II, pp. 439-449. Segundo este último autor, o estudo da publiciana renasceu no século XIX na Europa, recebendo adesão de quase toda a doutrina, muito embora sua utilidade prática seja de pequena expressão. Este autor não aceita a invocação da publiciana, utilizando uma série de argumentos. Contudo, percebe-se que nos sistemas francês e italiano a adoção da publiciana traz inconveniente ao já desgastado sistema de transmissão imobiliário, baseado no acordo de vontades.

83. Arruda Alvim, *Comentários ao Código de Processo Civil*, vol. III, p. 208.

## 10. A aceitação da correção pelo autor

A *mens legis* da nomeação é nobre, ao permitir a correção do polo passivo. O sistema atual não exige mais a dupla aceitação, como no regime anterior. A nomeação corresponde a uma técnica de correção do polo passivo posta à disposição do autor. Não há necessidade de aceitação por parte do nomeado. Uma vez realizada a indicação pelo nomeante, com a exposição de suas razões, o autor poderá aceitar ou não.

O risco da propositura errônea do pedido corre por sua conta; afinal, a petição inicial deve estar acompanhada da demonstração documental que permita a ligação do réu com o objeto litigioso do processo. Por outro lado, demonstramos que a essência da nomeação está ligada às situações de aparência. Elas tornam o erro invencível em algumas situações, o que justifica a benesse legal.

No sistema anterior Dinamarco já criticava a inoperância do instituto e entendia que a sujeição do instituto à anuência do nomeado era de discutível constitucionalidade.[84] A nomeação mudou, e o sistema do art. 338 do CPC exige apenas a indicação do nomeante e a aceitação do autor.

Em nossa visão, o juiz poderá realizar controle oficioso sobre o cabimento da nomeação, pois ela só terá utilização quando existir situação que justifique o erro de propositura e seja evidenciada a ligação do nomeado com os fatos alegados.

O art. 338 do CPC parece permitir uma abertura maior que a prevista do regime anterior, pois, como técnica de correção do polo passivo, o dispositivo prevê a ilegitimidade pura e simples, bem como situações em que a responsabilidade seja aparente, tal como previam os arts. 62 e 63 do CPC de 1973.

## 11. Etapas da aceitação e formação do litisconsórcio

O pedido de correção realizado pelo réu é submetido ao crivo judicial, averiguando-se se o caso é de ilegitimidade pela inexistência de ligação com o fato descrito no pedido ou se a ilegitimidade decorre da aparência jurídica do réu como responsável pelo fato imputado pelo autor.

O juiz deverá recusar a aplicação do art. 338 do CPC quando a situação retratada nos autos não for de ilegitimidade, mas de denunciação ou de chamamento. A manifestação prévia do autor será desejável, mas a aceitação não vincula a decisão judicial, sem prejuízo de que o juiz possa

---

84. Dinamarco, *Instituições de Direito Processual Civil*, cit., vol. II, pp. 404-405.

colaborar com o esclarecimento às partes, para permitir o correto fluxo da relação processual.

O processo deverá ser suspenso, apesar da inexistência de menção no texto legal. O autor deverá se manifestar sobre a defesa preliminar formulada pelo réu na contestação. Uma vez aceita a nomeação pelo autor, o juiz irá abrir o prazo de 15 dias para a alteração da petição inicial.

A extromissão do réu do processo dependerá dos termos em que a aceitação foi efetuada. Quando o autor reconhecer expressamente a ilegitimidade do réu citado, a decisão de exclusão será acompanhada da fixação das despesas proporcionais à sua participação no processo, sem prejuízo da verba honorária entre 3 a 5% do valor da causa, ou conforme valor a ser fixado pelo juiz, nos termos do art. 85, §§ 2º e 8º, do CPC.

O autor poderá, ainda, se manifestar pela aceitação da inclusão do nomeado mas sem a exclusão do réu originário. Esta decisão não impede o controle oficioso do juiz, mas torna possível a formação de litisconsórcio passivo entre o réu e o nomeado. O juiz não pode obrigar o autor a realizar a aceitação, uma vez que se trata de *facultas agendi*. A questão, ainda que sob a ótica do Código de Processo Civil de 1973, já foi analisada pelo STF.[85]

## 12. Ausência de nomeação e responsabilidade por perdas e danos

A correção do polo passivo é obrigatória para o réu que tem conhecimento do responsável quando sua ligação esteja vinculada por razões funcionais ou pela existência de situação aparente que tenha consumado o erro quanto à propositura do pedido. Sua ausência gera responsabilidade em relação ao demandante que teve sua demanda frustrada pela ausência ou erro na indicação do nomeado. O dispositivo do art. 339 do CPC silencia sobre a indicação errônea, mas é evidente que ela permite a responsabilização do réu, com maior gravidade.

A responsabilidade por perdas e danos nasce não só pela ausência de indicação ao autor da pessoa responsável pelo ato que provocou a demanda judicial, mas quando indica pessoa diversa, da qual exsurge sua posição de réu, especialmente em situações como a do servidor da posse (*Besitzdiener*) em relações reais ou de subordinação nas relações

---

85. Neste sentido: "Fica a exclusivo critério do autor aceitar ou não o ato de nomeação. Se recusa, não pode o juiz impor-lhe o chamamento do outro, a título de nomeado" (STF, 1ª Turma, RE 91.783-RJ, rel. Min. Cunha Peixoto, v.u.).

pessoais. Além da responsabilidade por perdas e danos, subsomem-se ao nomeante as hipóteses previstas pelos arts. 79 e 80, II, IV e VI, do CPC, ainda que a condenação nestas verbas assuma contorno distinto daquela indicada pelo art. 339 do CPC.

Eventual indenização deverá ser pleiteada em via autônoma pelo prejudicado que foi carecedor da ação. A comprovação será objetivamente demonstrada por dois fatores. Inicialmente, a responsabilidade nascerá da comprovação da relação de dependência entre aquele que figurou no polo passivo e o real legitimado. Em segundo lugar, bastará demonstrar o prejuízo sofrido pela decretação de extinção do processo.

O art. 339 do CPC não prevê a possibilidade de conluio entre o nomeado e o nomeante, mas o autor poderia ser induzido a aceitar a nomeação por dolo de ambos, com prejuízo direto para sua esfera em vista de futura sentença de extinção, com base no art. 485, VI, do CPC. Nada impede que as perdas e danos possam ser pleiteadas em regime de litisconsórcio passivo contra ambos, ainda que a sentença possa ser diversa (*litisconsórcio simples*).

## Bibliografia

ABBAGNANO, Nicola. *História da Filosofia*. vol. V. Lisboa, Editorial Presença, 1970.
ALBERS, Jan, BAUMBACH, Adolf, HARTMANN, Peter, e LAUTERBACH, Wolfgang. *Zivilprozessordnung*. Munique, Verlag Beck, 2007.
ALBERTON, Genacéia da Silva. *Assistência Litisconsorcial*. São Paulo, Ed. RT, 1994.
ALEM, José Antônio. *Intervenção de Terceiros*. São Paulo, LEUD, 1989.
ALLENDO, Guillermo. *Panorama de los Derechos Reales*. Buenos Aires, La ley.
ALLORIO, Enrico. *La Cosa Giudicata Rispetto ai Terzi*. Milão, Giuffrè, 1992.
ALMEIDA PRADO, Francisco Octávio de. *Improbidade Administrativa*. São Paulo, Malheiros Editores, 2001.
ALSINA, Hugo. *Tratado Teórico-Práctico de Derecho Procesal Civil y Comercial*. vol. I. Buenos Aires, Ediar, 1963.
AMAZONAS, Jose Antônio de Almeida. *Assistência*. São Paulo, Ed. RT, 1936.
AMBRA, Luiz. *Dos Embargos de Terceiro*, São Paulo, Ed. RT, 2001.
ANTUNES, Luís Filipe Colaço. *A Tutela dos Interesses Difusos em Direito Administrativo*. Coimbra, Livraria Almedina, 1989.
ARAÚJO, Fábio Caldas de. *A Posse e sua Aquisição, Conservação e Perda*. No prelo pela Forense.
_____. "Breves considerações sobre o agravo (instrumento e retido)". In: MEDINA, José Miguel Garcia, e outros. *Os Poderes do Juiz e o Controle das Decisões Judiciais: Estudos em Homenagem à Professora Teresa Arruda Alvim Wambier*. São Paulo, Ed. RT, 2008.
_____. *Lei de Registros Públicos Comentada*. Rio de Janeiro, Forense, 2014.
_____. *Posse*. Rio de Janeiro, Forense, 2007.
_____. *Usucapião*. 3ª ed. São Paulo, Malheiros Editores, 2015.
ARAÚJO, Fábio Caldas de, e MEDINA, José Miguel Garcia. *Código Civil Comentado*. São Paulo, Ed. RT, 2014.
_____. *Mandado de Segurança Individual e Coletivo*. 2ª ed. São Paulo, Ed. RT, 2012.

ARAÚJO, Fábio Caldas de, GAJARDONI, Fernando da Fonseca, e MEDINA, José Miguel Garcia. *Procedimentos Cautelares e Especiais*. 5ª ed. São Paulo, Ed. RT, 2014.

ARAÚJO FILHO, Luiz Paulo da Silva. *Assistência e Intervenção da União*. Rio de Janeiro, Forense, 2006.

ARENHART, Sérgio Cruz, e MARINONI, Luiz Guilherme. *Manual do Processo de Conhecimento*. São Paulo, Ed. RT.

ARENS, Peter, e LÜKE, Wolfgang. *Zivilprozessrecht*. München, C. H. Beck.

ARMELIN, Donaldo. *Legitimidade para Agir no Direito Processual Civil Brasileiro*. São Paulo, Ed. RT, 1979.

ARRUDA ALVIM, Thereza. *O Direito Processual de Estar em Juízo*. São Paulo, Ed. RT, 1996.

ARRUDA ALVIM NETTO, José Manoel de. *Aspectos Polêmicos e Atuais sobre os Terceiros no Processo Civil*. São Paulo, Ed. RT.

_____. *Código de Processo Civil e Legislação Extravagante – Anotações de Jurisprudência e Doutrina*. São Paulo, Ed. RT.

_____. *Comentários ao Código Civil – Livro Introdutório – Teoria Geral dos Direitos Reais*. v. XI, t. I, Forense, 2009.

_____. *Comentários ao Código de Processo Civil*. vols. II e III. São Paulo, Ed. RT, 1977.

_____. *Manual de Direito Processual Civil*. 11ª ed., vols. I e II. São Paulo, Ed. RT, 2007.

_____. *Tratado de Direito Processual Civil*. 2ª ed., vols. I e II. São Paulo, Ed. RT, 1990.

ASCENSÃO, José de Oliveira. *Direitos Reais*. Coimbra, Almedina.

ASSIS, Araken de. *Cumulação de Ações*. São Paulo, Ed. RT.

_____. *Doutrina e Prática do Processo Civil Contemporâneo*. São Paulo, Ed. RT.

_____. *Manual da Execução*. 12ª ed. São Paulo, Ed. RT, 2009.

BANDEIRA DE MELLO, Celso Antônio. *Curso de Direito Administrativo*. 32ª ed. São Paulo, Malheiros Editores, 2015.

BARASSI, Lodovico. *Il Possesso*. Milão, Giuffrè.

_____. *La Teoria Generale delle Obligazione*. vol. I. Milão, Giuffrè, 1946.

BARBI, Celso Agrícola. *Comentários ao Código de Processo Civil*. Rio de Janeiro, Forense.

_____. *Mandado de Segurança*. Rio de Janeiro, Forense.

BARBOSA MOREIRA, José Carlos. "A antecipação da tutela jurisdicional na reforma do Código de Processo Civil". *RePro* 81/210. São Paulo, Ed. RT, 1996.

_____. *Litisconsórcio Unitário*. Rio de Janeiro, Forense, 1972.

_____. "Medida cautelar liminarmente concedida e omissão do requerente em propor a tempo a ação principal". In: *Estudos em Homenagem a Ovídio Baptista da Silva*. Porto Alegre, Sérgio Antônio Fabris Editor, 1991.

_____. *O Novo Processo Civil Brasileiro*. 18ª ed. Rio de Janeiro, Forense, 1996.

BARROS, Hamilton de Moraes e. *Comentários ao Código de Processo Civil*. 2ª ed., vol. IX. Rio de Janeiro, Forense, 1977.

BARROS, Hélio Cavalcanti. *Intervenção de Terceiros no Processo Civil*. Rio de Janeiro, Lumen Juris, 1993.

BAUDRY-LACANTINERIE, Gabriel, e HOUQUES-FOURCADE, Maurice. *Trattato di Diritto Civile – Delle Persone*, vol. I. Milão, F. Vallardi, 1914.

BAUMBACH, Adolf, ALBERS, Jan, HARTMANN, Peter, e LAUTERBACH, Wolfgang. *Zivilprozessordnung*. Munique, Verlag Beck, 2007.

BAUR, Fritz. *Estudos sobre Tutela Jurídica Mediante Medidas Cautelares*. Trad. de Armindo Edgar Laux. Porto Alegre, Safe, 1985.

BAUR, Fritz, e GRUNSKY, Wolfgang. *Zivilprozessrecht*. 9ª ed., vol. 9. Berlim, Luchterhand, 1997.

BAUR, Fritz, e STÜRNER, Rolf. *Sachenrecht*. 17ª ed. Munique, C. H. Beck'sche Verlagsbuchhandlung, 1999.

BAUR, Fritz, e STÜRNER, Rolf. *Zwangsvollstreckungsrecht* (continuação da obra de Adolf Schönke). Heidelberg, UTB/C. F. Müller Verlag, 1996.

BAZENET, E. *Les Actions Possessoires*. Annales des Justices de Paix, 1923.

BEDAQUE, José Roberto dos Santos. *Direito e Processo*. 3ª ed. São Paulo, Malheiros Editores, 2003.

_____. *Poderes Instrutório do Juiz*. 3ª ed. São Paulo, Ed. RT, 2001.

BEGHINI, Roberto. *L'Azione de Reintegrazione del Possesso*. Pádua, CEDAM.

BERNARDI, Lígia Maria. *O Curador Especial no Código de Processo Civil*. Rio de Janeiro, Liber Juris, 1985.

BEVILÁQUA, Clóvis. *Direito das Coisas*. vol. I. Rio de Janeiro, Freitas Bastos.

BIERMANN, J. *Traditio Ficta. Ein Beitrag zum heutigen Civilrecht*. Stuttgart, Ferdinand Enke, 1891.

BLOMEYER, Arwed. *Zivilprozessrecht. Erkenntnisverfahren*. 2ª ed. Berlim, Duncker & Humblot, 1985.

BONFANTE. *Istituzioni di Diritto Romano*. Roma, Istituzioni di diritto romano.

_____. *Scritti Giuridici Varii*. vol. II. Turim, UTET.

BRINZ, Aloys. *Lehrbuch der Pandekten*. vol. II. Erlangen, 1879 (reed. histórica da Keip Verlag Goldbach de 1997).

BUENO, Cássio Scarpinella. **Amicus Curiae**: *uma Homenagem a Athos Gusmão Carneiro*. Disponível em *http://www.scarpinellabueno.com. br/Textos/Athos%20Gusmão%20Carneiro-Homenagem%20Cassio%20 Scarpinella%20Bueno.pdf*.

_____. **Amicus Curiae** *no Processo Civil Brasileiro*. São Paulo, Saraiva, 2007.

_____. "Aspectos polêmicos da produção antecipada de provas". *RePro* 91/320. São Paulo, Ed. RT, 1998.

_____. *Partes e Terceiros no Processo Civil Brasileiro.* São Paulo, Saraiva, 2003.

_____. *Tutela Antecipada.* 2ª ed. São Paulo, Ed. RT, 2007.

BULGARELLI, Waldírio. *Títulos de Crédito.* São Paulo, Atlas.

CAHALI, Yussef Said (coord.). *Posse e Propriedade: Doutrina e Jurisprudência.* São Paulo, Saraiva, 1987.

CALAMANDREI, Piero. *Introdução ao Estudo Sistemático dos Procedimentos Cautelares.* Trad. de Carla Roberta Andreasi Bassi. Campinas, Servanda, 2000.

_____. *La Chiamata in Garantia.* Milão Società Editrice Libreria, 1913.

CALMON DE PASSOS, J. J. *Comentários ao Código de Processo Civil.* vol. III. Rio de Janeiro, Forense.

CAMBI, Eduardo. *Direito Constitucional à Prova no Processo Civil.* São Paulo, Ed. RT.

CAMPOS JR., Ephraim. *Substituição Processual.* São Paulo, Ed. RT, 1985.

CAPPELLETTI, Mauro. *Access to Justice.* vol. I. Milão, Giuffrè, 1978.

_____. *Appunti sulla Tutela Giurisdizionale di Interessi Collettivi o Diffusi.* Pádua, CEDAM, 1976.

CAPPELLETTI, Mauro, e GARTH, Bryant (eds.). *Acess to Justice – A World Survey.* vol. I, Book II, 1978.

CARNACINI, Tito. *Il Litisconsorzio nelle Fasi di Gravame.* Pádua, CEDAM, 1937.

CARNEIRO, Athos Gusmão. *Intervenção de Terceiros.* São Paulo, Saraiva.

CARNELUTTI, Francesco. *Diritto e Processo.* Nápoles, Morano, 1958.

_____. *Instituciones del Proceso Civil.* vol. I, trad. da 5ª ed. italiana por Santiago Sentís Melendo. Buenos Aires, EJEA, 1956.

CARPI, Federico. "La tutela d'urgenza fra tutela, 'sentenza anticipata' e giudizio di merito". *Rivista di Diritto Processuale* 40/680 e ss.

CARPI, Federico, COLESANTI, Vittorio, e TARUFFO, Michele. *Commentario Breve al Codice di Procedura Civile.* 4ª ed. Pádua, CEDAM, 2002.

CARVALHO DE MENDONÇA, J. X. *Tratado de Direito Comercial Brasileiro.* vols. III e VII. Campínas, Russell.

CASTRO Y BRAVO, Federico de. *La Persona Jurídica.* Madrid, Civitas, 1981.

CHIOVENDA, Giuseppe. *Instituciones de Derecho Procesal Civil.* vol. II. Madri, Editorial Revista de Derecho Privado, 1940.

_____. *La Acción en el Sistema de los Derechos.* Trad. de Santiago Sentís Melendo. Bogotá, Editorial Themis, 1986.

_____. *Principii di Diritto Processuale Civile.* Nápoles, Casa Tipografico--Editrice N. Jovene, 1923.

CINTRA, Antônio Carlos de Araújo. *Do Chamamento à Autoria.* Tese de Livre--Docência/USP. São Paulo, 1971.

*Code de Procedure Civile.* Paris, Dalloz, 2015.

COELHO, Fábio Ulhôa. *Manual de Direito Comercial*. São Paulo, Saraiva.

COLESANTI, Vittorio, CARPI, Federico, e TARUFFO, Michele. *Commentario Breve al Codice di Procedura Civile*. 4ª ed. Pádua, CEDAM, 2002.

COMOGLIO, Luigi, FERRI, Corrado, e TARUFFO, Michele. *Lezioni sul Processo Civile*. 4ª ed., vols. I e II. Bolonha, Il Mulino, 2006.

COMPARATO, Fábio Konder. *Novos Ensaios e Pareceres de Direito Empresarial*. Rio de Janeiro, Forense.

COSACK, Konrad. *Lehrbuch des Deutschen bürgelichen Rechts*. 5ª ed., vol. 2. Iena, Verlag von Gustav Fischer, 1912; 6ª ed., vol. 1. Iena, Verlag von Gustav Fischer, 1913.

COSTA, Moacyr Lobo da. *A Intervenção Iussu Iudicis no Processo Civil Brasileiro*. São Paulo, Saraiva, 1961.

_____. *Assistência*. São Paulo, Saraiva.

COSTA, Salvador da. *Os Incidentes da Instância*. 7ª ed. Coimbra, Livraria Almedina, 2014.

COSTA, Sergio. *L'Intervento Coatto*. Pádua, CEDAM, 1935.

COUTO E SILVA, Clóvis do. *A Obrigação como Processo*. São Paulo, J. Bushatsky, 1976.

_____. *Comentários ao Código de Processo Civil*. vol. XI, t. II. São Paulo, Ed. RT.

COUTURE, Eduardo J. *Fundamentos del Derecho Procesal Civil*. Buenos Aires, Editorial Depalma, 1976.

CRESCI SOBRINHO, Elício de. *Litisconsórcio*. Porto Alegre, Sérgio Antônio Fabris Editor, 1990.

CROME, Carl. *System des Deutschen bürgerlichen Rechts*. Tübingen, 1905.

CRUZ, José Raimundo Gomes da. *Pluralidade de Partes e Intervenção de Terceiros*. São Paulo, Ed. RT, 1991.

CRUZ E TUCCI, José Rogério. *A **Causa Petendi** no Processo Civil*. São Paulo, Ed. RT.

_____. "Hipoteca judiciária e devido processo legal". In: *Questões Práticas de Processo Civil*. São Paulo, Atlas, 2000 (pp. 91-99).

_____. *Limites Subjetivos da Eficácia da Sentença e da Coisa Julgada Civil*. São Paulo, Ed. RT, 2007.

_____ (coord.). *Processo Civil – Evolução – 20 Anos de Vigência*. São Paulo, Saraiva.

CUNHA, Leonardo José Carneiro da. "Intervenção anômala: a intervenção de terceiro pelas pessoas jurídicas de direito público prevista no parágrafo único do art. 5º da Lei 9.469/1997". In: DIDIER JR., Fredie, e WAMBIER, Teresa Arruda Alvim (coords.). *Aspectos Polêmicos e Atuais sobre os Terceiros no Processo Civil e Assuntos Afins*. São Paulo, Ed. RT.

CUQ, Édouard. *Manuel des Institutions Juridiques des Romains*. Paris, LGDJ, 1928.

CZYHLARZ, Karl Ritter von. *Lehrbuch der Institutionen des Römischen Rechtes*. 6ª ed. Viena/Lípsia, F. Tempsky und G. Freytag, 1919.

D'ALESSIO, Francesco. *Diritto Amministrativo Italiano*. vol. 2. Turim, UTET, 1934.

DEGENKOLB, Heinrich. *Beitrage zum Zivilprozess* (reimpr. Scientia Verlag Aalen da ed. de 1905). Lípsia, Weihert-Buchhandlung, 1905.

DERNBURG, H. *Pandekten*, vol. I. Berlin, H. W. Müller, 1902.

DI PIETRO, Maria Sylvia Zanella. *Direito Administrativo*. São Paulo, Saraiva.

DIAS, Maria Berenice. *O Terceiro no Processo*. Rio de Janeiro, Aide, 1993.

DIDIER JR., Fredie. *Curso de Direito Processual Civil*. 11ª ed., vol. 1. Salvador, JusPodivm, 2009.

_____. *Recurso de Terceiro Prejudicado*. São Paulo, Ed. RT, 2003.

DIDIER JR. Fredie, e MAZZEI, Rodrigo Reis (orgs.). *Processo e Direito Material*. Salvador, Juspodivm, 2009.

DIDIER JR., Fredie, e outros. *Comentários ao Código Civil Brasileiro*. vol. XV. Rio de Janeiro, Forense.

DIDIER JR., Fredie, e WAMBIER, Teresa Arruda Alvim (coords.). *Aspectos Polêmicos e Atuais sobre os Terceiros no Processo Civil e Assuntos Afins*. São Paulo, Ed. RT.

DIDIER Jr., Fredie, e ZANETI JR., Hermes. *Curso de Direito Processual Civil*. 9ª ed., vol. 4. Salvador, JusPodivm, 2014.

DINAMARCO, Cândido Rangel. *A Instrumentalidade do Processo*. 15ª ed. São Paulo, Malheiros Editores, 2013.

_____. *A Reforma da Reforma*. 6ª ed. São Paulo, Malheiros Editores, 2003.

_____. *Capítulos de Sentença*. 6ª ed. São Paulo, Malheiros Editores, 2014.

_____. *Fundamentos do Processo Civil Moderno*. 6ª ed., vols. I e II. São Paulo, Malheiros Editores, 2010.

_____. *Instituições de Direito Processual Civil*. 6ª ed., vol. II. São Paulo, Malheiros Editores, 2009.

_____. *Intervenção de Terceiros*. 5ª ed. São Paulo, Malheiros Editores, 2009.

_____. "Intervenção de terceiro em processo cautelar". *Justitia* 46(125)/47-54. São Paulo, abril-junho/1984.

_____. *Litisconsórcio*. 7ª ed. São Paulo, Malheiros Editores, 2002.

ESPÍNOLA, Eduardo. *Código do Processo do Estado da Bahia*. vol. I. Bahia, Typ. Bahiana, 1916.

_____. *Posse, Propriedade, Compropriedade ou Condomínio, Direitos Autorais*. Campinas, Bookseller.

ESTELLITA, Guilherme. *Do Litisconsórcio no Direito Brasileiro*. Rio de Janeiro, Forense, 1955.

FACHIN, Luiz Edson. "Coisa julgada no processo cautelar". *RePro* 49/43. São Paulo, Ed. RT, 1988.

_____. *Intervenção de Terceiros*. São Paulo, Ed. RT, 1989.

FARIA, Bento de. *Código Penal Brasileiro Comentado Comentado*. Rio de Janeiro, Record.

FERRARA, Francisco. *Teoría de las Personas Jurídicas*. Granada, Comares.

FERRAZ, Sérgio. *Assistência Litisconsorcial no Direito Processual Civil*. São Paulo, Ed. RT, 1979.

_____. *Mandado de Segurança*. São Paulo, Malheiros Editores, 2006.

_____. *Mandado de Segurança (Individual e Coletivo) – Aspectos Polêmicos*. 3ª ed. São Paulo, Malheiros Editores, 1996.

FERREIRA, Fernando Amâncio. *Curso de Processo de Execução*. Coimbra, Livraria Almedina, 2000.

FERRI, Corrado, COMOGLIO, Luigi, e TARUFFO, Michele. *Lezioni sul Processo Civile*. 4ª ed., vols. I e II. Bolonha, Il Mulino, 2006.

FERRO E SILVA, Miguel. *Litisconsórcio Multitudinário*. Curitiba, Juruá, 2009.

FIGUEIREDO, Lúcia Valle. *A Autoridade Coatora e o Sujeito Passivo do Mandado de Segurança*. Belo Horizonte, Del Rey.

FIORILLO, Celso Antônio Pacheco. *Os Sindicatos e a Defesa dos Interesses Difusos*. São Paulo, Ed. RT.

FONSECA, Arnoldo Medeiros da. *Investigação de Paternidade*. Rio de Janeiro, Forense.

FRICERO, Natalie, e JULIEN, Pierre. *Procédure Civile*. Paris, LGDJ.

FRIEDENTHAL, Jack H. *Civil Procedure*. Minnesota, West Publishing, 1997.

FUENTESECA, Cristina. *La Posesión Mediata e Inmediata*. Madrid, Dykinson.

FUX, Luiz. *Intervenção de Terceiros*. São Paulo, Saraiva, 1990.

GAJARDONI, Fernando da Fonseca, ARAÚJO, Fábio Caldas de, e MEDINA, José Miguel Garcia. *Procedimentos Cautelares e Especiais*. 5ª ed. São Paulo, Ed. RT, 2014.

GAMA, Affonso Dionysio. *Da Antichrese*. São Paulo, Saraiva, 1919.

GAMA, Ricardo Rodrigues. *Limitação Cognitiva nos Embargos de Terceiro*. Campinas, Bookseller.

GARCÍA MORENTE, Manuel. *Fundamentos de Filosofia – Lições Preliminares de Filosofia*. vol. I. São Paulo, Mestre Jou.

GARTH, Bryant, e CAPPELLETTI, Mauro (eds.). *Access to Justice – A World Survey*. vol. I, Book II. The Harvard Law Review Association, 1978.

GHESTIN, J. *Traité Élémentaire de Droit Civil*. vol. I. Paris, LGDJ.

GIANESINI, Rita. *Da Revelia no Processo Civil Brasileiro*. São Paulo, Ed. RT.

GLÜCK, C. F. von. *Commentario alle Pandette*. vol. XX. Milão, Vallardi.

GOEBEL, F.-M., GOTTWALD, U., MÖNNIG, P., PRUSSEIT, W., e SPURZEM, M. *Zivilprozessrecht*. Bonn, Deutscher Anwaltverlag, 2005.

GOLDSCHMIDT, James. *Derecho Procesal*. Barcelona, Editorial Labor, 1936.

GOMES, Orlando. *Alienação Fiduciária em Garantia*. São Paulo, Ed. RT.

_____. *O Novo Direito de Família*. Rio de Janeiro, Forense.

GONÇALVES, Carlos Roberto. *Responsabilidade Civil*. São Paulo, Saraiva.

GONÇALVES, William Couto. *Intervenção de Terceiros*. Belo Horizonte, Del Rey, 1997.
GONDIM NETO J. G. *Posse Indireta*. Recife, Impr. Industrial, 1943.
GOTTWALD, U., GOEBEL, F.-M., MÖNNIG, P., PRUSSEIT, W., e SPURZEM, M. *Zivilprozessrecht*. Bonn, Deutscher Anwaltverlag, 2005.
GOTTWALD, Peter, ROSENBERG, Leo, e SCHWAB, Karl Heinz. *Zivilprozessrecht*. 16ª ed. Munique, C. H. Beck'schle Verlagsbuchlandlung, 2004.
GRECO, Leonardo. *Jurisdição Voluntária Moderna*. São Paulo, Dialética, 2003.
GRECO FILHO, Vicente. *Da Intervenção de Terceiros*. 3ª ed. São Paulo, Saraiva, 1991.
GRINOVER, Ada Pellegrini, e outros. *Código de Defesa do Consumidor Comentado pelos Autores do Anteprojeto*. 10ª ed. Rio de Janeiro, Forense, 2011.
GUASP, Jaime. *Concepto y Método de Derecho Procesal*. Madri, Civitas, 1997.
_____. *Derecho Procesal Civil*. 4ª ed., vol. I. Madri, Civitas, 1998.
_____. *La Pretensión Procesal*. Madri, Civitas, 1981; 2ª ed. Madri. Civitas, 1985.
GRUNSKY, Wolfgang, e BAUR, Fritz. *Zivilprozessrecht*. 9ª ed., vol. 9. Berlim, Luchterhand, 1997.
GUIMARÃES, Luiz Machado. *Estudos de Direito Processual Civil*. São Paulo, Jurídica e Universitária, 1969.
GUINCHARD, Serge, e outros. *Droit Processuel – Droit Commun et Droit Comparé du Procès Équitable*. Paris, Dalloz-Sirey.
GUINCHARD, Serge, e VINCENT, Jean. *Procédure Civile*. 24ª ed. Paris, Dalloz, 1996.
GUSMÃO, Manoel Aureliano de. *Processo Civil e Comercial*. São Paulo, Academica, 1939.

HARTMANN, Peter, ALBERS, Jan, BAUMBACH, Adolf, e LAUTERBACH, Wolfgang. *Zivilprozessordnung*. Munique, Verlag Beck, 2007.
HELLWIG, Konrad. *Klagrecht und Klagmöglicchkeit*. reimpr. da 2ª ed. (1905). Lípsia, A. Deichertschen Verlagsbuchhandlung, 1980.
_____. *Lehrbuch des Deutschen Zivilprozessrecht*. vol. II. Aalen, Scientia, 1968.
_____. *System des deutschen Zivilprozessrechts*. Deichert, 1919.
HOUQUES-FOURCADE, Maurice, e BAUDRY-LACANTINERIE, Gabriel. e. *Trattato di Diritto Civile – Delle Persone*, vol. I. Milão, F. Vallardi, 1914.

IHERING, Rudolf von. *Du Fondement de la Protection Possessoire – Théorie Simplifiée et Mise à la Portée de Tout Le Monde*. 2ª ed., trad. de O. de Meulenaere. Paris, Librairie Marescq Ainé, 1875.
_____. *Du Rôle de la Volonté dans la Possession*. Paris, Marescq, 1891

_____. *L'Esprit du Droit Romain*. 3ª ed., vol. III, trad. de O. de Meulenaere. Paris, Librairie Marescq Ainé, 1887.

_____. *O Fundamento dos Interdictos Possessorios*. Trad. de Adherbal de Carvalho. Rio de Janeiro, Laemmert & Cia. Editores, 1900.

_____. *Oeuvres Choisies*. vols. I e II, trad. de O. de Meulenaere. Paris, Librairie Marescq Ainé, 1893.

JAUERNIG, Othmar. *Bürgerliches Gesetzbuch mit Gesetz zur Regelung des Rechts der allgemeinen Geschäftsbedingungen*. Munique, Beck, 2007.

_____. *Zivilprozessrecht*. 26ª ed. Munique, Verlag C. H. Beck, 2000.

JOÃO, Ivone Cristina de Souza. *Litisconsórcio e Intervenção de Terceiros na Tutela Coletiva*. São Paulo, Fiuza Editores, 2004.

JOHNSON JR., E., e outros. "Acess to Justice in the United States: the economic barriers and some promising solutions". In: CAPPELLETTI, Mauro, e GARTH, Bryant (eds.). *Acess to Justice – A World Survey*. vol. I, Book II, 1978.

JOOST, Detlev. *Münchener Kommentar zum Bürgerlichen Gesetzbuch*. 3ª ed., vol. VI (*"Sachenrecht"*). Munique, C. H. Beck'sche Verlagsbuchhandlung, 1997 (§§ 854-872).

JORGE, Flávio Cheim. *Chamamento ao Processo*. São Paulo, Ed. RT, 1997.

JULIEN, Pierre, e FRICERO, Natalie. *Procédure Civile*. Paris, LGDJ.

JUSTEN FILHO, Marçal. *Curso de Direito Administrativo*. São Paulo, Ed. RT.

_____. *Desconsideração da Personalidade Societária no Direito Brasileiro*. São Paulo, Ed. RT, 1987.

KARLOWA, Oto. *Römische Rechtsgeschichte*. Leipzig, Verlag von Veit.

KASER, Max. *História do Direito Privado Romano*. Lisboa, Fundação Calouste Gulbenkian, 1999.

KASER, Max, e KNÜTEL, Rolf. *Römisches Privatrecht*. Munique, C. H. Beck.

KNÜTEL, Rolf, e KASER, Max. *Römisches Privatrecht*. Munique, C. H. Beck.

KÖHLER, Helmut. *BGB – Allgemeiner Teil*. Munique, C. H. Beck.

KOURY, Suzy Elizabeth Cavalcante. A *Desconsideração da Personsalidade Jurídica ("disregard doctrine!") e os Grupos de Empresas*. Rio de Janeiro, Forense, 2000.

KÜTTNER, Georg. *Urteilswirkungen ausserhalb des Zivilprozesses*. reimpr. da ed. de 1914. Munique, Scientia Verlag Aalen, 1971.

LAMBAUER. Mathias. *Do Litisconsórcio Necessário*. São Paulo, Saraiva, 1982.

LANDIM, Francisco. *A Propriedade Imóvel na Teoria da Aparência*. São Paulo, CD Livraria, Editora, 2001

LARENZ, Karl. *Allgemeiner Teil des Bürgerlichen Rechts*. Munique, C. H. Beck.

LAUTERBACH, Wolfgang, ALBERS, Jan, BAUMBACH, Adolf, e HARTMANN, Peter. *Zivilprozessordnung*. Munique, C. H. Beck, 2007.

LENZA, Pedro. *Teoria Geral da Ação Civil Pública*. São Paulo, Ed. RT.

LIEBMAN, Enrico Tullio. *Manuale di Diritto Processuale Civile*. 5ª ed. Milão, Giuffrè, 1992.

LIMONGI FRANÇA, Rubens. *Manual de Direito Civil*. vol. I. São Paulo, Ed. RT, 1966.

LOBÃO, Manuel de Almeida e Sousa de. *Segundas Linhas sobre o Processo Civil*. Lisboa, Impressão Regia, 1827.

LOPES, João Batista. *Condomínio*. São Paulo, Ed. RT.

LOPES-CARDOSO, Eurico. *Manual dos Incidentes da Instância em Processo Civil*. Coimbra, Livraria Almedina, 1965.

LÜKE, Wolfgang, e ARENS, Peter. *Zivilprozessrecht*. Munique, C. H. Beck.

MACEDO, Manuel Vilar de. *As Associações no Direito Civil*. Coimbra, Almedina.

MANCUSO, Rodolfo de Camargo. *Ação Civil Pública*. São Paulo, Ed. RT.

_____. *Jurisdição Coletiva e Coisa Julgada: Teoria Geral das Ações Coletivas*. São Paulo, Ed. RT.

MARINONI, Luiz Guilherme, e ARENHART, Sérgio Cruz. *Manual do Processo de Conhecimento*. São Paulo, Ed. RT.

MARIZ DE OLIVEIRA JR., Waldemar. *Substituição Processual*. São Paulo, Ed. RT, 1971.

_____. *Teoria Geral do Processo Civil*. vol. I. São Paulo, Ed. RT.

MARQUANT, Robert. *L'État Civil et l'État des Personnes*. Coll. Masson.

MARQUES, José Frederico. *Ensaio sobre a Jurisdição Voluntária*. São Paulo, Millenium, 2000.

_____. *Instituições de Direito Processual Civil*. vol. II. Rio de Janeiro, Forense.

MARTÍNEZ, Hernán J. *Procesos con Sujetos Múltiples*. vol. I. Buenos Aires, Ediciones La Rocca, 1994.

MARTINS, Pedro Batista. *Comentários ao Código de Processo Civil*. vol. I.

MATHIAS, Bernhard. *Lehrbuch des Bürgerliches Rechtes*. 4ª ed. Berlim, Häring, 1904.

MAURÍCIO, Ubiratan de Couto. *Assistência Simples no Direito Processual Civil*. São Paulo, Ed. RT.

MAYNZ, Charles. *Cours de Droit Romain*. vol. III. Paris, Durand et Pedone, 1870.

MAZEAUD e MAZEAUD. *Leçons de Droit Civil*. Paris, Montchrestien.

MAZZEI, Rodrigo Reis. "Litisconsórcio sucessivo: breves considerações". In: DIDIER JR., Fredie, e MAZZEI, Rodrigo Reis (orgs.). *Processo e Direito Material*. Salvador, Juspodivm, 2009.

MAZZEI, Rodrigo Reis, e DIDIER JR. Fredie (orgs.). *Processo e Direito Material*. Salvador, Juspodivm, 2009.

MEDICUS, Dieter. *Allgemeiner Teil des BGB*. Heidelberg, C.F. Müller Verlag.

MEDICUS, Dieter, e outros. *Münchener Kommentar zum Bürgerlichen Gesetzbuch – Sachenrecht*. Munique, C. H. Beck.

MEDINA, José Miguel Garcia. *Código de Processo Civil Comentado*. 3ª ed., São Paulo, Ed. RT, 2015.

_____.*Código de Processo Civil Comentado*. 1ª ed., 2ª tir. São Paulo, Ed. RT, 2011.

_____. *Constituição Federal Comentada*. São Paulo, Ed. RT.

_____. *Execução*. vol. 3 ("Processo Civil Moderno"). São Paulo, Ed. RT, 2008.

_____. *Execução Civil – Teoria Geral – Princípios Fundamentais*. 2ª ed., vol. 48. São Paulo, Ed. RT, 2004.

_____. "Litisconsórcio necessário ativo – Interpretação e alcance do art. 47, parágrafo único, do CPC". *RT* 777/41-56. São Paulo, Ed. RT.

MEDINA, José Miguel Garcia, ARAÚJO, Fábio Caldas de, e GAJARDONI, Fernando da Fonseca. *Procedimentos Cautelares e Especiais*. 5ª ed. São Paulo, Ed. RT, 2014.

MEDINA, José Miguel Garcia, e ARAÚJO, Fábio Caldas de. *Código Civil Comentado*. São Paulo, Ed. RT, 2014.

_____. *Mandado de Segurança Individual e Coletivo*. 2ª ed. São Paulo, Ed. RT, 2012.

MEDINA, José Miguel Garcia, e outros. *Os Poderes do Juiz e o Controle das Decisões Judiciais: Estudos em Homenagem à Professora Teresa Arruda Alvim Wambier*. São Paulo, Ed. RT, 2008.

MEIRELLES, Hely Lopes. *Direito Municipal Brasileiro*. 17ª ed., 2ª tir., coord. de Adilson Abreu Dallari. São Paulo, Malheiros Editores, 2014.

MENDONÇA LIMA, Alcides de. *Dicionário do Código de Processo Civil*. São Paulo, Ed. RT.

MENEZES CORDEIRO, António. *Da Boa-Fé no Direito Civil*. 2ª reimpr. Coimbra, Livraria Almedina, 2001.

_____. *Da Modernização do Direito Civil*. vol. I. Coimbra, Livraria Almedina, 2004.

_____. *Direito das Obrigações*. Lisboa, AAFDL, 1994.

_____. *Introdução ao Direito da Prestação de Contas*. Coimbra, Livraria Almedina, 2008.

_____. *O Levantamento da Personalidade Colectiva no Direito Civil e Comercial*. Coimbra, Livraria Almedina, 2000.

_____. *Tratado de Direito Civil Português*. vol. I, ts. I e II. Coimbra, Livraria Almedina, 2000.

MESQUITA, Miguel. *Apreensão de Bens em Processo Executivo e Oposição de Terceiro*. Coimbra, Livraria Almedina, 1998.

MILHOMENS, Jônatas. *Da Intervenção de Terceiros*. Rio de Janeiro, Forense, 1985.

MILLÁN, María Encarnación Dávila. *Litisconsocio Necesario*. 2ª ed. Barcelona, Bosch, 1992.

MILMAN, Fábio. *Partes, Procuradores, Litisconsórcio e Intervenção de Terceiros*. Porto Alegre, Verbo Jurídico, 2007.

MOLITOR. *La Possession, la Revendication, la Publicienne et les Servitudes en Droit Romain*. Paris, E. Thorin, 1874.

MÖNNIG, P., GOEBEL, F. M., GOTTWALD, U., PRUSSEIT, W., e SPURZEM, M. *Zivilprozessrecht*. Bonn, Deutscher Anwaltverlag, 2005.

MONTELEONE, Girolamo. *Diritto Processuale Civile*. Pádua, CEDAM.

MOREIRA ALVES, José Carlos. "A detenção no direito civil brasileiro". In: CAHALI, Yussef Said (coord.). *Posse e Propriedade: Doutrina e Jurisprudência*. São Paulo, Saraiva, 1987 (pp. 1-32).

_____. *Da Alienação Fiduciária em Garantia*. 3ª ed. Rio de Janeiro, Forense, 1973.

_____. *Direito Romano*. 8ª ed., vol. 1. Rio de Janeiro, Forense, 1992.

_____. *Posse*. vols. I ("Evolução Histórica") e II ("Estudo Dogmático"), t. I. Rio de Janeiro, Forense, 1997.

MUSIELAK, Hans-Joachim. *Grundkurs ZPO*. 7ª ed. Munique, Beck, 2004.

NASCIMENTO, Carlos Valder do. *Coisa Julgada Inconstitucional*. Rio de Janeiro, América Jurídica.

NEGRÃO, Theotônio. *Código de Processo Civil e Legislação Processual em Vigor*. São Paulo.

NERY JR., Nelson, e NERY, Rosa Maria Andrade. *Código de Processo Civil Comentado*. São Paulo, Ed. RT, 2007.

OLIVEIRA, Carlos Alberto Alvaro de. *Alienação da Coisa Litigiosa*. 2ª ed. Rio de Janeiro, Forense.

OLIVEIRA, José Lamartine Correia de. *A Dupla Crise da Pessoa Jurídica*. São Paulo, Saraiva, 1979.

OTERO, Paulo. *Ensaio sobre o Caso Julgado Inconstitucional*. Lisboa, Lex, 1993.

PALMEIRA, Pedro. *Da Intervenção de Terceiros nos Principais Sistemas Legislativos – Da Oposição*. Dissertação apresentada para concurso de Cátedra de Direito Judiciário Civil. Recife, 1954.

PAULA, Alexandre de. *Código de Processo Civil Anotado*. vols. I e IV. São Paulo, Ed. RT.

PAULUS, Christoph G. *Zivilprozessrecht*. 2ª ed. Berlim, Springer, 2000.

PAZZAGLINI FILHO, Marino. *Lei de Improbidade Administrativa Comentada.*
São Paulo, Atlas.
PEREIRA, José Horácio Cintra G. *Dos Embargos de Terceiro.* São Paulo, Atlas.
PEREIRA, Lafayette Rodrigues. *Direito das Cousas.* vol. I. Rio de Janeiro,
Freitas Bastos, 1943.
PEREIRA E SOUZA. Joaquim José Caetano. *Primeiras Linhas sobre o Processo Civil.* Rio de Janeiro, H. Garnier, 1907.
PICARDI, Nicola. *La Successione Processuale.* Milano, Giuffrè.
PIMENTEL, Wellington Moreira. *Comentários ao Código de Processo Civil.* vol. III. São Paulo, Ed. RT.
PINHEIRO, Jorge Duarte. *Fase Introdutória dos Embargos de Terceiro.* Coimbra, Livraria Almedina, 1992.
PLANCK, Julius Wilhelm von. *Die Mehrheit der Rechtsstreigkeiten im Prozessrecht.* reimpr. Scientia Verlag Aalen da ed. de 1844. Göttingen, Dieterichzen Buchhandlung, 1844.
PLANIOL, M., e RIPERT. G. *Traité Pratique de Droit Civil Français.* vol. III. Paris, LGDJ.
PODETTI, J. Ramiro. *Tratado de la Tercería.* 3ª ed., atualizada por Victor A. Guerrero Leconte. Buenos Aires, Ediar, 2004.
PONTES DE MIRANDA, Francisco Cavalcanti. *Comentários à Constituição da República dos Estados Unidos do Brasil* (1934). t. II. Rio de Janeiro, Guanabara.

_____. *Comentários ao Código de Processo Civil* (de 1939). 2ª ed., vols. II, VI e XI. Rio de Janeiro, Forense, 1939 e 1960.

_____. *Comentários ao Código de Processo Civil* (de 1973). vols. II, XIII e XV. Rio de Janeiro, Forense, 1976.

_____. *Tratado das Ações.* vols. I e VI. São Paulo, Ed. RT, 1971.

_____. *Tratado de Direito Privado – Parte Geral.* 4ª ed., 2ª tir., t. I. São Paulo, Ed. RT, 1983.

_____. *Tratado de Direito Privado – Parte Especial.* 4ª ed., ts. X, XI, XV e LVI. São Paulo, Ed. RT, 1983.
PORTO, Sérgio Gilberto. *Coisa Julgada Civil.* Rio de Janeiro, Aide, 1996.
PRATA, Edson. *Embargos de Terceiro.* 3ª ed. São Paulo, LEUD, 1987.
PREVAULT, Jacques, e VINCENT, Jean. *Voies d'Éxecution et Procédure de Distribution.* 19ª ed. Paris, Dalloz, 1999.
PRIETO CASTRO. *Derecho Procesal Civil.* vol. I. Zaragoza, Libr. General.
PRUSSEIT, W., GOEBEL, F.-M., GOTTWALD, U, MÖNNIG, P., e SPURZEM, M. *Zivilprozessrecht.* Bonn, Deutscher Anwaltverlag, 2005.
PRÜTTING, Hanns, e SCHWAB, Karl Heinz. *Sachenrecht.* 29ª ed. Munique, Verlag C. H. Beck, 2000.
PUGLIATTI, Salvatore. *Esecuzione Forzata e Diritto Sostanziale.* Milão, . Giuffrè, 1935.

PUTZO, Hans e THOMAS, Heinz, *Zivilprozessordnung – Kommentar*. Munique, C. H. Beck.

REALE, Giovanni. *Introdução a Aristóteles*. Rio de Janeiro, Contraponto.

REDENTI, Enrico. *Il Giudizio Civile con Pluralità di Parti*. Milão, Giuffrè, 1960.

REIS, José Alberto dos. *Código de Processo Civil Anotado*. vol. I. Coimbra, Almedina.

_____. *Processo de Execução*. vol. I. Coimbra, Almedina.

REZENDE FILHO, Gabriel de. *Curso de Direito Processual Civil*. vol. I. São Paulo, Saraiva.

RIBAS, Antônio Joaquim. *Consolidação das Leis do Processo Civil*. Rio de Janeiro, Jacintho Ribeiro dos Santos.

RIPERT, G., e PLANIOL, M. *Traité Pratique de Droit Civil Français*. vol. III. Paris, LGDJ.

ROCHA, Ibraim. *Litisconsórcio, Efeitos da Sentença e Coisa Julgada na Tutela Coletiva*. Rio de Janeiro, Forense, 2002.

ROCHA, José de Albuquerque. *Nomeação à Autoria*. São Paulo, Saraiva, 1983.

ROCHA, José de Moura. *Comentários ao Código de Processo Civil*. vol. IX. São Paulo, Ed. RT.

ROENICK, Hermann Homem de Carvalho. *Intervenção de Terceiros*. Rio de Janeiro, Aide, 1995.

ROSENBERG, Leo. *Tratado de Derecho Procesal Civil*. vol. I. Buenos Aires, EJEA, 1955.

ROSENBERG, Leo, GOTTWALD, Peter, e SCHWAB, Karl Heinz. *Zivilprozessrecht*. 16ª ed. Munique, C. H. Beck'schle Verlagsbuchlandlung, 2004.

RUGGIERO, Roberto de. *Instituições de Direito Civil*. vol. III. São Paulo, Saraiva.

SALLES, José Carlos Moreira. *Usucapião de Bens Imóveis e Móveis*. São Paulo, Ed. RT.

SALEILLES. *De la Possession des Meubles*. Paris, LGDJ.

SANCHES, Sydney. *Denunciação da Lide no Direito Processual Civil Brasileiro*. São Paulo, Ed. RT, 1984.

SANTOS, Ernane Fidélis dos. *Manual de Direito Processual Civil*. vol. 3. São Paulo, Saraiva.

SÃO TOMÁS DE AQUINO. *Summa Theologica*. vol. I.

SATTA, Salvatore. *Diritto Processuale Civile*. Atualizado por Carmini Punzi. Pádua, CEDAM.

SAVIGNY, Friederich Carl von. *Das Recht des Besitzes*. Reimpr. da edição de Viena (1865). Scientia Verlagen Aalen, 1990.

_____. *System des heutigen römischen Rechts*. vol. II (reed. Scientia Verlag Aalen, 1981).

_____. *Traité de la Possession en Droit Romain*. 7ª ed., trad. de Henri Staedtler. Paris, Auguste Durand Éditeur, 1866.

SCHÖNKE, Adolf. *Derecho Procesal Civil*. Barcelona, Bosch.

_____. *Einführung in die Rechtswissenschaft*. 2ª e 3ª eds. Karlsruhe, Verlag C. F. Müller, 1947.

SCHWAB, Karl Heinz. *El Objeto Litigioso en el Proceso Civil*. Trad. do Alemão por Tomas A. Banzhaf. Buenos Aires, EJEA, 1968.

SCHWAB, Karl Heinz, e PRÜTTING, Hanns. *Sachenrecht*. 29ª ed. Munique, Verlag C. H. Beck, 2000.

SCHWAB, Karl Heinz, GOTTWALD, Peter, e ROSENBERG, Leo. *Zivilprozessrecht*. 16ª ed. Munique, C. H. Beck'schle Verlagsbuchlandlung, 2004.

SEABRA FAGUNDES, M. *Dos Recursos Ordinários em Matéria Civil*. Rio de Janeiro, Forense, 1946.

SERICK, Rolf. *Rechtsform und Realität juristischer Personen/Ein rechtsvergleichender Beitrag zur Frage des Durchgriffs auf die Personen oder Gegenstände hunter der juristischer Person*. 1955.

SERPA LOPES, M. M. de. *Curso de Direito Civil Brasileiro*. São Paulo, Saraiva.

SILVA, Ovídio Baptista da. *Comentários ao Código de Processo Civil*. São Paulo, Ed. RT.

SOUZA, Gelson Amaro de. *Do Valor da Causa*. São Paulo, Ed. RT.

SPOTA, A. *Tratado de Derecho Civil – Parte General*. vol. VI. Buenos Aires, Depalma.

SPURZEM, M., GOEBEL, F.-M., GOTTWALD, U., MÖNNIG P., e PRUSSEIT, W. *Zivilprozessrecht*. Bonn, Deutscher Anwaltverlag, 2005.

STAHL, Walter E. *Beiladung und Nebenintervention*. Berlim, Duncker & Humblot, 1969.

STÜRNER, Rolf, e BAUR, Fritz. *Sachenrecht*. 17ª ed. Munique, C. H. Beck'sche Verlagsbuchhandlung, 1999.

_____. *Zwangsvolstreckungsrecht* (continuação da obra de Adolf Schönke). Heidelberg, UTB/C. F. Müller Verlag, 1996.

TALAMINI, Eduardo. *Coisa Julgada e sua Revisão*. São Paulo, Ed. RT, 2005.

TARUFFO, Michele, CARPI, Federico, e COLESANTI, Vittorio. *Commentario Breve al Codice di Procedura Civile*. 4ª ed. Pádua, CEDAM, 2002.

TARUFFO, Michele, COMOGLIO, Luigi, e FERRI, Corrado. *Lezioni sul Processo Civile*. 4ª ed., vols. I e II. Bolonha, Il Mulino, 2006.

TEIXEIRA DE FREITAS, Augusto. *Consolidação das Leis Civis*. Rio de Janeiro, Garnier.

THOMAS, Heinz, e PUTZO, Hans. *Zivilprozessordnung – Kommentar*. Munique, C. H. Beck.

TOLOSA FILHO, Benedicto de. *Comentários à Lei de Improbidade Administrativa*. Rio de Janeiro, Forense.

TRABUCCHI, Alberto. *Istituzioni di Diritto Civile*. Pádua, CEDAM, 1999.

TROPLONG, R.-T. *Le Droit Civil Expliqué – De la Prescription.* Paris, Charles Hingray.

TRUTTER, Josef. *Bona Fides im Zivilprozesse – Eine Beitrage zur Lehre von der Herstellung der Urteilsgrundlage.* reimpr. Scientia Verlag Aalen, 1972. Munique, R. Oldenbourg, 1892.

TUCCI, Rogério Lauria. *Da Ação e do Processo Civil na Teoria e na Prática.* Rio de Janeiro, Forense, 1985.

_____. *Do Julgamento Conforme o Estado do Processo.* São Paulo, Saraiva.

_____. "Medidas cautelares constritivas patrimoniais". *RePro* 67/40. São Paulo, Ed. RT, 1992.

VENTURI, Elton. *Processo Civil Coletivo.* São Paulo, Malheiros Ediotres, 2007.

_____. *Sobre a Intervenção Individual nas Ações Coletivas.* São Paulo, Ed. RT.

VINCENT, Jean, e GUINCHARD, Serge. *Procédure Civile.* 24ª ed. Paris, Dalloz, 1996.

VINCENT, Jean, e PREVAULT, Jacques. *Voies d'Éxecution et Procédure de Distribution.* 19ª ed. Paris, Dalloz, 1999.

VIOLIN, Jordão. *Ação Coletiva Passiva: Fundamentos e Perfis.* Salvador, JusPodivm, 2008.

WALD, Arnoldo. *Comentários ao Novo Código Civil.* vol. XIV. São Paulo, Saraiva.

WAMBIER, Luiz Rodrigues, e outros. *Breves Comentários à Nova Sistemática Processual Civil.* São Paulo, Ed. RT, 2007.

WAMBIER, Teresa Arruda Alvim. "Do termo inicial para a contagem dos juros quando se tratar de ilícito contratual". *Revista de Direito Privado* 4. São Paulo, Ed. RT, 2000.

WAMBIER, Teresa Arruda Alvim, e DIDIER JR., Fredie (coords.). *Aspectos Polêmicos e Atuais sobre os Terceiros no Processo Civil e Assuntos Afins.* São Paulo, Ed. RT.

WAMBIER, Teresa Arruda Alvim, e MEDINA, José Miguel Garcia. *O Dogma da Coisa Julgada.* vol. I ("Parte Geral e Processo de Conhecimento"). São Paulo, Ed. RT.

WATANABE, Kazuo. *Da Cognição no Processo Civil.* 3ª ed. São Paulo, Bookseller, 2005.

_____. *Lehrbuch des Sachenrechts.* 2ª ed. Kalsruhe, Verlag C. F. Müller, 1951.

WOLF, Manfred. *Sachenrecht.* Munique, C. H. Beck.

WOLFF, Martin. *Tratado de Derecho Civil.* t. III, vol. I. Barcelona, Bosch.

ZANETI JR., Hermes, e DIDIER Jr., Fredie. *Curso de Direito Processual Civil.* 9ª ed., vol. 4. Salvador, JusPodivm, 2014.

\* \* \*

**GRÁFICA PAYM**
Tel. [11] 4392-3344
paym@graficapaym.com.br